Preußische
Bürgerliche Gesetzsammlung.

Sammlung der

noch geltenden Landesgesetze privatrechtlichen Inhalts.

Herausgegeben

von

O. Fischer,
Gerichtsassessor.

und

Dr. F. Schroeder,
Gerichtsassessor.

Erster Band:

Das Allgemeine Landrecht

mit den Einführungs-Patenten.

Berlin 1901.

J. Guttentag, Verlagsbuchhandlung,

G. m. b. H.

Vorwort.

Der Artikel 55 des Einführungsgesetzes zum Bürgerlichen Gesetzbuch hat die privatrechtlichen Vorschriften der Preußischen Landesgesetze außer Kraft gesetzt, soweit nicht in dem Bürgerlichen Gesetzbuch oder in dem Einführungsgesetz dazu ein Anderes bestimmt ist. Die vorliegende Sammlung stellt die in Geltung gebliebenen Quellen des Preußischen Privatrechts zusammen. Da die dem Landesrecht vorbehaltenen Gebiete vielfach auf der Grenze zwischen dem bürgerlichen und dem öffentlichen Rechte liegen, läßt es sich dabei nicht vermeiden, auch Normen des öffentlichen Rechts aufzunehmen. Dies soll aber nur in dem Umfang geschehen, als es der Zusammenhang der Vorschriften und der Zweck des Werkes, ein Handbuch für den Preußischen Richter neben den gebräuchlichen Handausgaben des Bürgerlichen Gesetzbuchs zu sein, erforderlich machen.

Für die Anordnung des Stoffes ist die Zeitfolge der Gesetze gewählt worden. Das eigenthümliche System des Allgemeinen Landrechts wird den künftigen Praktikern immer weniger geläufig werden; in das System des Bürgerlichen Gesetzbuchs fügt sich der Stoff kaum ein, ohne daß Wiederholungen nöthig werden, selbst wenn man der Ordnung der Vorbehalte im Einführungsgesetz folgt. Eine selbständige Eintheilung würde den Gebrauch erschweren. Um einen Ueberblick über die für eine Materie geltenden Vorschriften zu gewähren, wird dem zweiten Bande eine Nachweisung der durch die einzelnen Vorbehalte des Einführungsgesetzes erhaltenen Gesetze beigegeben werden.

Einer besonderen Behandlung bedurfte das Allgemeine Landrecht. Hier erschien eine Scheidung des bürgerlichen und des öffentlichen Rechts von vornherein unthunlich. Aus praktischen

Gründen ist daher das ganze Gesetzbuch, wie es heute gilt, aufgenommen und als erster Band, getrennt von der chronologischen Zusammenstellung, herausgegeben worden. Bei der Fortlassung von Bestimmungen ist mit größter Vorsicht vorgegangen; wo die Aufhebung zweifelhaft erschien oder wo es für das Verständniß anderer Vorschriften erforderlich war, sind Paragraphen, die die Herausgeber für aufgehoben halten, wiedergegeben und durch kleinen Druck kenntlich gemacht.

Die Anmerkungen beschränken sich darauf, auf die Frage Antwort zu geben, warum die einzelnen Bestimmungen als aufgehoben oder fortgeltend angesehen werden. Außerdem ist nur noch auf diejenigen anderen Gesetze verwiesen, die eine Aenderung oder Ausgestaltung des nach dem Landrecht bestehenden Rechtszustandes herbeigeführt haben.

In dem ersten Bande sind die Einleitung, die Titel 1 bis 7 des ersten Theils und aus dem zweiten Theil die Titel 6 bis 15 Abschnitt 1, mit Ausnahme des 13. Abschnitts des 8. Titels von Schroeder, das Uebrige von Fischer bearbeitet worden.

Der zweite Band, enthaltend die Zusammenstellung der übrigen privatrechtlichen Vorschriften, wird möglichst bald folgen.

Berlin, im Oktober 1900.

Inhalts-Verzeichniß.

Allgemeines Landrecht für die Preußischen Staaten.

Einleitung.

Erster Theil.

Zweiter Theil.

Bestimmungen, die für das Privatrecht aufgehoben, aber wegen ihres öffentlich-rechtlichen Inhalts noch in Geltung sind, sind lateinisch, und Bestimmungen, die aufgehoben sind, bei denen aber die Aufhebung zweifelhaft oder die Wiedergabe wegen des Zusammenhangs mit andern Vorschriften erforderlich ist, sind klein gedruckt.

Abkürzungen.

A.B.G.	=	Allgemeines Berggesetz vom 24. Juni 1865 (G.S. S. 705).
A.E.	=	Allerhöchster Erlaß.
A.G.	=	Ausführungsgesetz.
A.G.O.	=	Allgemeine Gerichtsordnung v. 6. Juli 1793.
A.L.R.	=	Allgemeines Landrecht.
A.V.Bl.	=	Armee-Verordnungsblatt.
B.G.B.	=	Bürgerliches Gesetzbuch.
B.G.Bl.	=	Bundes-Gesetzblatt des Norddeutschen Bundes.
C.C.M.	=	Codex Constitutionum Marchicarum.
C.P.O.	=	Civilprozeßordnung.
Dekl.	=	Deklaration.
Ed.	=	Edikt.
E.G.	=	Einführungsgesetz.
Frz.G.	=	Reichsgesetz über die Freizügigkeit v. 1. November 1867 (B.G.Bl. S. 55).
G.B.O.	=	Grundbuchordnung.
Ges.	=	Gesetz.
Ges.O.	=	Gesindeordnung.
Gew.O.	=	Gewerbeordnung.
G.S.	=	Gesetz-Sammlung.
G.Th.O.	=	Gemeinheitstheilungsordnung v. 7. Juni 1821 (G.S. S. 53).
G.V.G.	=	Gerichtsverfassungsgesetz.
H.G.B.	=	Handelsgesetzbuch.
J.M.Bl.	=	Justiz-Ministerial-Blatt.
K.Gem. u. Syn.O.	=	Kirchengemeinde- und Synodalordnung.
K.G.Entsch.	=	Jahrbuch für Entscheidungen des Kammergerichts.
K.Ges.	=	Kirchengesetz.
K.Ges. u. V.Bl.	=	Kirchengesetz- und Verordnungsblatt.
K.O.	=	Konkursordnung.
K.O. v.	=	Kabinets-Ordre vom

Min.Bl. f. d. i. V.	=	Ministerialblatt für die innere Verwaltung.
M.W.Bl.	=	Militär-Wochenblatt.
N.C.C.	=	Novum Corpus Constitutionum.
Pr.F.G.G.	=	Preuß. Gesetz über die freiwillige Gerichtsbarkeit v. 21. September 1899 (G.S. S. 249).
Pr.G.K.G.	=	Preuß. Gerichtskostengesetz v. 25. Juni 1895.
Pr.K.O.	=	Preuß. Konkursordnung v. 8. Mai 1855.
Pr.Verf.	=	Preuß. Verfassung.
Rabe	=	von Rabe, Sammlung Preußischer Gesetze und Verordnungen.
Rescr.	=	Rescript.
R.F.G.G.	=	Reichsgesetz über die Angelegenheiten der freiwilligen Gerichtsbarkeit v. 17. Mai 1898 (R.G.Bl. S. 771).
R.G.Bl.	=	Reichs-Gesetzblatt.
R.Ges.	=	Reichsgesetz.
R.G.K.G.	=	Reichs-Gerichtskostengesetz.
R.Gew.O.	=	Reichs-Gewerbeordnung.
R.K.O.	=	Reichs-Konkursordnung.
R.Str.G.B.	=	Reichs-Strafgesetzbuch.
R.Verf.	=	Reichs-Verfassung.
Str.G.B.	=	Strafgesetzbuch.
Str.P.O.	=	Strafprozeßordnung.
U.W.G.	=	Unterstützungswohnsitz-Gesetz v. 6. Juni 1870 i. d. Fassung v. 12. März 1894 (R.G.Bl. S. 262).
V.	=	Verordnung.
W.O.	=	Wechselordnung.
Zuständ. Ges.	=	Ges. über die Zuständigkeit der Verwaltungs- und Verwaltungsgerichtsbehörden v. 1. August 1883 (G.S. S. 237).
Zw.V.G.	=	Reichsgesetz über die Zwangsversteigerung und die Zwangsverwaltung.

Einführungs-Bestimmungen.

Patent wegen Publikation des neuen allgemeinen Landrechts für die Preußischen Staaten. (N.C.C. Bd. IX. S. 1873.)

Wir Friedrich Wilhelm, von Gottes Gnaden König von Preußen 2c. 2c., thun kund und fügen hiermit jedermann zu wissen: Nachdem Wir die bereits unterm 20sten März 1791 vorläufig bekannt gemachte Gesetzsammlung für Unsre Staaten einer nochmaligen Revision zu unterziehen für gut befunden haben; und dieselbe nunmehr dergestalt eingerichtet ist, daß Wir durch ihre wirkliche Einführung Unsere landesväterliche Intention in jeder Rücksicht zu erreichen Uns versichert halten können; so haben Wir resolviret, besagte Gesetzsammlung in dieser ihrer gegenwärtigen Gestalt, und mit den darin gemachten Verbesserungen, unter dem Titel:

Allgemeines Landrecht für die Preußischen Staaten

hierdurch anderweit publiciren zu lassen, in Unsern gesammten Landen wirklich einzuführen, und diesem Allgemeinen Landrechte

vom 1sten Junius 1794 an

volle Gesetzeskraft beizulegen; also, daß nach diesem benannten Tage dasselbe bei Vollziehung und Beurtheilung aller rechtlichen Handlungen und deren Folgen, so wie bei Entscheidung der sich ereignenden Rechtsstreitigkeiten zum Grunde gelegt werden soll.

Damit aber auch über die verbindliche Kraft und Anwendbarkeit dieses allgemeinen Landrechts, nach besagtem Zeitpunkte, keine Zweifel oder Ungewißheiten mehr übrig bleiben mögen: so finden Wir nöthig, nachstehende nähere Bestimmungen darüber festzusetzen.

I.

Das gegenwärtige allgemeine Landrecht soll an die Stelle der in Unsern Landen bisher aufgenommen gewesenen Römischen, gemeinen Sachsen- und andrer fremden subsidiarischen Rechte und

Gesetze treten; also, daß von dem oben bemerkten Zeitpunkte, dem 1sten Junius 1794 an, auf diese bisherigen subsidiarischen Gesetze und Rechte nicht mehr zurückgegangen, sondern in vorkommenden spätern Fällen nur nach den Vorschriften des gegenwärtigen Landrechts in allen Unsern unmittelbaren und mittelbaren Gerichtshöfen erkannt werden soll.

II.

Eben so tritt dieses allgemeine Landrecht an die Stelle der über einzelne Rechtsmaterien von Zeit zu Zeit ergangenen allgemeinen Edikte und Verordnungen, welche bisher in allen Unsern Provinzen als gemeine Landesgesetze gegolten haben; indem dafür gesorgt worden ist, daß diese einzelnen Edikte und Verordnungen bei der Anfertigung des Landrechts nochmals revidirt, und ihrem Inhalte nach, bei den Gegenständen, welche sie betreffen, gehörigen Orts aufgenommen und eingeschaltet worden. In sofern jedoch in dem gegenwärtigen Landrechte auf ein solches über einzelne Materien ergangenes Edikt, oder sonstige Verordnung, Bezug genommen, und dahin verwiesen worden, versteht es sich von selbst, daß dergleichen Edikt oder Verordnung seine gesetzliche Kraft, in Ansehung aller Stellen und Vorschriften, die nicht etwa in diesem Landrechte ausdrücklich geändert sind, nach wie vor beibehalte.

III.

Die in den verschiedenen Provinzen bisher bestandenen besonderen Provinzialgesetze und Statuten behalten zwar vor der Hand noch ihre gesetzliche Kraft und Gültigkeit; dergestalt, daß die vorkommenden Rechtsangelegenheiten hauptsächlich nach diesen, und nur erst in deren Ermangelung, nach den Vorschriften des allgemeinen Landrechts beurtheilt und entschieden werden sollen.

IV.

Damit aber auch bei diesen Provinzialgesetzen und Statuten eben die gründliche Verbesserung, die Wir in Ansehung der bisherigen gemeinen und subsidiarischen Rechte zum Wohl Unserer sämmtlichen getreuen Unterthanen veranstaltet haben, gleichergestalt ins Werk gerichtet werden möge, hatten Wir bereits unterm 20sten März 1791 verordnet, daß auch diese besondern Gesetze innerhalb dreier Jahre gesammelt, revidirt, und nach dem Plane der allgemeinen Gesetzgebung geordnet werden sollten; und Wir wieder=

holen hierdurch diese Unsere Allerhöchste Willensmeinung. Da Wir inzwischen in Erfahrung bringen, daß diese vorgeschriebene Bearbeitung der Provinzialgesetze noch nicht durchgehends beendigt sei, so wollen Wir den dazu bestimmt gewesenen Termin zum Ueberflusse noch auf zwei Jahre, und also bis zum 1sten Junius 1796 hiermit verlängern.

V.

Es sollen daher da, wo es bisher noch nicht geschehen ist, die Landes-Justizcollegia mit den Deputirten der Stände ohne allen ferneren Zeitverlust sich zusammenthun; die vorhandenen, und nach dem Plane des allgemeinen Landrechts von ihnen zu ordnenden Provinzialgesetze und Statuten genau durchgehen; die Abweichungen derselben von den Vorschriften des besagten allgemeinen Landrechts gehörig bemerken; und sodann gemeinschaftlich erwägen: welche von diesen Abweichungen ferner beibehalten, und in das besondere Gesetzbuch der Provinz nothwendig aufgenommen werden müssen. Nach den darüber abzufassenden Beschlüssen soll alsdann jedes Landes-Justizcollegium das besondere Gesetzbuch für seine Provinz entwerfen, und diesen Entwurf innerhalb der bestimmten Frist, zur Vorlegung bei der Gesetzcommission, sodann aber zu Unsrer Höchsteignen weitern Verfügung und Bestätigung einsenden.

VI.

Bei dieser Bearbeitung sollen jedoch die Collegia und Stände mit allem Fleiße darauf sehen, daß die Gesetzgebung der einzelnen Provinzen mit der allgemeinen so viel als möglich in Gleichförmigkeit gebracht; die bisherige in so mancher Rücksicht höchst nachtheilige Verschiedenheit und Ungewißheit der Rechte nicht ohne Noth fortgepflanzt, noch auf bloße in einzelnen Fällen ergangene und oft sehr wider einander laufende Präjudicata blindlings Rücksicht genommen; vielmehr abweichende Bestimmungen nicht anders, als aus sehr erheblichen Gründen, welche etwa auf die besondere Verfassung, natürliche Beschaffenheit und Lage der Provinz, oder auf gewisse eigenthümliche Arten von Gewerben und Beschäftigungen der Einwohner, oder endlich auf gewisse ursprüngliche, ohne Nachtheil wohlerworbener Rechte nicht aufzuhebende Einrichtungen und Anstalten sich beziehen, in die Provinzialgesetzbücher aufgenommen werden. Insonderheit aber haben die Collegia und Stände bei diesem Geschäfte ihr Augenmerk auf diejenigen Stellen des allgemeinen Landrechts zu richten, wo eben wegen der obbemerkten Verschiedenheiten keine allgemeine Vorschriften ertheilt, sondern die nähern Bestimmungen den Provinzialgesetzen ausdrücklich vorbehalten worden.

VII.

Bei der Entwerfung der Provinzialgesetzbücher ist zwar auch auf die Gewohnheitsrechte und Observanzen, welche in dieser oder jener Provinz, oder an einzelnen Orten bisher stattgefunden haben, die erforderliche Rücksicht zu nehmen; dergestalt, daß dieselben ebenfalls gesammelt; in wie fern ihnen nach allgemeinen rechtlichen Grundsätzen die Eigenschaft einer rechtsgültigen Observanz wirklich zukomme, sorgfältig erwogen; die Erheblichkeit und Nutzbarkeit derselben, nach den §. VI. vorgeschriebenen Grundsätzen, genau geprüft, und diejenigen, deren Beibehaltung nothwendig gefunden wird, in das Provinzialgesetzbuch gehörigen Orts eingerückt werden. Nach Ablauf des §. IV. bestimmten Zeitraums aber soll auf dergleichen ungeschriebene Rechte, oder vermeintliche Observanzen, welche von den Vorschriften des allgemeinen Landrechts abweichen, nur in so fern Rücksicht genommen werden, als sie entweder den Provinzialgesetzbüchern einverleibt sind, oder das allgemeine Landrecht selbst darauf, wie bei verschiedenen Materien geschehen ist, ausdrücklich in der Art verwiesen hat, daß die gesetzlichen Bestimmungen nur für den Fall gegeben worden, wenn über den Gegenstand durch wohlhergebrachte Gewohnheiten eines Orts oder Distrikts nicht ein Anderes eingeführt wäre. Außer diesen beiden vorstehend bestimmten Ausnahmen aber sind Wir die Berufung auf Observanzen, welche dem Gesetze widersprechen, und die gemeinschädliche Ungewißheit der Rechte verewigen, nach dem Ablaufe des vorgedachten Zeitraums ferner zu dulden nicht gesonnen. Was hingegen diejenigen Observanzen betrifft, welche nicht wider die Gesetze sind, sondern nur etwas bestimmen, was in den Gesetzen unentschieden gelassen worden; so mag es dabei, nach Maßgabe §. 4 der Einleitung zu diesem allgemeinen Landrechte, bis zum Erfolge einer gesetzlichen Bestimmung, auch noch ferner sein Bewenden haben.

Da Wir auch vernehmen, daß in einigen einzelnen Provinzen über die im allgemeinen Landrechte vorkommenden Abweichungen von den Vorschriften der bisherigen subsidiarischen Gesetze, besonders in Ansehung der Familien- und Successionsrechte, annoch Bedenklichkeiten obwalten sollen: so erklären Wir hierdurch:

Daß Wir in Ansehung dieser in den drei ersten Titeln des zweiten Theils dieses allgemeinen Landrechts vorkommenden Abweichungen von gewissen einzelnen Vorschriften des Römischen, oder gemeinen Sachsenrechts, den Ständen solcher Provinzen noch gestatten wollen, sothane Bedenklichkeiten, bei den Konferenzen über ihre Provinzialgesetzbücher, anderweit vorzutragen; und daß daher diejenigen Stellen dieser drei ersten Titel des zweiten Theils, welche dergleichen Abweichungen enthalten, vor der Hand, und während des obbestimmten zweijährigen Zeitraums, bei den Gerichtshöfen noch nicht zur Anwendung gebracht werden sollen.

Wir verstehen inzwischen hierunter nur solche Vorschriften des allgemeinen Landrechts, welche das gerade Gegentheil eines klaren und unstreitig recipirt gewesenen römischen oder andern fremden Gesetzes enthalten; keineswegs aber solche Stellen, welche bloß den bisher üblichen Meinungen einiger Rechtslehrer widersprechen; oder einer gewissen Erklärungsart dieses oder jenes römischen oder andern fremden Gesetzes den Vorzug beilegen; oder gar nur bisher schon zweifelhaft gewesene Rechtsfragen bestimmen; allermaßen Wir ausdrücklich wollen, daß Vorschriften dieser letztern Art sogleich nach dem 1sten Junius 1794 in die volle gesetzliche Kraft eintreten sollen.

Auch verordnen Wir, daß in sofern Vorschriften des allgemeinen Landrechts, in vorbesagten drei Titeln, die äußere Form gewisser Handlungen auf eine von den bisherigen subsidiarischen Rechten verschiedene Art bestimmen, rechtliche Handlungen dieser Art, welche während des zweijährigen Zeitraums vorgenommen worden, in Ansehung ihrer äußern Form und Feierlichkeit gültig sein sollen, sobald dabei entweder die Vorschriften des bisherigen subsidiarischen Gesetzes, oder auch die Verordnungen des gegenwärtigen allgemeinen Landrechts beobachtet worden.

(VIII bis XVIII Uebergangsvorschriften.)

Unter vorstehenden Maßgaben und Bestimmungen nun wollen Wir dieses allgemeine Landrecht, vermöge der Uns zustehenden landesherrlichen und gesetzgebenden Macht, als ein wahres und allgemeines Landesgesetz hierdurch, und in Kraft dieses, vorschreiben und publiciren; also, daß in Unseren königlichen und Chur- auch sämmtlichen übrigen unter Unserer Hoheit und Oberbotmäßigkeit stehenden Landen, Provinzen und Distrikten, nach den in diesem neuen Gesetze enthaltenen Vorschriften verfahren und erkannt, und dasselbe in allen und jeden sowohl gerichtlichen, als außergerichtlichen Angelegenheiten, von Jedermann, der zu Unseren Unterthanen gehört, oder in Unseren Landen Geschäfte zu betreiben hat, genau beobachtet, insonderheit aber bei allen Ober- und Untergerichten, ohne Unterschied oder Ausnahme, in Beurtheilung der bei ihnen vorfallenden, oder zu ihrer Entscheidung gelangenden Angelegenheiten und Geschäfte, zum Grunde gelegt werden soll. Alle ältere Gesetze, Edikte und Verordnungen, an deren Stelle das gegenwärtige neue Landrecht nach den §. I. und II. enthaltenen nähern Bestimmungen treten soll, werden hierdurch gänzlich aufgehoben und abgeschafft, und es soll von dem bestimmten Zeitpunkte an, kein Kollegium, Gericht oder Justizbedienter sich unterfangen, diese älteren Gesetze und Verordnungen auf die vorkommenden Rechtsangelegenheiten, außer den im gegenwärtigen Patente bestimmten Fällen, anzuwenden; oder auch nur das neue Landrecht nach besagten aufgehobenen Rechten und Vorschriften zu erklären oder auszudeuten; am allerwenigsten aber von klaren und deutlichen Vorschriften der Gesetze, auf den Grund eines vermeinten philosophischen Raisonnements, oder unter dem Vorwande einer aus dem Zwecke und der Absicht des Gesetzes abzuleitenden Auslegung, die geringste eigenmächtige Abweichung, bei Vermeidung Unserer höchsten Ungnade und schwerer Ahndung, sich zu erlauben; vielmehr soll, wenn in ein oder anderem Falle über den Sinn und die richtige Auslegung einer der neuen Vorschriften Zweifel entstehen, oder irgend ein Richter keine hinlängliche Bestimmung eines zu seiner Entscheidung gelangenden Falles in dem Landrechte anzutreffen vermeinen möchte, alsdann lediglich nach den Vorschriften §. 46. 50. der Einleitung zu dem gegenwärtigen Landrechte verfahren werden.

Nach dieser Unserer solchergestalt erklärten Allerhöchsten Willensmeinung hat sich also ein Jeder, den es angeht, insonderheit aber sämmtliche Landescollegia und übrige Gerichte, genau und pflichtmäßig zu achten.

Urkundlich unter Unserer Höchsteigenhändigen Unterschrift und beigedrucktem größern Königlichen Insiegel.

So geschehen Berlin, den 5ten Februar 1794.

L. S. Friedrich Wilhelm.

Carmer.

Edikt wegen der Gesetze und Rechte, nach welchen in Südpreußen in Rechts-Angelegenheiten verfahren und geurtheilt werden soll. Vom 28. März 1794. (N.C.C. Bd. IX. S. 2097.)

1. Wollen Wir, daß . . . die bishero im Lande üblich gewesenen und darinnen für gültig anerkannten Gesetze, Constitutionen und wohlhergebrachte Gewohnheiten, in sofern solche gehörig bescheinigt werden, fernerhin, und so lange beibehalten . . werden sollen, bis dahin, daß ein förmliches Provinzialgesetzbuch . . zu Stande gebracht und von Uns bestätigt sein wird.[1])

2, 3, 4 (Ausnahmen, Uebergang).

5. Betreffend dahingegen alle diejenige Geschäfte und Rechts-Angelegenheiten, bei welchen es nicht auf besondere Provinzial-Constitutionen, Gesetze und Rechte ankommt, so soll dabei das in Unsern Staaten eingeführte und übliche Gemeine Recht die Richtschnur sein, nach welchem . . alle Handlungen . . entschieden werden sollen.

Demnach Wir nun, durch ein besonderes Patent vom 5. Februar d. J.

Ein allgemeines Land-Recht

für Unsere gesammte Staaten öffentlich bekannt machen lassen, und demselben vom 1. Juni dieses Jahres an die gesetzliche Kraft . . . beigelegt haben, so wollen und verordnen Wir hierdurch, daß dieses allgemeine Landrecht auch in Süd-Preußen, vom ermeldtem 1. Juni d. J. an, völlige Kraft und Verbindlichkeit haben solle, dergestalt daß . . die Rechts-Angelegenheiten . . . nach diesem allgemeinen Land-Recht als dem einzigen Jure communi et subsidiario . . beurtheilt und entschieden werden . . sollen.

(Abs. 3: Uebersetzung.)

6. (Uebergang.)

---

[1]) Die provinziellen Gesetze und Gewohnheiten sind beseitigt durch die Geltung des code civil in der Zeit vor 1815.

Patent zur Publikation der neuen Auflage des allgemeinen Landrechts für die Preußischen Staaten und des ersten Anhanges, worin die bisher ergangenen Abänderungen und Ergänzungen des Allgemeinen Landrechts verkürzt gesammlet sind. Vom 11. April 1803. (N.C.C. Bd. XI S. 1801.)

Wir Friedrich Wilhelm, von Gottes Gnaden König von Preußen 2c. 2c., thun kund und fügen hierdurch Jedermann zu wissen: daß der Mangel einer gehörigen Anzahl von Exemplarien des allgemeinen Landrechts für die Preußischen Staaten eine neue Auflage desselben nöthig gemacht, welcher Wir, bei der wörtlichen Uebereinstimmung mit der ersten, nicht nur die allerhöchste Sanction hierdurch ertheilen, sondern auch die Veranstaltung getroffen haben, daß die Erläuterungen und Abänderungen desselben, welche zeither gesetzlich ergangen, und das allgemeine Recht betreffen, verkürzt gesammlet, der neuen Edition gehörigen Orts eingeschaltet, und unter dem Titel des ersten Anhanges u. s. w. zum Besten der Besitzer der älteren Edition gedruckt sind.

Nur die Erläuterungen und Abänderungen des Zwanzigsten Titels des Zweiten Theils sind ausgelassen, weil derselbe durch das nächstens erfolgende neue Criminalrecht für die Preußischen Staaten ergänzt werden wird. Mit Bezug auf das Publikationspatent vom 5ten Februar 1794 haben sämmtliche Ober- und Untergerichtsstellen diese neue Auflage des Landrechts und diesen ersten Anhang gesetzlich anzuwenden, und erhalten dieselben zugleich die Anweisung, in ihren Urtelssprüchen auf keine Privat-Gesetzes-Sammlung Bezug zu nehmen, sondern sich lediglich an diejenigen Gesetze zu halten, welche ihnen zugefertiget, gehörig publicirt, auch durch das neue Archiv der Preußischen Gesetzgebung und Rechtsgelehrsamkeit zu ihrer Kenntniß gebracht, und in die akademische Edikten-Sammlung hiernächst aufgenommen werden.

Patent wegen Einführung des Allgemeinen Landrechts für die Preußischen Staaten in das Erbfürstenthum Eichsfeld, die Städte Mühlhausen, Nordhausen und Erfurt und in das Erfurter Gebiet. Vom 24. März 1803. (N.C.C. Bd. XI. S. 1457.)

§. I. Das Allgemeine Landrecht soll an die Stelle des in dem

Erbfürstenthume Eichsfeld, den Städten Mühlhausen, Nordhausen und Erfurt, bisher geltend gewesenen gemeinen Rechts treten, und vom 1. Junius 1804 an, auf dieses gemeine Recht nicht mehr zurückgegangen, sondern nur nach den Vorschriften des Allgemeinen Landrechts bei allen Ober- und Untergerichten erkannt werden.

§. II. Die bisher in dem Erbfürstenthume Eichsfeld, den Städten Mühlhausen, Nordhausen und Erfurt für gültig anerkannten Gesetze und Konstitutionen über einzelne Rechtsmaterien, ingleichen die wohlhergebrachten Gewohnheiten, behalten noch ihre bisherige Kraft und Gültigkeit, dergestalt, daß die vorkommenden Rechts-Angelegenheiten zuerst nach denselben, und nur in deren Ermangelung nach den Vorschriften des Allgemeinen Landrechts beurtheilt und entschieden werden sollen.[1])

(§. II. Abs. 1 S. 2, Abs. 2, 3 Abfassung eines Provinzialgesetzbuches).

§. III. Auf gleiche Art soll es in allen Lehnssachen bei den bisherigen Gesetzen und Verfassungen so lange verbleiben, bis Wir darüber nähere Vorschriften ertheilen werden.

Wenn jedoch die bisher geltend gewesene Lehngesetze dunkel, zweifelhaft oder unvollständig sind, so müssen sie nach den Vorschriften des Allgemeinen Landrechts erklärt oder ergänzet werden.

(§. IV. bis §. X. Uebergangsvorschriften.)

Patent wegen Einführung des Allgemeinen Landrechts in das Fürstenthum Hildesheim und die Stadt Goslar. Vom 8. März 1803. (N.C.C. Bd. XI. S. 1313.)

(Wie das Patent für d. Eichsfeld.)

Patent vom 5. April 1803, wegen Einführung des Allgemeinen Landrechts für die Preußischen Staaten in die Erbfürstenthümer Paderborn und Münster, ingleichen die Abteien Essen, Werden und Elten. (Rabe, Bd. 7, S. 422.)

(Dgl.)

[1]) Vgl. Patent vom 9. September 1814 (G.S. S. 89) §. 2.

Patent wegen Wiedereinführung des Allgemeinen Landrechts und der Allgemeinen Gerichtsordnung in die von den Preußischen Staaten getrennt gewesenen, mit demselben wieder vereinigten Provinzen. Vom 9. September 1814. (G.S. S. 89).[1]

§. 1. Vom 1. Januar 1815 an soll Unser Allgemeines Landrecht nebst den dasselbe abändernden, ergänzenden und erläuternden Bestimmungen in den, mit den Preußischen Staaten wieder vereinigten, Provinzen von neuem volle Kraft des Gesetzes haben und nach dem benannten Tage bei Vollziehung und Beurtheilung aller rechtlichen Handlungen und deren Folgen, so wie bei Entscheidung der entstehenden Rechtsstreitigkeiten zum Grunde gelegt werden.

§. 2. Die in einzelnen Provinzen und Orten bestandenen besonderen Rechte und Gewohnheiten sollen, in so fern sie durch die, unter den vorigen Regierungen, eingeführten Gesetze aufgehoben und abgeschafft worden, auch fernerhin nicht mehr zur Anwendung kommen. An deren Stelle treten die Bestimmungen des Allgemeinen Landrechts. Dahingegen hat es bei denjenigen Provinzialgesetzen und Gewohnheiten, welche deshalb, weil sich über den Gegenstand derselben in den bisherigen Gesetzen keine Vorschriften finden, als fortdauernd beibehalten worden, auch künftig noch sein Bewenden, wie denn auch die aufgehobenen Provinzialgesetze wieder volle Wirksamkeit in allen den Fällen erhalten, in welchen das Allgemeine Landrecht über den Gegenstand derselben keine Bestimmungen enthält.

(§§. 3 bis 16 Uebergangsvorschriften.)

§. 17. Vom 1. Januar 1815 an, soll die Allgemeine Gerichtsordnung für die Preußischen Staaten, mit Rücksicht auf die seit dem Jahre 1795 erfolgten Abänderungen, Zusätze und Erläuterungen derselben, in den §. 1 erwähnten Provinzen ebenfalls gesetzliche Kraft haben, so daß solche bei allen Ober- und Untergerichten sowohl in den entstehenden Rechtsstreitigkeiten, als auch in allen übrigen gerichtlichen Angelegenheiten zur einzigen Richtschnur des Verfahrens zu nehmen ist und von dem gedachten Zeitpunkte an

---

[1]) Wiedereinführung in die Stadt Danzig und ihr Gebiet durch Erlaß der Kgl. Organisations-Kommission vom 24. März 1814 seit dem 29. März 1814; vgl. Bekanntmachung des Ober-Landes-Gerichts zu Marienwerder im Amtsblatt der Kgl. Westpreußischen Regierung f. d. Jahr 1814, Nr. 17, S. 176f.

die bisherigen Vorschriften, wegen des gerichtlichen Verfahrens, insbesondere auch wegen der Zulässigkeit der Beweismittel als abgeschafft und aufgehoben zu betrachten sind.

(§§. 18 bis 30 veraltet.)

Patent wegen Wiedereinführung des Allgemeinen Landrechts und der Allgemeinen Gerichtsordnung in die mit der Provinz Westpreußen vereinigten Distrikte, den Kulm- und Michelauschen Kreis und die Stadt Thorn mit ihrem Gebiete. Vom 9. November 1816. (G.S. S. 217.)

§. 1. Vom 1. Januar 1817 an soll Unser Allgemeines Landrecht nebst den dasselbe abändernden, ergänzenden und erläuternden Bestimmungen, in den mit der Provinz Westpreußen vereinigten Distrikten, dem Kulm- und Michelauschen Kreise und der Stadt Thorn, imgleichen deren altem und neuem Gebiete, wieder volle Kraft des Gesetzes haben, und nach dem benannten Tage bei Vollziehung und Beurtheilung aller rechtlichen Handlungen und deren Folgen, so wie bei Entscheidung der entstehenden Rechtsstreitigkeiten zum Grunde gelegt werden.

§. 2. Die in den genannten Distrikten bestandenen besondern Rechte und Gewohnheiten sollen, in so fern sie durch die unter der vorigen Regierung eingeführten Gesetze aufgehoben und abgeschafft worden, auch fernerhin nicht mehr zur Anwendung kommen.

An deren Stelle treten die Bestimmungen des Allgemeinen Landrechts, und wo diese fehlen sollten, die Analogie des Rechts nach Anleitung der in dem §. 49 der Einleitung zum Allgemeinen Landrecht gegebenen Vorschrift.

(§§. 3 bis 20 Uebergangsvorschriften.)

§. 21. Vom 1. Januar 1817 an soll die Allgemeine Gerichtsordnung für die preußischen Staaten, nebst dem Anhange zu selbiger und den nachher erfolgten Abänderungen, Zusätzen und Erläuterungen in den §. 1 erwähnten Distrikten ebenfalls gesetzliche Kraft haben; so daß solche in allen entstehenden Rechtsstreitigkeiten und übrigen gesetzlichen Angelegenheiten zur einzigen Richtschnur des Verfahrens zu nehmen ist, sowohl in Hinsicht der Form, als der darin enthaltenen materiellen Bestimmungen, wohin unter andern die wegen der Zulässigkeit der Beweismittel gehören.

(§§. 22 bis 33 veraltet.)

Patent wegen Wiedereinführung der Preußischen Gesetze in das Großherzogthum Posen. Vom 9. November 1816. (G.S. S. 225.)

§. 1. Vom 1. März 1817 an, soll Unser Allgemeines Landrecht, nebst den dasselbe abändernden, ergänzenden und erläuternden Bestimmungen, in dem Großherzogthum Posen von neuem volle Kraft des Gesetzes haben und nach dem benannten Tage, bei Vollziehung und Beurtheilung aller rechtlichen Handlungen und deren Folgen, so wie bei Entscheidung der entstehenden Rechtsstreitigkeiten, zum Grunde gelegt werden.

(§. 2 = § 2 des Patents vom 9. November 1816 [G.S. S. 217].)

(§§. 3 bis 20 Uebergangsvorschriften.)

§. 21. Ueber die Beibehaltung des mündlichen Verfahrens in Prozessen, sowie über die Abweichungen der gerichtlichen Prozedur von der Vorschrift der Allgemeinen Gerichtsordnung überhaupt, wird eine besondere Verordnung ergehen. Wo diese nichts abändert, tritt vom 1. März 1817 ab, die Allgemeine Gerichtsordnung nebst ihrem Anhange und ihren späteren Abänderungen, Zusätzen und Erläuterungen, als Richtschnur ein, sowohl in Hinsicht der Form, als der darin enthaltenen materiellen Bestimmungen, wohin unter andern die wegen der Zulässigkeit der Beweismittel gehören.

(§§. 22 bis 30 veraltet.)

Patent wegen Einführung des Allgemeinen Landrechts in die mit den Preußischen Staaten vereinigten ehemals Sächsischen Provinzen und Distrikte. Vom 15. November 1816. (G.S. S. 233.)

§. 1. Vom 1. März des künftigen Jahres an, soll Unser Allgemeines Landrecht, nebst den dasselbe abändernden, ergänzenden und erläuternden Bestimmungen in den gedachten Provinzen volle Kraft des Gesetzes haben, und von dem benannten Tage, bei Vollziehung und Beurtheilung aller rechtlichen Handlungen und deren Folgen, so wie bei Entscheidung der entstehenden Rechtsstreitigkeiten, zum Grunde gelegt werden.

§. 2. Das Allgemeine Landrecht mit den nachher erfolgten gesetzlichen Bestimmungen tritt an die Stelle der bisher zur An=

wendung gekommenen Allgemeinen Landes- und der subsidiarischen Gesetze. Die Art und Weise, wie das Edikt wegen der gutsherrlichen und bäuerlichen Verhältnisse vom 14. September 1811 und dessen Deklaration vom 29. Mai 1816 in den ehemaligen Sächsischen Provinzen und Distrikten, mit Beachtung der Gerechtsame der Betheiligten in Anwendung zu bringen sei, bleibt der Bestimmung durch eine besondere Verordnung vorbehalten.

§. 3. Die in den einzelnen Provinzen und Orten bisher bestandenen besonderen Rechte und Gewohnheiten behalten noch ernerhin ihre gesetzliche Kraft und Gültigkeit, dergestalt, daß die vorkommenden Rechtsangelegenheiten hauptsächlich nach diesen, und nur erst in deren Ermangelung nach den Vorschriften des Allgemeinen Landrechts beurtheilt und entschieden werden sollen.

§. 4. Auf gleiche Art soll es in allen Lehnssachen bei den bisherigen Gesetzen und Verfassungen so lange verbleiben, bis Wir darüber nähere Vorschriften ertheilen werden. Wenn jedoch die bisher geltend gewesenen Lehngesetze dunkel, zweifelhaft oder unvollständig sind, so müssen sie nach den Vorschriften des Allgemeinen Landrechts erklärt oder ergänzt werden.[1])

(§§. 5 bis 17 Uebergangsvorschriften.)

(§§. 18 bis 23 veraltet.)

Verordnung wegen Einführung des Allgemeinen Landrechts und der Allgemeinen Gerichts-Ordnung in den mit den Preußischen Staaten vereinigten, zwischen den älteren Provinzen belegenen Distrikten und Ortschaften, und wegen Einrichtung des Hypothekenwesens in denselben. Vom 25. Mai 1818. (G.S. S. 45.)

In verschiedenen mit Unserm Staate neuvereinigten einzelnen Distrikten und Ortschaften, welche von größern Uns zugehörigen Landes-Theilen umschlossen sind (Enklaven), ist die Einführung Unserer Gesetze, obgleich die Publikations-Patente vom 9. September 1814, 22. April, 9. und 15. November 1816 auf selbige sich nicht beziehen, durch vorläufige Anordnungen bereits erfolgt; in

---

[1]) Vgl. dazu die K.O. vom 7. Februar 1845, betr. die Aufhebung der Unfähigkeit von Personen bäuerlichen Standes zur Erwerbung von Lehnrittergütern in den ehemals Königl. Sächsischen Landestheilen. (G.S. S. 96.)

andern sind die unter den vorigen Regierungen bestandenen Gesetze bisher noch gültig geblieben.

Zur völligen Bestimmung der neuen Rechtsverhältnisse in den vorgedachten Bezirken und Ortschaften, verordnen Wir nach erfordertem Gutachten Unsers Staatsraths Folgendes:

§. 1. In denjenigen jener Distrikte und Ortschaften, welche im Jahre 1813 mit den mit Unserm Staate wiedervereinigten Provinzen zwischen der Elbe und dem Rhein zugleich oder auch erst im Jahre 1814, in Besitz genommen und darauf in Gemäßheit der Wiener Kongreßakte, mit unserm Staate vereinigt worden sind, namentlich:

dem Fürstenthum Korvey;

den Besitzungen der Fürsten von Salm-Salm, Salm-Kyrburg, und Salm-Horstmar, wie auch des Herzogs von Kroy;

dem Preußischen Antheile der Besitzungen des Herzogs von Looz-Korswaren;

den Grafschaften Rittberg, Steinfurt, Hohen-Limburg und Dortmund, Recklinghausen, Barby und Gommern nebst Elbenau;

den mit dem aufgelösten Königreich Westphalen vereinigt gewesenen Theilen des vormals sächsischen Antheils der Grafschaft Mansfeld;

der vormaligen Reichs-Baronie Schauen;

den Herrschaften Rheda und Gütersloh, Anholt, Werth und Gehmen; den Aemtern Broich und Styrum; Treffurth und Dorla, sächsischen Antheils und so weiter,

hat es bei den Bestimmungen des Patents vom 9. September 1814, mit Rücksicht auf welche Unsere Gesetze, nach Anleitung der Kabinetsordre vom 20. November 1814 bereits seit dem 1. Januar 1815 eingeführt sind, sein Bewenden.

Ein Gleiches findet in Absicht der Stadt Lippstadt, zufolge der Vereinbarung mit der Fürstlich-Lippe-Detmoldschen Regierung statt.

§. 2. In denjenigen später, in Gemäßheit der Wiener Kongreßakte, und besonderer Staats-Verträge mit den Königreichen der Niederlande und Hannover, mit dem Großherzoge zu Sachsen-Weimar und mit dem Fürsten zu Schwarzburg, zu Unserm Staat gekommenen Ländertheilen und Ortschaften, welche nachstehend benannt sind, nämlich:

den vormals Hannöverschen Aemtern Reckenberg und Klötze, und den Dörfern Rüdigershagen und Gänseteich;
dem Amte Bodungen, den Gerichten Allersberg und Hainröden, und den Ortschaften Utterode und Bruchstädt, welche aus Schwarzburg-Sondershausenscher Landeshoheit an Unsern Staat übergegangen sind; den vormals zum Königreiche Böhmen gehörigen, in den Preußischen Antheil der Oberlausitz eingeschlossenen Ortschaften Güntersdorf und Nieder-Gerlachsheim, mit deren Zubehör;
dem vormals Schwarzburg-Rudolstädtischen Dorfe Wohlkramshausen;
den Aemtern Heringen und Kelbra;[1])
dem vormals Sachsen-Weimarschen Dorfe Ringleben, und den durch Grenz-Rezeß vom 7. Oktober 1816 auf dem rechten Rheinufer von dem Königreiche der Niederlande zu Unserm Staate gekommenen Ortschaften,

sollen das Allgemeine Landrecht und die Allgemeine Gerichtsordnung nebst den nachher erfolgten abändernden, ergänzenden und erläuternden Bestimmungen vom 1. Oktober dieses Jahres an, gesetzliche Kraft haben.

§. 3. Es finden dabei die Bestimmungen der Patente wegen Einführung Unserer Gesetze, in den mit Unserm Staate vereinigten vormals Sächsischen Provinzen vom 22. April und 15. November 1816 Anwendung, so weit sich selbiger nicht auf den darin festgesetzten Termin der eintretenden Gesetzeskraft, so wie auf die eigenthümliche Verfassung der gedachten Provinzen beziehen. In Absicht der Niederländischen Abtretungen dient das Patent vom 9. September 1814 zur Richtschnur.

(§. 4 Uebergangsvorschrift.)

Patent wegen Einführung des Allgemeinen Landrechts und der Allgemeinen Gerichtsordnung in das Herzogthum Westphalen, das Fürstenthum Siegen, mit den Aemtern Burbach und Neuenkirchen (Freie- und Hückenhaus) und die Grafschaften Wittgenstein-Wittgenstein und Wittgenstein-Berleburg. Vom 21. Juni 1825. (G.S. S. 153.)

§. 1. Vom 1. Dezember d. J. an, soll das Allgemeine Land-

1) Durch V. v. 20. Oktober 1819 (G.S. S. 246) wiederholt, mit Termin zum 1. März 1820.

recht, nebst den dasselbe abändernden, ergänzenden und erläuternden Bestimmungen in den obgenannten Landestheilen volle Kraft des Gesetzes haben und nach dem benannten Tage bei Vollziehung und Beurtheilung der rechtlichen Handlungen und deren Folgen, so wie bei Entscheidung der entstehenden Rechtsstreitigkeiten unter folgenden näheren Bestimmungen, zum Grunde gelegt werden.

§. 2. Das allgemeine Landrecht mit den darüber nachher erfolgten Bestimmungen, tritt an die Stelle der bisher geltend gewesenen gemeinen Rechte und derjenigen Landesgesetze oder der in ihnen enthaltenen Vorschriften, worin gemeines Recht aufgenommen, erläutert, ergänzt oder abgeändert worden ist.

§. 3. Die in den einzelnen vorgedachten Landestheilen und Orten bestehenden besonderen Rechte und Gewohnheiten, desgleichen diejenigen Landesordnungen oder Bestimmungen derselben, welche sich auf Provinzialrechtsverhältnisse beziehen, behalten noch fernerhin ihre gesetzliche Kraft und Gültigkeit, dergestalt, daß die vorkommenden Rechtsangelegenheiten hauptsächlich nach diesen und erst in deren Ermangelung nach den Vorschriften des allgemeinen Landrechts (§. 2) beurtheilt und entschieden werden sollen.

Damit aber jede Ungewißheit darüber beseitigt werde, welche Landesordnungen oder welche Bestimmungen derselben, im Gegensatze der mit Einführung des Allgemeinen Landrechts außer Anwendung tretenden (§. 2) in Kraft bleiben; so behalten Wir Uns vor, ein vollständiges Verzeichniß derselben anlegen zu lassen und durch die Gesetzsammlung bekannt zu machen.

§. 4. Folgende Theile des Allgemeinen Landrechts bleiben jedoch vor der Hand von der Anwendung ausgeschlossen:

1. Der vierte Abschnitt Tit. 21. Thl. I.:
   Von den zur Kultur ausgesetzten Gütern und Grundstücken.
2. Der 23. Tit. des I. Theils:
   Von Zwangs- und Banngerechtigkeiten.
3. Die vollständigen drei ersten Titel des II. Theils:
   Von der Ehe, von den wechselseitigen Rechten und Pflichten der Eltern und Kinder, von den Rechten und Pflichten der übrigen Mitglieder einer Familie.
4. Der 7. Titel des II. Theils:
   Vom Bauernstande.
5. Die sechs ersten Abschnitte des 8. Titels des II. Theils:

Vom Bürgerstande, mit Ausnahme der §§. 144 bis 455 im 5. Abschnitte;

nebst allen sich darauf beziehenden spätern Vorschriften.

In Absicht der vorstehend genannten Gegenstände bleiben die jetzt bestehenden gemeinen Rechte und die darauf sich beziehenden Landesordnungen (§. 2) noch vor der Hand gültig, bis neue gesetzliche Bestimmungen ergangen sein werden.

In Bezug auf die gutsherrlichen und bäuerlichen Verhältnisse in dem Herzogthum Westphalen hat es bei den deshalb ergangenen Verordnungen sein Bewenden.

§. 5. Auf gleiche Weise soll es in Absicht der bestehenden Lehne bei den bisherigen Gesetzen und Verfassungen so lange verbleiben, bis Wir darüber nähere Vorschriften ertheilen werden. Wenn jedoch die bisher geltend gewesenen Lehngesetze dunkel, zweifelhaft oder unvollständig sind, so müssen sie nach den Vorschriften des Allgemeinen Landrechts erklärt oder ergänzet werden:

(§§. 6 bis 13: veraltete Hypothekenvorschriften.)
(§§. 14 bis 23: Uebergangsvorschriften.)
§. 24 = §. 21 des Patentes vom 9. November 1816 (G.S. S. 217).
(§§. 25 bis 32 veraltet.)

Allerhöchste Kabinetsordre vom 29. März 1837, betreffend die Anwendung der Preußischen Gesetze in denjenigen Orten, welche bei Grenzregulirungen als Gebietstheile der Monarchie anerkannt oder in Folge eines Austausches an dieselbe abgetreten worden sind. (G.S. S. 71.)

1. In allen Fällen, in denen die Grenzregulirung nur verdunkelte und ungewisse Grenzen festgestellt hat, sind die Preußischen Gesetze, Verordnungen und Vorschriften, die in demjenigen Gerichtsbezirke gelten, dem die bisher streitigen Gebietstheile definitiv überwiesen sind, auch in diese letztern durch die ursprüngliche Publikation für eingeführt zu achten.

2. Dagegen sollen in denjenigen Gebietstheilen, welche seit Einführung der Preußischen Gesetzgebung in die neu- und wiedereroberten Provinzen in Folge abgeschlossener Grenzregulirungsrezesse an Preußen neu abgetreten worden, die Preußischen Gesetze, Verordnungen und Vorschriften, insofern

sie nicht schon jetzt auf den Grund besonderer Bestimmungen darin angewendet werden, vom 1. Juli d. J. ab unter Beobachtung der Grundsätze desjenigen Patents in Kraft treten, wodurch die diesseitige Gesetzgebung in die Provinz, zu welcher das neuerworbene Gebiet fortan gehört, neu oder wieder eingeführt worden ist.

3. Nach diesen Bestimmungen (1. und 2.) soll in allen Fällen verfahren werden, in welchen künftighin, zu Folge der mit benachbarten Staaten abgeschlossenen Grenzrezesse, entweder zweifelhafte und verdunkelte Grenzen festgestellt worden oder Gebietsabtretungen stattgefunden haben, wobei Ich Sie, die Minister der Justiz und des Innern und der Polizei ermächtige, in solchen Fällen den Zeitpunkt, mit welchem die Preußische Gesetzgebung in das neu erworbene Gebiet eingeführt werden soll, durch ein in die Amtsblätter der betreffenden Provinz aufzunehmendes Publikandum zu bestimmen.

Verordnung vom 22. Mai 1867 betr. die Einführung der Preußischen Gesetze und die Justizverwaltung in der vormals Bayerischen Enklave Kaulsdorf. (G.S. S. 729.)

Art. 1. Alle Preußischen Gesetze, Verordnungen und Bestimmungen, welche in dem Kreise Ziegenrück des Regierungsbezirkes Erfurt Gesetzeskraft haben, werden hierdurch mit derselben Wirkung vom 1. Juni d. J. ab in der Enklave Kaulsdorf unter gleichzeitiger Aufhebung der entgegenstehenden Gesetze, Verordnungen und Bestimmungen nach Maßgabe der Patente wegen Einführung der Allgemeinen Gerichts- und Kriminal-Ordnung und des Allgemeinen Landrechts in die mit den Preußischen Staaten vereinigten ehemals Sächsischen Provinzen und Distrikte vom 22. April und 15. November 1816 eingeführt. Hinsichtlich der Einführung der Verfassungs-Urkunde verbleibt es bei dem Gesetze vom 24. Dezember 1866. (G.S. S. 876.)

Allgemeines Landrecht für die Preußischen Staaten.

Einleitung.[1]

I. Von den Gesetzen überhaupt.

§. 1. Das Allgemeine Landrecht enthält die Vorschriften, nach welchen die Rechte und Verbindlichkeiten der Einwohner des Staats, so weit dieselben nicht durch besondere Gesetze bestimmt worden, zu beurtheilen sind.

§. 2 fällt fort.[2]

§. 3. Gewohnheitsrechte und Observanzen, welche in den Provinzen und einzelnen Gemeinheiten gesetzliche Kraft haben sollen, müssen den Provinzial-Landrechten einverleibt sein.

§. 4. In so fern aber durch Observanzen etwas bestimmt wird, was die Gesetze unentschieden gelassen haben, hat es, bis zum Erfolge einer gesetzlichen Bestimmung, dabei sein Bewenden.

§. 5. Die von dem Landesherrn in einzelnen Fällen, oder in Ansehung einzelner Gegenstände, getroffenen Verordnungen können in andern Fällen, oder bei andern Gegenständen, als Gesetze nicht angesehen werden.

§. 6. Auf Meinungen der Rechtslehrer, oder ältere Aussprüche der Richter, soll, bei künftigen Entscheidungen, keine Rücksicht genommen werden.

§§. 7—11 fallen fort.[3]

---

[1] Die Einleitung ist mit Ausnahme der §§ 74, 75, soweit sie sich nicht auf öffentliches Recht bezieht, durch Art. 89 A.G. z. B.G.B. ausdrücklich aufgehoben. Die nachstehend abgedruckten Bestimmungen haben wegen ihres öffentlich-rechtlichen Inhalts Geltung behalten.

[2] § 2 ist obsolet. Er lautete: „Besondere Provinzialverordnungen und Statuten einzelner Gemeinheiten und Gesellschaften erhalten nur durch die Landesherrliche Bestätigung die Kraft der Gesetze."

[3] Sie handelten von der Abfassung und der Publikation der Ge-

§. 12. Es ist aber auch ein jeder Einwohner des Staats sich um die Gesetze, welche ihn oder sein Gewerbe und seine Handlungen betreffen, genau zu erkundigen gehalten; und es kann sich Niemand mit der Unwissenheit eines gehörig publizirten Gesetzes entschuldigen.

§. 13 fällt fort.[4])

Anwendung der Gesetze.

§. 14. Neue Gesetze können auf schon vorhin vorgefallene Handlungen und Begebenheiten nicht angewendet werden.

§. 15. Die von Seiten des Gesetzgebers nöthig befundene und gehörig publizirte Erklärung eines älteren Gesetzes aber giebt, in allen noch zu entscheidenden Rechtsfällen, den Ausschlag.

§. 16. Soll nur die äussere Form einer Handlung geändert, und diese Vorschrift bei allen noch abzuändern möglichen Handlungen beobachtet werden, so muss das Gesetz hiezu eine hinlängliche Frist bestimmt haben.

§. 17. Frühere Handlungen, welche, wegen eines Mangels der Förmlichkeit, nach den alten Gesetzen ungültig sein würden, sind gültig, in so fern nur die nach den neuern Gesetzen erforderlichen Förmlichkeiten, zur Zeit des darüber entstandenen Streits, dabei angetroffen werden.

§§. 18—20 fallen fort.[5])

§. 21. Uebrigens stehen, bei Beurtheilung einzelner Streitfragen, die allgemeinen Gesetze den Provinzialgesetzen, diese den besonderen Statuten und diese endlich den auf andere Art wohlerworbenen Rechten nach.

---

setze. Jetzt: Art. 2, 5, 17 R.Verf.; Art. 45, 62—64, 106 Pr. Verf.; G., betr. die Publikation der Gesetze v. 3. April 1846 (G.S. S. 151); G., betr. den Beginn der verbindlichen Kraft der durch die Gesetzsammlung verkündeten Erlasse v. 16. Febr. 1874 (G.S. S. 23); G., betr. die Bekanntmachung landesherrlicher Erlasse durch die Amtsblätter v. 10. April 1872 (G.S. S. 357). — § 30 R.G. über die Konsulargerichtsbarkeit v. 7. April 1900 (R.G.Bl. S. 213); § 3 Schutzgebietsges. v. 25. Juli 1900 (R.G.Bl. S. 813).

[4]) Er enthielt eine strafrechtliche Bestimmung, die durch das R.Str.G.B. ersetzt ist.

[5]) § 18 ist schon durch Art. 7 E.G. z. Pr.Str.G.B. v. 14. April 1851 (G.S. S. 93), § 20 durch § 2 E.G. z. R.Str.G.B. (vgl. § 2 R.Str.G.B.) aufgehoben. § 19 enthielt eine rein privatrechtliche Bestimmung.

Wen die Gesetze verbinden.

§. 22. Die Gesetze des Staats verbinden alle Mitglieder desselben, ohne Unterschied des Standes, Ranges und Geschlechts.

§§. 23—35 fallen fort.[6])

In Ansehung der Fremden.

§. 36. Den Gesandten und Residenten auswärtiger Mächte, so wie den in ihren Diensten stehenden Personen, bleiben ihre Befreiungen, nach dem Völkerrechte und den mit den verschiedenen Höfen obwaltenden Verträgen vorbehalten.

§§. 37—39 und Anh. §. 1 fallen fort.[7])

§. 40. Wem die Gesetze auf der einen Seite Verbindlichkeiten auflegen, dem kommen sie auf der andern Seite durch ihren Schutz auch wieder zu Statten.

§. 41. Fremde Unterthanen haben also, bei dem Betriebe erlaubter Geschäfte in hiesigen Landen, sich aller Rechte der Einwohner zu erfreuen, so lange sie sich des Schutzes der Gesetze nicht unwürdig machen.

§. 42. Die Verschiedenheit der Rechte auswärtiger Staaten macht von dieser Regel noch keine Ausnahme,

Vom Retorsionsrechte.

§. 43. Wenn aber der fremde Staat, zum Nachtheil des Fremden überhaupt, oder der hiesigen Unterthanen insbesondere, beschwerende Verordnungen macht, oder dergleichen Missbräuche wissentlich gegen diesseitige Unterthanen duldet, so findet das Wiedervergeltungsrecht statt.

§§. 44, 45 fallen fort.[8])

---

[6]) Sie handelten von der örtlichen Anwendbarkeit der Gesetze und sind durch Art. 7 ff. E.G. z. B.G.B. ersetzt. — Auch § 33 bezog sich nur auf Privatrecht und ist daher durch Art. 89 A.G. z. B.G.B. aufgehoben. Er lautete: „Provinzialgesetze und Statuten, welche die äußerliche Feierlichkeit einer Handlung bestimmen, gelten nur bei Handlungen, die unter der Gerichtsbarkeit, für welche das Gesetz gegeben ist, von den ihr unterworfenen Personen vorgenommen werden."

[7]) Ersetzt durch Art. 7 ff. E.G. z. B.G.B. vgl. Anm. 6.

[8]) Sie bezogen sich nur auf Privatrecht und sind durch Art. 89 A.G. z. B.G.B. aufgehoben. Sie lauteten:

§. 44. Unterrichter sollen, ohne Genehmigung ihrer Vorgesetzten, gegen Fremde niemals auf Retorsion erkennen.

Auslegung der Gesetze.

§. 46. Bei Entscheidung streitiger Rechtsfälle darf der Richter den Gesetzen keinen andern Sinn beilegen, als welcher aus den Worten, und dem Zusammenhange derselben, in Beziehung auf den streitigen Gegenstand, oder aus dem nächsten unzweifelhaften Grunde des Gesetzes, deutlich erhellet.

§§. 47, 48 Anh. §. 2 fallen fort.[9])

§. 49. Findet der Richter kein Gesetz, welches zur Entscheidung des streitigen Falles dienen könnte, so muss er zwar nach den in dem Landrechte angenommenen allgemeinen Grundsätzen, und nach den wegen ähnlicher Fälle vorhandenen Verordnungen, seiner besten Einsicht gemäss, erkennen.

§. 50. Er muß aber zugleich diesen vermeintlichen Mangel der Gesetze dem Chef der Justiz sofort anzeigen.

§. 51. Sollte durch dergleichen Anzeige in der Folge ein neues Gesetz veranlasst werden, so kann dasselbe doch auf die vorher schon gültig vollzogenen Handlungen keinen Einfluss haben.

§. 52 fällt fort.[10])

§. 53. Wo kein Provinzial-Landesgesetz, oder andere dergleichen besondere Bestimmung vorhanden ist, hat es allemal bei den Vorschriften des allgemeinen Landrechts sein Bewenden.

§. 54. Privilegien und verliehene Freiheiten müssen, in zweifelhaften Fällen, so erklärt werden, wie sie am wenigsten zum Nachtheile des Dritten gereichen.

§. 55. Im übrigen sind die verliehenen Privilegien und Freiheiten so zu deuten, dass die wohlthätige Absicht des Gebers dabei nicht verfehlt oder vereitelt werde.

§. 56. Privilegien und Freiheiten, welche durch einen lästigen Vertrag erworben worden, sind nach den Regeln der Verträge zu erklären und zu beurtheilen.

---

§. 45. Dagegen können aber auch Fremde durch Abtretung ihrer Rechte an hiesige oder andere mehr begünstigte Unterthanen, sich dem Retorsionsrechte nicht entziehen.

Jetzt: Art. 31 E.G. z. B.G.B.

[9]) Sie betrafen die Anfrage bei der Gesetzkommission und Anzeige an den Justizminister.

[10]) Schrieb Einholung von Gutachten der Provinzial-Landeskollegien vor der Vorlegung in der Gesetzkommission vor.

§. 57. Ausserdem sind alle dergleichen besondere Gesetze und Verordnungen so zu erklären, wie sie mit den Vorschriften des gemeinen Rechts, und dem Hauptendzwecke des Staats am nächsten übereinstimmen.

§. 58. Uebrigens ist auf den eigentlichen Inhalt des Privilegii, im zweifelhaften Falle mehr, als auf die darin angeführten Bewegungsgründe der ersten Verleihung, Rücksicht zu nehmen.

Aufhebung der Gesetze.

§. 59. Gesetze behalten so lange ihre Kraft, bis sie von dem Gesetzgeber ausdrücklich wieder aufgehoben werden.

§. 60. So wenig durch Gewohnheiten, Meinungen der Rechtslehrer, Erkenntnisse der Richter, oder durch die in einzelnen Fällen ergangenen Verordnungen neue Gesetze eingeführt werden können; eben so wenig können schon vorhandene Gesetze auf dergleichen Art wieder aufgehoben werden.

§. 61. Statuten und Provinzialgesetze werden durch neuere allgemeine Gesetze nicht aufgehoben, wenn nicht in letzteren die Aufhebung der ersteren deutlich verordnet ist.

§. 62. Bei Aufhebung besonderer Statuten, Provinzialgesetze und Privilegien, müssen diejenigen, die es zunächst angeht, mit ihrer Nothdurft gehört werden.

§. 63. Privilegien, welche einer bestimmten Person verliehen worden, erlöschen mit dem Abgange des Privilegirten.

§. 64. Dagegen gehen Rechte und Privilegien, welche der Sache ankleben, auf einen jeden Besitzer über, in so fern die Gesetze, oder die Verleihungsurkunden, nicht ausdrücklich ein anderes besagen.

§. 65. Ist ein oder der andere Besitzer zur Ausübung des der Sache anklebenden Rechts unfähig, so ruht dieses Recht so lange, bis die rechtlichen Hindernisse wieder gehoben sind.

§. 66. Ist das Privilegium oder Recht auf die Person, in Verbindung mit der Sache gerichtet, so erlischt dasselbe durch die Trennung des Besitzers und der Sache.

§. 67. Privilegien, welche nur auf eine bestimmte Zeit verliehen worden, erlöschen mit derselben Ablauf.

§. 68. Ist das Privilegium ausdrücklich nur unter einer festgesetzten Bedingung verliehen, so kann dasselbe ohne Erfüllung dieser Bedingung nicht ausgeübt werden.

§. 69. Auch Privilegien, welche zu einem bestimmten Endzweck gegeben sind, hören auf, wenn der Zweck gar nicht, oder doch ferner nicht mehr, erreicht werden kann.

§. 70. Privilegien, auch solche, die durch einen lästigen Vertrag erworben worden, kann der Staat, jedoch nur aus überwiegenden Gründen des gemeinen Wohls, und nur gegen hinlängliche Entschädigung des Privilegirten, wieder aufheben.

§. 71. Die Entschädigung selbst kann nicht anders, als durch Vertrag, oder rechtliches Erkenntniss festgesetzt werden.

§. 72. Wer eines groben Missbrauchs seines Privilegii, zum Schaden des Staats, oder seiner Mitbürger, durch richterliches Erkenntniss schuldig befunden wird, der hat sein Recht verwirkt, und kann keine Entschädigung dafür fordern.

II. Allgemeine Grundsätze des Rechts.

§. 73. Ein jedes Mitglied des Staats ist, das Wohl und die Sicherheit des gemeinen Wesens, nach dem Verhältnisse seines Standes und Vermögens, zu unterstützen verpflichtet.

Verhältniß des Staats gegen seine Bürger.

§. 74. **Einzelne Rechte und Vortheile der Mitglieder des Staats müssen den Rechten und Pflichten zur Beförderung des gemeinschaftlichen Wohls, wenn zwischen beiden ein wirklicher Widerspruch (Collision) eintritt, nachstehn.** [11])

§. 75. **Dagegen ist der Staat denjenigen, welcher seine besondern Rechte und Vortheile dem Wohle des gemeinen Wesens aufzuopfern genöthigt wird, zu entschädigen gehalten.**

§. 76. Jeder Einwohner des Staats ist den Schutz desselben für seine Person und sein Vermögen zu fordern berechtigt.

§. 77. Dagegen ist Niemand sich durch eigene Gewalt Recht zu schaffen befugt.

§. 78. Die Selbsthülfe kann nur in dem Falle entschuldigt werden, wenn die Hülfe des Staats zur Abwendung eines unwiederbringlichen Schadens zu spät kommen würde.

---

11) Die §§ 74, 75 sind aufrecht erhalten durch Art. 109 E.G. und Art. 89 A.G. z. B.G.B. — Wegen der einzelnen Gesetze über das Enteignungsrecht vgl. Anm. 2 zu § 4 I. 11.

§. 79. Die Entscheidung der vorfallenden Streitigkeiten, so wie die Bestimmung der zu verhängenden Strafen, muss den, einem jeden Einwohner des Staats durch die Gesetze angewiesenen Gerichten überlassen werden.

§. 80. Auch Rechtsstreitigkeiten zwischen dem Oberhaupte des Staats, und seinen Unterthanen, sollen bei den ordentlichen Gerichten, nach den Vorschriften der Gesetze, erörtert und entschieden werden.[12]

§. 81. Den Schutz gegen auswärtige Feinde erwartet der Staat lediglich von der Anordnung seines Oberhauptes.

Quelle des Rechts.

§. 82. Die Rechte des Menschen entstehen durch seine Geburt, durch seinen Stand, und durch Handlungen oder Begebenheiten, mit welchen die Gesetze eine bestimmte Wirkung verbunden haben.

§. 83. Die allgemeinen Rechte des Menschen gründen sich auf die natürliche Freiheit, sein eigenes Wohl, ohne Kränkung der Rechte eines Andern, suchen und befördern zu können.

§. 84. Die besonderen Rechte und Pflichten der Mitglieder des Staats beruhen auf dem persönlichen Verhältnisse, in welchem ein Jeder gegen den Andern, und gegen den Staat selbst, sich befindet.

§. 85. Rechte und Pflichten, welche aus Handlungen oder Begebenheiten entspringen, werden allein durch die Gesetze bestimmt.

§. 86. Rechte, welche durch die Gesetze nicht unterstützt werden, heissen unvollkommen, und begründen keine gerichtliche Klage oder Einrede.

§. 87. Handlungen, welche weder durch natürliche, noch durch positive Gesetze verboten worden, werden erlaubt genannt.

Ausübung der Rechte.

§. 88. So weit Jemand ein Recht hat, ist er dasselbe in den gesetzmässigen Schranken auszuüben befugt.

§. 89. Wem die Gesetze ein Recht geben, dem bewilligen

---

[12]) Ist ersetzt durch § 5 E.G. z. C.P.O., da er keine Abweichung von diesem enthält.

sie auch die Mittel, ohne welche dasselbe nicht ausgeübt werden kann.

§. 90. Wer ein Recht hat, ist zu allen Vortheilen, die er sich durch dessen gesetzmässigen Gebrauch verschaffen kann, wohl befugt.

§. 91. Das Recht zum Grössern oder Mehrern schliesst das Recht zum Geringern oder Wenigern gleicher Art in sich.

§. 92. Aus dem Rechte des Einen folgt die Pflicht des Andern, zur Leistung oder Duldung dessen, was die Ausübung des Rechtes erfordert.

§. 93. Wer den Andern in der Ausübung seines Rechtes hindert, beleidigt denselben, und wird ihm, für allen daraus erwachsenden Schaden und Nachtheil, verantwortlich.[13]

§. 94. Wer aber sein Recht nach den Gesetzen ausübt, ist zum Ersatze eines bei dieser Gelegenheit entstandenen Schadens nicht verbunden. (Th. I. Tit. 6. §. 36. 37. 38.)

Collision.

§. 95. Wenn das Recht des Einen der Ausübung des Rechtes eines Andern entgegenstehet, so muss das mindere Recht dem stärkern weichen.

§. 96. In Ermangelung besonderer gesetzlicher Vorschriften muss der, welcher durch Ausübung seines Rechtes einen Vortheil sucht, dem nachstehen, der nur einen Schaden abzuwenden bedacht ist.

§. 97. Sind die in Collision kommenden Rechte von gleicher Beschaffenheit, so muss jeder der Berechtigten von dem seinen so viel nachgeben, als erforderlich ist, damit die Ausübung beider zugleich bestehen könne.

§. 98. Bis zur erfolgenden richterlichen Bestimmung des entstandenen Collisionsfalles muss die Sache zwischen den Berechtigten in dem Stande bleiben, in welchem sie bis dahin gewesen ist.

Uebertragung der Rechte.

§. 99. Rechte, welche an eine bestimmte Person, oder an gewisse Eigenschaften derselben, nicht gebunden sind, können von dem Einen auf den Andern übertragen werden.

§. 100. Wer einem Andern sein Recht überträgt, von dem

---

[13]) §§. 93, 94 sind rein privatrechtlich und daher durch Art. 89 A.G. z. B.G.B. aufgehoben.

wird vermuthet, dass er demselben zugleich alle damit verbundenen Vortheile habe übertragen wollen.

§. 101. Niemand aber kann dem Andern mehrere Rechte übertragen, als er selbst besitzt.

Verlust der Rechte.

§. 102. Rechte, welche nur der Person ankleben, verschwinden durch derselben Tod.

§. 103. Rechte aber, welche zum freien Eigenthum gerechnet werden, gehen mit dem Tode des Besitzers auf Andere, nach näherer Bestimmung der Gesetze, über.

§. 104. Die bloss an den Stand gebundenen Rechte können von dem Besitzer aus eigener Macht auf Andere nicht übertragen werden, und gehen mit dem Stande verloren.

§. 105. Dass Jemand sich seines Rechtes habe begeben wollen, wird nicht vermuthet.

§. 106. Die Willensäusserung zur Entsagung oder Uebertragung eines Rechtes muss also deutlich und zuverlässig sein.

§. 107. Doch kann, nach näherer Bestimmung der Gesetze, ein Recht auch durch den unterlassenen Gebrauch, oder durch den Missbrauch desselben, verloren gehen.

§. 108. Das Recht, welches von dem Dasein oder der Dauer eines andern Rechtes, oder einer Sache abhängt, geht mit dem Rechte oder der Sache, worauf es beruht, zugleich verloren.

Erster Theil.

Erster Titel.

Von Personen und deren Rechten überhaupt.[1])

Unterschied der Geschlechter.

§. 24. Die Rechte beider Geschlechter sind einander gleich, so weit nicht durch besondere Gesetze, oder rechtsgültige Willenserklärungen, Ausnahmen bestimmt worden.[2])

Zweiter Titel.

Von Sachen und deren Rechten überhaupt.[3])

Dritter Titel.

Von Handlungen und den daraus entstehenden Rechten.[4])

Allgemeine Grundsätze von den Rechten der Handlungen.

§. 29. Wer durch Natur, Gesetz, oder durch einen Auftrag

---

1) Der Titel enthielt, mit Ausnahme des § 24, keine Bestimmungen, die sich auf das öffentliche Recht beziehen, und ist daher durch Art. 89 A.G. z. B.G.B. ganz beseitigt.

2) § 24 ist in Art. 89 A.G. z. B.G.B. auch für das Privatrecht von der Aufhebung ausgenommen. Er ist aber formell für das Privatrecht durch Art. 55 E.G. z. B.G.B. aufgehoben, wenn er auch inhaltlich weiter gilt (§ 1 B.G.B.). Soweit er sich auf öffentliches Recht bezieht, ist er in Kraft geblieben.

3) Der Titel enthielt nur Privatrecht und ist aufgehoben durch Art. 89 A.G. z. B.G.B.

4) Mit Ausnahme des § 29 enthielt der Titel nur Privatrecht und ist aufgehoben durch Art. 89 A.G. z. B.G.B. — Die Begründung zum A.G. z. B.G.B. (S. 202) bemerkt zwar, daß der § 29, auch soweit er öffentliches Recht enthalte, unbedenklich gestrichen werden könne. Da aber Art. 89 A.G. z. B.G.B. die Aufhebung nur ausgesprochen hat, soweit die Vorschriften sich nicht auf öffentliches Recht beziehen, hat § 29 für das öffentliche Recht Geltung behalten.

des Staates, ein besonderes Recht hat, die Handlungen eines Andern zu leiten, der kann denselben auch mit Gewalt hindern, sich selbst zu schaden.

Vierter Titel.

Von Willenserklärungen.[5])

Fünfter Titel.

Von Verträgen.[6])

I. Persönliche Fähigkeit, Verträge zu schließen.

§. 26. In wie fern, und unter was für Erfordernissen Corporationen und Gemeinen durch Verträge verpflichtet werden können, ist nach ihren vom Staate genehmigten Grundverträgen zu beurtheilen.[7])

§. 27. Wo diese nichts bestimmen, ist auf die wegen der verschiedenen Arten der Corporationen ergangenen Gesetze Rücksicht zu nehmen.

§. 28. Wo auch diese nichts Besonderes verordnen, da bleibt es bei den von Verpflichtung der Corporationen überhaupt vorgeschriebenen allgemeinen Grundsätzen. (Th. 2. Tit. 6.)

§. 29. Oeffentliche Cassen können nur unter Genehmigung des vorgesetzten Departements durch Verträge verpflichtet werden.

Sechster Titel.

Von den Pflichten und Rechten, die aus unerlaubten Handlungen entstehen.[8])

Siebenter Titel.

Von Gewahrsam und Besitz.[9])

Erwerbung des Besitzes von Rechten,

§. 77. Rechte, welche mit dem Besitze einer Sache verbunden sind, werden mit der Sache zugleich übergeben.

---

5) Aufgehoben durch Art. 89 A.G. z. B.G.B.

6) Die Vorschriften außer §§ 26—29 sind aufgehoben durch Art. 89 A.G. z. B.G.B.

7) Die §§ 26—29 sind, insofern sie sich auf das öffentliche staatliche Aufsichtsrecht beziehen, in Geltung geblieben.

8) Aufgehoben durch Art. 89 A.G. z. B.G.B.

9) Der Titel ist aufgehoben durch Art. 89 A.G. z. B.G.B. Das gilt

§. 78. Der Besitz anderer Rechte, die von dem Besitze einer körperlichen Sache nicht abhängen, kann nur durch die Ausübung derselben erlangt werden.

§. 79. Doch bedürfen Theile eines Rechts, welche aus seinem Begriffe von selbst folgen, keiner besondern Besitzergreifung.

eines affirmativen Rechtes,

§. 80. Wer eine Handlung, die ein Andrer als eine fortdauernde Schuldigkeit von ihm gefordert hat, wirklich leistet, der setzt denselben in den Besitz des Rechts, die Wiederholung dieser Handlung von ihm zu fordern. (Affirmatives Recht.)

eines negativen Rechtes,

§. 81. Wer eine Handlung, welcher der Andere widersprechen konnte, ohne dessen Widerspruch unternimmt, der erlangt den Besitz des Rechts, von dem Andern zu fordern, daß er diese Handlung ferner leide. (Negatives Recht.)

§. 82. Soll jedoch durch dergleichen Handlung der Besitz eines negativen Rechts wirklich erlangt werden, so muß aus der Erklärung des Handelnden, oder aus den Umständen, die Meinung desselben, daß ihm ein solches fortdauerndes Recht wirklich zustehe, deutlich erhellen.

§. 83. Soll die Besitzergreifung eines solchen negativen Rechts durch Widerspruch gehindert werden, so muß dieser Widerspruch bei der Handlung selbst gegen den Handelnden geäußert sein.

§. 84. Ein nach gänzlich vollendeter Handlung erfolgender Widerspruch kann den durch diese Handlung einmal erworbenen Besitz nicht wieder aufheben.

§. 85. Erfolgt jedoch der Widerspruch auf frischer That, oder sogleich, als der, gegen welchen der Besitz des negativen Rechts erworben werden soll, die Handlung erfahren hat, so wird dadurch die Besitzergreifung entkräftet.

eines Untersagungsrechts.

§. 86. Den Besitz eines Untersagungsrechts erwirbt derjenige, auf dessen Verbot der Andere von einer unternommenen Handlung absteht.

---

auch für die Vorschriften über den Rechtsbesitz §§. 77—95, 126—133, obwohl das Preußische Recht bei öffentlichen Rechten und in den durch das E.G. z. B.G.B. dem Landesrecht vorbehaltenen Gebieten einen Rechtsbesitz kennt. Denn die Vorschriften des 7. Titels sind rein privatrechtliche, und sind durch die Anwendung auf den Besitz an öffentlichen Rechten nicht selbst öffentliches Recht geworden. Ebensowenig sind sie Bestandtheil eines der Sonderrechte der vorbehaltenen Materien des Privatrechts geworden, da sie dort nur als allgemeines Recht angewendet sind; für diese sind sie überdies durch Art. 89 A.G. z. B.G.B. ausdrücklich aufgehoben. Soweit im Preußischen Recht ein Rechtsbesitz vorkommt, fehlt es gegenwärtig an positiven gesetzlichen Vorschriften, die ihn im Einzelnen regeln.

§. 87. Ist jedoch ein Untersagungsrecht Jemandem durch eine ausdrückliche Willenserklärung eingeräumt worden, so wird derselbe von dem Augenblicke an, wo diese Willenserklärung ihre Rechtsgültigkeit erlangt hat, in dem Besitze des Rechts zu sein geachtet.

Erwerbung des Besitzes eines Rechts gegen Mehrere,

§. 88. Mitbesitzer gemeinschaftlicher Sachen werden durch ihre Handlungen, Unterlassungen oder Duldungen nur auf ihren Antheil verpflichtet.

§. 89. Ist die Sache, auf welche der Besitz eines Rechts erworben werden soll, an sich untheilbar, oder sind die Mitbesitzer derselben in ungetheiltem Besitze, so kann einer von ihnen durch seine Handlungen oder Duldungen dem Andern nichts vergeben.

insonderheit gegen Corporationen und Gemeinen.

§. 90. Durch Handlungen oder Leistungen einzelner Mitglieder einer Gemeine wird der Besitz des Rechts, von der Gemeine etwas zu fordern (eines affirmativen Rechts), nicht erworben.

§. 91. Soweit die Einwilligung eines Theils der Gemeine, ihrer Repräsentanten, Vorsteher oder Bevollmächtigten, zur Verpflichtung der ganzen Gemeine bei Verträgen hinreicht, soweit wird durch die Handlungen und Leistungen dieser Personen auch der Besitz eines affirmativen Rechts gegen die Gemeine erlangt.

§. 92. Der Besitz der Befugniß, einer Gemeine die fernere Ausübung eines gemeinschaftlich ausgeübten Rechts zu untersagen, wird gegen sie nur in soweit erworben, als alle Mitglieder dem Verbote Folge leisten.

§. 93. Der Besitz des Rechtes, etwas zu thun (eines negativen Rechtes), wird gegen eine Gemeine nur alsdann erlangt, wenn keines ihrer Mitglieder der Ausübung widersprochen hat.

§. 94. In beiden Fällen (§§. 92. 93.) kann also auch ein einzelnes Mitglied, wenn es gleich weder zu den Repräsentanten, noch Vorstehern oder Beamten gehört, durch seine entgegengesetzte Handlung, oder durch seinen Widerspruch, die Besitzergreifung gegen die Gemeine hindern.

§. 95. Dagegen kann eine Gemeine, welche nach ergangenem Verbote eine Handlung unterlassen, oder der Handlung des Besitzergreifenden nicht widersprochen hat, den Mangel der Wissenschaft nicht vorschützen, sobald das Verbot oder die Handlung zur Kenntniß ihrer Repräsentanten oder Vorsteher gelangt ist.

Fortsetzung und Verlust der Gewahrsam und des Besitzes; insonderheit bei Rechten.

§. 126. Der Besitz des Rechts, von einem Andern etwas zu fordern (eines affirmativen Rechts), geht verloren, wenn der bisher Verpflichtete die fernere Erfüllung der von ihm geforderten Pflicht verweigert, und der Andere sich dabei beruhiget.

§. 127. Der Besitz des Rechts, etwas zu thun (eines negativen Rechts), hört auf, wenn der Andere den Besitz des entgegengesetzten Untersagungsrechts erworben hat.

§. 128. Der Besitz eines Untersagungsrechts geht verloren, wenn der Andere sich in den Besitz des entgegenstehenden negativen Rechts (des Rechts etwas zu thun) gesetzt hat.

§. 129. In so fern durch die Uebergabe von Sachen zugleich Rechte an einen Andern übertragen worden (§. 77.), in so fern wird dadurch auch der Besitz des vorigen Besitzers aufgegeben.

§. 130. Uebrigens wird der einmal erlangte Besitz eines Rechts durch die unterlassene fernere Ausübung desselben in der Regel noch nicht verloren. (Tit. 9. Abschn. 9.)

§. 131. Der Besitz einer Sache oder eines Rechts, welcher einem Andern nur auf eine gewisse Zeit, oder unter einer auflösenden Bedingung eingeräumt worden, hört mit dem Ablaufe der Zeit, oder mit dem Eintritte der Bedingung von selbst auf.

§. 132. Auch durch die fortgesetzte Gewahrsam wird ein solcher Besitz nicht fortgesetzt.

§. 133. Soll die Fortsetzung der Gewahrsam diese Wirkung haben, so muß eine neue, mit den gesetzlichen Eigenschaften der Besitzergreifung versehene Handlung hinzukommen.

Achter Titel.

Vom Eigenthume.[1])

§. 29. Der Staat kann das Privateigenthum seiner Bürger nur alsdann einschränken, wenn dadurch ein erheblicher Schade von Andern oder von dem Staate selbst abgewendet, oder ihnen ein beträchtlicher Vortheil verschafft werden, beides aber ohne allen Nachtheil des Eigenthümers geschehen kann.[2])

§. 30. Ferner alsdann, wenn der abzuwendende Schade, oder der zu verschaffende Vortheil des Staates selbst, oder anderer Bürger desselben, den aus der Einschränkung für den Eigenthümer entstehenden Nachtheil beträchtlich überwiegt.

§. 31. Doch muß in diesem letztern Falle der Staat zugleich dafür sorgen, daß der einzuschränkende Eigenthümer für den dadurch erleidenden Verlust vollständig schadlos gehalten werde.

§. 32. In allen Fällen aber können Einschränkungen des

---

1) Der achte Titel ist durch Art. 89 A.G. z. B.G.B. mit Ausnahme der nachstehend abgedruckten Bestimmungen aufgehoben; vgl. aber § 190 d. Tit.

2) §§ 29—32 enthalten allgem. Grundsätze über Beschränkung des Eigenthums sowohl i. S. d. Art. 109 E.G. z. B.G.B. (Enteignung) wie Art. 111 das. (in Ansehung thatsächlicher Verfügungen) vgl. §§ 74, 75 Einl.

Eigenthums, welche nicht aus besonderen wohlerworbenen Rechten eines Andern entspringen, nur durch Gesetze begründet werden.[3])

[3]) Oeffentlichrechtliche Beschränkungen des Eigenthums i. S. d. Art. 111 E.G. z. B.G.B. enthalten ff. Gesetze (die Grenze gegenüber Art. 109 ist unsicher): §§ 33—82, 96—117 I, 8; § 57 II, 15; (Baurecht): Ges. betr. die Beschränkungen des Grundeigenthums i. d. Umgebung von Festungen, v. 21. Dezember 1871 (R.G.Bl. S. 459); Ges. betr. die Anlegung und Veränderung von Straßen und Plätzen in Städten und ländlichen Ortschaften, v. 2. Juli 1875 (G.S. S. 561); Ges. betr. die Vertheilung der öffentlichen Lasten bei Grundstückstheilungen und die Gründung neuer Ansiedlungen i. d. Provinzen Preußen, Brandenburg, Pommern, Posen, Schlesien, Sachsen und Westfalen, v. 25. August 1876 (G.S. S. 405) §§ 13 ff.; gleichnamiges Ges. für die Provinz Hannover, v. 4. Juli 1887 (G.S. S. 324) §§ 14 ff.; f. d. Provinz Schleswig-Holstein, v. 13. Mai 1888 (G.S. S. 243) §§ 13 ff.; Ges. betr. die Gründung neuer Ansiedlungen i. d. Provinz Hessen-Nassau, v. 11. Juni 1890 (G.S. S. 173); Ges. über Ergänzung dieser vier Gesetze, v. 16. September 1899 (G.S. S. 497); Feld- und Forstpolizeigesetz v. 1. April 1880 (G.S. S. 230) § 46; (Waldrecht): Ges. betr. die Verwaltung der den Gemeinden und öffentlichen Anstalten gehörigen Holzungen in den Provinzen Preußen, Brandenburg, Pommern, Posen, Schlesien und Sachsen, v. 14. August 1876 (G.S. S. 373); gleichnamige V. für Westfalen, Kleve, Berg und Niederrhein, v. 24. Dezember 1816 (G.S. S. 1817, S. 57); Ges. betr. Schutzwaldungen und Waldgenossenschaften, v. 6. Juli 1875 (G.S. S. 416); Ges. über gemeinschaftliche Holzungen, v. 14. März 1881 (G.S. S. 261); Ausnahmen davon: Waldkulturges. f. d. Kreis Wittgenstein, v. 1. Juni 1854 (G.S. S. 329); Haubergordnung f. d. Kreis Siegen, v. 17. März 1879 (G.S. S. 228); dgl. f. d. Dillkreis und Oberwesterwaldkreis, v. 4. Juni 1887 (G.S. S. 289); desgl. f. d. Kreis Altenkirchen, v. 9. April 1890 (G.S. S. 55); Ges. betr. die Regelung der Forstverhältnisse für d. ehem. Justizamt Olpe i. Kreise Olpe (Reg.-Bez. Arnsberg), v. 3. August 1897 (G.S. S. 285); Ges. betr. Schutzmaßregeln im Quellgebiete der linksseitigen Zuflüsse der Oder i. d. Provinz Schlesien, v. 16. September 1899 (G.S. S. 169).

(Wasserrecht, [auch Art. 65 E.G. z. B.G.B.]): Ges. wegen des Wasserstauens bei Mühlen und Verschaffung von Vorfluth, v. 15. November 1811 (G.S. S. 352) §§ 8 ff.; Ges. über d. Benutzung der Privatflüsse, v. 28. Februar 1843 (G.S. S. 41) §§ 1, 13 ff.; Ges. über das Deichwesen, v. 28. Januar 1848 (G.S. S. 54) §§ 11 ff.; Fischereigesetz v. 30. Mai 1874 (G.S. S. 197) §§ 36 ff.; Ges. betr. die Bildung von Wassergenossenschaften, v. 1. April 1879 (G.S. S. 297) §§ 65 ff., 71; mit den Ges. v. 19. Mai 1891 (G.S. S. 97) f. d. Gebiet der Wupper und ihrer Nebenflüsse; v. 14. August 1893 (G.S. S. 199) f. d. Gebiet der Volme und ihrer Nebenflüsse; und v. 18. April 1900 (G.S. S. 119) f. d. Gebiet der Ruhr. Ges. betr. die Befugnisse der Strombauverwaltung, v. 20. August 1883 (G.S. S. 333) mit Ges. v. 12. Mai 1884

Gesetzliche Einschränkungen zum Besten des gemeinen Wesens.[4])

§. 33. So weit die Erhaltung einer Sache auf die Erhaltung und Beförderung des gemeinen Wohls erheblichen Einfluß hat, so weit ist der Staat deren Zerstörung oder Vernichtung zu untersagen berechtigt.[5])

§. 34. So weit die Benutzung einer Sache zur Erhaltung des gemeinen Wohls erforderlich ist, kann der Staat diese Benutzung befehlen, und die Unterlassung derselben durch Strafgesetze ahnden.[6])

Bei Gebäuden. Pflichten des Eigenthümers wegen deren Unterhaltung und Wiederherstellung.

§. 35. Statüen und Denkmäler, die auf öffentlichen Plätzen errichtet worden, darf Niemand, wer er auch sei, beschädigen oder ohne obrigkeitliche Erlaubniß wegnehmen oder einreißen.[7])

§. 36. Noch weniger dürfen, ohne dergleichen Erlaubniß, Gebäude in den Städten, die an Straßen oder öffentliche Plätze stoßen, zerstört oder vernichtet werden.

§. 37. Dergleichen Gebäude muß der Eigenthümer, so weit es zur Erhaltung der Substanz und Verhütung alles Schadens und Nachtheils für das Publikum nothwendig ist, in baulichem Stande unterhalten.

(G.S. S. 126); Ges. betr. Maßnahmen zur Verhütung von Hochwassergefahren i. d. Provinz Schlesien, v. 3. Juli 1900 (G.S. S. 171).

Berggesetz v. 24. Juni 1865 (G.S. S. 705) §§ 65, 156 ff. (vgl. Art. 67 E.G. z. B.G.B.) Ges. betr. die Errichtung und Erhaltung von Marksteinen behufs der zur Legung eines trigonometrischen Netzes über die sechs östlichen Provinzen der Monarchie zu bestimmenden trigonometrischen Punkte, v. 7. Oktober 1865 (G.S. S. 1033); Ges. betr. die Errichtung von Marksteinen, v. 7. April 1869 (G.S. S. 729), beide ergänzt durch Ges. v. 3. Juni 1874 (G.S. S. 239).

[4]) §§ 33—69, 71—82 sind durch Art. 111 E.G. z. B.G.B. gedeckt.

[5]) K.O. v. 20. Juni 1830 (G.S. S. 113) die Erhaltung der Stadtmauern betreffend.

[6]) R.Verf. Art. 43. Bergges. v. 24. Juni 1865 (G.S. S. 705) §§ 65, 156 ff.

[7]) K.O. v. 4. Oktober 1815 (G.S. S. 206) betr. die zu Veränderungen an öffentlichen Gebäuden und Denkmälern einzuholende Genehmigung. Städteordnungen: v. 30. Mai 1853 (G.S. S. 261) § 50 Nr. 2; v. 19. März 1856 (G.S. S. 237) § 49 Nr. 2; v. 15. Mai 1856 (G.S. S. 406) § 46 Nr. 2. Landgemeindeordnungen: v. 3. Juli 1891 (G.S. S. 233) § 114 Abs. 1; v. 19. März 1856 (G.S. S. 265) § 53 Nr. 2; v. 23. Juli 1845 (G.S. S. 523) § 96.

§. 38. Vernachlässigt er diese Pflicht dergestalt, daß der Einsturz des ganzen Gebäudes, oder eine Gefahr für das Publikum zu besorgen ist, so muß die Obrigkeit ihn zur Veranstaltung der nothwendigen Reparatur, innerhalb einer nach den Umständen zu bestimmenden billigen Frist, allenfalls durch Zwangsmittel anhalten.

§. 39. Sind diese fruchtlos, so ist die Obrigkeit den nothwendigen Bau auf seine Kosten zu veranstalten berechtigt.

§. 40. Kann oder will er die Kosten nicht herbeischaffen, so kann die Obrigkeit dergleichen Gebäude zum öffentlichen Verkaufe ausbieten.[8])

§. 41. Dem Käufer eines solchen Gebäudes muß allemal die Wiederherstellung desselben zur Bedingung gemacht werden.[9])

§. 42. Das außerdem erlegte Kaufgeld kommt dem bisherigen Eigenthümer oder dessen Gläubiger zu gute.

§. 43. Doch muß davon dasjenige, was die Obrigkeit etwa schon auf einstweilige Veranstaltungen zur Abwendung dringender Gefahr hat verwenden müssen, zuvor abgezogen werden.[10])

§. 44. Findet sich kein Käufer, so müssen die auf dem Grundstücke versicherten Gläubiger über die Mittel zur Erhaltung und Wiederherstellung des Gebäudes vernommen werden.

§. 45. Können diese sich darüber nicht vereinigen, so muß das Gebäude demjenigen unter ihnen, welcher, außer der Wiederherstellung desselben, die vortheilhaftesten Bedingungen für seine Mitgläubiger und den Eigenthümer anbietet, zugeschlagen werden.[11])

§. 46. Will auch kein Gläubiger das Gebäude als Meistbietender erstehen, so ist der erste unter ihnen den Zuschlag, gegen die bloße Uebernahme der Wiederherstellung,. zu verlangen berechtigt.

§. 47. Will dieser von seinem Rechte keinen Gebrauch machen, so geht dasselbe auf die folgenden, immer nach Ordnung der Priorität, über.

§. 48. Will keiner von den Gläubigern die Wiederherstellung des Gebäudes übernehmen, so muß dasselbe der Kämmerei des Orts zugeschlagen werden.

---

[8]) § 2 Abs. 1 E.G. z. Zw.V.G.; Art. 28—32 A.G. z. Zw.V.G., v. 23. September 1899 (G.S. S. 297).

[9]) Art. 31 Abs. 2 das. [10]) Art. 30 das. [11]) Art. 32 Abs. 1 das.

§. 49. Der Magistrat ist alsdann berechtigt, dergleichen Gebäude einem Jeden, der unter der Bedingung des zu vollführenden Baues, als sein freies Eigenthum zu überlassen.

§. 50. So lange jedoch der wirkliche Zuschlag an einen solchen dritten Uebernehmer noch nicht erfolgt ist, behält der bisherige Eigenthümer, sowie jeder Gläubiger desselben, das Recht, sich annoch zur Ausführung des Baues zu melden.

§. 51. Doch müssen in einem solchen Falle, der Eigenthümer, oder der Gläubiger, welche dem Zuschlage an einen Dritten widersprechen wollen, der Obrigkeit, wegen wirklicher Vollführung des Baues, genugsame Sicherheit sofort nachweisen.

§. 52. Unter übrigens gleichen Umständen hat der Eigenthümer vor dem Gläubiger den Vorzug.

§. 53. Wenn in den Fällen des §. 46. 47. und 50. das Gebäude einem der Gläubiger zugeschlagen wird, so verlieren die übrigen, und wenn dasselbe, in dem Falle des §. 48., der Kämmerei anheim fällt, so verlieren alle Gläubiger ihr Recht an dergleichen Grundstück.[12]

§. 54. Wenn also bei dem durch den Magistrat nach §. 49. veranstalteten Zuschlage, außer der Uebernahme der Wiederherstellung, noch andere Vortheile bewilligt werden, so kommen dieselben der Kämmerei zu Statten.

§. 55. Dagegen wird aber auch der bisherige Eigenthümer von der Zeit an, wo er nach §. 48. das Gebäude der Kämmerei lassen, und sich aller fernern Nutzung desselben begeben muß, von der weitern Entrichtung der darauf haftenden dinglichen Lasten frei.[12]

§. 56. Kann auch durch die Veranstaltungen des Magistrats dergleichen verfallenes Gebäude nicht wieder hergestellt werden, so ist, bei fortdauernder Gefahr für das Publikum, die Obrigkeit, selbiges abbrechen, und die Materialien an den Meistbietenden verkaufen zu lassen berechtigt.

§. 57. Das daraus gelösete Geld aber kommt der Kämmerei, welche bisher die nothwendigen Unterhaltungskosten hat hergeben müssen, zu Statten.

§. 58. Was §. 36. sqq. von verfallenen städtischen Gebäuden verordnet ist, gilt auch von solchen, die durch Feuer oder anderes Unglück zerstöret worden, wenn der bisherige Eigenthümer dieselben, innerhalb einer von der Obrigkeit zu bestimmenden Frist, nicht wieder herstellen kann oder will.

---

[12]) Art. 28 A.G. z. Zw.V.G.; § 91 Abs. 1 Zw.V.G.

§. 59. Die für einen solchen Unglücksfall ausgesetzten Feuer-Societäts-Beiträge, und andere dergleichen Vergütungen, kommen alsdann nicht dem bisherigen Eigenthümer oder dessen Konkursmasse, sondern dem Uebernehmer des Bauplatzes zu Statten.[13])

§. 60. Was von städtischen Grundstücken verordnet ist, gilt auch von Grundstücken auf dem Lande, die als eigene für sich bestehende Stellen oder Nahrungen in die Steuer- oder Lagerbücher eingetragen sind.

§. 61. Wenn also der Eigenthümer ein solches Grundstück dergestalt in Verfall gerathen läßt, daß davon die öffentlichen Abgaben und Prästationen nicht mehr entrichtet werden können, so ist die Obrigkeit damit eben so, wie bei den städtischen Grundstücken vorgeschrieben worden, zu verfahren berechtigt.

§. 62. Ein Gleiches findet statt, wenn der Eigenthümer die zum Gute nothwendig erforderlichen Gebäude, ohne welche dasselbe nicht bewohnt oder bewirthschaftet werden kann, eingehen läßt.

§. 63. Doch kann auch in diesen Fällen, bei einem erfolgenden Verkaufe dienstpflichtiger Stellen, der Grundherrschaft ein zu Versehung der Wirthschaft und Leistung der Dienste untauglicher Besitzer nicht aufgedrungen werden.

§. 64. In Fällen, wo städtische Grundstücke der Kämmerei zugeschlagen werden, fallen Rustikalgründe der Obrigkeit des Orts zur anderweitigen Besetzung oder Vertheilung anheim.

Einschränkungen des Eigenthümers bei dem Bauen;

§. 65. In der Regel ist jeder Eigenthümer seinen Grund und Boden mit Gebäuden zu besetzen, oder sein Gebäude zu verändern wohl befugt.[14])

§. 66. Doch soll zum Schaden oder zur Unsicherheit des gemeinen Wesens, oder zur Verunstaltung der Städte und öffentlichen Plätze, kein Bau und keine Veränderung vorgenommen werden.[15])

§. 67. Wer also einen neuen Bau in Städten anlegen will, muß davon zuvor der Obrigkeit zur Beurtheilung Anzeige machen.

---

[13]) § 2280 II. 8. Art. 75 E.G. z. B.G.B.

[14]) Vgl. Anm. 3, Baurecht.

[15]) V. betr. die Anwendung der in den Städten geltenden feuer- und baupolizeilichen Vorschriften bei Gebäuden auf solchen zum platten Lande gehörigen Grundstücken, welche innerhalb der Städte im Gemenge mit städtischen bebauten Grundstücken liegen, v. 17. Juli 1846 (G.S. S. 399). Zuständ. Ges. v. 1. August 1883 (G.S. S. 237) § 143 ff.

§. 68. Bei der anzustellenden Prüfung muß die Obrigkeit zugleich dahin sehen, daß durch eine richtige und vollständige Beschreibung des abzutragenden Gebäudes, nach seiner Lage, Gränzen und übrigen Beschaffenheit, künftigen Streitigkeiten bei dem Wiederaufbaue, in Ansehung des Winkelrechts, und sonst möglichst vorgebeugt werde.

§. 69. Vorzüglich ist eine besondere obrigkeitliche Erlaubniß nothwendig, wenn, es sei in Städten oder auf dem Lande, eine neue Feuerstelle errichtet, oder eine alte an einen andern Ort verlegt werden soll.

§. 70 (weggefallen).[16])

§. 71. In allen Fällen, wo sich findet, daß ein ohne vorhergegangene Anzeige unternommener Bau schädlich oder gefährlich für das Publikum sei, oder zur groben Verunstaltung einer Straße oder eines Platzes gereiche, muß derselbe nach der Anweisung der Obrigkeit geändert werden.

§. 72. Findet die Aenderung nicht statt, so muß das Gebäude wieder abgetragen, und alles, auf Kosten des Bauenden, in den vorigen Stand gesetzt werden.

§. 73. Bauanlagen auf Straßen, wodurch Gehende, Reitende oder Fahrende Beschädigungen ausgesetzt werden, soll die Obrigkeit nicht dulden.

§. 74. Niemand darf in Gegenden, die zum Ab- und Zugang des Publikums bestimmt sind, vor seinen Fenstern, oder an seinem Hause, etwas aufstellen oder aufhängen, durch dessen Herabsturz Jemand beschädigt werden könnte.

§. 75 Der Uebertreter muß das Aufgestellte oder Aufgehängte sofort wegzuschaffen angehalten werden; und hat überdies eine Polizeistrafe von zwei bis fünf Thalern verwirkt.[17])

§. 76. Ohne Erlaubniß der Obrigkeit dürfen Baustellen, die bisher besondere Nummern hatten, nicht in Eins gezogen werden.[18])

§. 77. Auch die Zugestehung einer solchen Erlaubniß kann, in Ansehung der nach den Nummern vertheilten, oder noch zu ver-

---

[16]) § 70: „Bauherren und Baumeister, welche dieser Vorschrift (§. 69.) zuwider handeln, haben jeder eine Polizeistrafe von fünf bis zehn Thaler verwirkt; selbst wenn der Bau an sich untadelhaft befunden werden sollte," ist beseitigt und ersetzt durch § 367 Nr. 14, 15 R.Str.G.B.

[17]) § 366 Nr. 8, 9 R.Str.G.B.

[18]) Art. 119 Nr. 3 E.G. z. B.G.B.

theilenden Lasten und Abgaben, weder dem gemeinen Wesen, noch andern Privatpersonen zum Nachtheile gereichen.

§. 78. Die Straßen und öffentlichen Plätze dürfen nicht verengt, verunreinigt, oder sonst verunstaltet werden.

§. 79. Besonders darf Niemand, ohne ausdrückliche Bewilligung der Obrigkeit, einen Kellerhals oder anderes dergleichen Nebengebäude auf die Straße zu anlegen.

§. 80. Auch die Einrichtung von Keller- und Laden-Thüren, welche auf die Straße gehen, die Anlegung neuer, oder Wiederherstellung eingegangener Erker, Löben und auf die Straße hinaus gießender Dachrinnen; die Aufsetzung von Wetterdächern und in die Straße hinein sich erstreckenden Schildern, so wie die Errichtung von Blitzableitern, darf nur unter Erlaubniß der Polizeiobrigkeit, und nach den von dieser zu ertheilenden Anweisungen vorgenommen werden.

§. 81. Uebrigens aber kann jeder Hauseigenthümer den sogenannten Bürgersteig, so weit er das Steinpflaster zu unterhalten hat, unter den §. 78. bestimmten Einschränkungen nutzen.[19])

§. 82. Nähere Bestimmungen über die §. 78—81. berührten Gegenstände bleiben den besondern Polizeigesetzen eines jeden Orts vorbehalten.[20])

Bei Gräben und Wasserleitungen.

§. 96. Wasserleitungen und andere Wasserbaue an öffentlichen Oertern und Flüssen müssen unter Aufsicht der Landespolizei geführt werden.[21])

§. 97. Besonders darf Niemand an öffentlichen Flüssen, wenn gleich auf seinem Eigenthume, Schleusen, Wehre, Dämme und Brücken anlegen oder ändern, ohne daß zuvor die Nachbarn vernommen und die Einwilligung des Staates beigebracht worden.

§. 98. Die übrigen Einschränkungen der Rechte des Eigenthümers, in Rücksicht der öffentlichen Ströme, Hafen und Meeresufer, sind in dem Titel von den Regalien des Staats bestimmt.[22])

---

19) Oeffentliches Recht. Unterhaltungspflicht in Berlin nach der Brunnen- u. Gassen-Ordnung v. 14. August 1660 (C. C. M., Bd. 5, S. 314)

20) §§ 83—95 I 8 sind beseitigt durch das Landkultur-Edikt vom 14. September 1811 (G.S. S. 300.) Jetzt vgl. Anm. 3: Waldrecht.

21) §§ 96—117 I 8 sind, soweit nicht Art. 111 E.G. z. B.G.B. reicht, durch Art. 65 das. als Wasserrecht erhalten.

22) Vgl. II, 15 §§ 44 ff.

§. 99. Auch in Privatflüssen darf zum Nachtheile der Nachbarn und Uferbewohner, durch Hemmung des Ablaufs derselben nichts unternommen oder verändert werden.[23]

§. 100. Vielmehr ist der Regel nach ein Jeder die über sein Eigenthum gehenden Gräben und Kanäle, wodurch das Wasser seinen ordentlichen und gewöhnlichen Ablauf hat, zu unterhalten verbunden.[24]

§. 101. Sind es Scheidegräben, so muß in der Regel die Unterhaltung von den beiderseitigen Nachbarn bis zur Mitte des Grabens geschehen.[25]

Einschränkungen des Eigenthums zum Besten des Nachbarn, in Ansehung der Vorfluth.

§. 102. Gegen das außerhalb der ordentlichen Kanäle und Gräben wild ablaufende Wasser ist ein jeder Eigenthümer seine Grundstücke zu decken wohl befugt.

§. 103. Kann jedoch der oberhalb liegende Besitzer dergleichen Wasser durch die auf seinem Grunde und Boden zu machenden Veranstaltungen nicht abführen: so ist der unterhalb liegende Nachbar selbiges anzunehmen, und also dem obern die Vorfluth zu gestatten, verbunden.[26]

§. 104. Die unterhalb liegenden Besitzer sind aber dazu nicht verpflichtet, sobald es einem unter ihnen durch natürliche Hindernisse unmöglich wird, das solchergestalt anzunehmende Wasser weiter abzuleiten.

§. 105. Doch kann auch in diesem Falle der Staat die unterhalb liegenden Nachbarn zur Gestattung der Vorfluth anhalten, wenn die Vortheile des oberhalb gelegenen Besitzers den Schaden der untern beträchtlich überwiegen, und Ersterer den Letzteren diesen ganzen Schaden vollständig zu vergüten bereit und vermögend ist.

---

[23] Vgl. Ges. über die Benutzung der Privatflüsse, v. 28. Februar 1843 (G.S. S. 41) §§ 1, 13 ff., eingef. i. d. Rheinprovinz durch Ges. v. 9. Januar 1845 (G.S. S. 35).

[24] § 66 Zuständ. Ges. v. 1. August 1883 (G.S. S. 257.)

[25] Durch Art. 65 E.G. z. B.G.B. gegenüber §§ 921, 922 B.G.B. erhalten.

[26] Zu §§ 103—109, 113—116: Zuständ. Ges. v. 1. August 1883 (G.S. S. 237) § 68 Nr. 1. Ges. wegen d. Wasserstauens d. Mühlen und Verschaffung der Vorfluth, v. 15. November 1811 (G.S. S. 352) §§ 15 ff.

§. 106. Ist zur Verschaffung der Vorfluth die Ziehung eines neuen Grabens nothwendig, so müssen diejenigen, welche Nutzen davon haben, nach Verhältniß desselben zu den Kosten gemeinschaftlich beitragen.

§. 107. Hat der, auf dessen Grund und Boden der Graben gezogen wird, davon keinen Vortheil, so ist er zur Anlegung so wenig als zur Unterhaltung desselben etwas beizutragen verbunden.

§. 108. Vielmehr muß ihm der dadurch erlittene Schade, mit Inbegriff der durch Ziehung des neuen Grabens verloren gehenden Erdfläche, nach der Würdigung vereideter Sachverständigen ersetzt werden.[27]

§. 109. Auch die neuen Brücken, welche über dergleichen Graben angelegt und unterhalten werden müssen, fallen denjenigen zur Last, zu deren Besten der Graben gezogen worden.

§. 110. Doch muß der Eigenthümer, wenn er auch zur Mitunterhaltung des Grabens oder der Brücken nicht selbst verpflichtet ist, die daran sich ereignenden Beschädigungen, sobald er sie wahrnimmt, den Interessenten anzeigen.

§. 111. Wenn nach geschehener Anzeige die Interessenten die erforderliche Reparatur nicht zeitig genug besorgen können oder wollen, so ist der Eigenthümer dieselbe zur Abwendung des für ihn zu besorgenden Schadens, auf ihre Kosten zu veranstalten wohl befugt.

§. 112. Dagegen soll aber auch der Eigenthümer, welcher dergleichen Gräben oder Brücken, durch sich selbst oder durch die Seinigen, vorsätzlich oder aus grober Unvorsichtigkeit beschädigt, nicht nur zum vollständigen Schadensersatz angehalten, sondern auch doppelt so strenge, als ein Fremder bestraft werden.[28]

§. 113. Ist zur Verschaffung der Vorfluth nicht die Ziehung eines neuen, sondern nur die Verbreitung oder Vertiefung eines schon vorhandenen Grabens erforderlich, so finden wegen der Kosten dieser Anlage die §. 106—109. gegebenen Vorschriften Anwendung.

§. 114. Die Unterhaltung des verbreiteten Grabens aber liegt demjenigen ob, welcher den alten Graben zu unterhalten hatte.

---

27) §§ 21 ff. Ges. v. 15. November 1811 sind anzuwenden: Zust.Ges. v. 1. August 1883 § 68 Nr. 1 Satz 2.

28) § 305 R.Str.G.B.

§. 115. Doch muß bei Bestimmung der nach §. 108. dem Eigenthümer zu leistenden Entschädigung, auch auf die mehreren ihm in der Folge zur Last fallenden Unterhaltungskosten billige Rücksicht genommen werden.

§. 116. Was von der Verbreitung eines Grabens verordnet ist, gilt auch von der Verlängerung der darüber gelegten Brücken.

§. 117. Zur Ableitung der Teiche oder stehenden Seen, ist Niemand die Ziehung neuer Gräben über sein Eigenthum wider seinen Willen zu gestatten verpflichtet.[29] [30]

Von Schweinställen, Kloaken 2c.

§. 125. Schweinställe, Kloake, Dünger- und Lohgruben, und andere den Gebäuden schädliche Anlagen müssen wenigstens drei Fuß rheinländisch von den benachbarten Gebäuden, Mauern und Scheunen entfernt bleiben.[31] [32]

---

[29]) Modifizirt durch Ges. v. 15. November 1811 (G.S. S. 352) §§ 14, 11.

[30]) Außer den in Anm. 3 zu „Wasserrecht" aufgeführten Gesetzen kommen hier in Betracht: Ges. betr. das für Entwässerungsanlagen einzuführende Aufgebots- und Präklusionsverfahren, v. 23. Januar 1846 (G.S. S. 46); Ges. betr. . . die Anwendung der Vorfluthsgesetze auf unterirdische Wasserableitungen, v. 11. Mai 1853 (G.S. S. 182) Art. 3. Ges. wegen Verschaffung der Vorfluth i. d. Bezirken des Appellationsgerichtshofes zu Cöln u. d. Justizsenates zu Ehrenbreitstein, sowie in den Hohenzollernschen Landen, v. 14. Juni 1859 (G.S. S. 325); Vorfluthgesetz für Neuvorpommern und Rügen, v. 9. Februar 1867 (G.S. S. 220); Wiesenordnung für den Kreis Siegen, v. 28. Oktober 1846 (G.S. S. 485); Zuständigkeitsges. v. 1. August 1883 (G.S. S. 237) §§ 65—95.

[31]) Art. 124 S. 1. E.G. z. B.G.B. erhält die Vorschriften des A.L.R. aufrecht, die „noch andere" nachbarrechtliche Eigenthumsbeschränkungen, als im B.G.B. vorgesehen, enthalten. Nach § 907 Abs. 1 S. 2 B.G.B. i. Verbind. mit Art. 124 S. 2 E.G. bleiben die Vorschriften über den Abstand von „Anlagen" von der Grenze unberührt, im Uebrigen sind „Anlagen" nach § 907 das. zu behandeln. Bäume und Sträucher gehören nicht dazu (§ 907 Abs. 2), für sie gelten §§ 905, insbes. 910 das.; Abstandsvorschriften bleiben erhalten: Art. 124 S. 2 E.G. — Die nicht im Text abgedruckten Paragraphen sind durch Art. 89 A.G. z. B.G.B. besonders aufgehoben.

[32]) 1 Fuß rheinländisch = 1 Werkschuh = 0,31385 m. Anweisung zur Maß- u. Gewichtsordnung v. 16. Mai 1816 (G.S. S. 142) vom gleichen Tage (G.S. S. 149) §§ 2, 3; Maaß- u. Gewichtsordn. f. d. Nordd. Bund v. 17. August 1868 (B.G.Bl. S. 473) Art. 1, 2, 21; Bekanntm. v. 13. Mai 1869 (G.S. S. 746).

§. 126. **Auch müssen dergleichen Gruben und Behältnisse von Grund aus aufgemauert werden.**

§. 127. **Von Bäumen des Nachbars müssen dergleichen Anlagen wenigstens drei Werkschuhe zurücktreten.**

Von Rinnen und Canälen.

§. 128. **Wer auf seinem Grunde und Boden, jedoch an der Seite des Nachbars hin, Rinnen und Canäle an der Erde zur Abführung des Wassers anlegen will, muß gegen die Wand des Nachbars wenigstens noch einen Raum von einem Werkschuhe frei lassen.**

Von Brunnen.

§. 129. Anlagen, durch welche der schon vorhandene Brunnen des Nachbars verunreinigt oder unbrauchbar gemacht werden würde, sind unzulässig.[33])

§. 130. Dagegen kann die Grabung eines Brunnens auf eigenem Grund und Boden, wenn gleich dadurch dem Nachbar sein Wasser entzogen wird, dem Eigenthümer nicht gewehrt werden, sobald der Nachbar desfalls kein besonderes Untersagungsrecht erlangt hat.[34])

§ 131. **Doch darf innerhalb dreier Werkschuhe von des Nachbars Gränze kein neuer Brunnen angelegt werden.**

Vom Gebrauche einer gemeinschaftlichen Mauer.

§. 133. **Back-, Brenn- oder Schmelz-Oefen und Feuerheerde können an der gemeinschaftlichen, oder dem Nachbar gehörenden Scheidewand, ohne desselben Bewilligung nicht angelegt werden.**[35])

Vom Licht und von der Aussicht.

§. 137. Um Licht in sein Gebäude zu bringen, kann ein Jeder Oeffnungen und Fenster in seine eigene Wand oder Mauer machen, wenn dieselben gleich eine Aussicht über die benachbarten Gründe gewähren.[36])

---

[33]) Durch Art. 89 A.G. z. B.G.B. nicht aufgehoben, aber in Folge von § 907 B.G.B. beseitigt.

[34]) Durch Art. 89 A.G. z. B.G.B. nicht aufgehoben, aber als Vorschrift über den Inhalt des Eigenthums (§§ 905 f. B.G.B.) beseitigt.

[35]) Rechtsverhältnisse an einer gemeinschaftlichen Mauer sind zwar durch §§ 921, 922 B.G.B. geregelt, § 133 I 8 enthält aber eine dem § 922 unbekannte und durch Art. 124 E.G. z. B.G.B. aufrechterhaltene Beschränkung.

[36]) Begründung der Aufhebung s. Anm. 34.

§. 138. Sollen jedoch die Oeffnungen in einer unmittelbar an des Nachbars Hof oder Garten stoßenden Wand oder Mauer gemacht werden, so müssen dieselben, wo es die Umstände gestatten, sechs Fuß von dem Boden des Zimmers oder Behältnisses erhöht; in allen Fällen aber mit eisernen nur zwei Zoll von einander stehenden Stäben, oder mit einem Drahtgitter verwahrt sein.

§. 139. Neu errichtete Gebäude müssen von ältern schon vorhandenen Gebäuden des angrenzenden Nachbars, wenn nicht besondere Polizeigesetze ein Anderes vorschreiben, wenigstens drei Werkschuhe zurücktreten.

§. 140. Stößt aber das neue Gebäude auf einen unbebauten Platz des Nachbars, so ist ein Abstand von anderthalb Werkschuhen hinreichend.

§. 142. Sind jedoch die Fenster des Nachbars, vor welchem gebaut werden soll, schon seit zehn Jahren oder länger vorhanden, und die Behältnisse, wo sie sich befinden, haben nur von dieser Seite her Licht, so muß der neue Bau soweit zurücktreten, daß der Nachbar noch aus den ungeöffneten Fenstern des untern Stockwerks den Himmel erblicken könne.

§. 143. Hat in diesem Falle das Gebäude des Nachbars, in welchem die Fenster sich befinden, noch von einer andern Seite Licht, so ist es genug, wenn der neue Bau nur soweit zurücktritt, daß der Nachbar aus den ungeöffneten Fenstern des zweiten Stockwerks den Himmel sehen könne.

§. 144. Sind aber die Fenster des Nachbars, vor welchen gebaut werden soll, noch nicht seit zehn Jahren vorhanden, so ist der Bauende bloß an die §. 139. bestimmte Entfernung gebunden.[37)]

§. 146. Wo eine solche Grundgerechtigkeit obwaltet, da findet im Mangel ausdrücklich verabredeter, die gesetzliche Bestimmung des §. 142. Anwendung.[38)]

---

37) Faßt man das „Fensterrecht" der §§ 142 ff. nicht als gesetzliche Einschränkung des Eigenthums auf, sondern als ein durch Ersitzung zu erwerbendes Untersagungsrecht (Grunddienstbarkeit), so ist es durch Art. 124 E.G. z. B.G.B. nicht gedeckt. Vgl. Bayer. A.G. z. B.G.B. v. 9. Juni 1899 Art. 67.

In Berlin gilt es im Weichbild vom 1. Juni 1794 nicht.

38) §. 145. „Der Nachbar kann alsdann dem neuen Baue, wodurch ihm das Licht benommen wird, nur in so fern widersprechen, als er ein Untersagungsrecht dagegen besonders erworben hat. (Tit. 22.)" ist beseitigt, aber zum Verständniß von § 146 nothwendig. § 146 ist durch Art. 115 E.G. z. G.B. gedeckt.

§. 147. In allen §. 139. 140. 142. 143. 146. bestimmten Fällen bleibt der unbebaute Zwischenraum nach wie vor seinem bisherigen Eigenthümer, und kann von demselben zu jedem in den Gesetzen nicht verbotenen Gebrauche angewendet werden.[39])

Von Thüren.

§. 148. Neue Thüren, welche unmittelbar auf des Nachbars Grund und Boden führen, dürfen wider dessen Willen niemals angelegt werden.

Von Zäunen, Planken und Scheidewänden.

§. 152. Wer eine neue Scheidung in einer Gegend, wo bisher noch keine vorhanden gewesen ist, anlegen will, muß nicht nur die Anlage, sondern auch die fernere Unterhaltung auf seine Kosten besorgen.[40])

§. 153. Ueberhaupt liegt die Unterhaltung solcher Scheidungen demjenigen ob, welchem erweislich das Eigenthum derselben gebühret.

§. 155. Dagegen muß ihm aber der Nachbar, von dessen Seite die Bretter angeschlagen sind, den Zutritt auf seinen Grund und Boden bei nothwendigen an der Planke sich ereignenden Bauen und Reparaturen gestatten.[41])

§. 156. Die Abdachung der Stiele muß nach der Seite desjenigen Grundes geschehen, dessen Eigenthümer die Planke gehört.

§. 162. Bei Zäunen oder Wellerwänden ist in der Regel jeder Besitzer städtischer Grundstücke und Gärten den Zaun rechter Hand, vom Eintritt in den Haupteingang, zu bauen und zu unterhalten schuldig.

§. 163. Hat aber Jemand durch einen neuen Bau seinen Haupteingang gänzlich verändert, so behält er dennoch, in Rücksicht der zu unterhaltenden Zäune, eben die Verbindlichkeit, welche er vor der Veränderung gehabt hat.

§. 164. Hat bisher ein Gebäude die Haltung eines Zaunes

---

[39]) Begründung der Aufhebung s. Anm. 34.

[40]) Scheidungen sind nach dem aufgehobenen §. 148 I 8: Zäune, Planken, Mauern und andere Scheidewände. Die Vorschriften enthalten eine durch Art. 124 E.G. z. B.G.B. gedeckte, besondere Eigenthumsbeschränkung, weil der Eigenthümer zu Gunsten der Nachbarn zur Unterhaltung und Wiederherstellung seiner Scheidungen verpflichtet wird.

[41]) „Hammerschlags- und Leiterrecht."

unnöthig gemacht, so muß der, welcher dies Gebäude wegnimmt, den dafür anzulegenden Zaun bauen und unterhalten; selbst wenn er sonst, nach der Regel des §. 162., dazu nicht verpflichtet sein würde.

§. 165. Wenn ein zur linken Hand neu anbauender Nachbar seinen Hof oder Garten schließen will, so muß er den daselbst bereits vorhandenen Zaun seines Nachbars zur Unterhaltung übernehmen.

§. 166. Die Kosten der ersten Anlage aber ist er dem Nachbar zu vergüten nicht schuldig.

§. 167. Der Quer- oder Rückzaun muß von beiden gegeneinander stoßenden Nachbarn gemeinschaftlich angelegt und unterhalten werden.

§. 169. Scheidungen zwischen Höfen müssen in der Regel nicht unter sechs; zwischen Gärten aber, sowohl in Städten, als auf dem Lande, nicht unter fünf Fuß hoch sein.

§. 170. Wo es die Umstände zulassen, sollen künftig statt der hölzernen Zäune, bei Gärten und geschlossenen Ackerstücken, lebendige Hecken angelegt werden.

§. 171. Auch ist der Eigenthümer eines hölzernen Scheidezauns allezeit befugt, an dessen Stelle eine lebendige Hecke anzulegen.

§. 172. Er ist aber auch schuldig, die Anlage, nach der Anweisung der Sachverständigen, so zu machen und zu unterhalten, daß durch die Hecke das Eigenthum des Nachbars eben so gut, als durch den Zaun, gesichert werde.

§. 173. Lebendige Hecken, welche zwei geschlossene Grundstücke von einander unterscheiden, müssen stets so angelegt werden, daß dadurch dem Nachbar kein Schade geschehe.

§. 174. Will also Jemand gegen die Gränze seines Nachbars eine neue lebendige Hecke anlegen, so muß er, ohne Unterschied der Holzart, welche dazu gewählt wird, anderthalb Fuß von des Nachbars Gränze zurücktreten.

Von Erhöhungen und Erniedrigungen des Bodens.

§. 185. Wer seinen Grund und Boden erhöhen will, muß mit dieser Erhöhung drei Fuß von dem Zaune, der Mauer oder Planke des Nachbars zuückbleiben.

§. 186. Daraus, daß der Nachbar die Erhöhung in einer

größeren Nähe ohne ausdrücklichen Widerspruch geschehen läßt, folgt noch nicht, daß er dem Ersatze des daraus in der Folge erwachsenden Schadens entsagt habe.[42])

Aufhebung der vorstehenden Einschränkungen.

§. 190. Einschränkungen des Eigenthums, welche die Gesetze zum Besten des gemeinen Wesens vorschreiben, können nur mit Einwilligung des Staats aufgehoben werden.[43])

Neunter Titel.

Von der Erwerbung des Eigenthums überhaupt, und den unmittelbaren Arten derselben insonderheit.[1])

Dritter Abschnitt.

Von gefundenen Schätzen.

Rechte in Ansehung des Schatzes bei getheiltem oder eingeschränktem Eigenthume.

§. 94. **Das Recht des Eigenthümers auf einen Schatz kommt dem nutzbaren Eigenthümer allein zu, und derjenige, welchem bloß ein Antheil an der Proprietät zusteht, kann darauf keinen Anspruch machen.**

§. 95. **Auch der Fideicommiß-Besitzer** und Erbzinsmann **haben die Rechte des Eigenthümers an einem Schatze, welcher auf dem von ihnen solchergestalt besessenen Grundstücke gefunden worden.**

§. 96. **Der auf einem Lehn-, Fideicommiß-,** oder Erbzinsgute **gefundene Schatz wird das freie Eigenthum des Besitzers.**[2])

Vierter Abschnitt.

Vom Thierfange.

1) Vom Thierfange überhaupt.

§. 111. **Tauben, welche Jemand hält, ohne ein wirkliches**

---

[42]) Das, das Eigenthum des Nachbarn beschränkende Recht aus § 185 verliert im Falle des § 186 die sonst regelmäßig bei Verletzung entstehende Wirkung auf Untersagung. § 907 Abs. 1 S. 1 B.G.B. wird davon nicht betroffen.

[43]) § 190 ist trotz Aufhebung im Art. 89 A.G. z. B.G.B., als öffentliches Recht erhalten.

[1]) Der neunte Titel ist mit Ausnahme der nachfolgenden Vorschriften durch Art. 89 A.G. z. B.G.B. aufgehoben. Vgl. Anm. 31, S. 62.

[2]) Art. 59 E.G. z. B.G.B. Erbzinsleute haben volles Eigenthum nach § 2 Nr. 2 des Ablösungsges. v. 2. März 1850 (G.S. S. 77).

Recht dazu zu haben, sind, wenn sie im Freien betroffen werden, ein Gegenstand des Thierfanges.[3])

§. 112. Wer das Recht habe, Tauben zu halten, ist in den Provinzialgesetzen bestimmt.[4])

§. 113. Wo diese nichts besonderes festsetzen, sind nur diejenigen, welche tragbare Aecker in der Feldflur eigenthümlich besitzen, oder dieselben statt des Eigenthümers benutzen, nach Verhältniß des Ackermaaßes, Tauben zu halten berechtigt.[5])

§. 114. Insekten und andere Thiere, welche nach §. 107 bis 111 ein Gegenstand des Thierfanges, und weder zur Jagd-, noch zur Fischereigerechtigkeit geschlagen sind, können von einem Jeden eingefangen werden.

§. 115. Wer in der Absicht, dergleichen Thiere zu fangen, fremden Grund und Boden ohne Vorwissen oder wider den Willen des Eigenthümers betreten hat, muß das Gefangene dem Eigenthümer auf desselben Verlangen unentgeldlich ausliefern.

§. 116. Hat der Eigenthümer auf seinem Grunde und Boden zu einem erlaubten Thierfange Anstalten gemacht, so darf kein Anderer die daselbst eingefangenen Thiere, bei Strafe des Diebstahls, wegnehmen.[6])

§. 117. Vogeleier und junge Vögel sind, soweit es die Polizeigesetze nicht ausdrücklich verbieten, ein Gegenstand des freien Thierfanges.[7])

2) Insonderheit von Bienen.

§. 118. Bienen auf seinem Eigenthume zu halten, ist einem Jeden erlaubt.[8])

§. 119. Das Recht, Bienen in der Heide zu halten, steht nur dem Eigenthümer des Forstes zu.[9])

---

3) Art. 130 E.G. z. B.G.B.

4) Dazu Ges. betr. d. Schutz der Brieftauben, v. 28. Mai 1894 (R.G.Bl. S. 463).

5) Feldpolizeiordnung v. 1. November 1847 (G.S. S. 376) § 40. Geltung zweifelhaft: Zuständigkeitsges. v. 26. Juli 1876 (G.S. S. 297) § 84, u. dgl. v. 1. August 1883 (G.S. S. 237) § 164.

6) §§ 114—116 sind durch Art. 89 A.G. z. B.G.B. nicht aufgehoben, aber beseitigt, weil sie, wie das Marginale zu 1) und die Verweisung im § 114 beweisen, nicht Sonderrecht für Tauben, sondern gemeines Recht enthalten.

7) Art. 69 E.G. z. B.G.B.; vgl. R.Str.G.B. § 368 Ziff. 11; Ges. über die Schonzeiten des Wildes, v. 26. Februar 1870 (G.S. S. 120) § 6; Ges. betr. den Schutz von Vögeln, v. 22. März 1888 (R.G.Bl. S. 111); Jagdscheinges. v. 31. Juli 1895 (G.S. S. 304) § 2.

8) Als Polizeivorschriften erhalten.

9) §§ 119, 120 sind durch Art. 115 E.G. z. B.G.B. gedeckt.

§. 120. Diesem kann auch der Hütungsberechtigte das Halten der Bienen nicht untersagen.

§. 126. Die Polizeiobrigkeit jedes Orts ist berechtigt, Verfügungen zu treffen, wodurch das Rauben der Bienen verhindert, und diejenigen Stöcke, unter denen es eingerissen ist, davon wieder entwöhnt werden.[8])

3) Von der Jagd.[10])

§. 128. Die Besitznehmung durch die Jagd ist erst alsdann

---

10) Die Vorschriften über Jagd sind nach Maßgabe des Art. 69 E.G. z. B.G.B. erhalten. Von den §§ 127—169 I 9 sind beseitigt: die §§ 127, 130—138, 154, 158—169 durch das Ges., betr. die Aufhebung des Jagdrechts auf fremdem Grund und Boden und die Ausübung der Jagd, v. 31. Oktober 1848 (G.S. S. 343), die §§ 141—148 durch den, inzwischen aufgehobenen, § 25 des Jagdpolizeigesetzes v. 7. März 1850 (G.S. S. 165), die 149—151 durch Art. 89 A.G. z. B.G.B.

Außer den genannten beiden Gesetzen kommen in Betracht: A.L.R. II, 16 §§ 30—38, 44, 45, 58, 59, 64—68; Ges. über Schonzeiten des Wildes, v. 26. Februar 1870 (G.S. S. 120) mit Abänderungsgesetz v. 13. August 1897 (G.S. S. 391); Ges. und V. betr. die Schonzeit für den Fang von Robben, v. 4. Dezember 1876 (R.G.Bl. S. 233) und vom 29. März 1877 (R.G.Bl. S. 409); Jagdscheinges. v. 31. Juli 1895 (G.S. S. 304); Ges. betr. die Ergänzung einiger jagdrechtlicher Bestimmungen, v. 29. April 1897 (G.S. S. 117); Ges. betr. Ergänzung der gesetzlichen Vorschriften über die Ausübung der Jagd auf eigenem Grundbesitz, v. 7. August 1899 (G.S. S. 151); nach Maßgabe der Art. 70, 71 E.G. z. B.G.B.: Wildschadenges. v. 11. Juli 1891 (G.S. S. 307) §§ 2, 3, 6—17, 19, 20; ergänzt durch das Ges. v. 13. August 1897 § 2 (G.S. S. 391); Fischereiges. v. 30. Mai 1874 (G.S. S. 197) § 45 mit d. Ges. v. 30. März 1880 (G.S. S. 228) Art. IV.

Ges. v. 2. Mai 1853 über die in den Hohenzollernschen Landen für die Jagd gewisser Wildgattungen inne zu haltende Hege- und Schonzeiten (G.S. S. 178).

V. betr. das Jagdrecht u. d. Jagdpolizei im ehem. Herzogthum Nassau, v. 30. März 1867 (G.S. S. 426) §§ 1—15, 21—26, 28 bis 33. Ges. betr. das Jagdrecht und die Jagdpolizei im Herzogthum Lauenburg, v. 17. Juli 1872 (Lauenb. offiz. Wochenbl. Nr. 42).

Ges. betr. die Aufhebung des Jagdrechts auf fremdem Grund und Boden in den vormals Kurfürstl. Hessischen und Großherzogl. Hessischen Landestheilen und i. d. Provinz Schleswig-Holstein, v. 1. März 1873 (G.S. S. 27).

Ges. betr. Abänderung der hinsichtlich der Jagd auf Wasservögel für Ostfriesland geltenden gesetzlichen Bestimmungen, v. 26. Juli 1897 (G.S. S. 253).

Zuständigkeitsges. v. 1. August 1883 (G.S. S. 327) §§ 103—108.

für vollendet zu achten, wenn das Thier todt oder lebendig in die Gewalt des Jagenden gekommen ist.[11])

§. 129. Ein Thier, welches bloß angeschossen worden, oder aus dem Netze entkommen ist, befindet sich noch in seiner natürlichen Freiheit.

§. 139. Ist angeschossenes Wild entkommen, oder hat sonst die Jagdfolge nicht stattgefunden, so ist der Jagende schuldig, dem Inhaber desjenigen angrenzenden Reviers, wohin das Wild auf der Flucht sich gewendet hat, von dem Anschusse binnen vier und zwanzig Stunden, bei Einem bis Fünf Thalern Strafe, Nachricht zu geben.[12])

§. 140. Doch versteht sich dieses nur vom angeschossenen hohen Wilde, und die Anzeige geschieht auf Kosten des Berechtigten.[13])

§. 152. Wo sich Wölfe aufhalten, mag jeder Grundbesitzer an abgelegenen Orten Wolfsgruben anlegen.

§. 153. Damit aber Niemand dadurch Schaden leide, müssen dergleichen Gruben gegen Menschen und Vieh tüchtig umrückt werden.

§. 155. Wird Jemand von wilden Thieren angefallen, so sind ihm, zur Vertheidigung seines Lebens und seiner Gesundheit, alle Mittel, dieselben von sich abzuhalten oder zu tödten, erlaubt.[14])

§. 156. Wilde oder andere reißende Thiere bleiben demjenigen, welcher sie bei solcher Gelegenheit gefangen oder getödtet hat, eigen.

§. 157. Sind aber Hirsche, Schweine oder anderes dergleichen Wild bei solchen Gelegenheiten gefangen und getödtet worden, so müssen sie dem Jagdberechtigten, gegen Ersatz des Schußgeldes, ausgeliefert werden.

4) Von der Fischerei. Gegenstand derselben.[15])

§. 170. So weit Jemand mit der Fischereigerechtigkeit in

---

[11]) Vgl. § 958 Abs. 2 B.G.B. Art. 69 E.G. z. B.G.B.

[12]) Das Recht der Jagdfolge ist durch d. Ges. v. 31. Oktober 1848 beseitigt.

[13]) Vgl. A.L.R. II. 16 § 37 wegen der hohen Jagd.

[14]) § 155 ist eine jagdrechtliche Vorschrift, und daher neben § 228 B.G.B. erhalten.

[15]) §§ 170—175, 177—192 sind als Fischerei-Vorschriften durch Art. 69 E.G. z. B.G.B., § 176 als Bestimmung des Wasserrechts durch Art. 65 das. gedeckt.

Es kommen in Betracht: A.L.R. II. 14, §§ 21, 24; II. 15 §§ 73—78; Landkulturedikt v. 14. September 1811 (G.S. S. 300) § 37; Ges. über

Strömen, Seen und andern Gewässern versehen ist, so weit hat er ein ausschließendes Recht, sich alle in diesen Gewässern lebende Thiere zuzueignen. (Th. 2. Tit. 15. Abschn. 2.)

§. 171. Der Fang solcher Thiere, die zugleich im Wasser und auf dem Lande leben (der Amphibien), gehört zur Jagd, wenn er mit Schießgewehr, Fallen oder Schlageisen geschieht.

Benutzung der Privatflüsse v. 28. Februar 1843 (G.S. S. 41) §§ 1, 18, 55; Ergänzungsges. zur Gem.Th.O. v. 2. März 1850 (G.S. S. 139), Art. 1 Nr. 7, Art. 6, 12.

Fischereigesetz v. 30. Mai 1874 (G.S. S. 197) mit Abänderungsges. v. 9. März 1880 (G.S. S. 228), eingeführt in Lauenburg durch Ges. v. 4. April 1877 (G.S. S. 122).

Ges. betr. die Fischerei der Ufereigenthümer in den Privatflüssen der Provinz Westfalen, v. 30. Juni 1894 (G.S. S. 135); dgl. in der Rheinprovinz, v. 25. Juni 1895 (G.S. S. 267); Ges. betr. die Fischerei der Ufereigenthümer und die Koppelfischerei in der Provinz Hannover, v. 26. Juni 1897 (G.S. S. 196).

Nach § 18 des Fischereigesetzes bleiben erhalten: § 41 der Fischereiordnung für die in der Provinz Pommern belegenen Theile der Oder, das Haff und dessen Ausflüsse, v. 2. Juli 1859 (G.S. S. 453); sowie § 49 der Fischereiordnung für den Regierungsbezirk Stralsund, v. 30. August 1865 (G.S. S. 941).

Ueber Art und Grenzen der Fischereiberechtigungen finden sich Vorschriften z. B.: Westpreußisches Provinzialrecht v. 19. April 1844 (G.S. S. 105) § 72, geltend auch in den jetzt zur Provinz Pommern gehörigen, ehemals Westpreußischen Landestheilen nach Ges. v. 4. August 1865 (G.S. S. 873) Art. III, I, 4; in den Fischereiordnungen für die Binnengewässer der Provinz Preußen, für das frische Haff, für das kurische Haff, vom 7. März 1845 (G.S. S. 114, 121, 139). §§ 6—8, 14 Abschn. I, 17, 21—23 Abschn. III. (Vgl. A.E. v. 1. März 1858, G.S. S. 281.)

Die in § 22 des Fischereigesetzes vorgesehenen Ausführungsverordnungen sind: f. d. Regierungsbez. Wiesbaden v. 23. Juli 1886 (G.S. S. 197); vom 8. März 1887 für die Provinzen: Ostpreußen (G.S. S. 337); Westpreußen (G.S. S. 348), abgeändert am 10. Mai 1893 (G.S. S. 87); Pommern (G.S. S. 360); Schleswig-Holstein (G.S. S. 376); Hannover (G.S. S. 385), beide abgeändert am 4. April 1894 (G.S. S. 29); Brandenburg u. Stadtkreis Berlin (G.S. S. 397); Schlesien (G.S. S. 406); Sachsen (G.S. S. 414); Westfalen (G.S. S. 423); für die Hohenzollernschen Lande (G.S. S. 433); Regierungsbezirk Kassel (G.S. S. 441); Provinz Posen v. 12. Mai 1888 (G.S. S. 105); Rheinprovinz v. 3. Mai 1897 (G.S. S. 107).

Zuständigkeitsges. v. 1. August 1883 (G.S. S. 237) §§ 98—102. R.Str.G.B. §§ 40, 296, 296a, 370 Ziff. 4.

§. 172. Der Fang der Fischottern und Biber gehört allemal zur Jagd.[16])

§. 173. Wasservögel sind nur ein Gegenstand des Jagdrechts.

§. 174. In so fern jedoch jagdbare Zugvögel, außer der Hegezeit, mit Fischernetzen unter dem Wasser gefangen werden können, ist solches dem Fischereiberechtigten erlaubt.

§. 175. Alle andere Wasserthiere und Amphibien, welche mit Fischernetzen, Angeln, oder mit der Hand im Wasser gefangen werden, gehören dem Fischereiberechtigten.

Von Fischen in geschlossenen und ungeschlossenen Gewässern.

§. 176. Teiche, Hälter, Seen und andere geschlossene Gewässer, welche sich nicht über die Gränze des Grundstücks erstrecken, in welchem sie liegen, sind in der Regel als das Eigenthum des Grundherrn anzusehen.[17])

§. 177. Die Fische in solchen Privatgewässern gehören also auch dem Eigenthümer des Grundstücks.

§. 178. Wenn Fische, die in solchen Gewässern gehegt werden, bei großem Wasser oder bei einem Durchbruche des Dammes austreten, so können sie von dem Eigenthümer, auch auf fremdem Grunde, wieder eingefangen werden.

§. 179. Bis in Flüsse und Ströme hingegen, oder in andere Gewässer, worin ein Dritter das Recht zu fischen hat, findet die Verfolgung nur in so weit statt, als der Eigenthümer sichere Merkmale anzugeben vermag, wodurch seine ausgetretenen Fische von denjenigen, die in dem andern Gewässer befindlich sind, sich hinlänglich unterscheiden.

§. 180. Wenn Flüsse, Bäche oder andere uneingeschlossene Gewässer austreten, so kann der, welcher darin zu fischen berechtigt ist, die ausgetretenen Fische in der Regel nicht verfolgen.

§. 181. Vielmehr gehören diese demjenigen, auf dessen Grunde das ausgetretene Wasser stehen bleibt.

§. 182. Bleiben die Fische, nach abgelaufenem Wasser, in Lachen zurück, die Jemand zu befischen das Recht hat, so kann dieser auch solche Fische sich zueignen.

§. 183. Es darf aber Niemand die Fische durch Netze, Zäune,

---

[16]) §§ 2, 45 Fischereiges.

[17]) § 4 Fischereiges.

Dämme oder andere Wehrungen an der Rückkehr in den Strom verhindern.

Polizeigesetze bei Ausübung der Fischerei.

§. 184. Jeder Eigenthümer mag auf seinem Grunde und Boden, unter Beobachtung der Landes-Polizeigesetze, Fischteiche anlegen.

§. 185. Die Fischerei in Teichen und eingeschlossenen Privatgewässern ist jeder Eigenthümer nach eigenem Gutbefinden auszuüben berechtigt.

§. 186. In öffentlichen aber, so wie in nicht eingeschlossenen Privatgewässern, müssen, bei Ausübung derselben, die Vorschriften der Polizeigesetze wegen der Laichzeit, des verbotenen Fischerzeuges, und was sonst darin zur Verhütung des Ruins der Fischerei verordnet ist, genau befolgt werden.

§. 187. Auch in Privatflüssen, worin Mehrere die Fischereigerechtigkeit haben, darf Niemand, der nicht ein besonderes Recht dazu erworben hat, durch Versetzung des Flusses ober- oder unterhalb den freien Gang der Fische hindern.

§. 188. Auf öffentlichen Gewässern soll Niemand zum Nachtheile der Fischereiberechtigten Enten halten.

§. 189. Enten, welche die Besitzer der an Privatflüsse und Teiche stoßenden Grundstücke ohne ausdrückliche Erlaubniß des Fischereiberechtigten halten, ist dieser, wenn sie auf dem Wasser betroffen werden, zu pfänden oder zu tödten wohl befugt.

§. 190. Wer ohne Recht oder Erlaubniß fischt und krebst, verliert, außer dem, was er gefangen hat, auch die bei ihm befindlichen Netze und Fischergeräthe. (Th. 2. Tit. 20. Abschn. 14.)[18]

Schranken der Fischereigerechtigkeit.

§. 191. Wer bloß die Fischereigerechtigkeit hat, darf sich deswegen in dem Strome oder Gewässer anderer Rechte des Grundeigenthümers nicht anmaßen.

§. 192. Werden also bei Gelegenheit des Fischfanges andere Sachen gefunden und entdeckt, so gelten in Ansehung derselben die Vorschriften des zweiten und dritten Abschnittes.[19]

---

18) R.Str.G.B. §§ 40, 296, 296a.

19) Davon gelten nur noch §§ 94—96 I. 9. Sonst: §§ 965 ff. B.G.B.

Fünfter Abschnitt.

Von der Beute.[20])

§. 193. Das Recht im Kriege Beute zu machen, kann nur mit Genehmigung des Staats erlangt werden.

§. 194. Wem der Staat dieses Recht ertheilt hat, der erwirbt durch die bloße Besitzergreifung das Eigenthum der erbeuteten Sache.

§. 195. Wer Kriegs- oder Mundvorräthe erbeutet, der muß dieselben zum Gebrauche des Staats abliefern.

§. 196. Alle andere Sachen, welche bei dem feindlichen Kriegsheere, oder bei den unter den Waffen befindlichen Feinden, ingleichen bei feindlichen Marketendern und Lieferanten angetroffen werden, sind als Beute zu betrachten.

§. 197. Das Eigenthum feindlicher Unterthanen, die weder zur Armee gehören, noch derselben folgen, kann nur zur Beute gemacht werden, wenn der Befehlshaber der Truppen die ausdrückliche Erlaubniß dazu gegeben hat.[21])

§. 198. Unbewegliches Eigenthum ist niemals ein Gegenstand der Beute.

§. 199. Bewegliche Sachen, die der Feind weggenommen und veräußert hat, kann der vorige Eigenthümer gegen Erstattung desjenigen, was dafür gezahlt worden, zurückfordern.

§. 200. Hat der Feind die erbeutete Sache verschenkt, so muß der Besitzer dieselbe dem vorigen Eigenthümer unentgeldlich zurückgeben.[22])

§. 201. Die Beute ist erst alsdann für erobert zu achten, wenn sie von den Truppen, welche sie gemacht haben, bis in ihr Lager, Nachtquartier, oder sonst in völlige Sicherheit gebracht worden.

§. 202. So lange der Feind noch verfolgt wird, bleibt dem vorigen Eigenthümer der ihm wieder abgenommenen Sachen sein Recht darauf vorbehalten.

§. 203. Den Truppen, welche dem Feinde die Beute wieder abnehmen, soll von dem Kriegsgericht eine nach den Umständen

---

[20]) Als öffentliches Recht unberührt. Art. 89 A.G. z. B.G.B.

[21]) Vgl. Militär-Strafgesetzbuch v. 20. Juni 1872 § 128 ff.; Kriegsartikel vom 31. Oktober 1872 Art. 30 ff.; Ges. über den Belagerungszustand, v. 4. Juni 1851 (G.S. S. 451) § 10.

[22]) Nach Vollendung der Erbeutung greift das bürgerliche Recht Platz. Schutz des guten Glaubens nach B.G.B. §§ 932 ff.

billig gefundene Belohnung, welche die Eigenthümer bei der Zurücknahme entrichten müssen, ausgesetzt werden.

§. 204. In so fern zu dergleichen wiedereroberten Beute kein Eigenthümer sich meldet, verbleibt dieselbe den Truppen, die sie dem Feinde wieder abgenommen haben.

Von der Kaperei insonderheit.

§. 205. Privatpersonen, welche Kaperschiffe auszurüsten Vorhabens sind, müssen zu diesem Behufe sich Kaperbriefe ertheilen lassen.[23])

§. 206. Wer ohne diese auf Kaperei ausgeht, wird als ein Seeräuber angesehen.

§. 207. In Ansehung der Kaperei findet der Regel nach alles statt, was vorstehend vom Beutemachen verordnet ist.

§. 208. Güter und Schiffe, welche von Kapern weggenommen werden, sind erst für verloren anzusehen, wenn dieselben in einem feindlichen oder neutralen Hafen aufgebracht worden.

§. 209 (aufgehoben).[24])

§. 210. Ist dergleichen Beute dem Feinde von Kriegsschiffen des Staats, oder dessen Bundesgenossen wieder abgenommen worden, so findet, zum Besten der Eroberer, dasjenige statt, was oben §. 203. in Ansehung der Landtruppen verordnet ist.

Anh. §. 7. Die Rechte und Befugnisse der Preußischen Kaper-Schiffe sollen, nach den jedesmal concurrirenden Verhältnissen, zu seiner Zeit bestimmt werden.

§. 211. Was für Sachen und Waaren durch Kaperei erworben werden können, ist nach dem Inhalte der Kaperbriefe und nach den zwischen den kriegführenden und neutralen Mächten bestehenden Tractaten zu beurtheilen.

§. 212. Wo diese nichts bestimmen, sind alle Waaren und Güter feindlicher Unterthanen, welche auf feindlichen Schiffen gefunden werden, für gute Beute anzusehen.

§. 213. Dagegen soll den Unterthanen freundschaftlicher oder neutraler Mächte ihr auf feindlichen Schiffen gefundenes Eigenthum nicht vorenthalten werden.

§. 214. Auch das Eigenthum feindlicher Unterthanen, welches sich auf neutralen Schiffen befindet, ist frei.

---

[23]) V. betr. die vereinbarte Erklärung vom 16. April 1856 über Grundsätze des Seerechts, v. 12. Juni 1856 (G S. S. 585); Bekanntmachung dazu v. 3. November 1858 (G.S. S. 568).

[24]) § 209 ist durch Art. 89 A.G. z. B.G.B. aufgehoben.

§. 215. Ein Gleiches gilt von dem Eigenthume feindlicher Unterthanen, welches dieselben den Postschiffen und Packetbooten des gegen ihren Landesherrn kriegführenden Staats anvertrauet haben.

§. 216. Alles vorstehende (§. 213. 214. 215.) findet jedoch nur in so fern statt, als dergleichen Güter und Sachen nicht unter die verbotenen Waaren gehören.

Anh. §. 8. Bei Bestimmung der Frage, was Contrebande sei, muß auf das Rücksicht genommen werden, was in den §. 2034. und 2035. Th. 2. Tit. 8., als solche bestimmt worden ist, jedoch soll die dem gedachten §. angehängte Clausel:

„und was sonst durch besondere Verträge zwischen den verschiedenen Nationen einzunehmen verboten ist.“

hier nicht Anwendung finden, indem solche bloß auf Versicherungsgeschäfte Beziehung hat.[25])

§. 217. Was verbotene Waaren sind, ist in der Lehre von Versicherungen bestimmt. (Th. 2. Tit. 8. Abschn. 13.)

§. 218. Alles, was nach einem kundbar belagerten oder eingeschlossenen Hafen geführt wird, ist als verbotene Waare zu betrachten.

§. 219. Für eingeschlossen ist ein Hafen zu achten, wenn derselbe durch eine feindliche Landbatterie, oder durch Kriegsschiffe, die vor dem Hafen stationirt sind, gesperrt ist.

Sechster Abschnitt.

Von der Erwerbung der An- und Zuwüchse.[26])

2) Vom abgerissenen Lande.

§ 223. Wird durch die Gewalt des Stroms ein Stück Landes weggerückt, und an ein fremdes Ufer angelegt, oder auf dasselbe geworfen, so ist der vorige Besitzer ein solches Stück noch innerhalb Jahresfrist wegzunehmen berechtigt.

§. 224. Hat der vorige Besitzer ein Jahr, ohne sein Recht

---

[25]) §§ 2034, 2035 II. 8 A.L.R. sind durch das Prisenreglement vom 20. Juni 1864 (G.S. S. 369) §§ 1—28 aufgehoben, sobald dies als rechtsgültig anzusehen ist, was zweifelhaft ist. Vgl. zu § 2034 II. 8.

[26]) Zu den ff. Paragraphen: §§ 55 ff. II. 15; Ges. über die Befugnisse der Strombauverwaltung gegenüber den Uferbesitzern an öffentlichen Flüssen, v. 20. August 1883 (G.S. S. 333) mit Ergänzungsges. v. 31. Mai 1884 (G.S. S. 303); Ges. über Benutzung der Privatflüsse, v. 28. Februar 1843 (G.S. S. 41) §§ 13 ff.
Aufrechterhalten durch Art. 65 E.G. z. B.G.B.

geltend zu machen, verstreichen lassen, so ist der Eigenthümer des dadurch verbreiteten Ufers das angelegte Stück durch die Besitzergreifung sich zuzueignen wohl befugt.

3) Von der Alluvion.

§. 225. Verbreitungen des Ufers durch das allmähliche Anspülen fremder Erdtheile kommen demjenigen zu gute, welchem das Ufer gehört. (Th. II. Tit. 15. Abschn. 2.)

§. 226. Auch neu anwachsende Erdzungen und Halbinseln, welche nach und nach entstanden sind, gehören demjenigen, an dessen Ufer sich dieselben angesetzt haben.

§. 227. In beiden Fällen §. 225. 226. bedarf es zur Erwerbung des Eigenthums weiter keiner Besitzergreifung.

§. 228. Auch wenn dergleichen Anspülungen oder Erdzungen sich, der Breite nach, in das Flußbette hinein, und selbst bis über die Mitte desselben erstrecken, kann dennoch der Besitzer des gegenüber liegenden Ufers darauf keinen Anspruch machen.

§. 229. Wohl aber ist er berechtigt, an seinem Ufer solche Veranstaltungen zu treffen, wodurch die fernere Verbreitung des gegenüber liegenden Ufers verhindert wird.

§. 230. Buhnen hingegen, und andere Anlagen, wodurch der einmal vorhandene Anwuchs der Gefahr, wieder weggespült zu werden, ausgesetzt wird, darf, ohne Erlaubniß desStaats, Niemand anlegen.

§. 231. Diese Erlaubniß soll nur alsdann ertheilt werden, wenn durch die entstandene Anspülung oder Erdzunge eine dem Nachbar nachtheilige Veränderung in dem Laufe des Flusses entsteht, welche derselbe durch die gewöhnlichen Uferbefestigungen nicht abwenden kann.

§. 232. Das Eigenthumsrecht des Uferbesitzers über die an sein Ufer stoßenden Anspülungen und Erdzungen erstreckt sich nur so weit, als seine Gränze, der Länge nach, reicht.

§. 233. Wird also dergleichen Anwuchs mit der Zeit über seine Gränze hinaus verlängert, so ist das über seine Gränze hinausgehende Stück des Anwuchses, oder der Erdzunge, das Eigenthum des benachbarten Uferbesitzers.

§. 234. Diese Vorschrift findet auch alsdann statt, wenn das über die Gränze des Nachbars hinausgehende Stück der Erdzunge oder Halbinsel mit dem Ufer des Nachbars noch nicht zusammenhängt.

§. 235. Hat jedoch, in beiden Fällen, der benachbarte Uferbesitzer geschehen lassen, daß der, an dessen Ufer der Anwuchs oder die Erdzunge sich zuerst angesetzt hatte, dieselbe auch über seine Gränze hinaus, durch drei auf einander folgende Jahre ruhig nutzen dürfen; so hat Letzterer das Eigenthum eines solchen Stückes erworben.

§. 236. Das einem Uferbesitzer einmal zugefallene Eigenthum eines Anwuchses, oder einer Halbinsel, geht nicht verloren, wenn auch dieselben in der Folge durch das Wasser von seinem Ufer abgetrennt werden.

§. 237. Niemand darf durch Pflanzungen, oder andere Wasserbaue, das Anspülen an die Ufer eines öffentlichen Flusses vorsätzlich befördern.

§. 238. Auch der daselbst wirklich angespülte Grund und Boden darf durch Bepflanzungen nur in so fern befestigt werden, als der gewöhnliche Lauf des Wassers dadurch nicht gehemmt wird.

§. 239. Dagegen ist jeder Uferbesitzer, das Ausreißen des Stroms, durch dazu dienliche Uferbefestigungen zu verhindern, wohl befugt.

§. 240. Wenn das dem Ausreißen des Stroms ausgesetzte Ufer nicht anders, als durch solche Anlagen, welche zugleich das Anspülen befördern, hinlänglich befestigt werden kann, so ist der Uferbesitzer auch zu diesen berechtigt.

§. 241. Es dürfen aber dergleichen Anlagen in öffentlichen Flüssen, bei entstehendem Widerspruche, nicht anders, als unter der ausdrücklichen Genehmigung des Staats, nach vorhergegangener Untersuchung ihrer Nothwendigkeit, veranstaltet werden.

4) Von Inseln.

§. 242. So lange eine Erderhöhung in dem Flußbette eines Stroms, bei gewöhnlichem Wasserstande, mit einem gemeinen Fischernachen umfahren werden kann, ist sie als eine Insel anzusehen.

§. 243. Erdflecke, die erweislich sonst ein Theil des festen Landes gewesen und davon nur durch Einbiegungen und Um=

strömungen des Flusses abgesondert worden sind, werden für Inseln, im rechtlichen Sinne, nicht geachtet.

§. 244. Wo, nach den Provinzialgesetzen, die Inseln in öffentlichen Flüssen kein Vorbehalt des Staats sind, da haben die Besitzer desjenigen Ufers, welchem sie am nächsten liegen, das Recht, sich dieselben zuzueignen.[27])

§. 245. Ein Gleiches gilt durchgehends von den in Privatflüssen entstehenden Inseln.

§. 246. Das Eigenthum der Inseln aber wird erst durch die wirkliche Besitznehmung erworben.

§. 247. Welchem von beiden gegen einander über liegenden Ufern eine Insel am nächsten sei, muß nach einer durch das Flußbette, der Länge nach, zu ziehenden Linie beurtheilt werden.

§. 248. Die Breite des Flusses wird dabei nach Linien bestimmt, die von denjenigen Punkten beiderseitiger bei gewöhnlichem Wasserstande sichtbarer Ufer, welche den beiden Enden der Insel gegenüber liegen, quer über den Fluß gezogen werden.

§. 249. Diejenige der Länge nach gezogene Linie, welche jede dieser beiden Querlinien in ihrer Mitte durchschneidet, bestimmt: welchem Ufer die Insel am nächsten liege.

§. 250. Schneidet diese Mittellinie durch die Insel selbst, so kommt das Recht, sich die dadurch bestimmten, jedem Ufer am nächsten liegenden Antheile zuzueignen, den beiderseitigen Uferbesitzern zu.

§. 251. Liegt die Insel ihrer Länge nach, den Ufern mehrerer an einander gränzender Besitzer gegenüber, so hat ein jeder von diesen Besitzern das Recht, sich den seinem Ufer gegenüber liegenden Theil derselben zuzueignen.

§. 252. Der Antheil eines jeden dieser Uferbesitzer wird durch Linien bestimmt, welche von den Punkten, wo eines jeden Gränze an den Fluß stößt, quer über den Fluß, gerade nach der in der Mitte desselben angenommenen Linie gezogen werden.

§. 253. Bei Bestimmung der Rechte der Uferbesitzer auf eine ihren Ufern gegenüber liegende Insel wird darauf: ob das Ufer

---

[27]) Ostpreußisches Provinzialrecht Zusatz 16; Westpreußisches Provinzialrecht § 4, gilt auch in den ehemals Westpreußischen Landestheilen der Provinz Pommern: Ges. v. 4. August 1865 Art. III, I Ziff. 2 (G.S. S. 874); s. § 67 II. 15.

mit Dämmen oder Deichen, mit oder ohne Vorland, eingeschlossen sei, oder nicht, keine Rücksicht genommen.

§. 254. Wenn Jemand eine ganze Insel, die mehreren Ufern gegenüber liegt, oder deren über seine Gränze hinaus gehenden Theil in Besitz nehmen will, so muß er diesen Vorsatz seinen Nachbarn bekannt machen, und dieselben zur Erklärung: ob sie sich ihres Rechts ebenfalls bedienen wollen, auffordern.

§. 255. Weigern sie sich dieser Erklärung, oder zögern sie damit, oder auch mit der Ausübuug ihres Rechts selbst; so kann der, welcher die Insel in Besitz nehmen will, auf die Vermittelung des Staats antragen.

§. 256. Findet der Staat, daß die Benutzung der Insel dem gemeinen Wesen zuträglich sei, und wollen, nach wiederholter Aufforderung, die übrigen Interessenten, innerhalb einer ihnen zu bestimmenden Frist, von ihrem Rechte keinen Gebrauch machen, so kann der Staat dem, welcher sich zuerst gemeldet hat, auch die über seine Gränze hinauslaufenden Theile der Insel zueignen.

§. 257. So weit Jemand, auch ohne dergleichen ausdrückliche Bestimmung des Staats, eine Insel drei Jahre hinter einander ruhig besessen und benutzt, hat er das Eigenthum der ganzen Insel, selbst gegen solche Nachbarn, deren Ufer einem Theile derselben näher liegen, durch Verjährung erworben.

§. 258. Findet der Staat nöthig, daß An- und Zuwüchse der Ufer, oder auch der Inseln, durchgestochen oder weggeräumt werden, so müssen die Privatbesitzer derselben sich dergleichen Verfügungen zu allen Zeiten gefallen lassen.[28])

§. 261. Geschieht die Wegräumung in einem Privatflusse, um denselben schiffbar zu machen, so müssen die darunter leidenden Besitzer der Alluvionen und Inseln von dem Staate allemal vollständig entschädigt werden.

§. 262. Eine gleiche Entschädigung muß denselben von den Flußnachbarn in allen Fällen zu Theil werden, wenn der Staat dergleichen Durchstiche oder Wegräumungen zu ihrem Besten und Vortheile auf ihren Antrag veranlaßt.

---

[28]) §§ 259, 260 sind ersetzt und beseitigt durch §§ 8, 9, 15 d. Ges. über die Befugnisse der Strombauverwaltung, v. 20. August 1883 (G.S. S. 333).

5) Von zugelandeten und verlassenen Flußbetten.

§. 263. Soll ein Flußbette, oder anderer Graben und Kanal, durch Verkrippungen oder andere dergleichen Anstaltungen verengt oder zugelandet werden, so haben die angränzenden Uferbesitzer das nächste Recht, sich den solchergestalt gewonnenen Grund und Boden durch Besitznehmung zuzueignen.

§. 264. Wollen sie aber von diesem Rechte Gebrauch machen, so müssen sie, nach Verhältniß ihrer Antheile an dem gewonnenen Lande, zu den Arbeiten und Kosten der Ausführung beitragen.

§. 265. Das Recht eines jeden Uferbesitzers erstreckt sich in solchem Falle der Länge nach so weit, als seine Gränze am Ufer geht, und der Breite nach bis zu der Mitte des vormaligen Flußbettes.

§. 266. Diese Mitte wird auf die §. 248. sqq. vorgeschriebene Art bestimmt.

§. 267. Das Bette abgelassener Landseen verbleibt den Eigenthümern des Sees, nach Verhältniß des jedem von ihnen an dem See selbst zugestandenen Eigenthumsrechts.

§. 268. Sind die Eigenthumsantheile der mehreren Interessenten in dem See selbst nicht bestimmt gewesen, so wird der abgelassene Grund unter die Uferbesitzer nach den §. 265. vorgeschriebenen Grundsätzen vertheilt.

§. 269. Doch muß von diesen derjenige, welcher, ohne selbst Uferbesitzer zu sein, nutzbare Rechte in dem See auszuüben hatte, verhältnißmäßig entschädigt werden.

§. 270. So weit die in einem Flusse entstehenden Inseln den benachbarten Uferbesitzern gehören, soweit gehört ihnen auch das von dem Wasser verlassene Flußbette.

§. 271. Doch müssen diejenigen Unterthanen des Staats, welche durch den neuen Kanal des Flusses an ihrem Eigenthume gelitten haben, vorzüglich aus dem verlassenen Flußbette oder dessen Werth entschädigt werden.[29])

§. 272. Ueberströmungen, welche durch die Gewalt des Wassers veranlaßt worden, und nur eine Zeit lang dauern, wirken keine Veränderung in dem Eigenthume der überströmten Grundstücke.

§. 273. Ist aber der ehemalige Eigenthümer des neuen Kanals bereits auf andere Art schadlos gehalten worden, so fällt das wieder

[29]) Siehe §§ 68, 69 II. 15.

verlassene neue Flußbette, so weit es nicht nach §. 271. zur ferneren Entschädigung gebraucht wird, demjenigen zu, welcher dem Erstern die Schadloshaltung geleistet hat.

§. 274. Wegen einer bloßen Schmälerung oder Erweiterung des Flußbettes, welche durch die Natur selbst veranlaßt worden, kann keine Vergütigung gefordert werden.

Siebenter Abschnitt.

Von Preis gegebenen Sachen oder Geldern.

§. 348. Niemand darf, ohne Genehmigung der Polizeiobrigkeit, wegen sonst zu besorgender Unordnungen, öffentlich Gelder auswerfen, oder Sachen Preis geben.[30]

Neunter Abschnitt.

Von der Verjährung.[31]

Begriff.

§. 500. Wenn durch den Ablauf einer bestimmten Zeit, wegen unterlassener Ausübung gewisser Rechte, eine Veränderung an diesen Rechten vermöge der Gesetze entsteht, so ist eine Verjährung vorhanden.

Eintheilung.

§. 501. Durch die Verjährung können sowohl Rechte, die Jemand gehabt hat, verloren, als neue Rechte erworben werden.

§. 502. Soll durch Verjährung nur ein Recht verloren, und der Verpflichtete bloß von der daraus fließenden Verbindlichkeit frei werden, so ist in der Regel der Nichtgebrauch des Rechts dazu hinreichend.

§. 503. Soll aber ein neues Recht durch Verjährung erworben

---

30) Oeffentliches Recht.

31) Für das Privatrecht sind die Vorschriften des neunten Abschnittes über Verlust von Rechten durch Nichtgebrauch und Erwerb von Rechten durch Besitz durch Art. 55 E.G. z. B.G.B. beseitigt, abgesehen von den Vorbehaltsgebieten. Innerhalb dieser gelten sie auch nicht, da sie gemeines Recht, nicht Theil des Sonderrechts selbst, sind. Wie es z. Zt. keine Normen über Rechtsbesitz giebt, ebenso fehlen solche über den Verlust von dinglichen Rechten durch non usus, und über erwerbende Verjährung, trotzdem diese Institute in den Sonderrechtsgebieten nach wie vor bestehen. (Vgl. § 669 I. 18, § 681 II. 11, § 35 II. 14.)

Auch bei der Verjährung im öffentlichen Recht können die Vorschriften des Abschnitts nicht mehr angewendet werden, da sie regelmäßig nicht Theil dieses Rechts sind, sondern, wie andere Normen des Privatrechts, zur Ergänzung dienten. (Vgl § 430 II. 7, § 18 II. 9, §§ 241, 574 II. 11.)

Ueber die Ausnahmen s. d. Anm. bei §§ 629 ff. und 655 ff. d. Titels.

Wegen der Wichtigkeit und Bestrittenheit der Materie werden die Vorschriften des Abschnitts im Wortlaut wiedergegeben.

werden, so ist, außer dem Nichtgebrauch des entgegenstehenden Rechts, auch der Besitz und die Ausübung dieses neuen Rechts von Seiten des Erwerbenden dazu nothwendig.

Gegenstände.

§. 504. Rechte des Eigenthums erlöschen nicht durch die Unterlassung des Gebrauchs, so lange die Sache oder das Recht, welche den Gegenstand des Eigenthums ausmachen, in dem Besitze des Eigenthümers sich befindet.

§. 505. Rechte der natürlichen oder der allgemeinen bürgerlichen Freiheit, denen durch Gesetze oder rechtsgültige Willenserklärungen keine besondere Form oder Bestimmung vorgeschrieben ist (Res merae facultatis), gehen durch die bloße Unterlassung des Gebrauchs derselben nicht verloren.

§. 506. Dies gilt besonders von dem Rechte, in seiner eigenen Sache etwas, worüber die Gesetze nicht besonderes bestimmen, zu thun, oder nicht zu thun.

§. 507. Doch kann auch gegen solche Befugnisse ein Untersagungsrecht durch Verjährung erworben werden. (Tit. 7. §. 86. 128.)

§. 508. Persönliche Rechte an einen Andern, ingleichen Rechte auf fremdes Eigenthum, können in der Regel durch den bloßen Nichtgebrauch erlöschen.

§. 509. Auch das Recht, jährliche Leistungen und Abgaben, von der Person oder dem Grundstücke eines Andern zu fordern, kann durch den bloßen Nichtgebrauch verjährt werden.

§. 510. Doch findet die Verjährung nicht statt, wenn entweder aus einer während der Frist geäußerten Erklärung der Berechtigten, oder aus der Beschaffenheit der Zeiten, aus der Verfassung der Verpflichteten, oder aus andern Umständen, klar erhellet, daß die Einforderung solcher Gefälle aus bloßer Nachsicht unterlassen worden.

§. 511. Rechte auf unbewegliche Sachen, die in das Hypothekenbuch eingetragen sind, können weder durch den bloßen Nichtgebrauch erlöschen, noch kann ein denselben entgegenstehendes Recht mittelst der Verjährung durch Besitz erworben werden.

Allgemeine Grundsätze.

§. 512. Keine Art der Verjährung kann gegen den anfangen, welcher von seinem Rechte nicht hat unterrichtet sein können.

§. 513. Daß Jemand von seinem Rechte keine Nachricht habe erhalten können, wird nicht vermuthet.

§. 514. Wer die Handlung oder Begebenheit erfahren hat, auf welche sein Recht sich gründet, kann die Unwissenheit der daraus entstehenden rechtlichen Folgen gegen die Verjährung in keinem Falle vorschützen.

§. 515. Ist die Verjährung einmal angefangen worden, so wird der Lauf derselben dadurch, daß das Recht in der Zwischenzeit an einen davon nicht unterrichteten Besitzer gediehen ist, nicht gehemmt.

§. 516. Auch gegen den, welcher sein Recht zu gebrauchen oder zu verfolgen gehindert wird, kann keine Verjährung anfangen.

§. 517. Es macht dabei keinen Unterschied: ob das Hinderniß in der Natur und Beschaffenheit des Rechts selbst liegt, oder von außen her entsteht.

§. 518. So lange Jemand zum Dienste des Staats in fremden Landen sich aufhält, kann keine Verjährung wider ihn angefangen werden.

§. 519. Gegen den Eigenthümer eines Grundstückes kann, so lange derselbe zum Dienste des Staats auch nur in einer andern Königlichen Provinz sich aufhält, keine dies Grundstück betreffende Verjährung anfangen.

§. 520. Wenn jedoch ein solcher Abwesender (§. 518. 519.) während der Dauer seines auswärtigen Dienstes, auch nur auf eine Zeit lang in seine Heimath, oder die Provinz, wo das Grundstück gelegen ist, zurückkehrt; so kann während dieser Zeit die Verjährung wider ihn ihren Anfang nehmen.

§. 521. Zum Nachtheile eines Gutseigenthümers kann keine Verjährung gegen dessen Pächter, wohl aber gegen den Verwalter, angefangen werden.

§. 522. Gegen Militärpersonen, welche des Krieges wegen ihr Standquartier verlassen müssen, kann eine Verjährung erst nach geendigtem Kriege, oder nach einer während des Krieges erfolgten Entlassung aus den Kriegsdiensten anfangen.

§. 523. Bei andern Personen hindern Krieg und andere Landplagen den Anfang der Verjährung nur in sofern, als damit ein Stillstand der Rechtspflege verbunden ist.

§. 524. Zwischen Eheleuten kann, so lange diese Ehe dauert, keine Verjährung anfangen.

§. 525. Auch nicht zwischen Vätern und Kindern, so lange letztere sich in der Gewalt der ersteren befinden.

§. 526. Kein Vormund kann eine Verjährung gegen seinen Pflegebefohlenen anfangen, so lange er der Vormundschaft über ihn noch nicht förmlich entlassen ist.

§. 527. Auch kann ein Pächter, Verwalter oder anderer unvollständiger Besitzer einer Sache, in Ansehung derselben eine Verjährung gegen den, in dessen Namen er besitzt, zu Gunsten seiner eigenen Sache während seiner Besitzzeit nicht anfangen.

§. 528. Gegen den, welchem das rechtliche Gehör versagt wird, kann keine Verjährung angefangen werden.

§. 529. Auch wenn ein solches Hinderniß im Laufe der Verjährung eintritt, wird die Fortsetzung derselben so lange unterbrochen, als das Hinderniß dauert.

§. 530. Dagegen wird durch andere Hindernisse, die nach angefangener Verjährung erst eintreten, der Fortlauf derselben nicht gehemmt.

§. 531. Ist jedoch die zur Verjährung bestimmte Frist abgelaufen, ehe noch das inzwischen eingetretene Hinderniß wieder gehoben worden, so kann der Verhinderte noch innerhalb Vier Jahren, von Zeit des gehobenen Hindernisses an, auf Wiedereinsetzung in den vorigen Stand gegen die vollendete Verjährung antragen.

§. 532. Wird das Hinderniß zwar noch vor Ablauf der Verjährungsfrist, jedoch erst innerhalb der letzten Vier Jahre wieder gehoben, so kommt die Wiedereinsetzung in den vorigen Stand dem Verhinderten ebenfalls innerhalb Vier Jahren, nach erfolgter Hebung des Hindernisses, zu statten.

§. 533. Stirbt der, gegen welchen die Verjährung lief, vor gehobenem Hindernisse oder vor Ablauf der Vier Jahre; so geht die Rechtswohlthat der Wiedereinsetzung und die dazu noch rückständige Frist auf den Erben über.

§. 534. Die Wirkung dieser Rechtswohlthat ist, daß dem, welcher davon innerhalb der bestimmten Frist Gebrauch macht, und sein Recht gehörig ausübt oder verfolgt, die Verjährung nicht entgegengesetzt werden kann.

I. Von der Verjährung durch Nichtgebrauch.

§. 535. Die Verjährung durch bloßen Nichtgebrauch kann gegen Unmündige und Minderjährige, während der Minderjährigkeit, nicht anfangen.

Anfang derselben.

§. 536. Wenn aber ein Recht, nach bereits angefangener Verjährung, auf einen Unmündigen oder Minderjährigen, der mit einem Vormunde versehen ist, übergeht; so wird dadurch der Fortlauf der Verjährung nicht gehemmt.

§. 537. Wird hingegen die Verjährung während der Minderjährigkeit vollendet, so kommt dem Minderjährigen die Wiedereinsetzung in den vorigen Stand binnen Vier Jahren, nach aufgehobener Vormundschaft, zu statten. (§. 531.)

§. 538. War die Verjährung durch Nichtgebrauch gegen einen Minderjährigen abgelaufen, so können die Erben desselben, auch wenn sie selbst unmündig oder minderjährig, jedoch mit einem Vormunde versehen sind, nicht aus ihrer eigenen, sondern nur aus der Person ihres Erblassers, auf die Wiedereinsetzung in den vorigen Stand Anspruch machen.

§. 539. Es kommt ihnen also nur diejenige Frist zu statten, welche der Erblasser, wenn er gelebt hätte, vom Tage seiner erlangten Großjährigkeit an, noch gehabt haben würde.

§. 540. Wahn- und Blödsinnige, ingleichen Taubstumme, genießen, in Rücksicht auf die Verjährung, mit den Minderjährigen gleiche Rechte.

§. 541. Sobald für einen Abwesenden die Bestellung eines Curators nöthig befunden worden, kann nach dieser Zeit keine Verjährung durch Nichtgebrauch wider ihn anfangen.

§. 542. Bloße Verschwender, wenn sie auch unter Vormundschaft gesetzt worden, können auf dieses Privilegium keinen Anspruch machen.

§. 543. Gegen Rechte, welche nur bei gewissen Gelegenheiten ausgeübt werden können, fängt die Verjährung erst von der Zeit an, da sich eine solche Gelegenheit ereignet hat.

§. 544. Auch müssen, wenn solche Rechte durch den bloßen Nichtgebrauch erlöschen sollen, seit dem Anfange der Verjährung wenigstens noch zwei Gelegenheiten, wo die Ausübung des Rechts hätte statt finden können, vorgekommen sein.

§. 545. Gegen andere Rechte fängt die Verjährung von dem Tage an, wo die Erfüllung der Verbindlichkeit zuerst gefordert werden konnte.

Zeitraum.

§. 546. Die einmal angefangene Verjährung durch Nichtgebrauch wird, wenn die Gesetze nicht ausdrücklich eine andere Frist bestimmen, in einem Zeitraume von dreißig Jahren vollendet. (§. 629. sqq.)

§. 547. Sie endigt sich allemal mit dem Ablaufe des letzten Tages des bestimmten Zeitraumes.

§. 548. Durch die bei Schaltjahren zutretenden Tage wird die Verjährungszeit nicht geändert.

§. 549. Ist die Verjährung in einem Schaltjahre mit dem Neun und zwanzigsten Februar angefangen, so läuft sie mit dem letzten Februar desjenigen Jahres ab, welches die Verjährungsfrist beschließt.

§. 550. Ist die Verjährungsfrist auf Monate eingeschränkt, so werden so vielmal Dreißig Tage, als Monate sind, gerechnet.

Unterbrechung.

§. 551. Mit dem Augenblicke, da Jemand seine Klage bei dem gehörigen Richter anmeldet, wird die Verjährung durch Nichtgebrauch unterbrochen.

§. 552. Die Klage vor einem ungehörigen Richter unterbricht die Verjährung nur, wenn sie binnen Einem Jahre nach erfolgter Zurückweisung bei dem gehörigen Richter angemeldet worden.

§. 553. Hat aber der ungehörige Richter die Klage angenommen, und dadurch den Kläger in seinem Irrthume bestärkt, so ist die Verjährung für unterbrochen zu achten.

§. 554. Wird die gehörig angemeldete Klage nicht nach Vorschrift der Gesetze verfolgt, so fängt von dem Tage an, wo der Kläger die Sache hätte fortsetzen können und sollen, eine neue Verjährung wider ihn an.

§. 555. So lange aber die Sache nur durch die Schuld des Richters liegen bleibt, läuft keine Verjährung.

§. 556. Wird der Kläger durch ein Dekret abgewiesen, und macht er von den dagegen zulässigen Rechtsmitteln binnen Dreißig Tagen keinen Gebrauch, so nimmt mit dem Ablaufe dieser Frist die neue Verjährung wider ihn den Anfang.

§. 557. Hat er ein wirkliches Erkenntniß, wodurch er abgewiesen worden, rechtskräftig werden lassen, so hat es dabei lediglich sein Bewenden.

§. 558. Auch wenn ihm das eingeklagte Recht durch ein rechtskräftiges Urtheil wirklich zuerkannt worden, kann dennoch eine neue Verjährung durch Nichtgebrauch wider ihn anfangen.

§. 559. Der Anfang dieser neuen Verjährung ist bei Zahlungen oder Prästationen, die zu einer gewissen Zeit, oder bei einer gewissen Gelegenheit geleistet werden sollen, der Tag, wo die Zahlung oder Prästation zum erstenmale fällig war.

§. 560. Bei andern Rechten nimmt die neue Verjährung erst nach einem Jahre, von dem Tage an, da das Urtel rechtskräftig geworden ist, ihren Anfang.

§. 561. Eine bloße außergerichtliche Erinnerung ist, für sich allein, die Verjährung zu unterbrechen noch nicht hinreichend.

§. 562. Durch gegenseitiges Anerkenntniß des Rechts aber wird die Verjährung immer unterbrochen.

§. 563. Von der Zeit einer solchen Unterbrechung kann sie jedoch von neuem angefangen werden.

§. 564. Ist die Verjährung bereits vollendet, so hebt ein Anerkenntniß des erloschenen Rechts die Wirkung derselben nur in so fern auf, als aus diesem Anerkenntnisse, nach den Gesetzen, ein neuer Rechtsgrund entsteht.

Verträge über die Verjährung.

§. 565. Ueberhaupt hängt es von den Parteien ab, bei Schließung eines Vertrags der Verjährung, und dem daraus entstehenden Rechte, auch im Voraus, zu entsagen, ingleichen kürzere oder längere Fristen dazu, als die gesetzmäßigen sind, zu verabreden.

§. 566. Es muß aber ein solcher Vertrag, bei Strafe der Nichtigkeit dieser Verabredung, gerichtlich verlautbart, und wenn er ein Grundstück, oder ein darauf eingetragenes dingliches Recht betrifft, in den gerichtlichen Grund- und Hypothekenbüchern verzeichnet werden.

§. 567. Verträge dieser Art, die nicht ein bestimmtes Geschäft oder einen bestimmten Gegenstand betreffen, sind, so weit sie etwas über die Verjährung bestimmen sollen, ohne rechtliche Wirkung.

Wirkung der Verjährung.

§. 568. Die vollendete Verjährung durch Nichtgebrauch wirkt die rechtliche Vermuthung, daß die ehemals entstandene Verbindlichkeit in der Zwischenzeit auf eine oder die andere Art gehoben worden.

§. 569. Diese Vermuthung kann nur durch den vollständigen Beweis, daß der Andere unredlicher Weise, und gegen besseres Wissen von seiner noch fortwährenden Verbindlichkeit, sich der Erfüllung derselben entziehen wolle, entkräftet werden.

§. 570. Wer einen Theil seines Rechts ausübt, der erhält dadurch das ganze Recht.

§. 571. Dagegen kann von mehreren in sich verschiedenen, obgleich aus einerlei Rechtsgrunde entspringenden Befugnissen, die eine durch Verjährung erlöschen, wenngleich die andere durch fortgesetzte Ausübung erhalten wird.

§. 572. Kann ein Recht auf mancherlei Art ausgeübt werden, so wird der Besitzer desselben dadurch, daß er sich bisher nur Einer Art der Ausübung bedient hat, in seinem Rechte nicht eingeschränkt.

§. 573. Ein Recht in einem fremden Grundstücke geht, in Ansehung des Ganzen, dadurch nicht verloren, daß die Ausübung desselben bisher nur auf einem gewissen Theile geschehen ist.

§. 574. Soll in beiden Fällen (§. 572. 573.) der Berechtigte in der Art der Ausübung, oder in Ansehung des Bezirks, worauf sie Statt findet, durch Verjährung eingeschränkt werden, so muß der Verpflichtete, oder ein Dritter, den Besitz eines Untersagungsrechts gegen ihn besonders erlangt, und sich dabei durch die Verjährungsfrist behauptet haben. (Tit. 7. §. 86.)

§. 575. Bei mehreren Miteigenthümern untheilbarer, oder gemeinschaftlich besessener Sachen und Rechte kommt das, was in Ansehung des einen Mitberechtigten die Verjährung hindert, oder unterbricht, in Ansehung derselben Sache oder Rechts auch den übrigen zu statten.

§. 576. Hingegen kann einer unter mehreren Mitverpflichteten, deren Verbindlichkeit aus einem und eben demselben Rechte entspringt, bloß um deswillen, weil das Recht gegen ihn nicht ausgeübt worden, sich mit der Verjährung keinesweges schützen.

§. 577. Soll demselben die Verjährung zu statten kommen, so wird erfordert, daß er dem Berechtigten die Leistung der Pflicht bei geschehener Aufforderung verweigert, und der Berechtigte dabei die gesetzmäßige Frist hindurch sich beruhiget habe. (Tit. 7. §. 126.)

§. 578. Es geht also auch ein gegen eine ganze Gemeinde überhaupt ausgeübtes Recht gegen einzelne Mitglieder bloß dadurch, daß es gegen sie insonderheit binnen rechtsverjährter Zeit nicht ausgeübt worden, keinesweges verloren, sondern diese müssen ihre Befreiung davon auf die im §. 577. beschriebene Art besonders erworben haben.

II. Verjährung durch Besitz. Gewöhnliche Verjährung.

§. 579. Die Verjährung durch Besitz findet in allen Fällen statt, wo Jemand eine Sache oder Recht aus einem Titel, der an sich zur Erlangung des Eigenthums geschickt ist, durch die in den Gesetzen bestimmte Frist, ruhig und redlicher Weise besessen hat.

§. 580. Durch einen solchen verjährten Besitz werden Sachen und Rechte nur in so weit erworben, als überhaupt das Eigenthum von Sachen und Rechten dieser Art auf den Erwerber übergehen kann.

§. 581. Wenn eine Sache durch Gesetze dem bürgerlichen Verkehre ganz entzogen worden, so kann sie durch keine Verjährung erworben werden.

§. 582. Ein Gleiches gilt von Sachen, die durch rechtsgültige Privatverfügungen dem Verkehre entzogen worden, in so fern diese Verfügungen den Erwerbenden verpflichten können. (Tit. 4. §. 15—19.)

§. 583. Außerdem aber wird durch Irrthum in den Eigenschaften der Sache die Verjährung durch Besitz nicht verhindert.

§. 584. Sachen und Rechte, die Jemand durch Gewalt oder Diebstahl an sich gebracht, und an einen Andern überlassen hat, können von diesem, wenn er auch ein redlicher Besitzer wäre, durch die gewöhnliche Verjährung nicht erworben werden. (§. 648.)

§. 585. Hat aber schon der nächstvorhergehende Besitzer die Sache oder das Recht redlich besessen, so hindert der Einwand, daß ein Dritter dieselben gestohlen oder geraubt habe, die Verjährung nicht.

§. 586. Wer den vorhergehenden Besitzer nicht angeben kann, hat in der Regel die Vermuthung gegen sich, daß er die Sache von einem solchen, welcher sie durch Gewalt oder Diebstahl an sich gebracht, erlangt habe. (Tit. 15. §. 37. 38. 39.)

§. 587. Wer, wegen Mangels persönlicher Eigenschaften, das Eigenthum gewisser Sachen oder Rechte zu erlangen unfähig ist, der kann dieselben auch durch Verjährung nicht erwerben.

§. 588. Erst von der Zeit, da die Unfähigkeit gehoben worden, kann die Verjährung angefangen werden.

§. 589. Alles, was die Besitzergreifung, im rechtlichen Sinne, verhindert, das hindert auch den Anfang der Verjährung durch Besitz. (Tit. 7. §. 96—108.)

Anfang.

§. 590. Alles, was dem Anfange der Verjährung überhaupt entgegen steht, das hindert ihn auch bei dieser Art derselben. (§. 512. sqq.)

§. 591. Wer den Besitz aus einem zur Erlangung des Eigenthums nicht geschickten Titel, oder unredlicher Weise erworben hat, kann niemals eine Verjährung durch Besitz anfangen. (§. 663.)

§. 592. Insonderheit kann gegen ein rechtskräftiges Urtel von dem, wider welchen es ergangen ist, keine Verjährung durch Besitz angefangen werden.

§. 593. Dagegen wird durch persönliche Eigenschaften, wegen welcher die Verjährung durch Nichtgebrauch keinen Anfang nehmen kann (§. 535. 540. 541.), der Anfang der Verjährung durch Besitz nicht gehindert.

§. 594. Wenn jedoch gegen dergleichen Personen die Verjährungsfrist vor gehobenem Hindernisse abgelaufen ist, so kommt denselben die Wiedereinsetzung in den vorigen Stand gegen den Ablauf der Verjährung durch Besitz ebenso, wie bei der Verjährung durch Nichtgebrauch zu statten. (§. 587. sqq.)

§. 595. Auch kann gegen solche Unmündige, Minderjährige, Wahn- oder Blödsinnige und Taubstumme, denen nach den Gesetzen ein Vormund hätte bestellt werden sollen, so lange diese Bestellung noch nicht erfolgt ist, keine Verjährung durch Besitz anfangen.

Fortsetzung.

§. 596. Soll ein Recht, welches gewöhnlich ausgeübt werden kann, durch die ordentliche Verjährung erworben werden, so muß dessen Ausübung nach der Besitzergreifung jährlich wenigstens einmal erfolgt sein. (§. 649.)

§. 597. Wird ein dergleichen Recht in einem ganzen Jahre gar nicht ausgeübt, so ruht inzwischen die Verjährung.

§. 598. Die Jahre, während welcher das Recht geruht hat, kommen bei Berechnung der Verjährungsfrist nicht mit in Anschlag.

§. 599. Wenn der Anfang und das Ende des Besitzes nachgewiesen ist, so wird vermuthet, daß die Ausübung des besessenen Rechts auch in der Zwischenzeit fortgesetzt worden.

§. 600. Dagegen ist aber auch über jeden der vorbenannten beiden Zeitpunkte ein besonderer, nach Vorschrift der Gesetze vollständig geführter, oder erfüllter, Beweis erforderlich.

Unterbrechung.

§. 601. Was den Besitz unterbricht, das unterbricht auch die darauf sich gründende Verjährung. (Tit. 7. §. 111. sqq.)

§. 602. Hat jedoch Jemand den Besitz einer Sache, die er verlassen hatte, noch ehe dieselbe von einem Andern in Besitz genommen worden, wieder ergriffen, so wird die Zwischenzeit, wo die Sache in Niemandes Besitz gewesen, von der Verjährungsfrist nicht abgerechnet.

§. 603. Durch Anmeldung der Klage, oder durch Einlegung einer gerichtlichen Protestation, wird die Verjährung durch Besitz in so fern unterbrochen, als darauf eine Bekanntmachung an den Besitzer erfolgt.

§. 604. Daß zwischen dem Zeitpunkte der Anmeldung und der wirklich erfolgten Bekanntmachung die Verjährungsfrist abgelaufen ist, kommt dem Besitzer nicht zu statten.

§. 605. Hat aber der Kläger die Klage zurückgenommen, oder den Betrieb der Sache liegen lassen, dergestalt, daß der Richter nach Vorschrift der Prozeßordnung mit Reposition der Akten zu verfahren berechtigt gewesen, so ist die Verjährung für nicht unterbrochen zu achten.

§. 606. Ein Gleiches findet statt, wenn der Kläger oder Protestirende durch ein Dekret abgewiesen wird, und sich dabei länger als Dreißig Tage nach Erhaltung des Dekrets beruhiget.

§. 607. Ist hingegen die Klage oder Protestation dem Besitzer einmal gehörig bekannt gemacht worden, so kann dieser die dadurch unterbrochene Verjährung niemals wieder anfangen.

§. 608. In Fällen, wo die Gesetze, statt der gewöhnlichen Vorladung, Ediktalcitation zulassen, vertritt letztere auch hier die Stelle der Bekanntmachung.

§. 609. Uebrigens macht es keinen Unterschied: ob die Klage oder Protestation bloß gegen den Besitzstand, oder auch gegen das Besitzrecht selbst gerichtet ist.

§. 610. Wegen der bei einem ungehörigen Richter angestellten Klage oder eingelegten Protestation finden die Vorschriften §. 552. 553. Anwendung.

§. 611. Außergerichtliche Handlungen unterbrechen die Verjährung durch Besitz nur insofern, als sie den Besitzer von der Unrechtmäßigkeit des Besitzes überführen, oder den vollständigen Besitz selbst aufheben.

§. 612. Bloße Pfändungen unterbrechen also die Verjährung nicht, wenn der Gepfändete, dessen ungeachtet, die Ausübung des Rechts fortsetzt.

§. 613. Jeder Nachfolger im Besitze, er sei Erbe oder nicht, kann die Verjährung seines Vorfahren fortsetzen, insofern er nur selbst ein redlicher Besitzer ist.

§. 614. Auch kann ein solcher Nachfolger, außer dem Falle des §. 584. die Verjährung anfangen, wenngleich der Besitz seines Vorfahren unredlich gewesen ist.

§. 615. So weit aber Jemand unredlicher Weise zum Besitze einer Sache gelangt ist, kann er weder die Verjährung seines Vorfahren fortsetzen, noch eine neue Verjährung in Ansehung dieser Sache, so wenig gegen seinen Vorfahren im Besitze, als gegen den Eigenthümer anfangen.

§. 616. Dem Erben, welcher die Verjährung des Erblassers fortsetzt, kommt bei der Berechnung des Zeitraums auch die gesetzliche Ueberlegungsfrist zu statten.

§. 617. Um eine neue Verjährung solcher Sachen, die im Nachlasse vorgefunden worden, anzufangen, bedarf der Erbe keines besonderen Titels.

§. 618. Wer den Besitz einer Erbschaft unredlicher Weise erworben hat, der kann auch gegen den Eigenthümer einzelner darunter begriffener Sachen und Rechte keine Verjährung vorschützen.

§. 619. Ist aber der Fehler der Unredlichkeit in Ansehung des wahren Erben gehoben worden, so kann der Eigenthümer einer besonderen im Nachlasse befindlichen Sache diesen Fehler dem Erbschaftsbesitzer nicht vorrücken; sobald in Ansehung dieser besonderen Sache keine Unredlichkeit obgewaltet hat.

Zeitraum.

§. 620. Die gewöhnliche Verjährung wird in einem Zeitraume von Zehn Jahren vollendet.

§. 621. Befindet sich aber der, gegen welchen verjährt werden soll, außerhalb der Provinz, so wird jedes Jahr Abwesenheit nur auf die Hälfte oder für Sechs Monate gerechnet.

§. 622. Die geographischen Gränzen des Distrikts, in welchem sich ein anderes Landes-Justizkollegium befindet, bestimmen, im rechtlichen Sinne, den Umfang der Provinz.

§. 623. Auf Abwesenheiten außer der Provinz, welche kein volles Jahr hintereinander gedauert haben, wird, bei Berechnung der Verjährungsfrist, keine Rücksicht genommen.

§. 624. Zum Besten moralischer Personen, welche die Rechte der Korporationen haben, wird die Zehnjährige Frist immer verdoppelt.

Dreißigjährige Präscription.

§. 625. Wer zwar vollständiger redlicher Besitzer ist, aber keinen Titel seines Besitzes nachweisen kann, zu dessen Gunsten wird die Verjährung erst in Dreißig Jahren vollendet.

§. 626. Bei dieser längeren Verjährung bedarf es keiner Verdoppelung der Zeit, wenngleich der, welchem sie entgegensteht, abwesend gewesen ist.

§. 627. Der Nachweis, daß der Verjährende die Sache oder das Recht als sein Eigen in Besitz genommen und besessen habe, ist dazu nothwendig.

§. 628. Dagegen schadet der Nachweis, daß die Besitznehmung ursprünglich auf den Grund eines zur Erlangung des Eigenthums nicht geschickten Titels geschehen ist, der Verjährung nur insofern, als dadurch zugleich die Unredlichkeit des Besitzes dargethan ist.

III. Arten der ungewöhnlichen Verjährung durch Nichtgebrauch und Besitz.

Vier und Vierzigjährige.

§. 629. Gegen den Fiskus, die Kirchen und solche Corporationen, welchen vermöge ihrer Privilegien gleiche Rechte beigelegt sind, findet nur die ungewöhnliche Verjährung von Vier und Vierzig Jahren statt.[32])

§. 630. Es macht dabei keinen Unterschied: ob der Besitz, durch welchen die Verjährung erfolgt, auf einen Titel sich gründe, oder nicht.

§. 631. Dagegen ist die Redlichkeit des Besitzes auch bei einer solchen Verjährung nothwendig.

§. 632. Auch bei der Verjährung durch Nichtgebrauch erlöschen die Rechte des Fiskus, der Kirchen und anderer dergleichen Corporationen nur nach Verlauf von Vier und Vierzig Jahren.

§. 633. Dagegen können diese moralischen Personen nur aus eben den Gründen, aus welchen die Wiederherstellung in den vorigen Stand gegen eine jede Verjährung stattfindet (§. 512—534.), auf diese Rechtswohlthat Anspruch machen.

§. 634. Was wegen der Verjährung der Domainen und Regalien Rechtens sei, ist gehörigen Orts bestimmt. (Th. 2. Tit. 14.)

§. 635 Der Privilegien, welche dem Fiskus und den andern ihm gleich geachteten Corporationen, in Rücksicht auf die Verjährung, beigelegt sind, können dieselben sich auch alsdann bedienen, wenngleich der, welchem die Verjährung wider sie zu statten kommen soll, mit gleichen Privilegiis versehen wäre.[33])

§. 636. Hingegen kann der, auf welchen von einer dergleichen Person oder Anstalt ein Recht gediehen ist, bei der Verjährung nur seiner eigenen Befugnisse sich bedienen.

§. 637. In so fern jedoch der als Vorfahr zu betrachtende Fiskus, oder eine andere dergleichen Anstalt, den Nachfolger im Besitze zu vertreten schuldig sind, können sie gegen den Verjährenden, zum Besten des Nachfolgers, von ihrem eigenen Rechte Gebrauch machen.

§. 638. Wer also, zum Beispiel, von dem Fiskus eine Sache gekauft hat, die schon seit einer zur gewöhnlichen Verjährung hinreichendeu Zeit in den Händen eines Dritten sich befand, der kann diese Sache dennoch, vermöge des Rechts seines Verkäufers, zurückfordern, wenn gegen diesen,

---

[32]) Insoweit in den §§ 629ff. für den Fiskus und die gleichgestellten juristischen Personen als Träger von Vermögensrechten, Vorrechte bei der privatrechtlichen Verjährung festgesetzt werden, greift Art. 55 E.G. z. B.G.B. Platz. Die Bestimmungen sind aber durch § 35 II. 14 Bestandtheil des Regalienrechts geworden, (Fall der „unechten Verweisung") und gelten daher dort und für die Fälle, wo auf § 35 II. 14 verwiesen ist (§§ 574ff. II. 11; s. § 24 II. 14, § 38 II. 15). — § 633 d. Tit. ist in Folge der Beseitigung der §§. 512ff. I. 9 weggefallen.

[33]) Beseitigt durch Art. 55 E.G. z. B.G.B.

zur Zeit des Verkaufs, die Vier und Vierzigjährige Präscription noch nicht vollendet war.

§. 639. Wenn Fiskus, Kirchen oder andere dergleichen Corporationen, in die Rechte einer Privatperson treten, so können sie eine gegen diesen ihren Vorfahren schon vollendete Verjährung, durch Vorschützung des ihnen selbst zu statten kommenden längern Zeitraums, nicht anfechten. (Tit. 11. §. 405. 406.)

§. 640. In untheilbaren oder gemeinschaftlich besessenen Sachen und Rechten kommt das dem Fiskus, der Kirche u. s. w. beigelegte Privilegium, auch dem nicht privilegirten Mitbesitzer zu statten.

Verjährung durch Besitz vom Jahre 1740.

§. 641. Der vollständige ruhige Besitz einer Sache oder eines Rechts im Jahre 1740 schützt den Besitzer in allen Fällen gegen die Ansprüche des Fiskus.

§. 642. Es kann aber von diesem Besitzrechte, zum Nachtheile anderer Mitbürger des Staats, kein Gebrauch gemacht werden.

§. 643. Das Jahr 1740 wird vom Ersten Januar bis letzten Dezember gerechnet.

§. 644. In Ansehung derjenigen Provinzen, wo entweder gar kein dergleichen, oder ein anderes Entscheidungsjahr stattfindet, hat es bei den bisherigen Verfassungen sein Bewenden.

§. 645. Auch ein auf den Besitz des Jahres 1740 sich gründendes Recht kann mittelst einer nach diesem Jahre angefangenen Verjährung durch Nichtgebrauch erlöschen.

§. 646. Hat der Fiskus, auf eine an sich rechtsgültige Weise, im Jahre 1740 anerkannt, daß einem andern ein Recht wider ihn zustehe, so hat ein solches Anerkenntniß, wenn auch die in diesem Jahre erfolgte wirkliche Ausübung nicht nachgewiesen werden kann, mit dem wirklichen Besitze gleiche Kraft.

§. 647. Dagegen wird in Ansehung desjenigen, der weder ein solches Anerkenntniß für sich, noch im Jahre 1740 das Recht wirklich ausgeübt hat, der Lauf der früher wider ihn angefangenen Verjährung durch Nichtgebrauch durch die erfolgte Bestimmung dieses Entscheidungsjahres nicht unterbrochen.

Vierzigjährige.

§. 648. Zur Verjährung gestohlner oder geraubter Sachen, welche nach §. 584. von dem ersten redlichen Besitzer durch die gewöhnliche Verjährung nicht erworben werden können, ist ein Zeitraum von Vierzig Jahren erforderlich.[33])

§. 649. Wenn Rechte, welche nicht alljährlich oder gewöhnlich, sondern nur in gewissen Jahren oder bei gewissen Gelegenheiten, benutzt werden können, wenigstens zu drei verschiedenenmalen ausgeübt worden; so werden sie durch einen Besitz von Vierzig Jahren erworben.

§. 650. Dieser Zeitraum wird von dem Tage an gerechnet, darin dergleichen Recht zum erstenmale ausgeübt worden.

§. 651. Wird eine Gelegenheit nachgewiesen, bei welcher das Recht hat ausgeübt werden können, und die Ausübung dennoch unterblieben ist, so ist auch diese Art der Verjährung für unterbrochen zu achten.

§. 652. Sie muß also von derjenigen Gelegenheit, wo das Recht wiederum ausgeübt worden, von neuem angefangen werden.

§. 653. Hat jedoch derjenige, welcher das Recht sich anmaßt, bei der unterlassenen Ausübung ausdrücklich erklärt, daß er dieselbe nicht aus Mangel der Befugniß, sondern nur aus Gunst und Nachsicht gegen den Verpflichteten unterlasse, so ist die Verjährung nicht für unterbrochen zu achten; sondern ein dergleichen Fall wird für einen solchen, der sich gar nicht ereignet hat, angesehen.

§. 654. Hat der Verpflichtete die Erklärung des Berechtigten, daß er die Ausübung des Rechts bloß aus Gunst und Nachsicht unterlasse, für bekannt angenommen, so hat dieses eben die Wirkung, als wenn das Recht auch in diesem Falle wirklich ausgeübt worden wäre.

§. 655. Von öffentlichen Lasten und Abgaben wird der Verpflichtete bloß dadurch, daß er dieselben auch in der längsten Zeit nicht entrichtet hat, keineswegs frei.[34])

Funfzigjährige Präscription.

§. 656. Wenn jedoch erhellet, daß Jemand zu einer Last oder Abgabe, wozu er nach seinem Stande und Verhältnisse an sich verpflichtet war, aufgefordert worden, sich aber deren Leistung geweigert habe, und seit dieser Zeit, Funfzig Jahre hindurch, davon frei geblieben sei, so wird vermuthet, daß er die Befreiung auf eine rechtsgültige Weise erlangt habe.

§. 657. Er muß also bei seiner Freiheit so lange geschützt werden, als nicht ausgemittelt ist, daß er sich deren ohne Recht angemaßt habe.

§. 658. Ist das Grundstück oder die Gerechtigkeit, von welcher die Abgabe entrichtet werden soll, in das Steuerbuch niemals eingetragen gewesen, so begründet schon der Umstand allein, daß die Abgabe in Funfzig Jahren nicht gefordert worden, die Vermuthung einer rechtsgültig erlangten Befreiung.

§. 659. Es findet also auch in diesem Falle die Vorschrift des §. 657. Anwendung.

---

[34]) Als öffentliches Recht weitergeltend. Art. 89 A.G. z. B.G.B. f § 5 II. 14.

§. 660. Wenn die Gränzen einer Sache oder eines Rechts durch Gesetze, Verträge, oder rechtskräftige Erkenntnisse klar bestimmt sind, so kann die Befugniss, diese Gränzen zu überschreiten, nur durch Funfzigjährige Präscription erworben werden.[35]

§. 661. Ein solcher Funfzigjähriger ruhiger Besitz ist. ohne Rücksicht auf den Titel desselben, zur Verjährung hinreichend.

§. 662. Hat der, zu dessen Nachtheile die Ueberschreitung der nach §. 660. bestimmten Gränzen gereicht, derselben widersprochen; hiernächst aber bei den dennoch fortgesetzten Ueberschreitungen Dreissig Jahre lang sich beruhigt; so ist die Verjährung wider ihn vollendet.

§. 663. Auch ein Funfzigjähriger Besitz schützt den nicht, welcher der Unredlichkeit dabei überführt werden kann.

§. 664. Rechte gegen ausdrückliche Verbotsgesetze können durch keine Verjährung erworben werden.[36]

Wirkungen der Verjährung durch Besitz.

§. 665. Durch die vollendete Verjährung erwirbt der Besitzer das Eigenthum der Sache oder des Rechts.

§. 666. Doch erstreckt sich dieses Eigenthum niemals weiter, als der Besitz selbst gegangen ist.

§. 667. Hat aber Jemand einen Inbegriff von Sachen oder Rechten durch Verjährung erworben, so gebührt ihm das Eigenthum aller darunter begriffenen einzelnen Stücke und Befugnisse.

§. 668. Vortheile, welche ein Theilhaber, durch seine Handlungen, der gemeinschaftlichen Sache verschafft, kommen, auch bei der Verjährung durch Besitz, den übrigen Theilhabern zu statten.

§. 669. Von Verträgen über die Verjährung durch Besitz gilt alles das, was wegen der Verträge über die Verjährung durch Nichtgebrauch vorgeschrieben ist. (§. 565. sqq.)

Zehnter Titel.

Von der mittelbaren Erwerbung des Eigenthums.[1]

---

[35] Infolge der Verweisung in § 241 II. 11 Bestandtheil des Kirchenrechts, und als solches unberührt.

[36] s. Anm. 33.

[1] Durch Art. 55 E.G. z. B.G.B. beseitigt. Art. 89 A.G. z. B.G.B.

Elfter Titel.[1])

Von den Titeln zur Erwerbung des Eigenthums, welche sich in Verträgen unter Lebendigen gründen.

Erster Abschnitt.

Von Kaufs- und Verkaufsgeschäften.

§. 4. Auch der Staat ist Jemanden zum Verkaufe seiner Sache zu zwingen nur alsdann berechtigt, wenn es zum Wohl des gemeinen Wesens nothwendig ist.[2])

---

[1]) Der 11. Titel ist mit Ausnahme der nachfolgenden Vorschriften durch Art. 89 A.G. z. B.G.B. aufgehoben. S. aber Anm. 3.

[2]) Die Vorschriften über Enteignung sind durch Art. 109 E.G. z. B.G.B. aufrechterhalten.

Vgl. §§ 74, 75 Einl.; §§ 29—32 I. 8; § 11 II. 7; §§ 18ff. II. 15. Art. 9 Pr. Verf.

Ges. über die Enteignung von Grundeigenthum, v. 11. Juni 1874 (G.S. S. 221). A.G. z. B.G.B. Art. 12 § 1 Abs. 2, Art. 22 Nr. 1; A.G. z. Zw.B.G. v. 23. September 1899 (G.S. S. 291) Art. 35—41; Zuständ. Ges. v. 1. August 1883 (G.S. S. 237) §§ 150—153. Allg. Berggesetz v. 24. Juni 1865 (G.S. S. 719) §§ 64, 135—147, 241; §§ 135—147, 241 sind ausgedehnt auf den Stein- und Kalisalzbergbau in der Provinz Hannover, Ges. v. 14. Juli 1895 (G.S. S. 295).

Ges. betr. die Errichtung und Erhaltung von Marksteinen behufs der zur Legung eines trigonometrischen Netzes über die sechs östlichen Provinzen der Monarchie zu bestimmenden trigonometrischen Punkte, v. 7. Oktober 1865 (G.S. S. 1033); Ges. betr. die Errichtung von Marksteinen, v. 7. April 1869 (G.S. S. 729); Ergänzungsges. zu beiden Gesetzen, v. 3. Juni 1874 (G.S. S. 239).

Art. 41 R.Verf.; Ges. über die Eisenbahnunternehmungen, v. 3. November 1838 (G.S. S. 505) §§ 4, 14, 20; Ges. über Kleinbahnen und Privatanschlußbahnen, v. 28. Juli 1892 (G.S. S. 225) §§ 30 ff.

Ges. betr. die Beschränkungen des Grundeigenthums in der Umgebung von Festungen, v. 21. Dezember 1871 (R.G.Bl. S. 459) § 41; Ges. betr. die Anlegung und Veränderung von Straßen und Plätzen in Städten und ländlichen Ortschaften, v. 2. Juli 1875 (G.S. S. 561) §§ 13, 14.

Ges. über das Deichwesen, v. 28. Januar 1848 (G.S. S. 54) § 20; Ges. über die Befugnisse der Strombauverwaltung gegenüber den Uferbesitzern an öffentlichen Flüssen, v. 20. August 1883 (G.S. S. 333) §§ 8 ff.; Fischereigesetz v. 30. Mai 1870 (G.S. S. 197) § 40.

Ges. über die Kriegsleistungen v. 13. Juni 1873 (R.G.Bl. S. 129); Ges. über Naturalleistungen für die bewaffnete Macht im Frieden, v. 13. Februar 1875 (R.G.Bl. S. 52).

Ges., betr. die Bekämpfung gemeingefährlicher Krankheiten, v. 30. Juni 1900 (R.G.Bl. S. 306) §§ 18, 19, 28 ff.

§. 5. Zur Anlegung oder Verbreitung einer öffentlichen Landstraße, oder eines schiffbaren Canals oder Flußbettes, können die Besitzer der angrenzenden Grundstücke soviel davon, als zu diesem Behufe erfordert wird, dem Staate käuflich zu überlassen gezwungen werden.

§. 6. Ein Gleiches hat statt, wenn der Staat der öffentlichen Sicherheit wegen einen Ort mit Festungswerken zu versehen nöthig findet.

§. 7. Bei entstehendem Getreidemangel ist der Staat, zur Abwendung einer drohenden Hungersnoth, berechtigt, die Besitzer von Getreidevorräthen zur Ausstellung derselben zum feilen Verkaufe, jedoch mit Vorbehalt ihres eigenen Bedürfnisses, zu nöthigen.

§. 8. In allen Fällen eines durch die Gesetze begründeten nothwendigen Verkaufs muß, wenn über den Preis kein Einverständniß stattfindet, derselbe nach dem Ermessen vereideter Taxatoren bestimmt werden.

§. 9. Bei dieser Bestimmung ist nicht bloß auf den gemeinen, sondern auch auf den außerordentlichen Werth Rücksicht zu nehmen.

§. 10. Ob der Fall einer Nothwendigkeit des Verkaufs zum gemeinen Wohl vorhanden sei, bleibt der Beurtheilung und Entscheidung des Oberhaupts des Staats vorbehalten.

§. 11. Ueber die Bestimmung des Preises aber soll dem bisherigen Eigenthümer rechtliches Gehör nicht versagt werden.

Dritter Abschnitt.

Von Abtretung der Rechte.

§. 385. Richterliche Personen und Justizkommissarien können streitige Rechte, deren Erörterung vor den Gerichtshof, bei welchem sie angestellt sind, es sei in erster oder in einer der folgenden Instanzen, gehören würde, nicht an sich lösen.[3])

Anh. §. 16. Auch Aktuarii dieses Gerichts gehören in dieser Beziehung zu den richterlichen Personen.

Gesetze gegen die Abwehr und Unterdrückung der Reblauskrankheit: v. 6. März 1875, 3. Juli 1883 (R.G.Bl. S. 175 u. 149); 27. Februar 1878 u. 23. März 1885 (G.S. S. 129 u. 97).

Ges. gegen die Abwehr und Unterdrückung von Viehseuchen, v. 1. Mai 1894 (R.G.Bl. S. 410), Ausführ.Ges. v. 12. März 1881 (G.S. S. 128); v. 18. Juni 1894 (G.S. S. 115).

[3]) Als öffentlichrechtliche Vorschriften der Dienstpragmatik in Folge des Vorbehalts in Ziff. 1 d. Art. 89 A.G. z. B.G.B. nicht aufgehoben.

§. 386. Streitig heissen hier alle Rechte, welche zur Zeit der Cession von dem Verpflichteten ganz oder zum Theil nicht anerkannt worden.

§. 387. Haben dergleichen Personen (§. 385.) sich auf solche Cessionen dennoch eingelassen, so sind dieselben nichtig. und der Cessionarius bleibt dem Cedenten, so wie dem Schuldner, zur Schadloshaltung, dem Staate aber nach näherer Bestimmung der Criminalgesetze, zur Strafe verhaftet.

Anh. §. 17. Durch die Genehmigung des Vorgesetzten kann nur die Strafe des Cessionarii, nicht aber das Privat-Interesse des Schuldners aufgehoben werden.

Sechster Abschnitt.

Von gewagten Geschäften und ungewissen Erwartungen.

10. Von Wittwen-, Heiraths- und Sterbe-Kassen.

§. 651. Gemeinschaftliche Wittwen-, Sterbe- und Aussteuer-Kassen dürfen, ohne landesherrliche Genehmigung, nicht errichtet werden.[4])

§. 652. Die Rechte und Pflichten der Interessenten sind nach dem vom Staate bestätigten Plane zu beurtheilen.

Siebenter Abschnitt.

Vom Darlehnsvertrage.

§. 676. Aus Darlehnen an Prinzen und Prinzessinnen, welche durch Geburt oder Heirath zum Königlichen Hause gehören, soll, so lange die Einwilligung des regierenden Oberhauptes der Familie nicht hinzugekommen ist, bei hiesigen Gerichten keine Klage angenommen werden.[5])

§. 677. Auf Prinzessinnen, welche durch Heirath aus der Königlichen Familie herausgegangen sind, findet diese Vorschrift nicht Anwendung.

Achter Abschnitt.

Von Verträgen, wodurch Sachen gegen Handlungen, oder Handlungen gegen Handlungen versprochen werden.

7) Verlagsverträge.[6])

§. 996. Das Verlagsrecht besteht in der Befugniß, eine Schrift

---

[4]) Als öffentlichrechtliche Vorschriften erhalten.

[5]) Durch Art. 57 E.G. z. B.G.B. gedeckt.

[6]) Art. 76 E.G. z. B.G.B. überläßt das Verlagsrecht (vorläufig) der Landesgesetzgebung. Die Regelung durch Reichsgesetz ist im Gange.

durch den Druck zu vervielfältigen, und sie auf den Messen, unter die Buchhändler und sonst, ausschließend abzusetzen.

§. 997. Nicht bloß Bücher, sondern auch Landkarten, Kupferstiche, topographische Zeichnungen, und musikalische Kompositionen, sind ein Gegenstand des Verlagsrechts.

§. 998. In der Regel erlangt der Buchhändler das Verlagsrecht nur durch einen mit dem Verfasser darüber geschlossenen schriftlichen Vertrag.[7])

§. 999. Ist dergleichen schriftlicher Vertrag nicht errichtet, die Handschrift jedoch von dem Schriftsteller abgeliefert worden, so gilt die mündliche Abrede zwar in Ansehung des dem Verfasser versprochenen Honorarii; in allen übrigen Stücken aber sind die Verhältnisse beider Theile lediglich nach den gesetzlichen Vorschriften zu beurtheilen.[7])

§. 1000. Der Verfasser ist schuldig, den schriftlichen Vertrag durch Lieferung der Handschrift zur gehörigen Zeit zu erfüllen.

§. 1001. Thut er dieses nicht, so kann der Verleger von dem Vertrage wieder abgehen.

§. 1002. Ist die Zeit, wenn die Handschrift geliefert werden soll, im Vertrage nicht bestimmt, so wird angenommen, daß dieselbe dergestalt geliefert werden solle, daß der Verleger die Schrift noch auf die nächste Leipziger Messe bringen könne.

§. 1003. Erhellet aus der Größe und dem Umfange des Werks, oder aus der kurzen Zwischenzeit bis zur Messe, oder aus andern Umständen, daß dem Schriftsteller eine längere Zeit habe gestattet sein sollen, so hängt die nähere im Contracte nicht enthaltene Bestimmung von dem Schriftsteller ab.

§. 1004. Doch kann derselbe von dem Verleger angehalten werden, eine gewisse Zeit zu bestimmen, oder sich den Rücktritt von dem Contracte gefallen zu lassen.

§. 1005. Ereignen sich Umstände oder Hindernisse, welche den Verfasser veranlassen, das versprochene Werk gar nicht herauszugeben, so kann er von dem Vertrage zurücktreten.

§. 1006. Er muß aber dem Verleger den Schaden ersetzen, welcher demselben aus den zum Abdrucke etwa schon getroffenen, und durch den Rücktritt unnütz werdenden Anstalten, wirklich entsteht.

---

[7]) Gilt nur noch für Nicht-Handelsgeschäfte: Art. 5 A.G. z. H.G.B. v. 24. September 1899 (G.S. S. 303).

§. 1007. Giebt aber der Schriftsteller das einem Verleger versprochene Werk innerhalb Jahresfrist nach dem Rücktritte, ohne Vorwissen und Einwilligung desselben, in einem andern Verlage, oder auf eigene Rechnung heraus, so muß er dem ersten Verleger auch für den entgangenen Gewinn gerecht werden.

§. 1008. Findet der Schriftsteller nöthig, in Ansehung des Umfangs, oder der Einrichtung des Werks, Veränderungen noch vor dem Drucke zu machen, so hat der Verleger die Wahl, sich dieselben gefallen zu lassen, oder von dem Vertrage wieder abzugehen.

§. 1009. Macht aber der Schriftsteller dergleichen Veränderungen nach bereits angefangenem Drucke, ohne die Einwilligung des Verlegers, so haftet er dem Verleger für allen daraus entstehenden Schaden.

§. 1010. Wegen der Fälle, wo die Erfüllung des Verlagsvertrages einem oder dem andern Theile unmöglich wird, hat es bei den Vorschriften des §. 879. sqq. sein Bewenden.

§. 1011. Wenn ein neuer unveränderter Abdruck einer Schrift in eben demselben Formate veranlaßt wird, so heißt solches eine neue Auflage.

§. 1012. Wenn aber eine Schrift in verändertem Formate oder mit Veränderungen im Inhalte, von neuem gedruckt wird, so wird solches eine neue Ausgabe genannt.

§. 1013. Ist im Verlagsvertrage die Zahl der Exemplare der ersten Auflage nicht bestimmt, so steht es dem Verleger frei, auch ohne ausdrückliche Einwilligung des Verfassers, neue Auflagen zu veranstalten.

§. 1014. Ist aber die Zahl bestimmt, so muß der Verleger, wenn er eine neue Auflage machen will, sich darüber mit dem Schriftsteller oder dessen Erben anderweit abfinden.

§. 1015. Können die Parteien sich darüber nicht vereinigen, so dient die Hälfte des für die erste Auflage gezahlten Honorarii zum Maßstabe.

§. 1016. Hingegen erstreckt sich das Verlagsrecht in der Regel, und wenn nicht in dem geschlossenen schriftlichen Vertrage ein Anderes verabredet ist, nur auf die erste Ausgabe des Werks, mit Inbegriff aller ferneren Theile und Fortsetzungen desselben.

§. 1017. Der erste Verleger kann also niemals eine neue

Ausgabe machen, ohne mit dem Schriftsteller einen neuen Vertrag darüber geschlossen zu haben.

§. 1018. Dagegen kann auch der Schriftsteller keine neue Ausgabe veranstalten, so lange der erste Verleger die von ihm nach §. 1013. 1014. rechtmäßig veranstalteten Auflagen noch nicht abgesetzt hat.

§. 1019. Können Verfasser und Buchhändler sich wegen der neuen Ausgabe nicht vereinigen, so muß Ersterer, wenn er dieselbe in einem andern Verlage herausgeben will, zuvörderst dem vorigen Verleger alle noch vorräthigen Exemplare der ersten Ausgabe, gegen baare Bezahlung des Buchhändlerpreises, abnehmen.

§. 1020 (weggefallen).[8])

§. 1021. Vorstehende Einschränkungen des Verlagsrechts zum Besten des Schriftstellers fallen weg, wenn der Buchhändler die Ausarbeitung eines Werks, nach einer von ihm gefaßten Idee, dem Schriftsteller zuerst übertragen, und dieser die Ausführung ohne besondern schriftlichen Vorbehalt übernommen; oder wenn der Buchhändler mehrere Verfasser, zur Ausführung einer solchen Idee, als Mitarbeiter angestellt hat.

§. 1022. In diesen Fällen gebührt das volle Verlagsrecht vom Anfange an dem Buchhändler, und der oder die Verfasser können sich auf fernere Auflagen und Ausgaben weiter kein Recht anmaßen, als was ihnen in dem schriftlichen Vertrage ausdrücklich vorbehalten ist.

§. 1023. Anmerkungen zu Büchern, worauf ein Anderer das Verlagsrecht hat, besonders abzudrucken, ist erlaubt. Mit dem Werke selbst aber können dergleichen Anmerkungen, ohne Einwilligung des Verfassers und seines Verlegers, nicht gedruckt, noch in den Königlichen Landen verkauft werden.

Zwölfter Titel.

Von den Titeln zur Erwerbung des Eigenthums, welche aus Verordnungen von Todeswegen entstehen.[1])

Erster Abschnitt.

Von Testamenten und Codicillen.

§. 176. Bei Personen, welche zu der Familie des Landesherrn

---

[7]) B.G.B. §§ 275, 323 ff.

[8]) § 1020 ist als Nachdrucksvorschrift schon durch § 6 d. Ges. zum Schutze des Eigenthums an Werken der Wissenschaft u. Kunst gegen Nachdruck u. Nachbildung, v. 11. Juni 1837 (G.S. S. 165) beseitigt.

[1]) Der 12. Titel ist mit nachstehenden Ausnahmen durch Art. 89 A.G. z. B.G.B. aufgehoben; s. aber Anm. 3.

gehören, ist es genug, wenn dieselben ihre Disposition dem Haupte der Familie auch nur schriftlich eingereicht haben, und dieselbe dem Cabinetsarchive, oder einem Gericht, zur ferneren Aufbewahrung zugefertigt worden ist.[2])

§. 203. Dagegen können aber auch die Gerichte in der Regel sich nicht entziehen, von solchen Kranken ihre letztwilligen Verordnungen in ihren Wohnungen, unter Anwendung der erforderlichen Vorsichtsmittel, auf- oder anzunehmen.

§. 204. Doch kann, wenn dem Richter aus der vorzunehmenden Handlung eine offenbare und augenscheinliche Lebensgefahr bevorsteht, derselbe sich dieser Gefahr zu unterziehen nicht gezwungen werden.[3])

§. 475. **Hat der Erblasser aus seinem Nachlasse ein Familienfideicommiß bestellt; so muß der Fideicommißfolger die einzelnen Vermächtnisse, so weit die übrige Erbschaft nicht hinreicht, entrichten.**

§. 476. **Doch können die Legatarii nicht an die Substanz, sondern nur an die Nutzungen des Fideicommisses sich halten.**[4])

Dreizehnter Titel.

Von Erwerbung des Eigenthums der Sachen und Rechte durch einen Dritten.[1])

Erster Abschnitt.

Von Vollmachtsaufträgen.

§. 31. Rechte, die einem gewissen Stande oder Gewerbe eigen sind, können Andern nicht aufgetragen, noch von denselben übernommen werden.[2])

---

[2]) Durch Art. 57 E.G. z. B.G.B. gedeckt.

[3]) § 202 lautete:

§ 202. Außer dem Falle, wo wegen ausgebrochener ansteckender Krankheiten der Staat eine Sperre des Ortes oder der Gegend veranlaßt hat, kann der Umstand, daß der Testator selbst mit einer solchen Krankheit befallen gewesen, die Verabsäumung der gesetzlichen Förmlichkeiten nicht entschuldigen.

§§ 203, 204 sind als Vorschriften des öffentlichen Dienstrechts in Folge des Vorbehalts im Art. 89 Nr. 1 erhalten.

[4]) Durch Art. 59 E.G. z. B.G.B. gedeckt.

[1]) Vgl. Anm. 1 zum 12. Tit. [2]) Oeffentliches Recht, vgl. ob. Anm. 3.

§. 41. Geschäfte eines öffentlichen Amts soll Niemand eigenmächtig einem Andern an seiner Statt auftragen.[3])

§. 42. Ist es dennoch geschehen, so sind die Handlungen des Substituten nichtig, und er sowohl, als sein Machtgeber haften, einer für beide und beide für einen, wegen alles daraus entstandenen Schadens.

§. 43. War jedoch der Substitut zur Verrichtung von Amtshandlungen dieser Art an sich qualifizirt; so wird zwar dadurch daß der, welchem das Geschäft eigentlich oblag, ihn dazu eigenmächtig substituirt hat, die Handlung selbst noch nicht ungültig.

§. 44. Derjenige aber, welcher sich eine solche eigenmächtige Substitution angemaßt hat, soll, nach Bewandniß der Umstände, mit verhältnißmäßiger Geld- oder Gefängnißstrafe belegt werden.[4])

§. 45. Auch von dieser Strafe bleibt ein Beamter frei, welcher durch Krankheit oder andern Zufall, die Geschäfte seines Amts zu verwalten, auf eine Zeitlang außer Stand gesetzt worden, und auf so lange, bis von seinem Vorgesetzten wegen einstweiliger Versehung desselben Anstalten getroffen worden, solche Amtshandlungen, die keinen Aufschub leiden, Andern, welche zu Geschäften von gleicher Art öffentlich bestellt und verpflichtet sind, aufgetragen hat.

Anh. §. 46. Die von den Preussischen Gesandten und Residenten an auswärtigen Höfen attestirten Vollmachten sind den gerichtlichen gleich zu achten.[5])

§. 195. Aufträge, welche Jemandem von Amtswegen ertheilt worden, behalten auch nach dem Tode des Machtgebers ihre Kraft[6].)

---

[3]) Infolge von Art. 78 E.G. z. B.G.B. und als öffentliches Rech erhalten.

[4]) Disziplinarstrafe.

[5]) Als Vorschrift des öffentlichen Rechts infolge des Vorbehalts in Art. 89 Ziff. 1 A.G. z. B.G.B. nicht aufgehoben. R.F.G.G. §§ 136, 191; Pr.F.G.G. Art. 31, 32. R.Ges., betr. die Organisation der Bundeskonsulate, sowie die Amtsrechte und Pflichten der Bundeskonsuln, v. 8. November 1867 (B.G.Bl. S. 137) §§ 14, 16.

[6]) Siehe Anm. 5 Satz 1.

Vierzehnter Titel.

Von Erhaltung des Eigenthums und der Rechte.[1]

Dritter Abschnitt.

Von Cautionen und Bürgschaften.[2]

Besonders von Amtscautionen.

Vierter Abschnitt.

Von Pfändungen.[3]

Fünfzehnter Titel.

Von Verfolgung des Eigenthums.[1]

Sechszehnter Titel.

Von den Arten, wie Rechte und Verbindlichkeiten aufhören.[1]

Dritter Abschnitt.

Von der Deposition.[4]

---

[1]) Die Titel 14 bis 16 sind durch Art. 89 A.G. z. B.G.B. aufgehoben.

[2]) Durch Art. 90 E.G. z. B.G.B. sind die Vorschriften über Amtskautionen vorbehalten. Ges. betr. die Kautionen der Staatsbeamten v. 25. März 1873 (G.S. S. 125), eingeführt in Lauenburg durch Ges. v. 25. Februar 1878 (G.S. S. 97); Ges., betr. die Aufhebung der Verpflichtung zur Bestellung von Amtskautionen, v. 7. März 1898 (G.S. S. 19).

[3]) Art. 89 E.G. z. B.G.B. Es kommen in Betracht: Feld- u. Forstpolizeiges. v. 1. April 1880 (G.S. S. 230) §§ 69ff., 77ff.; in Folge der Vorbehalte des § 96 Abs. 3 Ziff. 2, Abs. 4 das.: Vorl. Verordn. über die Ausübung der Waldstreugerechtigkeit, v. 5. März 1843 (G.S. S. 105) § 8; Feldpolizeiordnung v. 1. November 1847 (G.S S. 376) mit Ges. v. 13. April 1856 (G.S. S. 205) §§ 4ff., 46; außerdem Fischereigesetz v. 30. Mai 1874 (G.S. S. 197) § 48; A.L.R. I, 9 § 189; II. 16, § 67.

[4]) Art. 144—146 E.G. z. B.G.B.; Hinterlegungsordnung v. 14. März 1879 (G.S. S. 249), abgeändert durch Art. 84 A.G. z. B.G.B.

Siebenzehnter Titel.
Vom gemeinschaftlichen Eigenthume.[1])
Vierter Abschnitt.
Von Gemeinheitstheilungen.[2]) [3])

---

[1]) Tit. 17 ist, mit Ausnahme d. §§ 362ff., aufgehoben. Art. 89 A.G. z. B.G.B.

[2]) Das Recht der Gemeinheitstheilung ist unberührt. Art. 113 E.G. z. B.G.B.

[3]) Aufgehoben durch die Gemeinheitstheilungsordnung v. 7. Juni 1821 (G.S. S. 53). Außer dieser kommen hauptsächlich in Betracht:

a) für das landrechtliche Gebiet: Landkulturedikt v. 14. September 1811 (G.S. S. 300); Gesetz wegen Sicherstellung der Rechte Dritter bei Gem.Theil., v. 29. Juni 1835 (G.S. S. 135); Verord. über die Beschränkung des Provokationsrechts auf Gem.Theil.; v. 28. Juli 1838 (G.S. S. 429); Ges. v. 31. März 1841, enthaltend die Deklaration des § 164 G.Th.O. (G.S. S. 75); Deklaration einiger Vorschriften des A.L.R. und der G.Th.O. v. 7. Juni 1821, betr. das nutzbare Gemeindevermögen, v. 26. Juli 1847 (G.S. S. 327); Ges., betreffend die Ergänzung und Abänderung der G.Th.O. und einiger anderen über Gem.-Theil. ergangenen Gesetze, v. 2. März 1850 (G.S. S. 139); Ges. betr. die Ausdehnung der G.Th.O. v. 7. Juni 1821 auf die Zusammenlegung von Grundstücken, welche einer gemeinschaftlichen Benutzung nicht unterliegen, v. 2. April 1872 (G.S. S. 329); Ges., betr. die Berichtigung des Grundsteuerkatasters u. der Grundbücher bei Auseinandersetzungen vor Bestätigung des Rezesses, v. 26. Juni 1875 (G.S. S. 325) — vgl. dazu Art. 33 A.G. z. G.B.O. Ziff. 10, 11 u. 12 —; Ges. über gemeinschaftliche Holzungen, v. 14. März 1881 (G.S. S. 261).

b) Gemeinheitstheilungs-Ordnung f. d. Rheinprovinz, mit Ausnahme der Kreise Duisburg u. Rees, sowie für Neuvorpommern und Rügen, v. 19. Mai 1851 (G.S. S. 371); Ges., betr. die Zusammenlegung der Grundstücke im Geltungsgebiet des Rheinischen Rechts, v. 24. Mai 1885 (G.S. S. 156); Grundbuchgesetz v. 12. April 1888 (G.S. S. 52) §§ 29, 31 vgl. A.G. z. G.B.O. Art. 33 Ziff. 10; Ges., betr. die wirthschaftliche Zusammenlegung der Grundstücke i. d. Bezirke des Justizsenats zu Ehrenbreitstein, v. 5. April 1869 (G.S. S. 514).

c) Ges., betr. die Ablösung der Servituten, die Theilung der Gemeinheiten und die Zusammenlegung der Grundstücke f. d. Provinz Schleswig-Holstein, v. 17. August 1876 (G.S. S. 377), (eingeführt im Kr. Herzogth. Lauenburg durch Ges. v. 25. Februar 1878 § 9 [G.-S. S. 97]).

d) Ges. über die Zusammenlegung der Grundstücke, Ablösung der Servituten und die Theilung der Gemeinheiten in den Hohenzollernschen Landen, v. 23. Mai 1885 (G.S. S. 143).

e) V., betr. die Güterkonsolidation im Regierungsbez. Wiesbaden mit Ausnahme des Hinterlandkreises, v. 2. September 1867 (G.S. S. 1462); Grundbuchgesetz vom 19. August 1895 § 8 (G.S. S. 483), vgl. Art. 33 A.G. z. B.G.B. Ziff. 11. G.Th.O. für den

Fünfter Abschnitt.

Von Grenzscheidungen.[4])

Wie Grenzscheidungen anzulegen.

§. 362. Sowohl bei Gemeinheitstheilungen, als in allen anderen Fällen, wo eine Bestimmung der Grenzen erforderlich ist, müssen dieselben deutlich bezeichnet werden.

§. 363. Diese Auszeichnung, sie mag durch die Grenzraine, Graben, Steine, Pfähle, Bäume oder Grenzhügel bestimmt werden, muß so beschaffen sein, daß sie nicht leicht verrückt oder verdunkelt werden könne.

§. 364. Es ist hinlänglich, wenn die Grenzgraben oder Raine zwischen einzelnen Besitzungen Einen Fuß, zwischen verschiedenen Feldmarken aber Vier Fuß breit sind.

§. 365. Doch kann eine bisher bestandene größere Breite zum Nachtheile derjenigen, welche ein Nutzungsrecht darauf haben, solchergestalt nicht eingeschränkt werden.

§. 366. Die Mitte des Grabens oder Rains, welcher die Grenze bestimmt, ist für die eigentliche Grenzlinie zu achten.[5])

§. 367. Grenzpfähle, Bäume und Steine müssen durch oberhalb des Bodens eingehauene, oder durch untergelegte unverwesliche Merkmale bezeichnet werden.

§. 368. Ein Hügel, welcher für ein Grenzzeichen angegeben wird, hat diese Eigenschaft nur alsdann, wenn unter demselben dergleichen Merkmale sich finden; oder wenn die Bestimmung desselben zu einem Grenzzeichen aus andern Umständen deutlich zu entnehmen ist.[5])

§. 369. Wege, Fußsteige und Bäche, welche ihre Lage leicht

Regierungsbezirk Wiesbaden mit Ausnahme des Kreises Biedenkopf, v. 5. April 1869 (G.S. S. 526)

f) V., betr. die Ablösung der Servituten, die Theilung der Gemeinschaften u. die Zusammenlegung der Grundstücke, für das vormalige Kurfürstenthum Hessen, v. 13. Mai 1867 (G.S. S. 716); eingeführt in die vormals Bayerischen und Großherzogl. Hessischen Gebietstheile, welche zum Reg.-Bez. Kassel und zum Hinterlandkreise des Reg.-Bez. Wiesbaden gehören durch V. v. 2. September 1867 (G.S. S. 1463); ergänzt und abgeändert durch Ges. v. 25. Juli 1876 (G.S. S. 366).

[4]) Aufrechterhalten in Folge von § 919 Abs. 2 B.G.B.

[5]) §§ 366 u.. 368 gelten nur noch als Instruktion für Herstellung von Grenzen.

verändern, sollen zur Bezeichnung der Grenzen in der Regel nicht angenommen werden.

§. 370. Wo die Bezeichnung der Grenzen nicht durch Raine oder Graben, sondern durch Steine, Pfähle oder Hügel geschieht, müssen diese Grenzzeichen so angelegt werden, daß der Grenzzug durch eine gerade Linie von einem zum andern bestimmt werde.

§. 371. Vorstehende Regeln sind, sowohl bei Bestimmung bisher streitig gewesener, als bei Erneuerung unstreitiger Grenzen zu beobachten.[6])

Achtzehnter Titel.

Vom getheilten Eigenthume.[1])

§. 1. Wenn das Eigenthum getheilt ist (Tit. 8. §. 16—20.), so wird derjenige, welchem nur ein Miteigenthum an der Proprietät aber kein Antheil an dem zum Eigenthume gehörenden Nutzungsrechte zukommt, Obereigenthümer genannt.[2])

§. 2. Ueber die Proprietät der Sache (§. 10 ebend.) können nur der Ober- und nutzbare Eigenthümer gemeinschaftlich, mithin keiner derselben ohne Zuziehung und Bewilligung des Andern, gültig verfügen.

§. 3. Das zum Eigenthume gehörige Mitbesitzungsrecht des

---

[6]) Die Bestimmung streitiger Grenzen erfolgt nach § 920 B.G.B.

[1]) § 13 I 18, § 72f. II. 4; Art. 59 E.G. z. B.G.B.

[2]) §§ 10—12, 16—20 I. 8 sind aufgehoben (Art. 89 A.G. z. B.G.B.) werden aber als Begriffsbestimmungen Werth behalten.

§. 10. Das Recht, über die Substanz der Sache zu verfügen, wird Proprietät genannt.

§. 11. Das Recht, eine Sache zu seinem Vortheil zu gebrauchen, heißt das Nutzungsrecht.

§. 12. Das zum Eigenthume gehörige Nutzungsrecht erstreckt sich auf alle Vortheile, welche die Sache gewähren kann.

§. 16. Das Eigenthum einer Sache ist getheilt, wenn die darunter begriffenen verschiedenen Rechte verschiedenen Personen zukommen.

§. 17. In so fern mehrere Personen an einem dieser Rechte Theil nehmen, ist das Recht, nicht aber die Sache selbst, ihr gemeinschaftliches Eigenthum.

§. 18. Wenn es auf Verfügungen über das volle Eigenthum der Sache ankommt, so werden die mehreren Miteigenthümer eines jeden einzelnen darunter begriffenen Rechts nur als Eine Person betrachtet.

§. 19. Wer nur die Proprietät der Sache ohne das Nutzungsrecht hat, wird Eigner genannt.

§. 20. Wer Miteigner der Proprietät ist, und zugleich das Nutzungsrecht hat, dem wird ein nutzbares Eigenthum der Sache beigelegt.

Obereigenthümers ruhet so lange, als der nutzbare Eigenthümer seines Rechts auf die Sache nicht verlustig geworden ist.

§. 4. Das zum Eigenthume gehörige Nutzungsrecht (§. 11, 12. ebend.) ist in dem besondern und ausschließenden Eigenthume des nutzbaren Eigenthümers.

§. 5. Dieser kann also über den Gebrauch der Sache so weit gültig verfügen, als dadurch die dem Obereigenthümer zukommenden Rechte nicht geschmälert werden.

§. 6. Wer das nutzbare Eigenthum hat, ist berechtigt, allen Vortheil von der Sache zu ziehen, welcher von derselben, ihrer Substanz unbeschadet, erhalten werden kann.

§. 7. Auch außerordentliche Nutzungen, die sonst keinem, als dem wirklichen Eigenthümer der Sache gehören, kommen dem nutzbaren Eigenthümer zu. (Tit. 9. §. 94 sqq.)[3])

§. 8. Zu Veränderungen der ganzen Sache, wodurch sie aufhört, dieselbe Sache zu sein, ist der nutzbare Eigenthümer nicht berechtigt.

§. 9. Wohl aber ist er befugt, einzelne Theile oder unter einem Inbegriffe von Sachen enthaltene Stücke zu ändern, so weit es ohne Verminderung des Ganzen, und ohne die Hauptbestimmung desselben zu verändern, geschehen kann.

§. 10. Selbst zur Verringerung eines Theils der Sache ist der nutzbare Eigenthümer berechtigt, wenn ohne dergleichen Verringerung dieser Theil der Sache gar nicht genossen werden könnte.

§. 11. Dagegen ist aber auch der nutzbare Eigenthümer alle ordentlichen und außerordentlichen Lasten der Sache, ohne Beitritt des Obereigenthümers, zu tragen verpflichtet.

§. 12. Die verschiedenen Bedingungen, unter welchen das Obereigenthum von dem nutzbaren getrennt worden, bestimmen die verschiedenen Arten des getheilten Eigenthums.

Erster Abschnitt.

Vom Lehne.[4])

I. Begriffe und Grundsätze.

§. 13. Eine Sache, deren nutzbares Eigenthum Jemand unter der Bedingung einer dem Obereigenthümer zu erweisenden besonderen

---

[3]) Vgl. §§ 94—96 I. 9.

[4]) Art. 59 E.G. z. B.G.B.; Ges., betr. die Abänderung der Artikel

Treue, gegen den von diesem ihm zu leistenden Schutz besitzt, wird ein Lehn genannt.

§. 14. Der Obereigenthümer heißt Lehnsherr, und der nutzbare Eigenthümer Vasall oder Lehnsmann.

§. 15. Seitenverwandte männlichen Geschlechts, welche durch eine ununterbrochene Reihe männlicher ehelicher Nachkommen, von eben dem ersten Erwerber des Lehns, wie der nutzbare Eigenthümer selbst, abstammen, heißen Agnaten.

§. 16. Diejenigen, welchen entweder selbst, oder deren Vorfahren in aufsteigender Linie, das Lehn mit dem Vasallen zugleich verliehen worden, werden Mitbelehnte oder Gesammthänder genannt.

§. 17. Agnaten und Mitbelehnte nehmen an dem nutzbaren Eigenthume des Lehns, welches dem Vasallen zukommt, Theil.

§. 18. Doch ruhet ihr Recht so lange, bis sie nach der Ordnung der Lehnsfolge zum wirklichen Besitze des Lehns berufen werden.

§. 19. Zur Lehnstreue, die der Vasall seinem Lehnsherrn schuldig ist, gehört, daß er, soviel an ihm ist, den Nutzen desselben zu befördern, Schaden und Nachtheil aber abzuwenden beflissen sei; auch die im Lehnsvertrage übernommenen, oder durch die Lehnsgesetze vorgeschriebenen Dienste und andere Obliegenheiten, treulich entrichte.

§. 20. Wenn der Lehnsherr nicht zugleich Landesherr des Vasallen ist, so ist die Lehnstreue gegen den erstern allemal der Unterthanentreue gegen den letztern, auch in dem Falle, wenn beide zusammen nicht bestehen können, untergeordnet.

§. 21. Die Pflicht des Lehnsherrn besteht in der Gewährung desjenigen Schutzes, ohne welchen der Vasall das Lehn gehörig zu besitzen und zu benutzen außer Stande sein würde.

---

40 und 41 der Verfassungs-Urkunde, v. 5. Juni 1852 (G.S. S. 319); Ablösungsges. v. 2. März 1850 (G.S. S. 77) §§ 2, 5.

Edikt den erleichterten Besitz und den freien Gebrauch des Grundeigenthums u. s. w. betr., v. 9. Oktober 1807 (G.S. S. 170) § 9; vgl. die Auflösungsgesetze in Anm. 19 zu § 50 II. 4; und Ges. betr. die Auflösung des Lehnsverbandes in der Provinz Westfalen und in den Kreisen Rees, Essen (Stadt und Land), Duisburg und Mühlheim a. d. R., v. 3. Mai 1876 (G.S. S. 112); Ges., die Erleichterung gewisser Dispositionen über Kurmärkische Lehne betr., v. 15. Mai 1852 (G.S. S. 290).

§. 22. Wenn also der Vasall wegen des Lehns, oder eines dazu gehörenden Stücks in Anspruch genommen wird, so ist der Lehnsherr ihn zu vertheidigen schuldig.

II. Unterschied zwischen gegebenen und aufgetragenen Lehnen.

§. 23. Bei Erklärung der die gegenseitigen Rechte und Pflichten zwischen dem Lehnsherrn und Vasallen bestimmenden Gesetze und Verträge ist darauf: ob das Lehn ursprünglich dem Vasallen von dem Lehnsherrn verliehen, oder von ersterem dem letzteren aufgetragen worden, Rücksicht zu nehmen.

§. 24. Im ersten Falle hat, bei zweifelhaften Bestimmungen, der Lehnsherr, so wie im letzteren der Vasall, die Vermuthung für sich.

III. Was Lehn sein könne.

§. 25. Jede Sache, bei welcher das Ober- von dem nutzbaren Eigenthum getrennt, und jedes von verschiedenen Personen besessen werden kann, kann auch zu Lehn gegeben und aufgetragen werden.

§. 26. Es können also nicht nur unbewegliche Sachen und Rechte, sondern auch bewegliche Sachen, in so fern deren Substanz oder Werth auf eine dauerhafte Art sichergestellt wird, die Eigenschaft eines Lehns erlangen.

§. 27. Sind bewegliche Sachen mit einer unbeweglichen zugleich zu Lehn gegeben worden, so werden erstere als Lehnszubehör angesehen.

§. 28. Pertinenzstücke eines Lehns haben also nur in so fern die Lehnseigenschaft, als sie dem Vasallen ausdrücklich als Lehn verliehen worden.

§. 29. Auch wenn Jemand mit einem Gute und allem Zubehör beliehen ist, werden dennoch nur diejenigen beweglichen Pertinenzstücke, welche entweder einen Theil des Lehns ausmachen, oder die dabei zur Zeit der ersten Verleihung befindlich gewesen, oder in der Folge an deren Stelle getreten, oder die durch eine spätere Investitur besonders verliehen sind, als Lehnszubehör angesehen.

§. 30. Wenn ein Vasall nach der ersten Belehnung bewegliche Sachen dem Lehn zugeschlagen hat, erhalten dennoch dieselben die Lehnseigenschaft nur alsdann: wenn sie von dem Vasallen dem Lehnsherrn zu Lehn ausdrücklich aufgetragen, oder in der überreichten Lehnsspecification als Zubehörungen des Lehns mit aufgeführt worden.

§. 31. In wie fern aber dergleichen Pertinenzien den Lehnsfolgern gegen oder ohne Vergütung bleiben müssen, ist nach den unten vorgeschriebenen Grundsätzen zu beurtheilen (§. 527. sqq.).

§. 32. Die durch Natur von außen her bewirkten Zuwüchse der Substanz eines Lehns haben von selbst die Lehnseigenschaft.

§. 33. Zuwüchse, welche durch die Handlungen eines Menschen von außen her beigefügt worden, werden nach den Regeln von Pertinenzstücken beurtheilt. (§. 28. sqq.)

§. 34. Auch das schon getheilte Eigenthum einer Sache kann von dem Besitzer ferner einem Dritten zu Lehn gegeben werden.

§. 35. Dieses gilt sowohl von dem Ober-, als von dem nutzbaren Eigenthum.

§. 36. Hat der Vasall sein nutzbares Eigenthum, oder der Lehnsherr sein Obereigenthum einem Dritten zu Lehn gegeben, so wird dieses eine Afterbelehnung genannt.

§. 37. Wenn Jemandem ein Lehn mit seinen Lehn- und Mannschaften verliehen worden, so ist dem Vasallen die Lehnsherrlichkeit über die davon abhangenden Aftervasallen mit übertragen.

§. 38. Ein Gleiches findet statt, wenn ein Gut, mit welchem das Obereigenthum anderer Lehne verbunden ist, unter dem Ausdrucke: mit allen Ehren, verliehen worden.

IV. Wer Lehne geben könne.

§. 39. So weit Jemand über das volle Eigenthum einer Sache, aus eigener oder übertragener Macht, zu verfügen berechtigt ist: so weit kann er das nutzbare Eigenthum derselben, mit Vorbehalt des Obereigenthums, Andern verleihen, oder das Obereigenthum, mit Vorbehalt des nutzbaren, einem Andern auftragen.

§. 40. Bei Sachen, die nach vorhandenen allgemeinen Landes- oder besonderen Lehnsverträgen, oder nach hergebrachtem Gebrauche des Lehnhofes, zu Lehn gegeben zu werden bestimmt sind, ist der Obereigenthümer das ihm anheimgefallene nutzbare Eigenthum wiederum einem Andern zu verleihen schuldig.

§. 41. In wie fern bischöfliche und andere geistliche Lehne, die sich während einer Vakanz eröffnen, von dem Kapitel wieder verliehen werden können: ist gehörigen Orts bestimmt. (Th. 2. Tit. 11. Abschn. 13.)

§. 42. Bei der Verleihung solcher Sachen ist die Beobachtung der bei andern Veräußerungen in gewissen Fällen, oder unter gewissen Umständen, gesetzlich vorgeschriebenen Erfordernisse und Feierlichkeiten nicht nothwendig.

§. 43. So wie eine Person höhern Standes einer niedern, so kann auch eine Person niedern Standes einer höhern Lehne verleihen oder auftragen.

V. Wer Lehne empfangen könne.

§. 44. So weit Jemand eine gewisse bestimmte Sache zu erwerben nach den Gesetzen überhaupt fähig ist; so weit kann ihm auch eine solche Sache als ein neues Lehn verliehen werden.

§. 45. Alle übrigen Bestimmungen der Eigenschaften eines neu aufzunehmenden Vasallen hängen von dem Gutfinden des Verleihenden ab.

§. 46. Bei schon bestellten Lehnen muß die Fähigkeit, dieselben bei sich ereignendem Anfalle zu übernehmen, hauptsächlich nach dem Inhalte des ursprünglichen Lehnsvertrages und der Lehnbriefe beurtheilt werden.

§. 47. So weit diese nichts Besonderes bestimmen, hängt die Fähigkeit, ein angefallenes Lehn zu übernehmen, von der Fähigkeit zur Leistung der damit verbundenen Pflichten ab.

§. 48. Wenn Sachen, die bestimmt sind, als Lehn ausgethan zu werden, von neuem verliehen werden sollen: so ist die Fähigkeit, sie zu erwerben, nach eben den Grundsätzen zu bestimmen, nach welchen diese Fähigkeit bei den vorhergehenden Vasallen zu beurtheilen war.

§. 49. Moralische Personen, welchen Lehne verliehen worden, sind in der Regel, zur Leistung der damit verbundenen Pflichten, einen Lehnsträger zu bestellen, befugt und schuldig.

§. 50. Hiervon ist der Fall ausgenommen, wenn aus dem Inhalte des Lehnsvertrages oder Lehnbriefes, oder aus der Natur der darin vorbedungenen Pflichten sich ergiebt, daß letztere von allen physischen Personen, welche die moralische Person ausmachen, geleistet werden sollen.

§. 51. Eine gleiche Ausnahme findet statt, wenn erhellet, daß das Lehn von allen Dienstleistungen frei ist, und die Lehnserneuerung, dem Herkommen gemäß, nur bei Veränderungen des Lehnsherrn hat gesuchet werden dürfen.

§. 52. Die Fähigkeit eines Lehnsträgers muß nach eben den Grundsätzen, wie die Fähigkeit eines Vasallen selbst, beurtheilt werden.

§. 53. Für andere Vasallen, die nur auf eine Zeitlang, oder nur bei einer gewissen Begebenheit, ihre Lehnspflichten selbst zu leisten unfähig sind, muß ein Bevollmächtigter zugelassen werden.

§. 54. Die Fähigkeit eines solchen Bevollmächtigten ist, wo nicht besondere Verträge, Gesetze oder Gewohnheiten des Lehnshofs ein Anderes bestimmen, nur nach den allgemeinen Regeln von Vollmachtsaufträgen zu beurtheilen.

§. 55. Der Lehnsherr ist in der Regel nicht schuldig, einen Vasallen, der durch fortdauernde Unfähigkeit an eigener Leistung der Lehnspflichten ganz verhindert wird, zum Besitze des Lehns zu lassen, und einen Lehnsträger für ihn anzunehmen.

§. 56. Agnaten und Mitbelehnte hingegen können einen solchen Vasallen, wenn ihn der Lehnherr, seiner Unfähigkeit ungeachtet, annehmen will, nicht ausschließen.

§. 57. Entsteht die Unfähigkeit des Vasallen erst nach schon erlangtem Besitze des Lehns, so kann der Lehnsherr sich in der Regel nicht entbrechen, einen tauglichen Lehnsträger für ihn anzunehmen.

§. 58. Besitzen mehrere Vasallen zugleich Ein Lehn, so muß einer von ihnen zur Leistung der Dienste und Pflichten im Namen Aller zugelassen werden.

§. 59. Einen fremden Lehnsträger hingegen ist der Herr in solchem Falle anzunehmen nicht verbunden.

§. 60. Wo der Lehnsherr einen Lehnsträger zuzulassen schuldig ist; da hängt die Auswahl der Person desselben von dem Vasallen ab.

§. 61. Den gewählten Lehnsträger kann der Lehnsherr nur so weit verwerfen, als er gegen die Tüchtigkeit desselben zur Erfüllung der Lehnspflichten erhebliche Ausstellungen machen kann.

§. 62. Hängt es aber von dem Willen des Lehnsherrn ab, einen Lehnsträger anzunehmen, so ist er eine ihm dazu gefällige Person zu wählen berechtigt.

VI. Eintheilung und Arten der Lehne.

§. 63. Eigentliche Lehne heißen diejenigen, bei welchen alle im gemeinen Lehnrechte bestimmten Eigenschaften eines Lehns anzutreffen sind.

§. 64. Bei allen schon bestehenden Lehnen wird vermuthet, daß dieselben gegen die von dem Vasallen übernommene Pflicht, dem Lehnsherrn Kriegsdienste zu leisten, ursprünglich verliehen worden.

§. 65. Alle Lehne sind also, im zweifelhaften Falle, für Mannlehne zu achten.

§. 66. Adliche Lehne heißen diejenigen, von welchen der Vasall, nach dem ursprünglichen Vertrage, Ritterdienste zu leisten verpflichtet ist.

§. 67. Personen unadlichen Standes können also zu solchen dem Adel bestimmten Lehnen in der Regel nicht zugelassen werden.[5])

§. 68. Besondere Eigenschaften, oder von der Regel des gemeinen Lehnrechts abweichende Beschaffenheiten eines Lehns, müssen auf rechtliche Art bestimmt sein, und erwiesen werden.

§. 69. Wenn jedoch die meisten von einem gewissen Lehnhof abhängenden Lehne, in einem oder anderem Stücke, von der gewöhnlichen Beschaffenheit eines Lehns abweichen, so gilt die Vermuthung, daß eine gleiche Abweichung auch bei den übrigen Lehnen desselben Lehnhofs statt finde.

§. 70. Die verschiedenen Arten der Sachen, welche zu Lehn gegeben werden, bestimmen die verschiedenen Arten und Benennungen der Lehne.

§. 71. Was unter der Belehnung mit Regalien, und insonderheit mit der Gerichtsbarkeit, begriffen sei, ist im Personenrechte bestimmt. (Th. 2, Tit. 17. Abschn. 1.)

§. 72. Unter Kirchlehn wird das Patronatrecht der Kirche verstanden.

§. 73. Das Geldlehn setzt ein Kapital voraus, welches sicher gestellt, und wovon dem Vasallen das Nutzungsrecht zu Lehn gegeben worden.

---

[5]) Edikt vom 9. Oktober 1807 (G.S. S. 170) § 1 (vgl. K.O. v. 7. Februar 1845 (G.S. S. 96) für die ehemals Kgl. Sächsischen Landestheile).

§. 74. Es sind daher Gelder, die aus einem Lehne gelöset, oder zu dessen Erwerbung bestimmt worden, für wirkliche Lehne noch nicht zu achten.

§. 75. Wenn einem Gläubiger das Pfandrecht auf eine zur Sicherheit seiner Forderung übergebene Sache zu Lehn verliehen worden: so heißt es ein Pfandlehn.

§. 76. Der Vertrag, auf dessen Grund ein solches Pfandlehn bestellt worden, ist nur soweit gültig, als er den zur Verhütung des Wuchers beim Pfandverkehre gegebenen Gesetzen nicht entgegen läuft.

§. 77. Aus der Verwirkung oder sonstigen Aufhebung des Pfandlehns folgt noch nicht der Verlust des Pfandrechts, und noch weniger der dadurch versicherten Forderung.

§. 78. Wenn aber die Forderung getilgt wird, so hört nicht nur das Pfandrecht, sondern auch das Pfandlehn auf.

VII. Ursprüngliche Bestellung der Lehne.

§. 79. Die Lehnseigenschaft einer Sache wird nicht vermuthet, sondern muß durch Nachweisung eines sie begründenden rechtsgültigen Titels dargethan werden.

§. 80. Dieser Titel beruht entweder auf Lehnsverträgen, oder auf letztwilligen Verordnungen, oder auf der Verjährung.

§. 81. Soll ein neues Lehn durch Vertrag bestellt werden, so müssen darin die wechselseitigen Bedingungen, unter welchen das Lehn verliehen und besessen werden soll, bestimmt sein.

§. 82. Diese Bedingungen müssen den allgemeinen Vorschriften der Gesetze nicht zuwiderlaufen, und mit den Pflichten, die der neue Vasall seinem Landesherrn schuldig ist, bestehen können.

§. 83. Der Vertrag muß allemal, ohne Unterschied des Gegenstandes, bei Strafe der Nichtigkeit, schriftlich errichtet werden.

§. 84. Sollen unbewegliche Güter unter Privatpersonen als neue Lehne verliehen werden, so ist die gerichtliche Abschließung des Vertrages, und die Vermerkung der Lehnseigenschaft im Hypothekenbuche nothwendig.[6])

§. 85. Ist dieser Vermerk unterblieben, so kann aus der Lehnseigenschaft der Sache einem Dritten, welcher dem Glauben des Hypothekenbuches gefolgt ist, kein Nachtheil erwachsen.[7])

---

[6]) Pr.F.G.G. Art. 31; A.G. z. G.B.O. Art. 15.

[7]) Infolge von Art. 61 E.G. z. B.G.B. ersetzt durch §§ 892 ff. B.G.B.

§. 86. Hiesige Unterthanen sollen ihre inländischen Güter und Gerechtigkeiten, ohne besondere Einwilligung des Landesherrn, Ausländern weder verleihen, noch zu Lehn auftragen.[8])

§. 87. Ueberhaupt ist zur Bestellung neuer adlicher Lehne, so wie bei Fideicommissen, die ausdrückliche Einwilligung des Landesherrn, bei Strafe der Nichtigkeit, von nun an erforderlich.[9])

§. 88. Der Lehnsvertrag wird durch die Belehnung oder Investitur vollzogen.[10])

§. 89. Diese geschieht durch die Uebergabe der zu Lehn verliehenen Sache von der einen, und das Angelöbniß der Lehnstreue von der anderen Seite.

§. 90. Besondere Leistungen oder Feierlichkeiten, so wie die Ausstellung eines Lehnsreverses, können von dem Vasallen nur so weit gefordert werden, als es der Lehnsvertrag, oder ein wohlhergebrachter Gebrauch des Lehnhofs mit sich bringen.

§. 91. Der Lehnsrevers dient nur zur Versicherung des Lehnsherrn, daß der Vasall die Sache als Lehn besitzen, und der übernommenen Lehnspflicht nachleben wolle.

§. 92. Sobald die Belehnung vollzogen ist, tritt der Vasall in alle Rechte und Nutzungen, welche mit dem Lehn verbunden sind.

§. 93. Die zu Lehn gegebene Sache erhält zugleich alle Eigenschaften eines Lehns, obschon der körperliche Besitz dem Vasallen noch nicht eingeräumt worden.

§. 94. Ueberhaupt hat die Belehnung alle Wirkungen einer gerichtlichen Uebergabe.

§. 95. Nach vollzogener Belehnung ist der Vasall die Ausfertigung des Lehnbriefes, und bis diese erfolgt, einen Lehnsschein zu fordern wohl befugt.

§. 96. Der Vasall ist aber auch in der Regel schuldig, den Lehnbrief selbst abzulösen, und hat nicht das Recht, mit dem bloßen Lehnsscheine sich zu begnügen.

§. 97. In so fern der Lehnbrief sich nicht auf einen schriftlichen

---

8) Ges. v. 5. Juni 1852 (G.S. S. 319). S. Anm. 4.

9) Vgl. § 56 II, 4.

10) Vgl. K.O. v. 16. Dezember 1834, die Entschädigungen betreffend, welche bei landesherrlichen Lehnen für die bei einer Regulirung gutsherrlicher und bürgerlicher Verhältnisse, Dienstablösung, Gemeinheitstheilung oder Reluition von Grundgerechtigkeiten das Lehn empfängt (G.S. 1835 S. 1).

Lehnsvertrag oder besonderes Verzeichniß bezieht, muß in demselben alles, was zum Lehne gehört, und was dagegen geleistet werden soll, hinlänglich bestimmt werden.

§. 98. Auch müssen darin die erforderlichen Bestimmungen wegen der Agnaten oder Mitbelehnten enthalten sein.

§. 99. Es wird nicht vermuthet, daß der Lehnsvertrag durch den Lehnbrief hat abgeändert werden sollen.

§. 100. Lehnbriefe machen einen vollen Beweis zwischen dem Lehnsherrn und Vasallen, nicht aber gegen einen Dritten, welcher sein Recht weder von dem einen noch von dem andern herleitet.

§. 101. Auch wirkt der erste Lehnbrief einen dergleichen Beweis für und wider die Agnaten und Mitbelehnten.

VIII. Erneuerung der Lehne.

§. 102. Auf eben die Art, wie das Lehn zuerst verliehen worden, muß, so oft die Person des Lehnsherrn oder des Vasallen verändert wird, die Erneuerung der Lehne von dem Vasallen nachgesucht werden.

§. 103. Wenn die Veränderung bloß darin besteht, daß bei mehreren bisher in Gemeinschaft gestandenen Lehnsherren das Obereigenthum einem unter ihnen allein, gegen Abfindung der anderen, überlassen worden: so bedarf es in der Regel keiner Erneuerung der Lehne.

§. 104. Wenn mehrere bisher in Gemeinschaft gestandene Vasallen das Lehn innerhalb der §. 121. bestimmten Frist theilen: so ist es nicht nothwendig, daß sie gemeinschaftlich die Lehne erneuern; sondern es ist hinreichend, wenn dieses nur von demjenigen geschieht, welcher das Ganze übernommen hat.

§. 105. Wenn aber die mehreren Vasallen die Gemeinschaft über obbesagte Frist hinaus fortsetzen: so müssen sie die Lehnserneuerung gemeinschaftlich nachsuchen; und ein Gleiches muß, nach erfolgter Theilung, von demjenigen, welcher das Ganze übernommen hat, geschehen.

§. 106. Die Lehnserneuerung ist in der Regel nothwendig, wenn auch nur die Person des Repräsentanten des Lehnsherrn oder Vasallen geändert wird.

§. 107. In so fern jedoch moralische Personen die Erneuerung ihrer in Besitz habenden Lehne nach dem Ablaufe bestimmter Jahre zu suchen schuldig sind, bedarf es deren nicht bei einer bloßen Veränderung in der Person des Lehnsträgers.

§. 108. Vielmehr ist es in einem solchen Falle genug, wenn der neue Lehnsträger dem Lehnsherrn bloß angezeigt, und bei demselben legitimirt wird.

§. 109. Daß bei Veränderungen in der Person des Lehnsherrn oder Vasallen auch die Agnaten oder Mitbelehnten die Lehne erueuern, ist in der Regel nicht nothwendig.

§. 110. Bei unadelichen Lehnen ist eine Erneuerung bei Veränderungen in der Person des Lehnsherrn in der Regel nicht, sondern nur da nothwendig, wo besondere Gesetze, oder hergebrachte Gewohnheiten des Lehnhofes solches erfordern.

§. 111. Die Uebernahme eines Lehns und Abnahme des Lehnseides kann, wenn nicht ausdrückliche Gesetze des Lehnhofes entgegenstehen, auch durch einen dazu bestellten Special-Bevollmächtigten erfolgen.

§. 112. Personen, welche wegen minderjährigen Alters unter Vormündern stehen, empfangen durch diese die Belehnung.[11])

§. 113. Dergleichen Vormünder müssen aber selbst lehnsfähig sein, wenn sie zu diesem Geschäfte gebraucht werden, oder einen Andern dazu bevollmächtigen sollen.

§. 114. Vasallen, welche das zur Ableistung des Lehnseides nach den Gesetzen oder Gewohnheiten des Lehnhofes erforderliche Alter bereits erreicht haben, können, wenn sie auch noch unter (väterlicher) elterlicher Gewalt oder Vormundschaft stehen, die Belehnung selbst übernehmen.[12])

§. 115. Wo, nach der Observanz des Lehnhofes, die Belehnung des Vasallen selbst bis zur Erreichung des gehörigen Alters ausgesetzt bleiben kann, da muß dennoch von seiner Vormundschaft die Lehen gemuthet, und zur wirklichen Ableistung des Lehnseides Indult gesuchet werden.

§. 116. Die Lehnsmuthung besteht in einem wirklichen vorläufigen Anerkenntnisse der Lehnsverbindlichkeit, und in einem Versprechen der zu seiner Zeit nachzusuchenden förmlichen Belehnung.

§. 117. Wenn eine Familie einen gemeinschaftlichen Lehns-

---

11) Vgl. §§ 996 ff. II. 18.

12) A.G. z. B.G.B. Art. 69 § 1 Abs. 1.

träger zu haben berechtigt ist: so sind die einzelnen Mitglieder von Lehnsmuthungen und Nachsuchung der Belehnung für ihre Person frei.

§. 118. Sie müssen aber ihr Recht an dem Lehn, bei jedesmaliger Veränderung, entweder selbst, oder durch ihren Lehnsträger, dem Lehnhofe anzeigen.

§. 119. Geschieht dies nicht: so haben sie zu gewärtigen, daß sie bei vorfallenden gemeinschaftlichen Lehnsangelegenheiten übergangen werden.

§. 120. Diese Vorschriften (§. 118. 119.) gelten auch von Agnaten und Mitbelehnten, welche von selbsteigener Erneuerung der Lehne frei sind. (§. 109.)

§. 121. In der Regel muß die Erneuerung des Lehns binnen Einem Jahre und Dreißig Tagen, nachdem der Fall sich ereignet hat, nachgesuchet werden.

§. 122. Diese Frist wird von dem Tage an gerechnet, da dem Vasallen der Anfall des Lehns, oder die Veränderung des Lehnsherrn, bekannt geworden ist.

§. 123. Daß der Vasall den Abgang des innerhalb Landes verstorbenen Lehnsherrn erfahren habe, wird allemal vermuthet.

§. 124. Kann hingegen der Nachfolger im Lehn einer von dem Abgange des vorigen Vasallen früher erlangten Wissenschaft nicht überführt werden, so läuft die Frist vom Tage der Besitznehmung des Lehns.

§. 125. Der Tag, an welchem die Veränderung sich zugetragen hat, kann niemals in Anrechnung kommen.

§. 126. Bei denen, welche vermöge eines Vertrages zum Besitze des Lehns gelangen, läuft die Frist vom Tage der Vollziehung desselben; bei denen, deren Folgerecht sich auf eine letztwillige Verordnung gründet, vom Tage der Publication; bei denen, die ein Lehn durch Meistgebot erstehen, vom Tage des publicirten Adjudicationsbescheides; bei Begnadigungen vom Tage der Ausfertigung.

§. 127. Gelangt Jemand zu einem Lehn aus einem Rechtsgrunde, zu dessen Vollgültigkeit des Consens des Lehnsherrn nöthig ist, so läuft die Frist erst von dem Dato dieses ertheilten Consenses.

§. 128. Ist vor Ablauf der Frist eine abermalige Veränderung vorgefallen, so wird die Frist von Zeit der letzten Veränderung aufs neue gerechnet.

§. 129. Innerhalb der zur Belehnung gesetzten Frist kann eine Verlängerung derselben gesucht, und darf ohne besonders erhebliche Gründe nicht verweigert werden.

§. 130. Bei der ersten Verlängerung bedarf es in der Regel keiner Bescheinigung besonderer Hinderungsursachen.

§. 131. Wird aber eine fernere Verlängerung gesucht, so muß der Vasall erhebliche Gründe dazu anführen und bescheinigen.

§. 132. Unterläßt er dies, so verfällt er, auch wenn die Verlängerung bewilligt worden, dennoch in die durch die Gesetze des Lehnhofes verordneten Strafen.

§. 133. Weigert der Lehnsherr die Verlängerung der Frist, so steht dem Vasallen frei, auf rechtliches Gehör und Erkenntniß über die Richtigkeit und Erheblichkeit seiner Gründe sich zu berufen.

§. 134. Ist die Lehnsherrlichkeit streitig: so ist es genug, wenn der Vasall sich bei dem Lehnhofe, oder, in Ermangelung dessen, bei demjenigen der streitenden Theile meldet, welcher sich zu der Zeit im Besitze des Rechts befindet.

§. 135. Weiß der Vasall nicht, oder zweifelt er: welcher den Besitz für sich habe; so muß die Anmeldung bei derjenigen Behörde geschehen, welcher die Entscheidung über die streitige Lehnsherrlichkeit zukommt.

§. 136. Wird demjenigen, welcher auf das Lehn Anspruch macht, sein Recht dazu von dem Lehnsherrn bestritten, so läuft die Frist zur Nachsuchung der Investitur von dem Tage, wo das den Streit entscheidende Urtel rechtskräftig geworden ist.

§. 137. Streiten Mehrere unter einander über das Recht zur Lehnsfolge, so muß jeder der Prätendenten die Lehen innerhalb der gehörigen Frist muthen; und es muß ihm darüber, mit Vorbehalt des Rechtes der übrigen, ein Muthschein ertheilt werden.

§. 138. Die gehörig nachgesuchte Belehnung ist der Lehnsherr unweigerlich zu ertheilen verbunden.

§. 139. Bei Ausfertigung des neuen Lehnbriefes ist der Lehnsherr, gegen den Inhalt des vorigen, etwas eigenmächtig zu ändern, nicht befugt.

§. 140. Auch mit Einwilligung des Vasallen kann an dem

ursprünglichen Lehnsvertrage und Lehnbriefe, zum Nachtheil der Agnaten oder Mitbelehnten, nichts geändert werden.

§. 141. Wenn Lehnbriefe verschiedenen Inhalts sich finden: so gilt im zweifelhaften Falle der neuere, auch zum Nachtheile des Vasallen, welcher ihn angenommen hat, und seiner Erben: in so fern nicht erhellet, daß die Annahme, unter dem gegen den Lehnsherrn oder bei dem Lehnshofe ausdrücklich erklärten Vorbehalte seiner Rechte, geschehen sei.

§. 142. Hingegen kann der, älteren Lehnbriefen zuwiderlaufende, Inhalt neuerer zum Nachtheil der Agnaten oder Mitbelehnten nur in so fern gelten, als nachgewiesen werden kann, daß die Aenderung mit ihrer oder ihrer Erblasser Genehmigung vorgenommen worden.

IX. Verhältnisse zwischen dem Lehnsherrn und Vasallen.

1) Von der Lehnstreue.

§. 143. Durch die Belehnung übernimmt der Vasall die Pflicht der Lehnstreue gegen den Obereigenthümer, und die mit dem Besitze des Lehns verbundenen Dienste, oder anderen Obliegenheiten.

§. 144. Die besonderen Arten der Hülfs- und Ehrendienste werden durch den Lehnsvertrag, oder durch die Gesetze und Gewohnheiten des Lehnhofes bestimmt.

§. 145. Der Vasall ist für dergleichen Dienste in der Regel weder Schadloshaltung, noch besondere Belohnung zu fordern berechtigt.

§. 146. Eine vorsätzliche Verletzung oder Verweigerung der Lehnspflichten wird Felonie genannt.

§. 147. Der Vasall, welcher seinem Lehnsherrn feindlich begegnet; sich mit dessen Feinden in Verbindungen zu seinem Nachtheile einläßt, oder ihnen Vorschub thut; den Lehnsherrn selbst, oder dessen Frau, oder die in seinem Hause lebenden Verwandten in auf- und absteigender, oder auch im ersten und zweiten Grade der Seitenlinie, schimpflich behandelt; oder sich seiner Lehnspflicht betrüglicher Weise ganz zu entziehen sucht, begehet eine Felonie der ersten Classe.

§. 148. Unter Feindschaft wird hier eine jede auf Kränkung der Person, der Ehre, der Freiheit, oder des Vermögens des Lehnsherrn gerichtete Thätigkeit verstanden.

§. 149. Handlungen des Vasallen, wodurch derselbe nur die durch Gesetze vorgeschriebenen bürgerlichen und Unterthanenpflichten befolgt, können, wenn sie auch zum Nachtheile des Lehnsherrn ausschlagen, für Felonie niemals geachtet werden.

§. 150. Wer den schuldigen Lehnseid verweigert; die ihm obliegenden Dienste versagt; oder die dem Lehnsherrn drohende Gefahr an Leben, Leib, Ehre und Vermögen, so weit es in seiner Macht steht, nicht abwendet; oder das Lehn, ohne Vorwissen des Lehnsherrn, mit Verschweigung der Lehnseigenschaft, veräußert: der wird einer Felonie der zweiten Classe schuldig.

§. 151. Die Verzögerung des Gesuchs um die Belehnung, und anderer sowohl damit als mit dem Besitze des Lehns verbundener Obliegenheiten, wird als eine Felonie der dritten Classe angesehen.

§. 152. Dahin werden auch die Fehler der zweiten Classe gerechnet, in so fern der Vasall eines bösen Vorsatzes dabei nicht überführt werden kann.

§. 153. Die Felonie der ersten Classe wird in der Regel mit dem Verluste des Lehns bestraft. (§. 614 sqq.)

§. 154. Eben dieselbe Strafe folgt, der Regel nach, auch auf eine Felonie der zweiten Classe, wenn der Vasall das nutzbare Eigenthum ursprünglich von dem Lehnsherrn erhalten hat.

§. 155. Hat aber der Vasall das Obereigenthum der Sache ursprünglich dem Lehnsherrn aufgetragen, so wird eine Felonie der zweiten Classe, wo nicht Lehnsverträge, oder besondere Gesetze, ein Anderes vorschreiben, nur mit einer Geldstrafe gebüßt.

§. 156. Eine solche Geldstrafe darf, im Mangel näherer Bestimmungen, den Dreijährigen Ertrag des Lehns nicht übersteigen.

§. 157. Eine Felonie der dritten Classe wird allemal nur mit einer Geldbuße, oder sonst, nach Gewohnheit des Lehnhofes, mit einer minder empfindlichen Strafe belegt.

§. 158. Die höchste Geldbuße soll, bei einer Felonie der dritten Classe, den Einjährigen Betrag der Lehnseinkünfte niemals übersteigen.

§. 159. Die Strafe der Felonie ist für erlassen zu achten, wenn der Lehnsherr binnen einem Jahre, nachdem er von dem Lehnsfehler Nachricht erhalten, denselben nicht gerügt, oder in der Zwischenzeit Lehnsdienste oder andere Lehnspräſtationen von dem Vasallen angenommen hat.

§. 160. Gegen den Stellvertreter oder Vormund des Lehnsherrn findet eine Felonie nur in so fern Statt, als durch dieselbe Rechte gekränkt werden, welche der Stellvertreter oder Vormund im Namen des Lehnsherrn auszuüben befugt ist.

§. 161. Fehler eines Lehnsträgers können dem Vasallen nicht zugerechnet werden.

§. 162. Der Lehnsträger selbst aber verliert in dem Falle des §. 147. 150. alle Vortheile, die er jetzt und künftig aus dem Lehn zu erwarten hatte.

§. 163. In dem Falle des §. 151. 152. verliert er nur die drei- oder einjährige Belohnung, die ihm für sein Amt zugestanden worden.

§. 164. Der Lehnsherr, welcher seinem Vasallen widerrechtlich nach dem Leben trachtet; oder seine Gewalt zum Nachtheil der Gesundheit, Freiheit, oder Ehre des Vasallen mißbraucht, oder denselben bei dem Besitze und Genusse des Lehns nach bestem Vermögen zu schützen unterläßt, wird für seine Person des Obereigenthums und der lehnsherrlichen Rechte verlustig. (§. 640. sqq.)

§. 165. Wenn der Stellvertreter oder Vormund des Lehnsherrn dergleichen Fehler begangen hat, so trifft nur ihn, nach Beschaffenheit desselben, die §. 162. 163. verordnete Strafe.

2) Von der Lehnsgerichtsbarkeit.

§. 166. Durch die Belehnung wird der Vasall in allen nicht streitigen Angelegenheiten, welche das Lehn als Lehn betreffen, der Gerichtsbarkeit des Lehnsherrn und dessen Lehnhofes unterworfen.[13])

---

[13]) Lehnsbehörden:

a) für Thronlehne: Minister der Justiz u. des Innern (A.G. v. 13. Oktober 1848 (G.S. S. 269) und v. 11. April 1868 (G.S. S. 399);

b) im Uebrigen in den alten Provinzen die Oberlandesgerichte: V. v. 30. April 1815 (G.S. S. 85) § 6; V. über die Organisation der Gerichte, v. 2. Januar 1849 (G.S. S. 1) § 25 Ziff. 4 u. 35 Abs. 4; A.G. z. G.V.G. v. 24. April 1878 (G.S. S. 230) § 49 Ziff. 1.

Ges., betr. die Auflösung des Lehnsverbandes i. d. Prov. Westfalen u. s. w., v. 3. Mai 1876 (G.S. S. 112) § 3; dgl. für Schlesien u. s. w., v. 19. Juni 1876 (G.S. S. 238) § 3; dgl. für Ostpreußen, v. 16. März 1877 (G.S. S. 101) § 3; dgl. für Sachsen u. Brandenburg Ges. v. 28. März 1877 § 19.

§. 167. Zu dieser Lehnsgerichtsbarkeit gehört auch die Bestellung und Bestätigung eines Lehnsvormundes.

§. 168. Wie weit der Lehnsherr dabei auf den nächsten Agnaten Rücksicht zu nehmen schuldig sei; worin die Pflichten eines solchen Lehnscurators bestehen; und wie das Verhältniß desselben gegen den ordentlichen Vormund des Vasallen beschaffen sei: ist gehörigen Orts bestimmt. (Th. 2. Tit. 18. Abschn. 9.)

§. 169. In streitigen Angelegenheiten kommt dem Lehnsherrn und dessen Lehnhofe eine Gerichtsbarkeit nur in so fern zu, als er zugleich Landesherr ist; oder ihm diese Gerichtsbarkeit von dem Landesherrn ausdrücklich oder stillschweigend eingeräumt worden.[14]

§. 170. Auch in diesem Falle gehören zur Lehnsgerichtsbarkeit nur Streitigkeiten zwischen dem Lehnsherrn und dem Vasallen, den Agnaten oder Mitbelehnten, oder zwischen diesen unter sich, welche die aus der Lehnseigenschaft entstehenden Rechte und Verbindlichkeiten betreffen.

§. 171. Wenn der Prozeß mit einem Fremden, welcher nicht zu der Lehnsverbindung gehöret, geführt wird; oder wenn derselbe bloß die Nutzungen und Einkünfte des Lehns zum Gegenstande hat: so gehört er vor die ordentlichen Gerichte.

§. 172. Wenn also auch ein Gläubiger Lehnsschulden gegen den Lehnsbesitzer einklagt: so kann der Lehnhof das Erkenntniß darüber sich in der Regel nicht anmaßen.

§. 173. Vielmehr muß der Lehnsherr, welcher die Jurisdiktion in Lehnsangelegenheiten auch über fremde, zur Lehnsverbindung nicht gehörige Personen behauptet, die Landesherrliche Verleihung darüber, oder einen wohlhergebrachten rechtsverjährten Besitz nachweisen.

§. 174. Wenn das Hypothekenbuch über das Lehn bei dem Lehnhofe befindlich ist: so wird vermuthet, daß demselben die Gerichtsbarkeit in allen die Lehnsschulden betreffenden Prozessen, auch wenn Fremde darin mit verwickelt sind, zukomme.

§. 175. Die Lehnsgerichtsbarkeit in streitigen Fällen ist allemal der Obergerichtsbarkeit des Landesherrn untergeordnet.

§. 176. Auch durch Lehnsreverse, worin der Vasall sich ver-

Ausnahmen für die Landgerichte in § 3 d. Ges. v. 3. Mai 1876 und § 19 d. Ges. v. 28. März 1877. Neuvorpommern und Rügen: Grundbuchges. vom 26. Mai 1873 (G.S. S. 234) § 26, vgl. Art. 33 Ziff. 3 A.G. z. G.B.O.

c) Neue Provinzen: Oberlandesgericht für Schleswig'sche Lehen § 49 Ziff. 2 A.G. z. G.V.G. v. 24. April 1878 i. d. Fass. des Art. 130 VII des Pr. F.G.G.

Bezirksregierungen in Kassel, Wiesbaden, A.E. v. 11. April 1868 (G.S. S. 399) und Hannover, A.E. v. 29. August 1884 (G.S. S. 341).

[14]) In streitigen Rechtsangelegenheiten sind die öffentlichen Gerichte zuständig. V. v. 2 Januar 1849 (G.S. S. 1) § 1, G.V.G. §§ 12 ff.

pflichtet, den Lehnhof als seinen alleinigen Richter anzuerkennen, und bei den Aussprüchen desselben sich zu beruhigen, kann er dem Gebrauche der ordentlichen Rechtsmittel nicht im Allgemeinen entsagen.

§. 177. Lehngüter, welche wiederum in freie Erbgüter verwandelt werden, fallen der ordentlichen Gerichtsbarkeit anderer Güter von gleicher Art anheim.

3) Von der Veräußerung des Obereigenthums.

§. 178. Der Lehnsherr ist über sein Obereigenthum in der Regel, auch ohne Zuziehung des Vasallen, zu verfügen berechtigt.

§. 179. Hat aber der Vasall ursprünglich das Obereigenthum dem Lehnsherrn aufgetragen: so kann demselben ein anderer Lehnsherr wider seinen Willen nicht aufgedrängt werden.

§. 180. Tritt also in diesem Falle der Lehnsherr sein Obereigenthum, ohne die Einwilligung des Vasallen, einem Andern ab: so ist die Handlung, in Beziehung auf den Vasallen, ohne Kraft.

§. 181. Versagt der veräußernde Lehnsherr dem Vasallen, unter dem Vorwande einer solchen Abtretung des Obereigenthums, seinen Schutz: so entstehen, zum Vortheile des Vasallen, alle Wirkungen einer von dem Lehnsherrn begangenen Felonie. (§. 164.)

§. 182. In allen Fällen ist der Vasall einen Lehnsherrn niederen Standes, als der bisherige war, wider seinen Willen anzuerkennen nicht schuldig.

§. 183. Die Pflichten und Lasten des Vasallen können durch eine willkürlich unternommene Veränderung in der Person des Lehnsherrn nicht erschweret werden.

§. 184. Der Vasall ist daher, gegen jeden aus Veränderung des Lehnsherrn zu besorgenden Nachtheil Sicherheitsbestellung zu fordern, berechtigt.

§. 185. Der Lehnsherr ist schuldig, eine mit dem Obereigenthum vorgehende Veränderung dem Vasallen wenigstens sechs Wochen vor deren Vollziehung, zur Wahrnehmung seiner Rechte dabei, bekannt zu machen.

§. 186. Wenn das Obereigenthum einem Grundstück als ein Realrecht anklebt: so geht dasselbe mit dem Grundstück zugleich auf jeden rechtmäßigen Erwerber des letzteren über.

4) Von der Veräußerung des Lehns.

§. 187. **Der Vasall ist sein nutzbares Eigenthum am Lehn einem Fremden eigenmächtig zu übertragen nicht befugt.**[15])

§. 188. Ist die Veräußerung mit Verschweigung der Lehnseigenschaft geschehen: so enthält sie eine Felonie der zweiten, sonst aber der dritten Classe.

§. 189. Soll jedoch dergleichen eigenmächtige Veräußerung als eine Felonie bestraft werden: so muß der Veräußerungsvertrag nicht nur geschlossen, sondern auch das Lehn dem fremden Erwerber wirklich übergeben sein.

§. 190. Ist die Veräußerung schon vor angestellter Klage des Lehnsherrn rückgängig geworden: oder kann der Vasall nachweisen, daß er durch Hindernisse, deren Abwendung oder Uebersteigung nicht in seiner Macht stand, von gehöriger Nachsuchung des lehnsherrlichen Consenses abgehalten worden: so kann ihm eine Felonie gar nicht zugerechnet werden.

§. 191. Was in Ansehung des gesammten Lehns Rechtens ist, gilt auch in Ansehung einzelner Theile oder Stücke desselben.

§. 192. Wenn der Vasall einzelne Theile oder Stücke des Lehns auf Erbzins, Erbpacht, oder sonst zur Cultur austhut; so ist dieses für eine strafbare Veräußerung nicht zu achten.[16])

§. 193. In wie fern aber der Lehnsherr, oder die Agnaten, bei erfolgtem Rückfalle des Lehns, dergleichen Handlungen des Vasallen gelten zu lassen schuldig sind, hängt davon ab: ob die Substanz des Lehns dadurch wirklich vermindert oder verschlimmert worden. (§. 9.)[16])

§. 194. Zur Abtretung des Lehns an einen Agnaten oder Mitbelehnten bedarf es keiner Einwilligung des Lehnsherrn.

§. 195. Doch können durch dergleichen Abtretung die Rechte des Lehnsherrn in keinem Falle geschmälert werden.

§. 196. Der Vasall ist schuldig, eine solche Abtretung dem Lehnsherrn bekannt zu machen; und begeht, wenn er dieses unterläßt, eine Felonie der dritten Classe.

§. 197. Die Befugniß, das Lehn zu veräußern, welche einem Vasallen, vermöge besonderer Lehnsgesetze, des Lehnsvertrages, oder Lehnbriefes, oder einer ausdrücklichen Lehnsherrlichen Einwilligung zukommt, darf über den eigentlichen Wortverstand der

---

[15]) Siehe Anm. 28 zu § 302.

[16]) Veraltet in Folge des Ablösungsgesetzes v. 2. März 1850 (G.S. S. 77) §§ 2 Nr. 2, 5, 91.

in diesen Urkunden gebrauchten Ausdrücke nicht ausgedehnt werden.

§. 198. Ist jedoch das Lehn dem Lehnsherrn ursprünglich von dem Vasallen aufgetragen worden: so finden, bei Ausdeutung des im Lehnsvertrage oder Lehnbriefe gemachten Vorbehalts der Veräußerung, die allgemeinen Auslegungsregeln, wie bei andern Willenserklärungen, Anwendung.

§. 199. Im zweifelhaften Falle muß, bei aufgetragenen Lehnen, der Lehnsvertrag oder Lehnbrief, auch in Ansehung des darin gemachten Vorbehalts wegen der Befugniß, das Lehn zu veräußern, eher zum Vortheile des Vasallen, als des Lehnsherrn, erklärt werden.

§. 200. Hat der Lehnsherr die Erlaubniß zur Veräußerung in allgemeinen Ausdrücken und ohne Einschränkung ertheilt: so ist allemal auch das Recht, über das Lehn auf den Todesfall zu verfügen, mit darunter begriffen.

§. 201. Hingegen begreift die gesetzliche Erlaubniß, ein Lehn zu veräußern, die Befugniß, darüber auf den Todesfall zu verfügen, noch nicht in sich.

§. 202. Der Consens des Lehnsherrn muß, wenn er verbindliche Kraft haben soll, ausdrücklich und schriftlich ertheilt werden.

§. 203. Doch enthält die von dem Lehnsherrn, in dieser Eigenschaft, oder bei seinem Lehnhofe ertheilte Bestätigung eines Vertrages, zugleich die Einwilligung in die darin vorbedungenen Veräußerungen.

§. 204. Eine nachher hinzukommende schriftliche Genehmigung des Lehnsherrn hat mit einer von Anfang an ertheilten Einwilligung gleiche Kraft.

§. 205. Die Einwilligung des Lehnsherrn in die Veräußerung des Lehns enthält noch keinen Consens in die Verschuldung desselben.

§. 206. Ueberhaupt verliert durch dergleichen Einwilligung der Lehnsherr nichts, weder an den auf dem Lehne selbst haftenden Rechten, noch an den ihm dafür zu leistenden Pflichten.

§. 207. Die Veräußerung muß also, in der Regel, nur an einen solchen Besitzer geschehen, welcher zur Leistung der dem Lehnsherrn schuldigen Pflichten fähig ist.

§. 208. War die Einwilligung ausdrücklich auf einen benannten Erwerber gerichtet: so kann der Lehnsherr diesen nachher unter dem Vorwande der Unfähigkeit nicht verwerfen.

§. 209. In so fern dem Lehnsherrn, nach dem Lehnsvertrage, oder besondern Gesetzen, ein Vorkaufsrecht zukommt, ist der in die Veräußerung überhaupt ertheilte Consens noch nicht für eine Begebung dieses Rechts zu achten.

5) Von Afterbelehnungen.

§. 210. Der Vasall kann, auch ohne Bewilligung des Lehnsherrn, sein nutzbares Eigenthum einem Anderen zu Lehn geben.[17])

§. 211. Doch ist er schuldig, die vorgenommene Afterbelehnung dem Oberlehnsherrn sogleich nach deren Vollziehung anzuzeigen; und begeht, wenn er dies unterläßt, eine Felonie der dritten Classe.

§. 212. Hat der Oberlehnsherr in die Afterbelehnung nicht gewilligt, so wird dadurch in dem bisherigen Verhältnisse zwischen ihm und seinem unmittelbaren Vasallen nichts geändert.

§. 213. Der Lehnsherr ist also die Dienste, welche ihm von dem Lehn geleistet werden müssen, von dergleichen ohne seinen Consens bestellten Aftervasallen anzunehmen, nicht verbunden.

§. 214. Vielmehr ist der Aftervasall nur dem Obervasallen, als seinem unmittelbaren Lehnsherrn, mit Diensten und Pflichten verhaftet.

§. 215. Doch kann er die dem Afterlehnsherrn schuldigen Dienste, nach dessen Anweisung, auch dem Oberlehnsherrn, wenn dieser sie von ihm annehmen will, zu leisten sich nicht entbrechen.

§. 216. Der Obervasall, welcher eine Afterbelehnung ohne Consens des Oberlehnsherrn ertheilt hat, muß alle Beeinträchtigungen der oberlehnsherrlichen Rechte, welche von Seiten des Untervasallen geschehen, gleich seinen eigenen verantworten.

§. 217. Hat also der Aftervasall eine Felonie gegen den Oberlehnsherrn begangen, welche denselben zur Einziehung des Lehns an sich berechtigt: so findet diese Einziehung auch zum Nachtheil des Obervasallen und seiner Leibeslehnserben auf so lange Statt, als noch der Aftervasall oder Leibeslehnserben von demselben vorhanden sind.

§. 218. Doch kann der Obervasall die Fehler des Unter-

---

[17]) Ges. v. 5. Juni 1852 (G.S. S. 319) Art. 2 (s. Anm. 4).

vasallen gegen den Oberlehnsherrn, so lange noch Zeit dazu übrig ist, verbessern, und dadurch die ihm nachtheiligen Folgen der Felonie abwenden.

§. 219. Hat sich der Obervasall, durch eine begangene Felonie gegen den Oberlehnsherrn, des Lehns verlustig gemacht: so verliert auch der Aftervasall sein Recht.

§. 220. Eben das findet Statt, wenn auch auf andere Art das Lehn von dem Obervasallen an den Oberlehnsherrn sich erledigt.

§. 221. Hat hingegen der Oberlehnsherr in die Afterbelehnung gewilligt; oder ist das Lehn von der Art, daß es von jeher als Afterlehn verliehen und besessen worden: so bestimmt im ersteren Falle der von dem Ober- und Aftervasallen geschlossene, von dem Oberlehnsherrn genehmigte Vertrag; so wie im letzteren der bei der ersten Afterbelehnung ertheilte Lehnbrief, das Verhältniß zwischen dem Oberlehnsherrn und dem Aftervasallen.

§. 222. In beiden Fällen trifft die Strafe einer begangenen Felonie immer nur den, welcher sich derselben unmittelbar schuldig gemacht hat.

§. 223. Verliert also der Aftervasall durch eine gegen den Oberlehnsherrn begangene Felonie sein Recht: so fällt dasselbe an den Obervasallen zurück.

§. 224. Hat hingegen der Obervasall sein Recht verwirkt: so kann dieses dem Aftervasallen zu keinem Nachtheile gereichen.

§. 225. Vielmehr kann, sowohl in diesem, als in jedem andern Falle, wo das Lehn an den Oberlehnsherrn sich erledigt, der bisherige Aftervasall von diesem, so lange er das Lehn nicht wieder vergeben hat, die unmittelbare Belehnung fordern.

§. 226. Wird aber das Lehn von dem Oberlehnsherrn wieder verliehen, so muß der bisherige Aftervasall die unmittelbare Lehnsherrlichkeit des neuen Obervasallen anerkennen.

§. 227. Uebrigens wird im zweifelhaften Falle vermuthet, daß der Obervasall das Lehn unter den nämlichen Bedingungen und Einschränkungen, unter welchen er es selbst erlangt hat, dem Vasallen hinwiederum verliehen habe.

6) Von Verschuldung und Belastung des Lehns.

§. 228. Der Vasall kann die Substanz des Lehns überhaupt

nicht, und die Nutzungen desselben nicht über seine Besitzzeit hinaus, eigenmächtig mit Schulden beschweren, oder sonst belasten.[18])

§. 229. Nur solche Schulden des Vasallen treffen, zum Nachtheile des Lehnsherrn, das Lehn oder dessen Früchte, die entweder die Gesetze für Lehnsschulden ausdrücklich erklären, oder in deren Aufnehmung der Lehnsherr gewilligt hat.[19])

§. 230. In wie fern das Lehn zur Vermehrung, Verbesserung oder Wiederherstellung der Substanz; zur Vertheidigung desselben und seiner Gerechtsame; zur Abfindung der Ehegattin und Töchter des Vasallen, zur Kriegsrüstung für die Söhne; zur Beerdigung des Vasallen, und Anschaffung der Trauer für seine Familie; zur Berichtigung des rückständig gebliebenen Lehnscanons, Dienstlohns, und anderer das Lehn betreffenden Abgaben, auch ohne die Einwilligung des Lehnsherrn, mit Schulden gültig belastet werden könne: bleibt, nach Verschiedenheit der Verfassungen, der näheren Bestimmung der Provinzialgesetze vorbehalten.

§. 231. Nach eben diesen Gesetzen muß auch beurtheilt werden: in wie fern eine solche Schuld aus dem Lehn schlechterdings, oder nur in Ermangelung eines zureichenden Allodialvermögens bezahlt werden müsse.

§. 232. Im Mangel näherer Bestimmungen gilt die Regel: daß Lehnsschulden, welche bloß die Person und Familie des Vasallen betreffen, oder zur Tilgung gewisser ihm persönlich obliegender Verbindlichkeiten gemacht sind, vorzüglich aus seinem Allodialvermögen oder Nachlasse, und nur bei dessen Unzulänglichkeit aus dem Lehn zu tragen sind.

§. 233. Auch darüber: welche das Lehn schlechterdings treffende Schulden die Substanz desselben angehen, oder nur aus den Nutzungen getragen werden müssen, bleiben die näheren Bestimmungen den Provinzialgesetzen vorbehalten.

§. 234. Wo aber diese nicht ein Anderes ausdrücklich verordnen, ist überhaupt anzunehmen, daß die gesetzlichen Lehnsschulden nur aus den Nutzungen des Lehns getragen werden dürfen.

§. 235. Zu allen durch die Gesetze gebilligten Lehnsschulden kann der Lehnsherr seine ausdrückliche Einwilligung, wenn sie begehrt wird, nicht versagen.

[18]) Art. 60 E.G. z. B.G.B.; A.G. z. Zw.V.G. Art 13.
[19]) Vgl. Anm. 31 zu § 317.

§. 236. Doch kann er nicht gezwungen werden, in die Verpfändung der Substanz des Lehns für solche Schulden, die nach gesetzlicher Bestimmung nur aus den Nutzungen getragen werden sollen, zu willigen.

§. 237. Außer dem Falle gesetzlicher Lehnsschulden, ist der Lehnsherr nicht verbunden, in Verschuldungen oder andere Belastungen des Lehns seinen Consens zu ertheilen.

§. 238. Wenn jedoch der Vasall zu den Kosten einer erheblichen Verbesserung des Lehns, welche die Landesgesetze angeordnet, oder die Gutsbesitzer dazu aufgefordert haben, ein Darlehn aufzunehmen genöthigt wird, so kann er gegen den Lehnsherrn, welcher die Einwilligung dazu versagt, auf rechtliches Gehör und Erkenntniß antragen.

§. 239. Doch kann in einem solchen Falle der Lehnsherr nur angehalten werden, in die Verpfändung der Früchte des Lehns auf eine gewisse Zeit zu willigen.

§. 240. Der Richter muß also, nach Beschaffenheit der Umstände, der Wichtigkeit und Nutzbarkeit der Verbesserung, und dem Verhältnisse der Kosten gegen die Einkünfte des Lehns, rechtlich bestimmen: auf wie hoch, und wie lange der Lehnsherr einzuwilligen verbunden sei.

§. 241. Wird der Vasall durch landesherrliche Befehle zu Anstalten in dem Lehngute verpflichtet, welche nicht auf die Verbesserung des Lehns selbst, sondern auf Erhaltung und Beförderung des gemeinen Wohls abzielen: so ist der Lehnsherr in ein zu den diesfälligen Kosten aufzunehmendes Darlehn zu willigen schuldig.

§. 242. Für ein solches Darlehn ist die Substanz des Lehns verhaftet.

§. 243. Wenn eine Schuld bloß durch die Einwilligung des Lehnsherrn die Eigenschaft einer Lehnsschuld erlangt hat: so haftet, wenn nicht ein Anderes ausdrücklich erklärt worden, das Lehn nur bei Ermangelung eines hinreichenden Allodialvermögens.

§. 244. Auch gilt in obgedachtem Falle die Vermuthung, daß der Lehnsherr nicht in die Verpfändung der Substanz des Lehns, sondern nur der Früchte desselben gewilligt habe.

§. 245. Gesetzliche Lehnsschulden, welche nur in Ermangelung des Allodialvermögens aus dem Lehne zu tilgen sind, ändern diese ihre Eigenschaft dadurch nicht, daß die Lehnsherrliche Einwilligung dazu erhalten worden.

§. 246. Vielmehr wirkt dieser Consens nur so viel, daß der Gläubiger dadurch, so wie bei andern consentirten Schulden, von dem Beweise der Verwendung in das Lehn gegen den Lehnsherrn frei wird.

§. 247. Hat aber der Lehnsherr in eine zur Vermehrung oder Verbesserung der Substanz des Lehns aufgenommene Schuld ausdrücklich gewilligt: so kann der Gläubiger sich schlechterdings an das Lehn halten, und darf sich auf das Allodialvermögen des Schuldners niemals verweisen lassen.

§. 248. Bei Schulden, welche gesetzlich aus der Substanz des Lehns bezahlt werden müssen, können weder der Gläubiger, noch der Schuldner angehalten werden, einen ausdrücklich auf die Früchte eingeschränkten lehnsherrlichen Consens anzunehmen.

§. 249. Eben das findet Statt, wenn die Schuld das Lehn schlechterdings angeht, und der Lehnsherr seinen Consens nur auf den Fall der Unzulänglichkeit des Allodii einschränken wollte.

§. 250. Zur Uebertragung einmal gültig aufgenommener Lehnsschulden an einen neuen Gläubiger bedarf es in keinem Falle der Lehnsherrlichen Einwilligung.

§. 251. Der Lehnsherrliche Consens darf niemals ausdehnend erklärt werden.

§. 252. Sind in dem Consense gewisse Termine der Abzahlung bestimmt, und verlängert der Gläubiger dieselben, oder giebt er dem Schuldner Nachsicht, ohne besondere Einwilligung des Lehnsherrn: so geschieht es auf seine Gefahr.

§. 253. Hat aber der Gläubiger die im Rückstande gebliebenen Termine zur rechten Zeit, das heißt, wenigstens innerhalb vier Wochen nach dem Ablaufe des Termins eingeklagt, und die Execution deshalb gehörig fortgesetzt: so schadet es ihm nicht, wenngleich die Bezahlung innerhalb der im Consens bestimmten Frist nicht hat erhalten werden können.

§. 254. Wenn der Gläubiger unter einem nur auf die Früchte des Lehns, und nur auf gewisse Jahre gerichteten lehnsherrlichen Consense, das Darlehn gegeben hat, ohne gewisse Abzahlungstermine sich zu bedingen; so kann er, wenn innerhalb dieser Jahre die Schuld nicht getilgt oder beigetrieben worden, auch an die Früchte, zum Nachtheil des Lehnsherrn, sich nicht ferner halten.

§. 255. Auch wenn der Consens auf die Substanz des Lehns,

jedoch nur für gewisse Jahre, gegeben ist, erlischt die Verbindlichkeit des Lehnsherrn mit dem Ablaufe dieses Zeitraums.

§. 256. Doch erhält in diesem Falle (§. 255.) der Gläubiger sein Recht gegen den Lehnsherrn, wenn er, noch innerhalb vier Wochen nach Ablauf der Frist, die Klage anmeldet, und den Prozeß, so wie die Execution, gehörig fortsetzt.

§. 257. Eine von den ordentlichen Gerichten des Lehnsherrn über eine Schuld oder anderen Vertrag ertheilte Bestätigung enthält noch keinen lehnsherrlichen Consens, wenn nicht das Gericht zugleich der Lehnshof ist, oder der Lehnsherr die Confirmation selbst unterschrieben hat.

§. 258. Prozesse des Vasallen und die darin ergangenen Entscheidungen oder getroffenen Vergleiche sind, soweit sie zum Nachtheil des Lehns oder des Lehnsherrn gereichen, für letzteren unverbindlich, wenn derselbe dabei nicht zugezogen worden.

§. 259. Alle nachtheiligen Folgen des Mangels der lehnsherrlichen Einwilligung oder Zuziehung treffen jedoch, bei Lehngütern, einen Dritten, der mit dem Besitzer in Verhandlungen sich eingelassen hat, nur alsdann, wenn die Lehnseigenschaft des Grundstücks im Hypothekenbuche vermerkt ist.[20]

§. 260. Wer aber dem Glauben des Hypothekenbuchs, nach gehöriger Prüfung der darin eingetragenen oder allegirten Urkunden, redlicher Weise gefolgt ist, zu dessen Nachtheil kann der Lehnsherr von seinem nicht eingetragenen Rechte keinen Gebrauch machen.[20]

X. Verhältnisse der Agnaten gegen den Lehnsherrn und Vasallen.

§. 261. Auch durch die Rechte der Agnaten und Mitbelehnten wird die Macht des Vasallen, über das Lehn zu verfügen, eingeschränkt.[21]

§. 262. Nur der erste Erwerber kann, mit Genehmigung des Lehnsherrn, sowohl unter Lebendigen, als von Todeswegen frei Verfügungen treffen.

§. 263. Auch den von ihm selbst in die Gesammtehand aufgenommenen Verwandten oder Fremden steht ein Recht des Wider-

---

20) §§ 259, 260 sind beseitigt durch Art. 61 E.G. z. B.G.B., §§ 892 ff. B.G.B.

21) Ges. über Familienschlüsse bei Familienfideikommissen u. s. w. v. 15. Februar 1840 (G.S. S. 20) §§ 21, 23, 24; 2—14, 15 Nr. 2 bis 5, 16—18.

Ges., die Erleichterung gewisser Dispositionen über Kurmärkische Lehne betr., v. 15. Mai 1852 (G.S. S. 290).

spruchs dagegen nur in so fern zu, als dasselbe durch den mit ihnen von dem Verleiher des Lehns, oder von dem ersten Erwerber geschlossenen Lehnsvertrag begründet wird.

§. 264. Haben dieselben ihre Aufnahme zur Gesammtenhand durch einen lästigen Vertrag gegen Entgelt erhalten, so ist auch der erste Erwerber, in Ansehung ihrer, eben den Einschränkungen, wie jeder folgende Lehnsbesitzer unterworfen.

§. 265. Eben das findet statt, wenn das Lehn schon dem ersten Erwerber ausdrücklich in der Eigenschaft eines alten Lehns verliehen worden.

1) Von den Descendenten des Vasallen.

§. 266. Die Abkömmlinge eines Vasallen müssen, wenn sie ihres Vaters Erben geworden sind, die Verfügungen desselben, auch in Ansehung des Lehns, vertreten.

§. 267. Verfügungen, welche bloß die Nutzungen des Lehns betreffen, müssen dergleichen Descendenten schlechterdings gelten lassen.

§. 268. Hingegen können sie Verfügungen, wodurch die Substanz des Lehns vermindert oder geschmälert worden, zwar zurücknehmen; sie müssen aber denjenigen, welcher mit ihrem Vater und Erblasser darüber kontrahirt hat, entschädigen.

§. 269. Hat also der Vater das Lehn ganz oder zum Theil veräußert, so kann zwar der Sohn das Veräußerte von dem dritten Besitzer zurückfordern;

§. 270. Er muß aber demselben nicht nur den dafür gegebenen Werth ersetzen; sondern ihm auch für seine übrigen Verwendungen, nach eben den Grundsätzen, wie der Eigenthümer einem redlichen Besitzer, gerecht werden.

§. 271. Von vorstehenden Verbindlichkeiten (§. 267—270.) kann der Sohn, welcher einmal seines Vaters Erbe geworden ist, sich durch den Einwand der Rechtswohlthat des Inventarii nicht befreien.[22]

§. 272. Dagegen ist aber auch ein solcher Sohn an Conventionalstrafen, welche der Vater etwa auf den Fall der Zurücknahme solcher Verfügungen (§. 268.) angelobt hat, in keinem Falle gebunden.

§. 273. Söhne, welche ihres Vaters Erben gar nicht geworden, sind in der Regel nicht verbunden, die zum Nachtheil ihrer Rechte

---

[22]) D. h. im Sinne des B.G.B.: es versagen die Mittel, eine Beschränkung der Haftung herbeizuführen.

auf das Lehn, durch Verminderung oder Schmälerung der Substanz desselben, von dem Vater getroffenen Verfügungen wider sich gelten zu lassen.

§. 274. Doch ist auch ein solcher Sohn die väterlichen, das Lehn nicht angehenden Schulden, so weit das übrige Vermögen dazu nicht hinreicht, aus den Lehnseinkünften zu bezahlen verpflichtet; und kann sich durch Entsagung der Allodialerbschaft davon nicht losmachen.

§. 275. Es steht ihm vielmehr bloß frei, sich des Lehns und der Allodialerbschaft zugleich zu begeben.

§. 276. Alsdann müssen die Lehnseinkünfte für Rechnung der Gläubiger so lange verwaltet werden, bis diese befriedigt sind; oder bis die von dem Schuldner abstammende lehnsfähige Nachkommenschaft erloschen ist.[23])

§. 277. Es findet also eine Abtretung des Lehns an einen Agnaten oder Mitbelehnten, oder selbst an den Lehnsherrn, zum Nachtheil der Gläubiger nicht statt.

§. 278. Auch ein vom Vater enterbter Sohn muß, wenn er zum Besitze des Lehns gelangt, aus den Einkünften die väterlichen Schulden, so weit das übrige Vermögen nicht hinreicht, berichtigen.

§. 279. Der Enkel oder weitere Abkömmling aber, welcher seinem Großvater unmittelbar im Lehn folgt, ist die Schulden des Vaters, dessen Erbschaft er entsagt hat, aus dem großväterlichen Lehn zu entrichten nicht verbunden.

§. 280. Testamente, oder andere letztwillige Verordnungen, wodurch der Vater über das Lehn, zum Nachtheil seiner Leibeslehnserben, oder eines derselben, etwas verfügt, gelten nur gegen diejenigen, welche zugleich Erben in seinem übrigen Nachlasse geworden sind.

§. 281. Diese können sich auch gegen solche Verfügungen mit dem Einwande der Rechtswohlthat des Inventarii nicht schützen.

§. 282. Für Leibeslehnserben, welche des Vasallen Erben im übrigen Vermögen nicht geworden, sind seine letztwilligen Verordnungen über das Lehn unverbindlich.

§. 283. Doch ist ein Vater aus eben den gesetzlichen Gründen, aus welchen er seinem Sohne den Pflichtteil entziehen kann, berechtigt, denselben für seine Person von dem Besitze und Genusse

---

23) K.O. § 52; Pr.K.O. §§ 377 ff.

des Lehns auszuschließen, und auf den bloßen aus den Einkünften des Lehns ihm zu reichenden Unterhalt einzuschränken.[24])

§. 284. Diese Competenz muß, wenn der Sohn mit dem väterlichen Aussatze sich nicht begnügen will, auf die Hälfte der Einkünfte von der Portion am Lehn, die ihm sonst zugefallen sein würde, bestimmt werden.

§. 285. In allen Fällen kann der Vater die Art der Theilung unter den Söhnen, um Streitigkeiten unter ihnen zu vermeiden, gültig anordnen.

§. 286. Er kann also bestimmen: welcher unter mehreren zum Naturalbesitze des Lehns mit gleichem Rechte berufenen Söhnen das Lehngut selbst erhalten und seine Brüder abfinden solle.

§. 287. Durch Bestimmung von Uebernehmungspreisen oder Abfindungssummen aber kann er die Rechte der Leibeslehnserben, die nicht zugleich seine Allodialerben geworden sind, nicht schmälern.

2) Von anderen Agnaten und Mitbelehnten.

a) Rechte derselben überhaupt.

§. 288. Andere Agnaten und Mitbelehnte, welche des Lehnsbesitzers Erben nicht geworden, sind keine der von selbigem über das Lehn getroffenen Verfügungen, wobei sie nicht zugezogen worden, anzuerkennen verbunden.[25])

§. 289. Auch der Lehnsherr kann durch seine Einwilligung den Rechten der Agnaten und Mitbelehnten nichts vergeben.

§. 290. Doch können Verfügungen über Grundstücke und Gerechtigkeiten, welche in das Hypothekenbuch eingetragen sind, nur von solchen Agnaten und Mitbelehnten angefochten werden, welche ihr Recht an dem Lehn zu der Zeit, da die streitige Verfügung eingetragen wurde, im Hypothekenbuche bereits hatten vermerken lassen.

§. 291. Agnaten und Mitbelehnte also, deren Recht zu der Zeit, da die streitige Verfügung über das Lehn im Hypothekenbuche vermerkt wurde, dem Dritten, welcher die Verhandlung mit dem Lehnsbesitzer vornahm, daraus nicht bekannt sein konnte, sind nicht befugt, auch wenn die Lehnsfolge demnächst auf sie gelangt, von diesem Rechte, zum Nachtheil des Dritten Gebrauch zu machen.

---

[24]) B.G.B. §§ 2333 ff.

[25]) Maßgebend für die Rechtsstellung des gutgläubigen Dritten ist das Prinzip des Art. 61 E.G. z. B.G.B. Ob guter Glaube vorliegt, ist nach B.G.B. zu beurtheilen. Da die §§ 290, 291, 293, 294 II, 18 aber diesen Punkt regeln wollen, gelten sie nicht mehr. Insoweit gilt dasselbe von den einschlagenden provinzialrechtlichen Vorschriften. Vgl. § 421 d. Tit.

§. 292. Doch bleibt ihnen, wegen des an ihrem Rechte dadurch erlittenen Abbruchs, der Regreß an das übrige Vermögen des Lehnsbesitzers, welcher die nachtheilige Verfügung getroffen hat, vorbehalten.

§. 293. Söhne, welche noch unter väterlicher Gewalt sind, bedürfen zur Erhaltung ihres Rechts gegen den Dritten keiner Eintragung desselben.

§. 294. Sobald sie aber aus der väterlichen Gewalt auf eine oder die andere Weise herausgehen, müssen sie ihr eigenes Recht, bei Vermeidung des §. 291. bestimmten Nachtheils, eintragen lassen.

§. 295. Aber auch solche Agnaten oder Mitbelehnte, welche ihr Recht gegen den Dritten durch die Eintragung sich erhalten haben, können die ihnen nachtheilige Verfügung des Lehnsbesitzers erst alsdann anfechten, wenn die Succession in das Lehn auf sie gelangt ist.

§. 296. Doch steht ihnen frei, auch noch vorher gegen die Verfügung Protestation einzulegen, und dieselbe dem Dritten, mit welchem der Lehnsbesitzer die Verhandlung vornimmt, bekannt machen zu lassen.

§. 297. Ist dieses geschehen, so kann der Dritte, bei hiernächst eintretendem Successionsfalle, gegen den protestirenden Agnaten oder Mitbelehnten, und dessen Leibeslehnserben, von dem Rechte eines redlichen Besitzers, von der Zeit an, wo die Succession an sie gediehen ist, keinen Gebrauch machen.

§. 298. Auch steht es dem protestirenden Agnaten oder Mitbelehnten frei, noch vor erfolgendem Anfalle, auf richterliche Untersuchung der bei der widersprochenen Verfügung vorgefallenen Thatsachen, besonders auf Ausmittelung des Zustandes, in welchem das Lehn zur Zeit der Veräußerung sich befunden hat, damit die Verdunkelung dessen verhütet werde, anzutragen.[26])

§. 299. Alsdann finden die Vorschriften der Prozeßordnung von Aufnehmung eines Beweises zum ewigen Gedächtnisse Anwendung.

§. 300. Wenn der fremde Besitzer des Lehns Verschlimmerungen in der Substanz desselben vornimmt, so haben die Agnaten, wenn auch die Succession noch nicht an sie gediehen ist, wegen der ihm darunter zu setzenden Schranken eben das Recht, welches ihnen gegen den Lehnsbesitzer selbst zukommen würde. (§. 577.)[27])

---

26) Maßgebend sind §§ 485 ff. C.P.O. über die Sicherung des Beweises.

27) B.G.B. §§ 1051 ff.

§. 301. Wider einen Agnaten oder Mitbelehnten, welcher sich hat eintragen lassen, nimmt die Verjährung der Befugniß zur Anfechtung der ohne seine Einwilligung über das Lehn getroffenen nachtheiligen Dispositionen, erst mit dem Tage, da das Lehn sich an ihn erledigt hat, ihren Anfang.

b) Insonderheit bei Veräußerungen,

§. 302. Hat also der Lehnsbesitzer das Lehn ganz oder zum Theil veräußert, so kann ein dabei nicht zugezogener Agnat oder Mitbelehnter dasselbe binnen dreißig Jahren, nach dem auf ihn erfolgten Successionsanfalle, zurückfordern.[28])

§. 303. Die Rückgabe muß unentgeltlich geschehen; übrigens aber hat der bisherige Inhaber außer dem Falle des §. 296 die Rechte eines redlichen Besitzers.

§. 304. Das Vorkaufs- und Näherrecht, in so fern selbiges überhaupt stattfindet, kann jeder Agnat oder Mitbelehnte, auch wenn er noch nicht an der Succession steht, innerhalb der gesetzmäßigen Frist ausüben.[29])

§. 305. Von Lehngütern, die schon seit mehr als einer Generation in einer Familie sich befinden, wird vermuthet, daß den Agnaten und Mitbelehnten das Vorkaufs- und Näherrecht zukomme.

§. 306. Was vom Vorkaufs- und Näherrecht überhaupt, und bei Familiengütern insonderheit verordnet ist, gilt in der Regel auch bei Lehngütern. (Tit. 20. Abschn. 3; Th. 2. Tit. 4. Abschn. 6.)

---

28) Substanzveränderungen ohne Zuziehung der Anwärter: Ges., betr. den erleichterten Abverkauf kleiner Grundstücke, v. 3. März 1850 (G.S. S. 145); Ges., betr. die Abänderung d. Ges. vom 13. April 1841, über den erleichterten Austausch einzelner Parzellen von Grundstücken, v. 27. Juni 1860 (G.S. S. 384); Ges., betr. die Erleichterung unentgeltlicher Abtretungen einzelner Gutstheile zu öffentlichen Zwecken, v. 15. Juli 1890 (G.S. S. 226).

Ges. über die Enteignung von Grundeigenthum, v. 11. Juni 1874 (G.S. S. 221) §§ 17, 37, 38, 47.

Gem.Th.O. v. 7. Juni 1821 (G.S. S. 53) §§ 9 ff., 148, 153. V. wegen Organisation der Generalkommissionen u. s. w., v. 20. Juni 1817 (G.S. S. 161) §§ 45 ff., 90; V. v. 30. Juni 1834, wegen des Geschäftsbetriebes in den Angelegenheiten der Gemeinheitstheilungen u. s. w. (G.S. S. 96) §§ 10, 23 ff., vgl. die in Anm. 21 genannten Ges.

A.G. z. B.G.B. Art. 19, 20; A.G. z. G.B.O. Art. 20.

Ges. über Rentengüter, v. 27. Juni 1890 (G.S. S. 209) § 1 Abs. 5.

29) §§ 304—306 sind veraltet: Ablösungsges. v. 2. März 1850 (G.S. S. 77) § 2 Ziff. 6, § 4.

§. 307. Die Einwilligung in die Veräußerung überhaupt enthält, auch bei Agnaten und Mitbelehnten, noch keine Entsagung des Vorkaufs- und Näher-, wohl aber des Rückforderungsrechts.

§. 308. Agnaten und Mitbelehnte können, durch ihre Einwilligung in Verfügungen des Lehnsbesitzers über das Lehn, den Rechten des Lehnsherrn nichts vergeben.

§. 309. Dagegen verpflichten sie durch diese Einwilligung ihre Abkömmlinge, in so fern dieselben damals entweder noch gar nicht vorhanden, oder noch unter (väterlicher) elterlicher Gewalt waren: sie mögen in der Folge ihrer consentirenden Väter Erben geworden sein, oder nicht.[30]

§. 310. Durch den Consens einiger Agnaten oder Mitbelehnten werden weder die übrigen, noch selbst die Descendenten der Consentirenden, welche damals nicht mehr unter (väterlicher) elterlicher Gewalt standen, und auch nachher der Consentirenden Erben nicht geworden sind, verpflichtet.

c) bei Verschuldungen.

§. 311. In vorstehender Art (§. 308. 309. 310.) müssen also auch Agnaten und Mitbelehnte, so wie deren Leibeslehnserben die Schulden des Lehnsbesitzers, in welche sie gewilligt haben, wenn sie zum Besitze des Lehns gelangen, anerkennen.

§. 312. Auch wegen Mangels der lehnsherrlichen Einwilligung können sie sich dieser Verbindlichkeit nicht entziehen.

§. 313. Die Einwilligung der Agnaten und Mitbelehnten in eine Schuld des Lehnsbesitzers muß schriftlich erklärt werden.

§. 314. Wenn jedoch ein Agnat oder Mitbelehnter das von dem Lehnsbesitzer ausgestellte Schuldinstrument, ohne weitern Beisatz, mit unterschreibt, so ist dieses einer ausdrücklichen Einwilligung in die Schuld gleich zu achten.

§. 315. Wenn ein Agnat oder Mitbelehnter einem von dem Lehnsherrn oder einem anderen Interessenten bereits ausgestellten Consensinstrumente bloß beitritt; so ist anzunehmen, daß er nur unter den in diesem Instrumente bestimmten Maßgaben und Bedingungen eingewilligt habe.

§. 316. Wenn ein Agnat oder Mitbelehnter selbst dem Lehns-

30) A.G. z. B.G.B. Art. 69 § 1 Abs. 1.

besitzer ein Capital auf das Lehn dargeliehen hat, so kann von ihm und seinen Leibeslehnserben der Mangel des Consenses nicht vorgeschützt werden; wenn auch das Capital nachher an einen anderen Inhaber gediehen wäre.

§. 317. Lehnsschulden, denen diese Eigenschaft vermöge des Gesetzes zukommt, bedürfen auch keines Consenses der Agnaten oder Mitbelehnten. (§. 230. sqq.)[31]

§. 318. In wie fern Agnaten oder Mitbelehnte in die Verschuldung des Lehns zu willigen verbunden sind, ist in der Regel nach eben den Grundsätzen, wie bei dem Lehnsherrn zu beurtheilen. (§. 235—242.)

§. 319. Auch darüber: in wie fern Lehnsschulden die Substanz des Lehns, oder nur die Früchte desselben angehen; so wie wegen der Ausdeutung und der Wirkungen einer von Agnaten oder Mitbelehnten ertheilten Einwilligung, gelten die Vorschriften §. 233. 234. 244. 251—256.

§. 320. Eben so finden bei Beurtheilung der Frage: in wie fern eine Schuld aus dem Lehn schlechterdings, oder erst bei Ermangelung eines hinreichenden Allodialvermögens bezahlt werden müsse? gleiche Grundsätze, wie bei dem Lehnsherrn Anwendung. (§. 231. 232. 243. 245. 246.)

§. 321. Hat jedoch ein Agnat oder Mitbelehnter in seinem Consense dem Gläubiger, bei erfolgendem Successionsanfalle, die Bezahlung aus dem Lehn ohne Vorbehalt versprochen; so kann er denselben auf den Allodialnachlaß des Schuldners nicht verweisen.

---

31) Siehe §§ 229 ff. V. über die Verschuldung der Lehen und Fideikommisse bei Auseinandersetzung der Gutsherrn mit den Bauern, v. 9. Mai 1818 (G.S. S. 43); K.O. v. 30. Juni 1827, betr. die Aufnahme des Einrichtungskapitals in Pfandbriefen (G.S. S. 78); K.O. v. 13. Mai 1829, enthaltend die Modifikation der Order v. 30. Juni 1827 (G.S. S. 44); K.O. v. 2. Juli 1831, betr. die den Lehns- und Fideikommiß-Besitzern in sämmtlichen Provinzen der Monarchie zu gestattende Verpfändung der Gütersubstanz, wegen der Auseinandersetzungskosten und Abfindungen bei gutsherrlich-bäuerlichen Regulirungen, Gemeinheits-Separationen und Ablösungen; Ges., wegen Sicherstellung der Rechte dritter Personen u. s. w., v. 29. Juni 1835 (G.S. S. 135) §§ 4, 6.

Dekl. betr. die Nothwendigkeit des Konsenses der Agnaten zur Verpfändung der Substanz eines Lehngutes in der Altmark, Priegnitz, Mittel- und Ukermark, so wie in den Kreisen Beeskow und Storkow, v. 5. November 1843 (G.S. S. 339).

§. 322. Ihm selbst aber bleibt, wenn sonst die Schuld so beschaffen ist, daß sie das Lehn nicht hauptsächlich angeht, sein Regreß an diesen Allodialnachlaß vorbehalten.

§. 323. Uebrigens sollen alle Lehnsschulden, denen ein dingliches Recht auf Lehngüter beigelegt ist, in das Hypothekenbuch eingetragen werden.

§. 324. Besonders gilt dieses bei denjenigen Schulden, die aus dem Lehn, auch ohne besondere Einwilligung des Lehnsherrn und der Agnaten oder Mitbelehnten, bezahlt werden müssen.

§. 325. Auch in Ansehung derjenigen, die nicht aus der Substanz, sondern nur aus den Früchten des Lehns zu bezahlen sind, muß der Gläubiger für die Eintragung sorgen.

§. 326. Ist die Eintragung nicht geschehen, so stehen Lehnsschulden, wenn sie gleich, vermöge des Gesetzes, das Lehn oder dessen Früchte betreffen, oder vermöge eines von dem Lehnsfolger oder dessen Vorfahren ertheilten Consenses von demselben anerkannt werden müssen, dennoch allen gehörig eingetragenen auch späteren Lehnsschulden nach.

§. 327. Verträge und andere Handlungen, wodurch das Lehn ganz oder zum Theil veräußert wird, sollen ohne die ausdrückliche Einwilligung des aus dem Hypothekenbuche erhellenden Lehnsherrn nicht eingetragen werden.

§. 328. Auch muß der Richter die Einwilligung der aus dem Hypothekenbuche bekannten Agnaten zu solchen Veräußerungen vor der Eintragung erfordern.

§. 329. Eben so muß bei Verpfändungen, wenn deren Eintragung verlangt wird, der Gläubiger an die Beibringung des Consenses von dem Lehnsherrn und den eingetragenen Agnaten erinnert werden.

§. 330. Wenn jedoch in den beiden letzteren Fällen (§. 328. 329.) der die Eintragung Suchende, ohne den Consens beizubringen, dennoch auf der Eintragung besteht, so muß ihm dieselbe, auf seine Gefahr, zwar bewilligt, der Mangel des Consenses aber in dem Recognitionsschein ausdrücklich bemerkt werden.[32])

Von Beitreibung der Lehnsschulden durch Veräußerung der Substanz,

§. 331. Wegen Lehnsschulden, für welche die Substanz des Lehns auch ohne die besondere Einwilligung der Interessenten

---

[32]) Aus § 330 wird gefolgert, daß Veräußerung und Belastung ohne Konsens der Agnaten zulässig ist. Der Erwerber unterliegt aber der Revokationsklage. (str.) Vgl. R.G.Entsch. Bd. 11, S. 414, und Johow Bd. IV. S. 120.

§§ 323 bis 326 sind mit der Grundbuchverfassung weggefallen, § 327 gilt nur noch, soweit ein Obereigenthum besteht.

haftet, sind die Gläubiger auf gerichtlichen Verkauf des Lehns selbst anzutragen wohl befugt.[33])

§. 332. Ein Gleiches findet statt, wenn der Lehnsherr und sämmtliche Agnaten oder Mitbelehnte in die Verpfändung der Substanz des Lehns für eine Schuld ausdrücklich gewilligt haben.

§. 333. In allen anderen Fällen kann, auch wegen an sich gültiger Lehnsschulden, nur der Beschlag der Einkünfte des Lehns, die Sequestration derselben zum Besten der Gläubiger, und ihre gerichtliche Einweisung in das Lehn stattfinden.[34])

§. 334. Dieses Recht der Gläubiger, sich an die Lehnseinkünfte zu halten, dauert bei Forderungen, wofür diese Einkünfte auch ohne besonderen Consens der Interessenten haften, bis zu deren vollständiger Tilgung.

§. 335. Bei Schulden aber, deren Lehnseigenschaft bloß auf der Einwilligung einiger Agnaten oder Mitbelehnten beruht, dauert es nur so lange als der Schuldner, oder die consentirenden Interessenten, oder Leibeslehnserben von beiden, die nach den obigen Grundsätzen ihre Handlungen anerkennen müssen, im Besitze des Lehns sich befinden.

§. 336. Die Ordnung, in welcher die Gläubiger ihre Befriedigung aus dem Kaufpreise, oder aus den Einkünften des Lehns verlangen können, wird nach den Grundsätzen der Concursordnung bestimmt.[35])

§. 337. Ein wegen Lehnsschulden gesetzmäßig verkauftes Lehn (§. 331. 332.) behält in Ansehung des Lehnsherrn die Lehnseigenschaft, und der neue Erwerber kann darüber in Rücksicht auf den Lehnsherrn, nur als über ein Lehn gültig verfügen.

§. 338. Hat aber ein Lehnsherr so viel Consense ertheilt, daß durch einen Verkauf des Gutes mit der Lehnseigenschaft die an die Substanz desselben berechtigten Gläubiger nicht befriedigt werden können: so muß er sich gefallen lassen, daß das Gut als freies Allodium ausgeboten und verkauft werde.

---

[33]) V. über das Verfahren bei Subhastation pommerscher Lehngüter, v. 11. Mai 1839 (G.S. S. 167); Ges. über die Lehns- und Successionsregister in Altvor- und Hinterpommern, v. 11. Juli 1845 (G.S. S. 474) § 11; Ges., betr. die Auflösung des Lehnsverbandes in Altvor- und Hinterpommern, v. 4. März 1867 (G.S. S. 362) § 17; — vgl. § 2 E.G. z. Zw.V.G.

[34]) Art. 60 E.G. z. B.G.B.; Art. 13 A.G. z. Zw.V.G.

[35]) Zw.V.G. §§ 10, 155 ff.

§. 339. In Ansehung der Agnaten und Mitbelehnten hingegen wird, in jedem Falle, ein wegen Lehnsschulden gesetzmäßig verkauftes Lehn in den Händen des Käufers freies Eigenthum, und kann von ihnen zu keiner Zeit zurückgefordert werden.

§. 340. Bleibt von dem Kaufgelde, nach Abzug der vermöge §. 331. 332. aus der Substanz des Lehns zu bezahlenden Schulden, noch etwas übrig, so tritt zwar solches nicht von selbst an die Stelle des verkauften Lehns;

§. 341. Der Lehnsherr aber, und die Agnaten oder die Mitbelehnten sind befugt, darauf anzutragen, daß dergleichen Ueberschuß wiederum zu einem Lehngut verwendet, oder als ein Geldlehn belegt werde.

§. 342. Diese Befugniß kommt ihnen auch alsdann zu, wenn sie einen freiwilligen Verkauf des Lehns genehmigt haben; in so fern nicht dabei ein Anderes verabredet ist.

durch Sequestration der Früchte und Nutzungen.

§. 343. Diejenigen Gläubiger, deren Forderungen nur die Früchte des Lehns angehen, haben an die Einkünfte des aus dem Verkaufe des Lehns verbleibenden Ueberschusses eben das Recht, wie vorhin an die Einkünfte des Lehns selbst.[36])

§. 344. In allen Fällen, wo bloß die Einkünfte des Lehns zum Besten der Gläubiger in Beschlag oder Sequestration genommen werden, bleiben dem Lehnsherrn, wegen der aus dem Lehn zu fordernden Geld- und Natural-Lehnsabgaben, seine Rechte ungeschmälert.

§. 345. Zu den Lehnsdiensten aber bleibt der Vasall selbst nach wie vor verpflichtet.

§. 346. Doch steht dem Lehnsherrn frei, die Bestellung eines Lehnsträgers für ihn zu verlangen.

§. 347. Diesen muß er unter den Agnaten oder Mitbelehnten wählen.

§. 348. Ein solcher Lehnsträger kann, außer seiner Schadloshaltung, keine besondere Belohnung fordern.

§. 349. Auch bei einer wegen Felonie erfolgenden Erledigung des Lehns kann der Lehnsherr solchen Gläubigern, für die er eingewilligt hat, oder deren Forderungen gesetzliche Lehnsschulden sind, die Mittel zu ihrer Befriedigung nicht entziehen.

---

36) A.G. z. Zw.V.G. Art. 13.

Von der Lehnscompetenz.

§. 350. Wenn das Lehn sequestrirt ist, so kann der Vasall von den Gläubigern die Aussetzung einer Competenz aus den Einkünften fordern.[37])

§. 351. Sind die Schulden, wegen welcher die Sequestration veranlaßt worden, von dem Besitzer selbst gemacht; so ist sein Competenzgesuch lediglich nach den allgemeinen, in der Prozeßordnung enthaltenen Vorschriften zu beurtheilen.

§. 352. Auch kann alsdann die Competenzsumme, wider den Willen des Gläubigers, ein Viertel der Lehnseinkünfte in der Regel nicht übersteigen.

§. 353. Wenn jedoch dieses Viertel dem Schuldner auch den nothdürftigsten Unterhalt nicht gewährt, so muß das zu diesem Unterhalte Fehlende aus den sequestrirten Einkünften zugeschossen werden.

§. 354. Ist die Sequestration wegen Schulden eines vorhergehenden Besitzers veranlaßt worden, so kann der gegenwärtige Besitzer, in so fern er sonst, nach den Vorschriften der Prozeßordnung, auf eine Competenz anzutragen berechtigt ist, standesmäßigen Unterhalt fordern.

§. 355. Doch darf diese Competenz, so weit sie nicht zur bloßen Nothdurft gehört, ein Drittel der Lehnseinkünfte nicht übersteigen.

§. 356. Söhne, die ihres Vaters Erben nicht geworden sind, und gleichwohl nach §. 274. dessen Allodialgläubiger aus den Lehnseinkünften befriedigen müssen, können von diesen die §. 354. bestimmte Competenz, auch ohne Rücksicht auf die Beschaffenheit ihres anderweitigen Vermögens, fordern.

§. 357. Gegen die Lehnsgläubiger hingegen sind solche Söhne, und gegen alle Gläubiger sind Söhne, die des Vaters Erben geworden, in Ansehung der Competenz lediglich nach den Vorschriften §. 352. 353. zu beurtheilen.

XI. Lehnssuccession.

§. 358. Zur Lehnssuccession sind nur diejenigen Personen berechtigt, auf welche die ursprüngliche Belehnung ausdrücklich erstreckt wird.

---

[37]) E.G. z. K.O. § 5; Pr.K.O. § 438.

1) Unter den Descendenten des ersten Erwerbers.

§. 359. Die ursprüngliche Belehnung erstreckt sich aber in der Regel auf alle lehnsfähigen Nachkommen des ersten Erwerbers.

a) Successionsfähigkeit überhaupt.

§. 360. Für lehnsfähige Nachkommen werden nur diejenigen geachtet, welche aus einer gültigen Ehe zur rechten Hand geboren worden.

Von legitimirteu und

§. 361. Doch sind diejenigen, welche zwar außer einer solchen Ehe geboren, aber durch die nachher von ihren Aeltern gültig vollzogene Ehe zur rechten Hand legitimirt worden, nach gemeinen Landrechten von der Lehnssuccession nicht ausgeschlossen.[38])

§. 362. Eben das gilt von Kindern, die aus einer an sich zwar ungleichen, aber durch landesherrliche Dispensation gültig gewordenen Ehe geboren sind.[39])

§. 363. Ist die landesherrliche Dispensation nicht erfolgt, so können solche Kinder zur Succession in adliche Lehne, ohne Unterschied, ob dieselben bei dem Landesherrn selbst, oder bei einem Dritten zu Lehn gehen, niemals gelangen.

§. 364. Durch landesherrliche Legitimation aber können unehelich geborene Kinder nur mit ausdrücklicher Einwilligung des Lehnsherrn, und der Agnaten oder Mitbelehnten, zur Lehnsfolge fähig werden.

adoptirten Kindern.

§. 365. Eben das gilt von solchen Personen, die ein Lehnsbesitzer an Kindesstatt angenommen hat.

§. 366. In beiden Fällen (§. 364. 365.) können dergleichen Kinder durch den Consens der zwei nächsten Agnaten das Recht erlangen, den Namen und das Wappen der Familie zu führen.[40])

§. 367. In Ansehung der Succession aber kann ein Agnat

---

[38]) Deklaration, die Succession der Mantelkinder im Lehn betr., v. 20. September 1820 (G.S. S. 201).

[39]) Aufgehoben durch Ges., betr. die Aufhebung der §§ 30 bis 33 II. 1 und der damit zusammenhängenden Bestimmungen, v. 22. Februar 1869 (G.S. S. 365).

[40]) Das Namenrecht richtet sich nach B.G.B. Außer der Zustimmung der Agnaten ist nach § 684 II. 2, Anh. § 100 Ziff. 2 landesherrliche Begnadigung nöthig.

oder Mitbelehnter den übrigen durch seinen Consens nichts vergeben.

§. 368. Wenn also der Fall eintritt, wo ein nicht consentirender Agnat, oder dessen Nachkommen, zur Succession gelangt sein würden, wenn die Successionsordnung durch die Aufnahme solcher Kinder nicht wäre unterbrochen worden: so muß das Lehn den ersteren wirklich eingeräumt werden; und die letzteren, so wie ihre Descendenten, müssen denselben weichen.

§. 369. So lange aber die Succession in den Linien solcher Agnaten oder Mitbelehnten, welche consentirt haben, stehen bleibt, oder wieder dahin gelangt, kann solchen legitimirten oder angenommenen Kindern, und ihren an sich lehnsfähigen Nachkommen, der Besitz des Lehns nicht geweigert werden.

Von Personen, die das Klostergelübde abgelegt haben.

§. 370. Nachkommen des ersten Erwerbers, welche zur Zeit des erfolgten Anfalls das Gelübde der Armuth geleistet haben, können auf das Lehn keinen Anspruch machen. (Th. 2. Tit. 11. Abschn. 18.)[41])

§. 371. Vielmehr fällt das Lehn auf denjenigen, welcher dazu gelangen würde, wenn die durch das Gelübde gebundene Person den Anfall gar nicht erlebt hätte.

§. 272. Hat jedoch diese innerhalb eines Jahres und dreißig Tagen, nach geschehener Erledigung des Lehns, die Entbindung von dem Gelübde auf rechtsgültige Art erhalten, so gelangt sie zur Succession.

§. 373. Eine später erfolgende Entbindung berechtigt den einmal Ausgeschlossenen nicht, das Lehn von dem, welchem es nach dem Grundsatze des §. 371 angefallen ist, und dessen lehnsfähigen Nachkommen zurück zu fordern.

§. 374. Uebrigens aber tritt der Entbundene wiederum in alle Rechte, welche ihm als Agnaten oder Mitbelehnten, bei künftigen Successionsfällen, in Beziehung auf den letzten Besitzer zukommen.

Von Wahn- und Blödsinnigen.

§. 375. Wahn- und Blödsinnige werden bloß um deswillen von der auf sie gelangten Lehnssuccession in der Regel nicht ausgeschlossen.

§. 376. Es muß aber einem solchen Nachfolger ein Lehns-

---

[41]) §§ 1199—1209 II 11 sind durch Art. 89 A.G. z. B.G.B. aufgehoben. Damit entfallen auch die §§ 370—374, die eine Anwendung jener Grundsätze enthalten.

curator bestellt, und durch diesen für die gehörige Entrichtung der Lehnspflichten gesorgt werden.

§. 377. Die gewöhnliche Verwaltung des Lehns und seiner Einkünfte verbleibt auch alsdann dem für den Besitzer bestellten Vormunde.

§. 378. Wie weit aber dieser den Lehnscurator zuziehen müsse, ist gehörigen Orts bestimmt. (Th. 2. Tit. 18. §. 1001. 1002.)

§. 379. Andere körperliche Gebrechen schließen von der Lehnssuccession niemals aus; sondern berechtigen nur den Lehnsherrn, auf Bestellung eines Lehnsträgers, zur Entrichtung solcher Pflichten zu dringen, zu deren eigener Erfüllung der Besitzer durch das Gebrechen untüchtig gemacht wird.

Fähigkeit in Ansehung des Geschlechts.

§. 380. In der Regel sind nur männliche Nachkommen des ersten Erwerbers zur Lehnsfolge berechtigt. (§. 422. sqq.)

b) Successionsordnung selbst.

§. 381. In der Lehnssuccession haben vollbürtige und Halb-Brüder von Vaters Seite in der Regel gleiche Rechte.

§. 382. Enkel und Urenkel treten allemal in die Stelle ihrer vorher verstorbenen Väter.

§. 383. Ueberhaupt findet in die Lehne, nach gemeinen Rechten, die Succession nach Linien, und nicht nach Graden statt.

§. 384. Soll es auf die Nähe des Grades der Verwandtschaft mit dem letzten Besitzer ankommen; so muß dieses durch den ursprünglichen Lehnbrief, durch gültige Familienverträge, oder durch Provinzialgesetze bestimmt sein.

§ 385. Wo solchergestalt das Recht der Erstgeburt, des Seniorats, Majorats oder Minorats festgesetzt worden, finden die Vorschriften, wie bei ähnlichen Successionen in Familien-Fideikommissen, Anwendung. (Th. 2. Tit. 4. Abschn. 4.)[42]

§. 386. Die durch Gesetze oder rechtsgültige Willenserklärungen einmal bestimmte Successionsordnung kann nur durch förmliche Familienschlüsse, unter Einwilligung des Lehnsherrn, geändert werden.[43]

---

[42]) II, 4 Abschn. 4.

[43]) Ges. über Familienschlüsse bei Familienfideikommissen u. s. w., v. 15. Februar 1840 (G.S. S. 20). Dekl. betr. die Errichtung von

§. 387. Nach gemeinen Lehnrechten folgen also dem letzten Vasallen zuvörderst seine lehnsfähigen Nachkommen nach den Stämmen, ohne Unterschied des Grades.

§. 388. Hinterläßt der verstorbene Vasall keine lehnsfähige Nachkommen, so sind diejenigen Agnaten zur Lehnssuccession berechtigt, welche mit ihm von Einem nächsten gemeinschaftlichen Stammvater herkommen.

§. 389. Diejenigen also, welche von dem Vater des Verstorbenen abstammen, schließen diejenigen aus, welche nur zur großväterlichen Linie desselben gehören.

§. 390. Ebenso werden diejenigen, welche nur durch den Aelter-Vater des Verstorbenen zu Einer Linie mit ihm sich ziehen, von denjenigen, welche von seinem Großvater abstammen, ausgeschlossen.

§. 391. Mehrere Agnaten, die mit dem Verstorbenen Einen gemeinschaftlichen nächsten Stammvater haben, und also demselben der Linie nach gleich nahe sind, folgen in das Lehn gemeinschaftlich, und theilen selbiges unter sich nach den Stämmen oder Linien.

§. 392. Es werden daher so viel Portionen gemacht, als Linien sind, die sich mit dem letzten Besitzer zu einem gemeinschaftlichen nächsten Stammvater ziehen.

§. 393. In den Linien selbst treten die Descendenten, ohne Unterschied des Grades, aus eigenem Rechte, an die Stelle ihrer Väter, wenn diese vor dem letzten Besitzer gestorben sind.

§. 394. Sie nehmen also, wenn ihrer mehrere sind, von der Portion der Hauptlinie zusammen so viel, als der, an dessen Stelle sie treten, erhalten haben würde, wenn er den Tod des letzten Besitzers erlebt hätte.

§. 395. Bei dieser Linealsuccession macht es keinen Unterschied: ob das Lehn schon einmal getheilt worden, oder nicht.

§. 396. Wenn also auch eine Linie schon einmal abgefunden worden, so steht doch dieses ihrem Rechte nicht entgegen, sobald sie nach den Gesetzen der Linealsuccession anderweit zum Lehn berufen wird.

§. 397. Hat aber bei Theilungen ein abgefundener Agnat allen künftigen Anfällen für sich und seine lehnsfähigen Nachkommen

---

Familienschlüssen für Altvorpommersche und Hinterpommersche Lehne, v. 11. Juli 1845 (G.S. S. 482).

ausdrücklich entsagt; so können auch diese, selbst wenn sie des Entsagenden Erben oder Erbes Erben nicht geworden sind, auf dergleichen fernere Anfälle keinen Anspruch machen.

c) In wie fern die aufsteigende Linie zur Succession gelange.

§. 398 Tritt ein Vater das ihm zugefallene Lehn einem von seinen Söhnen ab, so fällt dieses Lehn, wenn der Sohn oder lehnsfähige Nachkommen desselben nicht mehr vorhanden sind, an den Vater zurück.

§. 399. Hat aber der Vater das Lehn seinen Söhnen überhaupt abgetreten, so bleibt er so lange davon ausgeschlossen, als noch Einer seiner Söhne, oder deren lehnsfähige Nachkommen übrig sind.

§. 400. Dagegen tritt er, nach gänzlichem Abgange seiner lehnsfähigen Descendenz, wieder in das Lehn, und schließt alle übrigen Agnaten aus.

§. 401. Diejenigen, welche mit dem ersten Erwerber nur durch die aufsteigende oder Seitenlinie verwandt sind, haben in der Regel kein Successionsrecht in das Lehn.

§. 402. Ist aber das Lehn dem ersten Erwerber ausdrücklich in der Eigenschaft eines alten Lehns verliehen worden, so gelangen zwar, nach Abgang seiner lehnsfähigen Nachkommenschaft, auch andere Agnaten desselben zur Succession;

§. 403. In so fern jedoch nicht ein Anderes ausdrücklich bestimmt ist, erstreckt sich das Recht zur Lehnsfolge nur auf die vollbürtigen oder väterlichen Halb-Brüder des ersten Erwerbers, und die von ihnen abstammenden Agnaten.

§. 404. Auch unter solchen Agnaten findet in der Regel die Succession nach Stämmen und Linien statt.

§. 405. Die aufsteigende Linie des ersten Erwerbers, und deren lehnsfähige Nachkommen, haben also in dem Falle des §. 402. auf das Lehn in der Regel keinen Anspruch.

§. 406. Hat aber der erste Erwerber zur Zeit der erhaltenen Belehnung keine Brüder gehabt; oder ist das Gut, noch ehe es die Lehnseigenschaft erhielt, schon ein Stamm- oder Familiengut gewesen: so gelangen in Ermangelung, oder nach dem Abgange der Brüder und ihrer lehnsfähigen Nachkommen, auch die Ascendenten des ersten Erwerbers, und deren lehnfähige Nachkommen, zur Succession.

§. 407. Auch in Ansehung dieser Agnaten findet die Linealsuccession statt, dergestalt, daß diejenigen, welche von dem Großvater des ersten Erwerbers abstammen, die Linie des Aeltervaters, und diese die weiter hinaufsteigenden Linien ausschließen.

§. 408. Stirbt in dem Falle des §. 402. der erste Erwerber, ohne lehnsfähige Nachkommen zu hinterlassen, und ist alsdann sein Vater noch am Leben, so gelangt dieser zum Besitze des Lehns, und schließt die Brüder des Erwerbers aus.

§. 409. Uebrigens wird, bei der ganzen Lehnssuccession, nach dem Zeitpunkte der erfolgten Erledigung des Lehns bestimmt: wer an der Succession, und in welchem Maße ein Jeder daran Theil nehme.

§. 410. Doch werden diejenigen, welche innerhalb des dreihundertzweiten Tages nach geschehener Erledigung, diesen Tag selbst nicht mitgerechnet, geboren worden, dafür, daß sie schon zur Zeit des Anfalls wirklich vorhanden gewesen, angenommen.

2) Succession der Mitbelehnten.

§. 411. Wo zur Erhaltung der Lehnrechte der von dem ersten Erwerber abstammenden Agnaten eine Mitbelehnung oder Investitur mit der Gesammtenhand erforderlich sei, ist in den Provinzialgesetzen bestimmt.

§. 412. Wo diese Gesetze solches nicht ausdrücklich erfordern, da sind Agnaten und Mitbelehnte die Lehne erst alsdann zu erneuern verbunden, wenn sie wirklich zur Succession berufen werden.

§. 413. Sind die Mitbelehnten Agnaten des ersten Erwerbers, und mit der Formul: nach rechter Sippzahl, belehnt; so folgt nach gänzlicher Erlöschung der lehnsfähigen Descendenz des ersten Erwerbers nur derjenige Mitbelehnte, welcher dem letzten Vasallen dem Grade nach der nächste ist.

§. 414. Außer diesem Falle hat es, auch in Ansehung der mitbelehnten Agnaten des ersten Erwerbers, bei den Regeln der Linealsuccession sein Bewenden.

§. 415. Sind die mitbelehnten Personen aus anderen Geschlechtern; so haben, wenn nichts Besonderes in dem ursprünglichen Lehnsvertrage oder Lehnbriefe festgesetzt worden, diejenigen, welche früher zur Gesammtenhand aufgenommen sind, vor den später aufgenommenen den Vorzug.

§. 416. Sind sämmtliche mitbelehnte Familien zugleich aufgenommen worden; so wird dennoch im zweifelhaften Falle vermuthet, daß sie in derjenigen Ordnung, wie sie im Lehnbriefe hinter einander aufgeführt sind, auf einander folgen.

§. 417. Erhellet aber aus der Fassung des Lehnbriefs, daß die Ordnung, in welcher sie darin hinter einander genannt sind, ihre Folgeordnung in der Succession nicht bestimmen solle, so gelangen sie, nach Abgang der lehnsfähigen Nachkommen des ersten Erwerbers, zu gleicher Zeit zur Lehnsfolge.

§. 418. In den mitbelehnten Familien selbst geschieht die Succession nach Linien, in Beziehung auf den ersten Erwerber.

§. 419. Ist in der absteigenden Linie des ersten Erwerbers die Primogenitur, oder eine andere besondere Successionsart, entweder gleich bei Bestellung des Lehns, oder doch in der Folge, vor der Aufnahme anderer Familien in die Mitbelehnschaft, eingeführt gewesen: so wird vermuthet, daß eben diese Successionsart auch in den mitbelehnten Familien statt finde.

§. 420. Mitbelehnte schließen in der Regel alle weiblichen Lehnsfolger aus.

§. 421. Zur Erhaltung des Successionsrechts ist die Eintragung desselben in das Hypothekenbuch sowohl bei Mitbelehnten, als bei Agnaten zwar rathsam (§. 290. sqq.), aber nicht nothwendig.

3) Succession in Weiberlehne.

§. 422. Ist ein Lehn zu Weiberlehn verliehen, so wird, in Ermangelung anderer durch den Inhalt des ersten Lehnbriefs, oder durch besondere Gesetze des Lehnhofs vorgeschriebener Bestimmungen, angenommen, daß diejenigen, welche von dem ersten Erwerber nur durch Weiber abstammen, erst nach gänzlichem Abgange seiner männlichen Nachkommen zur Succession gelangen.

§. 423. Ein Gleiches findet selbst alsdann statt, wenn der erste Erwerber des Lehns eine Frauensperson gewesen ist.

§. 424. In diesem Falle gilt aber die Vermuthung, daß das Lehn ein Weiberlehn sei; so lange das Gegentheil aus den Lehnbriefen und Lehnsurkunden nicht erhellet.

§. 425. Hat bei Weiberlehnen der letzte männliche Nachkomme des ersten Erwerbers Söhne von Töchtern oder Enkelinnen hinterlassen, so succediren diese nach den Linien, und schließen alle Descendenten weiblichen Geschlechts, selbst ihre Mütter und Großmütter, aus.

§. 426. Hat er keine Söhne von Töchtern oder Enkelinnen hinterlassen, so verbleiben seine Töchter des ersten Grades zwar auf Lebenslang im Besitze und Genusse des väterlichen Lehns;

§. 427. Sterben sie aber, ohne männliche Nachkommen zu hinterlassen, so fällt das Lehn an die alsdann vorhandenen, von dem ersten Erwerber durch Weiber abstammenden männlichen Descendenten.

§. 428. Sind deren mehrere, so theilen sie sich in das Lehn nach den Hauptlinien, die sich auf den ersten Erwerber beziehen; und in den Antheil einer jeden Hauptlinie theilen sich hinwiederum die auf einen gemeinschaftlichen Stammvater sich beziehenden Unterlinien; überall nach den Regeln der Linialsuccession.

§. 429. Personen weiblichen Geschlechts, die nur durch Weiber von dem ersten Erwerber abstammen, gelangen also nicht eher zur Succession, als bis auch keine männliche Descendenten durch Weiber von dem ersten Erwerber mehr vorhanden sind.

§. 430. Wenn übrigens, auch bei getheilten Lehnen, weibliche Descendenten des ersten Erwerbers, in der einen Linie, durch männliche Nachkommen desselben in einer anderen Linie einmal ausgeschlossen worden; so bleiben dieselben ausgeschlossen; selbst, wenn in dieser anderen Linie die männlichen Descendenten durch Männer abgehen; und das ganze Lehn bleibt bei den in dieser Linie durch Weiber von dem ersten Erwerber abstammenden Nachkommen.

§. 431. In allen Fällen, wo solchergestalt das Lehn oder ein Theil davon, auf eine Person aus der weiblichen Descendenz des letzten Vasallen, oder des ersten Erwerbers gediehen ist, schließt in der Folge deren männliche Descendenz die weibliche wiederum aus.

§. 432. Es wird also eine solche Person, durch welche das Lehn auf ein neues Geschlecht gebracht worden, in Ansehung der Succession, als ein neuer Erwerber betrachtet, und das Lehn verfällt auf ihre Descendenz eben so, wie selbiges von dem ursprünglichen Erwerber bis auf sie verfallen ist.

§. 433. Wenn jedoch eine Frau, durch welche das Lehn auf ihre männliche Descendenz gebracht worden, mehrere Söhne hinterlassen hat, und einer derselben ohne Leibeslehnserben verstirbt: so succediren seine vollbürtigen und Halb=Brüder von der Mutter Seite mit gleichem Rechte, und mit Ausschließung der Halb=Brüder von Vaters Seite.

§. 434. Ist die Descendenz derjenigen Frauensperson, durch welche das Lehn auf ein anderes Geschlecht gediehen war, gänzlich ausgegangen, so fällt das Lehn an die übrigen von dem ersten Erwerber durch Weiber herstammenden Descendenten.

§. 435. Auch unter diesen findet die Linialsuccession mit Anwendung der Grundsätze §. 422–429. statt.

§. 436. So wie nach dieser das Lehn, oder ein Theil desselben, auf ein neues Geschlecht gelangt, werden in Ansehung dieses neuen Geschlechts die Vorschriften des §. 431. 432. 433. wiederum beobachtet.

4) Succession bei Erblehnen.

§. 437. Ist bei einem Lehn die Successionsordnung der gemeinen Rechte vorgeschrieben, so wird solches ein Erblehn genannt.

§. 438. Im zweifelhaften Falle finden, auch bei einem Erblehn, die Vorschriften der gemeinen Rechte nur in Ansehung der Art zu succediren, nicht aber in Ansehung der successionsfähigen Personen statt.

§. 439. Es schließen also auch in solchen Lehnen, bei übrigens gleichem Rechte zur Succession, männliche Verwandte die weiblichen aus.

§. 440. Auch bei Erblehnen hat der Vasall in Ansehung der Befugniß, letztwillig darüber zu verordnen, keine mehreren Rechte, als der Besitzer eines eigentlichen Mannlehns.

§. 441. Abweichungen von vorstehenden Regeln, und nähere Bestimmungen derselben, bleiben sowohl bei eigentlichen, als bei uneigentlichen Lehnen den Provinzialgesetzen vorbehalten.

§. 442. Uebrigens deutet die Belehnung eines Vasallen für sich, seine Leibes- und Lehnserben, noch kein Erblehn an.

§. 443. Ist aber die Belehnung unter dem Ausdrucke: „für sich und seine rechten Erben, sie seien genannt wie sie wollen" oder „zu rechtem Erbe oder Erbgute" geschehen, so ist ein solches Lehn für ein Erblehn zu achten.

5) Von Anwartschaften.

§. 444. Die bloße Anwartschaft auf ein Lehn bewirkt nur ein persönliches Recht gegen denjenigen, welcher dieselbe verliehen hat.

§. 445. Die zugleich ertheilte Eventualbelehnung aber enthält die Einräumung eines dinglichen Rechts auf das Lehn, für den Fall, wenn selbiges an den Lehnsherrn eröffnet wird.

§. 446. Gehörte das Obereigenthum zum freien Vermögen des Verleihenden; so haben die von ihm ertheilten Anwartschaften und Eventualbelehnungen, auch in Ansehung seiner Nachfolger, alle Wirkungen gültiger Verträge.

§. 447. Besaß hingegen der Verleihende das Obereigenthum nur als Lehn oder Fideicommiß, so sind dessen Nachfolger die von ihm ertheilten Anwartschaften und Eventualbelehnungen nur in eben dem Maaße anzuerkennen verbunden, als sie überhaupt Verfügungen desselben über das Lehn oder Fideicommiß gelten zu lassen schuldig sind.

§. 448. Ist auch von einem solchen Obereigenthümer auf ein Lehn, welches als Lehn ausgethan zu werden bestimmt ist, die Eventualbelehnung Jemandem wegen seiner Verdienste um den Staat ertheilt worden; so müssen die Nachfolger des Verleihenden dieselbe in allen Fällen anerkennen.

§. 449. Ein Gleiches gilt, wenn ein Privatlehnsherr auf ein solches Lehn Jemandem, wegen besonderer um die lehnsherrliche Familie erworbener Verdienste, die Anwartschaft oder Eventualbelehnung ertheilt hat.

§. 450. Bei Lehnen, welche ursprünglich von dem ersten Vasallen dem ersten Lehnsherrn aufgetragen worden, muß jeder Nachfolger im Obereigenthum Anwartschaften, welche sein Vorfahr auf das Ansuchen eines Vasallen ertheilt hat, gelten lassen.

§. 451. Hat der Repräsentant einer mit dem Obereigenthum versehenen moralischen Person die Eventualbelehnung über ein Lehn, welches als Lehn ausgethan zu werden pflegt, unter Beistimmung der Corporation, bei welcher das Obereigenthum beruht, Jemandem verliehen; so kann ein nachfolgender Repräsentant dieselbe nicht aufheben.

§. 452. Ueberhaupt gelten alle Anwartschaften und Eventualbelehnungen desjenigen, welcher das Lehn zuerst ausgethan hat.

§. 453. Auch der mit Eventualbelehnung versehene Anwarter steht allen Mitbelehnten, und bei Weiberlehnen, der weiblichen Descendenz des ersten Erwerbers nach.

§. 454. Das Recht der Anwartschaft erstreckt sich in der Regel auf die lehnsfähigen Nachkommen des Anwarters.

§. 455. Uebrigens aber bestimmt der Anwartebrief die Rechte seines Inhabers.

§. 456. Dem Lehnsbesitzer muß von jeder ertheilten Anwartschaft und Eventualbelehnung, zur Beobachtung seiner Nothdurft, durch den Lehnsherrn oder dessen Lehnhof Nachricht gegeben werden.

§. 457. Doch ist, wenn dieses unterlassen worden, die Unterlassung den Rechten des Anwarters unschädlich.

§. 458. Unter mehreren Anwartern hat derjenige den Vorzug, welcher zugleich eine Eventualbelehnung für sich hat.

§. 459. Sind sie sämmtlich mit Eventualbelehnung versehen, so geht der ältere dem jüngeren vor.

§. 460. Sind sie alle nur mit persönlichen Anwartschaften versehen, so bestimmt die Zeit der Ertheilung derselben den Vorzug.

§. 461. Hat der jüngere die wirkliche Belehnung vor einem älteren erhalten, so ist die Sache unter ihnen nach den Vorschriften des zehnten Titels §. 18—25. zu beurtheilen.[44])

§. 462. Eine bloß allgemeine Anwartschaft auf ein künftig vacant werdendes Lehn giebt dem Inhaber gar kein Recht auf irgend ein bestimmtes Lehn.

§. 463. Ist aber Jemand mit einer Anwartschaft auf das zunächst erledigte Lehn versehen; so hat dieselbe mit einer besonderen auf ein bestimmtes Lehn ertheilten Anwartschaft gleiche Kraft.

§. 464. Ein solcher Anwarter kann also, so lange er noch nicht wirklich versorgt ist, bei jeder entstehenden Vacanz sich melden.

§. 465. Concurrirt er dabei mit anderen, die eine besondere Anwartschaft auf dieses Lehn haben, so muß das Vorrecht unter ihnen nach der Vorschrift §. 458—461. bestimmt werden.

§. 466. Anwartschaften und Eventualbelehnungen verstehen sich in der Regel nur auf den Fall, wenn das Lehn für immer an den Lehnsherrn erledigt wird.

§. 467. Fällt aber das Lehn, wegen Felonie oder sonst, nur auf eine Zeitlang an den Lehnsherrn zurück, dergestalt, daß dieser selbiges, unter gewissen Umständen, an die Nachkommen oder Mitbelehnten des ersten Erwerbers wiederum würde heraus-

[44]) Es entscheiden die sachenrechtlichen Grundsätze des B.G.B., dem das „Recht zur Sache" unbekannt ist.

geben müssen: so hat der Anwarter für diese Zwischenzeit nur in so fern ein Recht auf das Lehn, als ihm dergleichen in dem Anwartebriefe wirklich beigelegt worden.

§. 468. Ist eine Eventualbelehnung auf eigenes Ansuchen, oder mit ausdrücklicher Einwilligung des Lehnsbesitzers ertheilt worden; so hat ein solcher Belehnter, außer was die Successionsordnung betrifft, gleiche Rechte mit anderen Lehnsagnaten und Gesammthändern.

§. 469. Außer diesem Falle aber kommt dem Eventualbelehnten so wenig, als überhaupt dem Anwarter, ein wirkliches gegenwärtiges Recht auf das Lehn zu.

§. 470. Seine Zuziehung ist also bei Veräußerungen und Verpfändungen des Lehns nicht nothwendig.

§. 471. Vielmehr muß er das Lehn in dem Zustande übernehmen, in welchem sich dasselbe zur Zeit der Erledigung an den Lehnsherrn befindet.

§. 472. Selbst wenn das Lehn dem Anwarter in dem Zustande versprochen worden, in welchem es sich zur Zeit der ertheilten Anwartschaft oder Eventualbelehnung befunden hat, kann dennoch derselbe von diesem Versprechen gegen einen Dritten, der in der Zwischenzeit an sich gültige Rechte auf das Lehn, oder auf Pertinenzstücke desselben erworben hat, keinen Gebrauch machen.

§. 473. Dagegen sind die Rechte des Anwarters gegen den Verleihenden und dessen Erben, nach der Beschaffenheit des Vertrages, welcher bei der Anwartschaft zum Grunde liegt, zu beurtheilen.

§. 474. War dieses ein bloß wohlthätiger Vertrag, so ist die Sache zwischen ihnen nach den Regeln von Schenkungen zu beurtheilen.

§. 475. Es kann also der Anwarter, selbst wenn er die Eventualbelehnung erhalten hat, von dem Verleihenden oder dessen Erben keine Gewährsleistung fordern.

§. 476. Lag aber bei der Anwartschaft ein lästiger Vertrag zum Grunde, so ist der Anwarter, wenn er bei eintretendem Falle gar nicht zur Succession gelangen kann, von dem Verleihenden und dessen Erben Schadloshaltung zu fordern berechtigt.

§. 477. Hingegen kann auch ein solcher Anwarter wegen des Zustandes, in welchem das Lehn sich an den Lehnsherrn erledigt, nur in dem Falle des §. 472. auf Entschädigung gegen den Verleihenden und dessen Erben antragen.

XII. Theilung des Lehns.

§. 478. Mehrere nach vorstehenden Grundsätzen gleich berechtigte Lehnsfolger gelangen in der Regel zum gemeinschaftlichen Besitze und Genusse des Lehns.

§. 479. Können oder wollen dieselben in dieser Gemeinschaft nicht bleiben, und besteht das Lehn aus mehreren Stücken, die an sich als besondere Sachen, ohne daß sie aufhören dieselbe Sache zu sein, besonders besessen werden können; so muß die Theilung der Regel nach, so viel als möglich in Natur erfolgen.

§. 480. Mehrere zu einem Lehn gehörige Güter oder Capitalien müssen also, der Regel nach, in Natur getheilt werden.

§. 481. Außerdem finden Naturaltheilungen bei lehnbaren Grundstücken nur unter Genehmigung des Landesherrn statt.[45])

§. 482. Dieser ist berechtigt, dahin zu sehen, daß Güter und Grundstücke nicht in allzukleine Theile, zum Schaden des gemeinen Wesens, zertrennt werden.

§. 483 Nähere Bestimmungen hierüber bleiben den Provinzialgesetzen vorbehalten.

§. 484. Kann das Lehn gar nicht getheilt werden; oder sind die Interessenten darüber einig, daß nur Einer von ihnen das Ganze behalten und die übrigen abfinden solle: so hat derjenige den Vorzug, welcher den übrigen die vortheilhafteste Abfindung gewährt.

§. 485. Kann nach dieser Vorschrift keine Vereinigung getroffen werden, so muß das Loos entscheiden.

§. 486. Jede Lehnstheilung, sie geschehe in Natur, oder durch Abfindung, setzt eine Vereinigung unter den Interessenten über den Werth des Lehns, oder in deren Ermangelung eine aufgenommene Taxe voraus.

§. 487. In Fällen, wo eine Naturaltheilung unter den Interessenten erfolgt, muß der Werth des Ganzen, und also auch der einzelnen Theile, nach den bei Abschätzungen überhaupt in der Provinz geltenden Grundsätzen bestimmt werden.

§. 488. In Fällen, wo einer der Interessenten das Ganze, gegen Abfindung der übrigen, freiwillig übernimmt, hängt die

---

[45]) Edikt zur Beförderung der Landkultur, v. 14. September 1811 (G.S. S. 300) §§ 1, 6.

Bestimmung des Uebernehmungspreises lediglich von dem Einverständnisse der Parteien, und allenfalls von einer unter ihnen anzustellenden Licitation ab.

§. 489. In Fällen aber, wo einer der Theilnehmer, entweder vermöge der bei diesem Lehn eingeführten Successionsordnung, oder nach dem Ausfall des Looses, das Ganze übernehmen muß, wird der Werth nach der vorhandenen Lehnstaxe bestimmt.

§. 490. Ist keine Lehnstaxe vorhanden, so wird der Werth nach den bei der Lehnscurie üblichen Taxationsgrundsätzen angeschlagen.[46])

§. 491. Sind auch keine dergleichen nach Observanz bestätigte Taxationsgrundsätze vorhanden, so ist zwar der Werth nach der bei Güterabschätzungen in der Provinz überhaupt geltenden Taxordnung zu bestimmen;

§. 492. Doch müssen dabei, unter mehreren, bei einer Rubrik für die Provinz oder den Kreis vorgeschriebenen Ertragssätzen und Preisen, zum Vortheil des Uebernehmers allemal die niedrigsten angenommen werden.

§. 493. Wenn nicht ein Anderes verabredet ist, so muß die Portion der Abgefundenen im Lehn stehen bleiben, und diese müssen sich mit den Zinsen davon begnügen.

§. 494. Geschieht die Uebernehmung freiwillig, so gehört die Bestimmung des Zinssatzes zu dem Abkommen unter den Interessenten.

§. 495. Muß aber einer von ihnen das Lehn übernehmen; und es findet auch über den Zinssatz kein gütliches Einverständniß statt: so ist derjenige Satz anzunehmen, nach welchem, bei Festsetzung des Uebernehmungspreises selbst, der Ertrag zu Capital angeschlagen worden.

§. 496. In die Abfindungen, welche im Lehn stehen bleiben, wird nach eben den Regeln, wie in das Lehn selbst, succedirt.

§. 497. Zur Succession in diese Abfindungen ist jedoch weder eine besondere Belehnung, noch eine Erneuerung der Lehne, auch in Fällen, wo sie sonst in Ansehung des Lehns selbst erfordert wird, nothwendig.

§. 498. So weit aber außer den auf das Lehn selbst einge-

---

[46]) Vorschriften über Lehnstaxe in den Lehnsauflösungsgesetzen: 28. März 1877 (G.S. S. 111) §§ 10, 11, 26; 23. Juli 1875 (G.S. S. 537) § 25; 4. März 1867 (G.S. S. 362) §§ 22 ff. (vgl. Anm. 19 zu § 15. II. 4).

tragenen Agnaten, oder Mitbelehnten, noch andere, welche auf die Abfindung ein besonderes Successionsrecht haben, vorhanden sind, finden, wegen der Verbindlichkeit der letzteren, sich eintragen zu lassen, die Vorschriften §. 290. sqq. Anwendung.

§. 499. Sind den Abgefundenen ihre Portionen baar herausgezahlt worden, so hat das Gezahlte, im Mangel besonderer Verabredungen, nicht die Lehnseigenschaft: sondern wird das freie Eigenthum der Empfänger.

§. 500. Wegen der auch solchen Abgefundenen auf das Lehn selbst verbleibenden Agnations- und Mitbelehnschaftsrechte, hat es bei den Vorschriften §. 396. 397. sein Bewenden.

§. 501. Hat der abfindende Lehnsbesitzer zu solchem Behufe Schulden auf das Lehn gemacht; so müssen die Abgefundenen und deren Descendenten, wenn sie in der Folge zur Succession im Lehne selbst gelangen, diese Schulden anerkennen; auch wenn sie darin nicht ausdrücklich gewilligt haben.

§. 502. Ist unter den Theilenden verabredet, daß die den Abgefundenen herauszuzahlenden Geldportionen wiederum zu Lehn angelegt werden sollen, so haben dergleichen Posten, unter den theilenden Linien, die Eigenschaft eines Fideicommisses.

§. 503. Der Lehnsherr aber kann darauf nur in so fern Anspruch machen, als ihm dieselben zu Lehn ausdrücklich aufgetragen; und die zu anderen Linien gehörigen Agnaten nur in so fern, als sie in die Mitbelehnschaft dazu aufgenommen worden.

§. 504. Hat jedoch der Lehnsherr in die zum Behuf der Abfindung auf das Lehn gemachten und zur Zeit des Anfalles noch ungetilgten Schulden gewilligt, so fallen ihm, nach Abgang der theilenden Linien, die anderweit zu Lehn angelegten Abfindungen anheim.

§. 505. Eben das gilt von Agnaten oder Mitbelehnten anderer Linien, welche in die Verschuldung des Lehns zum Behuf der Abfindung gewilligt haben.

XIII. Auseinandersetzung zwischen Lehnsfolgern und Allodialerben.[47])

§. 506. Die Succession in das Lehn geht mit dem Augenblicke wo der bisherige Besitzer verstirbt, auf den Nachfolger über.[48])

[47]) A.G.O. I, 46 §§ 2 ff., 26—32; Pr.F.G.G. Art. 144 Ziff. 1.
[48]) A.G. z. G.B.O. Art. 16 u. 19.

§. 507. Diesem müssen die Erben des letzten Besitzers das Lehn so ausantworten, wie dasselbe von dem ersten Erwerber auf ihren Erblasser gediehen ist.

1) Ueberhaupt.

§. 508. In der Regel gelten, bei der Auseinandersetzung zwischen dem Lehnsfolger und den Erben des letzten Besitzers, eben die bei Auseinandersetzungen zwischen dem Nießbraucher und Eigenthümer vorgeschriebenen Grundsätze. (Tit. 21. Abschn. 1.)[49]

§. 509. Ausnahmen davon müssen entweder durch ausdrückliche Gesetze, oder durch das Verhältniß des Lehnsfolgers, welcher nur ein nutzbares, durch die Rechte des Lehnsherrn und der Agnaten eingeschränktes Eigenthum überkommt, bestimmt sein.

2) Wegen der Nutzungen.

§. 510. Wegen der Nutzungen des letzten Jahres gelten durchgehends die bei dem Nießbrauche ertheilten Vorschriften.[49]

3) Wegen des Inventarii.

§. 511. Wegen des zum Lehn gehörigen beweglichen Beilasses muß das Lehnsinventarium zum Grunde gelegt werden.

§. 512. Sind in einer Rubrik dieses Inventarii mehrere Stücke derselben Art, als der Lehnsfolger zu fordern hat, vorhanden; so sind die nächsten nach den besten zum Lehnsinventario zu rechnen.

§. 513. Sind überhaupt mehrere Stücke vorhanden, als das Lehnsinventarium besagt, so gehören dieselben den Allodialerben, in so fern sie nicht von dem Erblasser, oder einem der vorhergehenden Besitzer dem Lehnsinventario ausdrücklich zugeschlagen worden.

§. 514. Erfolgt die Auseinandersetzung zwischen dem Lehnsherrn und den Erben des letzten Vasallen; so finden auch, wegen eines gegen das ursprüngliche Lehnsinventarium vorhandenen Ueberschusses, die Vorschriften §. 27—30. Anwendung.

§. 515. Ist kein Lehnsinventarium vorhanden, und erhellet auch nicht, daß bei der ersten Bestellung des Lehns dergleichen mit übergeben worden; so kann der Lehnsfolger kein Inventarium fordern.

---

[49]) Jetzt sind §§ 1036—1050, 1055, 101 f. B.G.B. maßgebend.

§. 516. Erhellet zwar so viel, daß bei dem Lehn ursprünglich ein Inventarium vorhanden gewesen; es kann aber nicht ausgemittelt werden, was dazu gehört habe: so muß der Lehnsfolger mit den zum nothdürftigen Gebrauche und zur nothdürftigen Bewirthschaftung erforderlichen Stücken sich begnügen.

§. 517. Es gilt also, im Mangel eines schriftlichen Lehnsinventarii, von allen vorhandenen zur Bewirthschaftung des Gutes nicht nothwendigen Beilaßstücken, im zweifelhaften Falle die Vermuthung, daß sie zum Allodio gehören.

§. 518. Fehlt etwas an den Beilaßstücken, welche die Allodialerben dem Lehnsfolger gewähren sollen; so muß dasselbe aus dem übrigen Nachlasse ergänzt werden.

§. 519. Die Ergänzung ist auf Stücke von mittlerer Güte, wie sie gewöhnlich bei dergleichen Hauptsachen angetroffen werden, zu richten.

§. 520. Kann der Ersatz des Fehlenden aus dem Allodialnachlasse nicht beigetrieben werden, so ist der Lehnsfolger schuldig, dem Lehnsherrn, und den beiden nächsten Agnaten oder Mitbelehnten davon Anzeige zu machen.

§. 521. Mit deren Zuziehung muß gerichtlich festgesetzt werden, binnen welcher Zeit der neue Lehnsbesitzer das Inventarium aus den Nutzungen zu ergänzen schuldig, oder dazu ein aus diesen Nutzungen terminlich zurück zu zahlendes Darlehn aufzunehmen berechtigt sei.

§. 522. Dem Lehnsfolger kann in dergleichen Fällen niemals angemuthet werden, mehr als den zehnten Theil der Lehnseinkünfte zur Ergänzung des Inventarii, oder Abstoßung eines dazu aufgenommenen Darlehns, jährlich zu verwenden.

§. 523. Ist aber diese jährliche Summe einmal bestimmt worden, so muß es dabei, auch wenn in einem oder dem anderen Jahre ein Ausfall an den Nutzungen sich ereignet, sein Bewenden haben.

§. 524. Hat der Lehnsfolger die gerichtliche Regulirung nach vorstehenden Anweisungen (§. 521. 522. 523.) binnen Jahresfrist nach beendigtem Concurse über den Nachlaß des vorigen Besitzers, nachzusuchen verabsäumt; so können hiernächst dessen Erben gegen die Gewähr des vollständigen Inventarii an den weitern Lehnsfolger, sich mit dem Einwande, daß ihr Erblasser dasselbe von seinem Vorfahren nicht vollständig erhalten habe, keineswegs schützen.

§. 525. Haben in dem letzten Jahre vor dem Ableben des vorigen Besitzers solche Unglücksfälle am Inventario sich ereignet, welche denselben zur Aufnehmung einer gesetzlichen Lehnschuld berechtigt hätten; und hat derselbe von dieser Befugniß noch keinen Gebrauch gemacht: so sind die Allodialerben dem Lehnsfolger wegen eines solchen Mangels am Inventario nicht verantwortlich.

§. 526. Vielmehr finden in diesem Falle die Vorschriften §. 520—524. Anwendung.

4) Wegen der Meliorationen

§. 527. Hat der Besitzer das Lehn durch Anschaffung unbeweglicher Pertinenzstücke verbessert und seine Absicht, dieselben dem Lehn für beständig einverleiben zu wollen, ausdrücklich erklärt; so können die Erben keine Vergütung fordern.[50]

§. 528. Doch muß dergleichen Erklärung, wenn das Lehn in Grundstücken besteht, auf den Antrag des Erwerbenden im Hypothekenbuche vermerkt sein; und ist, wenn die Eintragung ermangelt, für die Erben unverbindlich.

§. 529. Ist aber das neu erworbene Pertinenzstück so beschaffen, daß es nicht als eine für sich bestehende Sache, sondern nur mit einem anderen Gute zugleich benutzt werden kann: so bedarf es, zu dessen Einverleibung, weder einer ausdrücklichen Erklärung, noch Eintragung.[51]

§. 530. Ist die Erwerbung unentgeltlich geschehen, so können die Allodialerben von dem Lehnsfolger keine Vergütung fordern, wenn der Erblasser ihnen dieselbe nicht ausdrücklich und schriftlich vorbehalten hat.

§. 531. Auch darf, wenn ein solcher Vorbehalt wirklich geschehen ist, der Lehnsfolger dennoch nur den wahren, nach einer Taxe zu bestimmenden Werth vergüten.

§. 532. Zu eben dieser Vergütung ist er gehalten, wenn der verstorbene Lehnsbesitzer das untrennbare Pertinenzstück (§. 529.) durch einen lästigen Vertrag gegen Entgelt erworben hat.

§. 533. In beiden Fällen muß nur auf den gemeinen landüblichen Werth, nicht aber auf den außerordentlichen, welchen das

50) Siehe § 211 II 4, vgl. § 890 B.G.B.
51) § 96 B.G.B.

Pertinenzstück wegen seiner Verbindung mit dem Hauptgute gewährt, Rücksicht genommen werden.

§. 534. Ist auf vorstehende Art keine Einverleibung erfolgt, so steht es in der Wahl des Lehnsfolgers, ob er dergleichen Pertinenzstücke bei dem Lehn behalten, oder den Erben die Zurücknahme desselben gestatten wolle.

§. 535. Will der Lehnsfolger das Pertinenzstück bei dem Lehn behalten, und kann er sich mit den Erben über den Preis nicht vereinigen; so muß die Uebernehmung nach einer gerichtlichen Taxe erfolgen.

§. 536. Doch muß auch alsdann das Pertinenzstück nur als eine für sich bestehende Sache und nicht nach seiner Verbindung mit dem Hauptgute, abgeschätzt werden.

§. 537. Eine solche gerichtliche Taxe ist allemal nothwendig, wenn der neue Lehnsbesitzer zugleich an der Allodialerbschaft des vorigen Theil nimmt.

§. 538. Ist solchergestalt ein dergleichen Pertinenzstück einmal zum Lehn geschlagen worden; so bleibt es auch in der Folge dabei, und jeder nachherige Lehnssuccessor muß dasselbe, mit dem Lehn zugleich, gegen die bestimmte Vergütung an die Erben seines Vorfahren, übernehmen.

§. 539. Dies dauert so lange, bis das Pertinenzstück auf die §. 527. 528. beschriebene Art dem Lehn völlig einverleibt worden.

§. 540. Was der Erblasser für wieder herbeigebrachte Lehnspertinenzien bezahlt hat, muß seinen Erben allemal erstattet werden, wenn der verstorbene Vasall und der Lehnsfolger von demjenigen, der die Veräußerung vorgenommen hatte, gemeinschaftlich abstammen.

§. 541. Ist ein ehemals gültig veräußertes Pertinenzstück wieder herbeigebracht worden; so findet, wegen einer deshalb dem Allodialerben zukommenden Vergütung, eben das statt, was wegen neu erworbener Pertinenzstücke verordnet ist.

§. 542. Bei Auseinandersetzungen mit dem Lehnsherrn bleibt es auch wegen der zugeschlagenen Pertinenzstücke bei den Vorschriften §. 27—30.

§. 543. Andere Verbesserungen des Lehns darf der Lehnsfolger den Erben des vorigen Besitzers in der Regel nicht vergüten.

§. 544. Haben jedoch, zur Vergütung der von dem Vasallen unternommenen Meliorationen, die damaligen zwei nächsten Agnaten oder Mitbelehnten sich verpflichtet; so können die Allodialerben diese Vergütung fordern; wenngleich andere als die Consentirenden, oder deren Descendenten, zur Succession wirklich gelangen.

§. 545. Was für Agnaten oder Mitbelehnte dabei zuzuziehen sind, ist nach den wegen Verschuldung der Fideikommisse vorgeschriebenen Grundsätzen zu bestimmen. (Th. 2. Tit. 4. Abschn. 3.)[52])

§. 546. Soll die Vergütungsverbindlichkeit auch dem Lehnsherrn, bei entstehendem Erledigungsfalle, obliegen; so muß auch dieser zugezogen werden.

§. 547. Auch müssen die Interessenten über gewisse Termine sich einigen, in welchen, nach Verhältniß des von dem jedesmaligen Besitzer aus der Verbesserung zu ziehenden Vortheils, die Vergütungsverbindlichkeit abnehmen, und endlich ganz erlöschen solle.

§. 548. Die Regulirung der Sache muß, wenn daraus die §. 544 bestimmte Verbindlichkeit für alle Lehnsfolger entstehen soll, gerichtlich geschehen.

§. 549. Können die Interessenten sich über diese Bestimmungen in Güte nicht vereinigen, so müssen dieselben durch richterliches Erkenntniß festgesetzt werden.

§. 550. Dabei finden eben die Grundsätze statt, welche für den Fall, wenn der Vasall zur Bestreitung der Kosten einer durch Landesgesetze angeordneten Verbesserung ein Darlehn aufnehmen will, §. 238. 239. 240. vorgeschrieben worden.

§. 551. Die Agnaten oder Mitbelehnten, welche solchergestalt in eine vorzunehmende Verbesserung willigen, sind berechtigt, darauf anzutragen, daß ihnen bei deren Ausführung eine Mitaufsicht zugestanden, oder nach Vollendung derselben, Ausweis darüber ertheilet werde.

§. 552. Hat der Lehnsbesitzer diese Vorschriften (§. 544. bis 551.) nicht beobachtet, so sind nur diejenigen Agnaten und Mitbelehnten, welche sich zur künftigen Vergütung verpflichtet haben, für sich und ihre Leibeslehnserben dazu verbunden.

§. 553. Ist in einem solchen Falle die Vergütung der Verbesserungskosten nur überhaupt, und ohne weitere hinlängliche Bestimmung versprochen worden: so finden, wegen Ausmittelung der

---

[52]) Siehe §§ 80 ff. II. 4.

zu vergütenden Summe, eben die Grundsätze statt, die in dem Falle vorgeschrieben sind, wenn der redliche Besitzer Verbesserungskosten von dem Eigenthümer fordert. (Tit. 7. §. 204. sqq.).[53])

5) Wegen der Verschlimmerungen.

§. 554. Hat der letzte Besitzer das Lehn durch Veräußerung unbeweglicher Pertinenzstücke verschlimmert; so hat es bei der dem Lehnsfolger zustehenden Befugniß, diese von dem dritten Besitzer zurückzufordern, sein Bewenden; und der Allodialnachlaß bleibt Letzterem zu seiner Schadloshaltung verhaftet.[54])

§. 555. Ist der dritte Besitzer wegen seiner Entschädigung an den Lehnsfolger, als einen Nachkommen des Veräußerers, sich zu halten berechtigt (§. 268—271.); so tritt dieser bei dem Allodialnachlasse als Gläubiger an seine Stelle.

§. 556. Hat der verstorbene Lehnsbesitzer die Gebäude, durch Vernachlässigung der wirthschaftlich zu machenden Reparaturen, in Verfall gerathen lassen, so müssen die Ausbesserungskosten, nach dem Anschlage der Sachverständigen, aus dem Allodialnachlasse getragen werden.

§. 557. Sind die Gebäude, deren Unterhaltung dem jedesmaligen Lehnsbesitzer obliegt, im Lehnsinventario verzeichnet; so erstreckt sich die im §. 556. bestimmte Verbindlichkeit der Allodialerben auf alle diese Gebäude und auf die Wiederherstellung derselben in einen solchen Stand, wie sie nach diesem Inventario beschaffen sein sollen.

§. 558. Sind aber die Gebäude im Inventario nicht verzeichnet, so dürfen die Allodialerben nur die Wiederherstellung solcher Gebäude übernehmen, die zur ordentlichen Wohnung des Besitzers bestimmt, und zum gehörigen Betriebe der Gutswirthschaft erforderlich sind.

§. 559. Auch dürfen in diesem Falle die Wiederherstellungskosten nur so angeschlagen werden, wie es der wirthschaftliche Bedarf eines solchen Guts erfordert.

§. 560. Wegen der durch Unglücksfälle oder Alter, ohne grobes oder mäßiges Versehen des letzten Besitzers, ruinirten Gebäude sind die Erben dem Lehnsfolger zu keiner Vergütung gehalten.

---

[53]) B.G.B. §§ 994 ff.

[54]) Art. 61 E.G. z. B.G.B. ist zu berücksichtigen.

§. 561. Hat aber der Erblasser dergleichen nothwendige Wohn- und Wirthschaftsgebäude, länger als Ein Jahr liegen lassen, ohne zu deren Wiederherstellung die nöthigen Anstalten zu treffen; so müssen die Erben dem Lehnsfolger einen verhältnißmäßigen Beitrag dazu leisten.

§. 562. Um diesen Beitrag, wenn ein gütliches Einverständniß darüber nicht statt findet, näher zu bestimmen, muß der ganze Betrag der Wiederherstellungskosten ausgemittelt, und sodann nach den unten §. 585. sqq. folgenden Regeln beurtheilt werden: wie viel der Erblasser, wenn er nach Ablauf Eines Jahres ein so hohes Darlehn zur Wiederherstellung aufgenommen und verwendet hätte, darauf, während der nachherigen Zeit seines Besitzes, aus den Lehnseinkünften hätte zurückzahlen müssen.

§. 563 Außer dem, was vorstehend wegen der Pertinenzstücke und Gebäude verordnet ist, kann den Allodialerben für andere aus vernachlässigter Cultur, oder sonstiger unwirthschaftlicher Benutzung angeblich entstandene Verringerungen kein Ersatz abgefordert werden.

§. 564. Wenn jedoch die Waldungen, gegen die Regeln der Forstwirthschaft, durch übertriebene Holzverkäufe dergestalt verwüstet worden, daß daraus eine Verminderung auf geraume Zeit, und wenigstens zwanzig Jahre hinaus, an dem Ertrage des Lehns entstanden ist; so muß der Allodialnachlaß dafür Schadloshaltung leisten.

§. 565. Diese Schadloshaltung besteht darin, daß nach der Wahl des Lehnsfolgers, entweder der Werth des von dem Verstorbenen unwirthschaftlich verkauften Holzes, nach der Abschätzung der Sachverständigen, oder der Betrag des von ihm für dergleichen unwirthschaftlichen Verkauf gezogenen Geldes, dem Lehn aus dem Allodialnachlasse vergütet werden muß.

§. 566. Dies Vergütungscapital muß dem Lehn zugeschlagen, und als ein Geldlehn belegt werden.

§. 567. Dergleichen Geldlehn verfällt auf alle Agnaten und Mitbelehnte, nach eben der Ordnung, wie dieselben zur Succession in dem Hauptlehn gelangen.

§. 568. In Ansehung des Lehnsherrn aber, erlangt ein solches dem Lehn zugeschlagenes Capital die Lehnseigenschaft nur unter den §. 30. bestimmten Umständen.

§. 569. Wenn außerdem das Hauptlehn an den Lehnsherrn sich erledigt, so verbleibt das zugeschlagene Capital dem Allodialnachlasse des letzten Besitzers aus der zum Lehn berechtigt gewesenen Familie.

§. 570. Doch kann der Lehnsherr, wenn zur Zeit der Erledigung die durch die Holzverwüstung an der Substanz des Lehns entstandene Deterioration noch nicht wieder hergestellt ist, den Ersatz des Fehlenden aus dem Allodialnachlasse fordern.

§. 571. Was von Waldungen verordnet ist, gilt auch bei anderen Rubriken, durch deren Verwüstung der Ertrag des Lehns eine solche dauernde Verminderung erlitten hat.

§. 572. Ein Gleiches findet statt, wenn wegen vernachlässigter Unterhaltung der Dämme, und anderer Wasserbaue, eine fortwährende Deterioration durch Ueberschwemmungen oder Versandungen entstanden ist.

§. 573. Von dem in beiden Fällen (§. 571. 572.) nach der Abschätzung der Sachverständigen auszumittelnden Entschädigungscapital muß der Werth des Grundes und Bodens, so wie desjenigen, was nach der Deterioration etwa an die Stelle der verwüsteten Rubrik getreten ist, abgezogen werden.

§. 574. Ueberhaupt muß bei allen solchen Abschätzungen von Lehnsverringerungen niemals auf den höchsten, sondern immer nur auf einen gewöhnlichen Mittelwerth Rücksicht genommen werden.

§. 575. In allen Fällen, wo der Allodialerbe für eine durch die Schuld des Erblassers entstandene Lehnsverringerung haften muß, kann er die von dem Erblasser gemachten und noch vorhandenen Meliorationen, wenn er auch sonst dafür nach obigen Grundsätzen (§. 543. sqq.) keine Vergütung fordern könnte, auf den zu ersetzenden Betrag compensiren.

§. 576. Hat der Lehnsfolger über die Meliorations- und Deteriorations-Ansprüche, unter Zuziehung des Lehnsherrn und des alsdann an der Succession stehenden Agnaten, sich mit dem Landerben verglichen; so müssen alle nachherige Lehnsbesitzer diesen Vergleich anerkennen.

§. 577. Uebrigens hat, wenn ein Lehnsbesitzer durch unwirthschaftliche Benutzung das Lehn verringert, wegen der ihm darunter zu setzenden Schranken, der jedesmalige nächste Lehnsfolger eben die Rechte, wie der Eigenthümer gegen den Nießbraucher. (Tit. 21. Abschn. 1.)[55])

§. 578. Steht der nächste Lehnsfolger noch unter der (väterlichen) elterlichen Gewalt des wirklichen Besitzers, so kommt diese Befugniß dem nächsten nach ihm zu.[56])

§. 579. Unter mehreren gleich nahen Lehnsfolgern kann jeder auch für sich allein, und ohne Beitritt der übrigen, sich dieses Rechts bedienen.

6) Wegen der Schulden.

§. 580. Bei Absonderung der Schulden, welche nur den Allodialnachlaß des letzten Besitzers angehen, von denjenigen, welche aus dem Lehn, entweder hauptsächlich, oder bei unzureichendem Allodialvermögen, bezahlt werden müssen, finden die Vorschriften §. 228. sqq. und §. 311. sqq. Anwendung.

§. 581. So weit der verstorbene Lehnsbesitzer das Lehn von den Schulden zu befreien verbunden war, so weit kann, wenn er seine Verbindlichkeit nicht erfüllt hat, der Lehnsfolger, welcher diese Schulden gegen die Gläubiger übernehmen und vertreten muß, aus dem Allodialnachlasse Vergütung fordern.

§. 582. Wenn also zu Bezahlung einer Lehnsschuld Termine regulirt waren: so ist die Allodialmasse den Lehnsfolger, in so weit als derselbe Termine aus der Besitzzeit des Erblassers übernehmen muß, dafür schadlos zu halten verbunden.

§. 583. Von Schulden, welche die Substanz des Lehns angehen, und zu deren Rückzahlung keine Termine bestimmt sind, ist ein Lehnsbesitzer das Lehn zu befreien in der Regel nicht verpflichtet.

§. 584. Es kann also seinen Allodialerben bloß deswegen, weil er solche Schulden nicht bezahlt hat, keine Vergütung abgefordert werden.

§. 585. Dagegen hat jeder Lehnsbesitzer die Pflicht, solche Lehnsschulden, die nur die Einkünfte des Lehns betreffen, wenngleich zu deren Abstoßung keine Termine ausdrücklich festgesetzt sind, aus den Nutzungen des Lehns nach und nach, so weit es möglich ist, zu berichtigen, und das Lehn davon zu befreien.

---

55) B.G.B. §§ 1051 ff.

56) A.G. z. B.G.B. Art. 69 § 1 Abs. 1.

§. 586. Dazu ist er, wenn keine anderweitige Bestimmungen vorhanden sind, den vierten Theil der reinen Einkünfte des Lehns anzuwenden verbunden.

§. 587. So weit also die Allodialerben nicht nachweisen können, daß der Erblasser dieser seiner Verbindlichkeit nachgekommen sei; so weit müssen sie dem Lehnsfolger, der diese unbezahlt gebliebenen Schulden gegen die Gläubiger übernehmen, und aus den Einkünften vertreten muß, Vergütung leisten.

§. 588. Wenn bestimmt werden soll: wie viel das Quantum betrage, welches der verstorbene Lehnsbesitzer nach diesen Grundsätzen zur Abstoßung von Lehnsschulden hat anwenden sollen; so muß der Ertrag des Lehns während seiner Besitzzeit aus den Rechnungen, und wenn diese nicht vorhanden sind, nach den erhobenen Pachtgeldern, oder nach einem wirthschaftlichen Ertragsanschlage, ausgemittelt werden.

§. 589. Von diesem Ertrage müssen nicht nur alle Wirthschaftsausgaben, öffentliche, gemeine und Lehnslasten, sondern auch die Zinsen der die Substanz des Lehns treffenden Capitalien abgezogen werden.

§. 590. Erst von dem, was nach allen diesen Abzügen dem Lehnsbesitzer, als reiner Ertrag, zu seiner freien Disposition übrig geblieben ist, macht der vierte Theil dasjenige Quantum aus, was er zur Schuldenabzahlung hätte verwenden sollen.

§. 591. Auf dieses Quantum müssen, zu seinen und seiner Allodialerben Gunsten, diejenigen Zahlungen, die er auf solche Schulden, wozu Termine bestimmt sind, wirklich geleistet hat, oder welche die Allodialmasse auf den Grund des §. 582. dem Lehnsfolger schon vergüten muß, angerechnet werden.

§. 592. Hat ein Lehnsbesitzer mehrere Schulden bezahlt, als er nach vorstehenden Grundsätzen zu bezahlen verbunden war; so können dennoch seine Allodialerben deshalb keine Vergütung von dem Lehnsfolger fordern.

§. 593. Ausgenommen sind die Fälle, wenn der Erblasser von Lehnsschulden, zu deren Bezahlung aus den Einkünften Termine regulirt waren, solche Termine, die in die Besitzzeit des Nachfolgers treffen, zum voraus bezahlt hat;

§. 594. Ferner, wenn er Schulden, welche die Substanz angehen, bezahlt, und dabei ausdrücklich und schriftlich erklärt hat, daß er seinen Erben den Ersatz aus dem Lehn vorbehalte;

§. 595. Ferner, wenn er solche die Substanz angehende, in das Hypothekenbuch eingetragene Schulden bezahlt hat, ohne die Löschung derselben nachzusuchen, oder doch seinen Willen, daß er die Löschung suchen wolle, deutlich zu äußern.[57])

§. 596. Hat der Erblasser eine Schuld bezahlt, die nur vermöge der Einwilligung der Agnaten und Mitbelehnten das Lehn anging, ungeachtet weder er selbst, noch seine Vorfahren, in diese Schuld gewilligt hatten: so können seine Erben Ersatz dafür von demjenigen Lehnsfolger fordern, für welchen diese Schuld aus seiner eigenen oder seiner Vorältern Einwilligung verbindlich war.

§. 597. In allen diesen Fällen (§. 593—596.) treten die Erben an die Stelle und in die Rechte des von ihrem Erblasser bezahlten Gläubigers.

§. 598. Doch können sie nur das von dem Erblasser bezahlte Capital, nebst den von seinem Ableben an ferner fortlaufenden Zinsen, niemals aber diejenigen Zinsen, die der Erblasser entrichtet hat, zurückfordern.

§. 599. Wegen alles dessen, was der Lehnsfolger aus dem Allodialnachlasse zu fordern hat, gebührt demselben ein in der Concursordnung näher bestimmtes Vorrecht.[58])

§. 600. Dagegen haben die Allodialerben, wegen ihrer Forderungen an das Lehn, kein Zurückbehaltungsrecht.

§. 601. Es steht ihnen aber frei, ihre Ansprüche so lange, bis dieselben näher erörtert, und wegen deren Abfindung rechtlich verfügt worden, im Hypothekenbuche vermerken zu lassen; oder bis zu deren Berichtigung auf gerichtliche Verwaltung des Lehns anzutragen.[59])

XIV. Veränderung und Einschränkung der Lehnseigenschaft.

§. 602. Die Lehnseigenschaft eines Dinges kann, mit Einwilligung sämmtlicher Interessenten, von einer Sache auf die andere übertragen werden.

§ 603. Was in die Stelle des ersten Lehns tritt, erhält in Ansehung der Rechte der Interessenten eben die Eigenschaft, welche das vorige gehabt hat.

---

[57]) Vgl. B.G.B. §§ 1143, 1163.

[58]) Die Pr.K.O. enthält darüber keine Vorschrift. § 5 E.G. z. K.O.

[59]) § 601 gewährt einen Anspruch auf Eintragung einer Vormerkung (B.G.B. §§ 883 ff.)

§. 604. Soll aber die neue Sache die Lehnseigenschaft auch in Ansehung jedes Anderen erhalten, so muß diese Eigenschaft, wenn es ein unbewegliches Gut ist, in das Hypothekenbuch eingetragen werden.

Von Lehnsstämmen.

§. 605. Die Interessenten bei einem Lehn können, mit gemeinschaftlicher Bewilligung, die Lehnseigenschaft desselben auf einen gewissen Theil einschränken.

§. 606. Doch gilt von dergleichen Einschränkungen eben das, was von Verfügungen über das Lehn überhaupt verordnet ist. (§. 262. sqq.)

§. 607. Ist unter den Interessenten in einem schon vorhandenen Lehne ein Lehnsstamm festgesetzt worden, so wird dadurch die Lehnseigenschaft des ganzen Gutes im zweifelhaften Falle nicht verändert.

§. 608. Vielmehr erhält dadurch der Besitzer nur die Befugniß, das Lehn auf den, den festgesetzten Lehnsstamm übersteigenden Theil seines Werths, auch ohne Einwilligung der Agnaten oder Mitbelehnten, gültig zu verschulden.

§. 609. Hat er von dieser Befugniß bei seiner Lebenszeit keinen Gebrauch gemacht: so haben seine Allodialerben auf diesen Ueberschuß des Lehnswerths keinen Anspruch.

§. 610. Ist aber bei Festsetzung des Lehnstammes ausdrücklich verabredet worden, daß nur das bestimmte Quantum Lehn sein solle; so erlangt das Gut selbst, in Ansehung der contrahirenden Interessenten, die Eigenschaft eines freien Eigenthums, und der Lehnsstamm selbst ist als ein Geldlehn zu betrachten. (§. 73. sqq.)

§. 611. Ist mit den bei Theilungen, oder sonst, aus einem Lehn herausgezahlten Geldern ein anderes Gut angeschafft, und das herausgezahlte Quantum darauf als ein Lehnsstamm eingetragen worden; so behält, im zweifelhaften Falle, das neue Gut selbst die Eigenschaft eines freien Eigenthums. (§. 340—343. 502—505.)

§. 612. Der darauf versicherte Lehnsstamm hingegen hat die Eigenschaft eines Geldlehns.

§. 613. In einen solchen Lehnsstamm wird also in der Regel eben so succedirt, wie in das Hauptgut, aus welchem er herausgezahlt worden. (§. 502—506.)

XV. Verlust des Lehns durch Felonie.

§. 614. In welchen Fällen der Vasall durch Felonie das nutzbare Eigenthum des Lehns verwirkt, ist oben bestimmt. (§. 153. sqq.)

§. 615. Durch eine Felonie der ersten Classe verwirkt der Vasall das Lehn für sich und seine lehnsfähigen Nachkommen.

§. 616. Durch eine Felonie der zweiten Classe, selbst wenn sie an sich mit dem Verluste des Lehns zu strafen wäre, verwirkt der Vasall dasselbe nur für seine Person, nicht aber für seine Nachkommen, welche sich des Vergehens nicht theilhaftig gemacht haben.

§. 617. Vielmehr müssen diesen für die Zwischenzeit, wo der Lehnsherr das eingezogene Lehn besitzt und genießt, Alimente daraus, in Ermangelung eines anderweitigen hinlänglichen Vermögens, gereicht werden.

§. 618. Die Agnaten oder Mitbelehnten werden, durch eine von den Vasallen ohne ihre Theilnehmung begangene Felonie, ihres Rechts an das Lehn in keinem Falle verlustig.

§. 619. Sobald also die Succession an einen Lehnsfolger gelangt, welcher die Strafe der Felonie des Vasallen nach obigen Grundsätzen mit zu tragen nicht schuldig ist, muß der Lehnsherr demselben das eingezogene Lehn zurückgeben.

§. 620. So lange der Lehnsherr das Lehn solchergestalt im Besitze hat, muß er davon alle gesetzmäßigen, oder mit seiner Einwilligung darauf gelegten Lasten und Verbindlichkeiten eben so tragen, wie jeder andere Lehnsbesitzer.

§. 621. Hat der Käufer eines Lehns sich desselben vor völlig geleisteter Zahlung des Kaufgeldes wieder verlustig gemacht; so muß der Lehnsherr, bei erfolgender Einziehung, dem Verkäufer den Rückstand berichtigen.

§. 622. Muß demnächst das Lehn nach Vorschrift §. 619. einem Lehnsfolger zurückgegeben werden, so muß ihm der Lehnsherr dasselbe in dem Zustande, wie er es von dem vorigen Vasallen überkommen hat, gewähren.

§. 623. Er kann also in der Zwischenzeit nur so weit Veräußerungen vornehmen, oder sonst das Lehn mit neuen Lasten und Verbindlichkeiten belegen, als ein anderer Lehnsbesitzer dazu berechtigt ist.

§. 624. Die Einziehung eines Lehns wegen begangener Felonie setzt voraus, daß diese von dem Lehnsherrn gerügt, und nach gehörter Sache auf den Verlust des Lehns erkannt worden.

§. 625. Ist der Vasall verstorben, ehe zur Strafe der Felonie auf die Einziehung des Lehns, wenigstens in einer Instanz, rechtlich erkannt war, so findet, auch in dem Falle des §. 615. dergleichen Erkenntniß zum Nachtheil seiner Leibeslehnserben nicht mehr statt.

§. 626. Ist der Lehnsherr verstorben, ehe er die begangene Felonie gerichtlich gerügt hat, so können seine Nachfolger diese Klage nicht mehr anstellen.

§. 627. Dagegen macht das Absterben eines bloßen Repräsentanten des Lehnsherrn in der Befugniß, auf die Einziehung des Lehns anzutragen, keinen Unterschied.

§. 628. Hat bei der Handlung, wodurch die Felonie begangen worden, der Lehnsherr das Leben verloren, so ist der Nachfolger die von selbigem nicht etwa noch erlassene Felonie zu rügen berechtigt.

§. 629. Ist die Felonie ausdrücklich erlassen worden, so können weder der Lehnsherr, noch dessen Nachfolger, dieselbe ferner rügen.

§. 630. Hat der Lehnsherr von der Zeit an, wo er die begangene Felonie in Erfahrung gebracht hat, ein ganzes Jahr, ohne sie gerichtlich zu rügen, verstreichen lassen; so ist dieselbe für erlassen zu achten.

§. 631. Kann aber die Zeit, wo der Lehnsherr von der Felonie Wissenschaft erhalten hat, nicht ausgemittelt werden; so erlöscht das Recht, auf die Einziehung des Lehns zu klagen, erst nach Ablauf einer fünfjährigen Frist von Zeit des begangenen Lehnsfehlers.

§. 632. Ist der Lehnsherr eine moralische Person, so kann der Repräsentant derselben eine gegen den Lehnsherrn begangene Felonie, ohne Einwilligung derjenigen, welche er repräsentirt, nicht erlassen.

§. 633. Dagegen findet die fünfjährige Präscription aus dem §. 631. auch gegen einen solchen Lehnsherrn statt.

§. 634. Durch den Verlust der Klage auf die Einziehung eines ohne Consens des Lehnsherrn veräußerten Lehns geht das Recht des Lehnsherrn, dasselbe bei eintretendem anderweitigen Erledigungsfalle von dem dritten Inhaber zurückzufordern, noch nicht verloren.

§. 635. Was wegen einer von dem Lehnsbesitzer begangenen Felonie verordnet ist, gilt auch von derjenigen, deren sich ein Agnat oder Mitbelehnter schuldig gemacht hat.

§. 636. Doch äußert ein gegen denselben auf Verlust seines Rechts ergangenes Urtel seine Wirkung erst alsdann, wenn der Verbrecher selbst, und in dem Falle des §. 615. Jemand von seines Leibeslehnserben, nach Ordnung der Lehnssuccession, zum Besitze des Lehns gelangen würde.

§. 637. Wenn der Vasall, oder der zur Lehnsfolge Berechtigte, seinem Vorgänger nach dem Leben getrachtet; oder eine Verrätherei an einem seiner Mitvasallen begangen hat: so wird er, für seine Person, des Lehns unwürdig.

§. 638. Dieses fällt alsdann demjenigen anheim, welcher zum Besitze desselben, nach ihm, der nächste ist.

§. 639. Hat aber der Vasall sich des Hochverraths gegen seinen Landesherrn, der nicht zugleich der Lehnsherr ist, schuldig gemacht; so fallen die Nutzungen des Lehns, so lange der Verbrecher oder Leibeslehnserben von ihm vorhanden sind, dem Fiscus anheim.

§. 640. Hat der Lehnsherr durch eine gegen den Vasallen begangene Felonie (§. 164.) die als freies Eigenthum besessene Lehnsherrlichkeit verloren, so wird das Lehn in Beziehung auf ihn frei, und behält die Lehnseigenschaft nur in Beziehung auf die Agnaten und Mitbelehnten. (§. 654. sqq.)

§. 641. Besaß aber der die Felonie begehende Lehnsherr das Obereigenthum selbst als Lehn oder Fideicommiß; so ruhen die lehnsherrlichen Rechte nur so lange, bis ein anderer Lehns- oder Fideicommißfolger zum Besitze des Obereigenthums gelangt.

§. 642. Auch die Kinder eines solchen Lehnsherrn dürfen die von ihrem Vater begangene Felonie nicht verantworten.

XVI. Aufhebung des Lehns:

§. 643. Wenn der Lehnsvertrag nicht ein Anderes ausdrücklich besagt, so kann der Vasall sich seines Rechts auf das Lehn auch einseitig begeben.

1) durch Entsagung des Vasallen;

§. 644. Die Entsagung des Rechts auf ein, durch die Investitur noch nicht übernommenes, Lehn kann bloß zu Gunsten des nächsten Lehnsfolgers von Wirkung sein.

§. 645. Hat aber der Vasall ein Lehn durch die Investitur schon wirklich übernommen, und entsagt hiernächst derselben zu Gunsten eines Anderen, als des nächsten Lehnsfolgers; so ist eine solche Handlung lediglich nach den Grundsätzen von Veräußerung der Lehne zu beurtheilen. (§. 302. sqq.)

§. 646. Durch die Entsagung auf ein angefallenes, oder auch schon wirklich übernommenes Lehn, sie mag nun ausdrücklich zu Gunsten eines bestimmten Subjects, oder auch ohne weiteren Beisatz geschehen sein, verliert der Entsagende noch nicht sein Recht auf künftige Anfälle: in so fern er nicht auch auf diese ausdrücklich Verzicht geleistet hat.

§. 647. Wie weit ein verschuldeter Lehnsbesitzer dem Lehn zum Nachtheil seiner Allodialgläubiger entsagen könne, ist nach eben den Grundsätzen zu beurtheilen, welche wegen der Befugniß eines Verschuldeten überhaupt, mit seinem Vermögen zu schalten, in der Concursordnung vorgeschrieben sind.

§. 648. Nach eben diesen Grundsätzen muß auch die Befugniß eines Verschuldeten, auf einen an ihn sich erledigenden Lehnsanfall, vor oder nach eröffnetem Concurse, Verzicht zu thun, bestimmt werden.[60])

§. 649. Fällt das Lehn, dessen sich Jemand begeben hat, in der Folge wieder an den Entsagenden zurück, so muß er selbiges mit allen den Schulden und Lasten wiederum übernehmen, die er davon zur Zeit der Entsagung zu entrichten verbunden war.

§. 650. So weit der Zwischenbesitzer dergleichen Schulden bezahlt hat, ohne die Absicht, den Entsagenden davon befreien zu wollen, ausdrücklich erklärt zu haben, können dessen Allodialerben von letzterem, als nunmehrigem neuen Uebernehmer des Lehns, Vergütung fordern.

2) durch Entsagung des Lehnsherrn;

§. 651. Auch der Lehnsherr kann seinen lehnsherrlichen Rechten in der Regel einseitig entsagen.

§. 652. Die Entsagung des Lehnsherrn bewirkt eine gänzliche Aufhebung der Lehnsverbindlichkeit nur alsdann, wenn der Ent-

60) K.O. §§ 29 ff.; Anfechtungsges. i. d. Fass. d. Bekanntm. v. 20. Mai 1898 §§ 3 ff.

sagende selbst die Lehnsherrlichkeit als ein freies Eigenthum besessen hat.

§. 653. Soll die Aufhebung der Lehnsbarkeit gegen eine dem bisherigen Lehnsherrn dafür zu leistende Vergütung erfolgen, so kann der Vasall, sich dieselbe gefallen zu lassen, wider seinen Willen nicht gezwungen werden.

§. 654. Durch Aufhebung der Lehnsverbindung von Seiten des Lehnsherrn wird in den Rechten der Agnaten und Mitbelehnten nichts geändert.

§. 655. Wohl aber erlöschen alle von dem Lehnsherrn ertheilten, und bei der Allodification nicht ausdrücklich ausgenommenen Anwartschaften und Eventualbelehnungen.

§. 656. Das allodificirte Lehn wird also in den Händen des letzten Besitzers, der keine nach dem ursprünglichen Lehnsvertrage zur Succession berechtigte Verwandte und keine Mitbelehnte mehr hat, ein völlig freies Eigenthum.

3) durch Verjährung;

§. 657. Durch bloße Unterlassung der Ausübung lehnsherrlicher Rechte wird die Lehnseigenschaft einer Sache nicht aufgehoben, noch ein Lehn in freies Eigenthum verwandelt.

§. 658. Hat jedoch der Besitzer seinen Willen, die Sache als freies Eigenthum zu besitzen, durch öffentliche Handlungen geäußert, und der Lehnsherr hat bei dieser ihm bekannt gewordenen Aeußerung durch den zur gewöhnlichen Verjährung wider ihn erforderlichen Zeitraum sich beruhigt; so ist die Befreiung von der Lehnsverbindlichkeit erworben.

§. 659. Aber auch diese Art der Verjährung findet nicht statt, so lange das Recht den Lehnsherrn aus dem Hypothekenbuche erhellet.

§. 660. Die gegen den Lehnsherrn vollendete Verjährung steht den Agnaten und Mitbelehnten desselben, die seine Erben nicht geworden sind, nicht entgegen.

§. 661. Dagegen kommt sie auch den Agnaten und Mitbelehnten des verjährenden Vasallen zu statten.

§. 662. Durch eine, bloß gegen den Lehnsherrn, vollendete Verjährung, wird in den Rechten zwischen dem Vasallen und seinen Agnaten oder Mitbelehnten nichts geändert.

§. 663. Durch bloße Verweigerung abgeforderter Lehnsdienste, in so fern selbige nicht mit einer ausdrücklichen Ableugnung der

Lehnseigenschaft überhaupt verknüpft ist, gelangt der Vasall noch nicht in den Besitz der Freiheit von der Lehnsverbindlichkeit selbst.

§. 664. Wohl aber kann die Befreiung von solchen Lehnsdiensten durch dergleichen Verjährung erworben werden.

§. 665. Hat ein Fremder ein in das Hypothekenbuch eingetragenes Grundstück, oder eine dergleichen Gerechtigkeit, bei welcher aber die Lehnseigenschaft nicht vermerkt ist, nach gehöriger Prüfung der Urkunden, auf welchen der eingetragene Titel des gegenwärtigen Besitzers sich gründet, aus einem an sich rechtsgültigen Titel, redlicher Weise, als Allodium an sich gebracht: so erwirbt er das freie Eigenthum davon, durch die gewöhnliche Verjährung, gegen alle und jede Lehnsberechtigte, vom Tage der Eintragung seines Besitztitels.[61]

§. 666. War aber die mit der Lehnseigenschaft belegte Sache selbst in's Hypothekenbuch nicht eingetragen, so verlieren die Lehnsberechtigten ihre Rechte gegen den dritten redlichen Erwerber, mittelst der Verjährung durch Nichtgebrauch, nur von dem Tage an, wo jeder derselben sein Recht gegen den Besitzer ausüben konnte.[62]

§. 667. So lange hingegen die Lehnseigenschaft der Sache aus dem Hypothekenbuche erhellet, kann zum Besten des Besitzers eine Verjährung gegen den Lehnsherrn, und solche Agnaten oder Mitbelehnte, die ihr Recht haben eintragen lassen, nicht anfangen.

§. 668. Dagegen hat es bei den Lehnen, die als solche in das Hypothekenbuch eingetragen sind, in Ansehung der Agnaten und Mitbelehnten, welche die Eintragung ihres Rechts verabsäumt haben, bei den Vorschriften §. 290. 291. sein Bewenden.

§. 669. In wie fern der Lehnsherr das nutzbare Eigenthum durch Verjährung erwerben könne, ist nach den allgemeinen Vorschriften von der Verjährung durch Besitz zu beurtheilen.

4) durch den Abgang aller Lehnsberechtigten;

§. 670. Das Lehn wird erledigt, wenn sämmtliche dazu bestimmt gewesene Nachfolger mit Tode abgegangen sind.[63]

§. 671. Ein Gleiches geschieht, wenn der letzte Lehnsbesitzer und Lehnsberechtigte seinem Rechte entsagt, oder das Lehn durch Felonie verwirkt.

---

[61]) Art. 61 E.G. z. B.G.B.; §§ 892 ff. B.G.B.

[62]) Für Grundstücke ohne Belang: Art. 3 V. betr. das Grundbuchwesen, v. 13. Nov 1899 (G.S. S. 519), s. Art. 186 Abs. 2 E.G. z. B.G.B. Im Uebrigen kommen für bewegliche Sachen §§ 932 ff. B.G.B. in Betracht.

[63]) A.G. z. G.B.O. Art. 16, 19.

§. 672. Waltet keine besondere Verbindlichkeit ob, nach welcher der Lehnsherr das erledigte Lehn wiederum anderweit zu verleihen schuldig ist; so fällt ihm das volle Eigenthum desselben anheim.

§. 673. Ist das erledigte Lehn nur ein Afterlehn gewesen, so fällt nur das nutzbare Eigenthum an den Afterlehnsherrn zurück.

§. 674. War das Obereigenthum selbst ein Lehn, so erledigt sich dasselbe, nach gänzlichem Abgange aller zu dessen Besitze berufenen Lehnsfolger, an den, von welchem dieses Eigenthum verliehen worden.

§. 675. War das Obereigenthum ein Fideicommiß, so geht dasselbe, nach Erlöschung aller zum Fideicommisse berufenen Interessenten, auf die Allodialerben des letzten Besitzers über.

§. 676. Eben dies geschieht in allen Fällen, wo das Obereigenthum selbst nur die Eigenschaft eines Allodii hat.

5) durch Consolidation,

§. 677. Dadurch, daß die Rechte des Lehnsherrn und Vasallen, auf einige Zeit, in der Person eines Repräsentanten des Lehnsherrn oder des Beliehenen vereinigt werden, wird die Lehnseigenschaft der Sache nicht geändert.

6) durch den Untergang der Sache.

§. 678. Mit dem völligen Untergange des Lehns wird der Vasall von allen Lehnspflichtigen entbunden.

§. 679. Ist nur ein Theil des Lehns untergegangen, oder etwas Anderes an dessen Stelle getreten; so kann der Vasall auf verhältnißmäßige Heruntersetzung der von dem Lehn zu leistenden Dienste oder anderer Prästationen (Tit. 16. §. 2. sqq.) antragen.

Zweiter Abschnitt.

Von Erbzinsgütern.[64]

Neunzehnter Titel.

Von dinglichen und persönlichen Rechten auf fremdes Eigenthum überhaupt.[1])

[64]) Ablösungsges. v. 2. März 1850 (G.S. S. 77) § 2 Ziff. 2; A.G. z. B.G.B. Art. 89. Wegen der §§ 758 ff. s. Anm. 181 zu 936 II. 11.

[1]) Gemäß Art. 55 E.G. z. B.G.B. sind der 19. Titel ganz und der

Zwanzigster Titel.

Von dem Rechte auf die Substanz einer fremden Sache.[1])

Erster Abschnitt.

Von dem Rechte des Unterpfandes.

II. Vom Pfandgewerbe.[2])

IV. Hypothekenrechte.

§. 458. Sind bei Berichtigung streitiger Grenzen, oder bei Gemeinheitstheilungen, Pertinenzstücke unbeweglicher Güter gegen einander ausgetauscht worden, so finden die Vorschriften §. 456. 457. keine Anwendung.

§. 459. Vielmehr treten, auch in Beziehung auf die Hypothekengläubiger, die neuen Pertinenzstücke an die Stelle der vorigen.[3])

---

20. Titel mit Ausnahme der wiedergegebenen Vorschriften, durch Art. 89 A.G. z. B.G.B. aufgehoben. Siehe Anm. 2.

[2]) Art. 94 E.G. z. B.G.B. §§ 263—270 I. 20 sind durch Art. 89 A.G. z. B.G.B. aufgehoben. Ges., betr. das Pfandleihgewerbe, v. 17. März 1881 (G.S. S. 265) abgeändert durch Art. 41 A.G. z. B.G.B. Gewerbe-Ord. §§ 34, 38 (i. d. Fassung d. R.Ges. v. 30. Juni 1900, R.G.Bl. S. 321), 40, 47, 53, 147 Ziff. 1; R.Str.G.B. § 360 Nr. 12 (R.Ges. v. 24. Mai 1880 [R.G.Bl. S. 109] Art. 2 u. Art. 4 i. d. Fassung des R.Ges. v. 19. Juni 1893 [R.G.Bl. S. 197] Art. II.)

[3]) Art. 113 E.G. z. B.G.B. Für Gemeinheitstheilungen erhalten. Vorschriften über pfandfreie Abschreibungen sonst: Art. 120 Abs. 1 E.G. z. B.G.B. Ges., betr. den erleichterten Abverkauf kleiner Grundstücke, v. 3. März 1850 (G.S. S. 145); Ges., betr. die Abänderung des Ges. v. 13. April 1841 über den erleichterten Austausch einzelner Parzellen von Grundstücken, v. 27. Juni 1860 (G.S. S. 384); Einführung dieser Ges. i. den Regierungsbez. Cassel, mit Ausn. der Großherzogl. Hessischen Gebietstheile, u. in die Hohenzollernschen Lande durch Ges. v. 12. April 1885 (G.S. S. 115), in die Provinz Schleswig-Holstein durch Ges. v. 22. April 1886 (G.S. S. 139), in das Gebiet des rheinischen Rechts durch § 76 des Grundbuchges. v. 12. April 1888 (G.S. S. 52) — vgl. Art. 33 Ziff. 10 A.G. z. G.B.O. —; Ges. betr. die Erleichterung der Abveräußerung einzelner Theile von Grundstücken in der Provinz Hannover (einschl. des Jadegebiets), v. 25. März 1889 (G.S. S. 65), eingef. i. d. Gebiet v. Frankfurt a./M. u. d. vormals Großherzogl. Hessischen u. Landgräfl. Hessischen Gebietsth. d. Prov. Hessen-Nassau durch § 4 des Grundbuchges. v. 19. August 1895 (G.S. S. 481) — (vgl. Art. 33 Ziff. 11 A.G. z. G.B.O.), und i. d. vorm. Herzogth. Nassau und d. Insel Helgoland durch Art. 20 A.G. z. B.G.B.; Art. 19 das.; Ges., betr. die Erleichterung unentgeltlicher Abtretungen einzelner Gutstheile oder Zubehörstücke zu öffentl. Zwecken, v. 15. Juli 1890 (G.S. S. 226); Art. 20 A.G. z. G.B.O.

§. 460. Sind bei solchen Grenzberichtigungen, oder Gemeinheitstheilungen, Pertinenzstücke eines Guts gegen eine baare ein- für allemal zu entrichtende Vergütung abgetreten worden; so müssen die Gerichte, welche das Geschäft dirigiren, ein solches Abkommen den Hypothekengläubigern, zur Wahrnehmung ihrer Gerechtsame, bekannt machen.

§. 461. Diesen steht alsdann frei, zu verlangen, daß der Schuldner die ihm ausgesetzte baare Vergütung entweder zur Wiederherstellung ihrer durch die Abtretung geschmälerten Sicherheit, oder zur Abstoßung der zuerst eingetragenen Capitalsposten, so weit sie dazu hinreicht, verwende.

§. 462. Kann oder will der Schuldner weder eines noch das andere bewerkstelligen, so sind die Hypothekengläubiger befugt, ihre Capitalien, auch noch vor der Verfallzeit, aufzukündigen.

§. 463. Sie müssen aber von diesem Rechte binnen sechs Wochen, nach der ihnen zugekommenen Notification, Gebrauch machen.

§. 464. Thun sie das, so bleibt ihnen ihr hypothekarisches Recht auf das abgetretene Pertinenzstück bis zum Austrage der Sache vorbehalten.

§. 465. Verabsäumen sie aber die gesetzliche Frist, so erlischt ihr Hypothekenrecht auf das abgetrennte Pertinenzstück.

Einundzwanzigster Titel.

Von dem Rechte zum Gebrauche oder Nutzung fremden Eigenthums.[1])

Erster Abschnitt.

Vom Nießbrauche.

§. 45. Die Ausübung der auf einem Gute haftenden Ehrenrechte gebührt in der Regel dem Eigenthümer.

§. 46. Sind aber Lasten mit diesen Ehrenrechten verbunden, so muß der Eigenthümer entweder auch diese tragen; oder, wenn er letzteres nicht will, die Ausübung der Ehrenrechte, gegen Tragung der Lasten, dem Nießbraucher überlassen.[2])

---

[1]) Der 21. Titel ist, mit nachstehenden Ausnahmen durch Art. 89 A.G. z. B.G.B. aufgehoben. Vgl. Anm. 49 S. 140, u. 55 S. 148.

[2]) Als öffentliches Recht erhalten.

Zweiter Abschnitt.

Von der Erbpacht.[5])

Dritter Abschnitt.

Von dem eingeschränkten Gebrauchs- und Nutzungsrechte fremder Sachen.

§. 410. Blosse Ehrenrechte hingegen, welche entweder gar nicht, oder doch nicht gewöhnlich, und in der Regel, eine nach Geld anzuschlagende Nutzung bringen, kann auch ein solcher Pächter sich nicht anmassen.[6]) [7]) [8])

Zwei und zwanzigster Titel.

Von Gerechtigkeiten der Grundstücke gegen einander.[1])

§. 1. Den gesetzlichen Einschränkungen des Eigenthums

---

[5]) Erledigt, abgesehen von bestehenden dinglichen Lasten, durch § 2 Nr. 2 des Ablösungsges. v. 2. März 1850 (G.S. S. 77) vgl. Art. 63 E.G. z. B G.B.

[6]) § 410 ist als öffentliches Recht unberührt und infolge des Vorbehalts in Art 89 Nr. 1 A.G. z. B.G.B. erhalten. Vgl. § 600 II. 11. §§ 408, 409 lauteten:

§. 408. Sind die dem Pächter zur Nutzung überlassenen Gegenstände in dem Vertrage oder Anschlage näher bestimmt, so kann derselbe auf Rubriken, die dabei mit Stillschweigen übergangen worden, nur in so fern Anspruch machen, als selbige mit anderen zum Genusse eingeräumten untrennbar verbunden sind.

§. 409. Ist aber der Vertrag ohne dergleichen nähere Bestimmung in Pausch und Bogen geschlossen, so hat der Pächter den gemeingewöhnlichen Genuß aller bei dem Gute bisher genutzten Grundstücke, Hebungen und Rechte, die einen nach Gelde zu berechnenden Ertrag gewähren.

[7]) Infolge von Art. 93 E.G. z. B.G.B. sind erhalten: Ges. über die Termine bei Wohnungs-Miethsverträgen, v. 30. Juni 1834 (G.S. S. 92) § 2; Ges. über die Termine bei Verträgen über Wohnungsmiethen in den Provinzen Schleswig-Holstein, Hannover und Hessen-Nassau, v. 4. Juni 1890 (G.S. S. 177) § 2.

[8]) Wegen der §§ 480—483 s. A. 180 zu § 932 II. 11.

[1]) Art. 115 E.G. z. B.G.B. §§ 55—242 d. T. sind von der Aufhebung durch Art. 89 A.G. z. B.G.B. ausgenommen (Bestimmungen über Inhalt und Maß gewisser Grunddienstbarkeiten). Vgl. ferner Art. 113 E.G. z. B.G B. Uebergangsvorschriften: Art. 184, 187 Abs. 1, 189, 191 das.; dazu Art. 28 A.G z. B.G.B.

ist ein jeder Grundbesitzer sich zu unterwerfen verbunden. (Tit. 8. §. 33. sqq.)

§. 2. Für Einschränkungen und Belastungen dieser Art kann kein Grundbesitzer eine im Gesetze ihm nicht ausdrücklich vorbehaltene Entschädigung fordern.[2])

I. Grundgerechtigkeiten auf Gebäude.

§. 55. Das Recht, auf die eigenthümliche Mauer eines Anderen zu bauen, oder einen Balken auf dieselbe zu legen, muß, als eine Grundgerechtigkeit, besonders erworben werden.

§. 56. Eine solche Mauer muß der Eigenthümer unterhalten, oder das Eigenthum derselben aufgeben, und es dem Berechtigten überlassen.[3])

§. 57. Wenn der Eigenthümer einer Mauer, die das Gebäude eines Anderen unterstützt, dieselbe ausbessert, oder von neuem aufführt: so muß er das Gebäude so lange auf seine Kosten unterstützen.

§. 58. Hat aber ein bloßer Zufall den Bau nothwendig gemacht; oder wird selbiger von dem Verpflichteten bloß zum Besten des Berechtigten geführt: so muß letzterer für die Unterstützung seines Gebäudes in der Zwischenzeit, bis der Bau vollendet werden kann, selbst sorgen.

§. 59. Auch die als Grundgerechtigkeit Jemanden zukommende Befugniß der Dachtraufe, oder des Ausgusses auf das benachbarte Grundstück, muß allemal so eingerichtet werden, daß der Nachbar dadurch so wenig Nachtheil, als möglich, erleide.

§. 60. Ist zur Abführung der Flüssigkeiten ein Canal erforderlich, so muß derselbe bedeckt, und mit einem eisernen Gitter versehen werden.

§. 61. Wer das Traufrecht hat, muß dennoch geschehen lassen, daß der Nachbar in der nach allgemeinen Vorschriften zuläſſigen Nähe an seinen Gebäuden heraufbaue; wenn er nur unter der Traufe bleibt, und selbige auf sein Dach nimmt.

§. 62. Das Recht der freien Aussicht schließt die Befugniß in sich, auch in einer an des Verpflichteten Hof oder Garten unmittelbar anstoßenden Mauer neue Fenster zu öffnen.

---

[2]) Für öffentliches Recht unberührt; vgl. § 57 II. 15 u. Anm. 3 zu I. 8 § 32.

[3]) Art. 116 E.G. z. B.G.B. §§ 1021, 1022 B.G.B.

II. Bei Wegen und Fußsteigen, Viehtrieben, Durchfahrten u. s. w.

§. 63. Gebahnter Fußsteige auf offenen Feldern kann ein Jeder sich bedienen.

§. 64. Hat aber der Eigenthümer den gemeinen Gebrauch solcher Fußsteige durch Gräben, Kreuze, Schlagbäume, oder andere dergleichen Merkmale untersagt; so kann nur derjenige, welchem eine besondere Vergünstigung eingeräumt worden, davon Gebrauch machen.

§. 65. Wer das Recht hat, über das Grundstück des Anderen zu gehen, darf sich dessen weder zum Reiten, noch zum Fahren, auch nicht mit einrädrigen Karren bedienen.

§. 66. Wer aber das Recht hat, auf einem Wege zu fahren, darf auch darauf reiten, mit Karren fahren, und Vieh an Stricken darüber führen.

§. 67. Dagegen folgt aus der Befugniß, über des Anderen Grundstück zu fahren, noch nicht das Recht, Vieh darüber zu treiben.

§. 68. Eben so wenig folgt aus der Befugniß, über des Anderen Grundstück Vieh zu treiben, ein Recht, über dasselbe zu fahren.

§. 69. Aus der Wegegerechtigkeit folgt noch nicht die Befreiung von Damm- oder Brückengeld, oder anderen Abgaben der Durchreisenden.

§. 70. Wem das Recht, über ein fremdes Grundstück zu gehen, zu reiten, oder zu fahren, zukommt, der muß sich genau auf dem bestimmten Wege halten, und darf unter keinerlei Vorwande Nebenwege suchen.

§. 71. Dagegen kann er sich, wenn sein Recht nicht auf einen gewissen bestimmten Zweck ausdrücklich eingeschränkt ist, des Weges zu allen seinen Bedürfnissen ohne Unterschied, nicht aber zu ganz neuen Anlagen (§. 8.) bedienen.

§. 72. Wer das Recht des Viehtriebes hat, muß solchen dergestalt einrichten, daß das Vieh durch Uebertreten, oder sonst, keinen Schaden verursache.

§. 73. Verzäunungen aber, oder andere Verrückungen, ist der Berechtigte auf seine Kosten anzulegen, oder zu unterhalten, nicht verbunden.

§. 74. Will der Besitzer des belasteten Grundstücks dergleichen bisher von ihm unterhaltene Anstalten wieder eingehen lassen: so ist der Berechtigte zum Widerspruche dagegen nicht befugt und muß dennoch die nach §. 72. ihm obliegende Verbindlichkeit beobachten.

§. 75. Wenn jedoch der zum Viehtriebe eingeräumte Weg nicht die erforderliche Breite hat (§. 79.), und daher von dem Besitzer des belasteten Grundstücks bisher, zur Verhütung des Uebertretens, solche Anstalten unterhalten worden; so ist der Verpflichtete, dieselben wider den Willen des Berechtigten eingehen zu lassen, nicht befugt.

§. 76. Ist Jemandem die Durchfahrt durch einen Thorweg verstattet worden, so kann letzterer in der Folge, ohne Einwilligung des Berechtigten, weder verengt, noch erniedrigt werden.

§. 77. Die Breite der Fußsteige, Wege und Viehtriebe wird hauptsächlich durch die bei Einräumung des Rechts getroffenen Verabredungen bestimmt.

§. 78. In Ermangelung solcher verabredeten oder in Provinzialgesetzen enthaltenen Bestimmungen, ist die Breite eines Fußsteiges auf drei Fuß, und wenn darauf geritten oder mit Karren gefahren werden soll, auf vier Fuß zu bestimmen.

§. 79. Auf Wege zum Fahren ist eine Breite von acht Fuß in der geraden Linie, und von zwölf Fuß in der Biegung; auf Viehtriebe hingegen die doppelte Breite eines Weges zu rechnen.

III. Hütungsgerechtigkeit.

§. 80. Wer das Recht hat, sein Vieh auf den Grundstücken eines anderen Gutes zu hüten, muß sich desselben so bedienen, daß der Eigenthümer dadurch an der Substanz der Sache keinen Schaden leide, und an der nach Landesart gewöhnlichen Cultur und Benutzung nicht gehindert werde.[4])

Anh. §. 59. Wenn wüste Feldmarken unter landesherrlicher Genehmigung wieder angebaut und mit Unterthanen besetzt werden, so sollen wegen älterer Hütungs- oder anderer Ansprüche benachbarter Dorfschaften keine prozessualische Einleitungen statt finden, in so fern nicht dazu auf vorherige Anfrage die landesherrliche Zustimmung ertheilt worden.

§. 81. Andere Arten der Benutzung kann der Besitzer des belasteten Guts nur in so fern ausüben, als der erforderliche

---

[4]) Vgl. G.Th.O. §§ 174 ff.

Weidebedarf des Berechtigten dadurch nicht geschmälert, oder dieser entgehende Bedarf, durch Anweisung eines anderen gleich gut gelegenen Stücks, vollständig vergütet wird.[4])

§. 82. Der Hütungsberechtigte kann den Eigenthümer eines mit der Hütung belasteten Waldes nicht hindern, den Wald so weit zu bebauen, als es zur Veranstaltung der erforderlichen Forstaufsicht nothwendig ist.

§. 83. Der Berechtigte ist schuldig, sein Vieh nur unter Aufsicht eines Hirten auf die Weide zu bringen, oder sonst hinreichende Anstalten zur Verhütung aller durch dasselbe zu verursachenden Beschädigungen zu treffen.

§. 84. Auch wenn das Vieh in kleinerer Anzahl nach einzelnen Hütungsflecken ausgetrieben wird, muß diese Pflicht von dem Hütungsberechtigten beobachtet werden.

§. 85. Vernachlässigt der Berechtigte diese Obliegenheit, so haftet er für allen und jeden durch das Vieh, auch bloß zufällig, angerichteten Schaden.[5])

§. 86. Wegen der anzulegenden, zu unterhaltenden, und wieder aufzuhebenden Verzäunungen u. s. w. finden die Vorschriften §. 73. 74. Anwendung.

§. 87. Unreines und mit ansteckenden Krankheiten behaftetes Vieh darf auf die Hütung nicht gebracht werden.

§. 88. Auch das sogenannte Schmiervieh ist der Verpflichtete in Gegenden, wo dergleichen Vieh nicht durchgängig gehalten wird, auf der Hütung zu dulden nicht verbunden.

§. 89. Es wird niemals vermuthet, daß Jemand dem Anderen die Hütungsgerechtigkeit mit Ausschluß seines eigenen Viehes habe einräumen wollen.

§. 90. Ist die Anzahl des vorzutreibenden Viehes nicht bestimmt, so mag der Berechtigte so viel Stücke, als er mit dem von den berechtigten Grundstücken gewonnenen Futter durchwintern kann, auf die Hütung bringen.[6])

§. 91. Ein solcher Hütungsberechtigter darf sich also der Weide so wenig für fremdes, als selbst für solches eigenes Vieh

---

[4]) Vgl. G.Th.O. §§ 174 ff.

[5]) Feld- und Forstpolizeigesetz v. 1. April 1880 (G.S. S. 230) §§ 11 ff., 67 ff. § 85 ist trotz § 833 B.G.B. erhalten. Art. 89, 107 E.G. z. B.G.B.

[6]) G.Th.O. §§ 166, 31 ff.

bedienen, welches er etwa von anderen eigenthümlichen oder gepachteten Grundstücken durchwintern könnte.

§. 92. Hat jedoch eine ganze Gemeine das Hütungsrecht, so muß der Besitzer des belasteten Grundstücks auch solches Vieh einzelner Mitglieder zulassen, welches von gepachteten Grundstücken der zur berechtigten Gemeine gehörenden Feldflur durchgewintert wird.

§. 93. Ist der Berechtigte ein nicht mit eigenem Ackerbaue versehenes Mitglied der Gemeine, so darf er nur so viel Vieh auf die Hütung bringen, als Leuten aus seiner Classe, an demselben Orte, zu halten gewöhnlich erlaubt wird.

§. 94. Bei der Beurtheilung: wie viel Vieh der Berechtigte mit eigenem Futter durchwintern, und also auf die Hütung bringen könne, werden nur solche Zehnten, die zur Zeit der Einräumung des Rechts bei dem berechtigten Gute schon befindlich waren, ihm zu Gute gerechnet.[7])

§. 95. Später erworbene Zehnten kann er sich nur dann zu Gute rechnen, wenn er dieselben von einem anderen zu derselben Hütung berechtigten Gute an sich gebracht hat.

§. 96. Ist der Berechtigte kein Grundbesitzer, sondern es wird von ihm nur zum Behufe seines Gewerbes Vieh gehalten: so darf er die Weide nur für das zu seinem Gewerbe und zu seiner eigenen Bedürfniß erforderliche Vieh nutzen.

§. 97. Vieh, welches zum Handel bestimmt ist, darf er in der Regel nicht auf die Hütung bringen.

§. 98. Auch wenn die Anzahl des Viehes, welches der Berechtigte vortreiben darf, bestimmt ist, kann dennoch das von diesem gefallene junge Vieh, so lange es saugt, von der Hütung nicht ausgeschlossen werden.

§. 99. Steht dem berechtigten Gute die Hütungsgerechtigkeit ohne Bestimmung einer gewissen Art des Viehes zu, so begreift sie alles Zug-, Rind- und Schaf-Vieh unter sich.

§. 100. Schweine, und andere Arten von Vieh, dürfen auf eine solche Hütung nur in so fern gebracht werden, als die Einräumung des Rechts sich darauf ausdrücklich mit erstreckt, oder dieselben seit rechtsverjährter Zeit darauf mit vorgetrieben worden.

§. 101. Ist dem Berechtigten die Hütung nur für eine gewisse

---

7) G.Th.O. § 36 ff.

Art von Vieh eingeräumt, so darf er Vieh von anderer Art nur in so fern auf dieselbe bringen, als er durch Zufall, oder höhere Gewalt, diese Art von Vieh an die Stelle des anderen zu halten, auf eine Zeitlang genöthigt worden.

§. 102. War auch die Zahl des vorzutreibenden Viehes bestimmt, so muß die Zahl der neuen Art nach wirthschaftlichen Grundsätzen mit derselben in Verhältniß stehen; dergestalt, daß das verpflichtete Grundstück nicht mehr als vorhin belästigt werde.

§. 103. Wird durch Zufall oder höhere Gewalt die Beschaffenheit des mit der Hütung belasteten Grundstücks dergestalt verändert, daß die bisherige Anzahl des Viehes nicht mehr darauf erhalten werden kann, so muß der Berechtigte sich eine Verminderung seines vorzutreibenden Viehstandes, nach eben dem Verhältnisse, wie der Eigenthümer selbst, gefallen lassen.

§. 104. Wird für die Hütung etwas an Gelde oder Naturalien entrichtet, so muß, in dem angeführten Falle, diese Abgabe verhältnißmäßig heruntergesetzt werden.

§. 105. Ist aber die Anzahl des Viehes von Seiten des Berechtigten bestimmt, so trifft eine nothwendig gewordene Verminderung des Viehstandes zuerst den Eigenthümer des belasteten Grundstücks.[8])

§. 106. Hat der Eigenthümer seinen Viehstand durch neue Wirthschaftsanstalten und Einrichtungen dergestalt vermehrt, daß die Hütung für die bisherige Anzahl des Viehes nicht mehr hinreicht, so muß er den Ausfall auch alsdann, wenn die Anzahl des Viehes von Seiten des Berechtigten nicht bestimmt war, allein tragen.

§. 107. Der Berechtigte darf, durch unzeitige Behütung der Felder und Wiesen, den Eigenthümer nicht beeinträchtigen.

§. 108. Die Behütung ist für unzeitig zu achten, so lange dadurch das belastete Gut in seinen übrigen Nutzungen würde beschädigt werden.

§. 109. Die Hütung auf Wiesen findet zu geschlossenen Zeiten niemals statt.

§. 110. Wann diese geschlossene Zeit im Frühjahr anfange, und wie lange sie dauere, ist nach der hergebrachten Gewohnheit

---

8) Vgl. G.Th.O. § 51.

jedes Ortes, und wo diese nicht entscheidet, nach dem Gutachten vereideter Sachverständigen ein- für allemal festzusetzen.

Anh. §. 60. Siehe die gesetzliche Bestimmung, mittelst welcher die durch Verträge oder Gewohnheiten nach dem Julianischen Kalender angeordneten Hütungs- und Hebungstermine auf die Jahrestage des verbesserten neuen Gregorianischen Kalenders verlegt werden, vom 31. August 1800.[9])

§. 111. Auf eben die Art muß bestimmt werden, zu welcher Zeit auch ein- oder zweischürige Wiesen, nach der Heu- oder Grummet-Ernte, betrieben werden mögen.[10])

§. 112. Nasse durchbrüchige Wiesen müssen auch im Herbste mit der Hütung verschont werden.

§. 113. Feldwiesen muß der Hütungsberechtigte so lange schonen, als die Aecker, zwischen welchen sie liegen, nicht betrieben werden dürfen.

§. 114. Ist er dergleichen Wiesen auch im Brachfelde zu behüten nicht berechtigt, so muß sie der Eigenthümer einzäunen oder sonst befrieden.

§. 115. Der Eigenthümer des belasteten Grundstücks ist die Cultur seines Ackers zum Vortheile des Berechtigten zu verschieben, nicht schuldig.

§. 116. Er darf aber auch seine Brache, zur Schmälerung der Hütung, nicht anders als landüblich benutzen.

§. 117. Ist durch Verträge, oder hergebrachte Gewohnheiten, eine gewisse Zeit zum Anfange und zur Dauer der Hütung bestimmt, so hat es dabei sein Bewenden.

§. 118. Doch sind dergleichen Verträge und Gewohnheiten, so weit sie den wegen der Wiesen §. 109—114. gegebenen Vorschriften zuwider laufen, unverbindlich.

§. 119. Jeder Interessent, welcher in der zur Hütung bestimmten Feldmark Aecker besitzt, ist einen Theil derselben zum Anbaue der Futterkräuter oder Gartengewächse einzuhegen berechtigt.

§. 120. Er muß aber die Einhegung auf eigne Kosten besorgen und unterhalten.

---

[9]) N.C.C. Bd. 10, S. 3094.

[10]) Landkulturedikt v. 14. September 1811 (G.S. S. 300) §§ 21 bis 23.

§. 121. Er muß den einzuhegenden Fleck so wählen, daß dadurch die Trift auf die übrigen Hütungsgründe nicht gehindert oder erschwert werde.

§. 122. Dagegen steht ihm auch frei, den eingehegten Fleck wiederum zur Hütung aufzugeben, und dafür einen anderen schicklichen Fleck einzuhegen.

§. 123. Wie groß der Antheil, den jeder Interessent aus der gemeinen Hütung solchergestalt ausziehen mag, zu bestimmen sei, bleibt den Festsetzungen der Provinzialgesetze, und so lange diese noch nichts darüber verordnet haben, dem Gutachten vereideter Sachverständigen vorbehalten.

§. 124. Diese müssen bei ihrem Gutachten hauptsächlich darauf Rücksicht nehmen, daß, wenn jeder der Interessenten sich eben dieses Rechts verhältnißmäßig bedienen wollte, dennoch eine in gewöhnlichen Jahren zur Hütung nach wirthschaftlichen Grundsätzen hinreichende Oberfläche übrig bleibe.

§. 125. Ein Theil der Hütung kann für das Zugvieh eingehegt werden.[11])

§. 126. Die Einhegung ist nach Verhältniß des Zugviehes, gegen die übrige gesammte zur Hütung berechtigte Heerde zu bestimmen.

§. 127. Sobald das Zugvieh außer der Hegeweide gehütet wird, ist das Gehege für aufgehoben zu achten.

§. 128. Wo mehrere Arten von Vieh zu demselben Hütungsrevier berechtigt sind, da können die Schafe nur hinter dem Zug- und Rindvieh auf die Hütung getrieben werden.

§. 129. Schweine, Gänse und anderes Federvieh folgen erst hinter den Schafen, in so fern denselben nicht nach der Observanz des Ortes eine besondere Hütung angewiesen ist.

§. 130. Ziegen darf der Hütungsberechtigte auf solche Plätze nicht bringen, wo Beschädigung am Holze, an Bäumen oder Hecken zu besorgen ist.

§. 131. Hat aber der Eigenthümer des belasteten Grundstücks neue Anlagen dieser Art gemacht: so liegt ihm ob, dieselben gegen besorgliche Beschädigungen zu decken.

§. 132. Uebrigens kann der bloß zur Hütung Berechtigte weder auf Rohr- oder Schilfnutzung Anspruch machen, noch sich

---

11) G.Th.O. § 171 ff.

das Mähen auf dem Hütungsrevier auf irgend eine Art anmaßen.

Von der Koppelhütung.

§. 133. Wenn Mehreren auf dem Grundstücke eines Dritten die gemeinschaftliche Hütung zukommt, so sind ihre Verhältnisse unter einander, in Ansehung dieses gemeinsamen Rechts, nach dem ersten Abschnitte des siebenzehnten Titels zu bestimmen.[12])

§. 134. Ein Gleiches gilt, wenn ein Hütungsrevier den Besitzern mehrerer Grundstücke, sowohl in Absicht des Eigenthums als der Hütung, gemein ist.

§. 135. Wenn zwischen den Besitzern angrenzender, im ausschließenden Eigenthum eines Jeden befindlicher Grundstücke die gemeinschaftliche Hütung auf diesen Grundstücken stattfindet, so wird dergleichen Koppelweide in der Regel als eine wechselseitige Grundgerechtigkeit angesehen.

§. 136. Wenn aber diese wechselseitige Hütung nicht regelmäßig und beständig auf eben demselben, sondern nur zuweilen, und bald auf diesen bald auf anderen Stücken ausgeübt worden, so wird angenommen, daß dabei nur nachbarliche Freundschaft und Gutwilligkeit zum Grunde liege.

§. 137. In diesem Falle steht also jedem Interessenten frei, davon nach Gutbefinden wieder abzugehen.

Aufhebung der Hütungsgerechtigkeiten.

§. 138. Unter eben den Umständen und Bedingungen, wie die Theilung gemeinschaftlich benutzter Grundstücke stattfindet, können auch die der Landcultur nachtheiligen Hütungsgerechtigkeiten und Koppelweiden aufgehoben werden. (Tit. 17. Abschn. 4.)[13])

§. 139. Nur der Eigenthümer des belasteten Grundstücks ist dergleichen Aufhebung zu verlangen befugt.

§. 140. Bei wechselseitigen oder Koppel-Hütungen kann jeder Theil diese Befugniß ausüben.

§. 141. Die Aufhebung einer Hütungsgerechtigkeit findet nur in so fern statt, als der Berechtigte seinen Viehstand, den er auf die Hütung zu bringen befugt war, mit Inbegriff der ihm anzuweisenden Vergütung, ferner zu unterhalten im Stande bleibt.

§. 142. Bei Bestimmung der dem Berechtigten anzuweisenden Schadloshaltung muß auf den Umfang seines Rechts an sich und auf die landübliche Art, dasselbe zu benutzen, Rücksicht genommen werden.

§. 143. Es hat also weder die Fahrlässigkeit eines oder des anderen bisherigen Besitzers, noch dessen ungewöhnlicher Fleiß in der Benutzung des Rechts, auf diese Bestimmung Einfluß.

§. 144. Eine Vergütung in Gelde ist der Hütungsberechtigte anzunehmen niemals verbunden.

---

12) §§ 133—137 treffen keine Bestimmungen über Inhalt oder Maß von Grundgerechtigkeiten und sind aufgehoben. Art. 115 E.G. z. B.G.B.

13) §§ 138—144 sind ersetzt durch G.Th.O. § 18f., 86ff. und Art. 9 des Ergänzungsgesetzes v. 2. März 1850 (G.S. S. 139).

§. 145. Dorfgemeinen, oder einzelne Rusticalbesitzer sind nicht befugt, eine dergleichen Vergütung ohne die ausdrückliche Einwilligung des Grundherrn anzunehmen.[14])

IV. Schäfereigerechtigkeit.

§. 146. Die Schäfereigerechtigkeit, oder die Befugniß, Schafe auf der ganzen Feldmark zu hüten, ist in der Regel, wo nicht Provinzialgesetze oder Verfassungen ein Anderes bestimmen, als ein Vorrecht der Gutsherrschaften anzusehen.[15])

§. 147. Dieses Recht bedarf in keinem Falle der Eintragung in das Hypothekenbuch.[16])

§. 148. Bei neu angelegten Dörfern findet eine solche Schäfereigerechtigkeit nur in so fern statt, als der Grund und Boden schon vorhin damit belastet gewesen, oder dieselbe, bei Anlegung der neuen Colonie, ausdrücklich vorbedungen worden.

§. 149. Es wird nicht vermuthet, daß eine Gutsherrschaft das Recht habe, Schafe von anderen außer der Feldmark gelegenen Vorwerken auf die Hütung zu bringen.

§. 150. Dagegen kann der Gutsherrschaft, welcher die Schäfereigerechtigkeit ohne Einschränkung zukommt, keine Anzahl von Schafen, nach dem Verhältnisse der Durchwinterung mit eigenem Futter, vorgeschrieben werden.

§. 151. Wo aber Mehreren die Schäfereigerechtigkeit auf eben derselben Feldmark gebührt, da wird unter ihnen die Anzahl der vorzutreibenden Schafe, nach dem Grundsatze der Durchwinterung mit eigenem Futter, bestimmt.

§. 152. An Orten, wo auch die anderen Dorfbewohner das Recht haben, Schafe auf die Hütung zu bringen, muß die Gutsherrschaft ihren vorzutreibenden Schafstand so einrichten, daß den Schafen der Unterthanen ihr Weidebedarf nicht entzogen werde.

§. 153. Dagegen dürfen aber auch die Dorfseinwohner die Zahl der Schafe, so einem jeden von ihnen, nach den Provinzial-

---

[14]) Vgl. die Deklarationen einiger Vorschriften, betr. das nutzbare Gemeindevermögen, V. v. 26. Juli 1847 (G.S. S. 327); Landgemeindeordnung f. d. sieben östl. Prov. v. 3. Juli 1891 (G.S. S. 253) § 69 Abs. 3; Landgemeindeordnung f. Westfalen v. 19. März 1856 (G.S. S. 265) § 53 Nr. 4.

[15]) Infolge von § 2 d. Ablösungs-Gesetzes v. 2. März 1850 (G.S. S. 77) als Grundgerechtigkeit aufzufassen. (str.)

[16]) §§ 873, 1018 B.G.B.

gesetzen, Verträgen oder der hergebrachten Gewohnheit des Ortes zu halten erlaubt ist, nicht übersteigen.

§. 154. Es steht bei der Herrschaft: ob sie die Schafe der übrigen Dorfbewohner mit in ihre Heerde nehmen wolle.

§. 155. An Orten, wo dies nicht geschicht, müssen die Schafe der übrigen Dorfsbewohner in einer gemeinschaftlichen Heerde gehütet werden.

§. 156. Hat die Gutsherrschaft Rusticaläcker in Cultur, so muß sie zu dem Lohne des Schafhirten der Unterthanen verhältnißmäßig beitragen, wenn sie gleich ihre sämmtlichen Schafe durch einen besonderen Schäfer hüten läßt.

§. 157. Wo der Hordenschlag üblich ist, da kann in der Regel den zur Schafhütung berechtigten Unterthanen der Vortheil davon, nach Verhältniß ihrer Schafe, nicht versagt werden.[17])

§. 158. Durch eine Gemeinheitstheilung an und für sich wird die Schäfereigerechtigkeit noch nicht aufgehoben.[18])

§. 159. Soll die Aufhebung erfolgen, so muß der Gutsherrschaft eine solche Entschädigung angewiesen werden, bei welcher sie im Stande bleibe, den seit den letzten drei Jahren wirklich vorgetriebenen, oder den mit eigenem Futter durchzuwinternden Schafstand ferner zu unterhalten.[19])

§. 160. Ob die Entschädigung nach dem wirklich vorgetriebenen, oder nach dem durchzuwinternden Schafstande berechnet werden solle, hängt von der Wahl der Herrschaft ab.[19])

§. 161. In allen Fällen müssen die von den Dorfseinwohnern mit Futterkräutern oder Gartengewächsen bestellten Stücke mit der Schafhütung verschont werden.

§. 162. Doch dürfen die Dorfseinwohner das durch Gesetze (§. 119. sqq.), Verträge oder hergebrachte Gewohnheiten bestimmte Ackermaß mit dergleichen Bestellung nicht überschreiten, noch der Herrschaft dadurch den freien Vortrieb verhindern.

§. 163. Zerstreute Grundstücke dieser Art müssen von dem Eigenthümer eingehegt, oder sonst befriedet werden.

§. 164. Vor Weihnachten dürfen die Schafe, ohne besondere Einwilligung der Ackerbesitzer, auf die junge Saat nicht getrieben werden.

---

[17]) Vgl. §§ 144 f. G.Th.O.

[18]) S. Anm. 15 Vgl. §§ 2, 68 G.Th.O. §§ 170, 171 V. v. 20. Juni 1817 (G.S. S. 161).

[19]) Ergänzt und abgeändert durch § 39 G.Th.O.

§. 165. Auch nach Weihnachten ist dergleichen Saathütung nur bei hartem und trockenem Froste zulässig.

§. 166. Besonders muß die Saat, so lange sie mit Glatteis und Reif belegt ist, mit der Schafhütung verschont werden.

§. 167. Sobald der Boden durch die Sonne aufzuthauen anfängt, müssen die Schafe von der Saathütung wegbleiben.

§. 168. Im Monat Februar dürfen, bei heller Witterung, die Schafe nicht länger, als zwei Stunden nach Sonnenaufgang auf den Saatfeldern geduldet werden.

§. 169. Wegen der Ordnung, in welcher auf noch nicht bestellten, oder schon geräumten Feldern die Schafe dem übrigen zur Hütung berechtigten Viehe folgen, hat es bei der obigen gesetzlichen Vorschrift (§. 128.), und wegen der Zeiten, wo ihnen diese Hütung aufgegeben werden muß, bei den hergebrachten Gewohnheiten jedes Ortes, sein Bewenden.

Von Schonungen bei der Waldhütung.[20]

§. 170. Wenn ein Wald in Schläge oder Haue ordentlich eingetheilt ist, und solchergestalt forstmäßig beholzt wird: so müssen die jungen Haue mit der Hütung so lange geschont werden, bis für das Holz keine Beschädigung mehr von dem Viehe zu besorgen ist.

§. 171. Auch einen bisher unordentlich und unwirthschaftlich beholzten Wald kann der Eigenthümer in Schläge eintheilen, und von den Hütungsberechtigten verlangen, daß sie dieselben so weit schonen, als es zur Conservation des Waldes nothwendig ist.

§. 172. Die Zahl der anzulegenden Schläge, und wie lange ein jeder derselben geschont werden müsse, ist nach Beschaffenheit des Bodens, und der Holzarten, durch das Gutachten vereideter Forstverständigen zu bestimmen.

§. 173. Wenn aber der ganze Wald ruinirt wäre: so kann der Eigenthümer denselben nicht auf einmal in Schonung legen; sondern er muß die Eintheilung so machen, daß die Wiederherstellung des Waldes nach und nach erfolgen könne, und dennoch den Hütungsberechtigten die Nothdurft, zur Unterhaltung ihres berechtigten Viehstandes, nicht entzogen werde.

§. 174. Wenn die Wiederherstellung des Waldes nicht möglich ist, ohne den Viehstand, welcher auf die Hütung gebracht werden

---

[20]) §§ 170—179 sind modifizirt durch §§ 27—33 Landkulturedikt v. 14. September 1811 (G.S. S. 300) vgl. G.Th.O. §§ 131—187, 139.

kann, einzuschränken: so müssen die Hütungsberechtigten eine solche Einschränkung auf so lange, als es nach dem Befinden vereideter Sachverständigen nothwendig ist, sich gefallen lassen.

§. 175. Feldhütungen zum Holzanwuchse zu hegen, ist der Eigenthümer nur in so fern befugt, als es ohne allen Abbruch der Nothdurft für die Hütungsberechtigten geschehen kann.

§. 176. Will der Eigenthümer mehr in Schonung legen, als er nach vorstehenden Grundsätzen zu thun befugt sein würde; zugleich aber den Hütungsberechtigten dasjenige, was ihnen durch die anzulegende größere Schonung an ihrem Weidebedarf abgehen würde, an einem anderen gelegenen Ort auf so lange anweisen, bis der in Schonung gelegte größere Fleck wieder aufgegeben werden kann: so müssen die Hütungsberechtigten sich solches gefallen lassen.

§. 177. Hat der Eigenthümer schon so viel Schonungen angelegt, als ihm erlaubt ist; so findet die Anlegung neuer Schonungen nur in so weit statt, als eben so viel von den gehegten Stücken wiederum zur Hütung aufgegeben wird.

§. 178. Doch findet auch in diesem Falle die Vorschrift des §. 176. Anwendung.

§. 179. Die angelegten Schonungen müssen von dem Eigenthümer durch Gräben, Zäune, oder auf andere Art, gehörig befriedet, oder doch die Grenzen derselben so kennbar bezeichnet und verwischt werden, daß die Hütungsberechtigten diese Grenzen, ohne eigenes mäßiges Versehen, nicht überschreiten können.

§. 180. Ist dieses geschehen, so ist der Eigenthümer das in solche Schonungen übertretende Vieh zu pfänden berechtigt.[20])

§. 181. Das bei solchen Pfändungen zu entrichtende höhere Pfandgeld ist in den Provinzialgesetzen und Forstordnungen bestimmt.[21])

§. 182. Unter diesem Pfandgelde ist der Schadensersatz für das Ueberhüten mit begriffen.

§. 183. Will aber der Eigenthümer sich mit dem bloßen Pfandgelde nicht begnügen; sondern für den durch das Hüten in der Schonung verursachten Schaden besonderen Ersatz, nach der Schätzung vereideter Sachverständigen, fordern: so kann er, außer diesem Ersatze, nur das ordinäre in der Provinz vorgeschriebene Pfandgeld verlangen.

---

[20]) § 180 ist durch §§ 77, 96 Abs. 1 d. Feld- u. Forstpol.-G. v. 1. April 1880 (G.S. S. 230) beseitigt. (§ 96 Abs. 3 Nr. 2 oder 3 treffen nicht zu.)

[21]) §§ 181—183 sind veraltet, insbesondere widersprechen §§ 182, 183 den Grundsätzen der §§ 67 ff. d. Feld- und Forstpol.-G. v. 1. April 1880 (G.S. S. 230).

§. 184. Das Pfandgeld muß der Eigenthümer des übergetretenen Viehes entrichten, mit Vorbehalt seines Regresses an den Hirten, durch dessen Verschulden die Schonung verletzt worden ist.[22])

§. 185. Fordert aber der Eigenthümer des Forstes, nach §. 183., besondere Entschädigung, so haftet der Eigenthümer des Viehes nur für das ordinäre Pfandgeld; und für das Verschulden des Hirten nur in so fern, als nach den allgemeinen Grundsätzen des sechsten Titels Jemand den durch Andere verursachten Schaden erstatten muß. (Tit. 6. §. 56. sqq.)[23])

§. 186. Hirten, Schäfer, und anderes Gesinde, welche Schonungen behüten, oder das übertretende Vieh nicht sofort abkehren, sollen, außer dem Schadensersatze, mit nachdrücklicher Leibes- und allenfalls Festungsstrafe, nach näherer Bestimmung des Criminalrechts, belegt werden. (Th. 2. Tit. 20. Abschn. 16.)[24])

V. Mastungsrecht.

§. 187. Das Mastungsrecht kommt in der Regel, wo nicht Provinzialgesetze ein Anderes ausdrücklich bestimmen, dem Eigenthümer der Bäume zu.[25])

§. 188. So lange die Mastung dauert, müssen die Reviere, wo die Schweine sich befinden, mit der übrigen Hütung geschont werden.

§. 189. Es folgt also an Orten, wo Mastung ist, das übrige Vieh erst hinter den Schweinen.

§. 190. Die Schonungszeit der Masthölzer nimmt der Regel nach mit dem Tage Bartholomäi ihren Anfang, und dauert bis zu Weihnachten.

§. 191. In der Mitte des Augusts muß, mit Zuziehung des Hütungsberechtigten, durch Forstverständige bestimmt werden: ob volle oder nur Sprengmast vorhanden sei.

§. 192. Die Schonung der Masthölzer muß aber nicht nur bei voller Mast geschehen, sondern auch alsdann, wenn die Sprengmast zur Nothdurft des Eigenthümers, oder zur Einführung fremder Schweine zulänglich ist.

§. 193. Wenn aber Jemandem das Mastungsrecht in einem fremden Forste als eine Grundgerechtigkeit zukommt, so kann er sich desselben der Regel nach nur bei voller Mast bedienen.

---

22) Beseitigt durch § 74 Abs. 1, § 96 Abs. 1 d. Feld- u. Forstpol.-G. v. 1. April 1880.

23) Mit § 183 d. T. beseitigt.

24) Beseitigt durch § 96 d. Feld- u. Forstpol.-G. v. 1. April 1880.

25) Durch Art. 115 E.G. z. B.G.B. nicht gedeckt. Vgl. § 116 f. G.Th.O.

§. 194. Wenn nur Sprengmast ist, so muß er mit dem Lesen der Eicheln, Bucheln und anderer dergleichen zur Schweinefütterung tauglichen wilden Baumfrüchte sich begnügen.

§. 195. Die Mastgerechtigkeit ist unter einer selbst unbestimmten Hütungsgerechtigkeit nicht mitbegriffen.

§. 196. Der Mastberechtigte kann den Eigenthümer des Waldes und die Holzungsberechtigten nicht hindern, auch Masthölzer nach forstmäßigen Grundsätzen zu schlagen.

VI. Holzungsgerechtigkeit.

§. 197. Wer das Holz in einem Walde ohne Einschränkung genutzt hat, ist im zweifelhaften Falle für den Eigenthümer des Waldes; derjenige aber, dem nur eine eingeschränkte Nutzung zusteht, für den bloßen Besitzer einer Grundgerechtigkeit zu halten.[26]

Anh. §. 61. Freiholzdeputanten sind schuldig, da, wo ihnen Torf gegeben werden kann, wenigstens die Hälfte in Torf, oder wenn sie dies nicht wollen, in Gelde, nach der Forsttaxe zu nehmen, welches jedoch auf wirkliche Holzungsberechtigte nicht auszudehnen ist.[27]

§. 198. Haben sie insgesammt das Holz mit gleicher Freiheit oder Einschränkung genutzt, so wird vermuthet, daß sie sich alle im Miteigenthume des Waldes befinden.[26]

§. 199. Erhellet aber, wem die Bäume eines Waldes gehören, und ist nur das Eigenthum über Grund und Boden streitig, so gilt die Vermuthung für den Eigenthümer der Bäume.[26]

§. 200. Wer nur Eigenthümer der Bäume ist, kann, außer der Holz- und Mastung, weiter keine Rechte auf Grund und Boden sich anmaßen.[26]

§. 201. Wem das Recht, das benöthigte Holz aus eines Anderen Walde zu nehmen, als eine Grundgerechtigkeit, ohne weitere Einschränkung oder Bestimmung zukommt; der ist nicht nur Brenn-, sondern auch Bauholz aus dem Walde zu holen befugt.[28]

§. 202. Das Recht aber, Rohr und Schilf zu hauen, gehört in der Regel nicht mit zur Holzungsgerechtigkeit.

§. 203. Auch schränkt sich dergleichen unbestimmte Holzungsgerechtigkeit nur auf das Bedürfniß des begünstigten Grundstücks

---

26) Aufgehoben, da durch Art. 115 E.G. z. B.G.B. nicht gedeckt.

27) Als öffentliches Recht unberührt.

28) Vgl. G.Th.O. §§ 2, 114, 118 ff. Ergänzungsges. v. 2. März 1850 (G.S. S. 139) Art. 9, 10.

ein; und der Berechtigte kann sich dieselbe weder zum Verkauf, noch zur Versorgung anderer unberechtigter Besitzungen zu nutze machen.

§. 204. Der Berechtigte kann sein Bedürfniß nicht auf mehrere Jahre vorausnehmen, sondern dasselbe nur für jedes Wirthschaftsjahr besonders fordern.

§. 205. Das einem Gute als Grundgerechtigkeit unbestimmt beigelegte Holzungsrecht begreift die persönlichen Bedürfnisse des Besitzers und seiner Familie nur alsdann, wenn er auf dem Gute wohnt, nicht aber, wenn er sich anderswo aufhält, unter sich.

§. 206. Die persönlichen Bedürfnisse des auf dem Gute wohnenden Pächters oder Wirthschaftsbeamten sind darunter allemal mit begriffen.

§. 207. Ist dem Besitzer des berechtigten Grundstücks die Befugniß, auch seine persönlichen Bedürfnisse aus dem Walde zu nehmen, ausdrücklich beigelegt, so finden die Regeln vom Nutzungsrechte Anwendung. (Tit. 21.)[29]

§. 208. Die Befugniß, Bauholz aus einem Walde zu nehmen, erstreckt sich, in so weit sie eine Grundgerechtigkeit ist, nur auf dasjenige, was zur Unterhaltung oder Wiederherstellung der zur Zeit der Verleihung des Rechts vorhanden gewesenen Wohn- und Wirthschafts-Gebäude erforderlich ist.

§. 209. Zu neuen Anlagen also darf der belastete Wald das Bauholz nicht hergeben.

§. 210. Wenn aber auch die veränderten Umstände, oder vermehrten Bedürfnisse des berechtigten Gutes, eine Verlegung oder Erweiterung der anfänglich vorhanden gewesenen Gebäude nothwendig machen, so kann auch dazu das erforderliche Bauholz aus dem belasteten Walde genommen werden.

§. 211. Wenn einer ganzen Dorfschaft oder Gemeine das Holzungsrecht verliehen worden, so kommt selbiges in der Regel nur den angesessenen Wirthen, nicht aber den Einliegern oder Häuslingen zu.

§. 212. Die Zahl der angesessenen Grundbesitzer, im Ganzen genommen, kann, zum Nachtheil des belasteten Waldeigenthümers, über die zur Zeit der Verleihung vorhanden gewesene Anzahl nicht vermehrt werden.

---

[29] §§ 1090 ff. B.G.B.

§. 213. Auch die zum Bau-, Brenn-, Nutz- und Leseholze Berechtigten müssen sich nach der vorgeschriebenen Forstordnung richten.

§. 214. Ohne Vorwissen des Waldaufsehers sind sie nicht befugt, Holz zu fällen und abzuführen.

§. 215. Zum Raff- und Leseholze wird nur dasjenige Holz gerechnet, welches in trockenen Aesten abgefallen ist oder in abgeholzten Schlägen an Abraum zurückgelassen worden.[30])

§. 216. Stämme, die vor Alter umgefallen sind, werden zum Lagerholze gerechnet.

§. 217. Wer nur zum Raff- und Leseholze berechtigt ist, kann weder auf Lagerholz, noch auf Windbrüche Anspruch machen.

§. 218. Dem Waldeigenthümer kommt es zu, für diejenigen, welche nur Raff- und Leseholz aus dem Walde zu nehmen berechtigt sind, gewisse Holztage zu bestimmen, und außer denselben ihnen den freien Eingang in den Wald zu untersagen.

§. 219. Wer nur zum Raff- und Leseholze berechtigt ist, darf keine Aexte, Beile oder andere Instrumente, wodurch stehende Bäume oder Aeste heruntergebracht werden können, mit in den Wald nehmen.

§. 220. Wird er mit einem solchen Instrumente betroffen, so hat er nicht nur den Verlust desselben, sondern außerdem noch die in den Provinzial-Forstordnungen näher bestimmten Strafen verwirkt.[31])

§. 221. Die Befugniß, Streu zu rechen, oder Kiehr zu holen, ist unter dem Rechte zum Raff- und Leseholze nicht mit begriffen.[32])

§. 222 Wer aus Gewinnsucht mehr Raff- und Leseholz einsammelt, als seine persönlichen und Wirthschafts-Bedürfnisse erfordern, und einen solchen Ueberschuß verkauft, der soll das erstemal um den doppelten Betrag des zu viel eingesammelten und verkauften Holzes bestraft werden.[33])

§. 223. Im Wiederholungsfalle macht er sich seines Rechts für seine Besitzzeit verlustig.[33])

---

[30]) Landkulturedikt v. 14. September 1811 (G.S. S. 300) § 26.

[31]) Aufgehoben durch §§ 40, 96 d. Feld- u. Forstpol.-G v. 1. April 1880 (G.S. S. 230).

[32]) Vorläufige Verordnung über die Ausübung der Waldstreuberechtigung v. 5. März 1843 (G.S. S. 105) §§ 1—6; §§ 40-42 Feld- u. Forstpol.-G. v. 1. April 1880 (G.S. S. 230); Landkulturedikt v. 14. September 1811 (G.S. S. 300) § 25; G.Th.O. § 14); Ergänz.-Ges. v. 2. März 1850 (G.S. S. 139) Art. 4, 10.

[33]) Aufgehoben durch §§ 40 ff., 96 d. Feld- u. Forstpol.-G. v. 1. April 1880 (G.S. S. 230).

§. 224. Die bloß zum Raff- und Leseholze Berechtigten können, in Ermangelung desselben, stehendes selbst abgestandenes Holz nicht fordern.

§. 225. Hat aber der Waldbesitzer in der Benutzung des Waldes solche Anstalten und Vorkehrungen gemacht, daß dadurch den Raff- und Leseholzberechtigten die Ausübung ihres Rechts vereitelt worden, so muß er ihnen stehendes Holz zu ihrer Nothdurft so lange anweisen, bis der Mangel an Raff- und Leseholz aufhört.

§. 226. Der Holzungsberechtigte kann den Eigenthümer des Waldes von dessen Gebrauche, unter dem Vorwande der Unzulänglichkeit desselben für ihre beiderseitigen Bedürfnisse, nicht ausschließen.

§. 227. Vielmehr muß, wenn dergleichen Unzulänglichkeit wirklich vorhanden ist, ein jeder von beiderlei Interessenten, eine nach dem Bedarf der beiderseitigen Wirthschaften verhältnißmäßig zu bestimmende Einschränkung sich gefallen lassen.

§. 228. Doch ruhet in einem solchen Falle die Befugniß des Eigenthümers, Holz aus dem Walde zu verkaufen, so lange, bis der Mangel gehoben ist.

§. 229. Hat der Eigenthümer des Waldes die Unzulänglichkeit durch üble Wirthschaft und übertriebenen Verkauf selbst verursacht, so muß er dem Holzungsberechtigten nachstehen.

§. 230. Auch ist der Holzungsberechtigte, um einem solchen Mangel vorzubeugen, darauf anzutragen befugt, daß der Eigenthümer des Waldes angehalten werde, den Wald in ordentliche Schläge einzutheilen.

§. 231. Ist der Holzungsberechtigte nur auf eine gewisse Holzart eingeschränkt, so hört sein Recht auf, wenn die bestimmte Holzart in dem Walde nicht mehr anzutreffen ist [34])

§. 232. Er kann jedoch den Eigenthümer zur Wiederanpflanzung dieser Holzart anhalten.

§. 233. Hat der Eigenthümer den Mangel durch seine Schuld verursacht, so muß er den Berechtigten auf so lange, bis der Bedarf desselben von der bestimmten Art im Walde wieder vorhanden ist, entschädigen.

§. 234. Diese Entschädigung muß der Regel nach durch Holz

---

[34]) Vgl. G.Th.O. § 124 ff.

von anderer Art, nach einem durch Forstverständige zu bestimmenden Verhältnisse, wenn aber auch dergleichen nicht vorhanden ist, in baarem Gelde geleistet werden.

§. 235. Bei einer unbestimmten Holzungsgerechtigkeit kann der Eigenthümer des Waldes verlangen, daß dieselbe, in Ansehung des Brennholzes, auf ein mit der rechtmäßigen Benutzung im Verhältnisse stehendes bestimmtes Holzdeputat festgesetzt werde.[35])

§. 236. In Ansehung des Bauholzes aber kann dergleichen Festsetzung nicht anders, als durch gütliches Einverständniß der Parteien erfolgen.

§. 237. Der Holzungsberechtigte kann zwar das zu seinem Bedürfnisse ihm angewiesene Holz in der Regel nicht verkaufen, sondern muß, wenn er es gethan hat, den Werth des Holzes dem Eigenthümer des Waldes vergüten.

§. 238. Wenn ihm aber sein Bedarf in einer so entlegenen Gegend angewiesen wird, daß die Herbeiholung desselben mehr als eine Tagereise erfordert, so muß der Eigenthümer des Waldes, auf geschehene Anzeige, sich gefallen lassen, daß der Holzberechtigte sich sein Bedürfniß mehr in der Nähe anschaffe, und dazu den Werth des angewiesenen entlegenen Holzes mit verwende.

§. 239. Will der Eigenthümer des Waldes dies nicht geschehen lassen, so muß er dem Berechtigten, statt des Holzes in Natur, den Werth nach der Forsttaxe entrichten.

VII. Andere Arten von Grundgerechtigkeiten.

§. 240. Das Recht, auf fremdem Grunde und Boden Kalk zu brennen, schließt die Befugniß, das dazu benöthigte Holz unentgeltlich zu fordern, nicht in sich.[36])

§. 241. Das Recht, auf fremdem Grunde und Boden Erde, Steine, Lehm u. s. w. zu holen, muß jederzeit so ausgeübt werden, daß den Aeckern, Wiesen, Hütungen und Holzpflanzungen kein Schade dadurch geschehe.

§. 242. Sind dazu nicht gewisse bestimmte Reviere ausgesetzt, so muß der Berechtigte sich zuvor bei dem Verpflichteten melden, und die Anweisung eines schicklichen Ortes abwarten.

---

[35]) Vgl. G.Th.O. § 168.

[36]) Vgl. § 99 G.Th.O.; § 3 Ges., betr. die Ausdehnung d. G.Th.O. v. 7. Juni 1821 auf die Zusammenlegung von Grundstücken u. s. w., v. 2. April 1872 (G.S. S. 329).

Drei und zwanzigster Titel.

Von Zwangs- und Banngerechtigkeiten.[1][2])

§. 53. Die Braugerechtigkeit ist die Befugniss, Bier zum Verkaufe zu verfertigen.

---

[1]) Die in Tit. 23 enthaltenen privatrechtlichen Vorschriften über Realgewerbeberechtigungen, Zwangs- u. Bannrechte sind, an sich infolge Art. 74 E.G. z. B.G.B. unberührt, durch Art. 89 A.G. z. B.G.B. aufgehoben. (Tit. 23 war im Bereich des P.P. v. 21. Juni 1825 nicht eingeführt.)

Die oben wiedergegebenen Vorschriften kommen für das öffentliche Recht noch in Betracht, da beim Bestehen einer Realberechtigung für die Ertheilung der Konzession die Bedürfnißfrage nicht in Betracht kommt. R.Gew.O. § 33 Abs. 2, Pr.Gew.O. v. 17. Januar 1845 (G.S. S. 41) § 55; K.O. v. 7. Februar 1835, in Betreff des Kleinhandels mit Getränken auf dem Lande u. des Gast- u. Schankwirthschaftsbetriebes überhaupt, für alle Theile der Monarchie (G.S. S. 18); K.O. v. 21. Juni 1844, betr. den Kleinhandel mit Getränken und den Gast- u. Schankwirthschaftsbetrieb (G.S. S. 214); s. Ges. über die polizeilichen Verhältnisse der Gewerbe u. s. w., v. 7. September 1811 (G.S. S. 263) Nr. 52 ff.; Ges. wegen Aufhebung der Zwangs- u. Bannrechte i. d. Prov. Posen, v. 13. Mai 1833 (G.S. S. 59) § 3; vgl. Ges. betr. den Kleinhandel mit Getränken u. den Gast- u. Schankwirthschaftsbetrieb in den Hohenzollernschen Landen, v. 17. Mai 1856 (G.S. S. 453) §§ 17 ff.; R.Gew.O. §§ 10 Abs. 2, 48 (wie Preuß. Gew.O. §§ 64, 65).

[2]) Ausschließliche Gewerbeberechtigungen, Zwangs- u. Bannrechte.

Für die ganze Monarchie außer Helgoland gelten:

R.Gew.O. §§ 7, 8; Ges., betr. die Aufhebung und Ablösung der auf den Betrieb des Abdeckereigewerbes bezüglichen Gewerbeberechtigungen, v. 17. Dezember 1872 (G.S. S. 717) (dies nicht in Lauenburg).

Weitergehende Vorschriften enthalten: 1. im Gebiet der Preuß. Gew.O. v. 17. Januar 1845 (G.S. S. 41)

a) diese, in § 4 Ziff. 1.
b) Ges. wegen Aufhebung der Zwangs- u. Bannrechte in der Provinz Posen, v. 13. Mai 1833 (G.S. S. 59) § 1.
c) die Ges. v. 21. April 1825, über die den Grundbesitz betr. Rechtsverhältnisse u. über die Realberechtigungen in den Landestheilen, α) welche vormals eine Zeit lang zum Königreich Westfalen gehört haben: §§ 60, 61 (G.S. S. 83); β) welche zu dem ehemaligen Großherzogthum Berg eine Zeit lang gehört haben: §§ 41, 42 (G.S. S. 102); γ) welche vormals zu den französischen Departements eine Zeit lang gehört haben: §§ 39, 40 (G.S. S. 119).

2. Für die neuen Provinzen: Ges., betr. die Aufhebung und Ab-

§. 54. Die Schenkgerechtigkeit begreift das Recht, Getränke sowohl in Fässern, als in kleineren Quantitäten zu verkaufen, unter sich.

§. 55. Der Ausschank oder die Krugnahrung enthält nur die Befugniss, Getränke in Gläsern, Flaschen, oder anderen kleineren Quantitäten zu verkaufen.

§. 68. Wer die auf seine eigne Consumtion nicht eingeschränkte Braugerechtigkeit hat, dem kommt in der Regel auch das Recht zu, sein Bier zu verschenken und fassweise zu verkaufen.

§. 69. Dagegen folgt aus dem Schenkrechte noch keine Braugerechtigkeit.

---

lösung gewerblicher Berechtigungen 2c., v. 17. März 1868 (G.S. S. 249) § 2 Abs. 2 Nr. 1 (= Pr.Gew.O. § 4 Ziff. 1).

In dem Rahmen späterer Gesetze sind aufgegangen die Ges. u. V. vom 29. März 1808 (G.S. S. 219), 28. Oktober 1810 § 1 (G.S. S. 95), 7. Dezember 1811 Nr. 51 (G.S. S. 268), 13. Mai 1833 (G.S. S. 52) u. 22. Dezember 1839 (G.S. 1840, S. 6), sowie die oben nicht hervorgehobenen bezüglichen Bestimmungen der angeführten Gesetze.

Zweiter Theil.

Erster Titel.

Von der Ehe.[1])

Erster Abschnitt.

Von den Erfordernissen einer gültigen Ehe.

Ehen der Militär-Personen.

§. 34. Offiziere, welche in wirklichen Kriegsdiensten stehen, können ohne Königliche Erlaubniß nicht heirathen.[2])

Anh. §. 65. Siehe die Circular-Verordnung: das Heirathen der Offiziere und die Legitimation der unehelichen Kinder betreffend, vom 1. September 1798.

§. 35. Bei Unteroffizieren, Soldaten, und Allen, welche gleich diesen zur Fahne geschworen haben, wird die Einwilligung des Chefs oder Commandeurs von dem Regimente, Bataillon, oder Corps, zu welchem sie gehören, erfordert.

---

[1]) Nach Art. 89 A.G. z. B.G.B. sind von der Aufhebung nicht ausgenommen die §§ 119, 170, 1009 bis 1012 II. 1. Diese enthalten Strafvorschriften; § 119 für unbegründeten Rücktritt vom Verlöbniß, § 170 für Umgehung der inländischen Ehegesetze durch Eheschließung im Auslande, §§ 1009—1012 für Eheschließung trotz bestehender Ehehindernisse. Sie würden also unter den in Art. 89 a. a. O. ausgesprochenen Vorbehalt für öffentliches Recht fallen. Die Vorschriften stehen aber in so engem Zusammenhang mit den Regeln des Verlöbniß- und Eherechts, daß sie, was bei § 170 nach dem Personenstandsgesetz schon angenommen wurde, als fortgefallen zu gelten haben. Von der Neuordnung des Strafrechts waren sie unberührt geblieben; E.G. z. Pr.Str.G.B. Art. II; E.G. z. R.Str.G.B. § 2.

[2]) A.B. v. 14. März 1850 (M.W.Bl. S. 66); A.B. v. 20. Mai 1886. (A.B.Bl. S. 174); Reichs-Militärges. v. 2. Mai 1874 (R.G.Bl. S. 45) § 40.

Vierter Abschnitt.

Von den Rechten und Pflichten der Eheleute, in Beziehung auf ihre Personen.

§. 193. Sie nimmt Theil an den Rechten seines Standes, so weit dieselben nicht allein an seine Person gebunden sind.[3])

Siebenter Abschnitt.

Von Trennung der Ehe durch den Tod.

Anh. §. 77. Trauerreglement vom 7. Oktober 1797.[4])

Achter Abschnitt.

Von Trennung der Ehe durch richterlichen Ausspruch.

§. 738. Die geschiedene Frau behält in der Regel den bisherigen Stand und Rang des Mannes.[5])

§. 739. Ist sie aber ausdrücklich für den schuldigen Theil erklärt, so fällt sie in den vor der Ehe gehabten niedrigeren Stand zurück.

§. 740. Ist sie nicht für den schuldigen Theil erklärt worden,

---

[3]) D. h. die Ehefrau. — § 193 enthält öffentliches Recht; vgl. §§ 738 ff. II. 1; 59, 603, 640, 641, 683 ff. II. 2.

[4]) Die Vorschriften des Anh. § 77 für Privat- und Hoftrauer sind durch die K.O. vom 28. November 1845, betreffend das Trauerreglement vom 7. Oktober 1797. (G.S. S. 830.) aufgehoben. Das Reglement gilt als öffentliches Recht für Landestrauer weiter und ist von Art. 89 A.G. z. B.G.B. nicht berührt.

Es lautet: (N.C.C. Bd. X S. 1431.).

Bei dem Ableben des Königs, der Königin oder einer verwittweten Königin von Preußen trauern der Hof und die Kollegia sechs Wochen lang; die ersten drei Wochen der Adel, wie bisher, mit Pleureusen, und Personen bürgerlichen Standes ohne dieselben, mit tiefer Trauer: die übrigen drei Wochen mit gewöhnlichen schwarzen Kleidern, silbernen Degen und Schnallen. Die Subalternen der Kollegien trauern bloß mit einem Flor um den Arm.

Die Musik und die Schauspiele werden acht Tage lang eingestellt.

Alles Drapiren der Wagen und Zimmer, sowie die schwarze Kleidung der Hausoffizianten und Livree, ingleichen das Behängen der Kanzeln und Kirchstühle mit schwarzem Tuche, wird gänzlich verboten. Die Glocken werden bei obgedachten drei Sterbefällen Mittags von 12 bis 1 Uhr 14 Tage lang geläutet.

In den Kanzleien wird 6 Wochen lang schwarz gesiegelt dagegen hört der Gebrauch des auf dem Rande und Schnitte schwarz gefärbten Papiers völlig auf.

[5]) Als öffentliches Recht unberührt; vgl. § 193 II. 1 u. Anm. 3.

so kann sie in den höheren Stand, welchen sie vor der Heirath hatte, wieder hinauftreten.

Zweiter Titel.

Von den wechselseitigen Rechten und Pflichten der Eltern und Kinder.

Erster Abschnitt.

Von ehelichen Kindern.

§. 17. Dagegen können Lehns- und Fideicommiß-Anwarter die Rechtmäßigkeit eines Kindes, so weit dessen Succession in das Lehn oder Fideicommiß davon abhängt, annoch binnen drei Jahren nach dem Tode des vorgeblichen Vaters anfechten.

§. 18. Auch durch das Anerkenntniß dieses Letzteren kann den Lehns- und Fideicommiß-Anwartern ihr Recht nicht benommen werden.[1])

Zweiter Abschnitt.

Von den Rechten und Pflichten der Eltern und der aus einer Ehe zur rechten Hand erzeugten Kinder, so lange die letzteren unter väterlicher Gewalt stehen.

Allgemeine Rechte ehelicher Kinder.

§. 58. Kinder aus einer Ehe zur rechten Hand führen den Namen des Vaters.

§. 59. Sie erlangen die Rechte seiner Familie und seines Standes, in so fern letztere durch die bloße Geburt fortgepflanzt worden.[2])

Rechte und Pflichten der Eltern: 2) wegen der Erziehung und des Unterrichts;[3])

§. 76. Sind die Eltern verschiedenen Glaubensbekenntnissen zugethan, so müssen, bis nach zurückgelegtem vierzehnten Jahre, die Söhne in der Religion des Vaters, die Töchter aber in dem Glaubensbekenntnisse der Mutter unterrichtet werden.

§. 77. Zu Abweichungen von diesen gesetzlichen Vorschriften kann keiner der Eltern den Anderen, auch nicht durch Verträge, verpflichten.

---

[1]) Durch Art. 59 E.G. z. B.G.B. gegenüber §§ 1593 ff. B.G.B. aufrechterhalten, soweit Folge in Lehne und Fideikommisse in Betracht kommt.

[2]) Oeffentliches Recht. § 58 ist nur zum Verständniß mit abgedruckt, aufgehoben durch § 1616 B.G.B.

[3]) Art. 134 E.G. z. B.G.B. läßt die Vorschriften über religiöse Er-

§. 78. So lange jedoch die Eltern über den ihren Kindern zu ertheilenden Religionsunterricht einig sind, hat kein Dritter ein Recht, ihnen darin zu widersprechen.

§. 80. Auch nach dem Tode der Eltern muß der Unterricht der Kinder in dem Glaubensbekenntnisse desjenigen von ihnen, zu dessen Geschlecht sie gehören, fortgesetzt werden.

§. 81. Auf eine in der letzten Krankheit erst erfolgte Religionsveränderung wird dabei keine Rücksicht genommen.

§. 82. Hat aber der verstorbene (Ehegatte) — Ehemann — ein (zu seinem Geschlechte gehöriges) Kind, wenigstens durch das ganze letzte Jahr vor seinem Tode, in (dem) einem andern — Glaubensbekenntnisse (des anderen Ehegatten) — als dem seinigen — unterrichten lassen; so muß dieser Unterricht in eben der Art, auch nach seinem Tode, bis zum vollendeten vierzehnten Jahre des Kindes, fortgesetzt werden.[4])

---

ziehung der Kinder unberührt. Maßgebend ist die Deklaration v. 21. November 1803 (N.C.C. Bd. XI, S. 1931), durch welche §§ 76, 80 II. 2 beseitigt sind:

Se. Königl. Maj. ꝛc. haben in Erwägung gezogen, daß die Vorschrift des A.L.R. Th. II, Tit. 2, § 76, nach welcher bei Ehen zwischen Personen verschiedenen Glaubensbekenntnisses die Söhne in der Religion des Vaters, die Töchter aber in dem Glaubensbekenntnisse der Mutter, bis nach zurückgelegtem vierzehnten Jahre, unterrichtet werden sollen, nur dazu diene, den Religionsunterschied in den Familien zu verewigen, und dadurch Spaltungen zu erzeugen, die nicht selten die Einigkeit unter den Familiengliedern zum großen Nachtheil derselben untergraben.

Höchstdieselben setzen daher hierdurch allgemein fest: daß eheliche Kinder jedesmal in der Religion ihres Vaters unterrichtet werden sollen, und daß zu Abweichungen von dieser gesetzlichen Vorschrift kein Ehegatte den andern durch Verträge verpflichten dürfe. Uebrigens verbleibt es auch noch fernerhin bei der Bestimmung des § 78 a. a. O. des A.L.R., nach welcher Niemand ein Recht hat, den Eltern zu widersprechen, so lange selbige über den ihren Kindern zu ertheilenden Religionsunterricht einig sind.

Se. Königl. Maj. befehlen sämmtlichen Landes-Justizkollegien und Gerichten, insbesondere den Konsistorien und vormundschaftlichen Behörden, sich nach dieser Deklaration gebührend zu achten, und soll dieselbe gedruckt und zur allgemeinen Kenntniß gebracht werden. —

Die Deklaration ist durch K.O. v. 17. August 1825 (G.S. S. 221) auf die westlichen Provinzen ausgedehnt. — Vgl. § 642 II. 2 wegen der unehelichen Kinder.

[4]) Die eingeklammerten Stellen enthalten den ursprünglichen, nach der Dekl. v. 21. Nov. 1803 oben nicht mehr maßgebenden Gesetzestext. Der

§. 83. Vor zurückgelegtem vierzehnten Jahre darf keine Religionsgesellschaft ein Kind zur Annahme, oder zum öffentlichen Bekenntnisse einer anderen Religion, als wozu dasselbe nach vorstehenden gesetzlichen Bestimmungen gehört, selbst nicht mit Einwilligung der Eltern seines Geschlechts, zulassen.

§. 84. Nach zurückgelegtem vierzehnten Jahre hingegen steht es lediglich in der Wahl der Kinder, zu welcher Religionspartei sie sich bekennen wollen.[5])

Dritter Abschnitt.

Von dem eigenthümlichen Vermögen der Kinder.

§. 150. Auch Lehne, die den Kindern verliehen, oder wozu dieselben in die Gesammtehand mit aufgenommen worden, werden, sobald sie zum Besitze gelangen, in Beziehung auf den Vater, ihrem freien Vermögen beigerechnet.[6])

Neunter Abschnitt.

Von den aus unehelichem Beischlafe erzeugten Kindern.

Legitimation unehelicher Kinder durch obrigkeitliche Deklaration.

§. 603. Durch diese Legitimation erhält das Kind den Stand des Vaters, und in Ansehung seiner, alle Rechte und Pflichten eines ehelichen Kindes.[7])

Rechte des Standes und der Familie.

§. 640. Doch führen sie den Geschlechtsnamen der Mutter, und gehören zu demjenigen Stande, in welchem die Mutter, zur Zeit der Geburt, sich befunden hat.

§. 641. Ist aber die Mutter von adlicher Herkunft, so kann dennoch das uneheliche Kind den adlichen Namen und das Wappen sich nicht anmaßen.[8])

übrige Text mit den lateinisch gedruckten Einschaltungen giebt den Standpunkt wieder, den das Kammergericht innehält. (K.G.Entsch. Bd. 9. S. 44, vgl. Hübler, die religiöse Erziehung der Kinder aus gemischten Ehen. Berlin 1888.)

[5]) Vorbehalt für Zwangserziehung Minderjähriger in Art. 135 E.G. z. B.G.B. Ges. über die Fürsorgeerziehung Minderjähriger, v. 2. Juli 1900 (G.S. S. 264).

[6]) Art. 59 E.G. z. B.G.B.

[7]) Erhalten, soweit öffentlichrechtlich. Sonst ersetzt durch § 1736 B.G.B.

[8]) Als öffentliches Recht erhalten, § 640 infolge des Vorbehalts in

§. 642. Uneheliche Kinder werden bis zum geendigten Vierzehnten Jahre in dem Glaubensbekenntnisse der Mutter erzogen.[9])

Zehnter Abschnitt.

Von der Annahme an Kindesstatt.

Wie die Adoption geschehen könne.

Anh. §. 100. Einer Berichterstattung an das Lehnsdepartement zum Immediatvortrage bedarf es nur in den Fällen: wenn mit der Adoption zugleich die Annahme und Führung eines adelichen Namens und Wappens verbunden sein soll.[10])

§. 683. Es[11]) überkommt alle Rechte seines Standes, soweit dieselben durch die Geburt aus einer wirklichen Ehe zur rechten Hand fortgepflanzt werden.

§. 684. Ist jedoch der Annehmende von Adel, und der Angenommene von bürgerlicher Herkunft: so kann Letzterer die Vorrechte und Unterscheidungen des Adels nur mittelst besonderer landesherrlicher Begnadigung erhalten.

§. 685. Ist der Annehmende bürgerlichen Standes, und der Angenommene adelicher Herkunft: so verliert Letzterer zwar nicht die Rechte des Adels; er muß aber, außer dem Namen des Adoptirenden (§. 682.), zugleich seinen adelichen Familiennamen beibehalten.[12])

Dritter Titel.

Von den Rechten und Pflichten der übrigen Mitglieder einer Familie.[13])

Art. 89. A.G. z. B.G.B. Das Recht des Namens richtet sich nach § 1706 B.G.B. vgl. Art. 13 der V. zur Ausführung des B.G.B., v. 16. November 1899 (G.S. S. 562).

9) Art. 134 E.G. z. B.G.B., vgl. §§ 77 ff. oben.

10) Als öffentliches Recht in Folge des Vorbehalts in Art. 89 A.G. z. B.G.B. erhalten. An Stelle des Lehnsdepartements ist das Ministerium des Kgl. Hauses getreten. A.E. v. 16. August 1854 (G.S. S. 516).

11) Das angenommene Kind.

12) Oeffentliches Recht. § 1758 Abs. 2 B.G.B. ermöglicht die Führung des früheren Familiennamens.

13) Durch das B.G.B. aufgehoben; Art. 89 A.G. z. B.G.B.

Vierter Titel.

Von gemeinschaftlichen Familienrechten.[1])

Erster Abschnitt.

Von gemeinschaftlichen Familienrechten überhaupt.

Theilnehmung an Familienrechten.

§. 1. An gemeinschaftlichen Familienrechten nehmen sämmtliche Mitglieder der Familie, ohne Unterschied der Art oder des Grades der Verwandtschaft, Antheil.

§. 2. Wenn von Familienrechten überhaupt die Rede ist, so kommen dieselben auch Personen weiblichen Geschlechts, und denjenigen zu, welche durch Abstammung von solchen Personen mit der Familie verbunden sind.

§. 3. Nur in Fällen, wo Stiftungsbriefe, Familienverträge, oder besondere Gesetze dieses bestimmen, werden Weibspersonen, und die durch sie mit der Familie verwandt sind, von solchen Gerechtsamen ausgeschlossen.[2])

Ausübung derselben.

§. 4. Ist ein gemeinschaftliches Familienrecht so beschaffen, daß es nicht von Allen zugleich, sondern nur von Einem ausgeübt werden kann: so kommt, wenn nicht Stiftungsbriefe oder Familienverträge ein Anderes mit sich bringen, die Ausübung eines solchen Rechts demjenigen zu, welcher dem ersten Erwerber, dem Grade nach, am nächsten verwandt ist.

§. 5. Ist kein erster Erwerber bekannt; oder sind mehrere ihm gleich nahe Familienmitglieder vorhanden: so kommt die Ausübung des Familienrechts demjenigen zu, welcher der Aeltere den Jahren nach ist.

§. 6. Giebt auch das Alter keine entscheidende Bestimmung, so muß dieselbe dem Loose überlassen werden.

Familienschlüsse.

§. 7. Gemeinschaftliche Familienangelegenheiten müssen durch Berathschlagungen und Schlüsse der ganzen Familie angeordnet werden.[3])

---

[1]) Art. 59 E.G. z. B.G.B. läßt die Vorschriften über Familienfideikommisse unberührt.

Art. 89 A.G. z. B.G.B. hebt die §§ 1—22, 27—47, 227—250 II. 4 nur auf, soweit sie nicht für Familienfideikommisse gelten.

[2]) Vgl. §§ 189 ff. d. T.

[3]) Ges. über Familienschlüsse bei Familien-Fideikommissen, Familien-

§. 8. In wie fern dieses durch die Mehrheit der Stimmen, oder nur durch den einhelligen Schluß sämmtlicher Familienmitglieder geschehen könne, ist, in so fern Stiftungsbriefe und Familienverträge nichts Besonderes festsetzen, nach den allgemeinen Vorschriften vom Rechte der Gesellschaften zu bestimmen.

Vorsteher der Familie.

§. 9. Zu dergleichen Berathschlagungen muß der Vorsteher der Familie dieselbe zusammenberufen.

§. 10. Wer als Vorsteher der Familie anzusehen sei, wird durch die Wahl der übrigen Mitglieder, und wenn keine Wahl geschehen, oder überhaupt in der Familie nicht gewöhnlich ist, durch das Alter den Jahren nach bestimmt.

§. 11. Personen weiblichen Geschlechts können nur durch Stiftungsbriefe, oder durch die Wahl der übrigen Mitglieder, zu Vorstehern der Familie bestellt werden.

§. 12. Dem Vorsteher der Familie liegt vorzüglich ob, für die Erhaltung der Familienrechte zu sorgen.

§. 13. Doch muß er in Prozessen Vollmacht von den übrigen Familienmitgliedern beibringen.

§. 14. In Fällen aber, wo Gefahr aus dem Verzuge für die Familie entstehen könnte, muß er, vermöge einer zu vermuthenden Vollmacht, zugelassen werden. (Th. 1. Tit. 13 §. 119. sqq.)[4])

§. 15. Die von ihm auf den Grund einer solchen wirklich ertheilten, oder zu vermuthenden Vollmacht aufgewendeten Kosten muß ihm die Familie erstatten.

§. 16. Die Vertheilung dieser Kosten geschieht in der Regel nach der Zahl der zu der Familie gehörenden Personen.

§. 17. Doch werden Kinder, deren Eltern noch am Leben sind, nur in so fern gerechnet, als sie eigenthümliches freies Vermögen besitzen, oder bereits eine abgesonderte Wirthschaft angestellt haben.

---

stiftungen und Lehnen, v. 15. Februar 1840 (G.S. S. 20); und Ges., die Familien-Fideikommisse, fideikommissarischen Substitutionen und Famlienstiftungen im Herzogthume Schlesien und in der Grafschaft Glatz betreffend, v. 15. Februar 1840 (G.S. S. 25). Beide Gesetze sind durch Art. 89 A.G. z. B.G.B. Ziff. 10 u. 11 aufgehoben, soweit sie sich auf Familienstiftungen beziehen.

[4]) §§ 119ff. I. 13 sind durch das B.G.B. beseitigt und durch dessen Vorschriften über Vertretung ohne Vertretungsmacht ersetzt. Für Civilprozesse entscheidet § 89 C.P.O.

§. 18. Unvermögende Familienmitglieder müssen von den vermögenden übertragen werden.

§. 19. Die Verwahrung der die gemeinschaftlichen Familienrechte betreffenden Urkunden gebührt dem Vorsteher der Familie.

§. 20. Ist aber ein gemeinschaftliches Stammhaus vorhanden, so müssen die Familienurkunden der Regel nach in diesem aufbewahrt werden.

Zweiter Abschnitt.

Von Familienstiftungen.[5])

Was Familienstiftungen[6]) und Fideicommisse sind.

§§. 21. 22. (weggefallen).

§. 23. Wenn aber Jemand verordnet, daß ein gewisses Grundstück oder Capital, entweder für beständig, oder doch durch mehrere Geschlechtsfolgen bei einer Familie verbleiben solle, so wird solches ein Familienfideicommiß genannt.

§. 24. Wenn Jemand verordnet, daß die Zinsen eines gewissen Capitals einer Familie zu gute kommen sollen, so ist dergleichen Verordnung, im zweifelhaften Falle, eher für eine bloße Familienstiftung, als für ein Fideicommiß zu achten.

§. 25. Ist ein bestimmter Zinsfuß eines gewissen Capitals als der Maßstab der der Familie zugedachten jährlichen Hebung vorgeschrieben, so müssen, bei erfolgender Verminderung des Zinsfußes, auch die Theilnehmer eine Verminderung ihrer jährlichen Hebung sich gefallen lassen.

§. 26. Ist jedoch das Capital selbst beim Schuldner desselben, auf eine ihn rechtlich verpflichtende Art, unablöslich[7]) bestätigt worden, so kann derselbe auf eine Herabsetzung der Zinsen niemals antragen.[7])

§. 27. (weggefallen).[8])

§. 28. Dergleichen Familienstiftungen können durch Verträge,

---

[5]) Vgl. Anm. 1.

[6]) Was Familienstiftungen sind, richtet sich nach §§ 80ff. B.G.B. und Art. 1 § 1 A.G. z. B.G.B.

§§ 21, 22 fallen weg; sie bezogen sich lediglich auf Familienstiftungen.

[7]) Das Kündigungsrecht kann bei Hypothekenforderungen, Grundschulden und Rentenschulden auf höchstens zwanzig Jahre ausgeschlossen werden. Art. 32 A.G. z. B.G.B. (§ 92 des Ablösungsgesetzes vom 7. März 1850 (G.S. S. 77) ist durch A.G. z. B.G.B. Art. 89 Ziff. 15 besonders aufgehoben).

[8]) Wegen § 27 vgl. Anm. 1 und 6.

durch einseitige Verfügungen unter Lebendigen, und durch letzte Willensverordnungen errichtet werden.[9]

§. 29. Diese Stiftungsurkunden sollen künftig allemal vor dem ordentlichen persönlichen Richter[10] des Stifters verlautbart, und demselben zur Bestätigung vorgelegt werden.

§. 30. Diese Verlautbarung muß, wenn sie der Stifter nicht selbst schon bei seiner Lebenszeit bewirkt, durch den Vorsteher der zum Genusse der Stiftung berufenen Familie besorgt werden.

§. 31. Der Richter ist schuldig, nach näherer Anweisung der Gesetze, welche die gerichtliche Verfahrungsart in nicht streitigen Rechtsangelegenheiten vorschreiben, darauf zu sehen, daß dergleichen Urkunden deutlich und bestimmt gefaßt, auch künftigen Zweifeln und Prozessen möglichst vorgebeugt werde.

§. 32. So lange die Stiftungsurkunde nicht gerichtlich verlautbart worden, soll keine Klage daraus angenommen werden.

§. 33. Wird aber die Gültigkeit der Urkunde selbst, vor oder nach der Verlautbarung, angefochten, so muß darüber rechtliches Gehör verstattet werden.

§§. 34—41. (weggefallen).[11]

§. 42. Zur Abfassung eines solchen Familienschlusses müssen alle Mitglieder zugezogen, und denjenigen, welche wegen minderjährigen Alters oder sonst, ihren Sachen nicht selbst vorstehen können, Vormünder bestellt werden.[12]

§. 43. Letzteres muß geschehen, auch wenn die Väter solcher minderjährigen Familienmitglieder noch am Leben sind.

§. 44. Wenn neue Familienmitglieder innerhalb des dreihundert zweiten Tages nach der von ihren Eltern geschehenen Vollziehung des Familienschlusses geboren werden, so sind in Ansehung ihrer die Vorschriften §. 42. 43. zu beobachten.[13]

---

9) §§ 28—33 kommen für die Errichtung von Familienfideikommissen in Betracht. Vgl. § 62 d. T.

10) Abgeändert durch Ges., die Kompetenz der Gerichtsbehörden in Familienfideikommißsachen betreffend, v. 5. März 1855 (G.S. S. 175): Oberlandesgericht des Wohnsitzes des Stifters. Vgl. Anm. zu § 62.

11) Wegen §§ 34—41 vgl. Anm. 1, 6.

12) §§ 42—46 gelten nach § 77 d. T. auch für Familienfideikommisse.

13) Hierzu die für Familienfideikommisse noch geltende A.K.O. vom 5. September 1835, betreffend die Deklaration des § 44, Tit. 4. (G.S. S. 198.). Vgl. § 5 Abs. 1 S. 2 des Art. 1 A.G. z. B.G.B.

§. 45. Später geborene Familienmitglieder müssen den Schluß der Familie schlechterdings anerkennen.

§. 46. Dergleichen Familienschlüsse sollen gerichtlich geprüft und bestätigt werden. (§. 29—33.)[14]

Dritter Abschnitt.

Von beständigen Familien-Fideicommissen.[15][16]

Was zu beständigen Familien-Fideicommissen gewidmet werden könne.

§. 48. Zu beständigen Familien-Fideicommissen aber können nur Capitalien und Grundstücke, mit welchen Ackerbau und Viehzucht verbunden ist, gewidmet werden.[17]

§. 49. Nur freie und keiner grundherrschaftlichen Botmäßigkeit unterworfene Grundstücke können mit einem solchen beständigen Familien-Fideicommisse belegt werden.[18]

§. 50. Lehne können zwar in Fideicommisse nicht verwandelt; wohl aber darin eine Successionsordnung, wie bei Fideicommissen, mit Beistimmung sämmtlicher Interessenten, eingeführt werden.[19]

---

14) Ges. v. 15. Februar 1840 (G.S. S. 20) § 2.

15) § 47 ist als Vorschrift über fideikommissarische Substitutionen (Nacherbschaft des B.G.B.) beseitigt.

16) Die Stiftung von Familienfideikommissen war durch Art. 38 der Verf.Urkunde v. 5. Dezember 1848 und Art. 40 der Pr. Verf. verboten. Durch Ges. v. 5. Juni 1852 (G.S. S. 319) ist das ältere Recht wiederhergestellt.

Außer dem A.L.R. gelten in Preußen:

a) in Neuvorpommern und Rügen: das Ges., betr. die Familienfideikommisse, vom 12. Juli 1896 (G.S. S. 162),

b) im ehemal. Herzogthum Westfalen, vgl. Patent vom 21. Juni 1825 (G.S. S. 153), die A.K.O. v. 22. August 1832 (G.S. S. 225),

c) in der Rheinprovinz: die A.K.O. v. 25. Februar 1826 (G.S. S. 19).

Es sind ferner zu beachten:

für das ehemal. Großherzogthum Berg: Ges. v. 23. März 1828 (G.S. S. 38) mit den A.K.O. v. 28. April 1829 (G.S. S. 45), v. 29. März 1831 (G.S. S. 44), v. 14. Juli 1833 (G.S S. 83); ferner die A.K.O v. 24. Juli 1832 (G.S. S. 201) u. d. Ges. v 23. August 1834 (G.S. S. 167); für die Landestheile, die zum ehemal. Königreich Westfalen gehört haben: V. v. 11. März 1818 (G.S. S. 17) u. V. v. 9. Juni 1827 (G.S. S. 76).

17) Vgl. Edikt den erleichterten Besitz u. den freien Gebrauch des Grundeigenthums u. s. w. betr., v. 9. Oktober 1807 § 1 (G.S. S. 170).

18) Außer Geltung nach Beseitigung der grundherrschaftlichen Botmäßigkeit. Landkulturedikt v. 14. September 1811 § 1 (G.S. S. 300).

19) § 50 gilt nur noch für Thron- und Außenlehen. Ges. 5. Juni 1852 (G.S. S. 319).

§. 51. Ein Landgut, welches zum beständigen Familien-Fideicommiß gewidmet werden soll, muß wenigstens einen reinen Ertrag von zweitausend fünfhundert Thalern, nach einem landüblichen Wirthschaftsanschlage, gewähren.[20])

§. 52. Dieser Ertrag darf weder mit Zinsen von Schuldposten, die auf dem Gute haften, noch mit Abgaben an Familienmitglieder oder Fremde belastet sein.

§. 53. Nur mit Prästationen zum Besten der Kinder des jedesmaligen Fideicommißbesitzers; zur Aufsammlung eines Capitals für künftige Unglücksfälle; oder zur Erweiterung und Verbesserung des Fideicommisses, kann der Ertrag desselben, bis zur Hälfte der gesetzmäßigen Summe, in dem Stiftungsbriefe belegt werden.

§. 54. Es muß also, bei jedem künftig zu errichtenden Fideicommiß, dem zeitigen Besitzer wenigstens ein reiner Ertrag von zwölfhundert und funfzig Thalern zur freien Verwendung übrig bleiben.[21])

Die Umwandlung ist gestattet durch folgende Vorschriften:

a) Ges., betr. die erleichterte Umwandlung Alt-Vorpommerscher und Hinterpommerscher Lehne in Familienfideikommisse, v. 10. Juni 1856 (G.S. S. 554) und Ges., betr. die Auflösung des Lehnsverbandes in Alt-, Vor- und Hinterpommern &c. v. 4. März 1867, §§ 6—10 (G.S. S. 862);

b) Ges., betr. die erleichterte Umwandlung Ostpreußischer und Ermländischer Lehne in Familienfideikommisse, v. 23. März 1857 (G.S. S. 169) und Ges., betr. die Aufhebung des Lehnsverbandes im Geltungsbezirk des Ostpreußischen Provinzialrechts v. 16. März 1877 (G.S S. 101);

c) Ges., betr. die Auflösung des Lehnsverbandes der nach dem Lehnrecht der Kurmark, Altmark und Neumark zu beurtheilenden Lehne, v. 23. Juli 1875 §§ 2, 14 ff. (G.S. S. 537);

d) Ges., betr. die Auflösung des Lehnsverbandes der in dem Herzogthum Schlesien, der Grafschaft Glatz und dem Preußischen Markgrafthum Oberlausitz belegenen Lehne, v. 19. Juni 1876 (G.S. S. 238);

e) Ges, betr. die Auflösung des Lehnsverbandes der dem Sächsischen Lehnrechte, der Magdeburger Polizeiordnung und dem Longobardischen Lehnrechte, sowie dem Allgemeinen Preußischen Landrechte unterworfenen Lehne in den Provinzen Sachsen und Brandenburg, v. 28. März 1877 (G.S. S. 111) §§ 9, 11, 12, 23.

20) Nach Ges. v. 10. Juni 1856 (G.S. S. 554) § 1 und Ges. v. 23. März 1857 (G.S. S. 169) § 1 genügen 2000 Thaler, nach Ges. v. 23. Juli 1875 (G.S. S. 537) § 14: 6000 M.; die Ges. v. 19. Juni 1876 (G.S. S. 238) § 10 und v. 28. März 1877 (G.S. S. 111) §§ 11, 23 verlangen 7500 M.

21) Nach den Ges. v. 10. Juni 1856 (G.S. S. 554) § 1 und v.

§. 55. Grundstücke, die schon an und für sich den reinen Ertrag von zweitausend fünfhundert Thalern nicht gewähren, können nur in so fern zu einem beständigen Fideicommiß gewidmet werden, als damit ein Capital, dessen Nutzung das Fehlende ergänzt, untrennbar verbunden wird.

§. 56. Für eben diese Familie soll in Zukunft kein Fideicommiß, welches den reinen Ertrag von zehntausend Thalern übersteigt, ohne besondere landesherrliche Genehmigung gestiftet werden.[22])

§. 57. Auch ein nachfolgender Fideicommißbesitzer kann das von seinen Vorfahren auf ihn verfällte Fideicommiß über diesen Ertrag nicht vergrößern.

§. 58. Sobald aber eine Familie in mehrere neben einander fortlaufende Linien sich theilt, kann für jede dieser Linien ein besonderes Fideicommiß gestiftet werden.

§. 59. Zu einem bloßen für sich allein bestehenden Geld-Fideicommiß ist ein Capital von zehntausend Thalern hinreichend.

§. 60. Aus bloßen Häusern und Gebäuden, ingleichen aus Mobilien und Kostbarkeiten allein, kann kein beständiges Familien-Fideicommiß errichtet werden.

§. 61. Wohl aber können dergleichen Gebäude, Mobilien und Kostbarkeiten einem anderen für sich bestehenden Fideicommisse zugeschlagen werden.

Von Errichtung der Familien-Fideicommisse.

§. 62. Von Errichtung und Verlautbarung der Fideicommiß-Urkunden gilt eben das, was in Ansehung der Familienstiftungen verordnet ist. (§. 28. sqq.)[23])

---

23. März 1857 (G.S. S. 169) § 1 genügen 1000 Thaler, nach Ges. v. 23. Juli 1875 (G.S. S. 537) § 14: 3000 M.; die Ges. v. 19. Juni 1876 (G.S. S. 238) § 10 und v. 28. März 1877 (G.S. S. 111 §§ 11, 23 verlangen 3750 M.

[22]) Gilt nicht bei der Umwandlung von Lehnen in Familienfideikommisse. Vgl. die in Anm. 19 aufgeführten Gesetze.

[23]) §§ 29 ff. d. T. sind durch das Ges. die Kompetenz der Gerichtsbehörden in Familienfideikommißsachen betreffend, v. 5. März 1855 (G.S. S. 175) abgeändert. Dazu vgl. § 49 Nr. 1 A.G. z. G.V.G. v 24 April 1878 (G.S. S. 230) und Art. 15, 16, 17 A.G. z. G.B.O.

Fideikommißbehörde ist im Bereich des Ges. v. 5. März 1855 (Geltungsgebiet des A.L.R. und der A.G.O.) und in Lauenburg

§. 63. Doch muß, wenn das Fideicommiß in einem Grundstücke besteht, die Verlautbarung vor demjenigen Richter geschehen, unter welchem das Grundstück belegen ist.[24])

§. 64. Dieser muß von Amts wegen dafür sorgen, daß das Fideicommiß auf das dazu gewidmete Grundstück in das Hypothekenbuch eingetragen werde [24])

§. 65. Auch die zur Zeit der Errichtung des Fideicommisses vorhandenen bekannten Familienmitglieder, welche dazu mit berufen sind, müssen ihre Namen, und die Art ihrer Verwandtschaft mit dem Stifter im Hypothekenbuche vermerken lassen.

§. 66. Ist nach dem Inhalte der Stiftungsurkunde zu vermuthen, daß noch unbekannte Theilnehmer vorhanden sein möchten, so muß der Richter dieselben zur Anmeldung ihrer Gerechtsame, zum Behufe der Eintragung, öffentlich auffordern.

§. 67. Auch in der Folge, wenn neue Familienmitglieder entstehen, sind dieselben, sobald sie aus der (väterlichen) **elterlichen Gewalt kommen** (und eine abgesonderte Wirthschaft anfangen), **sich in der Eigenschaft, als Anwarter zum Fideicommisse, im Hypothekenbuche vermerken zu lassen schuldig.**[25])[26])

(§ 49 Nr. 2 A.G. z. G.V.G.) das Oberlandesgericht, in dessen Bezirk der Stifter seinen Wohnsitz hat.

Neuvorpommern und Rügen: a) § 26 d. Ges. über das Grundbuchwesen u. s. w. v. 26. Mai 1873 (G.S. S. 229) in Verbind. mit Art. 15 ff. A.G. z. G.B.O. und § 49 Nr. 1 A.G. z. G.V.G.; b) Ges., betr. die Familienfideikommisse u. s. w., v. 12. Juli 1896 § 2 (G.S. S. 162).

Schleswig-Holstein: V. v. 26. Juni 1867 § 25 IV (G.S. S. 1079).

Hannover: Ges. über das Grundbuchwesen i. d. Provinz Hannover, mit Ausschluß des Jadegebiets, v. 28. Mai 1873 (G.S. S. 253) § 14 Abs. 1, in Verb. mit Art. 33 Nr. 5 d. A.G. z. G.B.O.

Vormal. Kurfürstenthum Hessen und vorm. Kgl. bayer. Landestheile außer der Enklave Kaulsdorf: V. v. 26. Juni 1867 § 14 IV (G.S. S. 1089).

Vorm. Großherzogl. Hessische Gebietstheile: Ges., betr. das Grundbuchwesen u. s. w., v. 19. August 1895 (G.S. S. 481) § 21 Abs. 2 in Verbind. mit Art. 33 Nr 11 A.G. z. G.B.O.

[24]) Vgl. Anm. 10 u. 23.

[25]) Die elterliche tritt an die Stelle der väterlichen Gewalt gemäß Art. 69 § 1 Abs. 1 A.G. z. B.G.B.

[26]) Durch den hier eingeklammerten Satztheil hat die Vorschrift kaum auf den Fall des § 210 II. 2 A.L.R. beschränkt werden sollen. Nach dem B.G.B., dessen System hier durchweg zur Anwendung kommt (vgl. Anm. 25) ist die Errichtung einer abgesonderten Wirthschaft bedeutungslos.

§. 68. Nur die aus dem Hypothekenbuche bekannten Familienmitglieder ist der Richter bei Verhandlungen über das Fideicommiß zuzuziehen verbunden.[27])

§. 69. Diejenigen, welche sich zur Eintragung nicht gemeldet haben, müssen sich Alles, was mit den Eingetragenen gerichtlich verhandelt, und von diesen beschlossen worden, ohne alle Widerrede gefallen lassen.

§. 70. In allen Fällen, wo ein nicht eingetragenes Mitglied seinen Anspruch auf das Fideicommiß durch eine besondere Legitimation nachweisen muß, ist dasselbe schuldig, auch wenn es in der Hauptsache ein obsiegliches Urtel erhält, alle durch diese Legitimationsführung verursachten Kosten allein zu tragen.

§. 71. Uebrigens soll künftig, bei Errichtung eines jeden Fideicommisses, von den dazu gehörenden Pertinenz- und Inventarienstücken ein vollständiges beglaubtes Verzeichniß aufgenommen, und ein Exemplar davon bei den Akten des Hypothekenbuchs verwahrt werden.

Rechte und Pflichten des Fideicommißbesitzers;

§. 72. Dem jedesmaligen Fideicommißbesitzer gebührt das nutzbare Eigenthum des Fideicommisses.

§. 73. Das Obereigenthum befindet sich bei der ganzen Familie.

§. 74. Die Rechte und Pflichten des Fideicommißbesitzers sind hauptsächlich nach dem Inhalte des Stiftungsbriefes, übrigens aber nach den Vorschriften der Gesetze vom nutzbaren Eigenthum zu beurtheilen.[28])

§. 75. Wenn der Sinn des Stiftungsbriefes nicht klar ist, so muß derselbe jedesmal so gedeutet werden, wie es dem Zwecke der Erhaltung des Fideicommisses bei der Familie am gemäßesten ist.

§. 76. In allen Fällen, wenn bei getheiltem Eigenthum die Einwilligung des Obereigenthümers zu einer Verfügung erforderlich ist, muß dieselbe bei Fideicommissen durch einen Familienschluß getroffen werden.

§. 77. Wegen Aufnehmung eines solchen Familienschlusses

---

27) Die §§ 68 ff. sind für Familienschlüsse abgeändert durch das Gesetz vom 15. Februar 1840 (G.S. S. 20) §§ 3 ff., 13.

28) Vgl. §§ 94—96 I. 9, §§ 6 ff. I. 18.

gilt bei Fideicommissen alles das, was bei Familienstiftungen vorgeschrieben ist. (§. 42. sqq.)[29])

§. 78. Wenn also mit der Substanz der zum Fideicommisse gewidmeten Güter durch Tausch oder sonst, Veränderungen vorgenommen werden sollen, so muß dieses durch einen Familienschluß geschehen.[30])

§. 79. Ist dergleichen Schluß nicht zu Stande gekommen, so kann jedes Familienmitglied, welches nicht eingewilligt hat, sobald es zur Succession gelangt, die Handlung anfechten, und auf Versetzung der Sache in den vorigen Stand antragen.[31])

insonderheit bei Verschuldungen des Fideicommisses;

§. 80. Nur allein bei Aufnehmung nothwendiger Darlehne auf die Einkünfte des Fideicommisses ist nicht die Zuziehung aller, sondern bloß gewisser Familienmitglieder erforderlich.[32])

§. 81. Für nothwendige Schulden sind diejenigen Summen zu achten, welche zur Wiederherstellung der durch Unglücksfälle, ingleichen durch Alter, ohne eigenes Verschulden des Besitzers ruinirten, oder in Verfall gerathenen Gebäude aufgenommen werden müssen.

§. 82. Doch soll künftig jeder Fideicommißbesitzer schuldig sein, die zum Fideicommisse gehörigen Gebäude in die Feuer-Versicherungs-Gesellschaft aufnehmen zu lassen.

---

[29]) Vgl. Ges. v. 15. Februar 1840 (G.S. S. 20).

[30]) Ges. über die Enteignung von Grundeigenthum, v. 11. Juni 1874 (G.S. S. 221) §§ 17, 37, 38, 47. Ges. v. 15. Februar 1840 (G.S. S. 20) §. 15.

Ges. über Rentengüter, v. 27. Juni 1890 (G.S. S. 209) § 1, Abs. 5; Landkulturedikt v. 14. September 1811 (G.S. S. 300) §§ 1, 6; Gemeinheitstheilungsordnung v. 7. Juni 1821 (G.S. S. 53) §§ 9 ff., 148, 153. Siehe ferner die S. 159 in Anm. 3 aufgeführten Gesetze.

[31]) Gemäß Art. 61 E.G. z. B.G.B. ist der gutgläubige Erwerber geschützt.

[32]) §§ 80 ff. sind abgeändert durch Ges. v 15. Februar 1840 (G.S. S. 20) §§ 15, 17—19. Vgl. K.O. v. 12 Juli 1831, betr. die den Lehns- u. Fideikommiß-Besitzern zu gestattende Verpfändung der Gütersubstanz, wegen der Auseinandersetzungskosten u. Abfindungen bei gutsherrlich-bäuerlichen Regulirungen, Gemeinheits-Separationen und Ablösungen (G.S. S. 155).

Ablösungsges. v. 2. März 1850 (G.S. S. 77) §§ 110.

Ges. wegen Sicherstellung der Rechte Dritter u. s. w., v. 29. Juni 1855 (G.S. S. 135) §§ 4 ff.

§. 83. Ist dieses durch seine Schuld unterblieben, so kann er wegen Feuerschäden, deren Vergütung durch Beiträge der Gesellschaft erfolgt sein würde, die Einkünfte des Fideicommisses, zum Nachtheil künftiger Besitzer, mit Schulden nicht beschweren.

§. 84. Dagegen ist ein Fideicommißfolger, welcher die Gebäude von seinen Vorfahren in so schlechten Umständen überkommen hat, daß sie eines neuen Baues, oder einer Hauptreparatur bedürfen, die dazu erforderliche Summe auf die Nutzungen des Fideicommisses aufzunehmen berechtigt, wenn das freie Vermögen des Vorfahren zum Ersatze derselben nicht hinreicht.

§. 85. Wenn an dem Fideicommiß-Inventario überhaupt, oder auch an einzelnen Rubriken desselben, durch Brand, Krieg, Wasserfluthen, oder andere Unglücksfälle, ein solcher Schade entstanden ist, daß derselbe, zu Gelde gerechnet, den vierten Theil der Fideicommiß-Einkünfte, nach einem ungefähren Anschlage, übersteigt: so ist der Besitzer ebenfalls berechtigt, die zur Wiederherstellung des Inventarii nöthige Summe auf die Nutzungen des Fideicommisses aufzunehmen.

§. 86. Wenn das Gut durch Krieg, oder sonst durch höhere Gewalt dergestalt verheert worden, daß der Besitzer in einem oder dem anderen Jahre nicht so viel Nutzungen, als zur Abführung der stiftungsmäßigen Prästationen erforderlich sind, daraus hat ziehen können: so ist er berechtigt, so viel, als zu dieser Abführung ermangelt, auf die künftigen Revenüen aufzunehmen und zu versichern.

§. 87. In allen Fällen, wo das Fideicommiß mit einer neuen Schuld beschwert werden soll, müssen bei Regulirung der Sache zwei der Fideicommißanwarter zugezogen werden.[33])

§. 88. Besteht die zum Fideicommisse berufene Familie aus mehreren Linien, so wird die Zuziehung des nächsten Anwarters aus der im Besitze befindlichen, und des Aeltesten aus derjenigen Linie, welche nach ihr die nächste ist, erfordert.

§. 89. Ist nur Eine Linie vorhanden, so müssen aus dieser die beiden nächsten Anwarter zugezogen werden.

§. 90. Unter die zuzuziehenden Fideicommißanwarter sind die Kinder des Besitzers nicht mitzurechnen.

§. 91. Stehen die zuzuziehenden Anwarter unter Vormund-

---

[33]) Vgl. Ges. 15. Februar 1840 (G.S. S. 20) §§ 17 ff.

schaft, so müssen sie, auch bei diesem Geschäfte, von ihren Vormündern vertreten werden.

§. 92. Sind keine andere Anwarter, außer den Kindern des Fideicommißbesitzers, vorhanden, so ist deren Zuziehung hinreichend.

§. 93. Ihnen muß, wenn sie ihren Sachen nicht selbst vorstehen können, ein besonderer Curator zu diesem Geschäfte bestellt werden.

§. 94. Ist überhaupt nur Ein Anwarter vorhanden, so ist dessen Einwilligung hinreichend.

§. 95. Ist kein Anwarter bekannt, doch aber auch noch nicht entschieden: ob das Fideicommiß in den Händen des gegenwärtigen Besitzers erlöschen werde; so muß dieser, wenn er ein Darlehn aufnehmen will, bei dem Richter der Sache auf Bestellung eines Curators für das Fideicommiß, und auf dessen Zuziehung antragen.[34])

§. 96. Bei Aufnehmung eines solchen Darlehns sind allemal gewisse Termine zu dessen Rückzahlung, durch Uebereinkommen mit den zugezogenen Anwartern, oder in dessen Ermangelung nach richterlichem Ermessen, zu bestimmen.

§. 97. Der Fideicommißbesitzer ist nicht schuldig, höhere Rückzahlungstermine auf Ein Jahr zu übernehmen, als der vierte Theil der gewöhnlichen Einkünfte, nach einem ungefähren Ueberschlage beträgt.

§. 98. Dieser Ueberschlag ist jedoch nicht nach der gegenwärtigen etwa verfallenen Beschaffenheit des Gutes, sondern darnach einzurichten, was das Gut, wenn es sich in gewöhnlich gutem Wirthschaftsstande befunden, sonst getragen hat.

§. 99. Dem Besitzer muß aber auch, zur Wiederherstellung des Gutes durch Verwendung der aufzunehmenden Summe, eine verhältnißmäßige Zeit gelassen werden, ehe er mit den Rückzahlungen anzufangen schuldig ist.

§. 100. Mindere Termine, als das Viertel der gewöhnlichen Einkünfte beträgt, sind die zugezogenen Anwarter dem Besitzer zu bewilligen nur in so fern befugt, als das Fideicommiß dadurch dennoch binnen zehn Jahren von der Schuld wieder befreit werden kann.

---

[34]) Unberührt, gemäß Art. 3, 59 E.G. z. B.G.B., § 185 R.F.G.G., vgl. A.G.O. I. 46, § 30.

§. 101. Die Regulirung eines solchen Darlehnsgeschäfts muß allemal gerichtlich erfolgen.

§. 102. Der Richter, unter welchem das Fideicommiß gelegen ist, muß dabei von Amtswegen dahin sehen, daß die vorstehenden Erfordernisse beobachtet werden.[35])

§. 103. Giebt der Gläubiger wegen der bestimmten Rückzahlungstermine freiwillig Nachsicht, so geschicht es auf seine Gefahr. (Th. 1. Tit. 18. §. 252. 253.)

§. 104. Schulden des Fideicommißstifters, mit welchen er selbst das Fideicommiß bei dessen Errichtung belastet hat; oder die aus seinem übrigen Vermögen nicht bezahlt werden können, sind als ursprüngliche, die Substanz angehende Fideicommißschulden anzusehen.

§. 105. Dergleichen Schulden ist der Fideicommißfolger aus den Einkünften zu bezahlen nicht verbunden.

§. 106. Hat er sie bezahlt, so findet dabei eben das statt, was wegen der Lehnsschulden verordnet ist. (Th. 1. Tit. 18. §. 592. sqq.)

§. 107. Ein Gleiches gilt auch alsdann, wenn der Fideicommißbesitzer auf die terminlich zurückzuzahlenden Schulden Zahlungen, die erst in die Zeiten seines Nachfolgers treffen würden, zum Voraus geleistet hat.

§. 108. Wegen solcher Schulden, die nach §. 80. sqq. in gewissen Terminen aus den Einkünften wieder abgestoßen werden sollen, kann die Subhastion des Fideicommißgutes selbst niemals erfolgen.[36])

§. 109. Vielmehr kann der Gläubiger, wegen solcher zurückbleibenden Zahlungen, nur an die Einkünfte durch den Weg der gerichtlichen Sequestration sich halten.

§. 110. Wegen solcher Schulden aber, die nach §. 104. aus der Substanz des Fideicommisses selbst bezahlt werden müssen, kann der Gläubiger, im Verfolge der Execution, auch auf den gerichtlichen Verkauf des Guts selbst antragen.

§. 111. Was aber von dem Kaufgelde, nach Abzug dieser Schulden, noch übrig bleibt, muß zum Fideicommiß angelegt werden.

---

[35] Vgl. Anm. 23 bei § 62 wegen der Zuständigkeit.

[36]) Revenüenhypothek; Art. 60 E.G. z. B.G.B. Art. 13 A.G. z. Zw.V.G.

§. 112. Der Käufer eines solchen Guts kann also nur in das gerichtliche Depositum mit Sicherheit zahlen.[37])

§. 113. Wie die anderweitige Anlegung zum Fideicommisse geschehen solle, muß durch einen Familienschluß angeordnet werden.[38])

§. 114. Ein solcher Familienschluß ist auch alsdann nothwendig, wenn in außerordentlichen Fällen, zur Wiederherstellung eines ruinirten Fideicommisses ein so starker Vorschuß erforderlich ist, daß derselbe aus den bloßen Einkünften nicht zurückgezahlt werden kann.

§. 115. Wird durch Versandungen, oder andere dergleichen aus höherer Macht herrührende Unglücksfälle, das Fideicommißgut dergestalt verringert, daß die nach §. 53. auf das Gut gelegten stiftungsmäßigen Prästationen daraus nicht mehr genommen werden können: so müssen diese so weit zurückstehen, als es nothwendig ist, um dem Fideicommißbesitzer den §. 54. ausgemessenen reinen Ertrag zu gewähren.

§. 116. Doch dauert dieser Nachlaß nur so lange, bis das Gut soweit, als zur Aufbringung der vorigen Prästationen erforderlich ist, wieder hat hergestellt werden können.

Bei Prozessen:

§. 117. Bei Prozessen, welche die Substanz des Fideicommisses betreffen, ist zwar der jedesmalige Besitzer die Rechte desselben, auf Grund einer zu vermuthenden Vollmacht, wahrzunehmen befugt und schuldig.

§. 118. Er muß aber im Fortgange des Prozesses die nächsten Anwarter, nach obiger Bestimmung (§. 87.) zuziehen, oder Vollmacht von selbigen beibringen.[39])

§. 119. Was in einem solchergestalt geführten Prozesse ent-

37) Jetzt: Hinterlegungsstelle.

38) Abgeändert durch Ges. v. 15. Februar 1840 (G.S. S. 20), § 15 Ziff. b, § 16.

39) Bei Gemeinheitstheilungen und Ablösungen sind zu beachten: G.Th.O. v. 7. Juni 1821 (G.S. S. 53) §§ 9ff., 153; Ablösungsgesetz v. 2. März 1850 (G.S. S. 77) § 110; V. v. 20. Juni 1817 wegen Organisation der Generalkommissionen u. s. w. (G.S. S. 161) §§ 16, 45—48, 90f.; V. v. 30. Juni 1834 wegen des Geschäftsbetriebes i. d. Angelegenheiten der Gemeinheitstheilungen u. s. w. (G.S. S. 96) §§ 10, 23ff.

schieden, oder mit Beitritt der Anwarter durch Vergleich festgesetzt worden, daran ist die ganze Familie, und jeder künftige Fideicommißbesitzer aus selbiger gebunden.

§. 120. Alle Prozeß- und andere Gerichts-Kosten ist der Fideicommißbesitzer aus den Einkünften zu tragen verpflichtet.[40])

§. 121. Ist aber der Besitzer, wider seinen Willen, auf Verlangen der Anwarter, einen Prozeß fortzusetzen genöthigt worden, und geht derselbe demnächst verloren: so fallen diejenigen Kosten, welche seit dem Zeitpunkte, wo der Besitzer sich vergleichen oder dem Prozesse entsagen wollen, aufgelaufen sind, den Anwartern, auf deren Andringen die Sache hat fortgesetzt werden müssen, allein zur Last.

wegen der Verjährung.

§. 122. Einzelne Rechte des Fideicommisses, oder auf dasselbe, können durch dreißigjährige Präscription erlöschen, oder gegen das Fideicommiß erworben werden.[41])

§. 123. Die Eigenschaft des Fideicommisses selbst aber kann durch keine Verjährung verloren gehen.

§. 124. Wenn also das Successionsrecht eines zum Fideicommisse mitberufenen Anwarters durch Verjährung erloschen ist, so steht diese Verjährung ihm und seinen Abkömmlingen, in Ansehung aller übrigen zum Fideicommisse berechtigten Personen, nicht aber in Ansehung eines Fremden, entgegen.

§. 125. Wenn daher alle übrigen zum Fideicommisse berufenen Personen abgegangen sind, so kann der durch Verjährung Ausgeschlossene auf den Besitz desselben wiederum Anspruch machen.

Von Geldfideicommissen.

§. 126. Bei Geldfideicommissen schränkt sich das Recht des Besitzers der Regel nach bloß auf die Erhebung und den Genuß der Zinsen ein.

§. 127. Er ist nicht berechtigt, das Capital selbst eigenmächtig einzuziehen, an Andere abzutreten, zu verpfänden, oder sonst zu belasten.[42])

---

[40]) Vgl. V. v. 2. Juli 1831 (G.S. S. 155) oben Anm. 32.

[41]) Für Ersitzung von Grundstücken und dinglichen Rechten an solchen kommt für den Bereich des B.G.B., § 900 das. in Betracht.

[42]) §§ 127 ff. sind abgeändert durch Ges. v. 15. Februar 1840 (G.S. S. 20), § 15 Ziff. 5, §§ 16 ff.

§. 128. Ereignet sich etwas, wodurch die Sicherheit des Capitals bedenklich wird, so muß er, mit Zuziehung der nächsten Anwarter, nach obiger Bestimmung §. 87. sqq. für dessen Einziehung und anderweitige Unterbringung sorgen.

§. 129. Ein Gleiches muß geschehen, wenn der Schuldner das Capital aufzukündigen berechtigt ist, und wirklich aufkündigt.

§. 130. In beiden Fällen muß, wenn die Stiftungs-Urkunde nicht das Gegentheil verordnet, die anderweitige Belegung unter gerichtlicher Aufsicht erfolgen.

§. 131. Der Schuldner eines Fideicommißcapitals, der diese Eigenschaft desselben weiß, oder zu wissen schuldig ist, kann dasselbe nur auf richterlichen Befehl, oder in das gerichtliche Depositum sicher bezahlen.[43]

§. 132. Alle bei solcher Gelegenheit verfallenden Kosten muß der zeitige Besitzer des Fideicommisses tragen; und die Substanz des letzteren kann dadurch niemals geschmälert werden.

§. 133. Sollen mit dem Fideicommiß-Capital andere Veränderungen vorgenommen, oder Grundstücke statt des Capitals dazu gewidmet werden: so kann solches nur durch einen Familienschluß geschehen.

Vierter Abschnitt.

Von der Successionsordnung in Familien-Fideicommisse.[44]

Successionsordnung bei schon errichteten Fideicommissen.

§. 134. In den bisher schon, unter ausdrücklicher oder stillschweigender Genehmigung des Staats errichteten Familien-Fideicommissen hat es bei der von dem Stifter vorgeschriebenen Successionsordnung lediglich sein Bewenden.

Von Senioraten.

§. 135. Hat der Stifter verordnet, daß jedesmal der Aelteste aus der Familie zur Succession gelangen solle: so heißt die Stiftung ein Seniorat.

§. 136. Auf Seniorate haben alle männliche Nachkommen des Stifters Anspruch.

§. 137. Es succedirt also, bei dem Abgange des jedesmaligen

---

[43]) Jetzt: Hinterlegungsstelle.

[44]) A.K.O. v. 4. September 1830 über den Nachweis der Ahnen bei Familienstiftungen und Familienfideikommissen (G.S. S. 139).

Besitzers, der Aelteste den Jahren nach, ohne Rücksicht auf die Linie oder den Grad der Verwandtschaft.

§. 138. Machen zwei Familienmitglieder, welche den Jahren nach die gleich ältesten sind, Anspruch; und der genaue Zeitpunkt ihrer Geburt kann nicht ausgemittelt werden: so muß das Loos unter ihnen entscheiden.

§. 139. Ist die männliche Nachkommenschaft ganz erloschen, und der Stifter hat auf diesen Fall nichts Ausdrückliches verordnet: so wird das Fideicommiß ein freies Vermögen des letzten Besitzers.

Successionsordnung bei künftig zu errichtenden Fideicommissen.

§. 140. In Zukunft sollen Landgüter zu Senioraten nicht mehr gewidmet werden.

§. 141. Auch sollen Verordnungen, vermöge welcher ein Landgut sich in einer Familie nur nach den Regeln der gesetzlichen Erbfolge verfällen würde, künftig nur als fideicommissarische Substitutionen gelten. (Th. 1. Tit. 12. §. 53. sqq.)[45]

§. 142. Ein künftiger Fideicommißstifter muß also eine solche Successionsordnung bestimmen, nach welcher ein dazu gewidmetes einzelnes Landgut immer nur Einem aus der Familie zu Theil werde.

§. 143. Besteht das Fideicommiß aus mehreren abgesonderten Landgütern: so kann zwar der Stifter eine Theilung derselben unter mehreren Linien, sowohl von Anfang an, als bei künftig vorkommenden Successionsfällen anordnen.

§. 144. Doch ist dergleichen Anordnung nur in so fern zu Recht beständig, als jeder solcher Antheil, für sich allein, seinem künftigen Besitzer wenigstens den §. 51. sqq. bestimmten reinen gesetzmäßigen Ertrag gewähren kann.

Von Majoraten.

§. 145. Verordnet der Stifter, daß zwar der nächste aus der Familie, dem Grade nach, zur Succession gelangen, unter mehreren gleich nahen aber der ältere, den Jahren nach, die jüngeren ausschließen solle, so heißt die Stiftung ein Majorat.

Von Minoraten.

§. 146. Ist die Succession zwar ebenfalls nach der Nähe des Grades, jedoch dergestalt angeordnet, daß unter mehreren gleich

[45]) Jetzt §§ 2100 ff. B.G.B.

nahen der jüngere den ältern ausschließt: so wird ein solches Fideicommiß ein Minorat genannt.

§. 147. Primogenituren heißen solche Fideicommisse, wo die Succession nach Linien mit dem Rechte der Erstgeburt angeordnet ist.

§. 148. Bei der Succession in Majorate und Minorate finden die bei den Senioraten §. 135—139. vorgeschriebenen Regeln ebenfalls Anwendung.

Von Primogenituren.

§. 149. In Primogenituren gelangt zuvörderst der erstgeborene Sohn des Stifters, mit Ausschließung aller seiner nachgeborenen Brüder, zum Besitzer des Fideicommisses.

§. 150. Bei dessen vor oder nach dem Stifter erfolgendem Abgange succedirt hinwiederum sein erstgeborener Sohn.

§. 151. Mit gleicher Ordnung geschieht die Succession in den übrigen Geschlechtsfolgen; dergestalt, daß immer der erstgeborene Sohn des Besitzers, und desselben Descendenten, die nachgeborenen Brüder und übrigen Verwandten ausschließen.

§. 152. Geht ein Nebenast in der erstgeborenen Hauptlinie gänzlich aus, so gelangt die Succession an den zweiten Nebenast, so wie sich derselbe der Erstgeburt am nächsten zieht.

§. 153. Auf den Grad der Verwandtschaft mit dem letzten Besitzer kommt es dabei gar nicht an.

§. 154. Hinterläßt also der letzte Besitzer keine männliche Descendenz, wohl aber Brüder, Bruderssöhne, oder männliche Nachkommen von Brüdern in weiteren Graden: so succedirt unter diesen der ältere Bruder, oder dessen erstgeborener Sohn, oder des erstgeborenen Sohnes ältester Sohn, mit gänzlicher Ausschließung aller nachgeborenen, so wie der etwa vorhandenen Vatersbrüder.

§. 155. Eben so, wenn der letzte Besitzer weder Descendenten, noch Brüder, noch männliche Nachkommen von Brüdern verläßt, gelangt die Succession auf den nächstgeborenen Bruder seines Vaters, und dessen männliche Descendenz, nach gleicher Ordnung der Erstgeburt.

§. 156. Sind auch keine Vatersbrüder oder männliche Nachkommen von selbigen mehr vorhanden: so wird der nächstgeborene Bruder von dem Großvater des letzten Besitzers, nebst dessen männlichen Nachkommen, überall nach der Ordnung der Erstgeburt, zur Succession berufen.

§. 157. So lange von dem erstgebornen Sohne des Stifters noch ein männlicher Abkömmling vorhanden ist, bleibt das Fideicommiß immer in derselben Linie, mit Ausschließung aller übrigen.

§. 158. Nach gänzlicher Erlöschung dieser Linie gelangt die Linie von dem zweiten Sohne des Stifters zur Succession, und schließt die jüngeren Linien aus.

§. 159. In dieser zweiten Linie gilt, wegen der beständig zu beobachtenden Ordnung der Succession nach dem Rechte der Erstgeburt, ohne Rücksicht auf den Grad der Verwandtschaft mit dem letzten Besitzer, eben das, was wegen der ersten Linie vorgeschrieben ist.

§. 160. Es gelangt also, nach erloschener erster Linie, unter den männlichen Descendenten von des Stifters zweitem Sohne derjenige zur Succession, welcher von desselben erstgeborenem Sohne herstammt, und unter den übrigen sich am nächsten zur Erstgeburt zieht.

§. 161. Nach eben diesen Grundsätzen wird die Successionsordnung auch in der dritten, vierten, und den folgenden Linien, welche von dem Stifter absteigen, bestimmt.

§. 162. Uebrigens wird, bei dieser ganzen Succession, auf Halbbrüder von der Mutterseite, und deren Abkömmlinge, keine Rücksicht genommen.

§. 163. Dagegen ist zwischen vollbürtigen und Halb-Brüdern von des Vaters Seite, nebst ihren männlichen Descendenten kein Unterschied.

§. 164. Es hängt zwar von dem Stifter ab, zu verordnen, daß nicht die erstgeborenen, sondern eine der nachgeborenen von ihm abstammenden Linien, zuerst zur Succession in das Fideicommiß gelangen solle.

§. 165. Ist aber diese zuerst berufene Linie erloschen, und der Stifter hat auf solchen Fall wegen der Succession der übrigen Linien nicht ausdrücklich verfügt: so richtet sich die Successionsordnung dennoch nach der Erstgeburt; dergestalt, daß die jüngeren Linien immer von den älteren ausgeschlossen werden.

Wenn in einer Familie mehrere Fideicommisse von einem Stifter, oder

§. 166. Hat aber der Stifter zwei oder mehrere Fideicommisse, eines für die erstgeborene, und die anderen zum Besten der nachgeborenen Linien errichtet: so gelangen die Descendenten des Stifters aus der ersten Linie in dem zweiten Fideicommisse niemals zur

Succession, so lange noch ein anderer von dem Stifter entsprossener Mannsstamm vorhanden ist.

§. 167. Geht die zweite männliche Linie aus; oder gelangt dieselbe durch Erlöschung der älteren, zur Succession in dem ersten Fideicommisse: so verfällt das zweite an die von dem dritten Sohne des Stifters abstammende Linie.

§. 168. Nach gleichen Grundsätzen geht die Succession auf die vierte und folgenden von dem Stifter entsprossenen Linien, in so fern dergleichen noch vorhanden sind.

§. 169. Sind zuletzt alle von dem Stifter herstammenden männlichen Linien bis auf Eine erloschen: so kommen zwar in dieser beide Fideicommisse zusammen;

§. 170. Sind aber in dieser Linie noch zwei oder mehrere Nebenäste vorhanden: so fällt das zweite Fideicommiß an denjenigen Ast, welcher nicht im Besitze des ersten, jedoch zur Succession in selbiges, nach den Grundsätzen der Primogenitur, am nächsten ist.

§. 171. Dasjenige Mitglied dieses Nebenastes gelangt zur Succession, welches sich unter den übrigen der Erstgeburt, im Verhältniß gegen den Stifter, am nächsten zieht.

§. 172. Sind in der noch übrigen Linie keine weitere Abkömmlinge des Stifters mehr vorhanden, als der Besitzer des ersten Fideicommisses, und dessen Descendenz, so erhält dieser beide Fideicommisse.

§. 173. Sie bleiben alsdann so lange bei einander, bis wiederum zwei oder mehrere Linien entstehen.

§. 174. Geschieht dieses: so bleibt das erste Fideicommiß bei der erstgeborenen Linie, und das zweite verfällt auf die nächste nach ihr.

§. 175. Nach eben diesen Grundsätzen ist die Successionsordnung zu bestimmen, wenn in einer Familie drei oder mehrere von eben demselben Stifter herrührende Fideicommisse vorhanden sind.

§. 176. Hat der Stifter jeder von ihm abstammenden Linie ein Fideicommiß hinterlassen: so gelangt, wenn eine dieser Linien erlischt, das für sie gestiftete Fideicommiß an die erstgeborene, oder, wenn auch diese schon erloschen ist, an diejenige Linie, die sich nach ihr der Erstgeburt am nächsten zieht.

§. 177. Besteht diese Linie aus mehreren Nebenästen, so finden auch alsdann die Vorschriften §. 170. 171. Anwendung.

§. 178. In allen Fällen, da ein Mitglied der Familie ein nach der Successionsordnung auf ihn verfälltes Fideicommiß bloß um deswillen nicht erlangen kann, weil er sich schon im Besitze eines anderen befindet, hat derselbe die Wahl: ob er das neu auf ihn verfällte Fideicommiß übernehmen, und dagegen das bisher besessene abgeben wolle.

von verschiedenen Stiftern sind.

§. 179. Hat für eine schon mit einem Fideicommiß versehene Familie eine andere, von dem ersten Stifter verschiedene, Person ein besonderes Fideicommiß errichtet: so wird bei der Successionsordnung in dieses auf den ersten Stifter, und das Verhältniß der Personen und Linien gegen denselben, gar keine Rücksicht genommen.

§. 180. Sind also die von dem zweiten Stifter zur Succession berufenen Linien erloschen; und es soll, seiner Verordnung zufolge, das Fideicommiß dennoch bei der Familie bleiben: so kommt in dasselbe dasjenige Familienmitglied zur Succession, welches dem letzten Besitzer aus den von dem zweiten Stifter berufenen Linien dem Grade nach am nächsten ist.

§. 181. Dabei macht es keinen Unterschied, wenn auch das hiernach zur Succession in das zweite Fideicommiß gelangende Familienmitglied sich schon im Besitze des von dem ersten Stifter herrührenden Fideicommisses befindet.

§. 182. Hat aber der zweite Stifter ausdrücklich erklärt, daß das von ihm errichtete mit dem von dem ersten Stifter herrührenden Fideicommisse niemals zusammenkommen solle; so ist doch dergleichen Erklärung im zweifelhaften Falle nur so zu deuten, daß die Vereinigung beider Fideicommisse nicht in Einer Person geschehen solle.

§. 183. Es kommt daher alsdann, wenn der Nächste dem Grade nach im Besitze des ersten Fideicommisses ist, der Nächste nach ihm zur Succession in das zweite.

§. 184. Sind bei dem Abgange der von dem zweiten Stifter berufenen Linien zwei oder mehrere gleich nahe successionsfähige Verwandte des letzten Besitzers vorhanden; so hängt es von diesem ab: welchem unter ihnen er das zweite Fideicommiß bescheiden wolle.

§. 185. Hat er sich darüber nicht erklärt, so muß unter

diesen mehreren gleich nahen successionsfähigen Anwartern das Loos entscheiden.

§. 186. Ist in dem Falle des §. 180. nur noch Ein Mitglied der von dem zweiten Stifter berufenen Familie vorhanden: so erlangt zwar derselbe, wenn der Stifter auf diesen Fall nicht ausdrücklich verordnet hat, den Besitz beider Fideicommisse.

§. 187. Sobald aber von ihm mehrere successionsfähige Familienmitglieder entspringen, so müssen die Fideicommisse unter selbige nach den obigen Regeln §. 170. 171. wiederum getheilt werden.

§. 188. Wenn zwei oder mehrere von Anfang an abgesonderte Fideicommisse, in der Folge der Succession, auf Eine Person zusammen fallen, so macht ein den gesetzmäßigen Satz §. 56. übersteigender Ertrag dabei kein Hinderniß.

Weibliche Succession.

§. 189. Wenn die gesammte männliche Descendenz eines Fideicommißstifters erlischt; und derselbe zum Besten seiner weiblichen Nachkommen nichts verordnet hat: so wird das Fideicommiß in den Händen des letzten männlichen Descendenten freies eigenthümliches Vermögen.

§. 190. Hat aber der Stifter auch die weibliche Descendenz zum Fideicommisse berufen, und für dieselbe eine Successionsordnung bestimmt, so muß dieselbe genau beobachtet werden.

§. 191. Hat er keine dergleichen Successionsordnung bestimmt, so gelangen, nach dem Tode des letzten männlichen Descendenten, die erstgeborene Tochter desselben, und deren männliche Abkömmlinge, zur Succession.

§. 192. Wenn also die älteste Tochter des letzten Besitzers vor oder nach dem Vater mit Tode abgeht, so fällt das Fideicommiß auf ihre Söhne, und deren männliche Descendenten, überall nach der Regel der Erstgeburt.

§. 193. Hat sie weder Söhne, noch Enkel von Söhnen, so kommen die Enkel ihrer Töchter, nach der Ordnung der Erstgeburt, zur Succession.

§. 194. Ist bei dem Ableben des letzten männlichen Descendenten von dem Stifter, dessen älteste Tochter noch am Leben: so gelangt sie zum Besitze des Fideicommisses; auch wenn sie alsdann noch keine successionsfähige männliche Nachkommen hätte.

§. 195. Stirbt sie aber ohne dergleichen Nachkommen zu hinterlassen, so geht die Succession auf die zweite Tochter des letzten Besitzers, und deren männliche Descendenten, nach eben den Regeln über.

§. 196. Ein Gleiches findet statt, wenn die älteste Tochter des letzten Besitzers vor dem Vater verstorben ist, und auch bei seinem Ableben noch keine successionsfähige männliche Nachkommen von dieser älteren Tochter vorhanden sind.

§. 197. Nach eben den Grundsätzen bestimmt sich das Successionsrecht der dritten und mehrerer folgender Töchter des letzten Besitzers, und ihrer männlichen Descendenten.

§. 198. Ist nach diesen Grundsätzen ein durch Weiber von dem ersten Stifter abstammender männlicher Descendent einmal zum Besitze des Fideicommisses gelangt: so fängt mit ihm eine neue Successionsordnung an; und nach dem Verhältnisse gegen ihn richtet sich die Fideicommißfolge unter seiner Nachkommenschaft.

§. 199. Sind bei dem Ableben des letzten, von dem ersten Stifter herstammenden, männlichen Abkömmlings keine Töchter und keine zur Succession fähige Descendenten derselben vorhanden; oder sterben seine hinterlassenen Töchter insgesammt ohne dergleichen successionsfähige Nachkommenschaft: so geht das Fideicommiß auf die anderen von dem ersten Stifter durch Weiber abstammenden männlichen Descendenten über.

§. 200. Dabei wird wiederum auf die Ordnung der Erstgeburt, im Verhältniß gegen den ersten Stifter oder Erwerber, Rücksicht genommen.

§. 201. Es schließt also z. B. die Linie der älteren Töchter des ersten Stifters alle jüngere Linien, und in dieser älteren Linie der sich am nächsten zur Primogenitur ziehende Nebenast alle übrigen aus.

§. 202. Wenn aber, nach dieser Regel, ein durch Weiber von dem ersten Stifter entsprossener männlicher Descendent einmal zum Besitze des Fideicommisses gelangt ist, so findet wegen der durch ihn entstehenden neuen Successionsordnung die Vorschrift des §. 198. ebenfalls Anwendung.

Allgemeine Regeln wegen der Fideicommiß-Succession.

§. 203. Bei jedem Anfalle eines Fideicommisses wird, so fern nicht im Vorstehenden etwas Besonderes ausdrücklich verordnet ist, nach dem Zeitpunkte, wo der letzte Besitzer gestorben ist, bestimmt: wer unter den alsdann vorhandenen Mitgliedern zur Succession der Nächste sei.

§. 204. Wenn also auch in einem Minorate derjenige, welcher bei dem Ableben des letzten Besitzers der Jüngste war, das Fideicommiß einmal erhalten hat; und in der Folge ein noch Jüngerer geboren wird, so kann doch dieser letztere die bereits erworbenen Gerechtsame des nunmehrigen Besitzers nicht weiter anfechten.

§. 205. Doch werden in der ganzen Fideicommiß-Succession diejenigen, welche innerhalb des dreihundert und zweiten Tages nach dem Ableben des letzten Besitzers zur Welt kommen, dafür, daß sie in dem Zeitpunkte der eröffneten Succession schon vorhanden gewesen, angesehen.

Fünfter Abschnitt.

Von der Auseinandersetzung zwischen dem Fideicommiß-Folger und den Erben des letzten Besitzers.[46])

§. 206. Das nutzbare Eigenthum des Fideicommisses geht in dem Augenblicke, da der bisherige Besitzer verstirbt, auf den Nachfolger über.[47])

§. 207. Diesem müssen die Erben des letzten Besitzers das Fideicommiß so ausantworten, wie dasselbe von dem Stifter auf ihren Erblasser gediehen ist.

§. 208. Besteht das Fideicommiß in liegenden Gründen, so muß das bei Errichtung desselben aufgenommene Inventarium (§. 71.) vollständig gewährt werden.

§. 209. Wegen eines dabei sich ereignenden Mangels oder Ueberflusses gilt Alles, was wegen der Lehns-Inventarien verordnet ist. (Th. 1. Tit. 18. §. 511. sqq.)

§. 210. Es versteht sich von selbst, daß die bei Lehnen wegen Zuziehung und Mitwirkung des Lehnsherrn ertheilten Vorschriften bei Fideicommissen keine Anwendung finden.

§. 211. Wegen der bei der Substanz des Fideicommisses sich selbst ereignenden Verbesserungen, oder Verringerungen, finden eben die Vorschriften Anwendung, welche für die Auseinander-

[46]) Verfahren gemäß §§ 2 ff., 26—32 I. 46 A.G.O., die für Familienfideicommisse gemäß § 185 Abs. 2 R.F.G.G. und Art. 141 Ziff. 1 Pr.F.G.G. erhalten sind.

[47]) A.G. z. G.B.O. Art. 15 ff.

setzung zwischen dem Lehnsfolger und Allodialerben ertheilt worden. (Th. 1. Tit. 18. §. 527. sqq.)

§. 212. Wegen der Nutzungen des letzten Jahres, ingleichen wegen der noch vorhandenen Früchte, und der noch rückständigen Lasten früherer Jahre, geschieht die Auseinandersetzung zwischen dem Fideicommißfolger, und den Erben des letzten Besitzers, nach den bei der Lehre vom Nießbrauche ertheilten Vorschriften. (Th. 1. Tit. 21. §. 143. sqq.)[48]

§. 213. An Schulden darf der Fideicommißfolger nur diejenigen übernehmen, welche nach Vorschrift §. 104. aus der Substanz, oder nach Vorschrift §. 81. sqq. aus den Einkünften des Fideicommisses zu bezahlen sind.

§. 214. Diese letzteren muß er auch alsdann übernehmen, wenn er damals, als das Darlehn gemacht worden, unter die nächsten Anwarter nicht gehört hat, und daher seine Einwilligung nicht erfordert worden.

§. 215. Doch ist er nur zur Entrichtung derjenigen Termine verbunden, welche nach den gleich von Anfang festgesetzten Bestimmungen (§. 96.) auf die Jahre seiner Besitzzeit treffen.

§. 216. Hat der Gläubiger, wegen der früheren Termine, auf seine Gefahr Nachsicht gegeben (§. 103.), so kann er sich dieserhalb nur an den übrigen Nachlaß halten.

§. 217. Der Termin desjenigen Jahres, in welchem der letzte Besitzer gestorben ist, muß aus den Einkünften dieses Jahres berichtigt werden.

§. 218. Hat der Fideicommißbesitzer in Fällen, wo er die Aufnehmung eines Darlehns auf die Einkünfte des Fideicommisses zu suchen berechtigt gewesen, solches nicht gethan, sondern die Wiederherstellung aus eigenen Mitteln oder durch Privatkredit bewerkstelligt: so können seine Allodialerben dafür keine Vergütung fordern.

§. 219. Auch der Gläubiger, welcher Privatvorschüsse dazu gemacht hat, kann an die dem Fideicommißfolger zukommenden Einkünfte des Fideicommisses sich nicht halten, wenn er gleich nachweisen könnte, daß das von ihm gegebene Darlehn in das Fideicommiß wirklich verwendet worden.

§. 220. Hat hingegen der Fideicommißbesitzer die Wiederherstellung, wegen obwaltender Gefahr im Verzuge, zwar aus

[48]) Jetzt: §§ 101, 1047, 1055, 1057 B.G.B., vgl. § 508 I. 18.

eigenen Mitteln oder auf Privatcredit bewirkt, aber zugleich den Consens zur Aufnehmung eines Darlehns nachgesucht: so muß der Nachfolger dieses Darlehn anerkennen, wenngleich der Consens erst nach geschehener Verwendung, oder erst nach dem Tode des vorigen Besitzers, ertheilt oder ergänzt worden ist.

§. 221. In so weit, als der verstorbene Besitzer, zur Abführung stiftungsmäßiger Prästationen, ein Darlehn auf die Einkünfte des Fideicommisses aufzunehmen berechtigt gewesen wäre (§. 86.), ist der neue Besitzer das im Rückstande Verbliebene aus den folgenden Einkünften zu entrichten verbunden.

§. 222. Halten sich die Berechtigten wegen solcher Rückstände an den Allodialnachlaß, so können die Erben den Ersatz aus den Fideicommißeinkünften fordern.

§. 223 Doch findet auch in diesem Falle die Vorschrift des §. 561. 562. im Titel von Lehnen Anwendung.

§. 224. Andere, als die vorstehend bestimmten Schulden, ist der Nachfolger aus dem Fideicommisse zu bezahlen nicht verbunden; auch wenn er zugleich des vorigen Besitzers Erbe geworden wäre.

§. 225. Vielmehr muß der Gläubiger sich an den übrigen freien Nachlaß seines Schuldners lediglich halten.

§. 226. Hat jedoch der Fideicommißfolger in eine andere als eigentliche Fideicommißschuld ausdrücklich gewilligt: oder sind die Termine, welche der vorige Besitzer entrichten sollen, mit seiner ausdrücklichen Genehmigung verlängert worden: so ist der Gläubiger berechtigt, sich dieserhalb an die Nutzungen des Fideicommisses, so lange sie der Einwilligende genießt, zu halten.

Sechster Abschnitt.

Von dem Näherrechte auf Familiengüter.[49]

Fünfter Titel.

Von den Rechten und Pflichten der Herrschaften und des Gesindes.[1]

§. 1—176 (fallen fort).

---

[49]) Der sechste Abschnitt ist bereits durch § 3 des Edikts v. 9. Oktober 1807 (G.S. S. 170) und durch §§ 2 f., § 4 Abs. 1 des Ablösungsgesetzes v. 2. März 1850 (G.S. S. 77) beseitigt.

[1]) Art. 95 E.G. z. B.G.B.

Gesinde-Ordnung für sämmtliche Provinzen der Preußischen Monarchie v. 8. November 1810. (G.S. S. 101.)[2])

Wir rc. rc.

Die Gesinde-Ordnungen, welche bisher in den einzelnen Provinzen, Districten, Städten und Ortschaften Unserer Staaten als Provinzial- und örtliche Gesetze bestanden, sind theils allmählig außer Uebung gekommen, theils mit dem Geiste der Gesetzgebung nicht mehr vereinbar. Da nun hierdurch eine unstatthafte Ungewißheit der Rechte und Pflichten in den so allgemein verbreiteten und so äußerst wichtigen Verhältnissen zwischen Herrschaft und Gesinde entstehet; so haben Wir die Anordnungen des allgemeinen Landrechts Th. 2. Tit. 5. §. 1 bis 176. einschließlich, welche die rechtlichen Verfügungen in Beziehung auf das gemeine Gesinde enthalten, nochmals durchsehen und die Bestimmungen derselben, welche Provinzial- und örtliche Gesinde-Ordnungen voraussetzten, oder sonst Verbesserungen bedurften, abändern lassen und verordnen nunmehr, wie folgt:

1. Alle Gesinde-Ordnungen und gesetzlichen Vorschriften, die Verhältnisse des gemeinen Gesindes betreffend, welche bisher in den einzelnen Provinzen, Distrikten, Städten und Ortschaften Unserer Staaten bestanden haben, sind gänzlich und ohne alle Ausnahme hiermit aufgehoben, und können in keinem Fall auf Rechte und Pflichten angewendet werden, welche zwischen Herrschaften und Gesinde vom Tage der Kundmachung dieser Verordnung ab, entstehen.
2. An die Stelle derselben tritt als alleinige und allgemeine Gesinde-Ordnung für Unsere sämmtlichen Staaten die beiliegende neue Redaktion des §. 1 bis 176. Th. 2. Tit. 5. des allgemeinen Landrechts.
3. Die in dieselbe aufgenommenen Abänderungen derogiren

---

[2]) Geltungsgebiet: das des A.L.R., mit Ausnahme der Kreise Rees und Duisburg, in die durch V. v. 21. September 1847 (G.S. S. 356) die Ges.Ordn. f. d. Rheinprovinz eingeführt ist. Der in der Einleitung betonte Charakter als Neuredaktion rechtfertigt den Abdruck an dieser Stelle.

Sonstige Gesetze: Ges.Ordnung f. d. Rheinprovinz, v. 19. August 1844 (G.S. S. 410); Ges.Ordn. für Neuvorpommern u. Rügen, v. 11. April 1845 (G.S. S. 391); § 5 des Ges., betr. die Aufhebung verschiedener Gesetze u. Verordnungen der ehem. freien Stadt Frankfurt, v. 9. April 1873 (G.S. S. 177).

den abweichenden Stellen des allgemeinen Landrechts dergestalt, daß dieselben für gänzlich aufgehoben geachtet und überall die Rechte und Pflichten der Herrschaften und des Gesindes nur nach dieser neuen Redaktion beurtheilt werden sollen.

Von den Rechten und Pflichten der Herrschaften und des Gesindes.

1. Von gemeinem Gesinde.

§. 1. Das Verhältniß zwischen Herrschaft und Gesinde gründet sich auf einem Vertrage, wodurch der eine Theil zur Leistung gewisser häuslicher oder wirthschaftlicher Dienste auf eine bestimmte Zeit, so wie der andere zu einer dafür zu gebenden bestimmten Belohnung sich verpflichtet.[3])

Wer Gesinde miethen kann.

§. 2. In der ehelichen Gesellschaft kommt es dem Manne zu, das nöthige Gesinde zum Gebrauch der Familie zu miethen.[4])

§. 3. Weibliche Dienstboten kann die Frau annehmen, ohne daß es dazu der ausdrücklichen Einwilligung des Mannes bedarf.

§. 4. Doch kann der Mann, wenn ihm das angenommene Gesinde nicht anständig ist, dessen Wegschaffung nach verflossener gesetzmäßiger Dienstzeit, ohne Rücksicht auf die vertragsmäßig bestimmte, nach vorgängiger Aufkündigung verfügen.

Wer als Gesinde sich vermiethen kann.

§. 5. Wer sich als Gesinde vermiethen will, muß über seine Person frei zu schalten berechtigt sein.[5])

§. 6. Kinder die unter väterlicher Gewalt stehen, dürfen ohne Ein-

---

[3]) Gewerbe-Ordn. §§ 6, 105; Ges., betr. die privatrechtlichen Verhältnisse der Binnenschiffahrt, i. d. Fassung der Bek. v. 25. Mai 1898 (R.G.Bl. S. 868) §§ 21 ff.; §§ 59 ff., 83 H.G.B.; Seemannsordn. v. 27. Dezember 1872 (R.G.Bl. S. 409).

[4]) §§ 2—4 sind nicht Theil des besonderen Gesinderechts, sondern des Eherechts. Daher durch § 1357 B.G.B. beseitigt.

[5]) §§ 5, 6 sind. durch das Ges., betr. die Geschäftsfähigkeit Minderjähriger u. s. w., v. 12. Juli 1875 (G.S. S. 518) §§ 2 ff., 6 beseitigt, an deren Stelle jetzt die §§ 106 ff. B.G.B getreten sind. § 7 ist durch § 1358 B.G.B. (vgl. Art. 95 E.G. z. B.G.B.) ersetzt. Damit entfällt auch § 8 Ges.O.

willigung des Vaters, und Minderjährige ohne Genehmigung ihres Vormundes sich nicht vermiethen.

§. 7. Verheirathete Frauen dürfen nur mit Einwilligung ihrer Männer als Ammen oder sonst in Dienste gehen.

§. 8. Nur wenn die Einwilligung in den Fällen des §. 6. und 7. auf eine gewisse Zeit, oder zu einer bestimmten Dienst-Herrschaft, ausdrücklich eingeschränkt werden, ist die Erneuerung derselben zur Verlängerung der Zeit, oder bei einer Veränderung der Herrschaft erforderlich.

§. 9. Dienstboten, welche schon vermiethet gewesen, müssen bei dem Antritte eines neuen Dienstes die rechtmäßige Verlassung der vorigen Herrschaft nachweisen.[6])

§. 10. Leute die bisher noch nicht gedient zu haben angeben, müssen durch ein Zeugniß ihrer Obrigkeit darthun, daß bei ihrer Annehmung als Gesinde kein Bedenken obwalte.[7])

§. 11. Hat Jemand mit Verabsäumung der Vorschriften §. 9. 10. ein Gesinde angenommen: so muß, wenn ein anderer, dem ein Recht über die Person oder auf die Dienste des Angenommenen zusteht, sich meldet, der Mieth-Contract als ungültig so fort wieder aufgehoben werden.

§. 12. Außerdem hat der Annehmende durch Uebertretung dieser Vorschriften eine Geldbuße von Einen bis Zehn Thaler an die Armen-Casse des Orts verwirkt.

Gesinde-Mäkler.

§. 13. Niemand darf mit Gesindemäkeln sich abgeben, der nicht dazu von der Obrigkeit des Orts bestellt und verpflichtet worden ist.[8])

§. 14. Dergleichen Gesindemäkler müssen sich nach den Personen, die durch ihre Vermittelung in Dienste kommen wollen, sorgfältig erkundigen.

---

[6]) V. wegen Einführung von Gesindedienstbüchern, v. 29. September 1846 (G.S. S. 467); Ges., betr. die Aufhebung der Abgaben von Gesindebüchern, v. 21. Februar 1872 (G.S. S. 160).

[7]) Ges. über die Rechtsverhältnisse der Juden v. 23. Juli 1847 (G.S. S. 263) § 71; durch Art. 123 Pr. Verf. u. R.Ges. v. 3. Juli 1869, betr. die Gleichberechtigung der Konfessionen (B.G.Bl. S. 292) nicht berührt. (?)

[8]) Ersetzt durch § 34 Abs. 1 d. Gewerbeordn. i. d. Fass. d. R.Ges. v. 30. Juni 1900 (R.G.Bl. S. 321); vgl. das. § 38 Abs. 1, § 53 Abs. 3, § 75a; s. Bekanntmachung, betr. die Redaktion der Gewerbeordnung, v. 26. Juli 1900 (R.G.Bl. 871.).

§. 15. Insonderheit müssen sie nachforschen, ob dieselben nach den gesetzlichen Vorschriften sich zu vermiethen berechtiget sind.

§. 16. Gesinde, welches schon in Diensten steht, müssen sie unter keinerlei Vorwande zu deren Verlassung und Annehmung anderer Dienste anreizen.

§. 17. Thun sie dieses, so müssen sie dafür das erstemal mit Fünf bis Zehn Thalern Geld- oder verhältnißmäßiger Gefängnißstrafe angesehen; im Wiederholungs-Falle aber noch außerdem von fernerer Treibung des Mäklergewerbes ausgeschlossen werden.[9] [10]

§. 18. Sie müssen den Herrschaften, die durch ihre Vermittelung Gesinde annehmen wollen, die Eigenschaften der vorgeschlagenen Personen getreulich und nach ihrem besten Wissen anzeigen.

§. 19 Wenn sie untaugliches oder untreues Gesinde, wider besseres Wissen, als brauchbar oder zuverlässig empfehlen: so müssen sie für den durch dergleichen Gesinde verursachten Schaden selbst haften.

§. 20. Außerdem verwirken sie dadurch, es mag Schaden geschehen sein oder nicht, für das erstemal Fünf bis Zehn Thaler Geld- oder verhältnißmäßige Gefängnißstrafe, und werden im Wiederholungs-Falle von dem fernern Betriebe des Mäklergewerbes ausgeschlossen. Diese Ausschließung findet selbst bei dem erstenmale statt, wenn sie den Schaden zu ersetzen unvermögend sind.[9] [10]

§. 21. Polizeiobrigkeiten, welche Gesindemäkler konzessioniren, liegt zugleich ob, das Mäklerlohn nach den örtlichen Verhältnissen zu bestimmen und bekannt zu machen.[11]

Schließung des Mieths-Vertrags.

§. 22. Zur Annehmung des gemeinen Gesindes bedarf es keines schriftlichen Vertrages.

§. 23. Die Gebung und Annehmung des Miethsgeldes vertritt die Stelle desselben.

§. 24. Der Betrag des Miethsgeldes hängt von freier Uebereinkunft zwischen der Herrschaft und dem Gesinde ab.

§. 25. Das Miethsgeld wird der Regel nach auf den Lohn abgerechnet, insofern ein anderes bei der Vermiethung nicht ausdrücklich ausbedungen wird.

---

9) Haftstrafe.

10) § 53 Abs. 2 Gew.Ordn.

11) Beseitigt durch § 72 Gew.Ordn.; vgl. das. § 75a (R.Ges. v. 30. Juni 1900, R.G.Bl. S. 321); und § 655 B.G.B. (richterliches Ermäßigungsrecht).

§. 26. Auch da, wo die Herrschaft sich der Abrechnung des Miethsgeldes durch ausdrückliche Verabredung begeben hat, ist sie dennoch dazu berechtigt, wenn das Gesinde aus eigner Schuld die verabredete Dienstzeit nicht aushält.

§. 27. Hat sich ein Dienstbote bei mehrern Herrschaften zugleich vermiethet, so gebührt derjenigen, von welcher er das Miethsgeld zuerst angenommen hat, der Vorzug.

§. 28. Die Herrschaft, welche nachstehen muß oder sich ihres Anspruchs freiwillig begiebt, kann das Miethsgeld und Mäklerlohn von dem Dienstboten zurückfordern.

§. 29. Auch muß ihr, wenn sie die frühere Vermiethung nicht gewußt hat, der Dienstbote den Schaden ersetzen, welcher daraus entsteht, daß sie ein anderes Gesinde für höheren Lohn miethen muß.

§ 30. Die Herrschaft, bei welcher der Dienstbote bleibt, muß auf Verlangen diesen Betrag (§. 28. 29.) von seinem Lohne abziehen und der andern Herrschaft zustellen.

§. 31. Außerdem muß der Dienstbote, der sich solchergestalt an mehrere Herrschaften zugleich vermiethet hat, den einfachen Betrag des von der zweiten und folgenden erhaltenen Miethsgeldes, als Strafe zur Armenkasse des Orts entrichten.

Lohn und Kost des Gesindes.

§. 32. Der Lohn, Kostgeld oder die Beköstigung des städtischen oder ländlichen Gesindes ohne Ausnahme hängt bloß von freier Uebereinkunft bei der Vermiethung ab.

§. 33. In sofern bei der Vermiethung nichts Bestimmtes hierüber abgemacht ist, muß dasjenige an Lohn, Kostgeld oder Beköstigung gewährt werden, was einem Gesinde derselben Klasse an dem Orte zur Zeit der Vermiethung der Regel nach gegeben wurde, was in dieser Rücksicht Regel sei, bestimmt die Polizei-Obrigkeit des Orts.

§. 34. Weihnachts-, Neujahrs- und andere dergleichen Geschenke kann das Gesinde auch auf den Grund eines Versprechens niemals gerichtlich einklagen.

§. 35. Alle provinziellen oder örtlichen, auf Gesetzen oder Herkommen beruhende Bestimmungen wegen solcher Geschenke sind vom 2. Januar 1811 ab aufgehoben, und von diesem Zeitpunkte an, durchaus nicht mehr verbindlich.

§. 36. In allen Fällen, wo Weihnachts- oder Neujahrs-Geschenke während eines Dienstjahres schon wirklich gegeben worden, kann die Herrschaft dieselben auf den Lohn anrechnen, wenn der Dienstvertrag im Laufe des Jahres durch Schuld des Gesindes wieder aufgehoben wird.

§. 37. Bei männlichen Bedienten, ist die Livree ein Theil des Lohns; und fällt nach Ablauf der durch Vertrag bestimmten Zeit, demselben eigenthümlich zu. In Ermangelung einer solchen Bestimmung entscheidet die Polizei-Obrigkeit wie §. 33. über die Zeit, binnen welcher die Livree verdient ist.

§. 38. Wird außer derselben noch besondere Staats-Livree gegeben, so hat auf diese der Bediente keinen Anspruch.

§. 39. Mäntel, Kutscher-Pelze und dergleichen, gehören nicht zur gewöhnlichen Livree.

Dauer der Dienstzeit.

§. 40. Die Dauer der Dienstzeit hängt von freier gegenseitiger Uebereinkunft bei der Vermiethung ab, doch kann Niemand sich zu einer Dienstzeit verpflichten, die nicht entweder durch eine gewisse Anzahl von Jahren, oder Monaten, Wochen, Tagen ausgedrückt, oder doch so bestimmt ist, daß jedem Theile freisteht, nach vorgängiger Kündigung von dem Vertrage abzugehn. Wo dies dennoch geschehen sein sollte, muß der Dienende nach vorgängiger einjähriger Aufkündigung jederzeit entlassen werden. Dienst-Contracte welche Eltern oder Vormünder für ihre Kinder oder Pflegbefohlnen abschließen, können von denselben nach erlangter Volljährigkeit unbedingt nach §. 112. aufgekündigt werden.[12])

§. 41. Ist nichts Besonderes verabredet worden, so wird die Miethe bei städtischem Gesinde auf ein Vierteljahr, bei Landgesinde aber auf ein ganzes Jahr für geschlossen angenommen.

Antritt des Dienstes.

§. 42. Die Antrittszeit ist in Ansehung des städtischen Gesindes der 2. Januar, April, Julius und Oktober jedes Jahres; in sofern nicht ein anderes bei der Vermiethung ausdrücklich ausbedungen worden ist. Fällt jedoch die Antrittszeit hiernach auf einen Sonn- oder Festtag: so zieht das Gesinde den nächsten Werkeltag vorher an.

---

[12]) § 624 B.G.B. für Dienstverhältnisse, die auf Lebenszeit oder auf länger als fünf Jahre eingegangen sind.

§. 43. Bei dem Landgesinde beruht die Antrittszeit desselben zunächst auf ausdrücklicher Uebereinkunft bei der Vermiethung; wo diese nicht stattfindet, vorläufig auf der in der Gegend üblichen Gewohnheit. Wo diese vor jetzt nicht bestimmt entscheidet, und nach Verlauf von fünf Jahren allgemein, ist der 2. April mit den im vorigen Paragraph angenommenen Bestimmungen wegen der Sonn- und Festtage die gesetzliche Anziehzeit.[13])

§. 44. Die gesetzlichen oder nach §. 43. auf landüblichen Gewohnheiten beruhenden Antrittstage für das neue Gesinde sind zugleich die Abzugstage für das alte. Kein Gesinde darf den Dienst wider Willen der Herrschaft früher verlassen, es sei denn, daß seine Dienstzeit nach ausdrücklicher gegenseitiger Uebereinkunft früher beendigt wäre.

§. 45. Nach einmal gegebenem und genommenem Miethsgelde ist die Herrschaft schuldig, das Gesinde anzunehmen und letzteres den Dienst zur bestimmten Zeit anzutreten.

§. 46. Weder der eine noch der andere Theil kann sich davon durch Ueberlassung oder Zurückgabe des Miethsgeldes losmachen.

§. 47. Weigert sich die Herrschaft das Gesinde anzunehmen; so verliert sie das Miethsgeld und muß das Gesinde eben so schadlos halten, wie auf den Fall, wenn das Gesinde unter der Zeit ohne rechtlichen Grund entlassen worden, unten verordnet wird. (§. 160. sqq.)

§. 48. Doch kann die Herrschaft von dem Vertrage vor Antritt des Dienstes aus eben den Gründen abgehen, aus welchen sie berechtigt sein würde, das Gesinde vor Ablauf der Dienstzeit wieder zu entlassen. (§. 117. sqq.)

§. 49. Auch ist sie dazu berechtigt, wenn das Gesinde zuerst den Dienst anzutreten sich geweigert hat.

§. 50. In beiderlei Fällen kann die Herrschaft das gegebene Miethsgeld zurückfordern.

§. 51. Weigert sich das Gesinde, den Dienst anzutreten, so

---

[13]) Anziehtermin für Landgesinde am 2. Januar nach: K.O. v. 28. Juli 1842 (G.S. S. 247) in der Mark Brandenburg u. d. Niederlausitz, K.O. v. 20. Februar 1846 (G.S. S. 150) i. d. Provinz Sachsen, Landtagsabschied f. d. Provinz Schlesien v. 2. Juni 1827.

§ 2 Ges., betr. die besonderen Kündigungsfristen und Umzugstermine für Schäfer und deren Gesinde, v. 17. Mai 1882 (G.S. S. 305).

muß es dazu von der Obrigkeit[14]) durch Zwangsmittel angehalten werden. Bleiben diese fruchtlos, und ist die Herrschaft deshalb genöthigt, einen andern Dienstboten zu miethen, so muß das Gesinde nicht allein den Schaden, welcher der Herrschaft hierdurch erwächst, ersetzen und das Miethsgeld zurückgeben, sondern es verfällt noch überdies in eine Strafe, die, nach Maßgabe der Verschuldung, auf zwei bis zehn Thaler, oder bei Unvermögenden auf verhältnißmäßiges Gefängniß festzusetzen ist.[15])

§. 52. Kann jedoch das Gesinde nachweisen, daß die Herrschaft im letztverflossenen Dienstjahre sich solche Handlungen habe zu Schulden kommen lassen, wodurch es nach §§. 136—140. zur Verlassung des Dienstes ohne Aufkündigung berechtigt werden würde, so kann dasselbe zum Antritt des Dienstes nicht gezwungen werden, sondern ist nur gehalten, das Miethsgeld zurückzuzahlen.

§. 53. Wird das Gesinde durch Zufall, ohne seine Schuld, den Dienst anzutreten verhindert, so muß die Herrschaft mit Zurückgabe des Miethsgeldes sich begnügen.

§. 54. Erhält weibliches Gesinde vor dem Antritte der Dienstzeit Gelegenheit zu heirathen, so steht demselben frei, eine andere taugliche Person zur Versehung des Dienstes an seiner Statt zu stellen.

§. 55. Ist es dazu nicht im Stande, so muß auch dergleichen Gesinde den Dienst in Städten auf ein Viertel- und bei Landwirthschaften auf ein halbes Jahr antreten.

Pflichten des Gesindes in seinen Diensten.

§. 56. Nur zu erlaubten Geschäften können Dienstboten gemiethet werden.

§. 57. Gemeines Gesinde, welches nicht ausschließend zu gewissen bestimmten Geschäften gemiethet worden, muß sich allen häuslichen Verrichtungen nach dem Willen der Herrschaft unterziehen.

§. 58. Allen zur herrschaftlichen Familie gehörenden oder darin in bestimmten Verhältnissen, oder bloß gastweise aufgenommenen Personen ist es diese Dienste zu leisten schuldig.

§. 59. Dem Haupte der Familie kommt es zu, die Art und

---

14) Ortspolizeibehörde; Ges. über die allgem. Landesverwaltung v. 30. Juli 1883 (G.S. S. 195) §§ 127 ff., 132 ff.

15) Haftstrafe.

Ordnung zu bestimmen, in welcher die zur Familie Gehörigen, oder nach §. 58. in ihr Aufgenommenen, diese Dienste gebrauchen sollen.

§. 60. Auch Gesinde, welches zu gewissen Arbeiten oder Diensten angenommen ist, muß dennoch auf Verlangen der Herrschaft andre häusliche Verrichtungen mit übernehmen, wenn das dazu bestimmte Neben-Gesinde durch Krankheit, oder sonst, auf eine Zeitlang daran verhindert wird.

§. 61. Wenn unter den Dienstboten Streit entsteht, welcher von ihnen diese oder jene Arbeit nach seiner Bestimmung zu verrichten schuldig sei; so entscheidet allein der Wille der Herrschaft.

§. 62 Das Gesinde ist ohne Erlaubniß der Herrschaft nicht berechtigt, sich in den ihm aufgetragenen Geschäften von Andern vertreten zu lassen.

§. 63. Hat das Gesinde der Herrschaft eine untaugliche oder verdächtige Person zu seiner Vertretung wissentlich vorgeschlagen: so muß es für den durch selbige verursachten Schaden haften.[16])

§. 64. Das Gesinde ist schuldig, seine Dienste treu, fleißig und aufmerksam zu verrichten.

§. 65. Fügt es der Herrschaft vorsätzlich, oder aus groben oder mäßigen Versehen Schaden zu, so muß es denselben ersetzen.[17])

§. 66. Wegen geringen Versehen ist ein Dienstbote nur alsdann zum Schadensersatze verpflichtet, wenn er wider den ausdrücklichen Befehl der Herrschaft gehandelt hat.

§. 67. Desgleichen, wenn er sich zu solchen Arten der Geschäfte hat annehmen lassen, die einen vorzüglichen Grad von Aufmerksamkeit oder Geschicklichkeit voraussetzen.

§. 68. Wegen der Entschädigung, zu welcher ein Dienstbote verpflichtet ist, kann die Herrschaft an den Lohn desselben sich halten.[18])

§. 69. Kann der Schade weder aus rückständigem Lohne, noch aus andern Habseligkeiten des Dienstboten ersetzt werden: so muß er denselben durch unentgeltliche Dienstleistung auf eine verhältnißmäßige Zeit vergüten.

---

[16]) Gemäß Art. 95 Abs. 2 E.G. z. B.G.B. durch § 278 B.G.B. ersetzt.

[17]) Erhaltenes Sonderrecht. §§ 17—23 I. 3 A.L.R. sind aufgehoben, eine geltende gesetzliche Erklärung dieser Versehensstufen fehlt.

[18]) Vgl. Art. 14 § 1 Abs. 3 A.G. z. B.G.B.

außer seinen Diensten.

§. 70. Auch außer seinen Diensten ist das Gesinde schuldig, der Herrschaft Bestes zu befördern, Schaden und Nachtheil aber, so viel an ihm ist, abzuwenden.

§. 71. Bemerkte Untreue des Nebengesindes ist der Herrschaft anzuzeigen verbunden.

§. 72. Verschweigt es dieselbe, so muß es für allen Schaden, welcher durch die Anzeige hätte verhütet werden können, bei dem Unvermögen des Hauptschuldners selbst haften.

§. 73. Allen häuslichen Einrichtungen und Anordnungen der Herrschaft muß das Gesinde sich unterwerfen.

§. 74. Ohne Vorwissen und Genehmigung der Herrschaft, darf es sich auch in eigenen Angelegenheiten vom Hause nicht entfernen.

§. 75. Die dazu von der Herrschaft gegebene Erlaubniß darf nicht überschritten werden.[19])

§. 76. Die Befehle der Herrschaft und ihre Verweise, muß das Gesinde mit Ehrerbietung und Bescheidenheit annehmen.[20])

§. 77. Reizt das Gesinde die Herrschaft durch ungebührliches Betragen zum Zorn, und wird in selbigem von ihr mit Scheltworten oder geringen Thätlichkeiten behandelt, so kann es dafür keine gerichtliche Genugthuung fordern.[21])

§. 78. Auch solche Ausdrücke oder Handlungen, die zwischen anderen Personen als Zeichen der Geringschätzung anerkannt sind, begründen gegen die Herrschaft noch nicht die Vermuthung, daß sie die Ehre des Gesindes dadurch habe kränken wollen.[22])

§. 79. Außer dem Falle, wo das Leben oder die Gesundheit

---

[19]) § 1 d. Ges., betr. die Verletzungen der Dienstpflichten des Gesindes u. d. ländlichen Arbeiter, v. 24. April 1854 (G.S. S. 214).

[20]) §§ 76—81 finden Anwendung im Verhältnisse des Gutsherrn zu dem Gesinde, durch welches sich dienstpflichtige Bauern in Erfüllung ihrer Verbindlichkeit vertreten lassen, im Bereich der Ges. über die den Grundbesitz betreffenden Rechtsverhältnisse, und über die Realberechtigungen in den Landestheilen, welche vormals eine Zeitlang zum Königreich Westfalen, — ehemal. Herzogth. Berg, — zu den französischen Departements gehört haben. V. 21. April 1825 (G.S. S. 74, 94, 112) § 9 Abs. 2. Siehe Ablösungsges. v. 2. März 1850 (G.S. S. 77) § 3 Nr. 6—8, §§ 9 ff.

[21]) § 77 statuirt kein Züchtigungsrecht (wie z. B. §§ 227 ff. II. 7 als Abweichung vom sonstigen Gesinderecht, § 226 II. 7). Als Strafausschließungsgrund von der Praxis für weitergeltend gehalten. (R.G. Str.S. Bd. 2 S. 7) (str.)

[22]) Als Ausnahme von § 545 II. 20 A.L.R. mit diesem weggefallen.

des Dienstboten durch Mißhandlungen der Herrschaft in gegenwärtige und unvermeidliche Gefahr geräth, darf er sich der Herrschaft nicht thätlich widersetzen.[23])

§. 80. Vergehungen des Gesindes gegen die Herrschaft müssen durch Gefängniß oder öffentliche Strafarbeit nach den Grundsätzen des Kriminalrechts geahndet werden.[24])

§. 81. Auf die Zeit, durch welche das Gesinde wegen Erleidung solcher Strafen seine Dienste nicht verrichten kann, ist die Herrschaft befugt, dieselben durch Andere auf dessen Kosten besorgen zu lassen.

Pflichten der Herrschaft.

§. 82. Die Herrschaft ist schuldig, dem Gesinde Lohn und Kleidung zu den bestimmten Zeiten ungesäumt zu entrichten.[25])

§. 83. Ist auch Kost versprochen worden, so muß selbige bis zur Sättigung gegeben werden. Offenbar der Gesundheit nachtheilige und ekelhafte Speisen kann das Gesinde anzunehmen, nicht gezwungen werden.[26]) In Fällen, wo über die Beköstigung Streit entsteht, entscheidet in Ermangelung bestimmter Verabredung die Polizeiobrigkeit, wie §. 33., über die Menge und Beschaffenheit derselben.

§. 84. Die Herrschaft muß dem Gesinde die nöthige Zeit zur Abwartung des öffentlichen Gottesdienstes lassen, und dasselbe dazu fleißig anhalten.[26])

§. 85. Sie muß ihm nicht mehrere noch schwerere Dienste zumuthen, als das Gesinde nach seiner Leibesbeschaffenheit und seinen Kräften ohne Verlust seiner Gesundheit bestreiten kann.[26])

§. 86. Zieht ein Dienstbote sich durch den Dienst oder bei

---

[23]) Vgl. § 117 Ges.O. Keine strafrechtliche Vorschrift!

[24]) Ges., betr. die Verletzungen der Dienstpflichten des Gesindes u. d. ländlichen Arbeiter, v. 24. April 1854 (G.S. S. 214); für den damaligen Umfang des Staates. Im Uebrigen gelten: Ges. für die Provinz Schleswig-Holstein, die Verletzung der Dienstpflichten des Gesindes betr., v. 6. Februar 1878 (G.S. S. 86); Ges. f. d. Provinz Hessen-Nassau, mit Ausschluß der ehem Bayerischen Gebietstheile, betr. die Verletzung der Dienstpflichten des Gesindes, v. 27. Juni 1886 (G.S. S. 173). In Hannover und den ehem. Bayer. Gebietstheilen, mit Ausnahme der Enklave Kaulsdorf, bleiben die älteren Bestimmungen in Kraft, V. v. 25. Juni 1867 Art. 6 Abs. 2 Ziff. 1 (G.S. S. 926). In Kaulsdorf gilt das Ges. v. 24. April 1854 nach der V. v. 22. Mai 1867 (G.S. S. 729).

[25]) § 616 B.G.B. findet Anwendung, Art. 14 § 1 Abs. 1 A.G. z. B.G.B.

[26]) §§ 618 f. B.G.B. sind anzuwenden, Art. 95 E.G. z. B.G.B.

Gelegenheit desselben eine Krankheit zu, so ist die Herrschaft schuldig, für seine Kur und Verpflegung zu sorgen.[27])

§. 87. Dafür darf dem Gesinde an seinem Lohne nichts abgezogen werden.

§. 88. Außerdem ist die Herrschaft zur Vorsorge für kranke Dienstboten nur alsdann verpflichtet, wenn dieselben keine Verwandten in der Nähe haben, die sich ihrer anzunehmen vermögend und nach den Gesetzen schuldig sind.

§. 89. Weigern sich die Verwandten dieser Pflicht, so muß die Herrschaft dieselbe einstweilen, und bis zum Austrage der Sache, mit Vorbehalt ihres Rechts übernehmen.

§. 90. Sind öffentliche Anstalten vorhanden, wo dergleichen Kranke aufgenommen werden, so muß das Gesinde es sich gefallen lassen, wenn die Herrschaft seine Unterbringung daselbst veranstaltet.

§. 91. In dem §. 88. bestimmten Falle kann die Herrschaft die Kurkosten von dem auf diesen Zeitraum fallenden Lohne des kranken Dienstboten abziehen.

§. 92. Dauert eine solche Krankheit über die Dienstzeit hinaus, so hört mit dieser die äußere Verbindlichkeit der Herrschaft auf, für die Kur und Pflege des kranken Dienstboten zu sorgen.[28])

§. 93. Doch muß sie davon der Obrigkeit des Orts in Zeiten Anzeige machen, damit diese für das Unterkommen eines dergleichen verlassenen Kranken sorgen könne.

---

[27]) Zu §§ 86—92: § 617 B.G.B. findet Anwendung, soweit die Ges.O. dem Gesinde nicht weitergehende Ansprüche gewährt, gemäß Art. 95 E.G. z. B.G.B.

Das Gesinde erkrankt 1) ohne eigenes Verschulden durch den Dienst oder bei Gelegenheit desselben: §§ 86, 87, 90 Ges.O.; 2) überhaupt, ohne Vorsatz oder grobe Fahrlässigkeit: § 617 B.G.B. unter Beachtung von § 90 Ges.O.; 3) in Folge von Vorsatz oder grober Fahrlässigkeit, oder wenn im Falle 2 die Krankheit länger als sechs Wochen dauert: §§ 88—91 Ges.O.

Ob Lohn zu zahlen, richtet sich nach § 616 B.G.B. Als Grund zu sofortiger Kündigung kommt nur § 128 Ges.O. in Betracht.

[28]) Oeffentliche Fürsorge gemäß Unfallversicherungsgesetz für Land- und Forstwirthschaft, i. d. Fass. d. Bekanntmachung v. 5. Juli 1900 (R.G.Bl. S. 641); Krankenversicherungsges. i. der Fass. d. Novelle v. 10. April 1892 (R.G.Bl. S. 417) § 4; Invalidenversicherungsges. v. 13. Juli 1899 (R.G.Bl. S. 393); Ges. über den Unterstützungswohnsitz i. d. Fass. d. Novelle v. 12. März 1894 (R.G.Bl. S. 259) und Pr. Ausf.Ges. v. 8. März 1871 (G.S. S. 130).

§. 94. Unter den Umständen, wo ein Machtgeber einen dem Bevollmächtigten bei Ausrichtung der Geschäfte durch Zufall zugestoßenen Schaden vergüten muß, ist auch die Herrschaft schuldig für das in ihrem Dienste oder bei Gelegenheit desselben zu Schaden gekommene Gesinde auch über die Dienstzeit hinaus zu sorgen. (Th. 1. Tit. 13. §. 80. bis 81.)[29])

§. 95. Diese Pflicht erstreckt sich jedoch nur auf die Kurkosten und auf den nothdürftigen Unterhalt des Gesindes, so lange bis dasselbe sich sein Brod selbst zu verdienen wieder in den Stand kommt.

§. 96. Ist aber der Dienstbote durch Mißhandlungen der Herrschaft ohne sein grobes Verschulden, an seiner Gesundheit beschädiget worden, so hat er von ihr vollständige Schadloshaltung nach den allgemeinen Vorschriften der Gesetze zu fordern.

§. 97. Auch für solche Beschimpfungen und üble Nachreden, wodurch dem Gesinde sein künftiges Fortkommen erschwert wird, gebührt demselben gerichtliche Genugthuung.

§. 98. In wiefern eine Herrschaft durch Handlungen des Gesindes, in oder außer seinem Dienste, verantwortlich werde, ist gehörigen Orts bestimmt. (Th. 1. Tit. 6. §. 60. sqq.)[30])

Aufhebung des Vertrages durch den Tod.

§. 99. Stirbt ein Dienstbote: so können seine Erben Lohn und Kostgeld nur so weit fordern, als selbiges nach Verhältniß der Zeit bis zum Krankenlager rückständig ist.

---

[29]) §§ 94 u. 95 sind mit der Aufhebung von §§ 80—81 I. 13 A.L.R., für die das B.G.B. keinen besonderen Ersatz kennt, außer Kraft getreten. In § 618 B.G.B. (s. o. Anm. 26) wird auf §§ 842—846 das. verwiesen.

[30]) Außer Kraft in Folge von §§ 278, 831, 840 Abs. 2 B.G.B. (Art. 95 E.G. z. B.G.B.) und Art. 14 § 1 Abs. 2 A.G. z. B.G.B. Bestehen bleiben: § 19 d. Jagdpolizeiges. v. 7. März 1850 (G.S. S. 169), § 52 d. Fischereiges. v. 30. April 1874 (G.S. S. 210), § 11 d. Ges., betr. d. Forstdiebstahl v. 15. April 1878 (G.S. S. 224), § 5 d. Feld- u. Forstpolizeiges. v. 1. April 1880 (G.S. S. 230) in Folge von Art. 69, 89, 107 E.G. z. B.G.B

Als reichsgesetzliche Bestimmungen bleiben in Geltung: § 153 d. Vereinszollges. v. 1. Juli 1869 (B.G.Bl. S. 317); § 43 d. R.Ges., betr. d. Besteuerung des Tabaks, v. 16. Juli 1879 (R.G.Bl. S. 245); § 38 d. R.Ges. wegen Erhebung der Brausteuer, v. 31. Mai 1872 (R.G.Bl. S. 153); § 58 d. R.Ges., die Besteuerung des Zuckers betr., i. d. Fass. d. Novelle vom 27. Mai 1896 (R.G.Bl. S. 117); R.Ges., betr. die Besteuerung des Branntweins, v. 8. Juli 1887 (B.G.Bl. S. 384) § 66; Branntweinsteuerges. v. 24. Juni 1887 i. d. Fassung v. 17. Juni 1895 (R.G.Bl. S. 276) §§ 32, 40.

§. 100. Begräbnißkosten ist die Herrschaft für das Gesinde zu bezahlen in keinem Falle schuldig.

§. 101. Stirbt das Haupt der Familie, so sind die Erben nicht gehalten, das Gesinde länger, als bis zur nächsten gesetzlichen Ziehzeit (§. 32. 33. 34.) zu behalten, wenn auch durch besonderen Vertrag eine längere Dienstzeit festgesetzt wäre.[31])

§. 102. Erfolgt jedoch der Todesfall nach der Kündigungsfrist, so muß Gesinde, welches bloß zu häuslichen Verrichtungen bestimmt ist, das baare Lohn, doch ohne Kost oder Kostgeld, für das nächstfolgende Vierteljahr noch überdies, statt Entschädigung für die verspätete Kündigung, erhalten; Gesinde aber, das zur Landwirthschaft gebraucht wird, noch für das nächstfolgende Jahr beibehalten werden, falls keine andere freiwillige Abkunft getroffen werden kann.

§. 103. Sind Dienstboten zur besondern Bedienung einzelner Mitglieder der Familie angenommen, so können bei dem Absterben derselben die Bestimmungen des vorstehenden Paragraphs auch auf sie angewendet werden.

§. 104. Männliche Dienstboten behalten die ganze gewöhnliche Livree, wenn sie der verstorbenen Herrschaft schon ein halbes Jahr oder länger gedient haben.

§. 105. Sind sie noch nicht so lange in ihren Diensten gewesen, so müssen sie Rock, Weste und Hut zurücklassen.

§. 106. War der Bediente nur Monatweise gemiethet, so erhält er Lohn und Kostgeld, wenn die Herrschaft vor dem funfzehnten Monatstage stirbt, nur auf den laufenden, sonst aber auch auf den folgenden Monat.

§. 107. Entsteht Konkurs über das Vermögen der Herrschaft, so finden die Vorschriften §. 101 bis 106. Anwendung.[32])

§. 108. Der Tag des eröffneten Konkurses wird in dieser Beziehung dem Todestage gleich geachtet.

§. 109. Wegen des alsdann rückständigen Gesindelohns bleibt es bei den Vorschriften der Konkursordnung.[33])

---

[31]) Gemeint sind die §§ 42—44.

[32]) §§ 107 u. 108 bezogen sich nur auf bereits angetretene Dienstverhältnisse und sind durch § 22 K.O. beseitigt. Ist der Dienst noch nicht angetreten: § 17 K.O.; nicht §§ 107, 108 Ges.O. i. Verb. mit § 25 K.O. (str.)

[33]) § 61 Ziff. 1. K.O; § 10 Ziff. 2 Zw.V.G.

Nach vorhergegangener Aufkündigung.

§. 110. **Außer diesen Fällen kann der Miethsvertrag während der Dienstzeit einseitig nicht aufgehoben werden.**

§. 111. **Welcher Theil denselben nach Ablauf der Dienstzeit nicht fortsetzen will, muß innerhalb der gehörigen Frist aufkündigen.**

§. 112. **Die Aufkündigungsfrist wird bei Städtischem Gesinde auf Sechs Wochen und bei Landgesinde auf Drei Monate vor dem Ablaufe der Dienstzeit angenommen, in sofern ein Andres bei der Vermiethung nicht ausdrücklich verabredet ist.** Sollten indeß andere Kündigungsfristen bei dem ländlichen Gesinde bisher noch üblich gewesen sein, so mag es dabei für die nächsten Fünf Jahre (§. 48.) noch sein Bewenden behalten.

§. 113. **Bei monatweise gemietheten Dienstboten findet die Aufkündigung noch am Funfzehnten eines jeden Monats statt.**

§. 114. **Ist keine Aufkündigung erfolgt, so wird der Vertrag, als stillschweigend verlängert, angesehen.**

§. 115. **Bei städtischem Gesinde wird die Verlängerung auf ein Viertel- und bei Landgesinde auf ein ganzes Jahr gerechnet.**

§. 116. **Bei Monatweise gemiethetem Gesinde versteht sich die Verlängerung immer nur auf Einen Monat.**

Ohne Aufkündigung von Seiten der Herrschaft.

117. **Ohne Aufkündigung kann die Herrschaft ein Gesinde sofort entlassen:**[34])

1. **Wenn dasselbe die Herrschaft oder deren Familie durch Thätlichkeiten, Schimpf- und Schmähworte oder ehrenrührige Nachreden beleidigt, oder durch boshafte Verhetzungen, Zwistigkeiten in der Familie anzurichten sucht.**[35])

§. 118. 2. **Wenn es sich beharrlichen Ungehorsam und Widerspenstigkeit gegen die Befehle der Herrschaft zu Schulden kommen läßt.**[36])

§. 119. 3. **Wenn es sich den zur Aufsicht über das gemeine Gesinde bestellten Hausoffizianten mit Thätlichkeiten, oder groben Schimpf- und Schmähreden, in ihrem Amte widersetzt.**

---

[34]) Sonstige Entlassungsgründe in § 16 d. Feld- u. Forstpolizeiges. v. 1. April 1880 (G.S. S. 230) und § 4 d. V. wegen Einführung von Gesindedienstbüchern, v. 29. September 1846 (G.S. S. 467).

[35]) Vgl. oben § 79.

[36]) Ges. v. 24. April 1854 (G.S. S. 214) § 1.

§. 120. 4. Wenn es die Kinder der Herrschaft zum Bösen verleitet, oder verdächtigen Umgang mit ihnen pflegt.

§. 121. 5. Wenn es sich des Diebstahls oder der Veruntreuung gegen die Herrschaft schuldig macht.

§. 122. 6. Wenn es sein Nebengesinde zu dergleichen Lastern verleitet.

§. 123. 7. Wenn es auf der Herrschaft Namen ohne deren Vorwissen Geld oder Waaren auf Borg nimmt.

§. 124. 8. Wenn es die noch nicht verdiente Livree ganz oder zum Theil verkauft oder versetzt.

§. 125. 9. Wenn es wiederholentlich ohne Vorwissen und Erlaubniß der Herrschaft über Nacht aus dem Hause geblieben ist.

§. 126. 10. Wenn es mit Feuer und Licht gegen vorhergegangene Warnungen unvorsichtig umgeht.

§. 127. 11. Wenn auch ohne vorhergegangene Warnung aus dergleichen unvorsichtigem Betragen wirklich schon Feuer entstanden ist.

§. 128. 12. Wenn das Gesinde sich durch lüderliche Aufführung ansteckende oder ekelhafte Krankheiten zugezogen hat.

§. 129. 13. Wenn das Gesinde ohne Erlaubniß der Herrschaft seines Vergnügens wegen ausläuft, oder ohne Noth über die erlaubte, oder zu dem Geschäfte erforderliche Zeit ausbleibt, oder sonst den Dienst muthwillig vernachlässigt, und von allen diesen Fehlern auf wiederholte Verwarnung nicht absteht.[37])

§. 130. 14. Wenn der Dienstbote dem Trunk oder Spiel ergeben ist, oder durch Zänkereien und Schlägereien mit seinem Nebengesinde den Hausfrieden stört, und von solchem Betragen auf geschehene Vermahnung nicht abläßt.

§. 131. 15. Wenn dem Dienstboten diejenige Geschicklichkeit gänzlich ermangelt, die er auf Befragen bei der Vermiethung zu besitzen ausdrücklich angegeben hat.

§. 132. 16. Wenn ein Dienstbote von der Obrigkeit auf längere Zeit, als acht Tage, gefänglich eingezogen wird.

§. 133. 17. Wenn ein Gesinde weiblichen Geschlechts schwanger wird, in welchem Falle jedoch der Obrigkeit Anzeige geschehen und die wirkliche Entlassung nicht eher, als bis von dieser die gesetz-

[37]) Ges. v. 24. April 1854 (G.S. S. 214) §. 1.

mäßigen Anstalten zur Verhütung alles Unglücks getroffen worden, erfolgen muß.

§. 134. 18. Wenn die Herrschaft von dem Gesinde bei der Annahme durch Vorzeigung falscher Zeugnisse hintergangen worden.

§. 135. 19. Wenn das Gesinde in seinem nächstvorhergehenden Dienste sich eines solchen Betragens, weshalb dasselbe nach §. 117—128. hätte entlassen werden können, schuldig gemacht, und die vorige Herrschaft dieses in dem ausgestellten Zeugnisse verschwiegen, auch das Gesinde selbst es der neuen Herrschaft bei der Annahme nicht offenherzig bekannt hat.

Von Seiten des Gesindes.

§. 136. Das Gesinde kann den Dienst ohne vorhergehende Aufkündigung verlassen:

1. Wenn es durch Mißhandlungen von der Herrschaft in Gefahr des Lebens oder der Gesundheit versetzt worden.

§ 137. 2. Wenn die Herrschaft dasselbe auch ohne solche Gefahr, jedoch mit ausschweifender und ungewöhnlicher Härte behandelt hat.

§. 138. 3. Wenn die Herrschaft dasselbe zu Handlungen, welche wider die Gesetze oder wider die guten Sitten laufen, hat verleiten wollen.

§. 139. 4. Wenn dieselbe das Gesinde vor dergleichen unerlaubten Zumuthungen gegen Personen, die zur Familie gehören oder sonst im Hause aus- und eingehen, nicht hat schützen wollen.

§. 140. 5. Wenn die Herrschaft dem Gesinde das Kostgeld gänzlich vorenthält, oder ihm selbst die nothdürftige Kost verweigert.

§. 141. 6. Wenn die Herrschaft auf eine Zeit, welche die laufende Dienstzeit übersteigt und in eine Entfernung, die mehr als sechs Meilen beträgt, eine Reise vornimmt oder überhaupt in diese Entfernung ihren bisher gewöhnlichen Wohnsitz verlegt und es nicht übernehmen will, den Dienstboten zum Ablaufe der Dienstzeit kostenfrei zurück zu senden. Hat die Herrschaft mehrere gleich gewöhnliche Wohnsitze, so wird die Entfernung von sechs Meilen nach demjenigen berechnet, den sie zuletzt wirklich bewohnt hat.

§. 142. 7. Wenn der Dienstbote durch schwere Krankheit zur Fortsetzung des Dienstes unvermögend wird.

Unter der Zeit, doch nach vorhergegangener Aufkündigung von Seiten der Herrschaft.

§. 143. Vor Ablauf der Dienstzeit, aber doch nach vorhergegangener Aufkündigung kann die Herrschuft einen Dienstboten entlassen:

1. Wenn demselben die nöthige Geschicklichkeit zu den, nach seiner Bestimmung ihm obliegenden Geschäften ermangelt.

§. 144. 2. Wenn nach geschlossenem Miethsvertrage die Vermögens-Umstände der Herrschaft dergestalt in Abnahme gerathen, daß sie sich entweder ganz ohne Gesinde behelfen, oder doch dessen Zahl einschränken muß.

Von Seiten des Gesindes.

§. 145. Dienstboten können vor Ablauf der Dienstzeit, jedoch nach vorhergegangener Aufkündigung den Dienst verlassen:

1. Wenn die Herrschaft den bedungenen Lohn in den festgesetzten Terminen nicht richtig bezahlt.

§. 146. 2. Wenn die Herrschaft das Gesinde einer öffentlichen Beschimpfung eigenmächtig aussetzt.

§. 147. 3. Wenn der Dienstbote durch Heirath oder auf andere Art zur Anstellung einer eigenen Wirthschaft vortheilhafte Gelegenheit erhält, die er durch Ausdauerung der Miethzeit versäumen müßte.

§. 148. In allen Fällen, wo der Miethsvertrag innerhalb der Dienstzeit, jedoch nur nach vorhergegangener Aufkündigung, aufgehoben werden kann, muß dennoch das laufende Vierteljahr und bei Monatsweise gemiethetem Gesinde, der laufende Monat ausgehalten werden.

§. 149. Wenn die Eltern der Dienstboten, wegen einer erst nach der Vermiethung vorgefallenen Veränderung ihrer Umstände ihn in ihrer Wirthschaft nicht entbehren können, oder der Dienstbote in eigenen Angelegenheiten eine weite Reise zu unternehmen genöthigt wird, so kann er zwar ebenfalls seine Entlassung fordern; er muß aber alsdann einen andern tauglichen Dienstboten statt seiner stellen, und sich mit demselben wegen Lohn, Kost und Livree ohne Schaden der Herrschaft abfinden.

Was alsdann wegen Lohn, Kost und Livree Rechtens sind.

§. 150. In allen Fällen, wo die Herrschaft einen Dienstboten während der Dienstzeit mit oder ohne Aufkündigung zu entlassen berechtigt ist (§. 117—135. 143. 144.), kann der Dienstbote Lohn und Kost oder Kostgeld nur nach Verhältniß der Zeit fordern, wo er wirklich gedienet hat.

§. 151. Ein gleiches gilt von denjenigen Fällen, wo der Dienstbote zwar vor Ablauf der Dienstzeit, aber doch nach vorhergängiger Aufkündigung den Dienst verlassen kann. (§. 145. 146. 147.)

§. 152. In Fällen, wo der Dienstbote sofort und ohne Aufkündigung den Dienst zu verlassen berechtiget ist (§. 136—142.) muß ihm Lohn und Kost auf das laufende Vierteljahr, und, wenn er Monatweise gemiethet worden, auf den laufenden Monat vergütet werden.

§. 153. Hat die Ursache zum gesetzmäßigen Austritte erst nach Ablauf der Ankündigungsfrist sich ereignet; so muß die Herrschaft diese Vergütung auch für das folgende Vierteljahr oder für den folgenden Monat leisten.

§. 154. In der Regel behält der Dienstbote die als einen Theil des Lohns anzusehende Livree vollständig, wenn er aus den (§. 136—142.) bestimmten Ursachen den Dienst verläßt.

§. 155. Geschieht der Austritt nur aus den §. 143. und 144. enthaltenen Gründen und hat der Bediente noch kein halbes Jahr gedient, so muß er Rock und Hut zurücklassen.

§. 156. In den Fällen, wo das Gesinde nach §. 117—135., 143. und 144. von der Herrschaft entlassen wird, kann letztere der Regel nach die ganze Livree zurückbehalten.

§. 157. Doch gebühren dem Bedienten die kleinen Montirungsstücke, wenn er schon ein halbes Jahr gedient hat, und nur aus den §. 143. 144. angeführten Gründen entlassen wird.

§. 158. Wenn das Gesinde aus den §. 145. und 146. angeführten Gründen nach vorhergegangener Aufkündigung seinen Abschied nimmt, so finden die Vorschriften §. 154. und 155. Anwendung.

§. 159. Erfolgt aber der Austritt nur aus der §. 147. bestimmten Ursache, so muß der Dienstbote mit den kleinen Montirungsstücken sich begnügen.

Rechtliche Folgen einer ohne Grund geschehenen Entlassung.

§. 160. Eine Herrschaft, die aus andern als gesetzmäßigen Ursachen das Gesinde vor Ablauf der Dienstzeit entläßt, muß von der Obrigkeit dasselbe wieder anzunehmen und den Dienstvertrag fortzusetzen angehalten werden.[38])

[38]) Ortspolizeibehörde.

§. 161. Weigert sie sich dessen beharrlich, so muß sie dem Dienstboten Lohn und Livree auf die noch rückständige Dienstzeit entrichten.

§. 162. Auch für die Kost muß die Herrschaft bis dahin sorgen.

§. 163. Kann aber das Gesinde noch vor Ablauf der Dienstzeit ein anderweites Unterkommen erhalten, so erstreckt sich die Vergütungs-Verbindlichkeit der Herrschaft nur bis zu diesem Zeitpunkt, und weiter hinaus nur in so fern, als das Gesinde sich in dem neuen Dienste mit einem geringeren Lohne hat begnügen müssen.

§. 164. Ist die Herrschaft das entlassene Gesinde wieder anzunehmen bereit, das Gesinde hingegen weigert sich, den Dienst wieder anzutreten, so kann letzteres in der Regel gar keine Vergütung fordern.

§. 165. Weist aber das Gesinde einen solchen Grund seiner Weigerung nach, weswegen es seines Orts den Dienst zu verlassen berechtigt sein würde, so gebührt demselben die §. 152. sqq. bestimmte Vergütung.

§. 166. Kann das Gesinde den vorigen Dienst wegen eines inzwischen erhaltenen anderweitigen Unterkommens nicht wieder antreten, so findet die Vorschrift §. 163. Anwendung.

Verlassung des Dienstes.

§. 167. Gesinde, welches vor Ablauf der Dienstzeit ohne gesetzmäßige Ursache den Dienst verläßt, muß durch Zwangsmittel zu dessen Fortsetzung angehalten werden.[39])

§. 168. Will aber die Herrschaft ein solches Gesinde nicht wieder annehmen, so ist sie berechtiget, ein anderes an seine Stelle zu miethen, und der ausgetretene Dienstbote ist nicht allein schuldig, die dadurch verursachten mehreren Kosten zu erstatten, sondern verfällt überdies in eine Strafe, die nach Maßgabe des Grades der Verschuldung auf zwei bis zehn Thaler, oder bei Unvermögen auf verhältnißmäßiges Gefängniß festzusetzen ist.[40])

§. 169. Das abziehende Gesinde ist schuldig, alles, was ihm zum Gebrauche in seinen Geschäften, oder sonst zu seiner Aufbewahrung anvertraut worden, der Herrschaft richtig zurück zu liefern.

---

39) Ges. v. 24. April 1854 (G.S. S. 214) § 1; Landesverw.Ges. v. 30. Juli 1883 (G.S. S. 195) § 132.

40) Die Strafbestimmung d. § 168 ist durch § 1 d. Ges. v. 24. April 1854 (G.S. S. 214) beseitigt. (str.)

§. 170. Den daran durch seine Schuld entstandenen Schaden muß es der Herrschaft ersetzen. (§. 65—69.)

Abschied.

§. 171. Bei dem Abzuge ist die Herrschaft dem Gesinde einen schriftlichen Abschied, und ein der Wahrheit gemäßes Zeugniß über seine geleisteten Dienste zu ertheilen schuldig.[41])

§. 172. Werden dem Gesinde in diesem Abschiede Beschuldigungen zur Last gelegt, die sein weiteres Fortkommen hindern würden: so kann es auf polizeiliche Untersuchung antragen.

§. 173. Wird dabei die Beschuldigung unbegründet befunden, so muß die Obrigkeit dem Gesinde den Abschied auf Kosten der Herrschaft ausfertigen lassen und letzterer fernere üble Nachreden bei namhafter Geldstrafe untersagen.[42])

§. 174. Hat hingegen die Herrschaft einem Gesinde, welches sich grober Laster und Veruntreuungen schuldig gemacht hat, das Gegentheil wider besseres Wissen bezeugt, so muß sie für allen einem dritten daraus entstehenden Schaden haften.

§. 175. Die folgende Herrschaft kann sich also an sie wegen des derselben durch solche Laster oder Veruntreuungen des Dienstboten verursachten Nachtheils halten.

§. 176. Auch soll eine solche Herrschaft mit einer Geldstrafe von Einem bis Fünf Thalern zum Besten der Armenkasse des Orts belegt werden.

§§. 177—208. (aufgehoben).[43])[44])

---

[41]) §§ 5, 8 d. V. wegen Einführung von Gesindedienstbüchern, v. 29. September 1846 (G.S. S. 467); § 2 d. Ges., betr. die Aufhebung der Abgaben von Gesindebüchern, v. 21. Februar 1872 (G.S. S. 160).

[42]) Durch § 186 R.Str.G.B. beseitigt.

[43]) §§ 177—195 II. 5 A.L.R. über Hausoffizianten, Erzieher und Erzieherinnen sind durch Art 89 A.G. z. B.G.B. aufgehoben; §§ 187 bis 195 waren es bereits durch Art. 55 E.G. z. B.G.B., was bei §§ 177 bis 186 zweifelhaft erschien.

[44]) §§ 196—208, von Sklaven sind theils (§§ 198—208) schon durch das Ges. betr. die Abänderung der im A.L.R. Th. 2, Tit. 5, §§ 198 ff. enthaltenen Bestimmungen über Sklaven, v. 9. März 1857 (G.S. S. 160), theils durch das Reichsrecht, das Sklaverei nicht kennt, beseitigt.

Sechster Titel.

Von Gesellschaften überhaupt, und von Corporationen und Gemeinen insonderheit.[1])

Gesellschaften überhaupt,

§. 1. Unter Gesellschaften überhaupt werden hier Verbindungen mehrerer Mitglieder des Staats zu einem gemeinschaftlichen Endzwecke verstanden.[2])

erlaubte,[3])

§. 2. In so fern dieser Zweck mit dem gemeinen Wohl bestehen kann, sind dergleichen Gesellschaften erlaubt.

unerlaubte.

§. 3. Gesellschaften aber, deren Zweck und Geschäfte der gemeinen Ruhe, Sicherheit und Ordnung zuwiderlaufen, sind unzulässig, und sollen im Staate nicht geduldet werden.

§. 4. Auch an sich nicht unzulässige Gesellschaften kann der Staat verbieten, sobald sich findet, daß dieselben anderen gemeinnützigen Absichten oder Anstalten hinderlich oder nachtheilig sind.

§. 5. Dergleichen ausdrücklich verbotene Gesellschaften sind, von Zeit des ergangenen Verbots, den an sich unzulässigen gleich zu achten.

---

[1]) Soweit der Titel privatrechtliche Vorschriften enthält, ist er durch Art. 55 E.G. z. B.G.B. aufgehoben und durch §§ 21 ff. B.G.B. ersetzt; von dem Reichsrecht unberührt sind aber die Vorschriften des Titels geblieben, welche die Verfassung solcher Vereine betreffen, deren Rechtsfähigkeit auf staatlicher Verleihung beruht. Art. 82 E.G. z. B.G.B. Dies hat der Art. 89 A.G. z. B.G.B. eingeschränkt, indem er die vom Reichsrecht unberührten privatrechtlichen Vorschriften des Titels für solche Vereine aufgehoben hat, die nach dem 1. Januar 1900 Rechtsfähigkeit erlangen. Hiernach gilt der Titel noch: a) soweit er öffentliches Recht enthält, b) soweit er die Verfassung derjenigen privatrechtlichen Vereine betrifft, die vor dem 1. Januar 1900 Rechtsfähigkeit durch staatliche Verleihung erlangt haben.

[2]) Die Begriffsbestimmung gilt noch für das öffentliche Recht.

[3]) Die in den §§ 2 bis 5 aufgestellten öffentlich-rechtlichen Beschränkungen des Vereinigungsrechts sind aufgehoben durch § 4 d. V. über einige Grundlagen der künftigen Preuß. Verfassung vom 6. April 1848 (G.S. S. 87). Jetzt sind maßgebend Art. 30 Pr. Verf. — V. über die Verhütung eines die gesetzliche Freiheit und Ordnung gefährdenden Mißbrauchs des Versammlungs- und Vereinigungsrechts v. 11. März 1850 (G.S. S. 277). — Art. 4 Nr. 16 R.-Verf. R.Ges., betr. das Vereinswesen v. 11. Dezember 1899 (R.G.Bl. S. 699). — Privatrechtliche Bedeutung haben die §§ 2—5 durch das B.G.B. verloren.

§. 6.[4]) Unzulässige und verbotene Gesellschaften haben, als solche, gar keine Rechte, weder gegen ihre Mitglieder, noch gegen Andere.

§. 7. Die Mitglieder derselben sind, wegen unerlaubter Handlungen, die von ihnen gemeinschaftlich, oder auch von Einzelnen nach dem Zwecke der Gesellschaft vorgenommen worden, zum Schadensersatze und zur Strafe ebenso verhaftet, wie andere Mitgenossen eines Verbrechens.

§. 8. Doch sind diejenigen Mitglieder davon befreit, welche weder von dem gemeinschädlichen Zwecke der Gesellschaft gewußt, noch an den unerlaubten Handlungen der übrigen Theil genommen haben.

§. 9. Dergleichen Mitglieder können vielmehr, wenn ihnen aus einer solchen Verbindung Schaden entsteht, den Ersatz desselben von denjenigen, durch welche sie zum Beitritte verleitet worden, so wie von den Vorstehern der Gesellschaft fordern.

§. 10. Wer einer vom Staate ausdrücklich verbotenen Gesellschaft beitritt, kann gegen die in dem Verbotsgesetze bestimmte Strafe, durch Vorschützung der Unwissenheit des unerlaubten Zweckes, sich nicht entschuldigen.

§§. 11—21 fallen fort.[5])

Privilegirte Gesellschaften.[6])

§. 22. Die Rechte und Verhältnisse einer vom Staat ausdrücklich genehmigten oder privilegirten Gesellschaft müssen hauptsächlich nach dem Inhalte des ihr ertheilten Privilegii beurtheilt werden.

§. 23. So weit aber in diesem nichts Besonderes festgesetzt ist, haben dergleichen privilegirte Gesellschaften mit anderen erlaubten in der Regel nur gleiche Rechte.

§. 24. Doch kann der Staat eine von ihm ausdrücklich privilegirte Gesellschaft nur aus eben den Gründen, aus welchen ein Privilegium überhaupt zurückgenommen werden kann, wieder aufheben.

Corporationen und Gemeinen.[7])

§. 25. Die Rechte der Corporationen und Gemeinen

---

[4]) Die §§ 6 bis 10 enthalten privatrechtliche Folgen der öffentlich-rechtlichen Unzulässigkeit einer Gesellschaft und sind daher durch Art. 55 E.G. z. B.G.B. aufgehoben. Die Frage der Strafbarkeit bestimmt sich nach den Vorschriften des Str.G.B.

[5]) Sie enthielten Vorschriften über die Rechte der erlaubten Privatgesellschaften und sind durch Art 55 E.G. z. B.G.B. aufgehoben.

[6]) Diese Bestimmungen über privilegirte Privatgesellschaften ohne Rechtsfähigkeit gehören dem Privatrecht an und sind daher durch Art. 55 E.G. z. B.G.B. aufgehoben.

[7]) Die §§ 25 ff. beziehen sich auf die juristischen Personen des öffentlichen Rechts und sind, insoweit sie in Folge dessen selbst öffentlich-rechtlich sind, vom Reichsrecht unberührt; nicht öffentlich-rechtlich sind aber die Vorschriften, welche die Wirkungen der Rechtsfähigkeit und die privat-

kommen nur solchen vom Staate genehmigten Gesellschaften zu, die sich zu einem fortdauernden gemeinnützigen Zwecke verbunden haben.[8])

I. Grundverfassung derselben.

§. 26. Die Verhältnisse und Rechte der Corporationen und Gemeinen sind hauptsächlich nach den bei ihrer Errichtung geschlossenen Verträgen, oder ergangenen Stiftungsbriefen; nach den vom Staate erhaltenen Privilegien und Concessionen; und nach den auch in der Folge unter Genehmigung des Staats abgefaßten Schlüssen zu beurtheilen.

§. 27. Die solchergestalt bestimmten Rechte und Pflichten der Gesellschaft und ihrer Mitglieder, so wie die wegen des Betriebes der gemeinschaftlichen Angelegenheiten getroffenen Einrichtungen, machen die Verfassung dieser Corporation aus.

§. 28. So weit dadurch der Zweck der Gesellschaft, und solche Mittel, ohne welche dieser Zweck nicht erreicht werden kann, bestimmt sind, gehören dieselben zur Grundverfassung.

§. 29. Grundverfassungen können nur in so weit geändert oder abgeschafft werden, als die Corporation selbst aufgehoben werden kann.

§. 30. Auch andere Verfassungen kann die Corporation eigenmächtig, ohne Vorwissen und Genehmigung des Staats, nicht abändern.

§. 31. Wie weit aber dergleichen Aenderungen durch einen nach Mehrheit der Stimmen abzufassenden Gesellschaftsschluß, unter Approbation des Staats, erfolgen können, ist nach den unten vorkommenden Regeln zu beurtheilen.

§. 32. Bei der Auslegung dunkler und zweifelhafter Stellen in den Verfassungsgesetzen einer Gesellschaft finden die allgemeinen Regeln von Auslegung der Verträge, Gesetze, und Privilegien überhaupt Anwendung.

---

rechtlichen Verhältnisse zu Dritten betreffen (vgl. auch § 89 B.G.B.). — Die §§ 25 ff. enthalten ferner die Vorschriften über die Verfassung solcher Vereine des Privatrechts, deren Rechtsfähigkeit auf staatlicher Verleihung beruht. Insofern sind sie auch für das Privatrecht durch Art. 82 E.G. z. B.G.B., der seinem Wortlaut nach solche Vorschriften allgemein in Geltung läßt, aufrecht erhalten, jedoch mit der in Art. 89 A.G. z. B.G.B. bestimmten Einschränkung (vgl. Anm. 1).

[8]) Für das Privatrecht durch §§ 21—23 B.G.B. ersetzt.

§. 33. Doch ist dabei auch auf die bisherige Gewohnheit bei der Gesellschaft, so weit dieselbe ihrer Grundverfassung und den allgemeinen Gesetzen des Staats nicht widerspricht, vorzügliche Rücksicht zu nehmen.

§. 34. Soll über dergleichen dunkle oder zweifelhafte Stellen eine allgemeine Erklärung für die Zukunft abgefaßt werden, so kann dies nur durch Schlüsse der Corporation, unter Genehmigung des Staats, geschehen.

§. 35. Kann kein solcher Schluß zu Stande kommen; oder betrifft die Sache Rechte und Pflichten der Corporation gegen Andere außer ihr: so kommt dieses Erklärungsrecht nur allein dem Staate zu.

§. 36. Behauptet aber ein Dritter, daß er durch solche Declarationen in seinen schon erworbenen Befugnissen gekränkt sei, so muß ihm darüber rechtliches Gehör verstattet werden.

§. 37. Jedes in die Corporation neu eintretende Mitglied unterwirft sich eben dadurch den Verfassungen derselben.

§. 38. Von deren Beobachtung, so weit es dabei auf Grundverfassungen ankommt, können auch einzelne Mitglieder niemals befreit werden.

§. 39. In wie fern aber Corporationen, oder deren Vorgesetzte, einzelne Mitglieder von anderen zur Grundverfassung nicht gehörenden Verbindlichkeiten und Lasten dispensiren können, hängt von den besonderen Einrichtungen einer jeden Art der Corporationen ab.

§. 40. So weit die Verfassung einer Corporation aus den bisher (§. 26—36.) angegebenen Quellen nicht zu bestimmen ist, muß auf die wegen der verschiedenen Arten der Corporationen ergangenen besonderen Gesetze Rücksicht genommen werden.

§. 41. Wo auch diese nichts Näheres bestimmen, da treten nachstehende allgemeine Vorschriften ein.

II. Innere Rechte.

§. 42. Jedes Mitglied einer Corporation ist schuldig, seine Handlungen dem gemeinschaftlichen Zwecke gemäß einzurichten, und zur Erreichung desselben mitzuwirken.

§. 43. Die Corporation ist berechtigt, Mitglieder, welche diesem Zwecke vorsätzlich, oder sonst beharrlich, zuwider handeln, auszustoßen.

§. 44. Sie kann aber diese Befugniß nur unter Aufsicht des Staats, und nach den von ihm vorgeschriebenen Gesetzen ausüben.

§. 45. Ein eigentliches Strafrecht gegen ihre Mitglieder kann einer Corporation nur wegen Vergehungen, die von den Mitgliedern in dieser Eigenschaft begangen worden, und nur in so fern zukommen, als ihr der Staat dergleichen Recht ausdrücklich verliehen hat.

§. 46. Aber auch in diesem Falle muß die Corporation, bei Ausübung ihres Strafrechts, die in den Gesetzen allgemein vorgeschriebene Ordnung und Verfahrungsart beobachten.

§. 47. Auch findet gegen solche Strafverfügungen die Berufung auf die vom Staat angeordneten Richterstühle statt.

§. 48. Die Corporation hat das Recht, neue Mitglieder, mit Vorwissen und Bestimmung des Staats, aufzunehmen.

§. 49. Rechte und Vorzüge, welche einer Corporation oder Gemeine vom Staat beigelegt sind, kommen der Regel nach allen gegenwärtigen und künftigen Mitgliedern derselben zu statten.

§. 50. Doch können auf Vorrechte, welche nur der ganzen Gesellschaft, als einer moralischen Person betrachtet, verliehen sind, einzelne Mitglieder für ihre Personen, und in ihren Privatangelegenheiten, keinen Anspruch machen.

Berathschlagungen und Schlüsse;

§. 51. Die inneren Angelegenheiten einer Corporation werden durch Berathschlagungen und Schlüsse der Mitglieder angeordnet.

§. 52. Bei gewöhnlichen Vorfällen, und in den ein für allemal dazu bestimmten Versammlungen, entscheidet der Schluß der in dieser Versammlung gegenwärtigen Mitglieder.

§. 53. Bei außerordentlichen Vorfällen, deren Verhandlung in den Stifungsgesetzen den ordinairen Versammlungen nicht beigelegt ist, müssen sämmtliche Mitglieder ausdrücklich eingeladen werden.

§. 54. Ist bei der Einladung zu solchen außerordentlichen Versammlungen zugleich der Gegenstand der Berathschlagung angezeigt worden, so können die erscheinenden Mitglieder, ohne Rücksicht auf ihre Anzahl, einen gültigen Schluß abfassen.

§. 55. Ist aber eine solche ausdrückliche Bekanntmachung des Gegenstandes der Berathschlagung nicht geschehen, so müssen wenigstens zwei Drittel der Mitglieder gegenwärtig sein, wenn ein Schluß zu Stande kommen soll.

§. 56. Ist die Einladung nicht gehörig geschehen, oder in dem Falle des §. 55. nicht die erforderliche Anzahl von Mitgliedern gegenwärtig gewesen: so ist ein dennoch abgefaßter Schluß nichtig.

§. 57. Es ist hinreichend, wenn die Einladug an dem gewöhnlichen Wohnorte eines jeden Mitgliedes, auf die in der Prozeßordnung vorgeschriebene Art, insinuirt wird.

§. 58. Mitglieder, welche ihren bisherigen bekannten Aufenthaltsort verändern, ohne den Vorstehern der Corporation Nachricht zu geben, wo sie anzutreffen sind, ist die Corporation besonders einzuladen nicht schuldig.

§. 59. Eben das gilt wegen solcher Mitglieder, die ihren Wohnsitz aus der Provinz verlegen, ohne der Corporation einen Bevollmächtigten anzuzeigen, an welchen die Einladung in vorkommenden Fällen gerichtet werden solle.

§. 60. Abwesende Mitglieder können den Versammlungen auch durch Bevollmächtigte beiwohnen.

§. 61. Dergleichen Vollmacht kann aber nur einem Mitgliede der Corporation aufgetragen werden.

§. 62. Die Schlüsse der Gesellschaft werden nach der Mehrheit der Stimmen abgefaßt.

§. 63. Bei vorhandener Stimmengleichheit gebührt die Entscheidung derjenigen Behörde, der es selbst zukommt, die Schlüsse der Corporationen zu bestätigen.

insonderheit bei neuen Anlagen;

§. 64. Zu neuen Beiträgen, die weder in der Stiftungsverfassung, noch in den allgemeinen Gesetzen des Staats gegründet sind, ist die Einwilligung aller Mitglieder erforderlich.

§. 65. Sind jedoch dergleichen Anlagen zur Erfüllung des Zwecks der Corporation, oder einer von ihr vorhin schon rechtsgültig übernommenen Verbindlichkeit nothwendig: so muß auch in dergleichen Angelegenheiten die geringere Zahl der Mehrheit der Stimmen sich unterwerfen.

§. 66. In keinem Falle können neue Anlagen ohne Vorwissen und Genehmigung des Staats gemacht werden.

§. 67. Was von neuen Verträgen verordnet ist, gilt auch von Erhöhung der bisher nur gewöhnlichen.

§. 68. Gesellschaftliche Rechte, welche nicht sämmtlichen Mitgliedern, sondern nur Einem oder dem Anderen unter ihnen, als

Mitgliede, zukommen, können denselben, wider ihren Willen, durch die bloße Stimmenmehrheit nicht genommen, oder eingeschränkt werden.

§. 69. Eben das gilt, wenn nicht allen, sondern nur Einem oder etlichen Mitgliedern neue Lasten oder Verbindlichkeiten auf= gelegt werden sollen.

wegen des Vermögens;

§. 70. Auch die Verwaltung und Nutzung des der Corporation zustehenden gemeinschaftlichen Vermögens wird durch Schlüsse der Corporation angeordnet.

§. 71. Die Verwendung muß zur Beförderung des gemein= schaftlichen Besten der Gesellschaft, und zur Erreichung ihres End= zwecks geschehen.

§. 72. Derjenige Theil des Gesellschaftsvermögens, wovon die Nutzungen für die einzelnen Mitglieder bestimmt sind, muß nach den Rechten des gemeinsamen Eigenthums behandelt werden. (Th. 1. Tit. 17. Abschn. 1.)[9])

wegen der Stiftungen.

§. 73. Die Corporation ist nicht befugt, von demjenigen, was ein Mitglied oder auch ein Fremder, ihr zu einem gewissen be= stimmten Zwecke zugewendet hat, ohne dessen Genehmigung einen anderen Gebrauch zu machen.

§. 74. In wie fern aber bei veränderten Umständen der Staat, nach dem Ableben des Stifters, der Stiftung eine andere Richtung geben könne, ist nach dem unten §. 193.[10]) vorkommenden Grund= satze zu beurtheilen.

§. 75. In allen Fällen, wo dergleichen Verfügung getroffen werden soll, muß die noch bestehende Corporation mit ihrem Gutachten zuvörderst darüber vernommen, und von diesem Gut= achten, ohne überwiegende Gründe, nicht abgewichen werden.

§. 76. Auch von den zur Erreichung des Zwecks einer solchen Stiftung vorgeschriebenen Mitteln darf die Corporation eigenmächtig nicht abgehen.

§. 77. Der Staat selbst ist, diese Mittel und Einrichtungen abzuändern, nur alsdann berechtigt, wenn klar erhellet, daß da=

---

[9]) Jetzt §§ 741—758 B.G.B.

[10]) Jetzt Art. 5 A.G. z. B.G.B.

durch der Zweck nicht erreicht werden könne, oder gar verfehlt werden würde.

§. 78. Sind dabei Verordnungen zu Gunsten gewisser bestimmter Personen gemacht: so kann davon, ohne die Einwilligung oder vollständige Entschädigung solcher Personen, nicht abgegangen werden.

§. 79. Ist in dem Falle, wenn die Einrichtungen des Stifters nicht buchstäblich befolgt würden, einem Dritten ein Recht auf die zur Stiftung gewidmete Sache oder Summe beigelegt: so findet eine Aenderung ohne die Zuziehung oder Einwilligung dieses Dritten nicht statt.

§. 80. Werden die von dem Stifter gemachten Einrichtungen schon zu der Zeit, da die Stiftung errichtet, und der Corporation angetragen worden, zweckwidrig befunden, so muß der Corporation die Annahme einer solchen Stiftung nicht gestattet werden.

III. Aeußere Rechte;

§. 81. Corporationen und Gemeinen stellen in den Geschäften des bürgerlichen Lebens eine moralische Person vor.[11])

§. 82. Sie werden in Rücksicht auf ihre Rechte und Verbindlichkeiten gegen Andere außer ihnen, nach eben den Gesetzen, wie andere einzelne Mitglieder des Staats, beurtheilt.[12])

§. 83. Doch können sie, ohne besondere Einwilligung der ihnen vorgesetzten Behörde, unbewegliche Sachen weder an sich bringen,[13]) noch veräussern oder verpfänden.

§. 84. Dergleichen von einem Dritten ohne diese Einwilligung mit ihnen vollzogene Handlungen sind nichtig.[14])

§. 85. Auch bei Schulden, für welche die Substanz des unbeweglichen Gesellschaftsvermögens, oder die Nutzungen desselben, auf länger als Ein Jahr haften sollen, ist die Einwilligung der vorgesetzten Behörde nothwendig.[15])

---

[11]) Hat formelle Geltung nur für die öffentlich-rechtlichen Korporationen. Für die privatrechtlichen gilt § 22 B.G.B.; § 81 d. T. betrifft nicht ihre „Verfassung" und ist daher durch Art. 82 E.G. z. B.G.B. nicht aufrecht erhalten.

[12]) Diese Vorschrift über die Wirkung der Rechtsfähigkeit ist privatrechtlich und daher durch Art 55 E.G. z. B.G.B. aufgehoben.

[13]) Jetzt Art. 7 A.G. z. B.G.B. — Im Uebrigen ist die Vorschrift, als das öffentliche Aufsichtsrecht des Staates betreffend, erhalten.

[14]) Ist privatrechtlich, durch Art. 82 E.G. z. B.G.B. nicht gedeckt und daher aufgehoben.

[15]) Vgl. Anm. 13.

§. 86. Die Ausübung der äußern Gesellschaftsrechte wird durch Schlüsse der Corporationen angeordnet.

§. 87. Von Abfassung dieser Schlüsse gilt alles das, was bei den innern Angelegenheiten der Corporationen bestimmt ist.

§. 88. Auch diejenigen Angelegenheiten, welche zwar nicht die Corporation, als eine moralische Person betrachtet, aber doch die sämmtlichen Mitglieder derselben, als solche, betreffen, werden durch Schlüsse der Corporation bestimmt.

§. 89. Ist jedoch von Befugnissen oder Leistungen die Rede, welche auf die einzelnen Mitglieder dergestalt vertheilt werden können, daß Jeder für sich das Recht ausüben, oder die Pflicht leisten kann, ohne dadurch die Rechte der Anderen einzuschränken oder ihre Pflichten zu erschweren: so sind die einzelnen Mitglieder an einen durch Mehrheit der Stimmen der übrigen gefaßten Schluß nicht gebunden.

§. 90. Sie überkommen also auch durch die, vermöge eines solchen Schlusses, ferner erfolgenden Verhandlungen, für ihre Personen weder Rechte noch Verbindlichkeiten.

insonderheit wegen der Schulden.

§. 91. Für die von der Corporation gehörig übernommenen Schulden haftet das gemeinschaftliche Vermögen derselben.[16])

§. 92.[17]) An denjenigen Theil des Gesellschaftsvermögens, wovon die Nutzungen den einzelnen Mitgliedern zukommen, kann der Gläubiger nur in Ermangelung eines anderen gemeinschaftlichen Vermögens sich halten.

§. 93. Auch kann dieser Theil des Gesellschaftsvermögens nur in so fern angegriffen werden, als der Schluß, wodurch die Verbindlichkeit übernommen worden, nach Vorschrift §. 62—69. jedes einzelne Mitglied verpflichtet.

§. 94. Das Privatvermögen der Mitglieder haftet nur alsdann, wenn sich dieselben dazu ausdrücklich anheischig gemacht haben.[18])

§. 95. Zu einer solchen Verpflichtung können die Widersprechenden auch durch eine überwiegende Stimmenmehrheit nicht angehalten werden.

§. 96. Dagegen haften die einzelnen Mitglieder, selbst ohne aus-

[16]) Vgl. Anm. 12.

[17]) Zu §§ 92, 93 vgl. § 15. Nr. 3 E.G. z. C.P.O.

[18]) Die Vorschrift ist rein privatrechtlich, durch Art. 82 E.G. z. B.G.B. nicht gedeckt und daher nicht mehr in Geltung.

drückliche Einwilligung, für Schulden, die zu solchen Bedürfnissen der Commune gemacht worden, zu deren Bestreitung sie neue oder erhöhete Beiträge, auch wider ihren Willen, hätte übernehmen müssen. (§. 65.)[19]

§. 97. Ist eine wahre Gesellschaftsschuld vorhanden, welche durch neue oder erhöhete Beiträge getilgt werden muß: so hat die Gesellschaft das Recht, diese Beiträge, unter Aufsicht und Genehmigung des Staats, dergestalt einzurichten, daß das Erforderliche nur nach und nach zusammengebracht, und die Last sowohl unter die gegenwärtigen als künftigen Mitglieder billig vertheilt werde.

§. 98. Auch der Gläubiger muß sich eine solche nur nach und nach zu leistende Zahlung gefallen lassen, wenn nicht ein gemeinschaftliches Vermögen, an welches er sich halten kann, vorhanden, oder in dem Vertrage mit der Gesellschaft ein Anderes verabredet ist.

§. 99. So weit nach Vorschrift §. 97. Gesellschaftsschulden durch Beiträge der Mitglieder nach und nach getilgt werden müssen; so weit sind auch neue Mitglieder diese fortlaufenden Beiträge mit zu übernehmen verbunden.

§. 100. Doch muß ihnen dieses bei ihrer Aufnahme bekannt gemacht werden.

§. 101. Weigern sie sich alsdann, die ferneren Beiträge zu übernehmen, so kann ihnen die Aufnahme in die Gesellschaft versagt werden.

§. 102. Ist die Bekanntmachung nicht geschehen, so haften die Vorsteher der Gesellschaft, durch deren Schuld dieselbe unterblieben ist, für die Beiträge solcher Mitglieder.

§. 103. Durch den Austritt aus der Gesellschaft werden einzelne Mitglieder von ferneren Beiträgen in der Regel frei.

§. 104. Auch die Erben verstorbener Mitglieder sind, als solche, zu ferneren Beiträgen nicht verpflichtet.

§. 105.[20] Von diesen Regeln (§. 103. 104.) findet eine Ausnahme statt, wenn ein Mitglied eine Gesellschaftsschuld, ganz oder zum Theil, nicht bloß in der Eigenschaft eines Mitgliedes, sondern als eine Privatschuld, ausdrücklich übernommen hat.

§. 106.[20] Sind Privatgrundstücke oder Gerechtigkeiten für eine Gesellschaftsschuld verpfändet worden, so geht die Schuld auf jeden Besitzer derselben über.

---

[19]) Wie Anm. 18.
[20]) Wie Anm. 18.

§. 107. Haben die Mitglieder einer Corporation zwar durch einen an sich rechtsbeständigen Schluß, oder zu einem Behufe, welcher nicht das fortwährende Beste der Corporation, sondern nur die gegenwärtigen Mitglieder betrifft, Schulden gemacht, so sind auch nur diese, und ihre Erben, zu deren Abtragung verpflichtet.

§. 108. Von dieser Pflicht können sie sich durch den Austritt aus der Gesellschaft nur alsdann befreien, wenn sie ein anderes Mitglied stellen, welches die ferneren Beiträge an ihrer Statt zu übernehmen erbötig, und dafür hinlänglich sicher ist.

§. 109 Dagegen ist die Weigerung eines neuen Mitgliedes, Beiträge zu Schulden von dieser Art zu übernehmen, für sich allein noch kein hinreichender Grund, demselben die Aufnahme zu versagen.

§. 110. Das gemeinschaftliche Vermögen der Gesellschaft haftet dem Gläubiger, welcher mit ihr, unter Beobachtung der gesetzlichen Erfordernisse, einen gültigen Vertrag geschlossen hat: wenngleich das Gegebene oder Geleistete nicht zum Besten der Gesellschaft verwendet worden.[20])

§. 111. Der Staat aber ist, so wie die Gesellschaft selbst, in einem solchen Falle dafür zu sorgen berechtigt, daß das gemeinschaftliche Vermögen von der darauf gelegten Verpflichtung durch diejenigen, welche den Vortheil davon gezogen haben, oder durch deren Verschulden die Verwendung zum Besten der Gesellschaft unterblieben ist, wieder befreit werde.

§. 112. Eben diese Vorschriften (§§. 110. 111.) finden auch Anwendung, wenn wegen Schulden von der §. 107. beschriebenen Art das Gesellschaftsvermögen angegriffen worden.

§. 113. Auch wenn kein Vertrag vorhanden ist, oder es demselben an den gesetzlichen Erfordernissen mangelt, wird die Corporation durch die geschehene Verwendung in den gemeinschaftlichen Nutzen, gleich einer Privatperson, verhaftet. (Th. 1. Tit. 13. Abschn. 3.)[20])

IV. Repräsentanten.

§. 114. Die Ausübung der Gesellschaftsrechte kann einzelnen Personen, als Repräsentanten oder Stellvertretern der Gesellschaft übertragen werden.

§. 115. Ist die Bestellung von Repräsentanten in den Stiftungsverträgen oder Gesetzen nicht angeordnet; so gehört die Entscheidung der Frage: ob Repräsentanten bestellt werden sollen, zu denjenigen

---

[20]) Wie Anm. 18.

Angelegenheiten, welche in außerordentlichen Versammlungen, nach vorhergegangener Einladung sämmtlicher Mitglieder, abgethan werden müssen.

§. 116. Zur bejahenden Entscheidung dieser Frage wird eine Mehrheit von zwei Dritteln der Stimmen der auf gehörige Einladung erschienenen Mitglieder; zur Wahl der Personen aber nur eine Mehrheit der Stimmen überhaupt erfordert.

§. 117. Den Repräsentanten einer Corporation kommt nur die Ausübung der äußern Rechte der Gesellschaft, und die Besorgung der Geschäfte derselben mit Fremden außer ihr zu.

§. 118. Dergleichen Geschäfte sind die Repräsentanten in der Regel ohne weitere Rückfrage mit der Gesellschaft abzuthun berechtigt.

§. 119. Dagegen sind sie, wegen solcher Geschäfte, mit der Gesellschaft Rücksprache zu nehmen verbunden, wodurch unbewegliche Sachen derselben veräußert, oder verschuldet, oder die Mitglieder zu neuen oder erhöheten Beiträgen verpflichtet werden sollen.

§. 120. Sind den Repräsentanten mehrere Einschränkungen nur durch ihre Instruction, oder vermöge eines besonderen Herkommens in der Corporation, gemacht, so ist ein Fremder, der mit ihnen in Verhandlungen sich einläßt, an solche Einschränkungen nur so weit gebunden, als ihm dieselben hätten bekannt sein können und sollen.[21]

§. 121. Daß eigentliche Repräsentanten durch besondere Instructionen mehr, als die öffentlich bekannte Verfassung der Gesellschaft, oder die Landesgesetze mit sich bringen, eingeschränkt sind, wird nicht vermuthet.

§. 122. Eine Corporation also, welche solche besondere Einschränkungen machen will, muß dafür sorgen, die ihren Repräsentanten ertheilte Instruction dergestalt öffentlich bekannt zu machen, daß dieselbe Niemandem, der mit den Repräsentanten etwas verhandelt, ohne sein eignes grobes oder mäßiges Versehen verborgen bleiben könne.

§. 123.[21] Dagegen muß der fremde Contrahent die gewöhnliche Aufmerksamkeit anwenden, daß er solchen Einschränkungen der Repräsentanten, welche auf einem ununterbrochenen Herkommen bei der Gesellschaft beruhen, nicht zuwiderhandle.

§. 124. Ob Repräsentanten, welche mit einem Fremden in ihrem

---

[21]) Die §§ 120, 123, 124 sind rein privatrechtlich, durch Art. 82 E.G. z. B.G.B. nicht gedeckt und daher aufgehoben. Jetzt: §§ 164 ff. B.G.B.

eignen Namen Verhandlungen vornehmen, demselben dadurch nur sich selbst, oder die Gesellschaft verpflichten, muß nach eben den Regeln, wie bei Bevollmächtigten, beurtheilt werden. (Th. 1. Tit. 13. §. 153—156.)

§. 125. Innere Gesellschaftsrechte kommen den Repräsentanten nur in so fern zu, als ihnen dergleichen durch die Stiftungsgesetze, durch ihre Instruction, oder durch ein ununterbrochenes Herkommen übertragen worden.

§. 126. Von den Schlüssen der Repräsentanten gilt in der Regel Alles, was von den Schlüssen der Gesellschaft selbst verordnet ist.

§. 127. Wenn die Zahl der Repräsentanten bestimmt; und eine Stelle darunter durch den Tod oder sonst erledigt ist: so müssen alle Angelegenheiten, bei welchen keine Gefahr im Verzuge obwaltet, bis zu deren Wiederbesetzung verschoben werden.

§. 128. Ist der Auftrag der Repräsentanten durch die Verfassung der Corporation auf eine gewisse Zeit eingeschränkt: so sind alle nach Ablauf dieser Zeit vorgenommenen Handlungen derselben für die Gesellschaft unverbindlich.[22])

§. 129. Ist keine Zeit dazu bestimmt: so dauert ihr Auftrag so lange, als er nicht durch einen Schluß der Gesellschaft widerrufen, oder von ihnen selbst aufgekündigt worden.

§. 130. Sollen Repräsentanten in Ansehung der Dauer ihres Auftrages nur durch ihre Instruction, oder durch besondere Gesellschaftsschlüsse eingeschränkt werden, so gilt, wegen öffentlicher Bekanntmachung solcher Einschränkungen, eben das, was §. 122. verordnet ist.

§. 131. Die Repräsentanten sind der Corporation von ihren Handlungen Rechenschaft abzulegen verbunden.

§. 132. Dabei, so wie überhaupt wegen aller den Repräsentanten gegen die Corporation zukommenden Rechte und Verbindlichkeiten, worüber in den Stiftungsgesetzen, in ihrer Instruction, oder in besonderen gesetzlichen Vorschriften, nicht abweichende Bestimmungen vorhanden sind, werden die Repräsentanten als Bevollmächtigte, und wenn sie zugleich das Gesellschaftsvermögen administriren, als Verwalter fremder Güter angesehen und beurtheilt. (Th. 1. Tit. 13. Abschn. 1, Tit. 14. Abschn. 2.)[23])

§. 133. Die Corporation hat das Recht, ihre gefaßten Schlüsse

---

22) Wie Anm. 18.
23) Jetzt §§ 662—675 B.G.B.

wieder aufzuheben, und die von ihnen getroffenen Anordnungen zu widerrufen.

§. 134. Die Mißbilligung der Corporation giebt ihr aber nicht die Befugniß, von Verhandlungen, welche die Repräsentanten mit Anderen außer der Gesellschaft einmal gültig geschlossen, und woraus Letztere ein Recht erworben haben, abzugehen. 22)

§. 135. Diejenigen, welche von der Gesellschaft nur zu einem gewissen bestimmten Geschäfte bestellt worden, sind, wenn sie gleich den Namen der Repräsentanten führen, dennoch nur als Bevollmächtigte der Gesellschaft anzusehen.

§. 136. Die Ausstellung einer Vollmacht im Namen der Gesellschaft gehört zu denjenigen Angelegenheiten, welche in außerordentlichen Versammlungen, nach vorhergegangener Einladung sämmtlicher Mitglieder, verhandelt, und nach der Mehrheit der Stimmen berichtigt werden müssen.

V. Vorsteher.

§. 137. Jede Corporation muß wenigstens Einen Vorsteher haben.

§. 138. Ob deren mehrere, und wie viele sein sollen, hängt, wenn es in der Verfassung nicht ein für allemal bestimmt ist, von dem Beschlusse der Corporation ab.

§. 139. Die Wahl der Vorsteher gebührt in der Regel der Corporation.

§. 140. Diese Wahl gehört zu den außerordentlichen Angelegenheiten, welche durch die Mehrheit der Stimmen, nach vorhergegangener Einladung sämmtlicher Mitglieder, entschieden werden müssen.

§. 141. Die Vorsteher der Gesellschaft haben das Recht und die Pflicht, alles zu thun, was zur guten Ordnung in den Geschäften und Verhandlungen, und zum gewöhnlichen nützlichen Betriebe der gemeinsamen Angelegenheiten erforderlich ist.

§. 142. Zu ihrem Amte gehört es, Versammlungen zu berufen; die Direction in selbigen zu führen; die Gegenstände der Berathschlagung vorzutragen; die Stimmen zu sammeln; und nach selbigen den Schluß abzufassen.

§. 143. Insonderheit ist es ihre Pflicht, darauf zu sehen, daß nichts wider die Stiftungsgesetze, und wider die Rechte des Staats vorgenommen und beschlossen werde.

§. 144. Die Unterbedienten der Gesellschaft sind ihrer Direction und Aufsicht unterworfen.

§. 145. Die Befugniß, die Vorsteher über ihre Amtsführung zur Rechenschaft zu ziehen, kann der Corporation, durch einen auch einmüthigen Beschluß sämmtlicher gegenwärtiger Mitglieder, für die Zukunft nicht entzogen werden.

§. 146. Bei erfolgendem Abgange eines Vorstehers muß sein Amt, bis zu dessen anderweitig geschehener Besetzung, von demjenigen, welcher ihm nach der in der Gesellschaft eingeführten Ordnung der nächste ist, wahrgenommen werden.

VI. Beamte.

§. 147. Auch die Verwaltung der gemeinschaftlichen Güter einer Corporation kann gewissen Beamten übertragen werden.

§. 148. Zur Betreibung ihrer Rechtsangelegenheiten kann die Corporation einen Syndicus bestellen.

§. 149. Zur Bestellung eines Syndici kann keine Corporation gezwungen; wohl aber, wenn sie aus mehr als drei Personen besteht, von dem Richter angehalten werden, die Verhandlung ihrer Rechtsangelegenheiten durch zwei oder drei aus ihrer Mitte zu wählende Deputirte abzuwarten.

§. 150. Zur Uebernehmung eines Auftrags als Deputirte in einzelnen Fällen, können Mitglieder gegen hinlängliche Entschädigung, auch wider ihren Willen, angehalten werden.

§. 151. Die Rechte und Pflichten eines Gesellschafts-Beamten und Syndici sind nach ihren Bestallungen und Amts-Instructionen, übrigens aber nach der Lehre von Vollmachtsaufträgen zu beurtheilen.

§. 152. Auch ein wirklicher Syndicus ist nicht berechtigt, ohne Rückfrage mit der Corporation, Klagen in ihrem Namen anzustellen, oder auf solche, die wider sie angestellt worden, sich einzulassen.

§. 153. Die Verwalter der Gesellschaftsgüter sind nicht befugt, Grundstücke, Gerechtigkeiten und Capitalien der Gesellschaft zu veräußern, oder auf irgend eine Art zu belasten.

§. 154. Aus den von ihnen allein geschlossenen Verträgen wird die Gesellschaft nicht verhaftet.[24])

---

[24]) § 154 betrifft die Vertretungsmacht der Beamten und ist daher erhalten.

§. 155. Doch muß sie, wenn daraus etwas in ihren gemeinsamen Nutzen verwendet worden, dem anderen Contrahenten, nach allgemeinen gesetzlichen Vorschriften, dafür gerecht werden.[25])

§. 156. Auch muß sie die Handlungen und Verträge der Beamten so weit vertreten, als diese nach der Natur ihres Auftrages, denselben, ohne dergleichen Handlungen vorzunehmen, nicht würden ausführen können.[26])

§. 157. Hat eine Commune ihre Vorsteher oder Beamten überhaupt zur Veräußerung und Verpfändung des Communvermögens nach Gutbefinden im Voraus bevollmächtigt: so ist dieses dennoch nur von dem Falle, wenn eine solche Veräußerung oder Verpfändung zur Bestreitung gemeinschaftlicher Bedürfnisse nothwendig ist, zu verstehen.

§. 158. Doch bindet diese Einschränkung nur die Vorsteher oder Beamten; steht aber einem Dritten, welcher sich mit ihnen auf den Grund einer solchen uneingeschränkten Bevollmächtigung eingelassen hat, nicht entgegen.[27])

§. 159. Der Regel nach ist die Corporation befugt, sich ihre Beamte selbst zu wählen.

§. 160. Es muß jedoch die Wahl der vorgesetzten Obrigkeit zur Genehmigung angezeigt werden.

§. 161. Ein Mitglied der Corporation ist die auf ihn gefallene Wahl anzunehmen verbunden, wenn ihm nicht eben die Gründe der Entschuldigung, aus welchen eine aufgetragene Vormundschaft abgelehnt werden kann, zu statten kommen.

§. 162. Die Beurtheilung der angeführten Entschuldigungsursachen gebührt der Obrigkeit.

§. 163. Die von der Corporation geschehene und von dem Gewählten angenommene Wahl kann die Obrigkeit dennoch verwerfen, wenn der Gewählte die Eigenschaften nicht besitzt, welche nach allgemeinen oder nach den Gesetzen der Gesellschaft zu dieser Stelle erforderlich sind.

§. 164. Wird die Wahl verworfen, so muß die Corporation von neuem wählen.

§. 165. Fällt auch diese Wahl auf einen Untüchtigen, so ver-

---

[25]) Wie Anm. 18. — Maßgebend sind §§ 812 ff. B.G.B.

[26]) Wie Anm. 24.

[27]) Wie Anm. 18.

liert die Corporation für diesen Fall ihr Wahlrecht, und die Stelle wird von der Obrigkeit besetzt.

§. 166. Abweichungen von obigen Regeln beruhen auf besonderen Gesetzen und Verfassungen.

§. 167. Die Wahl der Vorsteher und Beamten gehört zu den innern Rechten der Gesellschaft.

§. 168. Sie ist ein Gegenstand der außerordentlichen Zusammenkünfte. (§. 53. sqq.)

§. 169. Ist die Dauer ihrer Amtsführung weder in der Verfassung, noch durch die Natur des Auftrages selbst bestimmt, so hängt sie von dem Schlusse der Gesellschaft bei der Wahl ab.

§. 170. Ist auch dadurch keine gewisse Zeit bestimmt, so wird angenommen, daß Vorsteher und Beamte auf Lebenszeit bestellt worden.

§. 171. Weder die auf Lebenslang, noch die auf eine kürzere bestimmte Zeit angesetzten Vorsteher und Beamten können von der Corporation nach bloßer Willkühr wieder abgesetzt werden.

§. 172. Der Staat aber kann sie aus eben den Gründen, aus welchen Beamte überhaupt ihres Amtes verlustig erklärt werden können, absetzen oder entlassen.

§. 173. Die Corporation hat nur das Recht, bemerkte Gründe dieser Art dem Staat zur Untersuchung anzuzeigen.

§. 174. Doch kann sie, bis zur erfolgenden Verfügung der Obrigkeit, den angeschuldigten Beamten in der Verwaltung seines Amtes soweit einschränken, als es nothwendig ist, um fernern besorglichen Schaden abzuwenden.

§. 175. Auch Beamte können ihr ohne Einschränkung auf eine gewisse Zeit übernommenes Amt niemals, und wenn eine Zeit bestimmt ist, nicht vor Ablauf derselben eher niederlegen, als bis zu dessen Wiederbesetzung die nöthige Verfügung getroffen ist.

§. 176. Wenn es aber an tauglichen Personen dazu nicht ermangelt, und die Corporation gleichwohl mit Vornehmung einer neuen Wahl zögert: so kann der abgehende Beamte bei dem Staate darauf antragen, daß ihr die Anstellung einer solchen Wahl in einer zu bestimmenden Frist aufgegeben, und wenn diese fruchtlos verläuft, die Stelle für diesmal von dem Staate unmittelbar besetzt werde.

VII. Dauer.

§. 177. Corporationen und Communen dauern fort, wenn auch nur noch Ein Mitglied vorhanden ist.

§. 178. Dieses Mitglied kann alle Rechte der Gesellschaft in deren Namen ausüben; es muß aber auch alle ihre Pflichten erfüllen.

§. 179. Kann letzteres nach der Natur und dem Zwecke der Gesellschaft nicht geschehen, oder erlischt die Gesellschaft durch das Absterben auch des letzten Mitgliedes von selbst: so finden die Vorschriften §. 192. sqq.[28]) Anwendung.

§. 180. Auch mit Einwilligung sämmtlicher Mitglieder kann eine öffentliche Gesellschaft nicht anders, als unter Genehmigung des Staats aufgehoben werden.

§. 181. Auch unter Genehmigung des Staats kann zum Nachtheil eines Dritten, der ein gegründetes Recht, auf der Fortdauer der Corporation zu bestehen, nachzuweisen vermag, die Aufhebung derselben nicht erfolgen.

VIII. Austritt einzelner Mitglieder.

§. 182. In der Regel kann jedes Mitglied einer Corporation dieselbe nach Gutbefinden wieder verlassen.

§. 183. Das austretende Mitglied muß aber seinen Vorsatz, dem Vorsteher der Gesellschaft gehörig anzeigen.

§. 184. Der Austritt selbst muß bis zum Ablauf eines solchen Zeitraums ausgesetzt werden, in welchem die Vortheile und Lasten, die aus der gesellschaftlichen Verbindung auf einzelne Mitglieder treffen, sich am füglichsten gegen einander abwägen lassen.

§. 185. Es kann also, zum Beispiel, ein Mitglied, welches die gesellschaftlichen Vortheile Eines Jahres ganz oder zum Theil bereits genossen hat, vor Ablauf dieses Jahres nicht anders austreten, als wenn es auch alle in dies Jahr fallenden Lasten entrichtet hat, oder die Corporation dafür entschädigt.

§. 186. Auch in Fällen, wo sonst die Aufnehmung neuer Mitglieder nur der Corporation zukommt, ist der Staat dazu berechtigt, wenn zu besorgen ist, daß durch den Abgang der bisherigen die Gesellschaft erlöschen würde.

§. 187. Eine gleiche Befugniß steht dem Staat in allen Fällen zu, wo wegen des Austrittes mehrerer Mitglieder, oder wegen veränderter Umstände überhaupt, die gegründete Besorgniß entsteht daß die noch vorhandene Anzahl nicht hinreichen werde, dem

---

[28]) Jetzt: Art. 85 E.G. z. B.G.B.; Art. 5 A.G. z. B.G.B.; § 45 B.G.B.

Zwecke ein Genüge zu leisten, zu welchem die Corporation von dem Staate gestiftet, oder privilegirt worden ist.

§. 188. Doch muß bei solchen Vermehrungen (§. 187.) auch auf die Conservation der schon vorhandenen Mitglieder allemal Rücksicht genommen werden.

IX. Aufhebung der Corporationen und Gemeinen.

§. 189.[29]) Wenn der im Grundvertrage vorgeschriebene Zweck einer Corporation oder Gemeine nicht ferner erreicht werden kann, oder gänzlich hinwegfällt: so ist der Staat berechtigt, sie aufzuheben.

§. 190. Ein Gleiches findet statt, wenn dieser Zweck, wegen veränderter Umstände, dem gemeinen Wohl offenbar schädlich wird,

§. 191. Wird nur durch Missbräuche oder Mängel der innern Verfassungen die Erreichung des Zweckes gehindert, oder Nachtheil für das gemeine Wohl hervorgebracht: so ist der Staat nur befugt, zur Abschaffung der Missbräuche und Wiederherstellung der guten Ordnung zweckmässige Mittel vorzukehren.

§§. 192—202 fallen fort.[30])

Siebenter Titel.[1])

Vom Bauernstande.

Erster Abschnitt.

Vom Bauernstande überhaupt.

Wer Bauer sei.[2])

§. 1. Unter dem Bauernstande sind alle Bewohner des platten

---

[29]) Die §§ 189—191 betreffen das öffentlich-rechtliche Aufsichtsrecht des Staats und sind daher erhalten. — Für Vereine des Privatrechts vgl. § 43 B.G.B.

[30]) Sie regelten das Anfallsrecht in Ansehung des Vermögens einer aufgehobenen Gesellschaft. Jetzt: Art 85 E.G. und Art. 5 A.G z. B.G.B. — § 45 B.G.B.

[1]) Der 7. Titel ist im Herzogthum Westfalen, im Fürstenthum Siegen mit den Aemtern Burbach und Neuenkirchen und in den Grafschaften Wittgenstein-Wittgenstein und Wittgenstein-Berleburg von der Anwendung ausgeschlossen. § 4 Publik.Pat. v. 21. Juni 1825 (G.S. S. 153).

[2]) §§ 1—7 sind beseitigt durch das Ed., betr. den erleichterten Besitz

Landes begriffen, welche sich mit dem unmittelbaren Betriebe des Ackerbaues und der Landwirthschaft beschäftigen; in so fern sie nicht durch adliche Geburt, Amt, oder besondere Rechte, von diesem Stande ausgenommen sind.

§§. 2—4 fallen fort.[2])

§. 5. Der bloße Erwerb und Besitz eines bäuerlichen Grundstücks benimmt dem zu einem anderen Stande gehörigen Bürger des Staats nichts von seinen persönlichen Rechten.

§. 6. Er tritt aber in den Bauernstand über, wenn er den Stand, in welchem er bisher gelebt hat, gänzlich verläßt, und sich bloß als Bauer nährt.

§. 7. In beiden Fällen (§. 5. 6.) übernimmt er, mit dem Bauergute zugleich, alle auf demselben haftenden Pflichten.

Allgemeine Rechte und Pflichten des Bauernstandes.

§. 8.[3]) Ein jeder Landmann ist die Cultur seines Grundstücks, auch zur Unterstützung der gemeinen Nothdurft, wirthschaftlich zu betreiben schuldig.

§. 9. Er kann also dazu von dem Staate auch durch Zwangsmittel genöthigt, und bei beharrlicher Vernachlässigung, sein Grundstück an einen Anderen zu überlassen, angehalten werden.

§. 10. Veränderungen und Verbesserungen in der Cultur stehen einem Jeden so weit frei, als dadurch das Recht eines Dritten nicht gekränkt wird.

§. 11. Sobald es eine dringende Nothdurft des Staats erfordert, kann auch der Landmann angehalten werden, den Ueberschuß seiner Erzeugnisse zum Verkauf auszubieten. (Th. 1. Tit. 11. §. 7.)[4])

§. 12 fällt fort.[5])

§. 13. Der Bauernstand ist dem Staate zu Hand- und Spanndiensten besonders verpflichtet.[6])

§§. 14—16 fallen fort.[7])

---

und den freien Gebrauch des Grundeigenthums v. 9. Oktober 1807 (G.S. 1806—10 S. 170); Art. 4 Pr. Verf.

[3]) §§ 8—10 sind beseitigt durch § 5 des Ed. zur Beförderung der Landkultur v. 14. September 1811 (G.S. S. 300).

[4]) Erhalten durch Art. 109 E.G. z. B.G.B.

[5]) Aufgehoben durch V. wegen Verkaufs der Früchte auf dem Halm v. 9. November 1843 (G.S. S. 347).

[6]) Die besondere Verpflichtung zu Spanndiensten ist beseitigt durch Ed. wegen Aufhebung des Vorspanns v. 28. Oktober 1810 (G.S. S. 77). — § 3 R.Ges., betr. die Naturalleistungen für die bewaffnete Macht im Frieden, v. 13. Feb. 1875, in der Fassung v. 24. Mai 1898 (R.G.Bl. S. 361).

[7]) Sie betrafen die Einziehung von Bauerstellen und sind beseitigt durch §§ 6, 7 Ed., betr. den erleichterten Besitz und den freien Gebrauch des Grundeigenthums u. s. w., v. 9. Oktober 1807 (G.S. 1806—10 S. 170).

§. 17. In allen nicht besonders ausgenommenen Fällen wird der Bauernstand nach den im Staate geltenden gemeinen Rechten beurtheilt. [8]

Zweiter Abschnitt.

Von Dorfgemeinen.

§§. 18—78 fallen fort. [9]

Von Dorfgerichten. [10]

§. 79. Schulze und Schöppen machen zusammen die Dorfgerichte aus.

§§. 80—85 fallen fort. [11]

§. 86. Der Gerichtshalter kann den Dorfgerichten die Aufnahme von Inventarien und Taxen unter seiner Aufsicht übertragen, [12] auch sich ihrer zu Vollstreckung der Executionen bedienen. [13]

---

[8] Obsolet. Art. 4 Pr. Verf.

[9] Sie sind für die 7 östlichen Provinzen durch § 146 d. Landgemeinde-Ordn. v. 3. Juli 1891 (G.S. S. 233) aufgehoben. Soweit sie in anderen Landestheilen gegolten haben, sind sie durch die späteren Landgemeinde-Ordnungen vollständig beseitigt. Es gelten die Landgem.-Ordnungen: für Westfalen v. 19. März 1856 (G.S. S. 265); für die Rheinprovinz v. 23. Juli 1845 (G.S. S. 523) u. dazu Ges. v. 15. Mai 1856 (G.S. S. 435), V. v. 1. März 1858 (G.S. S. 103) und Ges. v. 30. Juni 1884 (G.S. S. 307); für Hannover v. 28. April 1859 (Hannov. G.S. I. 393); für Schleswig-Holstein v. 4. Juli 1892 (G.S. S. 155); für Hessen-Nassau v. 4. August 1897 (G.S. S. 301); für Hohenzollern v. 2. Juli 1900 (G.S. S. 189).

[10] Die Zuständigkeit und Besetzung bestimmt sich nach Art. 104 bis 110 Pr. F G.G. — Allg. Verf über das Verfahren und die Gebühren der Dorfgerichte v. 20. Dezember 1899 (J.M.Bl. S. 806).

[11] § 80 (streitige Gerichtsbarkeit) ist durch §§ 12—14 G.V.G., § 81 (Polizeistrafen) durch § 1 Ges., betr den Erlaß polizeilicher Strafverfügungen, v. 23. April 1883 (G.S. S. 65), §§ 82—85 (freiwillige Gerichtsbarkeit) durch Art. 119 Pr. F.G.G. beseitigt. Art. 89 A.G. z. B.G.B. hebt die §§ 80—85 ausdrücklich auf.

[12] Erhalten nach Art. 119 Abs. 2 Pr. F.G.G. Die Aufnahme kann ohne Auftrag geschehen im Falle des § 1960 B.G.B. Art. 104 Pr. F.G.G. Auftrag des Amtsgerichts oder der Generalkommission Art. 108 Pr. F.G.G.

[13] Für gerichtliche Zwangsvollstreckungen beseitigt durch §§ 753 ff. C.P.O. — Die Verwaltungs-Vollstreckungsbehörden können die Dorfgerichte mit Vollstreckungshandlungen beauftragen. Vgl. § 6 V., betr. das Verwaltungszwangsverfahren, v. 15. November 1899 (G.S. S. 545).

Dritter Abschnitt.

Von unterthänigen Landbewohnern, und ihrem Verhältnisse gegen ihre Herrschaften.

§§. 87—90 fallen fort.[14])

Wer Unterthanen haben könne.[15])

§. 91. Nur die Besitzer von Rittergütern können in der Regel Unterthanen haben, und herrschaftliche Rechte über dergleichen Leute ausüben.

§. 92. Besitzer anderer freier Landgüter, welche dieses Vorrecht zu haben behaupten, müssen dasselbe durch Provinzialgesetze, Privilegia, oder Verjährung, besonders begründen.

§§. 93—135 fallen fort.[16])

Allgemeine Pflichten der Unterthanen.

§. 136.[17]) **Die Pflichten der Unterthanen gegen die Herrschaft müssen jedoch den Pflichten gegen den Staat, wenn beide nicht zusammen bestehen können, weichen.**

Quellen der Rechte und Pflichten zwischen Herrschaften und Unterthanen.

§. 137. **Die Pflichten der Unterthanen gegen ihre Herrschaft werden hauptsächlich nach den Kauf- oder Annahmebriefen; hiernächst nach den gesetzmäßigen Erb- und Dienstregistern oder Urbarien; und endlich nach den Provinzialgesetzen beurtheilt.**

§. 138. **Den neu angehenden Besitzern unterthäniger Stellen sollen die vorhin darauf gehafteten Lasten und Abgaben willkürlich nicht erhöht werden.**

§§. 139—140 fallen fort.[18])

§. 141. Neue Dienstregister und Urbarien zwischen Herrschaft und Unterthanen müssen von dem Landescollegio untersucht, und, nach Befinden der Umstände, bestätigt werden.

---

[14]) §§ 87—135, 139—142 sind beseitigt mit der Aufhebung der Gutsunterthänigkeit durch §§ 10—12 Ed., betr. den erleichterten Besitz und den freien Gebrauch des Grundeigenthums, v. 9. Oktober 1807 (G.S. 1806—10 S. 170).

[15]) §§ 91, 92 sind von Bedeutung für die Voraussetzungen des Vorhandenseins eines selbständigen Gutsbezirks.

[16]) Vgl. Anm. 14.

[17]) §§ 136—138, 143—146 sind, soweit sie sich auf nicht abgelöste, privatrechtliche Dienste der Unterthanen (Abschnitt 6, 7 des Titels) beziehen, durch die Aufhebung der Gutsunterthänigkeit nicht berührt und durch Art. 113, 115 E.G. z. B.G.B. erhalten.

[18]) Vgl. Anm. 14.

§. 142. Von dergleichen Urbarien und Dienstregistern ist allemal ein Exemplar in der Dorf- und Schöppenlade der Gemeine aufzubewahren.

§. 143.[19] Gegen den deutlichen Inhalt solcher von den Landescollegiis bestätigten Urbarien findet weder für den einen, noch für den anderen Theil, eine Verjährung statt.

§. 144. Wo es an einem vollständigen Urbario oder Dienstregister bisher gemangelt hat, da können, durch rechtsgültige Verjährung, Dienste und Abgaben von der Herrschaft erworben;[20] auch Unterthanen dadurch von Pflichten und Abgaben befreit werden.

§. 145. Die Abänderung oder Verwandlung gewisser Arten von Diensten und Abgaben steht der Herrschaft nur in so weit frei, als dadurch die Lasten der Unterthanen nicht erschwert werden.

§. 146. Nur alsdann, wenn Verträge, Urbarien, Provinzialgesetze, oder Verjährung die Streitigkeiten zwischen Herrschaften und Unterthanen nicht entscheiden, finden die Vorschriften des allgemeinen Landrechts Anwendung.

Vierter Abschnitt.

Von den persönlichen Pflichten und Rechten der Unterthanen.

§§. 147—239 fallen fort.[21]

Fünfter Abschnitt.

Von den Rechten und Pflichten der Unterthanen in Ansehung ihres Vermögens.

§§. 240—307 fallen fort.[21]

Sechster Abschnitt.

Von den Diensten der Unterthanen.[22]

Wozu die Dienste geleistet werden müssen.

§. 308. Die Dienste, welche die Unterthanen ihrer Herrschaft

---

[19]) Vgl. Anm. 17.

[20]) §§ 6. 91 Ablösungsges. v. 2. März 1850 (G.S. S. 77).

[21]) Der 4. und 5. Abschnitt sind beseitigt mit der Aufhebung der Gutsunterthänigkeit durch §§ 10—12 Ed., betr. den erleichterten Besitz und den freien Gebrauch des Grundeigenthums, v. 9. Oktober 1807 (G.S. 1806—10 S. 170).

[22]) Der 6. Abschnitt ist durch die Aufhebung der Gutsunterthänig-

zu leisten haben, sind eigentlich zur Bewirthschaftung und Benutzung der herrschaftlichen Grundstücke bestimmt.

§. 309. Auf anderen Gütern, als wozu die Unterthanen bisher geschlagen waren, können sie zu dienen nicht gezwungen werden.

§. 310. Wenn nicht ausgemittelt werden kann, zu welchem Gute oder herrschaftlichen Vorwerke Unterthanen, die bisher Dienstgeld bezahlt haben, die Naturaldienste zu leisten schuldig sind, so können sie dazu nur in Ansehung der im Dorfe oder zunächst demselben gelegenen Vorwerke, wo die Dienste gebraucht werden können, angehalten werden.

§. 311. In der Regel sind die zu Diensten verpflichteten Unterthanen alle Arten von Fuhren und Handarbeiten, welche zur landwirthschaftlichen Benutzung des herrschaftlichen Gutes erfordert werden, zu verrichten schuldig.

§. 312. Dagegen können ihnen andere Arbeiten, besonders solche, die eine auf dem Lande nicht gewöhnliche Fabrication oder Handlung zur Absicht haben, im Hofedienste nicht zugemuthet werden.

§. 313. Wo jedoch schon zur Zeit der Publication dieses Landrechts Unterthanen auch solche Dienste, vermöge vorhandener Verträge, oder einer seit rechtsverjährter Zeit wohlhergebrachten Verfassung, haben leisten müssen, hat es auch ferner dabei sein Bewenden.

Möglichste Festsetzung[23]) gemessener Dienste.

§. 314. Alle Arten der Hofedienste sollen künftig, so viel als möglich, nach Zeit, Ort, Maß, oder Gewicht, bestimmt werden.

§. 315. Bei Bestimmung der ungemessenen Dienste ist sowohl auf die Nothdurft des Gutes, zu dessen Cultur die Unterthanen angesetzt sind, als auf deren eigene Bedürfnisse Rücksicht zu nehmen.

§. 316. In Fällen, wo die Herrschaft, durch eigene Züge oder Handarbeiter, zur Cultur ihres Gutes mitgeholfen hat, muß, bei Berechnung der Nothdurft dieses Gutes, dergleichen Beihülfe zu Gunsten der Unterthanen allerdings mit angeschlagen werden.

---

keit nicht beseitigt und durch Art. 115 E.G. z. B.G.B. aufrecht erhalten. Er gilt noch, soweit die Dienste nicht nach dem Ges., betr. die Ablösung der Reallasten v. 2. März 1850 (G.S. S. 77) aufgehoben oder abgelöst sind.

[23]) Das Gesetzbuch hat den Druckfehler „Fortsetzung“.

§. 317. Bei bisher ungemessenen Arten von Diensten, welche nicht zur gewöhnlichen Bewirthschaftung des Gutes gehören, sondern nur bei außerordentlichen Gelegenheiten, oder in besonderen Fällen vorkommen, ist die Herrschaft nicht schuldig, sich eine Bestimmung derselben gefallen zu lassen.

§. 318. Ungemessene Baudienste können daher, wider den Willen der Herrschaft, niemals in gemessene verwandelt werden.

§. 319. Bei Festsetzung und Vertheilung der Dienste ist darauf zu sehen, daß den Unterthanen die nöthige Zeit zur Bestellung ihrer eigenen Wirthschaften, und zum Erwerbe ihrer Nothdurft übrig bleibe.

§. 320. Bei streitiger Bestimmung ungemessener Dienste müssen von beiden Theilen Sachverständige vorgeschlagen; diese von dem Richter mit ihrem Gutachten gehört; und auf dies Gutachten, bei Abfassung des Urtels, vorzügliche Rücksicht genommen werden.

§. 321. In Ansehung solcher Güter, welche die Unterthanen, ohne herrschaftliche Hülfe, bisher bearbeitet haben, hat es dabei ferner sein Bewenden.

§. 322. Es darf aber alsdann die Herrschaft ohne Einstimmung der Dienstleute, weder Erweiterungen, noch Veränderungen in dem Betriebe der Wirthschaft vornehmen, durch welche die Dienste erschwert werden.

Spanndienste.

§. 323. Welche Classe von Unterthanen zu Spanndiensten verpflichtet; mit welchen Arten von Zugvieh, und mit wie vielen Stücken desselben ein jeder von ihnen dabei zu erscheinen schuldig sei, ist nach der Verfassung eines jeden Orts bestimmt.

§. 324. Von diesen Einrichtungen ist kein Theil ohne des anderen Einwilligung abzugehen berechtigt.

§. 325. Im zweifelhaften Falle gilt die Vermuthung, daß die Bauern mit Pferden zu dienen schuldig sind.

§. 326. Unterthanen, die zur Bearbeitung ihrer eigenen Güter kein Zugvieh nöthig haben, können auch zu herrschaftlichen Spanndiensten nicht angehalten werden.

§. 327. Die Unterthanen sind schuldig, ihre Dienste, nach deren Bestimmung, den Anweisungen der Herrschaft gemäß, mit Fleiß, Sorgfalt und Treue zu verrichten.

Von gemessenen Diensttagen.

§. 328. Wo die Dienste auf eine gewisse Zahl von Tagen in der Woche oder im Jahre bestimmt sind, hängt es von der Herrschaft ab, welche Wochentage sie zu wählen für gut finde.

§. 329. Die nach den Landesgesetzen beibehaltenen Feiertage haben mit den Sonntagen gleiche Rechte.

§. 330. An den durch Landesgesetze abgeschafften Feiertagen können die Unterthanen den Dienst, auf Erfordern, zu thun sich nicht weigern.

§. 331. Wo aber die Unterthanen alltäglich zu dienen schuldig sind, da können sie an den dritten Feiertagen von den sogenannten drei hohen Festtagen, dem grünen Donnerstage, und den drei aufgehobenen Bußtagen, zum Hofedienste, außer der Ernte, nicht angehalten werden.

§. 332. Gewöhnlich muß die am anderen Tage vorzunehmende Arbeit den Unterthanen am Abend vorher angesagt werden.

§. 333. Doch bleibt in vorkommenden unvermutheten Fällen der Herrschaft frei, noch den folgenden Morgen die vorzunehmenden Arbeiten auf andere Art anzuordnen, oder noch gänzlich abzubestellen.

§. 334. Hat aber der Unterthan dadurch, daß er mit seinem Zugviehe bereits ausgezogen war, oder sonst, den Dienst schon wirklich angetreten: so muß ihm, wenn diese Arbeit nicht fortgesetzt wird, eine andere angewiesen, oder die angefangene Arbeit an seiner gemessenen Dienstzeit verhältnißmäßig abgerechnet werden.

§. 335. Wird der Unterthan noch an demselben Vormittage wieder nach Hause entlassen: so wird ihm ein halber; wenn aber die Nachmittagsarbeit schon angefangen war, der ganze Diensttag zu Gute gerechnet.

§. 336. Wo es hergebracht ist, daß die Arbeit nach Gespannen eingetheilt und berechnet wird, da ist in diesem Falle jedes angefangene Gespann für vollendet zu achten.

§. 337. Außer diesem Falle einer, durch Veränderung der Umstände nothwendig gewordenen, Abrechnung der angefangenen Dienste, ist die Herrschaft nicht berechtigt, die schuldigen Hofetage in halbe Tage, oder einzelne Gespanne, nach Willkühr zu verwandeln.

§. 338. Ist die angefangene Arbeit durch Schuld des Unterthans unterbrochen worden; so muß er die rückständig gebliebenen Stunden nachdienen.

§. 339. Wöchentlich bestimmte Spanndienste, welche in dem festgesetzten Zeitraume nicht gefordert worden, können nur auf Eine, Handdienste aber auf zwei Wochen zurück, nachgefordert werden.

§. 340. Beträgt der ordinaire Hofedienst auf die Woche mehr als drei Tage, so kann wöchentlich nur Ein Tag nachgefordert werden.

§. 341. Auch findet eine Nachforderung der Spanndienste nicht statt, wenn der Unterthan in gleicher Noth und Verlegenheit mit der Herrschaft ist.

§. 342. Es kann also in der Erntezeit, wenn der Unterthan mit seiner Ernte noch nicht fertig ist, die Herrschaft von ihm Spanndienste, die er selbst zur Einbringung seiner eigenen Feldfrüchte nöthig hat, nicht nachfordern.

§. 343. Ein Vorausfordern der Dienste findet gegen den Willen der Unterthanen niemals statt.

Gemessene Dienste nach Ackermaaß.

§. 344. Sind die Spanndienste der Unterthanen auf ein gewisses Acker- oder Wiesenmaaß festgesetzt, so müssen dieselben zu gehöriger Jahreszeit, und nach den Regeln einer guten Wirthschaft verrichtet werden.

§. 345. Ein Gleiches findet statt, wenn die Unterthanen im gemessenen Hofedienste gewisse bestimmte Acker- oder Wiesenflecke zu bearbeiten haben.

§. 346. Auch in diesen Fällen sind die Unterthanen schuldig, bei der Arbeit der Anweisung der Herrschaft zu folgen, und können von ihr, vermöge des Dienstzwanges, dazu angehalten werden.

§. 347. Wird die Bestellung nachlässig und schlecht befunden, so muß dieselbe sofort, und ohne Widerrede, auch ohne Anrechnung auf den ordinairen Hofedienst, verbessert werden.

Nach Zeit- und Ackermaaß zugleich.

§. 348. Sind die Dienste der Unterthanen zum Theil auf Tage; zum Theil aber auf Acker- oder Wiesenmaaß, oder gewisse Fuhren bestimmt: so finden bei jeder dieser Arten von Diensten die dafür oben besonders ertheilten Vorschriften Anwendung.

Handdienste spannpflichtiger Unterthanen.

§. 349. Zur Ableistung der Spanndienste müssen, außer dem Zugviehe, auch die zur Führung des Wagens, des Pfluges, und der Egge erforderlichen Personen gestellt werden.

§. 350. Diese sind sowohl beim Ackerbaue, als bei dem Auf- und Abladen der Wagen zu helfen schuldig.

§. 351. In keinem Falle kann der mitgeschickte Ablader auf längere Zeit, oder zu schwereren Diensten, als ihm nach §. 350. obliegen, gebraucht werden.

§. 352. Ist ein zu Spanndiensten pflichtiger Unterthan auch eine oder mehrere Personen zu besonderer Handarbeit zu stellen verbunden; so können, der Regel nach, beiderlei Arten von Diensten nicht zu gleicher Zeit gefordert werden.

§. 353. Es steht dem Unterthan frei: ob er die Hofearbeit selbst verrichten, oder durch tüchtiges Gesinde oder diensttaugliche Kinder leisten wolle.

§. 354. Männertage können nicht durch Weiber oder Mägde; wohl aber die sogenannten Weibertage durch Mannspersonen abgedient werden.

§. 355. Sind jedoch in diesen Weibertagen gewisse Arbeiten zu verrichten, welche von Mannspersonen nicht gehörig geleistet werden können, so ist die Herrschaft diese, statt der Weiber oder Mägde, anzunehmen nicht schuldig.

§. 356. Unterthanen, welche von der ordinairen Hofearbeit befreit, und dagegen für das ganze Jahr nur zu einer bestimmten Anzahl von Hofetagen verbunden sind, müssen dieselben zu der Zeit, wo die Herrschaft sie am nöthigsten braucht, unweigerlich entrichten.

§. 357. Eben das gilt von den sogenannten Beitagen, welche manche Unterthanen außer der ordinairen Hofearbeit zu leisten haben.

Geräthschaften.

§. 358. Die Unterthanen müssen zum Hofedienste diejenigen Geräthschaften in tüchtigem Stande mitbringen, die sie zur Hofwehr erhalten haben, oder die sie, zu Arbeiten von derselben Art, in ihrer eignen Wirthschaft brauchen.

§. 359. Ist der Unterthan zu solchen Arten von Arbeit verpflichtet, die in seiner eignen Wirthschaft nicht vorfallen, so müssen ihm die dazu besonders erforderlichen Geräthschaften von der Herrschaft gegeben werden.

§. 360. Nur dann, wenn er dergleichen Geräthschaften vorsätzlich, oder aus grober Fahrlässigkeit verdirbt, muß er den dadurch verursachten Schaden ersetzen.

Anfang und Ende der Tagarbeit.

§. 361. Wo nach dem Landesgebrauche keine andere Bestimmungen angenommen sind, muß der Unterthan vom funfzehnten April, bis zu Ende des Monats August, früh von Fünf Uhr an; in der übrigen Jahreszeit aber mit Sonnenaufgang den Dienst antreten, und in allen Fällen denselben vor Sonnenuntergang nicht wieder verlassen.

§. 362. Doch muß bei diesen Zeitbestimmungen auf die Entfernung des Ortes, wo der Dienst geleistet werden soll, von dem Wohnorte des Unterthans, billige Rücksicht genommen werden.

Ruhestunden.

§. 363. Bei Spanndiensten sowohl, als bei Handarbeiten, müssen den Unterthanen die jeden Orts gewöhnlichen Ruhestunden zum Frühstück, zum Mittage und zur Vesper gelassen werden.

§. 364. Wo die Gewohnheit des Ortes nichts Bestimmtes festsetzt, da sind den Unterthanen, bei Spanndiensten, am Vormittage Eine, zu Mittage zwei, und den Nachmittag wieder Eine; so wie bei Handdiensten, auf jede der drei Tagezeiten, Eine Ruhestunde zu gestatten.

§. 365. Im Winter, vom Ein und zwanzigsten September bis Ein und zwanzigsten März, fallen die Frühstücks- und Vesperstunden weg; und es können an Orten, wo mehr als ein Gespann auch in kurzen Tagen gemacht wird, nur die Futterstunden gerechnet werden.

Anderweitige Dienstbestimmungen.

§. 366. Wo das Tagewerk nach Maaß, Gewicht, Zahl, oder Entfernung nicht bestimmt ist, muß der Unterthan mit seinem Gespanne dem mittleren oder schwächeren Hofezuge gleich arbeiten.

§. 367. Bei Handdiensten müssen die Unterthanen dem von der Herrschaft bestellten Vorarbeiter folgen.

§. 368. Dieser Vorarbeiter, so wie in dem Falle des §. 366

der Hofezug, dürfen an demselben Tage nicht gewechselt, oder abgelöst werden.

Baudienste.

§. 369. Baudienste müssen von den Unterthanen in der Regel außer dem ordinairen Hofedienste geleistet werden.

§. 370. Die Unterthanen sind dieselben sowohl zur Erbauung neuer, als zur Wiederherstellung und Besserung alter Gebäude zu leisten verbunden.

§. 371. Sie werden allein durch das Bedürfniß der Wirthschafts- und unentbehrlichen Wohn-Gebäude, auf demjenigen Gute, zu welchem die Dienstpflichtigen als Unterthanen gehören, bestimmt.

§. 372. Ob solche Gebäude innerhalb der Einschließung des Rittersitzes, oder außerhalb derselben liegen; und ob sie auf der vorigen, oder auf einer anderen Stelle wieder erbaut werden sollen, macht keinen Unterschied.

§. 373. Zu Gebäuden, welche bloß zur Pracht, oder zum Vergnügen dienen, können die Unterthanen nicht anders, als an den gemessenen Hofetagen Dienste zu leisten angehalten werden.

§. 374. Gleiche Bewandtniß hat es in Ansehung derjenigen Gebäude, die für ein besonderes die Landwirthschaft nicht betreffendes Gewerbe errichtet sind.

§. 375. In Fällen, wo die Unterthanen ungemessene Baudienste zu leisten schuldig sind, müssen sie alle zum Baue erforderlichen Materialien und Geräthschaften anfahren.

§. 376. Findet die Herrschaft für gut, zum Behufe des bevorstehenden Baues einen Ziegel- oder Kalkofen anzulegen, so können die Unterthanen sich nicht weigern, das zum Ziegel- oder Kalkbrennen erforderliche Holz, so weit als diese Materialien zum eigenen Gebrauche zubereitet werden, im Baudienste anzufahren.

§. 377. Dagegen sind sie nicht schuldig, zum Baue des Ziegel- oder Kalkofens selbst, außer den ordinairen Hofetagen, Dienste zu leisten.

§. 378. Das Anfahren der Pflastersteine und des Sandes zu Ställen und Mistplätzen, so wie des Holzes zu Einfassung der Brunnen und Düngerstellen, gehört zum Baudienste.

§. 379. Dagegen wird die Anfuhre des Holzes und der Steine zu Gartenmauern und Planken, zum Baudienste in der Regel nicht gerechnet.

§. 380. Das Bauholz aus dem Walde sind die Unterthanen

auch unbeschlagen anzufahren schuldig; es muß aber abgewipfelt und ausgeästet sein.

§. 381. Sägeblöcke, welche zum Behufe des Baues zu Brettern geschnitten werden sollen, müssen die Unterthanen im Baudienste zur Schneidemühle anfahren, und die Bretter daselbst wieder abholen.

§. 382. Den Bauplatz müssen die Unterthanen zwar abräumen; das Wegfahren des Schuttes aber, ingleichen der abgebrochenen Bretter, Balken, Dielen und anderer alten Baumaterialien, gehört nicht zum Baudienste.

§. 383. Die Baumaterialien müssen die Unterthanen an denjenigen Orten abholen, wo ihnen dieselben von der Herrschaft angewiesen werden.

§. 384. Doch sind sie Bauholz, und Steine aller Art, in einer weiteren Entfernung, als sechs Meilen, herbei zu holen niemals verpflichtet.

§. 385. Andere Baumaterialien müssen sie auch weiter holen, wenn dieselben in der Nähe gar nicht mehr zu haben sind.

§. 386. Kann aber die Herrschaft brauchbare Baumaterialien dieser Art unter sechs Meilen erhalten, so ist sie weitere Fuhren, unter dem Vorwande der besseren Güte oder des wohlfeileren Preises, von den Unterthanen zu fordern nicht berechtigt.

§. 387. In einer Entfernung von sechs Meilen hingegen können die Unterthanen sich nicht weigern, die Baumaterialien da zu holen, wo sie ihnen von der Herrschaft angewiesen werden; wenn auch dieselben mehr in der Nähe, aber von schlechterer Beschaffenheit, oder in allzu theuerem Preise zu haben wären.

§. 388. Allzu theuer ist der Preis, wenn die näheren Materialien Ein Viertel oder darüber mehr kosten, als die entfernteren.

§. 389. Die etwanige vorzügliche Güte entfernterer Materialien berechtigt die Herrschaft nicht, weitere Fuhren von den Unterthanen zu verlangen, sobald die näheren Materialien nur an und für sich brauchbar sind.

§. 390. Handlangerdienste, und alle übrige Arten von Arbeiten, die ein Unterthan bei dem Baue und der Besserung seiner eigenen Gebäude nach Landesgebrauch zu verrichten pflegt, muß er auch im herrschaftlichen Baudienste übernehmen.

§. 391. Arbeiten, welche handwerksmäßige Kenntniß erfordern, ist er solchergestalt zu verrichten nicht schuldig.

§. 392. Bei dem sogenannten Heben und Legen, oder dem Richten herrschaftlicher Wirthschaftsgebäude, ist ein jeder Unterthan auf Erfordern hülfreiche Hand zu leisten, zu allen Zeiten verpflichtet.

§. 393. Die Herrschaft muß die ihr zukommenden Baudienste mit solcher Mäßigung fordern, daß die Wirthschaft der Unterthanen dabei bestehen kann.

§. 394. So weit die Herrschaft von den in ihrer Cultur befindlichen bäuerlichen Grundstücken bäuerliche Prästationen entrichten muß, ist sie auch schuldig, zu den Baudiensten der Unterthanen verhältnißmäßig mitzuwirken.

§. 395. Zum Baue und zur Besserung der Gebäude auf unterthänigen Stellen, welche die Herrschaft, nach der gemeinen Verfassung des Orts, zu unterhalten schuldig ist, sind die Unterthanen Baudienste zu leisten verbunden.

Forstdienste.

§. 396. Forstdienste werden in der Regel zu den ordinairen, in den gemessenen Tagen zu leistenden, Hofediensten gerechnet.

§. 397. Unterthanen also, welche noch ungemessene Dienste haben, sind in der Regel Forstdienste zu leisten nicht schuldig.

§. 398 fällt fort.[24])

Marktfuhren.

§. 399. Zum ordinairen Hofedienste spannpflichtiger Unterthanen gehört auch die Verfahrung aller Arten von Erzeugnissen des Gutes, zu welchem sie geschlagen sind, an Feld- und Gartenfrüchten, ingleichen an Vieh; so wie die Herbeiholung aller Arten der zu dessen Bewirthschaftung erforderlichen Bedürfnisse.

Reisefuhren.[25])

§. 400. Sind die Unterthanen, noch außer dem ordinairen Hofe-

---

[24]) Betraf die durch § 3 Nr. 6 des Ablösungsgesetzes v. 2. März 1850 (G.S. S. 77) aufgehobenen Jagddienste.

[25]) Die gesetzliche Verpflichtung zu Reisefuhren ist durch § 3 Nr. 8 des Ablösungsgesetzes v. 2. März 1850 (G.S. S. 77) aufgehoben; durch § 3 Abs. 2 ebendort ist aber die Verpflichtung erhalten, insofern sie für die Verleihung oder Veräußerung eines Grundstücks ausdrücklich übernommen ist. Daher haben die §§ 400—403 für die Auslegung einer solchen Verpflichtung zu unbestimmten Reisefuhren noch Bedeutung.

dienste, zu unbestimmten Reisefuhren verpflichtet, so müssen sie dieselben der Person des Herrn, seiner Ehegattin, und den in seinem Hause sich aufhaltenden Kindern leisten.

§. 401. Auch zur Abholung und Zurückfahrung des Arztes, des Wundarztes, des Geburtshelfers, und der Hebamme, können sie diese Fuhren nicht versagen.

§. 402. Zur Herbeiholung, nicht aber zur Abfahrung der Wirthschaftsbedienten, sind die Unterthanen der Regel nach verbunden.

§. 403. Ein Gleiches gilt von Erziehern und Erzieherinnen, für die bei der Herrschaft sich aufhaltenden Kinder derselben.

Weite der Fuhren.

§. 404. Sowohl bei diesen außerordentlichen, als bei den im ordinairen Hofedienste zu leistenden Fuhren, außerhalb der Gränze des Gutes, hängt die Bestimmung: wie weit dieselben zu leisten; wie viel Meilen auf einen Hofetag zu rechnen; wie viel Ladung der Unterthan zu nehmen schuldig u. s. w., von der Verfassung jedes Orts ab, und muß in den Provinzialgesetzen näher darüber verordnet werden.

§. 405. Wenn über dergleichen Fragen Streit entsteht, so hat es, bis zur Endschaft des Prozesses, bei demjenigen sein Bewenden, was bisher geschehen, oder sonst in der Gegend üblich ist.

Rückladungen.

§. 406. Bei Fuhren, welche außerhalb der Gränze des Gutes geleistet werden müssen, sind die spannpflichtigen Unterthanen Rückladungen für die Herrschaft anzunehmen verbunden.

§. 407. Beträgt die Rückladung nur die Hälfte der vollen Ladung, oder weniger, so wird den Unterthanen dafür nichts gut gerechnet.

§. 408. Beträgt aber die Rückladung mehr; oder muß der Unterthan länger, als einen halben Tag darauf warten: so muß ihm auf seine schuldigen Diensttage für die Rückfuhre eben so viel als für die Hinfuhre abgeschrieben werden.

§. 409. Ueber vier und zwanzig Stunden auf Rückladung zu warten, ist der Unterthan niemals verbunden.

Botengehen.

§. 410. Die Verbindlichkeit, in herrschaftlichen Angelegenheiten Boten zu gehen, trifft gewöhnlich nur die zu Spanndiensten nicht verpflichteten Unterthanen.

§. 411. Das Botenlaufen gehört in der Regel zu den außerordentlichen Diensten; doch können die ordinairen Diensttage, welche während der durch eine solche Verschickung veranlaßten Abwesenheit des Unterthans verflossen sind, niemals nachgefordert werden.

§. 412. Die Zeit, welche der Unterthan über einen halben Tag, an dem Orte, wohin er verschickt worden ist, auf die Abfertigung warten muß, ist ihm auf die schuldigen Diensttage, in so fern diese nachgefordert werden können, gut zu schreiben.

§. 413. Ein Botenläufer ist im herrschaftlichen Dienste funfzehn bis achtzehn, und wenn die Entfernung weiter ist, als daß er noch an demselben Tage zurückkommen könnte, zehn bis zwölf Pfund mitzutragen schuldig.

§. 414. Lasten, die nur mit einem Schiebkarren, oder mit einer Radbare fortgebracht werden können, sind die Unterthanen im Botendienste mitzunehmen, der Regel nach nicht verbunden.

§. 415. Wo sie aber dazu verpflichtet sind, da darf eine solche Last die Schwere von funfzig bis sechzig Pfund niemals übersteigen.

§. 416 Wegen Bestimmung der Weite hat es bei den Vorschriften §. 404. 405. sein Bewenden.

Von der Saat- und Erntezeit.

§. 417. Außerordentliche Dienste, welche die Unterthanen über die ordinaire Hofearbeit zu leisten schuldig sind, insonderheit aber Baudienste, können zur Saat- und Erntezeit, außer dem Falle einer dringenden Noth, von ihnen nicht gefordert werden.

§. 418. Auf jede Saatzeit werden vier, und auf die Erntezeit sechs Wochen gerechnet.

Vergütungen bei den Diensten.

§. 419. Die Bestimmungen: was den Unterthanen für ihre Dienste an Lohn, Kost oder Futter gebühre, bleiben den Verfassungen eines jeden Orts und den Gesetzen der Provinz überlassen.

§. 420. Doch müssen ihnen überall das Zoll-, Wege-, Brücken- und Fährgeld, ingleichen, wenn sie im herrschaftlichen Dienste über Nacht ausbleiben müssen, bei Spanndiensten das Stall-, und bei dem Botengehen das Schlafgeld, so wie alle anderen extraordinairen Auslagen dieser Art, vergütet werden.

Verwandlung der Dienste in Dienstgeld.

§. 421. Mit Einwilligung der Unterthanen kann die Herrschaft Naturaldienste in Dienstgeld und mit ihrer Zuziehung ungemessene Dienste aller Art in gemessene verwandeln.

§. 422. In so fern aber durch dergleichen, in den Diensten einzelner Unterthanen vorzunehmende, Veränderung die unbestimmten Lasten der übrigen erschwert werden können, ist die Einwilligung aller Theilnehmer erforderlich.

§. 423. Wo jeder Unterthan bestimmte Dienste zu leisten hat, da bedarf es zur Verwandlung derselben in Geld- oder andere Abgaben, auch bei einzelnen Unterthanen, keiner Einwilligung von Seiten der übrigen.

§. 424. Ist der Unterthan zu Naturaldiensten oder zu Dienstgeld verpflichtet, so gebührt der Herrschaft die Wahl: welches von beiden sie fordern wolle.

§. 425. Sie muß aber, wenn sie von dem, was bisher geschehen ist, abgehen will, den Anfang eines neuen Wirthschaftsjahres abwarten, und die Unterthanen wenigstens in den ersten drei Monaten des nächstvorhergehenden Wirthschaftsjahres davon benachrichtigen.

§. 426. Ein Gleiches muß von den Unterthanen geschehen, wenn diesen die Wahl: ob sie Dienstgeld zahlen, oder die Dienste in Natur leisten wollen, ausdrücklich vorbehalten ist.

§. 427. Haben sich Herrschaft und Unterthanen durch schriftliche Verträge auf Dienstgeld vereinigt, so hat es bei dem wörtlichen Inhalte dieser Verträge sein Bewenden.

§. 428. Ist aber kein schriftlicher Vertrag vorhanden, so kann der Herrschaft, wenn auch dieselbe seit noch so langer Zeit nur das Dienstgeld gefordert und angenommen hat, die Forderung der Dienste in Natur dennoch nicht gewehrt werden.

§. 429. Eine Verjährung findet in diesem Falle nur von der Zeit an statt, wo die Herrschaft die Dienste in Natur gefordert, der Unterthan deren Leistung verweigert, und die Herrschaft das Dienstgeld von ihm ferner angenommen hat.

§. 430. Sind den Unterthanen innerhalb funfzig Jahren die Dienste in Natur nicht abgefordert, sondern nur Dienstgeld von ihnen entrichtet worden: so muß es der Regel nach auch ferner dabei sein Bewenden haben.

§. 431. Kann jedoch klar nachgewiesen werden, daß die Unterthanen in noch älteren Zeiten wirklich Naturaldienste geleistet haben, so bleibt es bei den §. 428. und 429. enthaltenen Verordnungen.

Aussetzung der Dienste.

§. 432. Wenn der Unterthan dem Staate dienen muß, und in derselben Zeit nicht zugleich die herrschaftlichen Dienste leisten kann: so muß er zwar damit in diesem Zeitraume verschont; es müssen aber die solchergestalt rückständig gebliebenen herrschaftlichen Dienste in den zunächst folgenden Tagen oder Wochen von ihm nachgeleistet werden. (§. 339. sqq.)

§. 433. Eben das findet statt, wenn der Unterthan, durch von ihm zu leistende Gemeinarbeit, an der Ableistung der herrschaftlichen Dienste eine Zeitlang verhindert worden.

§. 434. Doch muß den Unterthanen durch dieses Nachdienen die nothwendige Bestellung ihrer eigenen Wirthschaft nicht unmöglich gemacht werden.

Erlaß der Dienste.

§. 435. Bei erlittenem beträchtlichen Brandschaden an Wohn- oder Wirthschafts-Gebäuden kann der Unterthan einen verhältnißmäßigen Erlaß an den Diensten verlangen, in so fern die Herrschaft den Wiederaufbau nicht selbst zu besorgen übernimmt.

§. 436. Die Dauer dieses Erlasses ist auf die Hälfte der Zeit zu bestimmen, während welcher dem verunglückten Unterthan ein Nachlaß an den Kreisprästationen zu statten kommt.

§. 437. Hat der Unterthan durch Feuer oder Seuche das zum Spanndienste erforderliche Zugvieh verloren, so muß ihm ebenfalls für die Hälfte der Zeit, während welcher der Kreis Remission giebt, der Spanndienst erlassen werden.

§. 438. Doch muß er in diesem Falle, auf Verlangen der Herrschaft, statt des Spanndienstes, eben so viel Tage mit der Hand dienen.

§. 439. Bei dem Verluste des Zugviehes durch andere Unglücksfälle kann der Unterthan nur auf so viel Zeit, als zu dessen Wiederanschaffung nothwendig ist, Nachlaß an den schuldigen Spanndiensten fordern.

§. 440. Wenn es dem Unterthan durch seine eigene, oder der Seinigen Krankheit unmöglich wird, die Dienste zu leisten, so kann die Herrschaft dieselben nicht nachfordern.

§. 441. Doch kann in diesem Falle der spanndienstpflichtige Unterthan sein Zugvieh dem herrschaftlichen Dienste nicht vorenthalten.

§. 442. Die Frau des dienstbaren Unterthans bleibt nach ihrer Niederkunft, durch sechs Wochen, von den ihr sonst obliegenden Weiberdiensten frei.

§. 443. Wenn der Wirth oder die Wirthin gestorben ist, so können von der Stelle acht Tage lang keine Dienste gefordert werden.

Unmöglichkeit der Dienste.

§. 444. Auf einen immerwährenden Erlaß an den schuldigen Diensten, wegen angeblicher Unmöglichkeit, können Unterthanen nur alsdann antragen, wenn sie durch Zufall, höhere Gewalt, oder den Anspruch eines Dritten, einen nicht unbeträchtlichen Theil ihrer Grundstücke, oder eine dazu gehörende nutzbare Gerechtigkeit verloren haben.

§. 445. Ferner alsdann, wenn durch einen solchen Unglücksfall die Grundstücke zu der bisher gewöhnlichen Cultur ganz oder zum Theil unbrauchbar geworden sind.

§. 446. Wird durch Nachweisung solcher Umstände die Unmöglichkeitsklage begründet, so muß durch Sachverständige ausgemittelt werden: um wie viel die Stelle durch den erlittenen Unglücksfall an ihrem Ertrage vermindert worden.

§. 447. Alsdann muß die Herrschaft entweder den vormaligen Ertrag durch Anweisung anderer Realitäten wieder ergänzen, oder sich, nach Verhältniß der entstandenen Verschlimmerung, eine Heruntersetzung der Dienstzeit gefallen lassen.

§. 448. Behauptet die Herrschaft, daß die Unterthanen, des erlittenen Verlustes ungeachtet, die schuldigen Dienste dennoch leisten können: so steht ihr frei, die Möglichkeit derselben entweder durch nähere Ausmittelung der gegenwärtigen Beschaffenheit der Güter, oder durch Vergleichung mit anderen eben solche Dienste in gleichem Maaße wirklich leistenden Stellen, nachzuweisen.

§. 449. Wählt die Herrschaft den ersten Weg, so muß ausgemittelt werden: ob die Stelle bei einer gewöhnlichen Bewirthschaftung so viel eintragen könne, als zur Unterhaltung des Besitzers und seiner Familie, so wie des zur Bestellung der Wirthschaft und zum Hofedienste nothwendigen Gespannes und Gesindes, erforderlich ist.

§. 450. Ingleichen: ob, wenn die schuldigen Dienste in ihrem bisherigen Maaße und Umfange ferner geleistet werden müßten, dem Besitzer die nöthige Zeit übrig bleibe, seine Wirthschaft gehörig zu bestellen, und sowohl die öffentlichen, als Gemeindedienste zu leisten.

§. 451. Auch muß bei dieser Zeitberechnung darauf gesehen werden: ob und wie viel Zeit der Unterthan nöthig habe, um den etwa unzureichend befundenen Ertrag der Stelle durch Nebenverdienst zu ergänzen; und in wie fern Gelegenheit zu einem solchen Nebenverdienste in der Gegend vorhanden sei.

§. 452. Nach dem, was hierdurch ausgemittelt worden, und nach dem pflichtmäßigen Ermessen vereideter Sachverständigen, muß der Richter festsetzen: ob und in welchem Maaße die Herrschaft einen Theil der schuldigen Dienste zu erlassen verbunden sei.

§. 453. Will die Herrschaft den Weg der Vergleichung wählen (§. 448.), so steht ihr frei, diejenigen Stellen, mit welchen die Vergleichung angestellt werden soll, in Vorschlag zu bringen.

§. 454. Alsdann muß untersucht werden: ob diese vorgeschlagenen Stellen mit denjenigen, für welche der Erlaß gefordert wird, sowohl in Ansehung der Dienste und übrigen Lasten, als des Umfanges und der Beschaffenheit der dabei befindlichen nutzbaren Realitäten, wirklich in gleichem Verhältnisse stehen.

§. 455. Auch auf die mehr oder minder bequeme Lage, und Gelegenheit zum Nebenverdienste, muß dabei Rücksicht genommen werden.

§. 456. Findet der Richter, nach dem Ermessen der Sachverständigen, daß die zur Vergleichung schickliche eben dieselben Dienste leistende Stelle von eben der, oder gar noch schlechterer Qualität sei, so ist die Unmöglichkeitsklage als ungegründet zu verwerfen.

§. 457. Findet sich aber, daß die gleiche Dienste leistenden Stellen von besserer Qualität sind: so muß die Herrschaft entweder diejenigen, für welche der Erlaß gefordert wird, so weit, daß sie jenen gleich werden, verbessern; oder, nach Verhältniß der schlechteren Qualität, eine Heruntersetzung der Dienste sich gefallen lassen.

§. 458. Sind, durch Erweiterung oder Verbesserung der herrschaftlichen Wirthschaft, ungemessene Dienste der Unterthanen dergestalt vermehrt worden, daß denselben die erforderliche Zeit zu ihrer eigenen Nothdurft nicht übrig bleibt: so ist die Herrschaft schuldig, dabei mit eigenen Zügen oder Lohnarbeitern, nach Verhältniß der Erweiterung mitzuwirken.

§. 459. Obige Vorschriften (§. 444—458.) gelten auch alsdann, wenn die Unterthanen ihre Stellen nicht eigenthümlich besitzen, sondern dieselben der Herrschaft gehören.

§. 460. Will jedoch die Herrschaft sich mit einem solchen Unterthan auf den Prozeß über die vorgeschützte Unmöglichkeit der Dienste gar nicht einlassen so steht ihr frei, die Stelle zurückzunehmen.[26])

§. 461 fällt fort.[27])

§. 462. Ist der Unterthan bloß Zeitpächter, so muß seine Befugniß, Erlaß der Dienste zu fordern, nach dem Inhalte seines Contracts, hiernächst aber nach den bei Pachtungen überhaupt vorgeschriebenen Grundsätzen beurtheilt werden.

Dienststreitigkeiten.

§. 463. Bei entstehenden Dienststreitigkeiten müssen die Unterthanen diejenigen Dienste, welche sie in dem letzten Jahre vor erfolgtem Widerspruche, auf Geheiß der Herrschaft, ohne schriftlichen Vorbehalt, geleistet haben, bis zur rechtskräftigen Entscheidung der Sache fortsetzen.

§. 464. Bau- und andere nicht alljährlich wiederkommende Dienste müssen, wenn der Besitzstand streitig ist, während des Prozesses nach dem Provinzial-, und wo dieses nichts bestimmt, nach dem allgemeinen Landrechte geleistet und angenommen werden.

§. 465. Gegen diese einstweilige Leistung der streitigen Dienste können die Unterthanen sich mit dem Einwande, daß diese Dienste in den vorhandenen Verträgen oder Urbarien mit Stillschweigen übergangen sind, keineswegs schützen.

§. 466. Doch hat es in Ansehung der nach Vorschrift §. 141. aufgenommenen Urbarien bei der Verordnung des §. 143. sein Bewenden.

§. 467. Findet es sich am Ende des Prozesses, daß die Herrschaft die streitigen Dienste zur Ungebühr gefordert habe, so muß sie dieselben den Unterthanen, von der Zeit des ersten Widerspruchs

[26]) Beseitigt durch die Aufhebung des Obereigenthums des Gutsherrn. § 2 Ablösungsgesetz v. 2. März 1850 (G.S. S. 77).

[27]) Beseitigt durch die Aufhebung der Gutsunterthänigkeit. Betraf die Verpflichtung der Herrschaft, den Unterthan im Falle des § 460 aus der Unterthänigkeit zu entlassen.

an, nach dem doppelten Satze des in der Gegend gewöhnlichen Kammeranschlages vergüten.

§. 468. Bei Unmöglichkeitsklagen müssen die Unterthanen die schuldigen Dienste bis zu dem Erkenntnisse in erster Instanz dennoch leisten.

§. 469. Was aber in dieser Instanz erkannt worden, muß einstweilen gelten, bis ein Anderes rechtskräftig festgesetzt ist.

§. 470. Wird auf einen Erlaß rechtskräftig erkannt, so muß die Herrschaft die Unterthanen wegen dessen, was sie während des Prozesses, um dennoch die Dienste zu leisten, haben aufwenden, oder in ihrer Wirthschaft verabsäumen müssen, entschädigen.

§. 471. Besitzer dienstpflichtiger Bauergüter, wenn sie auch für ihre Personen keine Unterthanen wären, sind dennoch in Ansehung der von ihrer Stelle der Herrschaft zu leistenden Dienste und Abgaben, nach eben den Grundsätzen, wie die unterthänigen Besitzer, zu beurtheilen.

Siebenter Abschnitt.[28]

Von den Zinsen und Abgaben der Unterthanen.

Allgemeine Grundsätze.

§. 472. Grundzinsen und andere Abgaben, welche die Unterthanen der Herrschaft von ihren Stellen zu entrichten haben, sollen künftig, so wie die Dienste, in den Urbarien oder Kauf- und Annehmebriefen, möglichst genau bestimmt werden.

§. 473. Daß Unterthanen, außer den auf eine oder die andere Weise bestimmten, noch andere oder mehrere Abgaben an die Herrschaft zu leisten schuldig sind, wird nicht vermuthet.

Naturalabgaben.

§. 474. Gebührt der Herrschaft ein verhältnißmäßiger Antheil (pars quota) gewisser Erzeugnisse, es sei als Zehnt, oder unter einem anderen Namen: so finden die Vorschriften vom Zehntrechte Anwendung. (Tit. 11. Abschn. 11.)

§. 475. Abgaben, die in einem gewissen bestimmten Maaße von Früchten, oder anderen Naturalien bestehen, müssen so, wie sie auf dem zinsbaren Gute gewonnen werden, rein und unvermengt entrichtet und angenommen werden.

---

[28]) Für den 7. Abschnitt gilt dasselbe wie für den 6. Abschnitt. Vgl. Anm. 22.

§. 476. Sind dem Unterthan dergleichen Naturalien in einem oder dem anderen Jahre nicht zugewachsen: so muß er dafür den zur Verfallzeit gestandenen mittleren Preis der nächsten Marktstadt entrichten.

§. 477. Doch steht dem Unterthan frei, die ihm mißrathenen Naturalien selbst anzukaufen, und solchergestalt in Natur an die Herrschaft abzuliefern.

§. 478. Dergleichen Abgaben müssen am Verfalltage, oder spätestens innerhalb vier Wochen nach demselben, abgeführt werden.

§. 479. Fällt dem Unterthan eine Saumseligkeit erweislich zur Last; so steht es in der Wahl der Herrschaft: ob sie nach dem Verfalltage noch die Naturallieferung, oder baare Bezahlung, nach dem am Verfalltage gestandenen mittleren Marktpreise fordern wolle.

§. 480. a) Wählt sie Letzteres: so muß der Unterthan von der schuldigen Geldsumme Zögerungszinsen seit dem Verfalltage entrichten.

§. 480. b) Nach Ablauf der vier Wochen (§. 478.) hat der Unterthan die Vermuthung der Saumseligkeit wider sich.

Geldzinsen.

§. 481. Zu Zögerungszinsen ist der Unterthan in Ansehung aller Geldabgaben, die nicht an dem bestimmten Termin erlegt worden, verpflichtet.

§. 482. Geldzinsen müssen in derjenigen Münzsorte bezahlt und angenommen werden, in welcher der Unterthan die öffentlichen Abgaben zu entrichten hat.

§. 483. Sollte in Zukunft ein leichterer Münzfuß eingeführt werden, so dient bei Bestimmung der von den Unterthanen zu entrichtenden, alsdann schon bestehenden Zinsen der gegenwärtige Münzfuß zur Richtschnur.

Beitreibung der Zinsen.

§. 484.[29]) Unstreitige Zinsen kann die Herrschaft, auch wenn sie selbst die Gerichtsbarkeit nicht hat, durch die Dorfgerichte des Ortes unmittelbar beitreiben lassen.

---

[29]) §§ 484. 485 fallen fort, da die Zinsen nicht mehr die Natur öffentlicher Abgaben haben.

§. 485. Doch müssen dabei die Vorschriften der Executionsordnung beobachtet, und wenn es auf einen öffentlichen gerichtlichen Verkauf ankömmt, die Direction desselben dem ordentlichen Richter überlassen werden.

§. 486. Bestreitet aber der Unterthan die Verbindlichkeit zu den geforderten Zinsen oder Abgaben, so ist ihm darüber rechtliches Gehör und Erkenntniß nicht zu versagen.

§. 487. Er muß aber, wenn die Herrschaft sich bisher im Besitze der streitig gewordenen Zinsen befunden hat, dieselben während des Prozesses, mit Vorbehalt seines Rechts, entrichten, oder Sicherheit dafür bestellen.[30])

Erlaß an den Zinsen.

§. 488. Wegen erlittener Unglücksfälle können Unterthanen an den herrschaftlichen Zinsen und Abgaben nur alsdann einen Nachlaß fordern, wenn ihnen dergleichen an der landesherrlichen Contribution zu statten kommt.

§. 489. Das den Unterthanen zu erlassende Quantum muß nach der Hälfte der Zeit, für welche der Landesherr die Steuern erläßt, berechnet werden.

§. 490. Wenn also z. B. der Landesherr einem Unterthan wegen erlittener Unglücksfälle, sechsmonatliche Steuern nachläßt, so kommt diesem, an den jährlichen herrschaftlichen Zinsen und Abgaben, der Erlaß eines Viertels zu gute.

§. 491. Unterthanen, die ihre Güter auf den Grund eines wirklichen Zeit- oder Erbpacht-Contracts besitzen, müssen auch in Ansehung der Remissionen bei Unglücksfällen, nach den bei Zeit- oder Erbpachten geltenden Gesetzen beurtheilt werden.[31])

§. 492. Andere zinspflichtige Besitzer, die nicht Unterthanen sind, haben auf die nach §. 488. sqq. den Unterthanen zu statten kommenden Remissionen keinen Anspruch.

§. 493 fällt fort.[32])

§. 494. Von der Verjährung solcher Zinsen gilt Alles, was die Gesetze bei jährlichen Prästationen überhaupt verordnen. (Th. 1. Tit. 9. §. 509. 510.)[33])

---

[30]) Ist keine Vorschrift des Prozeßrechts und daher nicht aufgehoben.

[31]) Die Erbpacht ist aufgehoben durch § 2 Ablösungsges. v. 2. März 1850 (G.S. S. 77). — Das B.G.B. kennt keine Remission bei der Pacht.

[32]) Gab der Herrschaft ein Vorrecht im Konkurs, welches die R.K.O. nicht kennt.

[33]) Da § 494 auf das gemeine Recht als solches verweist, so sind die §§ 509 f. I. 9 nicht Bestandtheil des erhaltenen Sonderrechts geworden und gelten hier nicht.

Achter Abschnitt.

Von der Entlassung aus der Unterthänigkeit.

§§. 495—548 fallen fort.[34])

Achter Titel.

Vom Bürgerstande.[1])

Erster Abschnitt.

Vom Bürgerstande überhaupt.

Begriffe und Grundsätze.[2])

§. 1. Der Bürgerstand begreift alle Einwohner des Staats unter sich, welche, ihrer Geburt nach, weder zum Adel, noch zum Bauernstande gerechnet werden können; und auch nachher keinem dieser Stände einverleibt sind.

§. 2. Ein Bürger im eigentlichen Verstande wird derjenige genannt, welcher in einer Stadt seinen Wohnsitz aufgeschlagen, und daselbst das Bürgerrecht gewonnen hat.

§. 3. Personen des Bürgerstandes in und außer den Städten, welche durch ihre Aemter, Würden, oder besondere Privilegien, von der Gerichtsbarkeit ihres Wohnortes befreit sind, werden Eximirte genannt.

§. 4. Wenn auch den Gerichten des Wohnortes die Jurisdiction über Personen, die an sich zu den Eximirten gehören, durch besondere Privilegia verliehen ist: so ändert dieses nichts in den sonstigen Rechten solcher Personen.

§. 5. Einwohner der Städte, welcher weder eigentliche Bürger, noch Eximirte sind, heißen Schutzverwandte.

§. 6. Bürger und Schutzverwandte der Stadt werden nach den Statuten ihres Wohnorts; Eximirte hingegen nach den Provinzialgesetzen und, in deren Ermangelung, nach dem allgemeinen Landrechte beurtheilt.

§. 7. Personen bürgerlichen Standes, welche adliche Güter besitzen,

---

[34]) Beseitigt mit der Aufhebung der Gutsunterthänigkeit durch §§ 10—12 Ed., betr. den erleichterten Besitz und freien Gebrauch des Grundeigenthums v. 9. Oktober 1807 (G.S. 1806—10 S. 170).

[1]) Die Abschnitte 1 bis 6 sind im Herzogthum Westfalen, im Fürstenthume Siegen mit den Aemtern Burbach und Neuenkirchen und in den Grafschaften Wittgenstein-Wittgenstein und Wittgenstein-Berleburg von der Anwendung ausgeschlossen. § 4 Publik.Pat. v. 21. Juni 1825 (G.S. S. 153).

[2]) Die §§ 1—12 sind in Folge des Ed., betr. den erleichterten Besitz und freien Gebrauch des Grundeigenthums v. 9. Oktober 1807 (G.S. 1806—10 S. 170) und Art. 4 Pr. Verf. nicht mehr in Geltung. — Der eximirte Gerichtsstand ist aufgehoben. § 9 V. über die Aufhebung der Privatgerichtsbarkeit und des eximirten Gerichtsstands v. 2. Januar 1849 (G.S. S. 1); nach § 15 ebend. sind die §§ 3—12 aber noch von Erheblichkeit, soweit Provinzial- und statutarische Rechte besondere Bestimmungen für Eximirte haben.

sind dieses Besitzes wegen nicht anders für eximirt zu achten, als wenn sie zugleich ihren beständigen Wohnsitz auf ihren Gütern genommen haben.

§. 8. Doch sind, auch außer diesem Falle, dergleichen bürgerliche Gutsbesitzer in Ansehung solcher Handlungen und Geschäfte, welche auf den Besitz des adlichen Gutes sich unmittelbar beziehen, dem Gerichtsstande, unter welchem das Gut gelegen ist, und den Gesetzen desselben unterworfen.

§. 9. Dagegen stehen adliche Gutsbesitzer bürgerlichen Standes, welche bürgerliches Gewerbe treiben, unter der Gerichtsbarkeit und den Statuten der Stadt, wenn sie auch bald in der Stadt, bald auf ihren Gütern leben, und also einen doppelten Wohnsitz haben.

§. 10. Die eigentlich nur dem Adelstande gegebenen Gesetze und Privilegien finden weder bei bürgerlichen Besitzern adlicher Güter, noch überhaupt bei Eximirten Anwendung.

§. 11. Alle übrigen nicht eximirten Personen des Bürgerstandes, welche außer den Städten wohnen, werden nach den Gesetzen ihres Wohnortes gerichtet, auch wenn sie ihres Gewerbes wegen in eine städtische Zunft aufgenommen sind.

§. 12. In wie fern dergleichen Landbewohner sich auf die Gesetze der benachbarten Städte, oder auf ein Weichbildsrecht zu berufen befugt sind, ist in den Provinzialgesetzen bestimmt.

Bürgerrecht.

§§. 13—85 fallen fort.[3])

Zweiter Abschnitt.[4])

Von Städten oder Stadtgemeinen.

§§. 86—102 fallen fort.[5])

---

[3]) Die Vorschriften der §§ 13—85 über den Inhalt, die Erlangung und den Verlust des Bürgerrechts, die allgemeinen Rechte und Pflichten der Bürger, die Eximirten, die Schutzverwandten und die Bürgerhäuser sind durch die Städte-Ordnungen beseitigt. Jetzt St.O. für die sechs (7) östlichen Provinzen der Preußischen Monarchie, v. 30. Mai 1853 (G.S. S. 261) und dazu Ges. v. 25. Februar 1856 (G.S. S. 129); für Neuvorpommern und Rügen: Ges. v. 31. Mai 1853 (G.S. S. 291). Für Westfalen: St.O. v. 19. März 1856 (G.S. S. 237) und Ges. v. 20. Mai 1896 (G.S. S. 99); Hannover: St.O. v. 24. Juni 1858 (Hannov. G.S. I S. 141); Rheinprovinz: St.O. v. 15. Mai 1856 (G.S. S. 406), Ges. v. 30. Juni 1884 (G.S. S. 307), v. 20. Mai 1896 (G.S. S. 99) und für Hohenzollern: Gemeinde-O. v. 2. Juli 1900 (G.S. S. 189); Hessen-Nassau: St.O. v. 4. August 1897 (G.S. S. 254), Gemeindeverfassungs-Ges. für Frankfurt a. M. v. 25. März 1867 (G.S. S. 401); Schleswig-Holstein: Ges., betr. die Verf. und Verwaltung der Städte und Flecken, v. 14. April 1869 (G.S. S. 589). — Ges. betr. die Abänderung der Bestimmungen wegen der Wahl der Stadtverordneten v. 1. März 1891 (G.S. S. 20) und Ges. betr. die Bildung der Wählerabtheilungen v. 30. Juni 1900 (G.S. S. 185).

[4]) Vgl. Anm. 1.

[5]) Die Vorschriften der §§ 86—102 über die Rechte der Städte und die Bannmeile sind beseitigt durch die Städte-Ordnungen. Vgl. Anm. 3.

Marktrecht.[6])

§. 103. Messen, Jahr-, Wochen-, Woll- und Viehmärkte sollen der Regel nach nur in Städten gehalten werden.

§. 104. Wochenmärkte kann die städtische Obrigkeit unter Genehmigung der Landespolizeibehörde anordnen.

§. 105. Das Meß- oder Jahrmarktsrecht zu ertheilen, gebührt allein dem Landesherrn.

§. 106. Zur Zeit der Messen und Jahrmärkte steht auch Fremden der öffentliche Verkauf ihrer Waaren frei.

§. 107. Die Einschränkung dieser Freiheit in Kauf und Verkauf wird nicht vermuthet, sondern muß durch besondere landesherrliche Verordnungen nachgewiesen werden.

Stadtgemeinen.

§. 108. Stadtgemeinen haben die Rechte privilegirter Corporationen. (Tit. 6. §. 25. sqq.)

§§. 109—135 fallen fort.[7])

§. 136.[8]) Das Archiv eines Stadtmagistrats hat, wenngleich dem Magistrat die Gerichtsbarkeit nicht zukommt, dennoch mit einem gerichtlichen Archiv gleiche Rechte.

§. 137. Doch muß ein Magistrat, der seinem Archiv dieses Recht erhalten will, dasselbe durch besonders dazu verpflichtete Personen verwahren lassen.

Kämmerei.[9])

§. 138. Das Kämmereivermögen der Stadt steht unter der Verwaltung des Magistrats.

§. 139. Zum Kämmereivermögen gehört Alles, was zur Bestreitung der gemeinschaftlichen Lasten und Ausgaben der Stadtgemeine bestimmt ist.

---

[6]) §§ 103—107 sind durch die Regelung des Marktrechts in §§ 64ff. R.Gew.O. beseitigt. Vgl. §§ 127—129 Zuständigkeits-G. v. 1. August 1883 (G.S. S. 237) — Ges., betr. die Erhebung von Marktstandsgeldern, v. 26. April 1872 (G.S. S. 513).

[7]) Die Vorschriften über die Mitglieder, die Versammlungen, die Beschlüsse, die Statuten und den Magistrat der Stadtgemeinden sind beseitigt durch die Städte-Ordnungen. Vgl. Anm. 3 zu § 13 d. T.

[8]) Die §§ 136f. sind gegenstandslos, da die §§ 124, 158c I. 10 der Allgemeinen Gerichtsordnung, welche die Beweiskraft der in den gerichtlichen Archiven befindlichen Konzepte, einfachen Abschriften und Privaturkunden regelten, durch § 14 E.G. z. C.P.O. außer Kraft gesetzt sind.

[9]) Die Vorschriften der §§ 138—144 über das Kämmerei-Vermögen sind durch die Städte-Ordnungen nicht ganz beseitigt.

§. 140. Auch solche Güter, von deren Ertrage die Unterhaltung der Magistratspersonen ganz oder zum Theil bestritten werden soll, gehören zum Kämmereivermögen.

§. 141. Ist ein besonderer Kämmerer bestellt, so muß der Magistrat über dessen Amtsführung genaue und sorgfältige Aufsicht heben.

§. 142.[10]) Unrichtigkeiten des Kämmerers muß der Magistrat in so weit vertreten, als er bei dessen Bestellung nicht die gehörige Vorsicht gebraucht, oder die Aufsicht über ihn vernachlässigt hat.

§. 143. Wenn Streit entsteht: in wie fern der Magistrat sich dabei eine Vertretung zugezogen habe, so muß dieser Streit, im Mangel besonderer Vorschriften, nach eben den Grundsätzen entschieden werden, welche wegen Vertretung der Unrichtigkeiten eines Vormundes durch das vormundschaftliche Gericht vorgeschrieben sind.[11])

§. 144. Der Kämmerer hat alle Rechte und Pflichten eines Verwalters fremder Güter. (Th. 1. Tit. 14. Abschn. 2.)[12])

§§. 145—154 fallen fort.[13])

§. 155.[14]) Wegen gültiger Kämmereischulden können zwar auch unbewegliche Kämmereigüter angegriffen, und im Wege der Execution veräußert werden, ohne daß es zu dieser Veräußerung eines besonderen Consenses von der Gemeine oder vom Staate bedarf.

§. 156. Doch können Gebäude, welche zum Betriebe der öffentlichen Angelegenheiten, und zu anderen gemeinen Nothdurften, nicht bloß für die Stadtgemeine, sondern zugleich für alle am Orte Geschäfte treibenden Einwohner und Fremde bestimmt sind, wegen Kämmereischulden nicht angegriffen werden.

§. 157. Uebrigens genießen Stadtgemeinen, in Ansehung ihres Kämmereivermögens, die Rechte der Minderjährigen.[15])

---

10) Die §§ 142, 143 betreffen die Haftung des Magistrats gegenüber der Stadtgemeinde und sind daher durch das B.G.B. nicht aufgehoben.

11) Jetzt §§ 1848, 839 B.G.B.

12) Jetzt §§ 611 ff., 662 ff. B.G.B.

13) § 145 ist aufgehoben durch die R.K.O., welche das dort der Stadtgemeinde für den Konkurs des Kämmerers gewährte Vorzugsrecht nicht kennt; §§ 146—154 sind beseitigt durch die Städte-Ordnungen. Vgl. Anm. 3 zu § 13 d. T.

14) §§ 156 f. sind erhalten durch § 15 Nr. 3 E.G. z. C.P.O.

15) Ist gegenstandslos, da das B.G.B. besondere Vorrechte der Minderjährigen nicht kennt.

§. 158 fällt fort.[16])

Bürgervermögen.[17])

§. 159. Auf die Verwaltung desjenigen gemeinschaftlichen Vermögens, dessen Nutzungen den einzelnen Mitgliedern der Bürgergemeine zukommen, hat der Magistrat vermöge seines Amtes keinen Anspruch.

§. 160. Vielmehr wird, so weit darüber in der Verfassung nichts bestimmt ist, die Verwaltung dieses Bürgervermögens durch Schlüsse der Bürgerschaft angeordnet, und überhaupt dergleichen Vermögen nach den Regeln des gemeinsamen Eigenthums beurtheilt.[18])

§. 161. Doch steht das Bürgervermögen unter der Aufsicht des Magistrats.

§. 162. In Fällen, wo zu Verfügungen über das Kämmereivermögen die Genehmigung des Staats erfordert wird, gilt die Vermuthung, daß zu solchen Verfügungen über das Bürgervermögen die Einwilligung des Magistrats nachgesucht werden müsse. (§. 151. 152.)

§. 163. Die Einwilligung des Staats in Verfügungen über das Bürgervermögen ist der Regel nach nur in denjenigen Fällen nothwendig, wo dieselbe in Ansehung des gemeinschaftlichen Vermögens der Corporation überhaupt erfordert wird.

§. 164. Das Bürgervermögen haftet für gültige Kämmereischulden nur so weit, als das Kämmereivermögen zu deren Tilgung nicht hinreichend ist.

§. 165. Auch, außer dem Falle eines nothwendigen Verkaufs, ist zur Veräußerung unbeweglicher Güter und Gerechtigkeiten einer Kämmerei oder Bürgergemeine die öffentliche Versteigerung nothwendig.

§§. 166—178 fallen fort.[19])

---

16) Gab den Kämmereien ein Vorzugsrecht im Konkurse, welches die R.K.O. nicht kennt.

17) Die Vorschriften der §§ 159—165 über das Bürgervermögen sind durch die Städte-Ordnungen nicht ganz beseitigt. § 164 ist erhalten durch § 15 Nr. 3 E.G. z. C.P.O.

18) Betrifft nur die Verwaltung des Bürgervermögens. § 3, Dekl. einiger Vorschriften des A.L.R. v. 26. Juli 1847 (G.S. S. 327). — Jetzt §§ 744 ff. B.G.B.

19) Diese Vorschriften über Mediatstädte und Flecken sind beseitigt, da die jetzige Gemeindeverfassung diese Arten der Gemeinden nicht kennt.

Dritter Abschnitt.

Von Handwerkern und Zünften.

§§. 179—400 fallen fort.[20])

Vierter Abschnitt.

Von Künstlern und Fabrikanten.

§§. 401—406 fallen fort.[21])

Fabriken.[22])

§. 407. Anstalten, in welchen die Verarbeitung oder Verfeinerung gewisser Naturerzeugnisse im Großen getrieben wird, werden Fabriken genannt.

§. 408. Der, welcher eine dergleichen Anstalt für seine Rechnung betreibt, heißt ein Fabrikunternehmer, und diejenigen, welche in einer solchen Anstalt arbeiten, führen den Namen der Fabrikanten.

§§. 409—423 fallen fort [23])

---

[20]) Sie sind beseitigt durch die neuern Preußischen und die Reichs-Gewerbegesetze. Maßgebend ist jetzt die R.Gew.O. in der Fassung der Bekanntmachung v. 26. Juli 1900 (R.G.Bl. S. 871). — Im Einzelnen sind aufgehoben: §§ 179—189 durch die Pr. Gew.O. v. 17. Januar 1845 (G.S. S. 41), §§ 190—217 durch §§ 97 ff. R.Gew.O. v. 21. Juni 1869 (B.G.Bl. S. 245), §§ 218, 219 durch §§ 72 ff. Pr. Konk.O. v. 8. Mai 1855 (G.S. S. 321), §§ 220—223 durch § 16 Vormundschafts-O. v. 5. Juli 1875 (G.S. S. 431), §§ 224—246 durch §§ 1 ff. Ed. über die Einführung einer allgemeinen Gewerbesteuer v. 2. Nov. 1810 (G.S. S. 79), §§ 247—400 durch §§ 125 ff. Pr. Gew.O. und §§ 14 ff. 105 ff. R.Gew.O. — Bis zur Novelle zur R.Gew.O. v. 26. Juli 1897 (R.G.Bl. S. 663) hatten die §§ 191—205, 210—217 noch für die Verfassung der vorlandrechtlichen und der unter der Herrschaft des Landrechts begründeten Zünfte Bedeutung (§ 81 R.Gew.O. v. 21. Juni 1869); nach Art. 6 dieser Novelle finden aber für alle bestehenden Innungen die Vorschriften der §§ 81 ff. R.Gew.O. in der neuen Fassung Anwendung. Dadurch ist den landrechtlichen Bestimmungen jede Geltung entzogen.

[21]) §§ 401—406 betrafen das Verhältniß der Künstler zu den Zünften und Innungen sowie die Vorrechte der akademischen Künstler und sind durch die Pr. Gew.O. v. 17. Januar 1845 (G.S. S. 41) beseitigt. — Wegen des Schutzes der Kunstwerke gegen Nachahmung (§§ 405, 406) jetzt R.Ges., betr. das Urheberrecht an Werken der bildenden Künste, v. 9. Januar 1876 (R.G.Bl. S. 4).

[22]) Die Definitionen der §§ 407, 408 sind für die neuere Gesetzgebung bedeutungslos. Die Bestimmungen des Landrechts, in denen das Wort „Fabrik" vorkommt (§ 93 I. 2, § 89 I. 11), sind durch Art. 89 A.G. z. B.G.B. aufgehoben.

[23]) Es sind beseitigt: § 409 durch die Aufhebung der landrechtlichen Bestimmungen über die Zünfte (vgl. Anm. 20); §§ 410—412 (Erlaub-

Fünfter Abschnitt.

Von Brauern, Gastwirthen, Garköchen und Anderen, welche mit dem Verkaufe zubereiteter Speisen oder Getränke ein Gewerbe treiben.[24])

Allgemeine Grundsätze.[25])

§. 424. Jeder, der in einer Stadt den Verkauf zubereiteter Speisen oder Getränke als ein bürgerliches Gewerbe treibt, ist schuldig, die diesem Gewerbe nach den Statuten und Polizeiordnungen des Orts vorgeschriebenen Grenzen genau zu beobachten.

§. 425. Neue bisher nicht vorgeschriebene Einschränkungen ist kein Stadtmagistrat, ohne ausdrückliche Genehmigung der Landes-Polizei-Instanz, festzusetzen befugt.

Brauerei.

§. 426. Ob die Braugerechtigkeit[26]) in einer Stadt zum Kämmereivermögen gehöre; oder einzelnen Bürgern beigelegt sei, ist nach der hergebrachten Verfassung eines jeden Ortes zu bestimmen.

§. 427. Nach eben diesen Verfassungen muß beurtheilt werden: ob die den einzelnen Bürgern beigelegte Braugerechtigkeit auf gewissen Häusern hafte, oder gewissen ausschließend dazu berechtigten Personen zukomme.[27])

§. 428. Ferner, ob jeder Berechtigte zu allen Zeiten, oder nur nach einer gewissen Reihe, und ob er ohne, oder mit Einschränkung auf ein gewisses Maaß, zu brauen befugt sei.

---

niß zur Anlegung von Fabriken) durch §§ 27 ff. Pr. Gew.O. v. 17. Januar 1845 (G.S. S. 41), vgl. jetzt §§ 16 ff. R.Gew.O. (R.G.Bl. 1900 S. 871); §§ 413, 414 (kaufmännische Rechte der Fabrikunternehmer) durch Art. 4 des H.G.B. v. 24. Juni 1861 (G.S. S. 449), vgl. jetzt §§ 1—3 des H.G.B. v. 10. Mai 1897 (R.G.Bl. S. 219); § 415 durch die Pr. Gew.O.; § 416 durch §§ 72 ff. Pr. Konk.O. v. 8. Mai 1885 (G.S. S. 321); §§ 417—423 (Rechte der Fabrikanten) durch §§ 134 ff. Pr. Gew.O. vgl. jetzt § 105 ff., 134 ff. R.Gew.O.

[24]) Vgl. Anm. 1 zur Ueberschrift des Titels.

[25]) §§ 424 f. sind obsolet. — Die Zulässigkeit von Polizeiverordnungen über den Gast- und Schankwirthschaftsbetrieb bestimmt sich nach §§ 33, 42a, 56, 66, 67 R.Gew.O.

[26]) Vgl. §§ 53, 68 I. 23.

[27]) §§ 427—432 sind als Vorschriften über Realgewerbeberechtigungen durch Art. 74 E.G. z. B.G.B. aufrecht erhalten, soweit sie privatrechtlichen Inhalt haben. — Als ausschließliche Gewerbeberechtigung ist die Brauereigerechtigkeit durch § 7 Nr. 1, und ein mit ihr verbundenes Zwangsrecht ist durch § 7 Nr. 2, 4 a R.Gew.O. aufgehoben.

§. 429. Wo das Braurecht einzelnen Bürgern oder Hausbesitzern zukommt, da müssen dieselben in der Regel der dazu öffentlich bestellten und verpflichteten Personen, so wie des vorhandenen gemeinschaftlichen Brau-, Malz- und Darrhauses sich bedienen.

§. 430. Braugerechtigkeiten, die auf Häusern haften, können in der Regel ohne diese Grundstücke nicht veräußert werden.

§. 431. Doch kann der Berechtigte die Ausübung seines Rechts, von einer Zeit, oder von einem Falle zum andern, auch einem Dritten übertragen.

§. 432. Wo das Reihebrauen unter den Bürgern oder Hausbesitzern eingeführt ist, da ist in der Regel ein jeder befugt, das von ihm in seiner Ordnung gebraute Bier auch in seinem Hause auszuschenken; wenn ihm gleich sonst die Schenkgerechtigkeit oder der Ausschank nicht zukommt.

§. 433. Wo die Brauerei in eine Gilde oder Innung eingeschlossen ist, da finden die Vorschriften des dritten Abschnittes auch in Rücksicht des Zunftzwanges Anwendung.[28])

Garküchen und Gastwirthschaften.

§. 434.[29]) Garköche sind berechtigt, die von ihnen verfertigten Speisen auch außerhalb ihrer Wohnungen zu verkaufen.

§. 435. Gastwirthe dürfen bloß in ihren Wohnungen Gäste für Geld mit warmen Speisen bewirthen.

§. 436. Sie haben, mit Ausschließung der Garköche, Bier-, Wein- und Kaffeeschenken, das Recht, Fremde für Geld zu beherbergen.

§. 437. An Orten, wo Gasthöfe vorhanden sind, sollen auch andere Einwohner fremde Reisende, die in dem Gasthofe unterkommen können, für Geld nicht aufnehmen.

§. 438. Verdächtige mit Pässen nicht versehene Leute dürfen Gastwirthe weder aufnehmen, noch dulden.[30])

§. 439. Sie sind schuldig, die zur Nachtherberge bei ihnen einkehrenden Personen, in Städten dem Magistrate, auf den Dörfern aber dem Schulzen anzuzeigen.

§. 440. Ueberhaupt sind Gastwirthe der genauesten Aufsicht der Polizei unterworfen, und müssen sich alle zur Erhaltung der öffentlichen Ordnung und Sicherheit nöthig gefundenen Veranstaltungen ohne Widerrede gefallen lassen.

---

28) Gegenstandslos in Folge der Aufhebung des 3. Abschnitts d. Tit.

29) §§ 434—437 sind beseitigt durch die R.Gew.O.

30) § 438 ist beseitigt durch R.Ges. über das Paßwesen v. 12. Oktober 1867 (B.G.Bl. S. 33).

§. 441. Auch die von der Polizei vorgeschriebene Taxe dürfen sie unter keinerlei Vorwande überschreiten.[31])

§. 442. Gastwirthe, die sich wiederholter Uebertretungen der ihnen vorgeschriebenen Polizeigesetze, oder beharrlicher Widerspenstigkeit gegen die Anordnungen der Polizei schuldig machen, sollen ihres Gastwirthsrechtes durch richterliches Erkenntniß für verlustig erklärt werden.[32])

§. 443. Wie Gastwirthe, welche wissentlich Diebe oder Diebeshehler bei sich aufnehmen und dulden, bestraft werden sollen, verordnen die Criminalgesetze.[33])

§§. 444—455 fallen fort.[34])

Sechster Abschnitt.

Von Apothekern.[35])

Rechte der Apotheker.

§. 456. Apotheker sind zur Zubereitung der Arzneimittel, ingleichen zum Verkaufe derselben und der Gifte, ausschließend berechtigt.[36])

Anh. §. 109. Siehe die Apothekerordnung vom 11. Oktober 1801.[37])

§. 457. Naturerzeugnisse, welche, außer der Medicin, auch zu anderen Fabriken-, Haus- oder Küchenbedürfnissen gebraucht werden, mögen Apotheker ebenfalls führen, und, jedoch nur in kleineren Quantitäten, verkaufen.[38])

§. 458. Zum Handel mit Gewürz- oder anderen Materialwaaren sind die Apotheker, als solche, nicht berechtigt.

§. 459. Doch hat an Orten, wo kein besonderer Gewürzkrämer oder Materialist angesetzt ist, der Apotheker die Vermuthung für sich, daß

---

[31]) Beseitigt durch §§ 72, 75, 79, 148 Nr. 8 R.Gew.O.

[32]) Beseitigt durch §§ 53, 54 R.Gew.O.

[33]) Jetzt §§ 257—262 R.Str.G.B.

[34]) Diese Vorschriften über das Rechtsverhältniß zwischen den Gastwirthen und Reisenden sind ersetzt durch §§ 701—704 B.G.B. und in Art. 89 A.G. z. B.G.B. ausdrücklich aufgehoben.

[35]) Vgl. Anm. 1 zur Ueberschrift des Titels. — § 6 R.Gew.O.

[36]) § 6 Abs. 2 R.Gew.O. — V., betreffend den Verkehr mit Arzneimitteln, v. 27. Januar 1890 (R.G.Bl. S. 9) und dazu V. v. 31. Dezember 1894 (R.G.Bl. 1895 S. 1), v. 25. November 1895 (R.G.Bl. S. 455) u. v. 19. August 1897 (R.G.Bl. S. 707) — § 367 Nr. 3. R.Str.G.B.

[37]) N.C.C. Bd. XI. S. 555. Ges., betr. die Aufhebung des Abschnitts I. des Anhangs zu der revidirten Apotheker-O. v. 13. August 1895 (G.S. S. 519).

[38]) §§ 457—459 sind durch § 13 Apotheker-O. beseitigt.

er auch mit Gewürzen und Materialwaaren zu handeln ausschließend berechtigt sei.

§. 460. **Aerzte und Wundärzte müssen sich der eigenen Zubereitung der den Kranken zu reichenden Arzneien, an Orten, wo Apotheker sind, der Regel nach enthalten.**[39])

§. 461. **Auch sogenannte Arcane darf Niemand, ohne besondere Erlaubniß der dem Medicinalwesen in der Provinz vorgesetzten Behörde, zum Verkaufe verfertigen.**

§. 462. **Das Recht, zur Anlegung neuer Apotheken Erlaubniß zu geben, kommt allein dem Staate zu.**[40])

§. 463. **Dergleichen neue Concessionen sind nach den Vorschriften von Privilegien zu beurtheilen.**

Pflichten derselben.

§. 464. **Die Apotheker sind der unmittelbaren Aufsicht des Staats, und den von ihm angeordneten Medicinalbehörden unterworfen.**[41])

§. 465. **Nur diejenigen, welche die Apothekerkunst ordentlich erlernt haben; zu deren Ausübung, nach angestellter Prüfung von der Medicinalbehörde tüchtig befunden; und zur Wahrnehmung ihrer Obliegenheiten durch diese Behörde verpflichtet worden, sind fähig, einer Apotheke vorzustehen.**[42])

§. 466. **Wem es an diesen Erfordernissen mangelt, der muß, zur Verwaltung einer durch Erbgangsrecht oder sonst ihm zugefallenen Apotheke, einen nach obiger Vorschrift qualificirten Provisor bestellen.**

---

[39]) Tit. 1 § 14 Apotheker-O. v. 11. Oktober 1801 (N.C.C. Bd. XI S. 555). — Ausnahmen: Reskr., betr. die Zahnärzte, v. 11. Februar 1812 (v. Kamptz, Annalen Bd. V S. 201). K.O., betr. die Befugniß der approbirten Medizinalpersonen zum Selbstdispensiren der nach homöopathischen Grundsätzen bereiteten Arzneimittel, v. 11. Juli 1843, nebst Reglement v. 20. Juni 1843 (G.S. S. 305).

[40]) V. wegen Anlegung neuer Apotheken v. 24. Oktober 1811 (G.S. S. 359). K.O. wegen der Verbindlichkeit der Apotheker zur Uebernahme der Officin-Einrichtung ihres Vorgängers v. 8. März 1842 (G.S. S. 111). — § 11 Nr. 4b Instruktion für die Oberpräsidenten v. 31. Dezember 1825 (G.S. 1826 S. 1).

[41]) Apotheker-O. Tit. 2.

[42]) §§ 29, 40, 53, 54 R.Gew.O.

§. 467. Ein solcher Provisor hat die Rechte und Pflichten eines Handlungsfaktors.[43])

§. 468. Kein Arzt soll in der Regel eine eigene Apotheke besitzen, oder dieselbe durch sich selbst oder durch Andere verwalten.

§. 469. Ein Apotheker ist, bei Verlust seines Rechts, schuldig, dafür zu sorgen, daß die nöthigen Arzneimittel bei ihm in gehöriger Güte zu allen Zeiten zu haben sind.

§. 470. Auch muß er solche Veranstaltungen treffen, daß das Publikum und die Kranken, mit deren Zubereitung, es sei bei Tage oder bei Nacht, schleunig befördert werden.

§. 471. Die Pflichten der Apotheker wegen der Zubereitung, des Verkaufs, und der Verwahrung der Arzneien und Gifte, ingleichen wegen des Curirens der Krankheiten, sind im Criminalrechte bestimmt.[44])

Besondere Privilegia der Apotheker.

§. 472. Apotheker genießen, wegen der einem Gemeinschuldner auf Credit gereichten Arzneien, das in der Concursordnung näher bestimmte Vorrecht.[45])

§. 473. Die von ihnen, nach kaufmännischer Art, geführten Bücher haben die Rechte und die Glaubwürdigkeit der Handlungsbücher.[46])

§. 474 fällt fort.[47])

Siebenter Abschnitt.

Von Kaufleuten.

§§. 475—712 fallen fort.[48])

Achter Abschnitt.

Von Wechseln.

§§. 713—1249 fallen fort.[49])

---

[43]) Ob der Provisor Handelsgehülfe ist, bestimmt sich nach § 59 H.G.B. v. 10. Mai 1897.

[44]) § 367 Nr. 3, 5, 5a, 6 R.Str.G.B.

[45]) Jetzt: § 61 Nr. 4 R.Konk.O.

[46]) Da Apotheker nach § 1 H.G.B. v. 10. Mai 1897 Kaufleute sind, so haben ihre Bücher die Eigenschaften von Handelsbüchern. — Die besondere Beweiskraft der Handelsbücher ist durch § 13 Nr. 2 E.G. z. C.P.O. beseitigt.

[47]) Betraf die Wechselfähigkeit und ist durch Art. 1 W.O. beseitigt.

[48]) Aufgehoben durch Art. 60 Nr. 1 E.G. z. H.G.B. v. 24. Juni 1861 (G.S. S. 449).

[49]) Aufgehoben durch § 1 Einführungs-V. zur W.O. v. 6. Januar

Neunter Abschnitt.

Von Handelsbillets und Assignationen.

§§. 1250—1304 fallen fort.[50])

Zehnter Abschnitt.

Von Mäklern.

§§. 1305—1388 fallen fort.[51])

Elfter Abschnit.

Von Rhedern, Schiffern und Befrachtern.

§§. 1389—1765 fallen fort.[51])

Zwölfter Abschnitt.

Von Haverei und Seeschäden.

§§. 1766—1933 fallen fort.[51])

Dreizehnter Abschnitt.

Von Versicherungen.[52])

§. 1934. **Bei einer Versicherung oder Assekuranz übernimmt der Versicherer, gegen Erhaltung einer gewissen Abgabe oder Prämie, die Vergütung des aus einer bestimmten Gefahr die versicherte Sache treffenden Schadens.**

1849 (G.S. S. 49) und § 1 E.G. z. W.O. v. 15. Februar 1850 (G.S. S. 53).

[50]) Aufgehoben durch § 9 E.G. z. W.O. v. 15. Februar 1850 (G.S. S. 53).

[51]) §§ 1305—1933 sind aufgehoben durch Art. 60 Nr. 1 E.G. z. H.G.B. v. 24. Juni 1861 (G.S. S. 449).

[52]) Art. 75 E.G. z. B.G.B. läßt die landesgesetzlichen Vorschriften unberührt, welche dem Versicherungsrecht angehören, soweit nicht im B.G.B. besondere Vorschriften getroffen sind (z. B. §§ 330, 1045, 1046, 1127 ff., 1385, 1654).

Die Versicherung gegen die Gefahren der Seeschiffahrt ist im H.G.B. (4. Buch, 10. Abschnitt) §§ 778 ff. geregelt, die Vorschriften des A.L.R. II. 8, 1934—2358 sind soweit sie sich hierauf beziehen aufgehoben (Art. 60 Nr. 1 E.G. z. H.G.B. v. 24. Juni 1861, G.S. S. 449). Im Uebrigen bleiben die Versicherungs-Vorschriften bestehen, soweit nicht Bestimmungen des H.G.B. entgegenstehen. (Art. 61 das.) Im Folgenden sind die Vorschriften über Schiffsversicherung mit abgedruckt, weil sich, abgesehen von ihrer etwaigen subsidiären Geltung für andere Versicherungsgebiete, nur selten feststellen läßt, daß sie nicht auch für Binnenschiffahrtsversicherung Geltung besitzen.

§. 1935. Ist keine Prämie bedungen worden, so wird das Geschäft nicht als eine Assekuranz, sondern als eine Schenkung betrachtet. (Th. 1. Tit. 11. §. 1037. sqq.)[53])

1936. Mäkler und Schiffsklarirer sollen weder Schiffe, noch Schiffsparten, noch Kaufmannsgüter und Waaren, bei Vermeidung der §. 1328. bestimmten Strafe, auf eigene Rechnung versichern lassen.

§. 1937. Schiffer und Schiffsleute dürfen über ihre Heuer oder Lohn keine Versicherung nehmen; bei Verlust des Rechts und der Prämie, deren doppelter Betrag von dem Versicherer zur Strafe an die Kasse der Seearmen erlegt werden soll.

§. 1938. Versicherungen ertheilen, setzt nothwendig die Befugniß voraus, einen lästigen Vertrag zu schließen. (Th. 1. Tit. 5. §. 9. sqq.)[54]) [55])

§. 1939. Mäkler, Schiffsklarirer und Abrechner; öffentlich bestellte Dispacheurs, Schadentaxatoren, und richterliche Personen in Assekuranzstreitigkeiten; Vorsteher und Bediente der Bank; Vorsteher und Bediente der Assekuranzkompagnie: Offizianten, sowohl bei landesherrlichen, als anderen öffentlichen Kassen; ingleichen Zoll- und Accisebedienten, dürfen für eigene Rechnung, weder unmittelbar noch mittelbar, Versicherungen ertheilen.

§. 1940. Wird diesem Verbot zuwider gehandelt: so ist der Vertrag nichtig; die bedungene Prämie fällt dem Fiskus anheim; und der unbefugte Versicherer soll seines Amtes entsetzt werden.

---

53) B.G.B. §§ 516 ff.

54) B.G.B. §§ 104 ff.

55) Versicherungsunternehmer bedürfen der Konzession durch die Bezirksregierung (§ 6 Gew.Ordn.) Art. I d. Ges. v. 22. Juni 1861 (G.S. S. 441) als § 18 der Preuß. Gew.Ordn. v. 17. Januar 1845; Ges., betr. den Geschäftsverkehr der Versicherungsanstalten, v. 17. Mai 1853 (G.S. S. 293) § 1. Außerpreußische: Minister d. Innern, § 2 dss. Ges. u. § 6 d. Ges. über das Mobiliar-Feuerversicherungswesen, v. 8. Mai 1837 (G.S. S. 102). Vgl. die A.E. v. 2. Juli 1859 (G.S. S. 394) und 18. September 1861 (G.S. S. 790). Klage auf Rücknahme: § 120 Nr. 2 d. Zust.Ges. v. 1. August 1883. Vgl. R.Str.G.B. § 360 Nr. 9.

Agenten: Gew.Ordn. § 14; §§ 12—14, 18, 30—32 d. Ges. v. 8. Mai 1837; K.O. v. 30. Mai 1841 (G.S. S. 122); § 7 d. Ges. v. 17. Mai 1853.

Grunderwerb: Art. 7 §§. 1, 2 A.G. z. B.G.B.; A.E. v. 14. Februar 1882 (G.S. S. 18); V. z. Ausführung d. B.G.B., v. 16. November 1899 (G.S. S. 562) Art. 6.

§. 1941. Hat in solchem Falle der Versicherte, ohne sein Verschulden, die dem Versicherer entgegenstehende Eigenschaft nicht gewußt, so haftet ihm Letzterer zur Entschädigung.

§. 1942. Wer den Auftrag hat, für einen Dritten Versicherung zu suchen, darf dieselbe ohne Genehmigung des Auftragenden nicht selbst übernehmen; widrigenfalls er die Prämie herausgeben muß, und für die übernommene Gefahr nichts destoweniger verhaftet ist.

§. 1943. Einem Jeden steht frei, Versicherungen da zu nehmen, wo er es am rathsamsten findet.[56])

§. 1944. Die Rechte einer zu Versicherungen besonders privilegirten Gesellschaft sind aus dem ihr ertheilten Privilegio zu beurtheilen.[57])

§. 1945. Wer für fremde Rechnung Versicherung nimmt, muß dazu mit Vollmacht oder Auftrag versehen sein; widrigenfalls die Versicherung ungültig, und die bedungene Prämie verfallen ist.

§. 1946. Jedoch können Handlungsfactoren und Disponenten, auch ohne besondere Vollmacht, für Rechnung ihres Prinzipals Versicherung nehmen.[58])

§. 1947. Soll ihnen diese Befugniß nicht zustehen, so muß eine solche Einschränkung gehörig bekannt gemacht sein. (§. 503. sqq.)

§. 1948. Wer für fremde Rechnung ohne Specialvollmacht zeichnet, haftet nur für seine Person.[59])

§. 1949. Eben dies findet auch von Handlungsfactoren und Disponenten statt, wenn sie nicht durch Specialvollmacht, oder ein für allemal in ihrer Procura, dazu legitimirt sind.[58])

§. 1950. So wie jeder ohne Vollmacht im Namen eines Anderen geschlossene Vertrag, durch desselben nachher hinzukommende Genehmigung, zu Kräften gelangt; so findet ein Gleiches auch bei dem Versicherungsvertrage statt.[60])

§. 1951. Einer stillschweigenden Genehmigung ist gleich zu achten, wenn derjenige, in dessen Namen die Versicherung ge-

---

[56]) Gebäudeversicherungszwang besteht noch in Berlin, Breslau, Stettin, Thorn, Ostfriesland und Hohenzollern (für letzteres d. Ges. v. 14. Mai 1855 (G.S. S. 301).

[57]) A.E, betr. die Beilegung der Rechte der juristischen Persönlichkeit an die Versicherungsgesellschaften auf Gegenseitigkeit, v. 27. Dezember 1899 (G.S. 1900 S. 2).

[58]) Als Abweichungen von §§ 48 ff., 54 f. H.G.B. außer Kraft.

[59]) Vollmacht genügt. §§ 98 ff. I. 13 sind beseitigt. §§ 164 ff. B.G.B.

[60]) §§ 182 ff. B.G.B.

nommen oder ertheilt worden, nach davon erlangter Wissenschaft, binnen der im ersten Theil Tit. 5. §. 95. sqq. **bestimmten Fristen, keinen gerichtlichen Protest dagegen** einlegt.[61])

Gegenstände der Versicherungen.

§. 1952. **Ueber Alles, was der Gegenstand eines rechtsgültigen Vertrages sein kann, können auch Versicherungen geschlossen werden.** (Th. 1. Tit. 5. §. 39. sqq.)

§. 1953. **Jede künftige Gefahr, die nicht mit verbotenen Handlungen verknüpft ist, kann der Versicherer übernehmen.**

§. 1954. **Ist eine Versicherung über die Gefahr bei verbotenen Handlungen geschlossen, so muß jeder Theil die gezeichnete Summe zur Strafe erlegen.**

§. 1955. **Sind Waaren und Güter, welche wider die Landesgesetze aus-, ein-, oder durchgeführt werden sollen, versichert: so ist der Versicherte aller Vortheile aus dem Vertrage verlustig, und der Fiskus tritt an seine Stelle.**[62])

§. 1956. **Hat der Versicherer wissentlich auf solche Waaren gezeichnet: so wird er als Theilnehmer bestraft, und die Prämie verfällt dem Fiskus.**[63])

§. 1957. **Ist die Versicherung nur zum Theil auf dergleichen Waaren gerichtet, so besteht sie in Ansehung der unverbotenen.**

§. 1958. **Werden jedoch diese mit den verbotenen zugleich confiscirt, oder zur Bezahlung der verwirkten Strafe verwendet: so ist der Versicherer zur Vergütung nicht schuldig.**

§. 1959. **In Kriegszeiten darf kein Unterthan auf Kriegsbedürfnisse, die feindlichen Unterthanen gehören, oder ihnen sonst zugewendet werden sollen, Versicherung geben.** (§. 2034. sqq.)[64])

§. 1960. **Ein Gleiches gilt von Lebensmitteln aller Art, die in feindliche Magazine, für feindliche Armeen und Festungen gehören, oder dahin geliefert werden sollen.**

§. 1961. **Ingleichen von allen Waaren und Sachen, worüber der Handel mit feindlichen Unterthanen während des Krieges verboten ist.**

---

61) §§ 146 ff. B.G.B.

62) S. die Strafbestimmungen in §§ 134, 147a Vereins-Zoll-Ges. v. 1. Juli 1869 (B.G.Bl. S. 317).

63) Ver.-Zoll-Ges. § 147c (Konfiskation der Versicherungsfonds).

64) S. Anm. 27 zu § 2034 d. Tit., u. § 217 I. 9.

§. 1962. Hat Jemand, diesen Vorschriften zuwider, auf solche Sachen Versicherung gegeben, so ist der Vertrag ungültig.

§. 1963. Hat er es wissentlich gethan, so muß er die gezeichnete Summe dem Fiskus zur Strafe bezahlen.

§. 1964. Ist aber dem Versicherer die verbotene Qualität der Waare nicht bekannt gewesen, so ist er nur die erhaltene Prämie an den Fiskus herauszugeben schuldig.[65])

§. 1965. Die Strafe des Versicherten ist nach Vorschrift des Kriminalrechts zu bestimmen.[66])

§. 1966. Der Anfang eines Krieges wird von der Zeit an gerechnet, da die Land- oder Seemacht sich zu Kriegsoperationen gegen den Feind in Bewegung setzt.

§. 1967. Nur mit Bekanntmachung der geschlossenen Friedenspräliminarien wird ein Krieg für beendigt geachtet.

§. 1968. Jedermann kann sein eigenes Leben versichern lassen.

§. 1969. Auf einen durch Verbrechen verwirkten Verlust des Lebens kann jedoch eine solche Versicherung weder gegeben, noch gedeutet werden.

§. 1970. Hat aber Jemand das Leben eines Dritten versichern lassen: so haftet der Versicherer für jeden auch von dem Dritten selbst verschuldeten Verlust des Lebens; wenn nicht das Gegentheil festgesetzt worden.

§. 1971. Aeltern, Kinder, Ehegatten, oder Verlobte können für eigene Rechnung das Leben ihrer Kinder, Aeltern, des anderen Ehegatten oder Verlobten, versichern lassen.

§. 1972. Unter Kindern werden eheliche Descendenten in absteigender Linie verstanden. (Th. 1. Tit. 1. § 40. 41.)

§. 1973. Außer diesen kann Niemand, zu seinem eigenen Vortheil, auf das Leben eines Dritten, ohne dessen gerichtliche Einwilligung, Versicherung nehmen.[67])

---

[65]) Es ist zweifelhaft, inwieweit die Bestimmungen der §§ 1955, 1956, 1964 über die Rechte des Fiskus als Anwendungen des in den aufgehobenen §§ 173, 205 I. 16 enthaltenen Prinzips anzusehen sind, wonach der Fiskus das zur Erfüllung eines verbotenen Geschäftes Gegebene vom Empfänger fordern darf.

[66]) Eine Sondervorschrift fehlt, vgl. § 89 R.Str.G.B.

[67]) Die gerichtliche Form ist bereits durch das Ges. über die Form einiger Rechtsgeschäfte, v. 11. Juli 1845 (G.S. S. 495) § 1e beseitigt. Die allgemeine Vertragsform genügt. Eingeführt i. d. landrechtl. Theilen der Provinz Hannover durch Ges. v 1. März 1869 (G.S. S. 377) Ziff. 1.

§. 1974. Ist dies dennoch geschehen, so muß Jeder, sowohl der Versicherer, als der Versicherte, die gezeichnete Summe, zum Besten der Armen, als Strafe erlegen.

§. 1975. Auch die Freiheit eines Menschen kann gegen See- und Türkengefahr, barbarische Seeräubereien, feindliche Aufbringung, oder Gefangenschaft versichert werden.

§. 1976. Wird auf solche Art die Freiheit eines Dritten versichert, so ist dessen Einwilligung dazu nicht nöthig.

§. 1977. Versicherungen der Freiheit auf andere Arten des Verlustes sind ungültig, wenn der Dritte, dessen Freiheit versichert worden, nicht seine Einwilligung dazu gerichtlich ertheilt hat.

§. 1978. Bei erfolgter Einwilligung aber findet die Vorschrift des §. 1970. statt.

§. 1979. Derjenige, welcher die Loskaufung eines von Feinden oder Seeräubern Gefangenen übernommen hat, kann sich das Lösegeld nebst den Kosten wieder versichern lassen.

§. 1980. Ein Bodmereigeber kann, auf den Betrag seines Capitals, nebst kaufmännischen Zinsen davon, und der Assecuranzprämie, Versicherung nehmen.[68])

§. 1981. Auch auf das den Schiffsleuten gegebene Handgeld, und die vorausbezahlte Heuer, kann von dem Rheder Versicherung genommen werden.

§. 9182. Eben dies findet von Frachtgeldern statt.

Wie weit Versicherungen genommen und gegeben werden können.

§. 1983. Durch Versicherungen muß der Versicherte sich nur gegen Schaden decken, nicht aber Bereicherung dadurch suchen.[69])

§. 1984. Niemand darf eine Sache höher versichern lassen, als bis zum gemeinen Werthe derselben, zur Zeit des geschlossenen Vertrages. (Th. 1. Tit. 2. §. 111.)

§. 1985. Bei Versicherungen auf das Casco eines Schiffes werden in dessen Würdigung alle Unkosten der Ausrhedung und Ausrüstung, die Provision, die vorausbezahlte Volksheuer und die Assecuranzprämie mit- und eingerechnet; und der Werth des Schiffes wird so bestimmt, wie er zur Zeit der Absegelung wirklich gewesen ist.

§. 1986. Werden aber die Frachtgelder besonders versichert, so

---

[68]) Rein seerechtlich.

[69]) §§ 1ff, 17, 20ff. d. Ges. über das Mobiliar-Feuerversf.-Wesen, v. 8. Mai 1837 (G.S. S. 102).

darf die Versicherung des Casco nur bis zu demjenigen Werthe, welchen das Schiff, nebst Geräthe, ohne die Ausrüstungskosten, beim Abgange gehabt hat, geschlossen werden.

§. 1987. Versicherungen auf Waaren sollen den Einkaufspreis nicht übersteigen.

§. 1988. Jedoch kann der Versicherte alle Zölle, Abgaben und Unkosten zuschlagen, die er darauf bis zur Zeit, da sie wirklich an Bord gebracht, oder sonst abgesendet sind, hat verwenden müssen.

§. 1989. Auch die Versicherungsprämie selbst kann er mit in Anschlag bringen.

§. 1990. Eine Versicherung auf Frachtgelder darf den Betrag der durch Connossemente oder Charte-Partie festgesetzten Fracht, und der kleinen Haverei, nicht übersteigen.

§. 1991. Versicherungen auf gehofften oder sogenannten imaginären Gewinn sind nur in so weit gültig, als sie ausdrücklich darauf geschlossen, und zugleich der Gegenstand, von welchem der Gewinn erwartet wird, bestimmt angegeben worden.

§. 1992. Versicherungen auf das Bestehen, Steigen und Fallen der Waarenpreise sind nur den Kaufleuten erlaubt.

§. 1993. Es muß jedoch dadurch keine dem gemeinen Wesen nachtheilige Preissteigerung beabsichtiget werden.

§. 1994. Liegt diese zum Grunde, so ist der Vertrag ungültig; die Prämie verfällt dem Fiskus; und die Kontrahenten müssen nach Vorschrift des Kriminalrechts bestraft werden.[70])

§. 1995. Versicherungen auf Interesse oder Nichtinteresse sind auf keine höhere Summe gültig, als das in der Police angezeigte Interesse wirklich beträgt.

§. 1996. Wird von dem Versicherer nachgewiesen, daß das wirkliche Interesse weniger, als die bezeichnete Summe, betrage: so findet verhältnißmäßig das Ristorno statt.

§. 1997. Dagegen darf, auch bei dieser Art von Versicherungen, ein Mehreres, als die gezeichnete Summe, von dem Versicherer niemals vertreten werden.

§. 1998. In so weit Schiffe oder Güter bereits verbodmet sind, sollen sie von dem Bodmereinehmer, bei Verlust der bedungenen Prämie, und Nichtigkeit des Vertrages, nicht versichert werden.

---

70) Vorschrift fehlt.

§. 1999. Diejenige Summe aber, welche an dem vollen Werthe fehlt, so wie auch die Art der Gefahr, welche der Bodmereigeber nicht übernommen hat, kann besonders versichert werden.[71])

Verbot mehrerer Versicherungen über den vollen Werth eines und desselben Gegenstandes.

§. 2000. Niemand soll über einen und eben denselben Gegenstand, auf dessen nach §. 1984 sqq. zu bestimmenden Werth, mehrere Versicherungen nehmen.[72])

§. 2001. Wer Versicherung sucht, muß gewissenhaft anzeigen: ob und in welcher Art er bereits an einem anderen Orte Versicherung genommen, oder zu deren Schließung Ordre ertheilt habe.

§. 2002. Wer bei einer solchen Anzeige eine vorsätzliche Unrichtigkeit, zum Schaden des Versicherers, oder eines Dritten begeht, soll, außer dem Verluste seines Rechts aus den beiden oder mehreren Versicherungen, als ein Betrüger bestraft werden.[73])

§. 2003. Ist die Anzeige aus grobem oder mäßigem Versehen unterlassen worden: so bleibt nur die älteste Versicherung bei Kräften, und es muß nichtsdestoweniger die bei der jüngeren Versicherung bedungene Prämie bezahlt werden.

§. 2004. Das Datum der geschehenen Zeichnung bestimmt, welcher Contract der ältere sei, wenn auch die Police ein anderes Datum enthalten sollte.

§. 2005. Diese Vorschrift findet in der Regel auch alsdann Anwendung, wenn die eine Versicherung von dem Prinzipal selbst, und die andere von dem Factor geschlossen worden.

§. 2006. Hat aber Jemand einem Correspondenten Ordre ertheilt, Versicherung für ihn zu nehmen, und nachher sich selbst darüber Versicherung ertheilen lassen: so wird auf das Datum der gegebenen Ordre gesehen. (Th. 1. Tit. 13. §. 88.)

§. 2007. Hat ein Correspondent ohne Ordre Versicherung für Jemand angenommen; dieser aber, weil es ihm unbekannt gewesen, einen solchen Vertrag ebenfalls geschlossen: so wird diejenige, welche zuletzt gezeichnet worden, ristornirt.

§. 2008. Ist in vorstehenden Fällen, §. 2003. sqq., durch den älteren Contract eine Summe versichert, die den vollen nach §. 1984.

---

71) Rein seerechtlich.

72) Vgl. § 2 d. Ges. v. 8. Mai 1837 (G.S. S. 102).

73) R.Str.G.B. § 263 entscheidet.

sqq. zu bestimmenden Werth der Sache noch nicht erreicht: so gilt der zweite auf das an diesem vollen Werthe noch fehlende Quantum; und in Ansehung des Ueberrestes findet die Rückforderung der Prämie nur in dem Falle des §. 2007. statt.[72])

§. 2009. Ist ein Gegenstand nur auf eine gewisse bestimmte Zeit versichert, so kann derselbe, wegen Verlustes und Schadens, welche sich vor dem Eintritte dieser Zeit, oder nach deren Ablauf ereignen, anderweitig versichert werden.

§. 2010. Wenn eine Sache nur bis zu einem gewissen Orte versichert worden, so ist die fernere Versicherung derselben von diesem bis zu einem anderen Orte zulässig.

§. 2011. Es ist auch erlaubt, über die Zahlungsfähigkeit seines Versicherers Versicherung zu nehmen.

§. 2012. Wird über das Vermögen des Versicherers vor beendigter Gefahr Concurs eröffnet, so steht dem Versicherten frei, anderweitige Versicherung zu nehmen.[74])

§. 2013. Alsdann kann er die Prämie von dem ersten Versicherer ohne Abzug zurückfordern, wenngleich die bei der anderweitigen Versicherung bedungene Prämie geringer sein sollte.

§. 2014. Er muß aber, bei Vermeidung der §. 2002. bestimmten Strafe, sogleich, als er die anderweitige Versicherung sucht, oder dazu Ordre giebt, den Curator der Masse des ersten Versicherers davon benachrichtigen.

§. 2015. Will er bei dem Vertrage bleiben, so kann er, wenn der Versicherer Rückversicherung genommen hatte, gegen Erstattung der dafür bezahlten Prämie und Kosten, verlangen, daß ihm alle Rechte gegen den Rückversicherer abgetreten werden.

Von der Rückversicherung.

§. 2016. Der Versicherer kann sich die gezeichnete Summe, ganz oder zum Theil, von einem Anderen wieder versichern lassen.

§. 2017. Er muß aber, außer den §. 2001. sqq. vorgeschriebenen Pflichten, bei Verlust seines Rechts, ausdrücklich anzeigen, daß er eine Rückversicherung verlange.

§. 2018. Die Rückversicherung kann auf das ganze versicherte Quantum, mit Einrechnung der Prämie für die Assecuranz, genommen werden.

---

72) Vgl. §. 2 d. Ges. v. 8. Mai 1837 (G.S. S. 102).

74) §§ 2012 ff. gelten gemäß § 25 K.O. weiter.

§. 2019. Zwischen demjenigen, welcher die Rückversicherung nimmt, und seinem Versicherer, finden eben die Verhältnisse statt, als zwischen denjenigen, welche die erste Versicherung geschlossen haben.

§. 2020. Die Rechte und Verbindlichkeiten zwischen dem ersten Versicherer und Versicherten, werden durch die Rückversicherung in nichts geändert.

§. 2021. Eben so wenig ändert sich das Verhältniß des ersten Versicherers gegen seinen Rückversicherer, wenn jener, ohne Genehmigung des letzteren, sich mit seinem Versicherten über das bei entstandenem Unglücksfalle zu vergütende Quantum vergleicht.

§. 2022. Ist aber dem ersten Versicherer von der liquiden Vergütigungssumme etwas erlassen, so kommt dieses auch dem Rückversicherer zu statten.

§. 2023. Wird über des ersten Versicherers Vermögen Concurs eröffnet, so muß der Rückversicherer nichtsdestoweniger an dessen Creditmasse eben so die volle Vergütung bezahlen, als ob kein Concurs entstanden wäre.[75])

Pflichten der Kontrahenten vor und bei Schließung des Vertrages.

§. 2024. Bei Schließung des Versicherungsvertrages sind beide Theile zu besonderer Treue, Redlichkeit und Aufrichtigkeit verpflichtet; und es finden die Vorschriften des ersten Theils, Tit. 11. §. 539. sqq. Anwendung.[76])

§. 2025. Hat der Versicherer, vor Schließung des Contracts, gewisse oder wahrscheinliche Nachricht, daß die Sache bereits in Sicherheit, oder die Gefahr, für welche die Versicherung ertheilt werden soll, schon ganz überstanden sei, erhalten, und dieselbe dem Versicherten verschwiegen, so muß er die ganze Prämie zurückgeben, und den doppelten Betrag derselben zur Strafe erlegen.

§. 2026. Verschweigt der Versicherte Umstände, welche nach dem vernünftigen Ermessen der Sachkundigen, auf den Entschluß des Versicherers, sich in den Vertrag einzulassen, hätten Einfluß haben können: so ist die Assecuranz unverbindlich, und die Prämie verfallen.

§. 2027. Dagegen soll dem Versicherten die Entschuldigung,

---

[75]) Vgl. § 2015.

[76]) Die bezeichneten Vorschriften sind ohne Ersatz weggefallen.

daß die erhaltene und verschwiegene Nachricht noch unzuverlässig oder zweifelhaft gewesen sei, nicht zu statten kommen.

§. 2028. Kann er überführt werden, vor Schließung des Contracts, von einem die Sache betreffenden Unglücksfalle sichere Nachricht gehabt zu haben, so soll er noch außerdem als Betrüger gestraft werden.

§. 2029. Wird die Versicherung durch einen Bevollmächtigten genommen, so muß der Versicherte dessen Fehler als seine eigenen vertreten.[77])

§. 2030. Soll ein Schiff versichert werden: so muß der Versicherte, bei Vermeidung der §. 2026. festgesetzten Strafe, die Bauart, Größe, und den gegenwärtigen Zustand desselben, nach seiner besten Wissenschaft angeben; auch anzeigen: ob es von anderem als eichnem Holze erbauet sei; die wievielste Reise es thue; und ob es mit den erforderlichen Documenten versehen sei.

§. 2031. Der Versicherte muß ferner, bei gleicher Strafe, dafür sorgen, daß das Schiff zu der vorhabenden Reise in tüchtigen Stand gesetzt, und gehörig ausgerüstet werde.

§. 2032. Ist das Schiff ein genommenes oder Prisenschiff, so muß er, bei gleicher Strafe, dem Versicherer eröffnen, ob es schon auf einer freien Rhede oder in einem freien Hafen gewesen ist.

§. 2033. Soll eine Cascoversicherung zu Kriegszeiten geschlossen werden, so muß der Versicherte getreulich angeben: ob auf dem Schiffe Waaren oder Sachen befindlich sind, welche für verboten geachtet werden, oder von den kriegführenden Mächten dafür erklärt worden.

§. 2034. Verbotene Waaren sind: grobes Geschütz und die dazu gehörende Ammunition, Granaten, Bajonette, Flinten, Karabiner, Pistolen, Kugeln, Flintensteine, Lunten, Pulver, Salpeter, Schwefel, Picken, Säbel, Degen, Sättel, Hauptgestelle, Zelte, und was sonst durch besondere Verträge zwischen den verschiedenen Nationen einzunehmen verboten ist.[78])

§. 2035. Von Sachen dieser Art darf in der Regel kein Kauf-

---

77) Wie § 166 B.G.B.

78) S. § 217 I. 9. Die Geltung der §§ 2034—2036, 2039, 2040 ist zweifelhaft und nur anzunehmen, wenn die Rechtsgültigkeit des Prisenreglements (A.E. v. 20. Juni 1864, G.S. S. 369) verneint wird. Vgl. das. § 7 Ziff. 2, §§ 8, 20ff.

fahrteischiff in Kriegszeiten mehr einnehmen, als zum eigenen Bedürfniß erfordert wird.

§. 2036. Masten, Schiffholz, Taue, Segeltuch, Hanf, Pech, Korn, und andere Materialien, die in Kriegsbedürfnisse verwandelt werden können, ingleichen Pferde, gehören nicht unter die verbotenen Güter.

§. 2037. Land- oder Seeoffiziere und Soldaten der kriegführenden Mächte sollen von neutralen Schiffen nicht an Bord genommen werden.

§. 2038. Von dem Schiffsvolke darf höchstens nur der dritte Theil zu einer der kriegführenden Nationen gehören.

§. 2039. Jede Ladung eines neutralen Schiffes, die in einen belagerten, blockirten, oder nahe eingeschlossenen Hafen gebracht werden soll, ist für verbotenes Gut zu achten.

§. 2040. In wie fern ein Platz oder Hafen für eingeschlossen zu achten sei, ist nach Vorschrift des ersten Theils Titel 9. §. 219 zu beurtheilen.

§. 2041. Hat der Versicherte von dergleichen Contrebandewaaren etwas verschwiegen: so ist der Vertrag, in so weit, als aus dieser Qualität der Waaren ein Schade entsteht, für den Versicherer unverbindlich, und der Versicherte muß gleichwohl die Prämie bezahlen.

§. 2042. Eben so muß, bei Waarenversicherungen, zu Kriegszeiten genau angezeigt werden: ob unter dem versicherten Gute, oder sonst auf dem Schiffe, dergleichen verbotene Stücke befindlich sind.

§. 2043. Der Versicherte muß ferner anzeigen: ob das Schiff mit oder ohne Bedeckung und Convoy gehe; auch wo es darunter kommen, oder dazu stoßen solle.

§. 2044. Ist die Anzeige unterblieben, so haftet der Versicherer nicht, wenn das Schiff auf der Reise zur Convoy genommen wird.

§. 2045. Soll ein bereits abgesegeltes Schiff, oder dessen Ladung, versichert werden: so muß der Versicherte den Ort und die Zeit der Absegelung, so wie den Ort der Bestimmung, so weit ihm diese Umstände bekannt sind, treulich anzeigen, auch alle ihm davon zugekommenen Nachrichten und Zeitungen vollständig mittheilen.

§. 2046. Sollen Waaren gegen Seegefahr versichert werden, und es befinden sich solche darunter, die leicht dem Verderben ausgesetzt sind: so müssen dieselben nach ihrer Beschaffenheit und Quantität genau angegeben werden.

§. 2047. Für verderbliche Waaren sind zu achten: Getreide und alle Sämereien; alle Salze, als: Zucker, Syrup, Vitriol, Alaun, Pot- und Weidasche; frische, getrocknete und eingemachte Früchte und Kräuter; Blumenzwiebeln und Wurzeln; alle getrocknete Gallerte, vornehmlich Leim und Lakritzensaft; alle Arten von Gummi; Rosinen, Wein, Oel, Flachs, Hanf, Käse, Wolle, getrocknete Fische, Heringe, Pelzwerk, ungetheertes Tauwerk und Kabelgarn, künstliche Instrumente, Papier und Bücher.

§. 2048. Sind dergleichen Waaren nur unter dem allgemeinen Namen von Kaufmannsgütern, Schiffsladung u. d. m. mit begriffen worden, so ist der Versicherer einen aus der verderblichen Qualität entstehenden Schaden zu vergüten nicht verbunden.

§. 2049. Ein Gleiches gilt, wenn Sklaven oder lebendige Thiere nicht angegeben, sondern nur unter allgemeinen Ausdrücken mit in die Versicherung gezogen worden.[79])

§. 2050. Bei Versicherungen über das Leben eines Menschen muß vorzüglich dessen Alter, Gesundheitszustand und Gewerbe angezeigt werden.

§. 2051. Soll Jemandes Freiheit versichert werden, so ist besonders die genaue Anzeige darüber nothwendig: ob er in einer für seine Person gefährlichen Unternehmung begriffen sei, oder dergleichen vorhabe.

§. 2052. Wer die Fracht von Salz, oder anderen dem Schmelzen unterworfenen lose ins Schiff geladenen Waaren versichern läßt, muß ausdrücklich anzeigen: ob die Fracht für das eingenommene, oder für das abzuliefernde Maaß festgesetzt sei; widrigenfalls das letztere angenommen, und nur darnach die Vergütung geleistet wird.

§. 2053. Werden Waaren, Mobilien und Effekten gegen Feuersgefahr versichert, so muß der Versicherte die Qulität dieser Sachen getreulich anzeigen.[80])

§. 2054. Sind Schießpulver, Schwefel, Salpeter, Heu, Stroh,

---

[79]) § 2 d. R.Ges., betr. die Bestrafung des Sklavenraubes und Sklavenhandels, v. 28. Juli 1895 (R.G.Bl. S. 425); Ges., betr. die Abänderung der im A.L.R. II. 5 §§ 198 ff. enthaltenen Bestimmungen über Sklaven, v. 9. März 1857 (G.S. S. 160).

[80]) S. Ges. v. 8. Mai 1837 (G.S. S. 102).

ungedroschenes Getreide, Tabacksblätter, Hanf, Flachs, Heede, getheertes Tauwerk, Pech, Theer, Talg, Terpentinöl und Thran darunter befindlich: so müssen sie, bei Verlust des Rechts und der Prämie, ausdrücklich benannt werden.

§. 2055. Gold, Silber, Gold- und Silbergeschirr, Juwelen, Porzellan, Emaille, Spiegel, Gläser, Gemälde, Kupferstiche, Kabinette von Antiquitäten, Naturalien, oder Kunstsachen, Zeichnungen, Banknoten, Pfandbriefe, Wechsel- oder andere Schuld-Verschreibungen, Contracte oder Schriften, Handlungsbücher und Rechnungen, ingleichen Moventien (Th. 1. Tit. 2. §. 17.), sind nicht für versichert zu achten, wenn sie nicht ausdrücklich genannt, und die Versicherung darauf mit gerichtet worden.[81])

§. 2056. Ferner muß derjenige, welcher Versicherung gegen Feuersgefahr sucht, gewissenhaft angeben: ob die Sachen in feuerfesten Gebäuden aufbewahrt werden, und ob sie gefährliche Nachbarschaft haben.

§. 2057. Feuerfeste Gebäude sind solche, welche von allen Seiten massive Mauern und Schornsteine haben.

§. 2058. Ein Gebäude, welches ganz oder zum Theil mit einer leicht brennbaren Materie, als: Schindeln, Brettern, Stroh, Rohr, Schilf u. d. m. gedeckt ist, kann für feuerfest nicht geachtet werden.

§. 2059. Für gefährliche Nachbarschaft wird gehalten, wenn im Gebäude selbst, oder in einem der drei nächsten Häuser, welche das versicherte Gebäude umgeben, gefährliche Gewerbe getrieben werden.

§. 2060. Ferner, wenn in einem dieser Gebäude feuerfangende Sachen in größerer Quantität, als zum gewöhnlichen Wirthschaftsgebrauche erforderlich ist, aufbewahrt sind.

§. 2061. Desgleichen, wenn eins der drei nächsten Gebäude, welche das Haus, worin sich die versicherten Sachen befinden, umgeben, mit leicht brennbaren Materien ganz oder zum Theil gedeckt ist. (§. 2058.)

§. 2062. Gefährliche Gewerbe sind: Pulvermühlen, Stückgießereien, Vitriol- und Salmiakfabriken, Zuckersiedereien, chemische Laboratoria, Apotheken, Goldschmiede, Kupferschmiede, Gelbgießer,

---

81) § 1 Abs. 2 d. Ges. v. 8. Mai 1837 (G.S. S. 102). — Moventien sind nach dem Sprachgebrauch des A.L.R. nutzbare lebende Geschöpfe.

Grobschmiede, Destillateurs, Brauer, Branntweinbrenner, Bäcker, Färber, Seifensieder, Lichtgießer und Töpfer.

§. 2063. Als leicht feuerfangende Sachen werden die im §. 2054 genannten betrachtet.

Form des Contracts.

§. 2064. Jeder Versicherungsvertrag, welcher zwischen Königlichen Unterthanen, oder in hiesigen Landen zwischen Königlichen Unterthanen und Fremden geschlossen wird, muß bei Strafe der Ungültigkeit schriftlich abgefaßt werden.[82])

§. 2065. Wird eine Versicherung durch Mäkler geschlossen, so vertritt der aus ihrem Journal zu ertheilende Auszug die Stelle des schriftlichen Contracts.

§. 2066. Sobald solchergestalt der Contract geschlossen ist, muß der Versicherer gegen Bezahlung der bedungenen Prämie, den Versicherungsbrief, oder die Police nach den festgesetzten Bedingungen ausfertigen und unterschreiben.

§. 2067. Verzögert der Versicherte, nach Empfang der Police, die Aushändigung der Prämie über vier und zwanzig Stunden, so kann er dazu im Wege des executiven Prozesses angehalten werden.[83])

§. 2068. Ist keine besondere schriftliche Verabredung vorhergegangen: so wird der Contract in Ansehung eines jeden Versicherers für geschlossen geachtet, sobald derselbe den Versicherungsbrief oder die Police unterzeichnet hat.

Erfordernisse der Police: a) Name des Versicherten;

§. 2069. In der Police muß der Name des Versicherten ausgedrückt sein.

§. 2070. Ein Kommissionär, der Waaren auf fremde Rechnung versendet, kann die Versicherung auf seinen, oder auf des Eigenthümers Namen schließen.

§. 2071. Nur Kaufleuten ist erlaubt, mit Verschweigung ihres Namens, unter dem Ausdrucke: „An Zeiger dieses", oder „für Rechnung dessen, den es angeht", Versicherung zu nehmen.

---

[82]) § 2064 gilt nach Art. 5 A.G. z. H.G.B. nur noch für Nicht-Handelsgeschäfte.

[83]) Nach der C.P.O. kommt der Urkundenprozeß oder die einstweilige Verfügung in Betracht (§§ 592ff., 935ff.).

§. 2072. Soll aber demnächst der Versicherer Vergütung leisten, so kann er verlangen, daß ihm der Versicherte genannt, und vollständige Legitimation beigebracht werde.

b) Gegenstand der Versicherung.

§. 2073. Die Police muß ferner den Gegenstand der Versicherung nach denjenigen Kennzeichen, die ihn von anderen hinlänglich unterscheiden, enthalten.

§. 2074. Bei Seeversicherungen muß der Name des Schiffers und Schiffes genannt sein.[84]

§. 2075. Wird aus Irrthum der Name des Schiffes ganz unrichtig angegeben, so ist die Versicherung ungültig, und die Prämie muß ohne Abzug zurückgegeben werden.[85]

§. 2076. Ist aber der Versicherte durch eigenes grobes oder mäßiges Versehen in einen solchen Irrthum gerathen, so kann der Versicherer den bei dem Ristorno stattfindenden Abzug machen. (Th. 1. Tit. 4. §. 79.)

§. 2077. Ein Irrthum in Nebenbenennungen schadet nicht; auch hat es keinen Einfluß, wenn dem Schiffe nachher, ohne Betrug, ein anderer Name gegeben worden.

§. 2078. Wird die Größe und Beschaffenheit des Schiffes unrichtig angegeben; und dadurch der Versicherer veranlaßt, die Gefahr für geringer zu halten, als sie wirklich ist: so tritt die Vorschrift des §. 2076 ein.

§. 2079. Eben dies findet statt, wenn der Name des Schiffers unrichtig angegeben worden.

§. 2080. Will Jemand Waaren, die er aus weit entlegenen Gegenden erwartet, versichern lassen, bevor er den Namen des Schiffes und Schiffers erfahren hat: so kann zwar der Contract über Güter in ungenannten Schiffen geschlossen werden.

§. 2081. Der Versicherte muß aber in diesem Falle dafür sorgen, daß alle Umstände, wodurch diese Bestellung von anderen gleicher Art unterschieden werden kann, so genau als möglich ausgedrückt werden.

---

84) §§ 2074 ff. sind auch für Stromversicherungen von Bedeutung, s. § 2084.

85) Schadensersatz nur bei verschuldetem Irrthum zu gewähren, entspricht dem Grundsatze der §§ 78 ff. I. 4; nach deren Fortfall muß auch hier § 122 B.G.B. entscheiden. Welche Eigenschaften im Verkehr als wesentlich anzusehen sind, kann sonderrechtlich bestimmt sein.

§. 2082. Besonders ist die Qualität der Waare; wo möglich auch die Zahl der Packe, Kisten oder Fässer mit ihren Zeichen; der Ort der Absendung; der Name des Absenders: das Datum der Bestellungsordre und des Avisbriefes, in der Police zu bemerken.

§. 2083. Sobald der Versicherte, nach gezeichneter Police von dem Namen des Schiffers und Schiffes, welches die Waaren überbringen soll, Nachricht erhält, muß er, bei Strafe doppelter Prämie, dieselbe dem Versicherer unverzüglich mittheilen.

§. 2084. Bei Stromversicherungen muß der Schiffer, und bei Landversicherungen der Fuhrmann, oder die Post, mit welchen die Versendung geschehen ist, in der Police benannt werden.

§. 2085. Wird das Leben, oder die Freiheit eines Dritten versichert: so muß dessen Vor- und Geschlechtsname, oder der Geschlechtsname und Charakter desselben, oder ein anderes deutliches Kennzeichen, wodurch er sich von anderen Personen gleiches Namens unterscheidet, in der Police ausgedrückt werden.

§. 2086. Bei Feuerversicherungen ist der Ort und die Lage des Gebäudes, worin die versicherten Sachen sich befinden, zu benennen.

§. 2087. Haben die Kontrahenten den Werth des versicherten Gegenstandes unter sich bestimmt, so muß selbiger in der Police angegeben sein.

c) Betrag der Versicherungssumme.

§. 2088. Es muß ferner die Versicherungssumme genau bestimmt werden.

§. 2089. In allen Fällen, wenn das Leben, oder die Freiheit eines Menschen versichert wird, muß im Contracte genau festgesetzt sein, was der Versicherer zu bezahlen oder zu leisten habe; widrigenfalls der Contract ungültig ist.

§. 2090. Zeichnen mehrere Versicherer eine und eben dieselbe Police, so muß jeder von ihnen bei seiner Unterschrift bemerken: auf welches Quantum er die Versicherung übernehme.

§. 2091. Ist dies unterblieben, und von keinem das Versicherungsquantum bestimmt: so haften sie sämmtlich als Selbstschuldner.[86])

§. 2092. Hat aber der eine oder andere das Versicherungs-

86) B.G.B. § 427.

quantum bestimmt, so haftet jeder für das Quantum seines nächsten Vormannes.

§. 2093. Wird dadurch die Versicherungssumme überschritten, so haftet der letzte nur für dasjenige, was an der Versicherungssumme noch fehlt.

d) Art und Dauer der Gefahr.

§. 2094. Sowohl die Art, als die Dauer der übernommenen Gefahr muß nach ihrem Anfange und Ende genau bestimmt werden.

§. 2095. Zu dem Ende muß bei See- und Stromversicherungen der Ort der Ein- und Ausladung oder Bestimmung, desgleichen, so viel als möglich, auch die Zeit der Absegelung angegeben sein.

§. 2096. Uebernimmt der Versicherer nur eine gewisse Art der Gefahr, so muß dieselbe deutlich angegeben werden.

e) Unterzeichnung.

§. 2097. Zuletzt muß in der Police auch der Ort, wo sie gezeichnet worden, ingleichen die Unterschrift des Versicherers beigefügt werden.[87]

§. 2098. Haben Mehrere auf eine Police gezeichnet; und Einer derselben hat das Datum nicht beigesetzt: so wird derjenige Tag angenommen, welchen sein nächster am Orte befindlicher Vormann beigefügt hat.

§. 2099. Von der Unterschrift des Versicherers gilt dasjenige, was §. 776. sqq. bei Wechseln vorgeschrieben worden.[88]

Pflichten aus dem Contracte.

§. 2100. Die Pflichten des Versicherers und Versicherten aus dem Contracte sind hauptsächlich nach dem Inhalte desselben zu beurtheilen.[79]

§. 2101. Abweichungen von der Regel, Nebenbedingungen, und Einschränkungen sind nur in so weit gültig, als sie in der Police, oder bei der Zeichnung, ausdrücklich bemerkt worden.[87]

§. 2102. Ist darin etwas dunkel oder zweideutig, so wird jederzeit angenommen, daß die Contrahenten in so weit von den allgemeinen gesetzlichen Vorschriften nicht haben abweichen wollen.[89]

§. 2103. Die der Police eingerückte Clausel: „frei von Haverei", hat die Wirkung, daß der Versicherer, außer dem Beitrage zur

---

87) Vgl. Anm. 31 zu § 2064.

88) W.O. Art. 4 Nr. 5, Art. 94.

89) Allgemeine Auslegungsregeln. B.G.B. §§ 133, 157.

großen Haverei, für keine particuläre Beschädigung, sondern nur alsdann haftet, wenn die versicherte Sache ganz oder zum Theil verloren worden.

I. Pflichten des Versicherten: a) in Absicht der versprochenen Prämie;

§. 2104. Der Versicherte ist hauptsächlich zur Entrichtung der versprochenen Prämie verbunden.

§. 2105. Ein Commissionair, welcher nicht auf den Namen des Committenten, sondern auf seinen eigenen Versicherung nimmt, haftet für die Prämie als Selbstschuldner.

§. 2106. Der Versicherer ist aber auch befugt, die Prämie, wenn er will, von dem Committenten selbst zu fordern. (Th. 1. Tit. 13. §. 85. sqq.).[90])

§. 2107. Die Prämie kann in Gelde, oder auch in anderen erlaubten Vortheilen, die dem Versicherer eingeräumt werden, bestehen.

§. 2108. Soll bei Seeversicherungen, im Fall das Schiff mit Convoy ginge, ein Theil der Prämie zurückgezahlt, oder im Falle das Schiff ohne Convoy ginge, die Prämie erhöht werden: so muß dieses ausdrücklich festgesetzt sein; widrigenfalls weder Verminderung, noch Erhöhung der Prämie statt findet.

§. 2109. Ist keine spätere Frist festgesetzt, so muß die Zahlung der Prämie bei Aushändigung der unterzeichneten Police erfolgen.

§. 2110. Wird die Zahlung verzögert: so kann der Säumige dazu, binnen dreißig Tagen nach der Zeichnung, im Executivprozesse angehalten werden; und muß zugleich von der Prämie Eins vom Hundert monatlich an Zinsen bezahlen. (§. 2067.)[91])

§. 2111. War die Prämie nicht in Gelde bedungen, so wird, statt der Zinsen, das volle Interesse vergütet. (Th. 1. Tit. 5. §. 287.)[92])

§. 2112. Ist die Versicherung durch einen Mäkler geschlossen worden, so haftet dieser für die Prämie nur alsdann, wenn er sie ausgehändigt erhalten hat.[93])

§. 2113. In diesem Falle muß er die Prämie unverzüglich abliefern; und wird, wenn er damit zögert, außer der Verbindlichkeit zur

---

[90]) Es entscheiden die Grundsätze über Kommissionsgeschäft und über Vollmacht.

[91]) Vgl. Anm. 83.

[92]) §§ 285 ff. B.G.B.

[93]) Weggefallen mit A.L.R. II. 8 Abschnitt 10, da die dort vorgesehene amtliche Bestellung der Mäkler beseitigt ist.

Entrichtung der Zinsen, oder des Interesse, seines Mäklerlohns für das Geschäft verlustig.)

§. 2114 fällt weg.[94])

§. 2115. Entsteht Concurs über das Vermögen des Versicherten; so hat der Versicherer, wegen der noch unbezahlten Prämie, vor Ablauf der dreißig Tage, das Vorzugsrecht der zweiten; nach Ablauf derselben aber das in der Concursordnung näher bestimmte Vorrecht der vierten Klasse.[95])

§. 2116. Jedoch kann auch im letzten Falle, wenn ein Schade vergütet werden muß, die rückständige Prämie, nebst Zinsen oder Interesse, davon abgerechnet werden.[96])

b) bei vorgehenden Veränderungen.

§. 2117. Während der Versicherungszeit darf der Versicherte, bei Verlust seines Rechts, nichts vornehmen, oder durch Andere vornehmen lassen, wodurch die Umstände, unter welchen die Versicherung geschlossen worden, zu des Versicherers Nachtheil geändert werden, oder seine Gefahr vergrößert wird.

§. 2118. Ereignen sich Vorfälle dieser Art, ohne Zuthun des Versicherten: so muß er die erhaltenen Nachrichten, bei Verlust seines Rechts in Ansehung aller nachher sich ereignenden Unglücksfälle, dem Versicherer binnen der im Ersten Theile Tit. 5, §. 95. sqq. bestimmten Fristen mittheilen; auch zur Abwendnng des daraus entstehenden Nachtheils, schleunig zweckmäßige Vorkehrungen treffen.[97])

§. 2119. In so weit der Versicherte, oder dessen Commissionär durch eigene Schuld oder Nachlässigkeit, irgend einigen Schaden veranlaßt haben, ist der Versicherer zu dessen Vergütung nicht verbunden.

§. 2120. Welchen Grad des Versehens ein Versicherter zu vertreten habe, ist nach den allgemeinen Vorschriften des Tit. 5 §. 278. sqq. zu beurtheilen.[98])

---

[94]) § 2114 ist infolge von Art. 295 H.G.B., § 17 E.G. z. C.P.O. weggefallen.

[95]) § 2115 ist beseitigt durch Pr. Konk.O. v. 8. Mai 1855 Abschn. 7, 8, Tit. 1.

[96]) § 2116 ist weggefallen, da beim Konkurs des Versicherten — mangels entgegenstehender Bestimmung (§ 25 Konk.O.) — § 17 das. anzuwenden und die Vorschriften über Aufrechnung, §§ 53 ff., ohnehin zu beachten sind.

[97]) §§ 145 ff. B.G.B.

[98]) §§ 276 ff. B.G.B.

§. 2121. Soll bei der Seeversicherung ein Schiff unter Convoy gehen; und der Versicherte veranlaßt, daß es ohne Convoy segelt, oder später, oder an einem anderen Orte, als er angezeigt hat, dazu stößt: so haftet der Versicherer für keinen Schaden, zu dessen Abwendung! die Convoy bestimmt war.

§. 2122. Läßt, bei Seeversicherungen, der Versicherte die Reise ohne Noth, oder ohne Einwilligung des Versicherers verlängern, verkürzen, oder sonst verändern; oder das Schiff nach anderen als den in der Police benannten Häfen und Oertern segeln: so ist die Assecuranz erloschen, und die Prämie verfallen.

§. 2123. Die Assecuranz erlischt jedoch nur von dem Zeitpunkte an, da das Schiff, wegen der veränderten Bestimmung, seinen Lauf wirklich geändert hat.

§. 2124. Machen Seesturm und Ungewitter, Verfolgung von Feinden oder Räubern, oder andere unvermeidliche Zufälle eine Veränderung der Reise nothwendig; so muß der Versicherte, sobald er solches in Erfahrung bringt, den Versicherer davon binnen der im Ersten Theil Tit. 5. §. 95. sqq. bestimmten Frist benachrichtigen.

§. 2125. Ist dieses geschehen, so bleibt, der veränderten Umstände ungeachtet, die Versicherung bei Kräften.

§. 2126. Wird die Reise zwar nicht verändert; aber ohne Schuld des Versicherten bis zu einer gefährlichen Jahreszeit aufgeschoben: so muß er, sobald ihm dieses bekannt wird, dem Versicherer davon Nachricht geben.

§. 2127. Versäumt er dies: so ist die Versicherung erloschen, und die Prämie verfallen.

§. 2128. Ist aber die Anzeige zu rechter Zeit geschehen: so bleibt der Versicherer zwar an den Contract gebunden; kann jedoch eine verhältnißmäßige Erhöhung der bedungenen Prämie fordern.

§. 2129. So viel als möglich müssen die Parteien, gleich in der Police, den Betrag der zu erhöhenden Prämie im Voraus festsetzen.

§. 2130. Bei dem Mangel einer solchen Bestimmung, und wenn die Interessenten über den Betrag der Zulage sich nicht vereinigen können, muß selbige durch vereidete, von beiden Theilen zu erwählende Sachverständige, nach demjenigen Satze bestimmt werden, der zur Zeit des wirklichen Antrittes der Reise am Orte der Versicherung gangbar ist.

§. 2131. Die Erhöhung der Prämie findet besonders statt, wenn bei einer, vor dem ein und zwanzigsten Junius geschlossenen, Cascoversicherung das Schiff am vierzehnten Tage nach dem ein und zwanzigsten Junius noch nicht segelfertig ist.

§. 2132. Bei einer, nach dem ein und zwanzigsten Junius geschlossenen, Versicherung werden die vierzehn Tage vom Ablaufe der in der Police bestimmten Ladungszeit an gerechnet.

§. 2133. Diese Grundsätze finden auch bei Versicherungen einer ganzen Schiffsladung statt.

§. 2134. Bei Versicherungen über Stückgüter hingegen, sie mögen vor oder nach dem längsten Tage geschlossen sein, werden vier Wochen von der Zeit an gerechnet, da mit der Ladung angefangen worden.

§. 2134. Hat der Versicherte durch seine Schuld die Abreise so lange aufgeschoben, daß die Gefahr bei derselben vermehrt ist, so muß er, bei Verlust seines Rechts, den Versicherer davon noch vor dem wirklichen Antritte der Reise benachrichtigen.

§. 2136. Alsdann hängt es von dem Versicherer ab, gegen eine verhältnißmäßige Erhöhung der Prämie bei dem Contracte zu bleiben, oder das Ristorno stattfinden zu lassen.

§. 2137. Will er das Letzte wählen: so muß er sich binnen der im ersten Theil Tit. 5. §. 95. sqq. bestimmten Fristen darüber erklären; widrigenfalls er an den Contract gebunden ist, und nur eine verhältnißmäßige Erhöhung der Prämie fordern kann.[98])

§. 2138. Haben mehrere Versicherer die Police zu besonderen Antheilen gezeichnet: so läuft einem jeden diese Frist von Zeit der ihm geschehenen Bekanntmachung; ohne Unterschied, ob sie gemeinschaftlich, oder ein jeder nur für seinen Antheil gezeichnet haben. (Th. 1. Tit. 5. §. 438.)[99])

§. 2139. Eben diese Vorschrift §. 2124. und 2135. findet statt, wenn vor der Abreise das Schiff oder der Schiffer verändert wird.

§. 2140. Bleibt von den versicherten Waaren ein Theil zurück, so muß der Versicherte, so bald er es in Erfahrung bringt, dem Versicherer davon Nachricht geben.

---

[98]) §§. 145 ff. B.G.B.

[99]) § 425 B G.B.

§. 2141. Geschieht dies, so findet, nach Verhältniß der zurückgebliebenen Waare, das Ristorno statt.

§. 2142. Hat aber der Versicherte diese Anzeige in Zeiten zu thun unterlassen, so kann er von der Prämie nichts abziehen, oder zurückfordern.

§. 2143. Sollen die Versicherten Waaren nach der Abrede in verschiedene Schiffe geladen werden, und der Versicherte beschließt, sie sämmtlich nur mit Einem Schiffe zu versenden: so muß er den Versicherer von dieser Aenderung noch vor dem Abgange des Schiffes benachrichtigen.

§. 2144. Hat er dies unterlassen: so haftet der Versicherer nur für diejenigen Güter, welche nach der Abrede in das abgesegelte Schiff haben geladen werden sollen; und gewinnt dennoch die ganze Prämie.

§. 2145. Ist aber die Anzeige zu rechter Zeit geschehen, so hat der Versicherer binnen der §. 2137. vorgeschriebenen Frist die Wahl: ob er bei der Versicherung bleiben, oder davon ganz abgehen wolle.

§. 2146. Wählt er letzteres, so findet das Ristorno statt.

§. 2147. Eben dies gilt, wenn der Versicherte Waaren, die nach der Abrede mit Einem Schiffe versendet werden sollen, in mehrere Schiffe vertheilt, und den Versicherer noch vor der Absegelung davon benachrichtigt.

§. 2148. Ist dies aber unterblieben: so haftet der Versicherer nur für denjenigen Theil der Waare, welcher in dem durch die Police benannten Schiffe wirklich abgegangen ist, und gewinnt die ganze Prämie.

§. 2149. Hat der Versicherte Waaren, die bereits an Bord gebracht worden, ohne Noth wieder aus- oder umladen lassen, so haftet der Versicherer weder für die Kosten, noch für die Schäden, welche bei einer solchen Gelegenheit entstanden sind.

§. 2150. Hat, bei Versicherungen auf Frachtgelder, der Versicherte- den Einladern die Waaren gegen einen Theil der Fracht zurückgegeben, so kann er von dem Versicherer für den Ausfall keine Vergütung fordern.

§. 2151. Wird er wegen der Zurückgabe belangt: so muß er, binnen der §. 2137. bestimmten Frist, mit dem Versicherer über die Fortsetzung des Prozesses Rücksprache halten, und dessen Willen befolgen.

§. 2152. Hat Jemand sein eigenes Leben versichern lassen: so hört die Versicherung auf, wenn er ohne des Versicherers Einwilligung, außer Europa, oder in den Krieg, oder zur See geht, oder sonst eine für sein Leben gefährliche Lebensart ergreift; es sei denn, daß die Versicherung auf diese Fälle ausdrücklich gerichtet worden.

§. 2153. Giebt aber der Versicherte noch in Zeiten dem Versicherer von einem solchen Vorhaben Nachricht, so findet für die noch nicht abgelaufene Zeit das Ristorno statt.

§. 2154. Hat Jemand das Leben eines Dritten versichern lassen, so heben dergleichen Vorfälle an und für sich den Contract nicht auf, wenn sie sich ohne Zuthun des Versicherten ereignen.

§. 2155. Gleiche Grundsätze finden bei Versicherung der Freiheit statt.

§. 2156. Bei Feuerversicherungen haftet der Versicherer für keinen Schaden, der von dem Versicherten selbst, dessen Ehegatten, Kindern, oder Enkeln verursacht worden.

§. 2157. Wird ein Theil der versicherten Sache an einen anderen als den in der Police bestimmten Ort der Aufbewahrung gebracht: so hört die Gefahr des Versicherers in so weit auf, und er behält dennoch die ganze Prämie.

§. 2158. Wird aber des Versicherten Wohnung, oder der in der Police bestimmte Ort der Aufbewahrung sämmtlicher versicherter Sachen verändert: so muß dieses, bei Verlust des Rechts, dem Versicherer schleunig bekannt gemacht werden.

§. 2159. Alsdann hat der Versicherer innerhalb der §. 2137. bestimmten Frist die Wahl: ob er den Contract fortsetzen, oder davon abgehen, und, nach Verhältniß der noch nicht abgelaufenen Zeit, das Ristorno statt finden lassen wolle.

§. 2160. Wenn durch Veranlassung des Versicherten eine gefährliche Nachbarschaft entsteht, so ist der Versicherer für den daraus erwachsenden Schaden nicht verhaftet.

§. 2161. Ein Gleiches findet statt, wenn die gefährliche Nachbarschaft zwar ohne des Versicherten Zuthun entstanden ist, derselbe aber die davon erhaltene Nachricht dem Versicherer nicht binnen der §. 2137. bestimmten Frist mitgetheilt hat.

§. 2162. Ist die Anzeige gehörig geschehen, so hat es bei der Vorschrift des §. 2159. sein Bewenden.

§. 2163. Eine Veränderung in der Person des Eigenthümers

der versicherten Sache ändert nichts in der Versicherung, wenn nicht damit zugleich eine Veränderung des Orts, der Aufsicht, der Art der Aufbewahrung, oder der Nachbarschaft verbunden ist.

c) bei entstehendem Schaden.

§. 2164. Sobald der Versicherte in Erfahrung bringt, daß der Gegenstand der Versicherung verunglückt oder beschädigt sei, muß er, bei Verlust seines Rechts, den Versicherer binnen der §. 2137 bestimmten Frist davon benachrichtigen; und sich über die ferner zu treffenden Maßregeln mit demselben berathschlagen, auch nach dessen Anweisung verfahren.

§. 2165. In der Zwischenzeit muß er Alles, was zur Abwendung oder Verminderung des Schadens gereichen kann, vorkehren.

§. 2166. Er ist jedoch befugt, von dem Versicherer dazu einen verhältnißmäßigen Vorschuß zu fordern.

§. 2167. Sind Schiffe oder Waaren aufgebracht, oder in Beschlag genommen worden: so muß der Versicherte deren Freigebung betreiben, und wenn darüber ein Confiskationsprozeß entsteht, während desselben für die sichere Aufbewahrung der Güter bis zum Austrage der Sache sorgen.

§. 2168. Sind verderbliche Waaren unter dem aufgebrachten, verunglückten oder beschädigten Gute, so muß er den öffentlichen Verkauf derselben bewirken.

§. 2169. In jedem Falle, wenn er die Vergütung eines Schadens fordert, muß er darthun, daß die versicherten Stücke wirklich der Gefahr ausgesetzt gewesen sind; daß und welche davon beschädigt oder verloren worden; und wie viel der daran entstandene Schade mit Inbegriff der Kosten betrage.

§. 2170. Nur von dem Nachweise des Werthes ist der Versicherte frei, wenn derselbe schon in der Police bestimmt worden; jedoch steht dem Versicherer der Beweis offen, daß diese Taxe mehr als zehn Procent über den nach §. 1984. sqq. zu bestimmenden vollen Werth betrage.[100])

II. Pflichten des Versicherers.

§. 2171. Die Hauptpflicht des Versicherers besteht in der

100) Taxirte Policen sind bei der Mobiliar-Feuervers. verboten: Ges. v. 8. Mai 1837 (G.S. S. 102) §§ 17, 28.

Vergütung des Schadens, welchen die versicherte Sache bei der übernommenen Gefahr erlitten hat.[101])

Zeit der Gefahr.

§. 2172. Ist die Dauer der Gefahr in der Police nach Tagen, Monaten, oder Jahren bestimmt; so ist sie nach dem Kalender zu berechnen.

§. 2173. Die Tage werden von Mitternacht bis Mitternacht an dem Versicherungsorte gerechnet, ohne auf die Zeit des Sonnen- auf- oder Unterganges Rücksicht zu nehmen.

§. 2174. Die Dauer einer solchen bestimmten Versicherungszeit kann durch keine Zwischenfälle, von welcher Art sie auch sein mögen, unterbrochen werden.

§. 2175. Geht bei Seeversicherungen von der auf eine bestimmte Zeit versicherten Sache gar keine Nachricht ein, so wird angenommen, daß ein Unglücksfall daran während des Laufes der Versicherungszeit geschehen sei.

§. 2176. Ist die Versicherung so geschlossen, daß die Gefahr von einem bestimmten Tage anfangen soll, das Schiff aber vor diesem Tage schon in See gegangen, und nachher nichts weiter von ihm gehört worden: so muß der Versicherte darthun, daß selbiges erst nach diesem Tage verunglückt sei.

§. 2177. Ist die Versicherung dergestalt geschlossen, daß sie erst von einem auf der Reise des Schiffes gelegenen zum An- oder Einlaufen bestimmten Ort anfangen soll; das Schiff aber diesen Ort vorbei gesegelt: so haftet der Versicherer nicht für den Schaden.

§. 2178. War aber der Ort nicht zum An- oder Einlaufen bestimmt, sondern als ein Punkt im Wege des Schiffes, von welchem die Versicherung gelten solle, angegeben: so haftet der Versicherer für den Schaden, sobald das Schiff diesen Ort vorbei gesegelt ist.

§. 2179. Ist wegen des Anfanges der Gefahr in der Police nichts bestimmt, so wird, bei einer Cascoversicherung, der Versicherer von dem Augenblicke an verhaftet, da der Schiffer Ladung oder Ballast einzunehmen anfängt.

§. 2180. War die Versicherung bloß auf die Hinreise geschlossen, so dauert die Gefahr des Versicherers bis zur Ankunft am Bestimmungsorte, und daselbst geendigter Losung.

101) Ges. v. 8. Mai 1837 (G.S. S. 102) § 18. B.G.B. §§ 1127 bis 1130 (Rechte der Hypothekengläubiger an der Versicherungssumme).

§. 2181. Nimmt jedoch das Schiff aufs neue Ladung ein, so endigt sich die Gefahr, sobald mit der neuen Ladung angefangen worden.

§. 2182. Ist das Casco auf die doppelte Reise versichert, so dauert die Gefahr durch die Zeit, während welcher das Schiff auf die Rückladung wartet, bis zur geendigten Losung der Retourfracht.

§. 2183. Geht die Versicherung des Casco bloß auf die Rückreise, so fängt sich die Gefahr an, sobald der Schiffer Rückladung einnimmt, wenn auch die überbrachte Fracht noch nicht völlig geloset wäre.

§. 2184. Bei versicherten Waaren und Gütern nimmt die Gefahr ihren Anfang, sobald jedes Pack, Faß, oder Kiste, über Bord des Schiffes gelangt, oder zum Behufe der Einschiffung in leichtere Fahrzeuge geladen worden.

§. 2185. Die Gefahr hört auf, sobald jedes Stück unmittelbar vom Schiffe, oder von den zur Losung gebrauchten Fahrzeugen, am Bestimmungsorte gelandet ist.

§. 2186. Der Versicherer ist daher verhaftet, wenn die Waaren in Quarantainehäuser gebracht werden müssen, und daselbst Schaden leiden.

§. 2187. Liegen jedoch die Quarantainehäuser dergestalt auf dem festen Lande des Bestimmungsortes, daß kein weiterer Transport auf der See erfordert wird; so haftet derjenige, welcher bloß auf Seegefahr gezeichnet hat, für keinen in diesen Häusern vorgefallenen Schaden.

§. 2188. Auch haftet der Versicherer, wenn bei dem Ein- oder Ausladen das Hebezeug oder der Windetakel zerbricht, und dadurch die versicherten Waaren Schaden leiden.

§. 2189. Die Losung muß möglichst beschleunigt, und ohne erhebliche Hindernisse deren Beendigung nicht über funfzehn Tage nach der Ankunft verzögert werden.

§. 2190. Selbst im Falle erheblicher Hindernisse haftet der Versicherer nicht länger, als ein und zwanzig Tage nach der Ankunft.

§. 2191. Eben diese Grundsätze (§. 2184. sqq.) finden bei Versicherungen auf Frachtgelder Anwendung.

§. 2192. Ist auf das Casco allein gezeichnet, ohne ausdrücklich zu bestimmen, daß die Gefahr nur auf die Hinreise eingeschränkt sei, so geht die Versicherung auf die doppelte Reise.

§. 2193. Ist auf Waaren allein ohne solche Bestimmung gezeichnet, so versteht sich die Versicherung nur von Einer Reise.

§. 2194. Dies gilt auch bei Versicherungen auf Frachtgelder.

§. 2195. Ist auf Casco und Waaren zugleich ohne weitere Bestimmung gezeichnet, so geht die Versicherung, auch in Ansehung des Casco, nur auf Eine Reise.

§. 2196. Sind in der Police mehrere Bestimmungsörter durch den Beisatz „und" mit einander verbunden; so hat der Versicherte die Wahl: ob und wie viel er von der Ladung an jedem Orte absetzen will.

§. 2197. Der Versicherer haftet alsdann so lange, bis die ganze Ladung an einem oder mehreren dieser Oerter gelöset ist.

§. 2198. Sind aber die mehreren bestimmten Oerter durch den Beisatz „oder" verbunden, so muß der Versicherte an Einem derselben die ganze Ladung losen.

§. 2199. Setzt er an einem derselben ohne Noth nur einen Theil der Ladung ab: so ist der Versicherer für den Ueberrest der Waaren, und bei Cascoversicherungen, für die nachherigen Beschädigungen nicht weiter verhaftet.

§. 2200. War zur Zeit der gezeichneten Police das versicherte Schiff oder Gut bereits verunglückt oder beschädigt, und der Versicherte hat davon Nachricht gehabt: so finden die Vorschriften §. 2026—2028. Anwendung.

§. 2201. Ob er dergleichen Nachricht gehabt habe, darüber kann der Versicherer eidliche Angabe von ihm fordern.

§. 2202. Kann nicht ausgemittelt werden, daß der Versicherte bereits Nachricht gehabt; er hätte aber dergleichen schon haben können: so ist dennoch der Versicherer für einen solchen Verlust nicht verhaftet, sondern es findet das Ristorno statt.

§. 2203. Ob der Versicherte einen vor Zeichnung der Police entstandenen Unglücksfall habe wissen können, muß nach dem Zeitverlaufe beurtheilt werden, binnen welchem eine Nachricht vom Orte der Ereigniß bis zu demjenigen, wo die Versicherung geschlossen worden, gelangen kann.

§. 2204. Dabei wird auf den gewöhnlichen Lauf der Posten Rücksicht genommen; im zweifelhaften Falle aber werden zwei Stunden auf jede deutsche Meile gerechnet.

§. 2205. Muß die Nachricht ganz oder zum Theil über See kommen, so ist in so weit diejenige Zeit zu rechnen, binnen welcher ein Packetboot die Reise gewöhnlich zu machen pflegt.

§. 2206. Hat sich der Unglücksfall auf offener See ereignet: so wird für den Zwischenraum, vom Orte der Ereigniß bis an den nächsten Handelsplatz, von welchem die Nachricht hat gegeben werden können, eine verhältnißmäßige Zeit, nämlich zwei Stunden auf die Meile gerechnet.

§. 2207. Kann nach vorstehenden Grundsätzen nicht ausgemittelt werden, daß der Versicherte vor Zeichnung der Police von dem geschehenen Unglücksfalle Nachricht haben können, so ist die Versicherung verbindlich.

§. 2208. War jedoch das versicherte Schiff oder Gut zur Zeit der Zeichnung schon über die gewöhnliche Zeit ausgeblieben: so haftet der Versicherer für die vorhergeschehenen Unglücksfälle nur alsdann, wenn der Versicherte alle zu seiner Wissenschaft gelangten Umstände redlich angezeigt hat, und der Contract ausdrücklich auf alle gute und schlimme Zeitungen geschlossen worden.

Art der Gefahr.

§. 2209. Ist bei See- und Stromversicherungen keine besondere Art der Gefahr bestimmt, für welche der Versicherer nur haften soll, so trifft ihn jeder Schade, den die Sache durch äußere Vorfälle leidet.

§. 2210. Dahin gehört besonders: Sturm, Ungewitter, Schiffbruch, An- und Uebersegelung, Treibeis, Strandung, Brand, Repressalien, feindliche Aufbringung, oder Plünderung von Kriegsschiffen, Kreuzern, Kapern und Seeräubern, Diebstahl und dergleichen.

§. 2211. Hat das Schiff nach der Police unter Convoy segeln sollen, ist aber durch Wind und Wetter zu ihr zu stoßen verhindert, oder von ihr getrennt worden, so muß der Versicherer auch die Folgen eines solchen Zufalls tragen.

§. 2212. Ist das versicherte Schiff oder Gut wegen des von einem Dritten, der die Stelle des Versicherten nicht vertritt, ohne des Letzteren Vorwissen getriebenen Contrebandehandels, unrichtiger Declarationen, Einlaufens in verbotene Häfen, oder sonstiger Uebertretung der vorhandenen Gesetze und Ordnungen, angehalten und eingezogen worden, so muß der Versicherer für den Schaden haften.

§. 2213. Sind die versicherten Waaren selbst, wegen eines dem Versicherten unbekannt gewesenen Verbots, außerhalb Landes confiscirt worden, so haftet der Versicherer dafür nur in dem Falle, wenn das Verbot während der Reise ergangen ist.

§. 2214. Doch muß der Versicherte zuvor auf Erfordern eidlich erhärten, daß er weder von einem schon vorhanden gewesenen, noch von einem bevorgestandenen Verbote Kenntniß gehabt habe.

§. 2215. Aller Schade, welcher dem versicherten Gute durch Schuld der Rheder, oder eines Dritten, der nicht die Stelle des Versicherten vertritt, ohne des Letzteren Zuthun entsteht, muß von dem Versicherer getragen werden; welcher dagegen seinen Regreß an den Urheber des Schadens zu nehmen hat.

§. 2216. Ferner haftet der Versicherer für allen Schaden, der dem versicherten Schiffe oder Gute, durch des Schiffers, der Steuerleute, oder des Volks Unerfahrenheit, Unvorsichtigkeit, Nachlässigkeit, Muthwillen oder Bosheit zugefügt wird, in so weit der Versicherte aus dem Vermögen des Schuldigen, und aus dem Schiffe, nebst der Fracht, seine Befriedigung nicht erlangen kann.

§. 2217. Dahin gehört besonders, wenn das Schiff übel versehen, und gedichtet, oder die Güter schlecht gestauet, oder durch darauf gelegte nasse und fließende Waaren verdorben sind.

§. 2218. Hat jedoch ein Rheder bei der Auswahl des Schiffers ein grobes Versehen begangen, so kann er von seinem Versicherer keinen Ersatz der durch den Schiffer verursachten Schäden fordern.

§. 2219. Eben dieses findet statt, wenn ein Befrachter bei Auswahl des Schiffes ein grobes Versehen begangen hat.

§. 2220. Der Versicherer eines Casco ist nicht zum Ersatze verbunden, wenn die Schiffsgeräthschaften während der Reise durch den ordentlichen Gebrauch brechen, oder abgenutzt und zernichtet werden.

§. 2221. Dahin gehört auch das Brechen der Masten oder der Taue, ingleichen der Verlust der Anker oder Segel, wenn der Schade nicht durch Sturm, oder sonst durch außerordentliche Zufälle veranlaßt wird.

§. 2222. Eben so haftet der Versicherer bei Waaren und Gütern für keinen Schaden, der aus der natürlichen Beschaffenheit selbst, aus ihren inneren Fehlern und Mängeln, und aus der schlechten Fustage oder Emballage entsteht.

§. 2223. Wenn also Weine sauer werden; Oele verderben; Früchte faulen und sonst umkommen; Getreide oder Kastanien sich anstecken; oder die Waare durch innerlich erzeugtes Ungeziefer beschädigt wird: so trifft der Schade den Versicherten allein.

§. 2224. Eben dies gilt von einem durch Anfressen, Benagen und Zernichten, von Mäusen, Ratten oder anderem Ungeziefer verursachten Schaden.

§. 2225. Ist aber die Reise durch Zufall ungewöhnlich verzögert worden, so muß der Versicherer auch dergleichen bei verderblichen Waaren aus solchem Aufenthalte entstandenen Schaden tragen.

§. 2226. Ferner haftet der Versicherer nicht, wenn Weine, Oele, oder andere flüssige Waaren verlecken, ohne daß dieses eine Folge vom Stoßen des Schiffes, vom Stranden, oder von einem anderen Unglücke ist.

§. 2227 fällt weg.[102]

§. 2228. Ohne ausdrückliche Abrede darf der Versicherer den aus dem Fallen der Preise entstehenden Nachtheil nicht vergüten.

§. 2229. Auch solchen Schaden, der durch die große Havereirechnung wirklich vergütet wird, darf der Versicherer nicht übernehmen.

§. 2230. Dagegen muß er aber den etwanigen Ausfall, so wie auch den Beitrag, welcher von der versicherten Sache zur großen Haverei hat entrichtet werden müssen, vergüten.

§. 2231. Außer dem Schaden, muß der Versicherer zugleich für alle besonderen und extraordinairen Kosten haften, welche der versicherten Sache wegen vorgefallen sind, und durch die große Haverei nicht vergütet werden.

§. 2232. Der Versicherer eines Schiffes muß die Liegekosten vertreten, wenn das Schiff, ohne Veranlassung der Rheder oder Befrachter, durch höhere Macht angehalten. oder auszulaufen verhindert worden.

§. 2233. Eben so muß, bei Waaren, ein Versicherer für die Schäden und Kosten haften, welche durch das Umladen der Waaren entstanden sind: im Fall dies Umladen durch einen Zufall, oder durch die Schuld des Schiffers oder seiner Leute verursacht worden.

§. 2234. Hauptsächlich muß aber der Versicherer diejenigen Kosten vertreten, welche bei geschehenem Unglücksfalle, zum Besten der versicherten Sache, verwendet werden müssen.

Besonders bei Feuerversicherungen.

§. 2235. Bei Feuerversicherungen haftet der Versicherer für allen Feuerschaden, welcher der versicherten Sache, ohne Verschulden des Versicherten selbst, dessen Ehegatten, Kinder oder Enkel verursacht wird.

---

102) § 2227 ist weggefallen. S. Anm. 79 zu § 2049.

§. 2236. Er haftet auch alsdann, wenn das Feuer durch Verschulden der Hausgenossen und Domestiken des Versicherten entstanden ist.

§. 2237. Unter Hausgenossen sind alle diejenigen zu verstehen, welche in den Gebäuden, wo die versicherten Stücke aufbewahrt werden, ihren Aufenthalt haben.

§. 2238. Geschwister und entferntere Verwandte des Versicherten werden zu den Hausgenossen gerechnet.

§. 2239. Nur alsdann ist der Versicherer frei, wenn solche Umstände vorhanden sind, daß der Versicherte nach Vorschrift des ersten Theils Titel 6. §. 56—66, auch die unerlaubten Handlungen seiner Hausgenossen oder Dienstboten vertreten muß.[103])

§. 2240. Sind, bei entstandener Feuersgefahr, die versicherten Sachen bei dem Retten und Fortschaffen beschädigt oder verloren worden, so muß der Versicherer auch dafür Vergütung leisten.

§. 2241. Für die zur Rettung der versicherten Sachen verwendeten Kosten muß der Versicherer ebenfalls haften.

Ausmittelung des Schadens.

§. 2242. Ist nach vorstehenden Grundsätzen an einem versicherten Schiffe, Gute, oder anderem Object ein Totalschade entstanden, welchen der Versicherer zu vertreten hat: so bestimmt sich das von ihm zu entrichtende Quantum aus der Police von selbst.

§. 2243. Ist die Versicherung auf Schiff und Ladung gerichtet, ohne daß der Werth eines jeden in der Police besonders bestimmt wäre; und das Schiff wird während der Reise für unbrauchbar erklärt: so wird ein Drittheil der gezeichneten Summe für das Schiff gerechnet, bis ein höherer oder geringerer Werth desselben, in Verhältniß gegen die Ladung nachgewiesen werden kann.

§. 2244. Wenn bei Frachtversicherungen die Police nicht taxirt ist: so zahlt der Versicherer, im Falle eines Totalschadens, die durch Connossemente oder Charte-Partie zu erweisende, wirklich bedungen gewesene Fracht, und die zur kleinen Haverei gehörenden Auslagen, bis zum Betrage der gezeichneten Summe.[104])

---

[103]) B.G.B. §§ 823, 831, 832. A.G. z. B.G.B. Art. 14 § 1 Abs. 2.

[104]) Vgl. § 66 des R.Ges. über die privatrechtl. Verhältnisse der Binnenschiffahrt, i. d. Fass. d. Bekanntm. v. 25. Mai 1898 (R.G.Bl. S. 868).

§. 2245. Sind Waaren für Rechnung der Rheder geladen; oder ist sonst keine Fracht bedungen: so wird die Fracht zum Grunde gelegt, welche am Ladungsorte, zu der Zeit, als das Schiff in Ladung gelegen hat, für ähnliche Waaren und Reisen gewöhnlich ist.

§. 2246. Ist die versicherte Sache nur beschädigt worden, oder nur zum Theil verloren gegangen; so muß der eigentliche Betrag des Schadens ausgemittelt werden.

§. 2247. Bei Schiffen bestimmt denselben die vor der Ausbesserung vorzunehmende Untersuchung, und der darnach anzufertigende Kostenanschlag.

§. 2248. Zu dieser Untersuchung muß ein erfahrener Schiffer, Schiffsbaumeister, Repschläger und Segelmacher, entweder durch Uebereinkunft der Interessenten gewählt, oder von der Obrigkeit ernannt, und in beiden Fällen vereidet werden.[105])

§. 2249. Bei Waaren müssen die beschädigten Stücke von den unbeschädigten gehörig abgesondert, und erstere durch vereidete Taxatoren gewürdigt, hiernächst aber öffentlich verkauft werden.

§. 2250. Sind keine öffentlich bestellte kunsterfahrene Taxatoren zu haben, so können auch andere von beiden Theilen zu erwählende glaubwürdige Männer gebraucht werden.

§. 2251. Die Taxe muß geschehen, ehe noch der Empfänger die Güter in seine Gewahrsam übernimmt.

§. 2252. Hat der Empfänger die Waaren angenommen, ohne den Schaden vorher untersuchen und abschätzen zu lassen, so wird der Versicherer frei.

§. 2253. Ist der Empfänger nur Bevollmächtigter gewesen, so bleibt derselbe dem Versicherten verantwortlich.

§. 2254. Ist nach dem Gutachten der Taxatoren der Schade an den versicherten Waaren so beschaffen, daß sie zu ihrer eigentlichen Bestimmung gar nicht weiter zu gebrauchen sind; so müssen selbige für Rechnung des Versicherers, ohne weitere Rücksprache sogleich öffentlich an den Meistbietenden verkauft werden.

---

[105]) Die Ernennung von Sachverständigen zur Begutachtung eines theilweisen Schadens am Schiff liegt, soweit es sich um Versicherung gegen die Gefahren der Seeschiffahrt handelt, dem Amtsgericht des Ortes der Schadensermittelung ob: § 884 Nr. 4 H.G.B., § 145 R.F.G.G. Für den Bereich der Stromschiffahrt fehlt eine entsprechende Bestimmung. § 87 des Binnenschiffahrtsges. sieht nur die Ernennung von Dispacheuren bei großer Haverei vor.

§. 2255. Ein Gleiches muß geschehen, wenn die beschädigten Waaren an sich unter die verderblichen gehören.

§. 2256. Außer diesen beiden Fällen ist der Versicherte oder dessen Kommissionär schuldig, nach aufgenommener Taxe zuvor mit dem Versicherer über den Verkauf Rücksprache zu halten, und dessen Anweisung zu befolgen.

§. 2257. Das aus solchem Verkaufe gelösete Geld erhält der Versicherte, auf Abschlag der ihm von dem Versicherer zukommenden Vergütung.

§. 2258. Die Würdigung muß bei Schiffen an dem Orte, wo sie zuerst einlaufen, und bei Waaren an dem Orte, wo sie ausgeladen werden, geschehen.

§. 2259. Der daselbst gegenwärtige Versicherer, oder dessen dem Schiffer bekannt gemachter Kommissionär, muß dabei mit zugezogen; außerdem aber dem Versicherer ein zuverlässiger Mann, zur Wahrnehmung seiner Rechte, zugeordnet werden.

§. 2260. Die Würdigung muß unter gerichtlicher Aufsicht erfolgen.

§. 2261. Doch soll, wenn die Schadensaufnehmung außerhalb Landes geschieht, auch die Zuziehung des Konsuls der Nation, von welcher der Versicherer ist, oder eines Notarii und zweier Zeugen hinreichend sein.[106])

Berechnung des Schadens.

§. 2262. Die Schadensberechnung selbst muß, wenn beide Theile darüber uneinig sind, von vereideten Sachkundigen oder Dispacheurs, nach den ihnen vorzulegenden richtig befundenen Briefschaften und Beweismitteln, angefertigt werden.

§. 2263. Bei beschädigten Schiffen ergiebt sich der Betrag dessen, was der Versicherer vergüten muß, aus dem aufgenommenen Anschlage. (§. 2247.)[107])

§. 2264. Ist der vormalige Werth des Schiffes in der Police bestimmt, und nicht voll versichert; so wird der Schade nur nach Verhältniß der gezeichneten Summe vom Versicherer vergütet.

§. 2265. Bei beschädigten Waaren ergiebt sich die zu ver-

---

[106]) Vgl. § 86 d. Ges. über Organisation der Bundeskonsulate, v. 8. November 1867 (B.G.Bl. S. 187).

[107]) Es fehlt eine dem § 872 H.G.B. entsprechende Bestimmung, daß für die Feststellung des Theilschadens am Schiffe die für Haverei gegebenen Vorschriften gelten (§§ 709, 710 H.G.B.). Vgl. § 85 d. Binnenschiffahrtsges.

gütende Summe aus Vergleichung des gelöseten Geldes, gegen den komptanten Marktpreis am Bestimmungsorte.

§. 2266. Wird aber die beschädigte Waare im Nothhafen verkauft, so muß der Einkaufspreis ausgemittelt werden.

§. 2267. Dies geschieht auf den Grund der Factur und Einkaufsrechnung, mit Zuschlagung der Ladungskosten, der Fracht, des Beitrages zur kleinen Haverei, der Versicherungsprämie, und anderer Unkosten, welche die Waare gewöhnlich bis zum Verkauf am Bestimmungsorte erfordert.[108]

§. 2268. Beträgt die gezeichnete Summe weniger, als der nach vorstehenden Grundsätzen auszumittelnde Werth der Waaren, so muß der Schade zwischen beiden Theilen, nach Verhältniß des Versicherungsquanti zum ausgemittelten Werthe, vertheilt werden.

§. 2269. Sind Waaren von gleicher Art bei Mehrern versichert, und es kann nicht ausgemittelt werden, von wem die beschädigten versichert sind: so tragen sämmtliche Versicherer den Schaden auf vorstehende Art, nach Verhältniß der gezeichneten Summen.

§. 2270. Ist zur Zeit des entstandenen Unglücks die versicherte Sache schon durch solche Vorfälle, wofür der Versicherer nicht einsteht, beschädigt gewesen; so wird der Betrag dieses Schadens nach dem Gutachten vereideter Sachverständigen in Abzug gebracht.

§. 2271. Bei Frachtversicherungen wird, im Falle eines Partialschadens, auf die Taxe in der Police keine Rücksicht genommen; sondern der Versicherte muß durch Connossemente und Charte-Partie die bedungen gewesene Fracht und die kleine Haverei erweisen.

§. 2272. Was er weniger erhält, wird in Verhältniß des ausgemittelten Betrages der bedungenen Fracht und der kleinen Haverei, prozentweise berechnet; und der Versicherer bezahlt so viel Prozente von der gezeichneten Summe.

---

[108]) Unter kleiner Haverei sind nach A.L.R. II. 8 § 1774—1780 Ausgaben zu verstehen, für die jetzt nach d. Binnenschiffahrtsges. die Ladung im Ganzen nicht beitragspflichtig ist. Vgl. das. § 78. Unter dem Beitrag zur kleinen Haverei sind hier, und in §§ 2271 ff. die Kosten zu verstehen, deren Ersatz der Frachtführer vom einzelnen Versender nach § 66 d. Binnenschiffahrtsges. fordern kann.

§. 2273. Wenn aber die gezeichnete Summe die wirklich bedungene Fracht und kleine Haverei übersteigt, so bezahlt der Versicherer nur jene Differenz.

§. 2274. Beträgt bei an sich verderblichen Waaren der Schade nur zehn; bei unverderblichen aber, ingleichen bei Cascoversicherungen, unter drei Prozent von der versicherten Summe gerechnet: so kann der Versicherte keine Vergütung fordern.

§. 2275. Ist ein Schade durch Schuld und Versehen des Schiffers, der Steuerleute, oder des Schiffsvolks geschehen: so muß der Versicherte alle Mühe anwenden, auf Kosten des Versicherers, aus des Schuldigen Vermögen, aus dem Schiffe oder dessen Frachtgeldern, den Ersatz seines Schadens zu erhalten.[109]

§. 2276. Nur so weit, als er solchergestalt zu seiner Befriedigung ganz oder zum Theil nicht gelangen kann, ist er dieselbe von dem Versicherer zu fordern berechtigt.

§. 2277. Dem Versicherer steht jedoch frei, den Prozeß gegen den Schuldigen selbst zu übernehmen, ohne daß er dazu eine Vollmacht oder Cession nöthig hat; er muß aber alsdann dem Versicherten die Vergütungssumme auf dessen Verlangen sogleich bezahlen.

§. 2278. Hat außer dem Schiffer oder Schiffsvolke, sonst ein Dritter, der nicht die Stelle des Versicherten vertritt, den Schaden verursacht: so ist der Versicherte schuldig, die Klage wider denselben sogleich anzustellen, und den Prozeß, auf Kosten des Versicherers, so lange gehörig fortzusetzen, als dieser, nach dem Laufe der Posten, dazu die nöthigen Verfügungen selbst treffen kann.[110]

Von Zahlung der Vergütungssumme.

§. 2279. Wegen der Münzsorte, worin die Zahlung von dem Versicherer geleistet werden muß, gelten die Vorschriften des ersten Theils Titel 16. §. 74. sqq.[111]

§. 2280. Die Zahlung muß an denjenigen geschehen, auf dessen Namen die Police lautet, oder dem sie von diesem cedirt worden.[112]

---

109) Vgl. § 2216.

110) § 2215.

111) §§ 240, 244 f., 249 ff. B.G.B.

112) § 330 B.G.B. für Lebensversicherungsverträge; § 59 I. 8 für Feuerversicherungen.

§. 2281. Ist nach §. 2071. die Versicherung an Zeiger dieses, oder für Rechnung dessen, den es angeht, geschlossen: so kann der Versicherer zwar an jeden Inhaber sicher zahlen; jedoch hängt es von ihm ab, von der Vorschrift des §. 2072. Gebrauch zu machen.

§. 2282. Von der zu zahlenden Vergütungssumme kann der Versicherer zwei Prozent in Abzug bringen, wenn er dieser Befugniß nicht ausdrücklich entsagt hat.

§. 2283. Bei einem Totalschaden sowohl, als bei Partialschäden muß die Vergütung binnen zwei Monaten, vom Tage der Bekanntmachung und Andeutung, entrichtet werden; wenn binnen dieser Zeit die erforderlichen Beweise beigebracht werden.

§. 2284. Werden die erforderlichen Beweise später beigebracht, so ist die Zahlung binnen acht Tagen vom Tage der angelegten Dispache zu leisten.

§. 2285. Von der hier zu bestimmenden Zahlungszeit oder, wenn die zu leistende Vergütung erst durch Prozeß festgesetzt wird, vom Tage der eingehändigten Klage, kann der Versicherte auch die im ersten Theil Tit. 11. §. 827. sqq. bestimmten Verzögerungszinsen fordern.[113])

§. 2286. Auf die Zwischenzeit kann er in denjenigen Fällen Sicherheitsbestellung verlangen, da gesetzmäßige Gründe zum Arrestschlage vorhanden sind.

§. 2287. Bei Versicherungen der Freiheit eines Menschen muß der Versicherer die gezeichnete Summe binnen acht Tagen von dem Tage an bezahlen, da ihm die eingegangene glaubhafte Nachricht von der Gefangennehmung des Versicherten angedeutet, oder in Ermangelung vollständiger Beweise, bis zur Beibringung derselben hinreichende Sicherheit bestellt worden.

§. 2288. Der §. 2282. bestimmte Abzug der Zwei vom Hundert findet in einem solchen Falle nicht statt.

§. 2289. Ist der Versicherte ohne Lösegeld frei gekommen, so wird der Versicherer dadurch nicht außer Verbindlichkeit gesetzt, noch kann er die bereits gezahlte Summe zurückfordern.

§. 2290. Dagegen findet die Zurückforderung statt, wenn der Versicherte vor der Auslösung gestorben ist; jedoch muß alsdann der Wittwe und den Kindern des Verstorbenen der vierte Theil der gezeichneten Summe gelassen werden.

---

113) §§ 246, 288, 291 B.G.B.

§. 2291. Ist auf die Freiheit eines Menschen keine bestimmte Summe in der Police gezeichnet, so muß der Versicherer für alle Kosten zu der versuchten Losmachung des Gefangenen haften.

§. 2292. Doch soll, bei ermangelnder Vereinigung, auf den Antrag des Versicherers, ein Dritter von der Obrigkeit bestellt werden, der das Auslösungsgeschäft, auf Rechnung des Versicherers, welcher den Vorschuß dazu hergeben muß, betreibe.

§. 2293. Ist das Leben eines Menschen versichert, so muß die gezeichnete Summe binnen zwei Monaten, nach dem Tage, da die von seinem Absterben eingegangene glaubhafte Nachricht dem Versicherer angedeutet worden, bezahlt werden.

§. 2294. Ist der zur Dauer der Versicherung bestimmte Zeitpunkt verflossen, ohne daß von dem Leben oder Tode der versicherten Person Nachricht eingegangen wäre: so ist der Versicherer zu nichts verbunden, bis das Absterben während der Versicherungszeit erwiesen wird.

§. 2295. War die Versicherung ausdrücklich zum Behufe einer bevorstehenden Gefahr geschlossen, und die versicherte Person ist dieser Gefahr wirklich ausgesetzt gewesen: so muß der Inhaber der Police die gesetzliche Frist, nach deren Verlauf ein Verschollener für todt erklärt werden kann, abwarten.

§. 2296. Die Todeserklärung muß der Inhaber auf seine eignen Kosten suchen, nach deren Erfolg aber kann er die gezeichnete Summe fordern.[114])

§. 2297. In der Zwischenzeit kann er verlangen, daß ihm landübliche Zinsen von der gezeichneten Summe, seit dem Ablaufe der zur Dauer der Versicherung bestimmten Zeit, gezahlt werden.

§. 2298. Wird hiernächst erwiesen, daß der Versicherte während des zur Dauer der Versicherung bestimmten Zeitpunktes verstorben sei, so muß nichts desto weniger die volle gezeichnete Summe bezahlt werden; wird aber dieser Beweis nicht geführt, so werden die genossenen Zinsen von der gezeichneten Summe abgerechnet.

§. 2299. Findet sich hiernächst der Verschollene wieder ein, oder kann sonst erwiesen werden, daß er die Jahre der Versicherung überlebt habe: so muß der Empfänger die gezeichnete Summe, jedoch ohne Zinsen, zurückzahlen.

---

114) Ersetzt durch §§ 962, 971 C.P.O.

Vom Abandonniren:

§. 2300. Von vorstehenden aus dem Assecuranzvertrage fließenden Verbindlichkeiten kann keine von beiden Parteien sich, weder ganz, noch zum Theil, einseitig losmachen.

1) des Versicherers;

§. 2301. Doch kann der Versicherer von den zur Rettung oder Freimachung der versicherten Sache erforderlichen Kosten sich befreien, wenn er sich, nach entstandenem Unglücksfalle, zur Zahlung der ganzen gezeichneten Summe erbietet.

§. 2302. Er muß sich aber darüber binnen der im ersten Theil Tit. 5. §. 95. sqq. vorgeschriebenen Frist, von der Zeit an gerechnet, da ihm der geschehene Unglücksfall mit den Hauptumständen vollständig gemeldet worden, schriftlich erklären.[115]

§. 2303. Zögert er damit, so muß er alle bis zum Zeitpunkte der Erklärung bereits verwendeten Kosten, noch außer dem Versicherungsquanto, bezahlen.

2) des Versicherten.

§. 2304. Der Versicherte kann sich seiner Verbindlichkeit, zur Rettung der versicherten Sache ferner allen Fleiß und Mühe anzuwenden, nur in dem Falle entziehen, wenn bei Seeversicherungen ein Totalschade höchst wahrscheinlich ist; und dies durch gehörig beigebrachte Beweise dargethan worden.[116]

§. 2305. Dies findet besonders statt, wenn ein Schiff über die zur Reise gewöhnliche Zeit ausbleibt, und davon keine Nachricht eingeht; welches der Versicherte auf Erfordern eidlich bestärken muß.

§. 2306. Ferner, wenn das Schiff, ohne daß ein Fehler in der Bauart oder Ausrüstung daran Ursache wäre, während der Reise unbrauchbar wird, und entweder gar nicht, oder nicht ohne sehr erhebliche Kosten, ausgebessert werden kann.

§. 2307. Die Kosten werden für erheblich geachtet, wenn sie mehr betragen, als das Schiff, nach der Reparatur, den Werth des Wracks abgerechnet, werth sein würde.

§. 2308. Auch wenn ein Schiff und Gut aufgebracht, angehalten, oder in Beschlag genommen worden, und dessen Befreiung oder Losmachung ungewiß und weit aussehend ist, kann dasselbe von dem Versicherten abandonnirt werden.

§. 2309. In allen Fällen des §. 2304. kann der Versicherte dem Versicherer andeuten, daß er ihm die versicherte Sache überlasse, und dagegen die Zahlung der gezeichneten Summe von ihm verlange.

§. 2310. Zwei Monate nach dem Tage der ihm zugekommenen

---

115) §§ 145 ff. B.G.B.

116) §§ 2304—2329 enthalten lediglich Seeversicherungsrecht, § 2330 d. T.

Andeutung muß der Versicherer, gegen Aushändigung der nöthigen Dokumente, Zahlung leisten.

§. 2311. Will der Versicherte Schiff und Gut abandonniren, weil selbiges über die gewöhnliche Zeit ausgeblieben ist, so kann, wenn das Schiff von und nach einem Hafen in der Ost- oder Nordsee bestimmt war, die Andeutung geschehen, sobald drei Monate über die gewöhnliche Zeit verlaufen sind.

§. 2312. War aber das Schiff von oder nach einem anderen europäischen Hafen bestimmt, so muß ein Zeitraum von sechs Monaten abgewartet werden.

§. 2313. Zwei Monate nach dieser Andeutung muß der Versicherer die gezeichnete Summe zahlen; kann jedoch davon acht vom Hundert in Abzug bringen.

§. 2314. Will der Versicherer sich zu dieser Zahlung nicht bequemen, so muß der Versicherte Ein Jahr und zwei Monate, von Zeit der Absegelung des Schiffes an, in Geduld stehen.

§. 2315. Nach Verlauf dieser Zeit aber muß der Versicherer die volle gezeichnete Summe, auch ohne Abzug der sonst gewöhnlichen zwei vom Hundert, bezahlen.

§. 2316. Soll ein außer Europa bestimmtes Schiff, weil es über die gewöhnliche Zeit ausgeblieben ist, abandonnirt werden; so muß der Versicherte bei Schiffen, welche die Linie nicht passiren, Ein Jahr und sechs Monate, von Zeit der Absegelung, abwarten.

§. 2317. Hat das Schiff die Linie passiren sollen, so muß ein Zeitraum von drei Jahren abgewartet werden.

§. 2318. Ist nach Ablauf dieser Fristen noch keine Nachricht eingegangen, so muß der Versicherer binnen acht Tagen, ohne Abzug der zwei Prozent, Zahlung leisten.

§. 2319. Ein angehaltenes, weggenommenes, oder aufgebrachtes Schiff oder Gut, dessen Befreiung ungewiß, oder weitaussehend ist, kann nach sechs Monaten von der Zeit an, da die erfolgte Beschlagnehmung dem Versicherer bekannt gemacht worden, abandonnirt werden.

§. 2320. Ist die Aufbringung außerhalb Europa geschehen, so muß der Versicherte den Verlauf eines Jahres abwarten.

§. 2321. Kann jedoch der Versicherte beibringen, daß ein solches Schiff mittelst rechtlichen Erkenntnisses für verwirkt, oder für eine gute Prise erklärt worden: so steht ihm frei, es sofort zu abandonniren, und von dem Versicherer nach §. 2310. Zahlung zu fordern.

§. 2322. Die Andeutung des Abandonnements muß gerichtlich, oder durch einen Notarium, oder vereideten Mäkler geschehen.

§. 2323. Es muß unbedingt geschehen, und kann nicht wieder zurückgenommen werden.

§. 2324. Auch muß die ganze versicherte Sache abandonnirt werden, wenn sie gleich nicht zum vollen Werthe versichert gewesen sein sollte.

§. 2325. Bei einer Cascoversicherung müssen die Rheder auch die Fracht mit abandonniren; außer wenn das Schiff ohne die Einrechnung der Ausrüstungskosten versichert worden. (§. 1986.)

§. 2326. Ist während der Reise ein Theil der versicherten Waaren ausgeladen worden, so kann der Versicherte die gezeichnete Summe nur nach Verhältniß des Werthes der nicht ausgeladenen Waaren fordern.

§. 2327. Nach geschehenem Abandonnement hängt es lediglich von dem Versicherer ab, was für Mühe oder Kosten er zur Rettung oder Freimachung der Sache anwenden wolle.

§. 2328. Der Versicherte ist jedoch verbunden, ihm dazu behülflich zu sein, so weit dies ohne seine Kosten, und ohne besondere Mühe oder Beschwerde geschehen kann.

§. 2329. Alles, was noch gerettet wird, kommt dem Versicherer zu gute, wenn auch die abandonnirte Sache nicht zum vollen Werthe versichert gewesen sein sollte.

§. 2330. Bei allen übrigen Arten von Versicherungen findet gar kein Abandonnement statt.

§. 2331. Hat aber, bei Feuerassecuranzen, der Versicherer die gezeichnete Summe bezahlt, so gehört ihm Alles, was von den versicherten Sachen gerettet oder aufgefunden wird.

§. 2332. Der Versicherte ist schuldig, dem Versicherer dazu die ihm bekannt gewordenen Nachrichten mitzutheilen, und sich auf Erfordern darüber eidlich zu reinigen.

Vom Ristorno.

§. 2333. Wenn der Assecuranzcontract ohne Schuld des Versicherten rückgängig wird; und also der Versicherer gar keine Gefahr gelaufen ist: so muß Letzterer die bereits erhaltene Prämie zurückzahlen.

§. 2334. Er kann sich jedoch ein halb Prozent von dem versicherten Capital abziehen und einbehalten.

§. 2335. Beträgt die Prämie selbst nicht über zwei Prozent, so kann nur ein Viertel der Prämie abgezogen werden.

§. 2336. Das Ristorno findet alsdann statt, wenn mehrere Versicherungen über den vollen Werth der Sache ohne Schuld des Versicherten geschlossen worden, und also die eine wieder aufgehoben werden muß. (§. 2007. 2008.)[117]

§. 2337. Ferner, wenn der Versicherte die Unternehmung, auf welche die Versicherung geschlossen worden, aus erheblichen Gründen gänzlich einstellt.

§. 2338. Auch alsdann, wenn sonst wegen vorgekommener Zufälle und Hindernisse, die Unternehmung gänzlich unterbleibt.

§. 2339. Muß aber ein bereits ausgelaufenes Schiff, wegen widrigen Windes, oder aus anderen Ursachen, wieder zurückkehren,

[117]) Vgl. § 2 d. Ges. v. 8. Mai 1837 (G.S. S. 102).

und die Reise gänzlich einstellen, so kann der Versicherer, außer dem halben Prozent, noch einen verhältnißmäßigen Abzug machen.

§. 2340. Dieser Abzug muß nach Verhältniß der bereits ausgestandenen Gefahr, allenfalls durch schiedsrichterlichen Ausspruch, bestimmt werden.

§. 2341. Die Reise wird für ganz eingestellt geachtet, wenn die Ladung ganz geloset werden muß, um das Schiff auszubessern.[118])

§. 2342. Wird aber von dem Versicherer irgend ein Schade aus dem Contracte vergütet, so findet das Ristorno nicht statt, und die Versicherung ist beendigt.

§. 2343. Ist ein Schiff oder Gut auf mehrere Orte zugleich versichert; und auf jeden Ort eine besondere Prämie bestimmt; so findet das Ristorno in Ansehung derjenigen Prämien statt, welche für Orte bestimmt waren, wohin das Schiff oder Gut nicht wirklich gegangen ist.

§. 2344. In Ansehung eines Theils der Prämie findet das Ristorno, in den §. 2141. 2146. 2153. 2159. bestimmten Fällen, Anwendung.

§. 2345. Bei Versicherungen auf imaginären Gewinn ist das Ristorno nur alsdann zulässig, wenn die Unternehmung, worauf selbige geschlossen worden, ohne Schuld des Versicherten nicht stattfindet.

Verjährung.

§. 2346. Kann der Versicherte zu seiner Befriedigung nicht gelangen, so muß er deshalb richterliche Hülfe nachsuchen.

§. 2347. Die Klage muß binnen sechs Monaten angestellt werden, wenn der Schade in der Nord- oder Ostsee, oder in einem Hafen an diesen Küsten geschehen ist.

§. 2348. Hat sich aber der Schade im mittelländischen Meere und dessen Häfen, in der Levante, dem Archipelagus oder an den Küsten der Barberei zugetragen, so muß die Anstellung der Klage binnen Jahresfrist erfolgen.

§. 2349. Bei einem in anderen entfernteren Welttheilen vorgefallenen Schaden, findet ein zweijähriger Zeitraum statt.

§. 2350. Diese Fristen laufen bei einem Totalschaden, von dem Augenblick an, da der Versicherte über die Hauptumstände vollständige Nachricht erhalten hat.

§. 2351. Ist ein gehöriges Abandonnement erfolgt, so läuft die Verjährung von dem Tage der Andeutung desselben, ohne Rücksicht an die nachher etwa eingegangene Nachricht.

---

118) Ersetzt durch § 68 Ziff. 1 des Binnenschiffahrtsges.

§. 2352. In allen übrigen Fällen hingegen fängt die Verjährung von der Zeit an, da der Schade so weit liquide geworden ist, daß die Klage angestellt werden können.

§. 2353. Sind diese Fristen verflossen, und der Versicherte kann keine solche Umstände nachweisen, welche nach Vorschrift des ersten Theils Tit. 9. §. 512—534. den Anfang der Verjährung hindern, oder die Wiedereinsetzung in den vorigen Stand begründen: so ist sein Anspruch ganz erloschen.

§. 2354. Die Verjährung kann nur durch Anstellung einer gerichtlichen Klage, oder dadurch unterbrochen werden, daß der Versicherer sich schriftlich zur Vergütung erboten hat.

§. 2355. Sind über die Vergütung Unterhandlungen gepflogen worden, so wird die darauf verwendete Zeit, bis zu dem Zeitpunkte, da selbige wegen der Weigerung des Versicherers abgebrochen worden, in die Verjährungszeit nicht mit eingerechnet.

§. 2356. Ist die Verjährung einmal unterbrochen, so dauert der Anspruch dreißig Jahre.[119])

§. 2357. **Wegen rückständig gebliebener Prämie erlischt die Klage nur innerhalb der gewöhnlichen Verjährungsfristen.**

§. 2358. **Mit Einforderung des Ristorno hat es gleiche Bewandtniß.**

Vierzehnter Abschnitt.

Von der Bodmerei.

§§. 2359—2451 fallen fort.[120])

Funfzehnter Abschnitt.

Von Fuhrleuten.

§§. 2452—2464 fallen fort.[120])

Neunter Titel.

Von den Pflichten und Rechten des Adelstandes.

Bestimmung des Adelstandes.

§. 1. Dem Adel, als dem ersten Stande im Staat, liegt, nach seiner Bestimmung, die Vertheidigung des Staats, so wie die Unterstützung der äußeren Würde und inneren Verfassung desselben, hauptsächlich ob.[1])[2])

---

[119]) §§ 2347 bis 2356 betreffen lediglich Seeversicherung. Insbesondere haben §§ 2354 bis 2356 nur Sinn in Zusammenhang mit den kurzen Fristen der vorhergehenden Paragraphen.

[120]) Aufgehoben durch Art. 60 Nr. 1 E.G. z. H.G.B. v. 24. Juni 1861 (G.S. S. 449).

[1]) Beseitigt durch Art. 4 Pr. Verf.

[2]) Der 9. Titel gilt nur für den niederen Adel. — Wegen des

Erlangung des Adels:

§. 2. **Zum Adelstande werden nur diejenigen gerechnet, denen der Geschlechtsadel durch Geburt oder landesherrliche Verleihung zukommt.**

1. durch Geburt und Heirath;

§. 3. **Durch die Geburt kommt er Allen zu, die von einem adlichen Vater aus einer Ehe zur rechten Hand erzeugt, oder darin geboren sind.**

---

hohen Adels: V., betr. die Verhältnisse der vormals unmittelbaren deutschen Reichsstände in den Preuß. Staaten v. 21. Juni 1815 (G.S. S. 105) und Instruktion dazu v. 30. Mai 1820 (G.S. S. 81); Ges., betr. die Deklaration der Verf.Urk. v. 31. Januar 1850 in Bezug auf die Rechte der mittelbar gewordenen Deutschen Reichsfürsten und Grafen, v. 10. Juni 1854 (G.S. S. 363) und dazu Ausf.V. v. 12. November 1855 (G.S. S. 688); Ges., betr. die Ordnung der Rechtsverhältnisse der mittelbar gewordenen Deutschen Reichsfürsten und Grafen, v. 15. März 1869 (G.S. S. 490); Ges., betr. den standesherrlichen Rechtszustand des Herzogs von Arenberg, v. 27. Juni 1875 (G.S. S. 327); zwei Ges., betr. die Regulirung des standesherrlichen Rechtszustandes des Fürstlichen Hauses zu Sayn=Wittgenstein=Berleburg und des Fürstlichen Hauses zu Bentheim=Tecklenburg, v. 25. Oktober 1878 (G.S. S. 305 u. 311). — Vertrag wegen Abtretung der Fürstenthümer Hohenzollern v. 7. Dezember 1849 (G.S. 1850 S. 289) A.E., betr. die Rechtsverhältnisse der Fürstlich Hohenzollernschen Häuser v. 14. August 1852 (G.S. S. 771) u. dazu A.E. v. 2. August 1875 (G.S. S. 580). — Hannoversches Königshaus: § 8 V. v. 28. April 1867 (G.S. S. 533). — Kurhessisches Fürstenhaus: § 8 V. v. 28. April 1867 (G.S. S. 538). — Herzogl. Nassauisches Fürstenhaus: § 9 V. v. 11. Mai 1867 (G.S. S. 593). — §§ 3, 4 Einkommensteuer=Ges. v. 24. Juni 1891 (G.S. S. 175). Ges., betr. die Aufhebung der Befreiung von ordentlichen Personalsteuern gegen Entschädigung v. 18. Juli 1892 (G.S. S. 210). — § 3 Ergänzungssteuer=Ges. v. 14. Juli 1893 (G.S. S. 134). — §§ 24, 40, 68 Kommunalabgaben=Ges. v. 14. Juli 1893 (G.S. S. 152). — § 1 R.Ges., betr. die Verpflichtung zum Kriegsdienste v. 9. November 1867 (B.G.Bl. S. 131). § 4 R.Ges., betr. die Quartierleistung für die bewaffnete Macht während des Friedenszustandes, v. 25. Juni 1868 (B.G.Bl. S. 523). § 3 R.Ges., betr. die Naturalleistungen für die bewaffnete Macht im Frieden, v. 13. Februar 1875 in der Fassung v. 24. Mai 1898 (R.G.Bl. S. 361). — §§ 5, 7 E.G. z. G.V.G. — § 5 E.G. z. C.P.O. — § 7 E.G. z. R.K.O. — § 4 E.G. z. Str.P.O. — § 27 A.G. z. G.V.G. v. 24. April 1878 (G.S. S. 230). Art. 137 Pr. F.G.G. — §§ 219, 375, 479, 482 C.P.O., § 2 A.G. z. C.P.O. v. 24. März 1879 (G.S. 1899 S. 388). — § 71 Str.P.O. — §§ 1, 2 V. wegen Bildung der Ersten Kammer v. 12. Oktober 1854 (G.S. S. 541). — Art. 57, 58, E.G. z. B.G.B. — § 189 R.F.G.G.

§. 4. Der Adel wird also durch den Vater fortgepflanzt, auch wenn die Mutter nicht von Adel ist.

§. 5. Auch das von einem adlichen Vater außer der Ehe erzeugte Kind wird durch gesetzmäßige Vollziehung einer Ehe zur rechten Hand mit der Mutter, ingleichen durch eine derselben gleich zu achtende gerichtliche Erklärung des Vaters, des Adelstandes theilhaft. (Tit. 2. §. 596. 597.)[3])

§. 6. Eben das geschieht, wenn die Mutter durch Urtel und Recht für die Ehefrau des adlichen Vaters erklärt wird. (Ebend. §. 592.)[4])

§. 7. In wie fern durch landesherrliche Legitimation, oder durch Annahme an Kindesstatt, der Adel erlangt werde, ist gehörigen Orts bestimmt. (Ebend. §. 603. 604. 605. §. 682—685.)[5])

§. 8. Wenn eine Person weiblichen Geschlechts aus einem niederen Stande sich mit einer Mannsperson von Adel zur rechten Hand verehelicht: so erlangt sie dadurch die äußern Rechte des Adels; in so fern nicht etwa die Ehe selbst nach den Gesetzen für eine Mißheirath zu achten ist. (Tit. 1. §. 30—33. §. 940. 952.)[6])

2. durch landesherrliche Verleihung.

§. 9. Nur das Oberhaupt des Staats kann einem Unterthan, welcher den Adel durch die Geburt nicht hat, denselben verleihen.

§. 10. Auch nur ihm allein kommt es zu, Jemanden von einer niederen Stufe des Adels in eine höhere zu erheben.

§. 11. Die vom Landesherrn verliehene Standeserhöhung kommt auch den alsdann schon vorhandenen Kindern, sie mögen noch unter väterlicher Gewalt sein, oder nicht, zu statten; sobald dieselben nicht ausdrücklich ausgenommen sind.

§. 12. Standeserhöhungen der Frauen und Wittwen haben auf ihre Kinder keinen Einfluß.

§. 13. Kein Unterthan des Staats soll, ohne Erlaubniß seines Landesherrn, Standeserhöhungen bei fremden Staaten suchen;

[3]) § 596 ist durch Art. 89 A.G. z. B.G.B., § 597 durch § 22 Ges., betr. die Abänderungen des Abschn. 11 Tit. 1 Th. II. und des Abschn. 9 Tit. 2 Th. II des A.L.R. v. 24. April 1854 (G.S. S. 193) aufgehoben. — Jetzt: §§ 1719 ff. B.G.B.

[4]) Gegenstandslos, da § 592 II. 2 durch § 22 Ges. v. 24. April 1854 (vgl. Anm. 3) aufgehoben ist.

[5]) §§ 604, 605 und 682 II. 2 sind durch Art. 89 A.G. z. B.G.B. aufgehoben.

[6]) Die angezogenen Bestimmungen sind aufgehoben durch Ges., betr. die Aufhebung der §§ 30—33 Titel 1 Th. II. A.L.R. v. 22 Februar 1869 (G.S. S. 365).

oder deren, welche ihm etwa aus eigener Bewegung von selbigen verliehen werden, in hiesigen Landen sich bedienen.

Anh. §. 118. Kein Unterthan des Staats soll ohne Erlaubniß des Landesherrn Standeserhöhungen bei fremden Staaten suchen, oder von ihnen annehmen; darf daher auch, wenn ihm solche etwa aus eigener Bewegung von selbigen verliehen werden, dieser Standeserhöhungen sich nicht bedienen.

§. 14. Niemand, welcher den Adelstand nicht durch Geburt, oder landesherrliche Begnadigung, erlangt hat, darf adliche Prädicate und Vorrechte sich anmaßen.

§. 15. Eben so wenig darf Jemand aus dem niederen Adel Rechte oder Prädicate der höheren Stufen sich eigenmächtig beilegen.

§. 16. Niemand darf sich eines adlichen Familienwappens bedienen, welcher nicht zu der Familie gehört, der dieses Wappen entweder ausdrücklich beigelegt ist, oder die dasselbe von alten Zeiten her geführt hat.

Ausweis des Adels.

§. 17. Die Aufnahme in adliche Ritterorden und Stifter zu adlichen Stellen; zu Turniren; zur Ritterbank auf den Landtagen und in den Collegien, so wie zu adlichen Hofämtern, beweiset den einer Familie zukommenden Geschlechtsadel.

§. 18. Wer entweder selbst, oder wessen Vorfahren im Jahre 1740 im wirklichen Besitze des Adels sich befunden, und desselben nach der Zeit nicht verlustig gemacht haben, der soll in seinen adlichen Rechten durch den Fiskus nicht beunruhigt werden. (Th. 1. Tit. 9. §. 641. sqq.)

§. 19. Wer entweder selbst, oder wessen Vorfahren vier und vierzig Jahre hindurch sich adlicher Prädicate und Vorrechte ruhig bedient, und also ein ausdrückliches oder stillschweigendes Anerkenntniß des Staats für sich haben, für den streitet die rechtliche Vermuthung, daß ihm der Geschlechtsadel wirklich zukomme.

§. 20. Dagegen ist die nur ein- und anderesmal geschehene Beilegung adlicher Prädicate, in gerichtlichen oder anderen öffentlichen Ausfertigungen, zum Beweise des Geschlechtsadels für sich allein noch nicht hinreichend.

Von altem und neuem Adel.

§. 21. In Ansehung der wesentlichen Rechte und Eigenschaften des Adelstandes ist zwischen älterem und neuerem Adel kein Unterschied.

§. 22. Wo aber Statuten, Privilegien, oder das ununterbrochene Herkommen eines Ordens, Capitels, oder einer anderen Corporation, einen stifts- oder turnirmäßigen Adel erfordern, hat es dabei auch ferner sein Bewenden.

§. 23. Die im Ahnenbriefe Jemandem ertheilten Ahnen werden in einem solchen Falle der Regel nach nicht mitgezählt.

§. 24. Auch muß, bei Nachweisung der Ahnen, in der Regel, die adliche Geburt der Vorfahren von beiderlei Geschlecht dargethan werden.

§. 25. Der zuerst geadelte Vorfahr, so wie seine etwa mit ihm zugleich in den Adelstand erhobenen Descendenten werden, bei der Nachweisung der Ahnen, in der Regel nicht gerechnet.

§. 26. Wie viel Ahnen nachgewiesen, und wie die Nachweisungen geführt werden müssen, bleibt hauptsächlich der nähern Bestimmung der Statuten, der Privilegien, und des Herkommens bei einem jeden Orden, Stifte oder Corporation überlassen.

§. 27. Wo jedoch hierdurch über die Art der Führung des Nachweises nichts Gewisses festgesetzt ist, da muß die Ahnentafel hauptsächlich mit beglaubigten Auszügen aus Kirchenbüchern, Tauf- oder Trauungsregistern, belegt werden.

§. 28. Wo diese, besonders für ältere Zeiten, nicht herbeigeschafft werden können, da sind für die in der Ahnentafel vorkommenden Heirathen und Abstammungen, auch Eheberedungen, Erbrecesse, Lehnbriefe, und andere unverdächtige Familienurkunden, als Beweismittel zuläßig.

§. 29. Was solchergestalt nicht vollständig nachgewiesen werden kann, mag durch das eidliche Zeugniß, wenigstens zweier Personen von bekanntem ritterbürtigen und stiftsmäßigen Adel, denen von der Familie, in welcher der Beweis geführt werden soll, nähere Kenntniß beiwohnt, ergänzt werden.

§. 30. In wie fern noch außerdem die eidliche Versicherung des Beweisführers: daß, nach den ihm bekannten Familiennachrichten, die vorgelegte Ahnentafel ihre Richtigkeit habe, erforderlich oder zuläßig sei, ist nach den allgemeinen Grundsätzen vom Beweise zu beurtheilen.

§. 31. So weit die Ahnentafel aus einer anderen entnommen ist, die eben derselbe Orden, dasselbe Capitel, oder dieselbe Corporation schon einmal richtig befunden hat, bedarf es darüber keiner besonderen Beweisführung.

Vom Personenadel.

§. 32. Die einem Collegio oder einer Corporation von dem Landesherrn beigelegten, oder mit einem Amte verbundenen adlichen Rechte können über die wörtliche Bestimmung des Gnadenbriefes nicht ausgedehnt werden.

§. 33. Dergleichen Rechte werden durch die Geburt nicht fortgepflanzt.

Vorrechte des Adels.

§. 34. Personen des Adelstandes sind der Regel nach nur dem höchsten Gericht in der Provinz unterworfen.[7])

§§. 35—37 fallen fort.[8])

§. 38. Welches adliche Güter sind, ist durch die besondern Verfassungen einer jeden Provinz bestimmt.[9])

§§. 39. 40 fallen fort.[8])

§. 41. Adliche Gutsbesitzer sind zur Ausübung der dem Gute verliehenen Jagdgerechtigkeiten in ihrem eigenen Namen berechtigt.[10])

§. 42. Sie können die dem Gute anklebende Gerichtsbarkeit in ihrem Namen ausüben lassen.[11])

§. 43. Ihnen[12]) kommen die mit dem Kirchenpatronat verbundenen Ehrenrechte zu.

§. 44. Sie müssen also mit ihrer Familie in das Kirchengebet ausdrücklich eingeschlossen, und die Kirchentrauer, wo dieselbe üblich ist, muß für sie angelegt werden.

---

[7]) Beseitigt durch § 9 V. über die Aufhebung der Privatgerichtsbarkeit und des eximirten Gerichtsstandes v. 2. Januar 1849 (G.S. S. 1). Nach § 15 ebendas. ist § 34 noch von Bedeutung, soweit Provinzial- und statutarische Rechte besondere Bestimmungen für Eximirte haben.

[8]) §§ 35, 36 (Vorzügliche Berechtigung des Adels zu den Ehrenstellen im Staat) sind durch Art. 4 Pr. Verf., §§ 37, 39, 40 (Berechtigung zum Besitz adlicher Güter) durch § 1 Ed., betr. den erleichterten Besitz und den freien Gebrauch des Grundeigenthums v. 9. Oktober 1807 (G.S. 1806—1810 S. 170) beseitigt.

[9]) Ostpreuß. Prov.R. Zus. 162. Westpreuß. Prov.R. § 21.

[10]) Beseitigt durch § 1 Ges., betr. Aufhebung des Jagdrechts auf fremdem Grund und Boden v. 31. Oktober 1848 (G.S. S. 343).

[11]) Beseitigt durch § 1 V. über die Aufhebung der Privatgerichtsbarkeit v. 2. Januar 1849 (G.S. S. 1).

[12]) Statt „adliche Gutsbesitzer" ist zu ergänzen: den Besitzern adlicher Güter (Anm. 8). — Vgl. auch Ges. über die persönliche Fähigkeit und Ausübung der Rechte der Standschaft, der Gerichtsbarkeit und des Patronats v. 8. Mai 1837 (G.S. S. 99).

§. 45. Sie mögen nach dem Gute sich nennen, und in Urkunden, oder bei öffentlichen Gelegenheiten, sich des Besitzes davon als eines besondern Titels bedienen.

§. 46—79. fallen fort.[13])

Besondere Rechte und Pflichten des Adels.

§. 80. Besondere Rechte und Pflichten des Adels, theils als ganzer Stand betrachtet, theils der einzelnen Mitglieder desselben, in Rücksicht auf ihre Person und Vermögen, sind nach Verschiedenheit der Provinzen durch besondere Gesetze und Verfassungen bestimmt.

Verlust des Adels.

§. 81 fällt fort.[13])

§. 82. Noch mehr findet dieses statt,[14]) wenn Jemand von adlicher Geburt eine unehrbare, oder auch nur eine solche Lebensart wählt, wodurch er sich zu dem gemeinen Volke herabsetzt.

§. 83. Wer sich von Jemandem niedern Standes an Kindesstatt annehmen läßt, und dabei seinen adlichen Namen verändert, kann ohne besondere Dispensation des Landesherrn den Adel nicht beibehalten.

§. 84. Personen weiblichen Geschlechts verlieren die persönlichen Vorrechte des Adels, wenn sie durch Verheirathung mit einem Unadlichen ihren Geschlechtsnamen ändern.

§. 85. Auch nach getrennter Ehe treten sie, der Regel nach, in den Adelstand nicht wieder zurück.

§. 86. Ist jedoch die Frau bei der Trennung der Ehe durch richterliches Erkenntniß nicht für den schuldigen Theil erklärt worden, so steht ihr frei, in ihren angeborenen Adelstand wieder einzutreten. (Tit. 1. §. 738—742.)[15])

§. 87. Wenn eine Person adlicher Geburt, nachdem ihre Ehe mit einem Bürgerlichen durch den Tod, oder durch richterliches Erkenntniß getrennt worden, wiederum einen Adlichen zur rechten Hand heirathet: so kann ihren Abkömmlingen aus dieser Ehe,

[13]) §§ 46—50 (Versammlungen des Adels auf Kreis- und Landtagen) sind durch die Kreisordnungen und die Verfassung, §§ 51—79, 81 (Besitz adliger Güter durch Bürgerliche, Besitz bürgerlicher und bäuerlicher Güter durch Adlige, Gewerbebetrieb Adliger) durch §§ 1, 2 Ed., betr. den erleichterten Besitz und den freien Gebrauch des Grundeigenthums v. 9. Oktober 1807 (G.S. 1806—1810 S. 170) beseitigt.

[14]) d. h. die adligen Rechte gehen verloren. — § 82 ist obsolet.

[15]) §§ 741, 742 II. 1 sind ersetzt durch § 1577 B.G.B.

wegen der vormaligen Heirath derselben mit einem Bürgerlichen, auch in Ansehung der Rechte des alten Adels, in der Regel keine Ausstellung gemacht werden. (§. 90.)

§. 88. Wird die Ehe einer Person von adlicher Geburt mit einem Bürgerlichen für nichtig erklärt, so kann sie ihren adlichen Stand und Familiennamen[16]) wieder annehmen.

§. 89. Ist sie aber für den schuldigen Theil erklärt, so kann sie daraus, durch Zurücktretung in den Adelstand, keinen Vortheil ziehen.

§. 90. Ist die Person adlicher Herkunft, welche einen Bürgerlichen geheirathet hatte, bei der Trennung und Nichtigkeitserklärung dieser Ehe ausdrücklich für den schuldigen Theil erkannt worden: so kann dieselbe, wenn sie hiernächst wieder einen Adlichen heirathet, zum Besten der Abkömmlinge aus dieser späteren Ehe, unter den weiblichen Ahnen nicht mitgerechnet werden.

§§. 91—93 fallen fort.[17])

§. 94. Durch den bloßen Nichtgebrauch adlicher Rechte und Titel geht der Adel selbst nicht verloren.

§. 95. Wenn eine adliche Familie sich in zwei Geschlechtsfolgen ihres Adels nicht bedient hat; so muß derjenige, welcher davon wieder Gebrauch machen will, sich bei dem Landes-Justizcollegio der Provinz melden, und seine Befugniß dazu nachweisen.

Anh. §. 120. Den Landescollegiis steht nicht die Befugniß zu, die in dem angezeigten Falle wegen des Adels geführte Nachweisung für hinreichend zu erklären, und auf deren Grund die nachsuchende Familie zu autorisiren, daß sie sich des Adels wiederum bedienen könne; vielmehr bleibt dies der näheren Beurtheilung des Lehnsdepartements[18]) vorbehalten.

Erneuerung des Adels.

§. 96. Wer entweder selbst, oder wessen Vorfahren den Adel verloren haben, der kann die Erneuerung desselben bei dem Landesherrn nachsuchen.

---

[16]) Ueber die Führung des Namens entscheidet das B.G.B., das eine ausdrückliche Vorschrift nicht hat; die Annahme des Geburtsnamens folgt aus dem Begriff der Nichtigkeit der Ehe. — Bei Scheidung: § 1577 B.G.B.

[17]) Betrafen den Verlust des Adels durch Urtheil als Strafe und sind durch § 6 E.G. z. Str.G.B. beseitigt.

[18]) Nach A.E. v. 16. August 1854 (G.S. S. 516) jetzt das Ministerium des Königlichen Hauses (Heroldsamt).

§. 97. **Durch die Erneuerung des Adelstandes werden die besonderen Vorrechte des alten Adels, ohne ausdrückliche Erklärung des Landesherrn, nicht wieder hergestellt.** (§. 22.)

§. 98. Ein durch Verbrechen verwirkter Adel kann in der Person des Verbrechers nicht erneuert werden.[19])

§. 99. Nicht durch bloße Begnadigung des Verbrechers, wohl aber durch gänzliche Aufhebung und Niederschlagung der Untersuchung (Abolition) wird der Adel erhalten.

§. 100. Der Landesherr kann zwar, zum Besten der von dem Verbrecher nach der Verwirkung des Adels erzeugten Kinder, den alten Adel derselben wieder herstellen; es wird aber alsdann in Fällen, wobei es auf Zählung der Ahnen ankommt, der Verbrecher nicht mitgerechnet.

Zehnter Titel.

Von den Rechten und Pflichten der Diener des Staats.[1])

Allgemeine Grundsätze.

§. 1. **Militair- und Civilbediente sind vorzüglich bestimmt, die Sicherheit, die gute Ordnung, und den Wohlstand des Staats unterhalten und befördern zu helfen.**

§. 2. **Sie sind, außer den allgemeinen Unterthanenpflichten, dem Oberhaupte des Staats besondere Treue und Gehorsam schuldig.**

§. 3. **Ein jeder ist nach der Beschaffenheit seines Amtes, und nach dem Inhalte seiner Instruction, dem Staat noch zu besonderen Diensten durch Eid und Pflicht zugethan.**

I. Militairbediente.

§. 4. **Die besonderen Pflichten des Soldatenstandes sind hauptsächlich durch die Kriegsartikel, und andere dahin einschlagende Verordnungen festgesetzt.**[2])

---

[19]) §§ 98—100 sind mit dem Fortfall der §§ 91—93 gegenstandslos.

[1]) Der Titel gilt auch in Hohenzollern. A.E., betr. die Regelung der Staatsdiener-Verhältnisse in den Hohenzollernschen Landen, v. 6. Februar 1854 (G.S. S. 80).

[2]) Kriegsartikel für das deutsche Heer v. 31. Oktober 1872 (A.V.Bl. S. 323 ff.) Militär-Str.G.B. v. 20. Juni 1872 (R.G.Bl. S. 173). — R.Militär-Ges. v. 2. Mai 1874 (R.G.Bl. S. 45) und dazu Ges. v. 6. Mai 1880 (R.G.Bl. S. 103), v. 27. Januar 1890 (R.G.Bl. S. 7), v. 25. März 1899 (R.G.Bl. S. 215). — Militärstrafgerichts-Ordn. v. 1. Dezember 1898 (R.G.Bl. S. 1189).

Betreffend die Militär-Pensionen, Wittwen- und Waisengelder: Ges. v. 27. Juni 1871 (R.G.Bl. S. 275), v. 4. April 1874 (R.G.Bl. S. 25),

Gesetze, nach welchen sie zu beurtheilen sind.

§. 5. Ober- und Unteroffiziere von adlicher Herkunft sind, in ihren persönlichen Privatangelegenheiten, eben den Gesetzen unterworfen, wie der Adel der Provinz, in welcher sie ihr Standquartier haben.

§. 6. Oberoffiziere von bürgerlicher Herkunft werden in dergleichen Angelegenheiten nach den Rechten der Eximirten in der Stadt, wo sie ihr Standquartier haben, beurtheilt.[3]

§. 7. Unteroffiziere aus dem Bauern- oder Bürgerstande, ingleichen gemeine Soldaten, stehen unter den Rechten des Ortes, wo das Regiment oder Corps, zu welchem sie gehören, sein gewöhnliches Standquartier hat.[4]

§. 8. In Fällen, wo es auf die äußere Form oder Feierlichkeit einer Handlung ankommt haben dergleichen Unteroffiziere und Soldaten, auch wenn sie eine solche Handlung an dem Orte ihres Standquartiers vornehmen, die Wahl: ob sie den Statuten, oder den Vorschriften des gemeinen Rechts folgen wollen.[5]

§. 9. Beurlaubte werden, auch in ihren persönlichen Angelegenheiten, welche den Kriegsdienst nicht betreffen, nach den Rechten desjenigen Ortes, wo sie während der Urlaubszeit sich gewöhnlich aufhalten, beurtheilt.

Anh. §. 121 fällt fort.[6])

---

v. 21. April 1886 (R.G.Bl. S. 78), v. 24. März 1887 (R.G.Bl. S. 149), v. 17. Juni 1887 (R.G.Bl. S. 237), v. 22. Mai 1893 (R.G.Bl. S. 171), v. 14. Januar 1894 (R.G.Bl. S. 107), v. 13. Juni 1895 (R.G.Bl. S. 261), v. 17. Mai 1897 (R.G.Bl. S. 455). — Art. 48, 49, 51 E.G. z. B.G.B.

R.Ges. über den Landsturm v. 12. Februar 1875 (R.G.Bl. S. 63). — R.Ges., betr. die Ausübung der militärischen Kontrole über die Personen des Beurlaubtenstandes, die Uebungen derselben und die gegen sie zulässigen Disziplinarstrafmittel, v. 15. Februar 1875 (R.G.Bl. S. 65). — R.Ges., betr. die Verpflichtung zum Kriegsdienste, v. 9. November 1867 (B.G.Bl. S. 131).

[3]) §§ 5, 6 sind beseitigt durch § 9 V. über die Aufhebung der Privatgerichtsbarkeit und des eximirten Gerichtsstandes v. 2. Januar 1849 (G.S. S. 1). Nach § 15 ebendas. sind die noch von Bedeutung, soweit Provinzial- und statutarische Rechte besondere Bestimmungen für Eximirte haben.

[4]) Die §§ 7—15 sind als Ausnahmen zu den §§ 23 ff. der Einl. z. L.R. mit deren Aufhebung durch Art. 89 A.G. z. B.G.B. beseitigt und z. Th. durch Art. 7 ff. E.G. z. B.G.B. ersetzt. Durch einen Vorbehalt sind sie nicht gedeckt.

[5]) Art. 11 E.G. z. B.G.B.

[6]) Beseitigt durch §§ 4, 6 Theil II Pr. Milit.Str.G.B. v. 3. April 1845 (G.S. S. 287). — Betraf Vergehen beurlaubter Soldaten im Gesindedienst.

§. 10. Doch wird dadurch ihr persönlicher Gerichtsstand selbst in der Regel nicht verändert.[7])

§. 11. Bei Militairpersonen überhaupt, die noch unter väterlicher Gewalt stehen, gelten, ihres privilegirten Gerichtsstandes ungeachtet, in Ansehung ihrer persönlichen Privatangelegenheiten, eben die Gesetze, welchen ihr Vater unterworfen ist.

§. 12. Alle Militairpersonen werden nach den ihnen hier beigelegten Rechten beurtheilt, wenn sie auch auf dem Marsche, im Lager, in Cantonnirungs- oder Winterquartieren, in Garnison während des Krieges, oder auf Werbung sich befinden.

§. 13. Alle Militairpersonen ohne Unterschied sind in Ansehung ihrer Grundstücke, und ihrer darauf sich beziehenden Handlungen und Pflichten, den Rechten und dem Gerichtsstande, unter welchem die Grundstücke liegen, unterworfen.

§. 14. Offiziere, welche zur Landmiliz, oder anderen nicht beständig stehenden Corps gehören, haben die Rechte der Eximirten in der Provinz;[8]) Unteroffiziere und Gemeine hingegen sind den Beurlaubten gleich zu achten.

§. 15. Invaliden, die dem Regiment noch obligat, oder noch in ein Corps versammelt sind, werden als wirkliche Soldaten; alle anderen Invaliden aber als Verabschiedete angesehen.

Besondere Rechte der Militairpersonen.

§. 16. **Militairpersonen haben sich eines privilegirten persönlichen Gerichtsstandes zu erfreuen.**[9])

§. 17. **Sie sind der Regel nach von allen persönlichen Lasten und Pflichten der übrigen Bürger des Staats frei.**[10])

§. 18. **Ausnahmen von dieser Regel sind durch besondere Verordnungen bestimmt.**

§. 19. **Als Besitzer von Grundstücken müssen sie alle mit diesem Besitze verbundenen Lasten tragen.**

---

7) Der Gerichtsstand bestimmt sich nach den §§ 12 ff. C.P.O.

8) Beseitigt wie §§ 5, 6; vgl. Anm. 3.

9) Nur für Strafsachen. Art. 37 Pr. Verf.; § 39 R.Milit.Ges. v. 2. Mai 1874 (R.G.Bl. S. 45). — §§ 1 ff. Militärstrafgerichts-Ordn. v. 1. Dezember 1898 (R.G.Bl. S. 1189).

10) § 46 R.Milit.Ges. — Kommunalabgaben: V. v. 22. Dezember 1868 (B.G.Bl S. 571), R.Ges. v. 28. März 1886 (R.G.Bl. S. 65); Ges. v. 29. Juni 1886 (G.S. S. 81), v. 22. April 1892 (G.S. S. 101), § 42 Kommunalabgaben-Ges. v. 14. Juli 1893 (G.S. S. 152) — §§ 6, 65 Einkommensteuer-Ges. v. 24. Juni 1891 (G.S. S. 175). — § 30 Landgemeinde-Ordn. v. 3. Juli 1891 (G.S. S. 233).

§. 20. **Militairpersonen sollen in die Rechte des Civilstandes keinen Eingriff thun.**

in Ansehung der bürgerlichen Gewerbe;

§. 21. Sie dürfen für sich selbst keine andere bürgerliche Nahrung treiben, als die ihnen nach der besondern Polizeiverfassung jedes Ortes, unter Genehmigung des Regimentschefs, ausdrücklich zugelassen ist.

§§. 22—32 fallen fort.[11])

in Ansehung der Grundstücke;

§. 33. **In allen Fällen müssen Militairpersonen, welche Grundstücke besitzen, nicht nur die darauf haftenden Abgaben entrichten, sondern auch die damit verbundenen persönlichen Prästationen gleich Anderen leisten.** (§. 19.)

§. 34. **Werden sie, letzteres selbst zu thun, durch ihre Kriegsdienste verhindert, so müssen sie dazu für sich andere taugliche Personen stellen.**

§§. 35—39 fallen fort.[12])

in Ansehung anderer Geschäfte.

§. 40 fällt fort.[12])

§. 41. **Die besonderen Rechte der Militairpersonen in Ansehung** der Verjährung, des Schuldenmachens, **der letztwilligen Verordnungen, ihrer Heirathen,** und der Bevormundung ihrer Kinder, **sind gehörigen Orts bestimmt.** (Th. 1. Tit. 9. §. 522., Tit. 11. §. 678—703., Tit. 12. §. 177. sqq.; **Th. 2. Tit. 1.** §. 34. 35. 938. (950.), Tit. 18. Abschn. 2.)[13])

---

[11]) §§ 21—26 (Gewerbebetrieb durch Militärpersonen) sind beseitigt durch §§ 43, 61 R.Milit.Ges. v. 2. Mai 1874 (R.G.Bl. S. 45); § 12 Abs. 2 R.Gew.O. — §§ 27—32, 35 (Erwerb, Veräußerung und Verpfändung von Grundstücken) sind beseitigt durch § 42 R.Milit.Ges.

[12]) Wegen § 35 vgl. Anm. 9. — §§ 37—40 (betr. die Kapitalien und Erbschaften) sind aufgehoben durch K.O. wegen der aufgehobenen Beschränkung der Disposition der Unteroffiziere und gemeinen Soldaten über ihr Vermögen v. 25. September 1809 (G.S. 1806—1810 S. 584) u. dazu V. v. 18. März 1811 (G.S. 1812 S. 5).

[13]) § 522 I. 9, §§ 678—703 I. 11, Abschn. 2 II. 18 sind durch Art. 55 E.G. und Art. 89 A.G. z. B.G.B., §§ 177 ff. I. 12 durch § 14 Ges., betr. die Förmlichkeiten der milit. Testamente, v. 8. Juni 1860 (G.S. S. 240), § 938 (950) II. 1 durch § 38 R.Personenstands-Ges. v. 6. Februar 1875 (R.G.Bl. S. 23) aufgehoben. — Wegen der letztwilligen Verordnungen jetzt: § 44 R.Milit.Ges. v. 2. Mai 1874

§. 42. Von der Aussetzung der Prozesse gegen Militairpersonen bei ausgebrochenem Kriege, ingleichen von der den Unteroffizieren und Gemeinen zu statten kommenden Sportelfreiheit handelt die Prozeßordnung. [14]

§§. 43—63 fallen fort.[15]

Wie der Soldatenstand aufhöre.

§. 64. Der Soldatenstand, und die damit verbundenen Rechte und Pflichten, hören durch den Tod, und durch die ausdrückliche Entlassung aus den Kriegsdiensten auf. [16]

§. 65. So lange eine entlassene Militairperson noch keinen anderweitigen Wohnsitz erwählt hat, wird dieselbe, von dem Zeitpunkt ihrer Entlassung an, den Gesetzen und Gerichten des Standquartiers, unter welche Civilpersonen von gleicher Herkunft gehören, unterworfen.[17]

Anh. §. 122. **Verabschiedete Offiziere, welche Pension oder Wartegeld haben, sind der Militair-Jurisdiction unterworfen.** [18]

Anh. §. 123 fällt fort.[19]

§. 66. Doch behält ein mit Offiziersrang entlassener Bürgerlicher den Gerichtsstand und die Rechte der Eximirten.[20]

(R.G.Bl. S. 45) und Art. 44 E.G. z. B.G.B. Wegen der Heirathen jetzt: §§ 34, 35 II. 1 A.L.R.; §§ 40, 60 Nr. 4, 61 R.Milit.Ges.; § 1315 B.G.B.

[14] § 247 C.P.O. — § 98, 2 R.G.K.G. (R.G.Bl. 1898 S. 659); § 8 Nr. 5 Pr. G.K.G. (G.S. 1899 S. 326).

[15] §§ 43—47 (betr. Gerichtsstand der Weiber und Kinder der Militärpersonen) sind durch die Aufhebung des Militärgerichtsstandes (Anm. 9) und § 13 C.P.O. §§ 10, 11 B.G.B., §§ 48—52 (Cantonisten) und §§ 57—63 (Gesinde und andere Personen, die dem Lager folgen) durch die veränderte Wehrverfassung, §§ 53—56 (Kriegsbeamte) durch § 38 R.Milit.Ges., Anlage zum R.Mil.Str.G B. v. 20. Juni 1872, §§ 27 ff. E.G. z. Militärstrafgerichts-O. v. 1. Dezember 1898 (R.G.Bl. S. 1289), Kaiserl. V., betr. die Klasseneintheilung der Militärbeamten, v. 13. August 1895 (R.G.Bl. S. 431) beseitigt.

[16] Vgl. §§. 29, 50 ff. R.Mil.Ges. v. 2. Mai 1874.

[17] Vgl. Anm. 4 zu § 7 d. T. — Der Gerichtsstand bestimmt sich nach den §§ 12 ff. C.P.O., §§ 7 ff. Str.P.O., §§ 1 ff. Militärstrafgerichts-O.

[18] Vgl. § 16 d. T. und Anm. 9. — §§ 1 ff. Militärstrafgerichts-O.

[19] Betraf das aufgehobene Kriegskonsistorium.

[20] Vgl. Anm. 3 zu § 5 d. Titels.

§. 67 fällt fort.[21])

II. Civilbeamte.[22])

§. 68. Alle Beamte des Staats, welche zum Militairstande nicht gehören, sind unter der allgemeinen Benennung von Civilbedienten begriffen.

§. 69. Dergleichen Beamte stehen entweder in unmittelbaren Diensten des Staats, oder gewisser demselben untergeordneter Collegien, Corporationen und Gemeinen.

Bestellung derselben.

§. 70. Es soll Niemandem ein Amt aufgetragen werden, der sich dazu nicht hinlänglich qualifizirt, und Proben seiner Geschicklichkeit abgelegt hat.

§. 71. Wem die Besetzung der verschiedenen Arten von Civilbedienungen zukomme, wer zu dergleichen Bedienungen gelangen könne, und was für Vorbereitungen und Prüfungen dazu vorhergehen müssen, ist, nach Verschiedenheit der Fächer und Stufen solcher Bedienungen, durch specielle Gesetze und Instructionen bestimmt.

§. 72. Wer sich durch Bestechungen oder andere unerlaubte Wege in ein Amt eindrängt, soll desselben sofort wieder entsetzt werden.

§. 73. Alle Verträge und Versprechungen, wodurch Jemandem gegen Zuwendung eines Amtes, Privatvortheile zugesagt oder wirklich eingeräumt worden, sind null und nichtig.[23])

§. 74. Auch Verabredungen zwischen einem abgehenden Beamten und dessen Nachfolger, wodurch dem Ersteren von den Einkünften des Amtes etwas vorbehalten werden soll, sind nur so weit gültig, als sie von der vorgesetzten Behörde ausdrücklich genehmigt worden.[24])

---

[21]) In Folge der Aufhebung der §§ 540 ff. II. 7, auf die wegen der Militärpersonen, die Gutsunterthanen waren, verwiesen war.

[22]) Die §§ 68 ff. sind auf die 1866 neu erworbenen Landestheile durch § 1 V. v. 23. September 1867 (G.S. S. 1619), auf den Kreis Herzogthum Lauenburg durch § 1 Ges. v. 25. Februar 1878 (G.S. S. 97) und auf die Insel Helgoland durch § 1 V. v. 22. März 1891 (G.S. S. 39) ausgedehnt.

[23]) § 73 ist privatrechtlich und daher durch Art. 55 E.G. z. B.G.B. aufgehoben. An die Stelle tritt § 138 B.G.B.

[24]) § 74 beschränkt die Uebertragbarkeit des Diensteinkommens des Nachfolgers und ist daher durch Art. 81 E.G. z. B.G.B. aufrecht erhalten.

§. 75. Wer wissentlich eine Bedienung einer dazu nicht tauglichen Person anvertraut, muß dem Staat, und den einzelnen Bürgern desselben, für allen durch die Unwissenheit und Untauglichkeit eines solchen Bedienten entstandenen Nachtheil gerecht werden. (Tit. 20. Abschn. 8.)[25])

§. 76. Niemand soll sich eigenmächtig die Verwaltung eines Amtes anmaßen, wozu er von der vorgesetzten Behörde nicht angewiesen worden.

§. 77. Wer dieses thut, und vermöge eines solchen Amtes Handlungen vornimmt, zu welchen er nach den Gesetzen überhaupt nicht qualificirt ist, dessen Handlungen sind unkräftig.

§. 78. Mangelt es ihm nicht an den erforderlichen Eigenschaften zu Handlungen dieser Art überhaupt: so können zwar seine Handlungen, zum Nachtheil der Parteien, in der Regel, und wo nicht besondere Gesetze ein Anderes vorschreiben, für nichtig nicht angesehen werden.

§. 79 fällt fort.[26])

§. 80. Alles, was der unbefugte Anmaßer bei Gelegenheit der von ihm unternommenen Amtshandlungen empfangen hat, muß er zurückgeben.[27])

§. 81. Niemand soll, bei zehn bis dreihundert Thalern fiskalischer Geldstrafe, sich ein Amt anmaßen, welches ihm nicht auf eine der eingeführten Ordnung gemäße Art übergeben worden.[28])

§. 82. Allen Schaden, welcher aus solchen ungebührlichen Anmaßungen für den Staat oder einen Dritten entsteht, muß er ersetzen.[29])

§. 83. Wer einem Cassenbedienten die Casse übergiebt, ehe und bevor die Amtscaution desselben berichtigt worden, ist für allen daraus entstandenen Schaden verhaftet.[30])

---

[25]) Die Haftung dem Staat gegenüber ist aufrecht erhalten durch Art. 80 E.G. z. B.G.B. Die Haftung Dritten gegenüber bestimmt sich nach §§ 839, 831 B.G.B. — Abschn. 8 II. 20 ist aufgehoben.

[26]) Enthielt eine Strafbestimmung für den Fall des § 78, die durch § 132 R.Str.Ges.B. ersetzt ist.

[27]) § 80 ist privatrechtlich, daher durch Art. 55 E.G. z. B.G.B. aufgehoben und durch § 812 B.G.B. ersetzt.

[28]) Die Strafbestimmung ist ersetzt durch § 132 R.Str.G.B.

[29]) Wie Anm. 25 zu § 75 d. T.

[30]) Gegenstandslos, da die Verpflichtung der Staatsbeamten — mit Ausnahme der Gerichtsvollzieher und der Hypothekenbewahrer im Geltungsbereiche des Rheinischen Rechts — zur Kautionsleistung durch Ges. v. 7. März 1898 (G.S. S. 19) aufgehoben ist.

§. 84. Titel und Rang, welche mit einem Amt verbunden sind, werden, nebst den davon abhangenden Vorrechten, schon durch die darüber ausgefertigte Bestallung verliehen.

Rechte und Pflichten derselben in Ansehung ihres Amtes.

§. 85. Die Rechte[31]) und Pflichten der Civilbedienten, in Beziehung auf das ihnen anvertraute Amt, werden, durch die darüber ergangenen besonderen Gesetze, und durch ihre Amtsinstructionen bestimmt.

§. 86. Niemand soll sein Amt zur Beleidigung oder Bevortheilung Anderer mißbrauchen.

§. 87. Was ein Beamter vermöge seines Amtes und nach den Vorschriften desselben unternimmt, kann gegen ihn als eine Privatbeleidigung nicht gerügt werden.[32])

§. 88. Wer ein Amt übernimmt, muß auf die pflichtmäßige Führung desselben die genaueste Aufmerksamkeit wenden.

§. 89. Jedes dabei begangene Versehen, welches bei gehöriger Aufmerksamkeit, und nach den Kenntnissen, die bei der Verwaltung des Amtes erfordert werden, hätte vermieden werden können und sollen, muß er vertreten.[33])

---

[31]) §§ 1—8 Ges., betr. die Erweiterung des Rechtsweges, v. 24. Mai 1861 (G.S. S. 241); Ges., betr. die Zahlung der Beamtengehälter und Bestimmungen über das Gnadenquartal, v. 6. Februar 1881 (G.S. S. 17). — Ges., betr. die Gewährung von Wohnungsgeldzuschüssen an die unmittelbaren Staatsbeamten v. 12. Mai 1873 (G.S. S. 209) — Ges., betr. die Tagegelder und die Reisekosten der Staatsbeamten, v. 24. März 1873 (G.S. S. 122) u. dazu Ges. v. 28. Juni 1875 (G.S. S. 370), V. v. 15. April 1876 (G.S. S. 107), Ges. v. 21. Juni 1897 (G.S. S. 193). — V., betr. die den Justizbeamten bei Dienstgeschäften außerhalb des Gerichtsortes zu gewährenden Tagegelder und Reisekosten, v. 24. Dezember 1873 (G.S. 1874 S. 2) und dazu V. v. 8. Mai 1876 (G.S. S. 119) u. v. 27. August 1900 (G.S. S. 319). — Ges., betr. die Umzugskosten der Staatsbeamten v. 24. Februar 1877 (G.S. S. 15). — Ges., betr. die Regelung der Richtergehälter, v. 31. Mai 1897 (G.S. S. 157) u. dazu Allg. Verf. v. 4. Juni 1897 (J.M.Bl. S. 124). — Ges., betr. die Anstellung und Versorgung der Kommunalbeamten v. 30. Juli 1899 (G.S. S. 141). — Art. 80, 81 E.G. z. B.G.B.

[32]) Art. 97 Pr. Verf. — Ges., betr. die Konflikte bei gerichtlichen Verfolgungen wegen Amts- und Diensthandlungen v. 13. Februar 1854 (G.S. S. 86). — § 11 E.G. z. G.V.G. — § 114 Landesverwaltungs-Ges. v. 30. Juli 1883 (G.S. S. 195).

[33]) Vgl. Anm. 25 zu § 75 d. T. — Der Staat haftet für den von den Beamten verursachten Schaden nur in dem Falle der §§ 89, 31,

§. 90. Vorgesetzte, welche durch vorschriftsmäßige Aufmerksamkeit die Amtsvergehungen ihrer Untergebenen hätten hindern können, sind für den aus Vernachlässigung dessen entstehenden Schaden, sowohl dem Staat, als einzelnen Privatpersonen, welche darunter leiden, verhaftet.[33])

§. 91. Doch findet in beiden Fällen (§. 89. 90.) die Vertretung nur alsdann statt, wenn kein anderes gesetzmäßiges Mittel, wodurch den nachtheiligen Folgen eines solchen Versehens abgeholfen werden könnte, mehr übrig ist.

§. 92. Kein Beamter darf den zur Ausübung seines Amtes ihm angewiesenen Wohnort ohne Vorwissen und Genehmigung seiner Vorgesetzten verlassen.[34])

§. 93. In wie fern, zu bloßen Reisen und Entfernungen auf eine Zeitlang, die Erlaubniß der unmittelbaren oder höheren Vorgesetzten erforderlich sei, ist nach den einer jeden Classe von Beamten vorgeschriebenen besonderen Gesetzen und Amtsinstructionen zu bestimmen.

Anh. §. 124. Königliche Offizianten, welche ein fremdes Bad besuchen wollen, müssen durch ein medizinisches Attest bescheinigen lassen, daß das fremde Bad zur Wiederherstellung ihrer Gesundheit nothwendig, auch kein einheimisches eben so geschickt dazu sei.

Niederlegung, Entsetzung und Verabschiedung.[35])

§. 94. Bei derjenigen Instanz, von welcher die Besetzung eines Amtes abhängt, muß auch die Entlassung davon gesucht werden.

§. 95. Die Entlassung soll nur alsdann, wenn daraus ein erheblicher Nachtheil für das gemeine Beste zu besorgen ist, versagt werden.

B.G.B. — § 12 Grundbuch-O. v. 24. März 1897 (R.G.Bl. 1898 S. 754). Art. 8 A.G. z. G.B.O. (G.S. 1899 S. 307).

[34]) Art. 78 Abs. 2 Pr. Verf. — Art. 21 R.Verf.

[35]) Ges., betr. die Pensionen der unmittelbaren Staatsbeamten, v. 27. März 1872 (G.S. S. 268) u. dazu Ges. v. 31. März 1882 (G.S. S. 133), v. 30. April 1884 (G.S. S. 126), v. 20. März 1890 (G.S. S. 43), v. 1. März 1891 (G.S. S. 19), v. 25. April 1896 (G.S. S. 87). — Ges., betr. die Fürsorge für die Wittwen und Waisen der unmittelbaren Staatsbeamten, v. 20. Mai 1882 (G.S. S. 298), u. dazu Ges. v. 28. März 1888 (G.S. S. 48) u. v. 1. Juni 1897 (G.S. S. 169). — Ges., betr. die Fürsorge für Beamte in Folge von Betriebsunfällen, v. 18. Juni 1887 (G.S. S. 282). — Art. 80, 81 E.G. z. B.G.B.

§. 96. Einem Beamten, dem aus diesem Grunde die Entlassung versagt wird, steht dagegen die Berufung auf die unmittelbare landesherrliche Entscheidung offen.

§. 97. In keinem Falle aber darf der abgehende Beamte seinen Posten eher verlassen, als bis wegen Wiederbesetzung oder einstweiliger Verwaltung desselben Verfügung getroffen ist.

§. 98. Kein Vorgesetzter oder Departements-Chef kann einen Civilbedienten, wider seinen Willen, einseitig entsetzen oder verabschieden.[36])

§§. 99—101 fallen fort.[37])

§. 102. Amtsverbindungen, deren Dauer durch die Natur des Geschäftes, oder durch ausdrücklichen Vorbehalt, auf eine gewisse Zeit eingeschränkt ist, erlöschen mit dem Ablaufe dieser Zeit von selbst. (§. 97.)

§. 103 fällt fort.[37])

---

[36]) Disziplinargesetze: Ges., betr. die Dienstvergehen der Richter und die unfreiwillige Versetzung derselben auf eine andere Stelle oder in den Ruhestand v. 7. Mai 1851 (G.S. S. 218) u. dazu Ges. v. 26. März 1856 (G.S. S. 201). — Ges., betr. die Dienstvergehen der nichtrichterlichen Beamten und die Versetzung derselben auf eine andere Stelle oder in den Ruhestand, v. 21. Juli 1852 (G.S. S. 465). — Einführung beider Gesetze in die 1866 erworbenen Landestheile durch V. v. 23. September 1867 (G.S. S. 1613). — Ges., betr. die Abänderung von Bestimmungen der Disziplinargesetze, v. 9. April 1879 (G.S. S. 345). — Durch dessen § 27 Einführung der Disziplinargesetze in Lauenburg und durch § 1 V. v. 22. März 1891 (G.S. S. 39) in Helgoland. — §§ 5. 6. Ges., betr. die Einrichtung der Oberrechnungskammer, v. 27. März 1872 (G.S. S. 278) u. dazu §§ 8, 14 Ges. v. 9. April 1879. — §§ 20—25, 30a Ges., betr. die Verfassung der Verwaltungsgerichte, v. 3. Juli 1875/2. August 1880 (G.S. 1880 S. 328) u. Ges. v. 9. Mai 1889 (G.S. S. 107). — §§ 14, 32, 39, 45, 47, 157 Landesverwaltungs-Ges. v. 30. Juli 1883 (G.S. S. 195). §§ 20, 36 Zuständigkeits-Ges. v. 1. August 1883 (G.S. S. 237). Außerdem enthalten für die im mittelbaren Staatsdienst stehenden Beamten die einzelnen Provinzial-, Kreis-, Städte- und Landgemeinde-Ordnungen besondere Bestimmungen. — Notare: Art. 93, 94, 144 Nr. 6 Pr. F.G.G. v. 21. September 1899 (G.S. S. 249). — Ges., betr. die Dienstvergehen der Beamten der Landesversicherungsanstalten, v. 17. Juni 1900 (G.S. S. 251). — Vgl. ferner Ges., betr. die Disziplinarverhältnisse der Privatdozenten v. 17. Juni 1898 (G.S. S. 125).

[37]) §§ 99—101, 103 betrafen die Entlassung aus dem Amte und sind durch die Disziplinargesetze (Anm. 36) beseitigt.

Rechte der Civilbedienten in ihren Privatangelegenheiten.

§. 104. Civilbediente werden in ihren Privatangelegenheiten nach eben den Gesetzen und Rechten, wie andere Bürger des Staats, beurtheilt.

§. 105.[38]) Königliche Beamte haben sich, als Eximirte, eines privilegirten Gerichtsstandes zu erfreuen. (Tit. 17.)

§. 106. Sie stehen unter eben den Gesetzen, welchen die übrigen von der gemeinen Gerichtsbarkeit ausgenommenen Personen derselben Provinz oder desselben Ortes unterworfen sind.

§. 107. Sie behalten diese Rechte, wenn auch die Ausübung der Gerichtsbarkeit über sie einem Untergerichte aufgetragen (delegirt) worden.

§. 108. Beamte, die nicht unmittelbar in den Diensten des Staats, sondern anderer demselben untergeordneten Collegien, Corporationen und Gemeinen stehen, haben in der Regel keinen privilegirten Gerichtsstand und werden nach den Gesetzen ihres Wohnortes beurtheilt.

§. 109. In so fern jedoch dergleichen Beamte adlichen Standes, oder vom Landesherrn mit einem Charakter bekleidet sind, genießen sie, gleich den Königlichen Beamten, die Rechte des privilegirten Gerichtsstandes.

§. 110. Ein Gleiches findet in Ansehung derjenigen statt, die eine Königliche und eine andere Civilbedienung zugleich verwalten.

§. 111. Ausnahmen von den §. 109. 110. festgesetzten Regeln müssen durch besondere Privilegia und Verordnungen nachgewiesen werden.

§. 112. Auch in Rücksicht auf bürgerliche Rechte, Lasten und Pflichten sind Königliche Beamte als Eximirte zu betrachten.[39])

§. 113. Andere Civilbediente können sich eine solche Exemtion nicht anmaßen, wenn ihnen dieselbe nicht besonders ausdrücklich verliehen worden.

Von Collegiis der Beamten.

§. 114. Wenn mehrere Beamte in ein Collegium zusammengezogen sind, so gilt wegen ihrer Versammlungen, Berathschlagungen und Schlüsse, in der Regel eben das, was im sechsten Titel von öffentlichen Gesellschaften und Corporationen verordnet ist.

§. 115. Doch können dergleichen Collegia die von dem Landes=

---

[38]) §§ 105—113 sind beseitigt durch § 9 V. über die Aufhebung der Privatgerichtsbarkeit und des eximirten Gerichtsstandes v. 2. Januar 1849 (G.S. S. 1). Nach § 15 ebendas. sind sie noch von Bedeutung, soweit Provinzial= und statuarische Rechte besondere Bestimmungen für Eximirte haben.

[39]) § 41 Kommunalabgaben=Ges. v. 14. Juli 1893 (G.S. S. 152). — V., betr. die Heranziehung der Staatsdiener zu den Kommunalauflagen in den neu erworbenen Landestheilen, v. 23. September 1867 (G.S. S. 1648). — § 30 Landgemeinde=O. v. 3. Juli 1891 (G.S. S. 233).

herrn oder ihrer vorgesetzten Instanz gemachten Einrichtungen, auch durch einmüthige Beschlüsse, nicht ändern.

§. 116. Eben so wenig können sie über Grundstücke, Gerechtigkeiten, Capitalien und Einkünfte des ganzen Collegii eigenmächtig Verfügung treffen.

§. 117. Ueber die Rechte des Collegii können sie, ohne Genehmigung der vorgesetzten Instanz, keinen Vergleich schließen.

§. 118. Gegenstände, welche zur Behandlung des Collegii gehören, müssen nach der Mehrheit der Stimmen entschieden werden.

Vorgesetzte solcher Collegien.

§. 119. Auch der unmittelbare Vorgesetzte des Collegii muß in Sachen, die zur collegialischen Bearbeitung gehören, der Mehrheit der Stimmen sich unterwerfen.

§. 120. Dem Vorgesetzten des Collegii kommt nur das Recht zu, die Stimmen zu sammeln, und den Schluß nach der Mehrheit derselben abzufassen.

§. 121. Wenn aber die Stimmen der Mitglieder über einen Gegenstand der Berathschlagungen gleich sind, so giebt er durch die seinige den Ausschlag.

§. 122. Aeußere Ordnung bei dem Collegio, und was dahin gehört, hängt lediglich von der Direction des Vorgesetzten ab.

§. 123. Doch darf er von der bisherigen Ordnung nicht abgehen, wenn durch eine Veränderung der Lauf der Geschäfte unterbrochen oder aufgehalten würde.

§. 124. Die dem Collegio ausdrücklich vorgeschriebene Instruction darf er eigenmächtig nicht ändern.

§. 125. Die §. 120. 121. bestimmten Verhältnisse des Vorgesetzten bei der Stimmensammlung kommen auch demjenigen zu, welcher bei der Abwesenheit des Ersteren desselben Stelle vertritt.

§. 126. Dagegen darf dergleichen bloß einstweiliger Vorgesetzter in der bisher bei dem Collegio beobachteten Ordnung nichts ändern.

Vertretungsverbindlichkeit.[40])

§. 127. Geschäfte, welche dem ganzen Collegio obliegen, müssen von allen Mitgliedern desselben vertreten werden.

---

[40]) Soweit die §§ 127—144 von der Haftung der Mitglieder eines Beamten-Collegiums Dritten gegenüber handeln, sind sie reichsrechtlich aufgehoben, da das B.G.B. die Beamtenhaftung in § 839 regelt. Sie

§. 128. In wie fern die Mitglieder für einen durch Vorsatz oder Versehen entstandenen Schaden als Mitschuldner, oder ein Jeder nur für seinen Antheil, haften, ist nach allgemeinen gesetzlichen Vorschriften zu bestimmen. (Th. 1. Tit. 6. §. 29. sqq.)[41]

§. 129. Kann in Fällen, wo jedes Mitglied nur für seinen Antheil haftet, von einem oder dem anderen dessen Antheil an der Entschädigung nicht beigetrieben werden: so müssen die übrigen denselben zu gleichen Theilen vertreten.

§. 130. Der Einwand, daß ein Versehen durch den unrichtigen Vortrag eines Mitgliedes; oder durch die von demselben geschehene Abfassung einer dem Schlusse des Collegii nicht gemäßen Verfügung; oder durch andere Pflichtwidrigkeiten oder Fahrlässigkeiten desselben entstanden sei, befreit des Collegium nicht von der Einlassung auf die Klage.

§. 131. Findet sich aber bei der Untersuchung, daß dieser Einwand seine Richtigkeit habe, so muß der Kläger an dasjenige Mitglied welches solchergestalt das Versehen unmittelbar begangen hat, vorzüglich sich halten.

§. 132. Nächst diesem haftet der Vorgesetzte, wenn er durch Anwendung der ihm vermöge seines Amtes obliegenden Aufmerksamkeit (§. 90.) das vorgefallene Versehen hätte verhüten oder abwenden können.

§. 133. Die übrigen Mitglieder haften nur, in Ermangelung beider, und nur in so fern, als besondere Gesetze ihnen eine vorzüglich eigene Aufmerksamkeit auf die Handlungen ihrer Collegen bei Geschäften dieser Art, ausdrücklich zur Pflicht gemacht haben.

§. 134. Hat der Vorgesetzte das Geschäft ohne Zuziehung des Collegii, oder nur mit Zuziehung einiger Mitglieder vorgenommen: so ist derselbe nur allein, oder nur mit den zugezogenen Mitgliedern, verantwortlich.

§. 135. Die nicht zugezogenen Mitglieder sind nur alsdann zur Vertretung gehalten, wenn hiernächst das Geschäft dem Collegio vorgetragen, und zu einer Zeit da dem Versehen noch abgeholfen werden konnte, von selbigem genehmigt worden.

§. 136. Hat das Collegium die Besorgung der verschiedenen Arten seiner Geschäfte unter seine Mitglieder eigenmächtig vertheilt,

---

behalten aber Geltung für die Verantwortlichkeit dem Staat gegenüber. Vgl. Art. 80 E.G. z. B.G.B.

[41]) An die Stelle der aufgehobenen §§ 29 ff. I. 6 tritt § 840 B.G.B.

so ändert dieses nichts in der Vertretungsverbindlichkeit der Mitglieder gegen die Partei.

§. 137. Doch bleibt den übrigen der Regreß gegen diejenigen Mitglieder vorbehalten, welche die Besorgung des Geschäftes ausschließend übernommen, und dabei das Versehen begangen haben.

§. 138. Sind aber durch Gesetze, Amtsinstructionen, oder höhere Anweisungen, gewisse Arten von Geschäften einem oder etlichen Mitgliedern zur ausschließenden Besorgung angewiesen: so müssen diese für ein dabei begangenes Versehen, und zwar, wenn ihrer mehrere sind, nach Vorschrift §. 127. 128. 129. haften.

§. 139. Ist dem einen die eigentliche Besorgung des Geschäftes, den übrigen aber eine besondere Aufsicht über ihn solchergestalt angewiesen: so werden Letztere nur für die Vernachlässigung dieser Aufsicht verantwortlich.

§. 140. Sind dergleichen zu einem gewissen Geschäfte besonders verordnete Mitglieder oder Subalternen zum Schadensersatze nicht vermögend, so haften der Vorgesetzte und die übrigen Mitglieder nur in so fern, als bei der Auswahl oder Bestellung des Subjects ein grobes oder mäßiges Versehen begangen, oder die über das Geschäft zu führende allgemeine Aufsicht vernachlässigt worden.

§. 141. In keinem Falle sind Mitglieder eines Collegii zur Vertretung gehalten, wenn ihnen bei dem Geschäfte, worin das Versehen vorgefallen ist, kein Votum zukam;

§. 142. Auch alsdann nicht, wenn sie mit Vorwissen und Genehmigung des Vorgesetzten abwesend waren;

§. 143. Ferner alsdann nicht, wenn sie durch Krankheit der Versammlung des Collegii beizuwohnen verhindert worden;

§. 144. Endlich alsdann nicht, wenn sie überstimmt worden, und ihr Votum schriftlich, unter Anführung der Gründe, zu den Acten gebracht haben.

§. 145. Auch die Erben der Mitglieder haften für den dem Erblasser obliegenden Ersatz, eben so, wie für andere Schulden desselben.[42])

---

[42]) Ist als rein privatrechtlich durch Art. 55 E.G. z. B.G.B. aufgehoben; Art. 80 ebendas. deckt nicht.

Elfter Titel.

Von den Rechten und Pflichten der Kirchen und geistlichen Gesellschaften.

Allgemeine Grundsätze.

§. 1. Die Begriffe der Einwohner des Staats von Gott und göttlichen Dingen, der Glaube und der innere Gottesdienst können kein Gegenstand von Zwangsgesetzen sein.

§. 2. Jedem Einwohner im Staat muß eine vollkommene Glaubens- und Gewissensfreiheit gestattet werden.

§. 3. Niemand ist schuldig, über seine Privatmeinungen in Religionssachen Vorschriften vom Staat anzunehmen.

§. 4. Niemand soll wegen seiner Religionsmeinungen beunruhigt, zur Rechenschaft gezogen, verspottet, oder gar verfolgt werden.

§. 5. Auch der Staat kann von einem einzelnen Unterthan die Angabe: zu welcher Religionspartei sich derselbe bekenne, nur alsdann fordern, wenn die Kraft und Gültigkeit gewisser bürgerlicher Handlungen davon abhängt.

§. 6. Aber selbst in diesem Falle können mit dem Geständnisse abweichender Meinungen nur diejenigen nachtheiligen Folgen für den Gestehenden verbunden werden, welche aus seiner dadurch, vermöge der Gesetze, begründeten Unfähigkeit zu gewissen bürgerlichen Handlungen oder Rechten von selbst fließen. [1])

Vom häuslichen Gottesdienste.

§. 7. Jeder Hausvater kann seinen häuslichen Gottesdienst nach Gutbefinden anordnen.

§. 8. Er kann aber Mitglieder, die einer anderen Religionspartei zugethan sind, zur Beiwohnung desselben wider ihren Willen nicht anhalten.

§. 9. Heimliche Zusammenkünfte, welche der Ordnung und Sicherheit des Staats gefährlich werden könnten, sollen, auch unter dem Vorwande des häuslichen Gottesdienstes, nicht geduldet werden. [2])

---

[1]) Beseitigt durch Art. 12 Pr. Verf.; R.Ges. betr. die Gleichberechtigung der Konfessionen, v. 3. Juli 1869 (B.G.Bl. S. 292).

[2]) Ersetzt durch V. über die Verhütung eines die gesetzliche Freiheit und Ordnung gefährdenden Mißbrauchs des Versammlungs- und Vereinigungsrechts v. 11. März 1850 (G.S. S. 277).

Religionsgesellschaften.

§. 10. Wohl aber können mehrere Einwohner des Staats unter dessen Genehmigung,[3]) zu Religionsübungen sich verbinden.[4])

Kirchengesellschaften.

§. 11. Religionsgesellschaften, welche sich zur öffentlichen Feier des Gottesdienstes verbunden haben, werden Kirchengesellschaften genannt.

Geistliche Gesellschaften.

§. 12. Diejenigen, welche zu gewissen anderen besonderen Religionsübungen vereinigt sind, führen den Namen der geistlichen Gesellschaften.

Erster Abschnitt.

Von Kirchengesellschaften überhaupt.

Grundsatz.

§. 13. Jede Kirchengesellschaft ist verpflichtet, ihren Mitgliedern Ehrfurcht gegen die Gottheit, Gehorsam gegen die Gesetze, Treue gegen den Staat, und sittlich gute Gesinnungen gegen ihre Mitbürger einzuflößen.

Unerlaubte Kirchengesellschaften;

§. 14. Religionsgrundsätze, welche diesem zuwider sind, sollen im Staat nicht gelehrt, und weder mündlich, noch in Volksschriften, ausgebreitet werden.[5])

§. 15. Nur der Staat hat das Recht, dergleichen Grundsätze, nach angestellter Prüfung, zu verwerfen, und deren Ausbreitung zu untersagen.

§. 16. Privatmeinungen einzelner Mitglieder machen eine Religionsgesellschaft nicht verwerflich.

öffentlich aufgenommene;

§. 17. Die vom Staat ausdrücklich aufgenommenen Kirchengesellschaften[6]) haben die Rechte privilegirter Corporationen.

---

[3]) Beseitigt durch Art. 12 Pr. Verf.

[4]) Patent betr. die Bildung neuer Religionsgesellschaften v. 30. März 1847 (G.S. S. 121).

[5]) Art. 12, 27 Pr. Verf. — Preßges. v. 7. Mai 1874 (R.G.Bl. S. 65).

[6]) d. h. die evangelische Landeskirche (K.O. v. 27. September 1817, v. Kamptz, Annalen Bd. I. S. 64) und die katholische Kirche (Religionsedikt

§. 18. Die von ihnen zur Ausübung ihres Gottesdienstes gewidmeten Gebäude werden Kirchen genannt, und sind als privilegirte Gebäude des Staats anzusehen.

§. 19. Die bei solchen Kirchengesellschaften zur Feier des Gottesdienstes und zum Religionsunterricht bestellten Personen haben mit anderen Beamten im Staat gleiche Rechte.

geduldete.

§. 20. Eine Religionsgesellschaft, welche der Staat genehmigt,[7]) ihr aber die Rechte öffentlich aufgenommener Kirchengesellschaften nicht beigelegt hat, genießt nur die Befugniß geduldeter Gesellschaften. (Tit. 6. §. 11. sqq.) [8])

§. 21. Jede Kirchengesellschaft, die als solche auf die Rechte einer geduldeten Anspruch machen will, muß sich bei dem Staat gebührend melden, und nachweisen, daß die von ihr gelehrten Meinungen nichts enthalten, was dem Grundsatze des §. 13. zuwiderläuft. [9])

§. 22. Einer geduldeten Kirchengesellschaft ist die freie Ausübung ihres Privatgottesdienstes verstattet.[10])

§. 23. Zu dieser gehört die Anstellung gottesdienstlicher Zusammenkünfte in gewissen dazu bestimmten Gebäuden, und die Ausübung der ihren Religionsgrundsätzen gemäßen Gebräuche, sowohl in diesen Zusammenkünften, als in den Privatwohnungen der Mitglieder.

§. 24. Eine bloß geduldete Kirchengesellschaft kann aber das

---

v. 9. Juli 1788. Rabe I Abth. 7 S. 726) einschließlich der altkatholischen Kirchengemeinschaften (Ges. v. 4. Juli 1875. G.S. S. 333).

[7]) Art. 12 Pr. Verf.

[8]) An die Stelle der §§ 11 ff. II 6 tritt § 54 B.G.B. — Zur Erlangung der Rechtsfähigkeit ist ein Gesetz erforderlich. Art. 13 Pr. Verf. Art. 84 E.G. z. B.G.B. — Rechtsfähigkeit haben erlangt die Herrnhuter und böhmischen Brüder: Generalkonzessionen v. 7. Mai 1746 und v. 18. Juli 1763 (Gedike's Annalen d. Preuß. Schul- u. Kirchenwesens. 1800 Bd. I H. 3 S. 44 ff.), die Altlutheraner: Generalkonzession v. 23. Juli 1845 (G.S. S. 516), die Niederländischen Reformirten: Generalkonzession v. 24. November 1849 (Min.Bl. f. d. i. Verw. 1854 S. 7), die Mennonitengemeinden: Ges. v. 12. Juni 1874 (G.S. S. 238), die Baptistengemeinden: Ges. v. 7. Juli 1875 (G.S. S. 374), die jüdischen Synagogengemeinden: Ges. v. 23. Juli 1847 (G.S. S. 263) u. § 8 Ges. v. 28. Juli 1876 (G.S. S. 353).

[9]) Art. 12 Pr. Verf. § 2 Vereins-Ges. v. 11. März 1850 (G.S. S. 277).

[10]) Art. 12 Pr. Verf.

Eigenthum solcher Gebäude ohne besondere Erlaubniß des Staats nicht erwerben.[11])

§. 25. Ihr ist nicht gestattet, sich der Glocken zu bedienen, oder öffentliche Feierlichkeiten außerhalb der Mauern ihres Versammlungshauses anzustellen.

§. 26. Die von ihr zur Feier ihrer Religionshandlungen bestellten Personen genießen, als solche, keine besondere persönliche Rechte.

Verhältniß der Kirchengesellschaften gegen den Staat;

§. 27. Sowohl öffentlich aufgenommene, als bloß geduldete Religions- und Kirchengesellschaften müssen sich, in allen Angelegenheiten, die sie mit anderen bürgerlichen Gesellschaften gemein haben, nach den Gesetzen des Staats richten.

§. 28. Diesen Gesetzen sind auch die Obern, und die einzelnen Mitglieder, in allen Vorfällen des bürgerlichen Lebens unterworfen.

§. 29. Soll denselben, wegen ihrer Religionsmeinungen, eine Ausnahme von gewissen Gesetzen zu statten kommen, so muß dergleichen Ausnahme vom Staat ausdrücklich zugelassen sein.

§. 30. Ist dieses nicht geschehen, so kann zwar der Anhänger einer solchen Religionsmeinung etwas gegen seine Ueberzeugung zu thun nicht gezwungen werden;

§. 31. Er muß aber die nachtheiligen Folgen, welche die Gesetze mit ihrer unterlassenen Beobachtung verbinden, sich gefallen lassen.

§. 32. Die Privat- und öffentliche Religionsübung einer jeden Kirchengesellschaft ist der Oberaufsicht des Staats unterworfen.

§. 33. Der Staat ist berechtigt, von demjenigen, was in den Versammlungen der Kirchengesellschaft gelehrt und verhandelt wird, Kenntniß einzuziehen.

§. 34. Die Anordnung öffentlicher Bet-, Dank- und anderer außerordentlicher Festtage hängt allein vom Staat ab.[12])

§. 35. In wie fern die bereits angeordneten Kirchenfeste mit Einstellung aller Handarbeiten und bürgerlichen Gewerbe begangen werden sollen, oder nicht, kann nur der Staat bestimmen.[13])

---

[11]) Art. 7 A.G u. Art. 86 E.G. z. B.G.B.

[12]) Ges. betr. die Verlegung der Landes-Buß- und Bettage v. 12. März 1893 u. V. v. dems. Tage (G.S. S. 29, 30).

[13]) Ges. betr. den Charfreitag v. 2. September 1899 (G.S. S. 161).

gegen andere Kirchengesellschaften;

§. 36. Mehrere Kirchengesellschaften, wenn sie gleich zu einerlei Religionspartei gehören, stehen dennoch unter sich in keiner nothwendigen Verbindung.

§. 37. Kirchengesellschaften dürfen so wenig, als einzelne Mitglieder derselben, einander verfolgen oder beleidigen.

§. 38. Schmähungen und Erbitterung verursachende Beschuldigungen müssen durchaus vermieden werden.

gegen ihre Mitglieder.

§. 39. Protestantische Kirchengesellschaften des Augsburgschen Glaubensbekenntnisses sollen ihren Mitgliedern wechselseitig die Theilnahme auch an ihren eigenthümlichen Religionshandlungen nicht versagen, wenn dieselben keine Kirchenanstalt ihrer eignen Religionspartei, deren sie sich bedienen können, in der Nähe haben.

§. 40. Jedem Bürger des Staats, welchen die Gesetze fähig erkennen, für sich selbst zu urtheilen, soll die Wahl der Religionspartei, zu welcher er sich halten will, frei stehen. (Tit. 2. §. 74. sqq.)[14]

§. 41. Der Uebergang von einer Religionspartei zu einer anderen geschieht in der Regel durch ausdrückliche Erklärung.[15]

§. 42. Die Theilnehmung an solchen Religionshandlungen, wodurch eine Partei sich von der anderen wesentlich unterscheidet, hat die Kraft einer ausdrücklichen Erklärung, wenn nicht das Gegentheil aus den Umständen deutlich erhellet. (§. 39.)

§. 43. Keine Religionspartei soll die Mitglieder der anderen durch Zwang oder listige Ueberredungen zum Uebergange zu verleiten sich anmaßen.

§. 44. Unter dem Vorwande des Religionseifers darf Niemand den Hausfrieden stören, oder Familienrechte kränken.

§. 45. Keine Kirchengesellschaft ist befugt, ihren Mitgliedern Glaubensgesetze wider ihre Ueberzeugung aufzudringen.

---

[14]) §§ 74—76 II. 2 sind aufgehoben. Vgl. Anm. 3 zu §§ 76 ff. II. 2. — § 84 II 2.

[15]) Ges., betr. den Austritt aus der Kirche, v. 14. Mai 1873 (G.S. 207), Instr. dazu v. 13. Juni 1873 (J.M.Bl. S. 183). — Nach § 1 Abs. 2, 3 des Ges. v. 14. Mai 1873 sind die §§ 41 f. d. Tit. für den Uebertritt von einer Kirche zur anderen ohne Befreiung von den Lasten des bisherigen Verbandes in Kraft geblieben.

§. 46. **Wegen der äußeren Form und Feier des Gottesdienstes kann jede Kirchengesellschaft dienliche Ordnungen einführen.**[16])

§. 47. Dergleichen Anordnungen müssen jedoch dem Staat zur Prüfung, nach dem §. 13. bestimmten Grundsatze, vorgelegt werden.[17])

§. 48. Nach erfolgter Genehmigung haben sie mit anderen Polizeigesetzen gleiche Kraft und Verbindlichkeit.

§. 49. Sie können aber auch ohne Genehmigung des Staats nicht verändert, noch wieder aufgehoben werden.

§. 50. **Jedes Mitglied einer Kirchengesellschaft ist schuldig, sich der darin eingeführten Kirchenzucht zu unterwerfen.**

§. 51. Dergleichen Kirchenzucht soll bloß zur Abstellung öffentlichen Aergernisses abzielen.[18])

§. 52. Sie darf niemals in Strafen an Leib, Ehre, oder Vermögen der Mitglieder ausarten.

§. 53. Sind dergleichen Strafen zur Aufrechthaltung der Ordnung, Ruhe und Sicherheit in der Kirchengesellschaft nothwendig, so muß die Verfügung der vom Staat gesetzten Obrigkeit überlassen werden.

§. 54. Wenn einzelne Mitglieder durch öffentliche Handlungen eine Verachtung des Gottesdienstes und der Religionsgebräuche zu erkennen geben, oder andere in ihrer Andacht stören: so ist die Kirchengesellschaft befugt, dergleichen unwürdigen Mitgliedern, so lange sie sich nicht bessern, den Zutritt in ihre Versammlungen zu versagen.

§. 55. Wegen bloßer von dem gemeinen Glaubensbekenntnisse abweichender Meinungen kann kein Mitglied ausgeschlossen werden.

§. 56. Wenn über die Rechtmäßigkeit der Ausschließung Streit entsteht, so gebührt die Entscheidung dem Staat.

§. 57. So weit mit einer solchen Ausschließung nachtheilige Folgen für die bürgerliche Ehre des Ausgeschlossenen verbunden sind, muß vor deren Veranlassung die Genehmigung des Staats eingeholt werden.

---

[16]) Kirchengemeinde- und Synodal-Ordnung v. 10. September 1873 (G.S. S. 418) §§ 15, 65 Nr. 3. — Generalsynodal-Ordnung v. 20. Januar 1876 (G.S. S. 8) § 7 Nr. 3.

[17]) §§ 47—49 sind beseitigt durch Art. 15 Pr. Verf. Durch dessen Aufhebung (Ges. v. 5. April 1873, G.S. S. 143, und v. 18. Juni 1875, G.S. S. 259) sind sie nicht wieder in Kraft getreten. — Für die evangelische Landeskirche jetzt: §§ 6, 7 d. Gen.Syn.O. v. 20. Januar 1876 (G.S. S. 8).

[18]) §§ 51—57 sind beseitigt durch Art. 15 Pr. Verf. (vgl. Anm. 17) und Ges. über die Grenzen des Rechts zum Gebrauche kirchlicher Straf- und Zuchtmittel, v. 13. Mai 1873 (G.S. S. 205), dessen §§ 2—6 durch Art. 4 Ges., betr. Abänderung der kirchenpolitischen Gesetze v. 29. April 1887 (G.S. S. 127) aufgehoben sind.

Zweiter Abschnitt.

Von den Mitgliedern der Kirchengesellschaften.

Geistliche Mitglieder.

§. 58. Die Kirchengesellschaft besteht aus geistlichen und weltlichen Mitgliedern.

§. 59. Diejenigen, welche bei einer christlichen Kirchengemeine zum Unterricht in der Religion, zur Besorgung des Gottesdienstes, und zur Verwaltung der Sacramente bestellt sind, werden Geistliche genannt.

Erfordernisse derselben.

§. 60. Niemand darf ohne Vorwissen und Genehmigung derjenigen, deren Einwilligung zur Wahl einer Lebensart erfordert wird, zu einem geistlichen Amte sich bestimmen. (Tit. 2. §. 109. sqq. Tit. 18. Abschn. 6.)[19]

§. 61. Ohne vorhergegangene genaue Prüfung seiner Kenntnisse, und seines bisher geführten Wandels, soll Niemand zu einem geistlichen Amte gelassen werden.[20]

§. 62. Die übrigen Erfordernisse zu einem geistlichen Amte bleiben, nach Verschiedenheit der Religionsparteien, den vom Staat genehmigten Grundgesetzen und Verfassungen derselben vorbehalten.

Bestallung.

§. 63. Die Befugniß zur Ausübung aller geistlichen Amtsverrichtungen wird durch die Ordination verliehen.

§. 64. Landesunterthanen sollen, ohne besondere Erlaubniß, die Ordination zu geistlichen Aemtern bei auswärtigen Behörden nicht nachsuchen oder annehmen.[21]

§. 65. Die Ordination soll Niemandem ertheilt werden, ehe er ein geistliches Amt, welches ihm seinen Unterhalt gewährt, zu übernehmen Gelegenheit hat.

---

[19] §§ 109ff. II. 2, Abschn. 6 II. 18 sind aufgehoben. Vgl. jetzt §§ 1631, 1666, 1793, 1800 B.G.B.

[20] Ges. über die Vorbildung und Anstellung der Geistlichen v. 11. Mai 1873 (G.S. S. 191) und dazu: Ges. v. 21. Mai 1874 (G.S. S. 139); Ges. v. 14. Juli 1880 (G.S. S. 285); Ges. v. 31. Mai 1882 (G.S. S 307); Ges. v. 11. Juli 1883 (G.S. S. 109); Ges. v. 21. Mai 1886 (G.S. S. 147); Ges. v. 29. April 1887 (G.S. S. 127). — Kirchenges., betr die Anstellungsfähigkeit und Vorbildung der Geistlichen, v. 15. August 1898 (K.Ges. u. V.Bl. S. 137).

[21] Für die katholische Kirche beseitigt durch Ges. v. 11. Mai 1873 (vgl. Anm. 20).

Rechte und Pflichten in Ansehung des Amtes.

§. 66. Die besonderen Rechte und Pflichten eines katholischen Priesters, in Ansehung seiner geistlichen Amtsverrichtungen, sind durch die Vorschriften des Canonischen Rechts; der protestantischen Geistlichen aber, durch die Consistorial- und Kirchen-Ordnungen bestimmt.[22])

§. 67. Alle Geistlichen müssen sich, bei Verlust ihres Amtes, eines ehrbaren und dem Volke unanstößigen Lebenswandels vorzüglich befleißigen.

§. 68. Auch in gleichgültigen Dingen müssen sie alle Gelegenheit zum Anstoße für die Kirchengemeine sorgfältig vermeiden.

§. 69. Aller zudringlichen Einmischungen in Privat- und Familienangelegenheiten müssen sie sich enthalten.

§. 70. Durch vorsichtiges und sanftmüthiges Betragen müssen sie die Liebe und das Vertrauen der Gemeine zu erwerben suchen.

§. 71. Ueberhaupt müssen sie in Lehre und Wandel ihren Zuhörern mit einem guten Beispiel der Sanftmuth und Verträglichkeit, selbst gegen fremde Religionsverwandte, vorgehen.

§. 72. Auch die Personen, welche zu ihrer Familie gehören, müssen sie zu einer ordentlichen, stillen und bescheidenen Aufführung anhalten.

§. 73. In ihren Amtsvorträgen, und bei dem öffentlichen Unterricht, müssen sie zum Anstoße der Gemeine nichts einmischen, was den Grundbegriffen ihrer Religionspartei widerspricht.

§. 74. In wie fern sie, bei innerer Ueberzeugung von der Unrichtigkeit dieser Begriffe, ihr Amt dennoch fortsetzen können, bleibt ihrem Gewissen überlassen.

§. 75. Auch außer der Kirche müssen Geistliche, denen die Seelsorge bei einer Kirchengesellschaft anvertraut ist, an der Belehrung und moralischen Besserung ihrer Mitglieder unermüdet arbeiten.

§. 76. Zu Privatmahnungen, in so fern dieselben mit Sanftmuth und Bescheidenheit geschehen, sind sie berechtigt.

§. 77. Wenn sie einem Mitgliede der Gemeine seine Vergehungen ins Geheim vorhalten, so sind sie nicht schuldig, die Quellen ihrer davon erhaltenen Nachrichten anzugeben.

§. 78. Dergleichen geheime Vorhaltungen sollen niemals für Injurien angesehen werden.

---

[22]) Vgl. Anm. 32 zu § 118 d. Tit.

§. 79. Fehlen sie dabei aus Mangel an Sanftmuth und Bescheidenheit, so müssen die geistlichen Obern sie deshalb zurechtweisen.

§. 80. Was einem Geistlichen unter dem Siegel der Beichte, oder der geistlichen Amtsverschwiegenheit anvertraut worden, das muß er, bei Verlust seines Amtes, geheim halten.

§. 81. Auch zum gerichtlichen Zeugnisse über den Inhalt solcher Eröffnungen kann ein Geistlicher ohne den Willen desjenigen, der ihm dieselben anvertraut hat, nicht aufgefordert werden.[23])

§. 82. So weit aber die Offenbarung eines solchen Geheimnisses nothwendig ist, um eine dem Staat drohende Gefahr abzuwenden; oder ein Verbrechen zu verhüten; oder den schädlichen Folgen eines schon begangenen Verbrechens abzuhelfen oder vorzubeugen, muß der Geistliche dasselbe der Obrigkeit anzeigen.

§. 83. In öffentlichen Vorträgen muß jeder Geistliche aller persönlichen Anzüglichkeiten sich enthalten.

§. 84. Schilderungen der in einer Gemeine herrschenden Laster sind keine Anzüglichkeiten.

§. 85. Sie arten aber darin aus, wenn Personen genannt, oder durch individuelle Nebenumstände kundbar gemacht werden.

§. 86. Kein Geistlicher darf eigenmächtig irgend ein Mitglied der Gemeine von Beiwohnung des Gottesdienstes, oder von den Sacramenten ausschließen.[24])

§. 87. Findet er Bedenken, Jemanden zuzulassen, so muß er demselben dies Bedenken in Zeiten mit vernünftiger Schonung eröffnen.

§. 88. Besteht derselbe dennoch auf seiner Zulassung, so muß der Geistliche den Vorfall, mit Verschweigung des Namens, seinen geistlichen Obern anzeigen und nach deren Vorbescheidung sich achten.

§. 89. Nur in Fällen, wenn Jemand zu einer gottesdienstlichen Handlung in der Trunkenheit, in anstößiger und ärgerlicher Kleidung, oder sonst in einem Zustande sich darstellt, in welchem er, ohne offenbaren Anstoß und grobes Aergerniß der Gemeine, oder seiner Mitgenossen bei dieser Handlung, nicht zugelassen werden kann, mag der Geistliche einen solchen Menschen, bis auf weitere Verfügung der Behörde, zurückweisen.

---

[23]) § 52 Str.P.O. — §§ 383, 385 C.P.O.

[24]) Vgl. § 14 Kirchengemeinde- u. Synodal-O. v. 10. September 1873 in der Fassung des Ges. v. 7. April 1891 (G.S. S. 43).

§. 90. Der einmal Zurückgewiesene (§. 87. 89.) muß die Vorbescheidung der geistlichen Obern abwarten.

§. 91. Kein Geistlicher kann ein Mitglied der Gemeine zur Beiwohnung des Gottesdienstes, und zum Gebrauche der Sacramente, durch äußeren Zwang anhalten.

§. 92. Auch zu Haus- und Krankenbesuchen darf er sich Niemandem gegen dessen erklärte Abneigung aufdrängen.

Rechte und Pflichten in ihren Privatangelegenheiten.

§. 93. Geistliche dürfen weder für sich selbst, noch durch die in ihrem Hause lebende Familie, Kaufmannschaft oder bürgerliche Gewerbe treiben.

§. 94. Wenn ihnen der Genuß gewisser Grundstücke zu ihrem Unterhalt angewiesen worden, so mögen sie deren Cultur und den Absatz der darauf gewonnenen Erzeugnisse selbst besorgen.

§. 95. Außerdem dürfen sie nur unter Genehmigung ihrer Obern, und nur in so fern, als es ohne Vernachlässigung ihres Amtes geschehen kann, sich mit der Landwirthschaft beschäftigen.

§. 96. Die Geistlichen der vom Staat privilegirten Kirchengesellschaften sind, als Beamte des Staats, der Regel nach von den persönlichen Lasten und Pflichten des gemeinen Bürgers frei.

§. 97. Sie genießen einen privilegirten Gerichtsstand.[25])

§. 98. In den Angelegenheiten des bürgerlichen Lebens werden alle Geistliche, ohne Unterschied der Religion, nach den Gesetzen des Staats beurtheilt.

§. 99. Nach diesen Gesetzen behalten sowohl alle protestantischen, als die katholischen Weltgeistlichen, die freie Disposition über ihr Vermögen.

§. 100. Auch dasjenige, was sie aus den Einkünften ihres geistlichen Amtes erworben haben, gehört zu ihrem freien Eigenthum.

§. 101. Nur da, wo Provinzialgesetze, oder vom Staat gebilligte Statuten, der Kirche ein Erbrecht auf einen gewissen Theil dieses Erwerbes beilegen, hat es dabei sein Bewenden.[26])

---

[25]) Aufgehoben durch § 9 V., betr. die Aufhebung der Privatgerichtsbarkeit, v. 2. Januar 1849 (G.S. S. 1).

[26]) Solche Vorschriften haben neben § 1936 B.G.B.. nur noch in

Wie das geistliche Amt aufhöre.

§. 102. Seinem geistlichen Amte kann ein jeder entsagen.

§. 103. Criminalverbrechen, und grobe Vergehungen gegen die Kirchenordnungen, und die darin vorgeschriebenen geistlichen Amtspflichten, ingleichen ein ärgerlicher Lebenswandel, begründen die Entsetzung eines Geistlichen.[27])

§. 104. Durch öffentliche, den geistlichen Obern angezeigte Entsagung des geistlichen Standes, so wie durch Entsetzung eines Geistlichen von seinem Amte, gehen alle damit verbundenen äußeren Rechte verloren.

§. 105. Auch darf ein solcher gewesener Geistlicher, bei Vermeidung nachdrücklicher Strafe, sich keine Amtsverrichtungen mehr anmaßen.[28])

§. 106. Thut er es dennoch, so haben die Amtshandlungen, die er sich anmaßt, keine bürgerliche Gültigkeit,[29]) und er selbst bleibt denen, welche dadurch Schaden leiden, verantwortlich. (Tit. 10. §. 76. bis 82.)[30])

§. 107. Wenn und wie ein katholischer Priester, bei der Entsetzung, auch seines geistlichen Charakters verlustig werde, ist nach den Grundsätzen seiner Kirche zu beurtheilen.

Weltliche Mitglieder

§ 108. Die weltlichen Mitglieder einer Kirchengesellschaft haben das Recht, sich der Anstalten der Gesellschaft zu ihren Religionshandlungen zu bedienen.

§. 109. Sie müssen sich aber dabei den bei dieser Gesellschaft eingeführten Ordnungen und Verfassungen unterwerfen.

§. 110. So lange sie Mitglieder der Gesellschaft bleiben, müssen sie zur Unterhaltung der Kirchenanstalten, nach den Verfassungen der Gesellschaft beitragen.

---

soweit Geltung, als sie bestimmen, daß, falls zur Zeit des Erbfalls weder ein Verwandter noch ein Ehegatte des Erblassers vorhanden ist, die Kirche an Stelle des Fiskus gesetzlicher Erbe ist. Art. 138 E.G. z. B.G.B.

27) Vgl. die in Anm. 107 zu §. 530 d. Tit. genannten Disziplinargesetze.

28) R.Ges., betr. die Verhinderung der unbefugten Ausübung von Kirchenämtern, v. 4. Mai 1874 (R.G.B S. 43).

29) Nach Einführung der bürgerlichen Ehe und der Personenstandsregister gegenstandslos.

30) Die Schadensersatzpflicht bestimmt sich nach §§ 823 ff. B.G.B.

§. 111. Nur der Staat kann bestimmen, zu welcher der verschiedenen Kirchengemeinen seiner eigenen Religionspartei jeder Einwohner als ein beitragendes Mitglied gerechnet werden soll.

§. 112. Auch ist der Staat berechtigt, jeden Einwohner zur Beobachtung solcher äußeren Kirchengebräuche und Einrichtungen derjenigen Religionspartei, zu der er sich bekennt, in so weit anzuhalten, als davon, vermöge der Gesetze, die Bestimmung oder Gewißheit bürgerlicher Rechte abhängt.[31])

Dritter Abschnitt.

Von den Obern und Vorgesetzten der Kirchengesellschaften.[32])[33])

Von dem geistlichen Departement.

§. 113. Die dem Staat über die Kirchengesellschaften nach den Gesetzen zukommenden Rechte werden von dem geistlichen

---

[31]) Gegenstandslos durch die Gesetzgebung über die bürgerliche Ehe und die Beurkundung des Personenstandes. R.Ges. v. 6. Februar 1875 (R.G.Bl. S. 23). Art. 46 E.G. z. B.G.B. §§ 1317 ff. B.G.B.

[32]) Ges., betr. die evangelische Kirchenverfassung in den acht (9) älteren Provinzen der Monarchie v. 3. Juni 1876 (G.S. S. 125) und dazu Ges. v. 21. Mai 1887 (G.S. S. 194); 19. Mai 1891 (G.S. S. 64); 30. August 1892 (G.S. S. 273); 3. Juli 1893 (G.S. S. 191); 28. Mai 1894 (G.S. S. 87); v. 21. September 1898 (G.S. S. 312); V. über die Ausübung der Rechte des Staats gegenüber der evangelischen Landeskirche der acht älteren Provinzen der Monarchie v. 9. September 1876 (G.S. S. 395) und dazu V. v. 30. Januar 1893 (G.S. S. 10). — V., betr. den Uebergang der Verwaltung der Angelegenheiten der evangel. Landeskirche auf den Evangel. Oberkirchenrath und die Konsistorien der acht älteren Provinzen der Monarchie v. 5. September 1877 (G.S. S. 215) und dazu V. v. 25. September 1897 (G.S. S. 405) u. für Hohenzollern V. v. 25. September 1897 (G.S. S. 408).

Ges., betr. die evangelische Kirchengemeinde- und Synodalordnung vom 10. September 1873 für die Provinzen Preußen, Brandenburg, Pommern, Posen, Schlesien und Sachsen, v. 25. Mai 1874 (G.S. S. 147) und dazu Ges. v. 21. Mai 1887 (G.S. S. 194); 7. April 1891 (G.S. S. 43); 3. Juli 1893 (G.S. S. 191); v. 28. Mai 1894 (G.S. S. 87). — Ges., betr. die Berliner Stadtsynode und die Parochialverbände an größeren Orten v. 18. Mai 1895 (G.S. S. 175); V., betr. die Ausübung der Rechte des Staats gegenüber der Berliner Stadtsynode und den Parochialverbänden an größeren Orten, v. 20. Oktober 1896 (G.S. S. 203). — Ges., betr. die Vertretung der Kreis- und Provinzialsynodalverbände in vermögensrechtlichen Angelegenheiten v. 18. Juni 1895 (G.S. S. 271).

Kirchen-O. für die evang. Gemeinden der Prov. Westfalen und der Rheinprovinz, v. 5. März 1835 (v. Kamptz, Annalen Bd. 19 S. 104) u. Ges., betr. die Form der schriftlichen Willenserklärungen der

Departement in so fern verwaltet, als sie nicht dem Oberhaupte des Staats ausdrücklich vorbehalten sind.

Presbyterien v. 28. Juli 1891 (G.S. S. 332) u. K.Ges. v. 8. Juni 1891 (G.S. S. 333). — Ges., betr. die Bestreitung der Kosten für die Bedürfnisse der links-rhein. Kirchengemeinden v. 14. März 1880 (G.S. S. 225).

Ges., betr. die Kirchengemeinde-O. für die evang. Gemeinden in Hohenzollern v. 1. März 1897 (G.S. S 69) u. V. v. 25. September 1897 (G.S. S. 406) u. v. 28. November 1898 (G.S. S. 337); Ges., betr. die Kreis-Synodal-O. für Hohenzollern v. 2. Juli 1898 (G.S. S. 271).

Generalsynodal-O. für die evangelische Landeskirche der acht (9) älteren Provinzen der Monarchie v. 20. Januar 1876 (G.S. S. 8, 134) u. dazu Ges. v. 21. Mai 1887 (G.S. S. 194), v. 30. August 1892 (G.S. S. 273), K.Ges. v. 19. September 1898 (G.S. S. 313).

Ges., betr. die evang. Kirchenverfassung in der Prov. Schleswig-Holstein und in dem Amtsbezirk des Konsistoriums zu Wiesbaden v. 6. April 1878 (G.S. S. 145) mit den Kirchengem.- u. Syn.-O. v. 4. November 1876 u. v. 4. Juli 1877 und A.E. v. 7. November 1877 (Lauenburg); dazu Ges. v. 14. Juli 1895 (G.S. S. 281), u. Ges. v. 25. April 1896 (G.S. S. 95); V. v. 19. August 1878 (G.S. S. 287), v. 1. November 1886 (G.S. S. 296), v. 30. Januar 1893 (G.S. S. 10). — Ges., betr. die Vertretung in vermögensrechtlichen Angelegenheiten v. 9. Juni 1898 (G.S. S. 117). — Ges., betr. die Parochial-Verbände in Schleswig-Holstein v. 25. Juni 1898 (G.S. S. 133) u. V. v. 29. August 1898 (G.S. S. 307).

Ges., betr. die Kirchenverfassung der evang. Kirche im Konsistorialbezirke Frankfurt a. M. v. 28. September 1899 (G.S. S. 457) mit der Kirchengem.- u. Syn.-O. v. 27. September 1899; V. v. 6. November 1899 (G.S. S. 517).

Ges., betr. die Kirchenverfassung der evang. Kirche im Bezirke des Konsistoriums zu Cassel v. 19. März 1886 (G.S. S. 79) mit der Presbyt.- u. Syn.-O. v. 16. Dezember 1885; dazu Ges. v. 14. Juli 1895 (G.S. S. 284), V. v 10. Januar 1887 (G.S. S. 7) u. v. 30. Januar 1893 (G.S. S. 10). — Ges., betr. die Vertretung in vermögensrechtlichen Angelegenheiten v. 14. Juli 1895 (G.S. S. 286) u. V. v. dems. Tage (G.S. S. 288).

Kirchenvorstands- u. Synodal-O. f. d. evangelisch-lutherische Kirche des Königreichs Hannover v. 9. Oktober 1864 (Hannov. G.S. I. S. 413) u Ausführungs-V. v. 20. Oktober 1864 (ebendas. S. 441); dazu Ges. v. 6. Mai 1885 (G.S. S. 135), V. v. 24. Juni 1885 (G.S. S. 274) u. v. 30. Januar 1893 (G.S. S. 10). Ges., betr. die Vertretung in vermögensrechtl. Angelegenheiten v. 25. Mai 1900 (G.S. S. 145) u. K.Ges. v. 24. Mai 1900 (G.S. S. 143). — Ges., betr. die Bildung von Gesammtverbänden v. 8. Juni 1900 (G.S. S. 273), K.Ges. v. 7. Juni 1900 (G.S. S. 271) u. V. v. 1. Oktober 1900 (G.S. S. 359).

§. 114. Außerdem aber stehen die Kirchengesellschaften einer jeden vom Staat aufgenommenen Religionspartei unter der Direction ihrer geistlichen Obern.

Von Bischöfen.

§. 115. Bei den katholischen Glaubensgenossen ist der Bischof der gemeinschaftliche Vorgesetzte aller Kirchengesellschaften des ihm angewiesenen Districts.

§. 116. Ohne ausdrückliche Genehmigung des Staats kann keine Kirchengesellschaft von dieser Unterordnung gegen den Bischof der Diözes ausgenommen werden.

Verhältniß derselben gegen den Staat.

§. 117. Kein Bischof darf in Religions- und Kirchenangelegenheiten, ohne Erlaubniß des Staats, neue Verordnungen machen, oder dergleichen von fremden geistlichen Obern annehmen.[34])

§. 118. Alle päpstlichen Bullen, Breven, und alle Verordnungen auswärtiger Obern der Geistlichkeit müssen, vor ihrer Publication und Vollstreckung, dem Staat zur Prüfung und Genehmigung vorgelegt werden.

§. 119. Diejenigen Gerechtsame über die Kirchengesellschaften, welche nach den Gesetzen dem Staat vorbehalten sind, kann der Bischof nur in so fern ausüben, als ihm eine oder die andere derselben von dem Staat ausdrücklich verliehen worden.

Ges., betr. die Kirchenverfassung der evang.-reformirten Kirche der Prov. Hannover v. 6. August 1883 (G.S. S. 295) mit der Kirchengem.- u. Syn.-O. v. 12. April 1882; dazu Ges. v. 14. Juli 1895 (G.S. S. 283), V. v. 25. Juli 1884 (G.S. S. 319) u. v. 30. Januar 1893 (G.S. S. 10).

[33]) Ges. über die Vermögensverwaltung in den katholischen Kirchengemeinden v. 20. Juni 1875 (G.S. S. 241) und dazu Art. 14 Ges. v. 21. Mai 1886 (G.S. S. 147); Ges. v. 31. März 1893 (G.S. S. 68). V. über die Ausübung der Aufsichtsrechte des Staats bei der Vermögensverwaltung in den katholischen Kirchengemeinden v. 30. Januar 1893 (G.S S. 13). — Ges. über die Aufsichtsrechte des Staats bei der Vermögensverwaltung in den katholischen Diözesen v. 7. Juni 1876 (G.S. S. 149) und dazu V. v. 30. Januar 1893 (G.S. S. 11).

Ges., betr. die Einstellung der Leistungen aus Staatsmitteln für die römisch-katholischen Bisthümer und Geistlichen v. 22. April 1875 (G.S. S. 194) u. dazu Art. 4 Ges. v. 14. Juli 1880 (G.S. S. 285) u. Ges. v. 24. Juni 1891 (G.S. S. 227).

[34]) §§ 117, 118 sind durch Art. 16 der Pr. Verf. aufgehoben und nach dessen Aufhebung durch Ges. v. 18. Juni 1875 (G.S. S. 259) nicht wieder in Kraft getreten.

Diözesanrechte.

§. 120. Ohne Zuthun und Approbation des Bischofs der Diözes, oder dessen Vicarien, soll Niemand zum Priester aufgenommen, zu einem geistlichen Amte befördert, oder auch nur zum öffentlichen Lehrvortrage in einer Kirchengemeine zugelassen werden.

§. 121. Dem Bischof gebührt die Aufsicht über die Amtsführung, Lehre und Wandel der seiner Diözes unterworfenen Geistlichen.

§. 122. Diese sind ihm Ehrfurcht, und in Angelegenheiten ihres geistlichen Amtes Gehorsam schuldig.

§. 123. Der Bischof ist berechtigt, bei den Kirchen seiner Diözes, so oft er es nöthig findet, Visitationen vorzunehmen.

§. 124. Die Rechte der Kirchenzucht gebühren nur dem Bischof.[35])

§. 125. Vermöge dieses Rechts kann er die ihm untergeordneten Geistlichen durch geistliche Bußübungen, durch kleine den Betrag von zwanzig Thalern nicht übersteigende Geldbußen, oder auch durch eine die Dauer von vier Wochen nicht übersteigende Gefängnißstrafe, zum Gehorsam, und zur Beobachtung ihrer Amtspflichten anhalten.[36])

§. 126. Geistliche katholischer Religion, die sich in ihrer Amtsführung grober Vergehungen schuldig gemacht haben, müssen nach dem Erkenntnisse des geistlichen Gerichts bestraft werden.

§. 127. Langwieriges Gefängniß (§. 125.) und andere körperliche Strafen ist weder der Bischof, noch ein geistliches Gericht zu verhängen berechtigt.[36])

§. 128. In weltlichen Angelegenheiten der Geistlichen kann sich der Bischof nur in so weit eine Gerichtsbarkeit und ein Erkenntniß anmaßen, als ihm das Recht dazu vom Staat ausdrücklich verliehen worden.[37])

§. 129. Auch über ein Privatinteresse, welches bei Gelegenheit einer Amtshandlung entstanden ist, gebührt das Erkenntniß in der Regel den weltlichen Gerichten.

§. 130. Der Bischof kann in den verschiedenen Verrichtungen

---

35) Vgl. jetzt die in Anm. 18 zu § 51 d. Tit. genannten Gesetze.

36) §§ 125, 127 sind beseitigt durch Ges. über die kirchl. Disziplinargewalt v. 12. Mai 1873 (G.S. S. 198).

37) Beseitigt durch § 1 Abs. 2. V. über die Aufhebung der Privatgerichtsbarkeit v. 2. Januar 1849 (G.S. S. 1). — Vgl. G.V.G. § 15 Abs. 3.

seines Amtes durch andere Geistliche, die ihm untergeordnet sind, vertreten werden.

§. 131. Diejenigen, welchen dergleichen Vertretung, nach der besondern Verfassung einer jeden Diözes, vermöge ihres Amtes zukommt und obliegt, werden zur höheren Geistlichkeit gerechnet.

§. 132. Auch anderen Geistlichen kann der Bischof, bei einzelnen Vorfällen seines Amtes, nach Gutbefinden Aufträge machen.

§. 133. Die Bestellung eines bischöflichen Generalvicarius kann ohne landesherrliche Genehmigung nicht geschehen.[38])

§. 134. Alle Obern der Geistlichkeit sind dem Staat zur vorzüglichen Treue und Gehorsam verpflichtet.

Von auswärtigen Bischöfen.

§. 135. Kein auswärtiger Bischof, oder anderer geistlicher Obere, darf sich in Kirchensachen eine gesetzgebende Macht anmaßen.

§. 136. Auch darf er irgend einige andere Gewalt, Direction oder Gerichtsbarkeit in solchen Sachen, ohne ausdrückliche Einwilligung des Staats, nicht ausüben.

§. 137. Kein Unterthan des Staats, geistlichen oder weltlichen Standes, kann unter irgend einem Vorwande zu der Gerichtsbarkeit auswärtiger geistlicher Obern gezogen werden.

§. 138. Ist dergleichen auswärtigen Obern eine Direction oder Gerichtsbarkeit innerhalb der Grenzen des Staats zugestanden, so müssen sie, zu deren Verwaltung, einen vom Staat genehmigten Vicarius innerhalb Landes bestellen.

§. 139. Ein solcher Vicarius muß nicht nur selbst die den einländischen Bischöfen vorgeschriebenen Grenzen genau beobachten, sondern auch nicht gestatten, daß diese Grenzen von seinen auswärtigen Obern überschritten werden.

§. 140. Vielmehr muß er, wenn etwas dergleichen, so er nicht hintertreiben kann, unternommen wird, dem Staat davon in Zeiten getreue Anzeige machen.

Synoden.

§. 141. Zu Kirchenversammlungen innerhalb Landes darf die Geistlichkeit ohne Vorwissen und Mitwirkung des Staats nicht berufen; viel-

---

[38]) Beseitigt durch Art. 18 Pr. Verf. und nach dessen Aufhebung durch Ges. v. 18. Juni 1875 (G.S. S. 259) nicht wieder in Kraft getreten.

weniger können die Schlüsse solcher Versammlungeu ohne Genehmigung des Staats in Ausübung gebracht werden.

§. 142. Den Einladungen zu auswärtigen Kirchenversammlungen dürfen inländische Geistliche ohne besondere Erlaubniß des Staats nicht Folge leisten.[39])

Protestantische Consistoria.

§. 143. Bei den Protestanten kommen die Rechte und Pflichten des Bischofs in Kirchensachen, der Regel nach, den Consistoriis zu.

§. 144. Der Umfang der Geschäfte derselben ist durch die Consistorial- und Kirchen-Ordnungen, nach den verschiedenen Verfassungen der Provinzen und Departements, näher bestimmt.[40])

§. 145. Sämmtliche Consistoria der Protestanten stehen unter der Oberdirection des dazu verordneten Departements des Staatsministerii.

§. 146. Ohne desselben Vorwissen und Genehmigung kann in Kirchensachen keine Veränderung vorgenommen, noch weniger können neue Kirchenordnungen eingeführt werden.[41])

Mediatconsistoria.

§. 147. Mediatconsistoria, wo dergleichen vorhanden sind, stehen, der Regel nach, unter der Aufsicht des Oberconsistorii der Provinz.

§. 148. Ausnahmen davon, und unmittelbare Unterordnung unter das geistliche Departement müssen besonders dargethan werden.

§. 149. Es sollen aber auch die Oberconsistoria den untergeordneten Mediatconsistoriis in Ausübung ihrer Gerechtsame keinen Eintrag thun.

---

[39]) §§ 141, 142 sind beseitigt durch Art. 15, 29 Pr. Verf. — Zu welchen Beschlüssen staatl. Genehmigung erforderlich ist, bestimmen die in Anm. 32, 33 zu § 113 d. Tit. genannten Gesetze.

[40]) Dienst-Instruktion für die Provinzial-Konsistorien, v. 23. Oktober 1817 (G.S. S. 237) u. dazu K.O. v. 31. Dezember 1825 (G.S. 1826 S. 6); V., betr. die Ressortverhältnisse der Provinzialbehörden für das evangelische Kirchenwesen, v. 27. Juni 1845 (G.S. S. 440); A.E. v. 29. Juni 1850 (G.S. S. 343). (Einsetzung des evangelischen Oberkirchenraths.) — Art. 21 Ges., betr. die evangelische Kirchenverfassung, v. 3. Juni 1876 (G.S. S. 125). — V., betr. den Uebergang der Verwaltung der evangelischen Landeskirche auf den evangelischen Oberkirchenrath und die Konsistorien der acht älteren Provinzen der Monarchie, v. 5. September 1877 (G.S. S. 215) u. dazu V. v. 25. September 1897 (G.S. S. 405).

[41]) Im Einzelnen entscheiden jetzt die in Anm. 32 zu § 113 d. Tit. genannten Gesetze.

Superintendenten, Inspectoren und Erzpriester.

§. 150. Superintendenten, Inspectoren und Erzpriester sind untergeordnete Aufseher einzelner Diözesen oder Kreise.

§. 151. Sie stehen unter der Direction des Bischofs oder der Consistorien, und werden von denselben unter Genehmigung des Staats ausgewählt und bestellt.

§. 152. Ihr Amt besteht eigentlich nur in der Aufsicht über die zu ihrem Kreise geschlagenen Kirchen und Geistlichen.

§. 153. Letztere sind ihnen von ihrer Amtsführung, Lehre und Wandel, auf jedesmaliges Verlangen, Rechenschaft zu geben schuldig.

§. 154. Besonders müssen diese Aufseher die Kirchenvisitationen ordentlich und sorgfältig vornehmen; dabei auch von der Beschaffenheit und Verwaltung des Kirchenvermögens, so wie von dem Baustande der Kirchen- und Pfarrgebäude, genaue Erkundigung einziehen, und davon sowohl, als von der Amtsführung der Prediger und übrigen Kirchenbedienten, ihren vorgesetzten Obern treulich berichten.

§. 155. Zu entscheidenden Verfügungen, so wie überhaupt zu anderen Geschäften, sind sie ohne besonderen Auftrag ihrer Obern nicht befugt.

Kirchencollegia.[42])

§. 156. Die Collegia einzelner Kirchen bestehen aus den Geistlichen und den ihnen zugeordneten Vorstehern.

§. 157. Diesen kommt die Verwaltung der äußeren Rechte der Kirchengesellschaft zu.

§. 158. Sie sind der Aufsicht der Erzpriester oder Inspectoren untergeordnet.

§. 159. In außerordentlichen Fällen und Angelegenheiten müssen von der Gemeine Bevollmächtigte oder Repräsentanten gewählt, und mit der erforderlichen Instruction versehen werden.

Vierter Abschnitt.

Von den Gütern und dem Vermögen der Kirchengesellschaften.

Was Kirchenvermögen sei.

§. 160. Zu dem Vermögen der Kirchengesellschaften gehören die Gebäude, liegende Gründe, Capitalien und alle Ein-

---

42) Jetzt der evang. Gemeindekirchenrath, das Presbyterium und der kathol. Kirchenvorstand; §§ 3 ff. K. Gem.- u. Syn.O., §§ 5 ff. Kirchen-O. für Westf. u. Rheinpr.; §§ 5 ff. Ges. v. 20. Juni 1875.

künfte, welche zur anständigen Unterhaltung des äußeren Gottesdienstes für jede Kirchengemeine nach deren Verfassung bestimmt sind.

Verhältniß desselben gegen den Staat;[43])

§. 161. Das Kirchenvermögen steht unter der Oberaufsicht und Direction des Staats.

§. 162. Der Staat ist berechtigt, darauf zu sehen, daß die Einkünfte der Kirchen zweckmäßig verwendet werden.

§. 163. Ihm kommt es zu, dafür zu sorgen, daß nützliche Anstalten aus Mangel des Vermögens nicht zu Grunde gehen.

§. 164. Für den Unterhalt der bei einer Kirchengesellschaft angesetzten Beamten muß die Gesellschaft selbst sorgen.

§. 165. Kirchen, welche, gleich anderen Gesellschaften im Staate, den Schutz desselben bei ihrem Vermögen genießen, sind auch von diesem Vermögen, so weit ihnen nicht aus besonderen Gesetzen und Verfassungen gewisse Freiheiten zu statten kommen, zu den Lasten des Staats beizutragen verbunden.

§. 166. Sind Kirchengesellschaften, vermöge besonderer Privilegien oder Verordnungen, von gewissen Lasten in Ansehung ihrer liegenden Gründe frei; so kann doch diese Befreiung, wofern das Privilegium, oder die Verordnung es nicht ausdrücklich festsetzt, auf nachher erst erworbene Grundstücke nicht ausgedehnt werden.[44])

gegen die geistlichen Obern.

§. 167. Das Kirchenvermögen steht unter der Aufsicht der geistlichen Obern.

§ 168. Diese sind schuldig, für die Unterhaltung und zweckmäßige Verwendung desselben, nach der Verfassung einer jeden Kirchengesellschaft, zu sorgen.

§. 169. Keinem auswärtigen geistlichen Obern soll erlaubt sein, sich irgend eine Aufsicht oder Direction über das Vermögen inländischer Kirchen unmittelbar anzumaßen.

Kirchengebäude.

§ 170. Kirchen und andere dahin gehörige Gebäude sind

---

43) Die Grundsätze der §§ 161—169 sind durch die in Anm. 32, 33 genannten Gesetze im Einzelnen wesentlich umgestaltet.

44) § 24 g, i, k Kommunalabgaben-Ges., v. 14. Juli 1893 (G.S. S. 152).

ausschließend das Eigenthum der Kirchengesellschaft, zu deren Gebrauche sie bestimmt sind.

§. 171. Auch durch Veränderung ihrer Religionsgrundsätze verliert eine Kirchengesellschaft nicht das Eigenthum der ihr gewidmeten Kirchengebäude.

§. 172. Wenn aber die Kirchengesellschaft ganz aufhört, so gilt von diesen Gebäuden alles das, was von dem Vermögen erloschener Gesellschaften überhaupt im sechsten Titel §. 189. sqq. verordnet ist.[45])

§. 173. Kirchengebäude, so weit sie zur Feier des Gottesdienstes und zu gottesdienstlichen Handlungen bestimmt sind, dürfen ohne die Einwilligung der Gemeine zu anderen Zwecken nicht gebraucht werden.

§. 174. Die Kirchengebäude sind von den gemeinen Lasten des Staats frei, und genießen alle Vorrechte der dem Staat zustehenden öffentlichen Gebäude.[46])

§. 175. Sie sollen zu keinen Freistätten für Verbrecher dienen; sondern die weltliche Obrigkeit ist berechtigt, diejenigen, welche sich dahin geflüchtet haben, herausholen, und ins Gefängniß bringen zu lassen.

Von Errichtung neuer Kirchen.

§. 176. Neue Kirchen können nur unter ausdrücklicher Genehmigung des Staats erbaut werden.[47])

§. 177. Eine Kirchengesellschaft kann auf diese Erlaubniß nur alsdann Anspruch machen, wenn sie erhebliche Gründe der Nothwendigkeit oder des Nutzens, und zugleich hinlängliche Mittel zum Baue und zur Unterhaltung eines solchen neuen Kirchensystems, ohne besorglichen Ruin der gegenwärtigen und künftigen Mitglieder, nachweisen kann.

§. 178. Durch Errichtung neuer Kirchen sollen die Rechte, oder vom Staat genehmigten Verfassungen anderer schon vorhandener Kirchengesellschaften nicht beeinträchtigt werden.

---

[45]) Art. 5 A.G. z. B.G.B.

[46]) Vgl. Anm. 44.

[47]) Vgl. jetzt die in Anm. 32, 33 zu § 113 d. Tit. genannten Ges. v. 3. Juni 1876 Art. 24 Nr. 5; V. v. 9. September 1876 Art. I Nr. 4. — Ges. v. 20. Juni 1875 § 50 Nr. 4; V. v. 30. Januar 1893 (G.S. S. 13) Art. I Nr. 1. — Ges. v. 7. Juni 1876 § 2 Nr. 5; V., v. 30. Januar 1893 (G.S. S. 11) Art. I Nr. 1.

Kirchengeräthschaften.

§. 179. Kirchengefäße, und andere zum unmittelbaren gottesdienstlichen Gebrauche gewidmete Sachen haben mit den Kirchengebäuden, der Regel nach, gleiche Rechte.

§. 180. Solche Geräthschaften können in der Regel nur wegen einer dringenden Nothwendigkeit, unter Genehmigung des Staats[48]) und der geistlichen Obern,[49]) veräußert werden.

§. 181. Doch können der Staat und die geistlichen Obern dergleichen Veräußerung überflüssiger Kirchengeräthschaften, auch wegen eines für die Kirchengesellschaft zu hoffenden sichern und überwiegenden Nutzens, zulassen.

§. 182. Wenn aber solche Geräthschaften aus Stiftungen herrühren, so finden dabei die Vorschriften des sechsten Titels §. 73. sqq. Anwendung.

Kirchhöfe.

§. 183. Kirchhöfe oder Gottesäcker und Begräbnißplätze, welche zu den einzelnen Kirchen gehören, sind der Regel nach das Eigenthum der Kirchengesellschaften.

§. 184. In den Kirchen, und in bewohnten Gegenden der Städte, sollen keine Leichen beerdigt werden.

§. 185. Bei Verlegung der Begräbnißplätze können diejenigen, welche bisher erbliche Familienbegräbnisse in den Kirchen besessen haben, die unentgeltliche Anweisung eines schicklichen Platzes dazu auf dem neuen Kirchhofe fordern.[50])

§. 186. Ohne Anzeige bei den geistlichen Obern sollen Leichen anderswo, als auf einem öffentlichen Kirchhofe, nicht begraben werden.

§. 187. Niemand kann, durch Veranstaltung eines solchen Privatbegräbnisses, der Kirchenkasse und der Geistlichkeit die ihnen zukommenden Abgaben entziehen.

---

48) Nur noch erforderlich, wenn die Gegegenstände einen geschichtlichen, wissenschaftlichen oder Kunstwerth haben. Vgl. die in Anm. 32, 33 zu § 113 d. Tit. genannten Ges. v. 3. Juni 1876 Art. 24 Nr. 2; v. 20. Juni 1875 § 50 Nr. 2; v. 7. Juni 1876 § 2 Nr. 2.

49) Für die evangelische Landeskirche der älteren Provinzen nur mit derselben Beschränkung erforderlich wie die staatliche Genehmigung; K.Ges. betr. die kirchliche Aufsicht über die Vermögensverwaltung der Kirchengemeinden, v. 18. Juli 1892 (G.S. 1893 S. 25) § 1 Nr. 2.

50) Art. 133 E.G. z. B.G.B.

§. 188. Ohne Erkenntniß des Staats[51]) soll Niemandem das ehrliche Begräbniß auf dem öffentlichen Kirchhofe versagt werden.

§. 189. Auch die im Staat aufgenommenen Kirchengesellschaften der verschiedenen Religionsparteien dürfen einander wechselweise, in Ermangelung eigener Kirchhöfe, das Begräbniß nicht versagen.

§. 190. Wo der Kirchhof erweislich nicht der Kirchengesellschaft, sondern der Stadt- oder Dorfgemeine gehört, da kann jedes Mitglied der Gemeine, ohne Unterschied der Religion, auch auf das Begräbniß daselbst Anspruch machen.

Geläute.

§. 191. Das bei einer Kirche befindliche Geläute ist in der Regel als ein Eigenthum der Kirchengesellschaft anzusehen.

§. 192. Wo nach Verträgen, oder hergebrachter Observanz, auch eine andere Gemeine oder Religionspartei auf den Gebrauch desselben Anspruch machen kann, da kann dennoch dieser Mitgebrauch während des Gottesdienstes der Kirchengesellschaft, welcher die Glocken gehören, nicht verlangt werden.

Uebriges Vermögen.

§. 193. Die vom Staat ausdrücklich aufgenommenen Kirchengesellschaften sind, auch bei Erwerbung, Verwaltung und Veräußerung ihres Vermögens, anderen privilegirten Corporationen gleich zu achten. (Tit. 6. §. 70. 71. 72. 81. sqq.)

§. 194. Keine Kirchengesellschaft kann, ohne ausdrückliche Bewilligung des Staats, liegende Gründe an sich bringen.[52]) [53])

§. 195. Ohne Vorwissen und besondere Erlaubniß des Oberhauptes im Staate darf, bei Strafe doppelten Ersatzes, keiner ausländischen Kirche etwas verabfolgt werden.[54])

---

[51]) Solche Erkenntnisse können nicht mehr vorkommen.

[52]) Vergl. jetzt die in Anm. 32, 33 zu § 113 d. Tit. genannten Ges. v. 3. Juni 1876 Art. 24 Nr. 1; V. v. 9. September 1876 Art. I Nr. 2, Art. III Nr. 4 und v. 30. Januar 1893 (G.S. S. 10). — Ges. v. 20. Juni 1875 § 50 Nr. 1; V. v. 30. Januar 1893 (G.S. S. 13) Art. I Nr. 1 u. 3. — Ges. v. 7. Juni 1876 § 2 Nr. 1; V. v. 30. Januar 1893 (G.S. S. 11) Art. I Nr. 1 u. 4.

[53]) Die Genehmigung für den Erwerb ist jetzt nur noch bei Grundstücken im Werth von mehr als 5000 M. erforderlich. Art. 86. EG. nud Art. 7 § 1 A.G. z. B.G.B.

[54]) Gilt noch für Gegenstände im Werthe von mehr als 5000 M. Art. 86 E.G. u. Art. 6 A.G. z. B.G.B.

§. 196. Die Strafe trifft denjenigen, auf dessen Veranstaltung die Sache oder Summe der ausländischen Kirche ausgehändigt worden. [55])

Geschenke und Vermächtnisse.

§§. 197—216 **Anh.** §. 125 fallen fort.[56])

Verwaltung des Kirchenvermögens.

§. 217. Die Verwaltung des Kirchenvermögens liegt den Kirchencollegien, unter Aufsicht der geistlichen Oberen ob. [57])

§. 218. Von diesen gilt, der Regel nach, Alles, was wegen der Beamten privilegirter Corporationen verordnet ist. (Tit. 6. §. 147. sqq.)

Veräußerung.

§. 219. Grundstücke und Gerechtigkeiten, die einer Kirche gehören, können, ohne ausdrückliche Genehmigung des Staats, nicht veräußert werden. [58])

§. 220. Bei ganzen Landgütern oder Häusern ist die Genehmigung des geistlichen Departements nothwendig; bei einzelnen Grundstücken oder bloßen Gerechtigkeiten hingegen ist der Consens der unmittelbaren geistlichen Oberen hinreichend.

§. 221. Die Genehmigung kann nur alsdann nachgesucht werden, wenn die Veräußerung zum Besten der Kirche nothwendig, oder von erheblichem Nutzen ist.

§. 222. Die öffentliche Subhastation ist zur Gültigkeit einer solchen Veräußerung nicht wesentlich nothwendig.

Anh. §. 126. Bei Veräußerung unbeweglicher Grundstücke der Kirchen und anderer geistlicher Stiftungen, so wie bei Erb-[59]) und Zeitverpachtungen (letztere über sechs Jahre), soll zwar in der Regel eine freiwillige Subhastation veranlaßt werden; es soll jedoch von dem Ermessen der geistlichen Obern abhängen: ob nach aufgenommener gerichtlichen Taxe, nach dem Gutachten der Untergerichte,

---

[55]) Ersetzt durch § 3 Nr. 2 Art 6 A.G. z. B.G.B.

[56]) Aufgehoben durch Ges. über Schenkungen u. letztwillige Zuwendungen v. 13. Mai 1833 (G.S. S. 49) und § 7 Ges. v. 23. Februar 1870 (G.S. S. 118). — Jetzt: Art. 86 E.G. u. Art. 6 A.G. z. B.G.B.

[57]) Vgl. jetzt Anm. 42 zu § 156 d. Tit. u. die in Anm. 32, 33 zu § 113 d. Tit. genannten Gesetze.

[58]) Zu §§ 219, 220 vgl. Anm. 52 zu § 194 d. Tit.

[59]) Die Begründung einer Erbpacht ist nicht zulässig. § 91. Ablösungs-Ges. v. 2. März 1850 (G.S. S. 77).

Inspectoren und Prediger, die Subhastation noch erforderlich sei; und deren Unterlassung soll keine Ungültigkeit nach sich ziehen.

§. 223. Die ohne den erforderlichen Consens geschehene Veräußerung eines solchen Eigenthums der Kirche ist nichtig.[60])

§. 224. Dagegen kann dieselbe, wenn die Einwilligung der Behörde hinzugekommen ist, unter dem Vorwande, daß sie unnöthig oder nicht nützlich gewesen sei, nicht angefochten werden.

§. 225. Vielmehr finden dagegen nur eben die Einwendungen und Rechtsmittel, wie gegen jede andere Veräußerung statt.[61])

§. 226. **Doch bleibt derjenige, welcher durch unrichtige Vorspiegelungen oder sonst, vorsätzlich oder aus grobem Versehen, die Einwilligung zu einer nicht nothwendigen oder schädlichen Veräußerung bewirkt hat, der Kirche zur vollständigen Schadloshaltung verhaftet.**[62])

Verpfändung.

§. 227. **Zu Verpfändungen des unbeweglichen Kirchenvermögens ist die Einwilligung des Bischofs und bei protestantischen Kirchen, des Consistorii nothwendig.**[63])

Besondere Vorrechte des Kirchenvermögens.

§. 228. Die Kirchengesellschaften genießen, in Ansehung der mit ihnen selbst, oder mit ihren Repräsentanten und Vorstehern, über ihr Vermögen verhandelten Geschäfte und geschlossenen Verträge, die Rechte der Minderjährigen.[64])

§§. 229—234 fallen fort.[65])

Verhältnisse der Mitglieder.

§. 235. **Die Verhältnisse zwischen den Kirchengesellschaften und deren Mitgliedern, in Ansehung der Güter und des Vermögens der Ersteren, sind nach den allgemeinen Grundsätzen von Corporationen überhaupt, und demnächst nach der unter Genehmigung**

---

60) Jetzt § 134 B.G.B.

61) Die Anfechtbarkeit des Rechtsgeschäfts bestimmt sich nach B.G.B.

62) Erhalten durch Art. 80 E.G. z. B.G.B., soweit er die Verantwortlichkeit der Kirchenbeamten und Geistlichen betrifft; für die Haftung Dritter sind die Vorschriften des B.G.B. maßgebend.

63) Vgl. die in Anm. 52 zu § 194 d. Tit. genannten Vorschriften.

64) Beseitigt, da das geltende Privatrecht keine besonderen Rechte der Minderjährigen kennt.

65) Enthielten Bestimmungen über Vorrechte im Konkurse. Jetzt § 61, Nr. 3 R.K.O.

des Staats hergebrachten Verfassung einer jeden einzelnen Kirchengesellschaft bestimmt.[66])

§. 236. Bei eigentlichen Parochialkirchen sind nähere Bestimmungen gesetzlich vorgeschrieben.

Fünfter Abschnitt.

Von Parochien.

Begriff.

§. 237. Derjenige District, in welchem Glaubensverwandte einer vom Staat öffentlich aufgenommenen Religionspartei zu einer gemeinschaftlichen Kirche angewiesen sind, wird eine Parochie genannt.

Errichtung und Grenzen.

§. 238. Neue Parochien können nur vom Staat, unter Zuziehung der geistlichen Obern, errichtet, und die Grenzen derselben bestimmt werden.[67])

§. 239. Bei Veränderungen in schon errichteten Parochien muß der Staat alle diejenigen, welche ein Interesse dabei haben, rechtlich hören, und die ihnen etwa zukommenden Entschädigungen festsetzen.

§. 240. Alle dergleichen Streitigkeiten, so wie diejenigen, welche über die Grenzen zwischen zwei oder mehreren Parochien entstehen, müssen von der weltlichen Obrigkeit durch den ordentlichen Weg Rechtens entschieden werden.

§. 241. Sind die Grenzen eines Kirchspiels in öffentlichen Urkunden deutlich bestimmt, so findet dagegen die gewöhnliche Verjährung nicht statt. (Th. 1. Tit. 9. §. 660—663.)[68])

§. 242. Fehlt dergleichen deutliche Bestimmung, so muß die bisherige Gewohnheit, zu welcher Kirche die Bewohner der

---

[66]) Vgl. jetzt die in Anm. 32, 33 zu § 113 d. Tit. genannten Gesetzen über die Verfassung der Kirchengemeinden. Ferner: Ges., betr. die Rechte der altkatholischen Kirchengemeinschaften an dem kirchlichen Vermögen, v. 4. Juli 1875 (G.S. S. 333).

[67]) Art. 23 Nr. 6 Ges., betr. die evangel. Kirchenverfassung v. 3. Juni 1876 (G.S. S. 125) u. Art. IV. V. v. 9. September 1876 (G.S. S. 395) u. Art. III. V. v. 5. Sept. 1877 (G.S. S. 215).

[68]) Durch die Verweisung auf §§ 660—663 I. 9 ist die dort geregelte 50jährige Verjährung bei deutlicher Bestimmung der Grenzen zugelassen. Jene Vorschriften sind dadurch Bestandtheil des Kirchenrechts geworden und erhalten.

streitigen Grundstücke sich in den letzten zehn Jahren gleichförmig gehalten haben, den Ausschlag geben.

§. 243. Kann keine solche gleichförmige Observanz ausgemittelt werden, so ist keine der streitenden Parochien zum Pfarrzwange über dergleichen Einwohner berechtigt, sondern es finden die Vorschriften §. 293. sqq. Anwendung.

Von Mutter- und Tochter- ingleichen von vereinigten Mutterkirchen.

§. 244. Zum Gebrauche einer Parochie können mehrere Kirchen errichtet, so wie mehrere Parochien zu Einer Kirche oder unter Einem gemeinschaftlichen Pfarrer zusammengeschlagen werden.

§. 245. Wenn in einer Parochie, außer der Haupt- und ursprünglichen Pfarrkirche, mehrere Nebenkirchen in entlegenen Gegenden, zur Bequemlichkeit der daselbst wohnhaften Eingepfarrten errichtet worden, so werden dieselben Tochterkirchen genannt.

§. 246. Wenn aber, nach Erforderniß der Umstände, und um die Kosten zur Unterhaltung des öffentlichen Gottesdienstes zu erleichtern, mehrere Parochien und deren Kirchen zusammengeschlagen werden, so heißen dieselben vereinigte Mutterkirchen.

§. 247. Von dergleichen zusammengeschlagenen Mutterkirchen behält jede ihre ursprünglichen Rechte, und sie können, nach Beschaffenheit der Umstände, unter Genehmigung der geistlichen Obern, wieder getrennt werden.

§. 248. Es ändert darunter nichts, wenngleich derjenigen Kirche, bei welcher der Prediger nicht wohnt, im gemeinen Sprachgebrauche der Name Tochterkirche beigelegt worden.

§. 249. Eigentliche Tochterkirchen aber sind von der Haupt- oder Mutterkirche abhängig und können sich von ihr ohne Einwilligung der Hauptgemeine nicht trennen.

§. 250. Im zweifelhaften Falle streitet die Vermuthung gegen die Eigenschaft einer Tochterkirche.

§. 251. Wenn erhellet, daß die eine Kirche aus den Mitteln der anderen errichtet oder dotirt worden: so ist dies zum Beweise, daß jene eine Tochterkirche von dieser sei, wenn nicht das Gegentheil aus den vorhandenen Urkunden klar erhellet, hinreichend.

§. 252. In wie fern die vereinigten Kirchen zum Unterhalte des gemeinschaftlichen Pfarrers und seiner Gehülfen beitragen müssen, beruht hauptsächlich auf Verträgen, und ist in deren Ermangelung durch die hergebrachte Verfassung einer jeden Kirche bestimmt.

Von auswärtigen Parochien.

§. 253. Nach eben dieser Vorschrift ist auch, wenn diesseitige Unterthanen zu einer auswärtigen Kirche sich halten, oder inländische Kirchen durch auswärtige benachbarte Pfarrer mit besorgt werden, das Verhältniß der inländischen Unterthanen oder ihrer Kirche mit der auswärtigen Kirche, oder deren Pfarrer, zu beurtheilen.

§. 254. In so fern aber die Zulässigkeit einer kirchlichen Handlung, oder deren rechtliche Folgen, durch bürgerliche Gesetze bestimmt sind, müssen die diesseitigen Unterthanen lediglich nach hiesigen Gesetzen beurtheilt werden.[69])

§. 255. Weigert sich der auswärtige Pfarrer, eine Handlung nach hiesigen Gesetzen zu vollziehen: so steht den Interessenten frei, bei ihrer Landesregierung den Auftrag zur Vollziehung an einen inländischen Geistlichen nachzusuchen.

§. 256. Auch die Rechte der inländischen mit einer auswärtigen verbundenen Kirche werden, so weit sie nicht durch Verträge oder Herkommen nach §. 252. bestimmt sind, nach hiesigen Gesetzen beurtheilt.

§. 257. Bei Amtshandlungen, welche auswärtige Pfarrer in hiesigen Kirchen vornehmen, müssen sie schlechterdings die hiesigen Landesgesetze befolgen; und nach den in hiesigen Landen vorgeschriebenen Bestimmungen wegen der Pfarrgebühren sich richten.

§. 258. Der ausländische Geistliche ist wegen derjenigen Amtshandlungen, die er innerhalb Landes verrichtet, der Aufsicht der hiesigen geistlichen Obern unterworfen.

§. 259. Den Befehlen derselben muß er, auch so weit sie in die Kirchen- oder allgemeine Landespolizei einschlagen, gebührende Folge leisten.

Wer zur Parochie gehöre.

§. 260. Wer innerhalb eines Kirchspiels seinen ordentlichen Wohnsitz aufgeschlagen hat, ist zur Parochialkirche des Bezirks eingepfarrt.

§. 261. Doch soll Niemand bei einer Parochialkirche von einer anderen, als derjenigen Religionspartei, zu welcher er selbst sich

---

69) §§ 254, 255 sind nach Einführung der bürgerlichen Ehe und der Personenstandsregister bedeutungslos.

bekennt, zu Lasten oder Abgaben, welche aus der Parochial-Verbindung fließen, angehalten werden; wenn er gleich in dem Pfarrbezirke wohnt, oder Grundstücke darin besitzt. [70])

§. 262. Wer noch keinen beständigen Wohnsitz hat, wird als Eingepfarrter derjenigen Parochie, zu welcher seine Aeltern gehört haben, betrachtet.

§. 263. Wer den Wohnsitz seiner Aeltern aufgegeben, und keinen anderen erwählt hat, ist nirgends eingepfarrt.

§. 264. Wer einen doppelten Wohnsitz hat, ist bei der Parochialkirche eines jeden derselben als Eingepfarrter verpflichtet.

§. 265. In Ansehung seiner Grundstücke trägt er die Lasten der Parochialverbindung nur bei derjenigen Kirche, in deren Pfarrbezirk die Grundstücke liegen.

§. 266. Bei Trauungen, Taufen und anderen kirchlichen Handlungen, die zu gleicher Zeit nur an Einem Orte vorgenommen werden können, hat er die Wahl, welcher von beiden Kirchenanstalten er sich bedienen wolle.

§. 267. Hat Jemand an einem Orte, wo mehrere Parochien seiner Religionspartei sind, seinen Wohnsitz aufgeschlagen: so bestimmt die Lage des Hauses, in dem er wohnt, die Parochie, zu welcher er gehört.

§. 268. Durch den bloßen Aufenthalt in einem Kirchspiel, so lange der Vorsatz, seinen Wohnsitz darin aufzuschlagen, noch nicht erhellet, wird die Einpfarrung nicht begründet.

§. 269. Die Frau gehört zur Parochie des Mannes nur in so fern, als sie mit ihm einerlei Glaubensbekenntnisse zugethan ist.

§. 270. Ist sie von einer verschiedenen Religionspartei, so gehört sie, der Regel nach, in diejenige Parochie, welcher die übrigen Mitglieder ihrer eignen Religionspartei, in dem Bezirke, wo der Mann seinen Wohnsitz hat, unterworfen sind.

§. 271. Sind diese zu keiner Parochie geschlagen, so ist auch eine solche Frau von dem Pfarrzwange frei.

---

70) Wegen Aufhebung des evang. u. kathol. Pfarrzwanges gegenüber Andersgläubigen vgl. K.O. v. 3. Juni 1806 (N.C.C. Bd. 12 S. 657), v. 24. Mai 1809 (v. Kamptz, Annalen Bd. 3 S. 99), v. 4. September 1825 (G.S. S. 226, Oberlausitz), v. 15. September 1826 (G.S. S. 106, Niederlausitz). Ges. v. 9. Mai 1854 (G.S. S. 317, Ostpreußen). — §§ 3—5, 9 Ges., betr. den Austritt aus der Kirche, v. 14. Mai 1873 (G.S. S. 207).

§. 272. Kinder, die noch unter der Aeltern Gewalt stehen, gehören zur Parochie desjenigen von den Aeltern, in dessen Glaubensbekenntnisse sie unterrichtet worden, oder deren Religionspartei sie gewählt haben.

§ 273. Sind dergleichen Kinder von einem anderen Glaubensbekenntnisse als beide Aeltern, so finden die Vorschriften §§. 270. 271. Anwendung.

§. 274. Wo es durch besondere Gesetze oder wohlhergebrachte Gewohnheiten zwischen den verschiedenen protestantischen Gemeinen bisher eingeführt gewesen, daß die Parochialeigenschaft der sämmtlichen Mitglieder einer Familie nach der Religionspartei, zu welcher das Haupt derselben sich bekennt, beurtheilt worden, hat es auch ferner dabei sein Bewenden.

§. 275. Das Gesinde gehört zu der Parochie seiner Religionspartei an dem Orte, wo es im Dienste der Herrschaft sich aufhält.

Anh. §. 127 fällt fort.[71])

§. 276. Eben das gilt von Handwerksgesellen und Lehrburschen, in Beziehung auf den Wohnort des Meisters.

Exemtionen von der Parochie.

§. 277. Aus der Befreiung von der ordentlichen Gerichtsbarkeit des Ortes folgt noch nicht die Ausnahme von der Parochie.[72])

§. 278. Sämmtliche zum Militairstande gehörende Personen sind der ordentlichen Parochie ihres Wohnortes oder Standquartiers nicht unterworfen.

§. 279. Vielmehr gehören dieselben, nach näherer Bestimmung der Militair-Consistorial-Ordnung,[73]) zu der Parochie des Regiments oder der Garnison, zu welcher sie in Absicht ihres Dienstes gewiesen sind.

§. 280. Besitzen sie aber Grundstücke: so müssen von diesen die Parochiallasten an die Kirche ihrer Religionspartei, in deren Bezirke die Grundstücke liegen, entrichtet werden.

§. 281. Wo an einem Orte ein Feld- und ein Garnison-

---

[71]) Betraf unterthäniges Gesinde.

[72]) Gegenstandslos durch die Aufhebung des eximierten Gerichtsstandes. § 9 V. v. 2. Januar 1849 (G.S. S. 1).

[73]) §§ 34—37 Militär-Kirchen-Ordnung v. 12. Februar 1832 (G.S. S. 69).

Prediger sich befinden, da hat Ersterer nur auf diejenigen als seine Eingepfarrten Anspruch, welche zu dem Regiment oder Bataillon, bei welchem er angesetzt ist, gehören.

§. 282. Wo aber kein besonderer Garnisonprediger ist, da gehören alle am Orte befindliche, unter Militairgerichtsbarkeit stehenden Personen, zu der Gemeine des Feldpredigers; und unter mehreren desjenigen, welchem der Gouverneur oder Commandant die Geschäfte des Garnisonpredigers aufgetragen hat.

§§. 283—287 fallen fort.[74])

§. 288. Alle vom Pfarrzwange Ausgenommenen haben in jedem einzelnen Falle die Wahl, welcher Kirchenanstalt sie sich bedienen wollen.

Anh. §. 128. Sie können daher die geistlichen Handlungen auch von einem Geistlichen einer anderen Religionspartei verrichten lassen.

§. 289. Doch müssen sie sich, bei jeder solchen Handlung, allen Anordnungen und Abgaben derjenigen Kirchenanstalt, deren sie sich bedienen, gleich den wirklich Eingepfarrten unterwerfen.

§. 290. Bei den Heirathen derselben muß das Aufgebot nothwendig in der Pfarrkirche des Wohnorts geschehen.[75])

§. 291. In allen Fällen, wo bei einer ihrer kirchlichen Handlungen Ausnahmen von gewissen die Civilpersonen überhaupt bindenden Gesetzen gemacht werden sollen, muß die Dispensation dazu, wenngleich die Handlung selbst von einem zum Militairstande gehörigen Geistlichen verrichtet wird, dennoch bei der gehörigen Civilinstanz nachgesucht werden.

§. 292. An Orten, wo kein ordentlich eingerichteter Garnison-Gottesdienst ist, können auch Eximirte vom Civilstande sich eines Feldpredigers zu wirklichen Parochialhandlungen nicht bedienen.[76])

Von vagirenden Districten und Einwohnern.

§. 293. Einzelne Einwohner des Staats, welche nach obigen Grundsätzen weder zu einer Parochie gehören, noch vom Pfarrzwange ausdrücklich eximirt sind, müssen eine Kirche ihrer Religionspartei wählen, zu welcher sie sich halten wollen.

---

[74]) Aufgehoben durch § 1 Ges., betr. die Aufhebung der Parochialexemtionen, v. 3. Juni 1876 (G.S. S. 154).

[75]) Wegen des kirchlichen Aufgebots vgl. jetzt §§ 4, 6 K.Ges., betr. die Trauungs=O. v. 27. Juli 1880 (K.G. u. V.Bl. S. 109).

[76]) Gegenstandslos in Folge der Aufhebung der §§ 283—287 d. Tit.

§. 294. Auch ganze Gemeinen, welche noch zu keinem Kirchspiel gewiesen sind, müssen sich, unter Vorwissen und Genehmigung der geistlichen Obern, zu einer benachbarten Kirche schlagen.

§. 295. Der Regel nach hängt die Bestimmung, zu welcher sie sich halten wollen, von der Mehrheit der Stimmen einer solchen Gemeine ab.

§. 296. Doch können, wenn keine Vereinigung statt findet, die geistlichen Obern, nach Bewandtniß der Umstände, einen Theil der Gemeine zu dieser, und die übrigen zu einer anderen Kirche weisen.

§. 297. Bei der Zuschlagung solcher Gemeinen zu benachbarten Kirchen müssen die Abgaben und Beiträge derselben, so wie ihre Theilnehmung an einem der Gemeine bei Besetzung der Pfarrstelle zukommenden Wahlrechte, unter Direction der geistlichen Obern, durch Verträge bestimmt werden.

§. 298. Sind damals keine Verträge geschlossen worden: so muß die fehlende Bestimmung, in vorkommenden streitigen Fällen, von den geistlichen Obern, nach der Billigkeit, und nach dem, was unter ähnlichen Umständen, im Kreise oder in der Provinz üblich ist, ergänzt werden.

§. 299. Dergleichen Zuschlag hat zwar nicht die Wirkung einer beständigen Einpfarrung;

§. 300. Es können aber die zugeschlagenen Gemeinen nur aus erheblichen Ursachen, und nur unter Approbation der geistlichen Obern, von der einmal gewählten Kirche wieder abgehen.

§. 301. So lange der Pfarrer, welcher für diese zugeschlagene Gemeine mit berufen worden, noch im Amte steht, kann zu seinem Nachtheil eine Abtrennung dieser Gemeine nicht gestattet werden.

§. 302. Dagegen hat der Prediger, während dessen Amtsführung die Zuschlagung geschehen ist, gegen eine von den geistlichen Obern genehmigte Wiederabtrennung kein Recht zum Widerspruche.

Verlassung der Parochie.

§. 303. Wer von einer Religionspartei zur anderen übergeht, verläßt seine bisherige Parochie.[77]

§. 304. Wer seinen Wohnsitz außer den Grenzen seiner bis-

[77]) Ges., betr. den Austritt aus der Kirche, v. 14. Mai 1873 (G.S. S. 207).

herigen Parochie verlegt, wird dadurch zugleich von dem Pfarrzwange derselben frei.

§. 305. Ein Gleiches geschieht durch Erlangung eines Standes, Amtes, oder Titels, mit welchem die Befreiung von der ordinairen Parochie gesetzlich verbunden ist.[78])

Aufhebung der Parochie.

§. 306. Die unter Genehmigung des Staats einmal bestehenden Parochien können, ohne dergleichen Genehmigung, nicht wieder aufgehoben werden.[79])

§. 307. Dadurch, daß aus Mangel an Eingepfarrten in einer Kirche eine Zeitlang keine gottesdienstliche Handlungen haben vorgenommen werden können, verliert dieselbe noch nicht die Rechte einer Parochialkirche.

§. 308. Wenn aber, aus Mangel an Eingepfarrten, die Stelle des Pfarrers länger als zehn Jahre hindurch unbesetzt geblieben ist: so kann der Landesherr, wo nicht besondere Landesverfassungen oder Tractate entgegenstehen, über die vacante Kirche verfügen; und alsdann erlöschen auch die etwanigen Parochialrechte derselben.[80])

Vom Simultaneo.

§. 309. Wenn zwei Gemeinen verschiedener Religionsparteien zu Einer Kirche berechtigt sind, so müssen die Rechte einer jeden hauptsächlich nach den vorhandenen besonderen Gesetzen oder Verträgen beurtheilt werden.

§. 310. Mangelt es an solchen Bestimmungen, so wird vermuthet, daß eine jede dieser Gemeinen mit der anderen gleiche Rechte habe.

§. 311. Die näheren Maßgaben wegen der Ausübung dieser Rechte müssen, bei entstehendem Streite, nach dem Einverständnisse der beiderseitigen Obern, und wenn dies nicht statt findet, durch unmittelbare landesherrliche Entscheidung, festgesetzt werden.

---

[78]) Gegenstandslos in Folge der Aufhebung der §§ 283—287 d. Tit.

[79]) Art. 23 Nr. 6. Ges., betr. die evangel. Kirchenverfassung v. 3. Juni 1876 (G.S. S. 125). Art. IV V. v. 9. September 1876 (G.S. S. 395) u. Art. III V. v. 5. September 1877 (G.S. S. 215).

[80]) Ges. über erloschene Parochien und über die Behandlung des Vermögens derselben, v. 13. Mai 1833 (G.S. S. 51), dessen Vorschriften durch Art. 5 A.G. z. B.G.B. nicht berührt sind.

§. 312. Dabei ist jedoch auf dasjenige, was bisher üblich gewesen, hauptsächlich Rücksicht zu nehmen.

§. 313. Wird aber darüber gestritten: ob eine oder die andere Gemeine zu der Kirche wirklich berechtigt sei, so gehört die Entscheidung vor den ordentlichen Richter.

§. 314. Wenn nicht erhellet, daß beide Gemeinen zu der Kirche wirklich berechtigt sind: so wird angenommen, daß diejenige, welche zu dem gegenwärtigen Mitgebrauche am spätesten gelangt ist, denselben nur bittweise, d. h. als eine widerrufliche Gefälligkeit erhalten habe.

§. 315. Selbst ein vieljähriger Mitgebrauch kann, für sich allein, die Erwerbung eines wirklichen Rechts durch Verjährung in der Regel nicht begründen. (Th. 1. Tit. 9. §. 589.)[81]

§. 316. Wenn jedoch, außer diesem Mitgebrauche, auch die Unterhaltung der Kirche von beiden Gemeinen gemeinschaftlich bestritten worden: so begründet dieses die rechtliche Vermuthung, daß auch der später zum Mitgebrauche gekommenen Gemeine ein wirkliches Recht darauf zustehe.

§. 317. So lange eine Gemeine den Mitgebrauch nur bittweise hat, muß sie bei jedesmaliger Ausübung einer bisher nicht gewöhnlichen gottesdienstlichen Handlung die besondere Erlaubniß der Vorsteher dazu nachsuchen.

Sechster Abschnitt.

Von dem Pfarrer und dessen Rechten.

Begriff.

§. 318. Derjenige Geistliche, welcher zur Direction und Verwaltung des Gottesdienstes bei einer Parochialkirche bestellt worden, wird der Pfarrer des Kirchspiels genannt.

Erfordernisse und

§. 319. Ein Pfarrer muß die von einem geschickten und tugendhaften Geistlichen erforderten Eigenschaften im vorzüglichen Grade besitzen.[82]

---

81) § 589 I. 9 ist aufgehoben.

82) Ges. über die Vorbildung und Anstellung der Geistlichen v. 11. Mai 1873 (G.S. S. 191) u. dazu Ges. v. 14. Juli 1880 (G.S. S. 285), v. 31. Mai 1882 (G.S. S. 307), v. 11. Juli 1883 (G.S. S. 109), v. 21. Mai 1886 (G.S. S. 147), v. 29. April 1887 (G.S.

allgemeine Pflichten desselben.

§. 320. Er muß sich den Wohlstand der Kirche, den Unterricht der Gemeine, und die Beförderung eines guten moralischen Verhaltens ihrer sämmtlichen Mitglieder besonders angelegen sein lassen.

§. 321. Die Sorge für die Gebäude und das Vermögen der Kirche hat er mit den Vorstehern gemein.[83])

§. 322. Wenn Letztere in ihren Pflichten nachlässig sind, ist er seiner geistlichen Behörde davon Anzeige zu machen schuldig.

§. 323. Dagegen sind aber auch die Vorsteher verbunden, eben dieser Behörde es anzuzeigen, wenn der Pfarrer seine Amtspflichten vernachlässigt, oder in seinem sittlichen Verhalten zu gegründetem Tadel und Aergniß der Gemeine Veranlassung giebt.

Wahl des Pfarrers überhaupt;[84])

§. 324. Ob die Wahl des Pfarrers von dem Bischof, dem Consistorio, einem Privatpatron, oder den Gliedern der Gemeine abhange, wird durch die besonderen Verfassungen jeder Provinz und jedes Ortes näher bestimmt.

§. 325. Niemals soll ein Subject, welches mit der Gemeine in Streit und Feindschaft lebt, oder gegen dessen Grundsätze, oder moralisches Verhalten, die Gemeine erhebliche Einwendungen hat, derselben zum Pfarrer aufgedrängt werden

§. 326. In allen Fällen muß daher das Subject, welches zum Pfarrer bestellt werden soll, der Gemeine zuvor bekannt gemacht werden.

insonderheit bei Patronatkirchen;

§. 327. Hat die Pfarrkirche ihren eigenen Patron, so gebührt diesem, der Regel nach, die Berufung eines neuen Pfarrers.

§. 328. Auch Patrone können, bei ihrer anzustellenden Auswahl, nur auf solche Subjecte Rücksicht nehmen, die entweder schon in einem geistlichen Amte stehen, oder doch als Candidaten, von den

---

S. 127). — K.Ges., betr. die Anstellungsfähigkeit u. Vorbildung der Geistlichen, v. 15. August 1898 (K.Ges. u. V.Bl. S. 137).

83) § 22 Kirchengem. u. Syn.O. v. 10. Sept. 1873 (G.S. 1874 S. 147). — §§ 8 ff. Ges. über die Vermögensverwaltung in den kathol. Kirchengemeinden v. 20. Juni 1875 (G.S. S. 241).

84) § 32 Kirchengem.- u. Syn.O. v. 10. Sept. 1873; K.Ges., betr. das Pfarrwahlrecht, v. 15. März 1886 (K.Ges. u. V.Bl. S. 39) u. v. 28. März 1892 (das. S. 115).

geistlichen Obern ihrer Provinz, nach angestellter vorläufiger Prüfung, die Erlaubniß zum Predigen erhalten haben.

§. 329. Das von dem Patron ausgewählte Subject muß der Gemeine vorgestellt, und zur Haltung einer Probepredigt und Catechisation angewiesen werden.

§. 330. Hat der Gewählte schon vorhin in einem geistlichen Amte gestanden, so muß er dennoch, wenn die Gemeine ihn nicht schon hinlänglich kennt, eine Gastpredigt und Catechisation halten.

§. 331. Der Tag der zu haltenden Probe- oder Gastpredigt muß der Gemeine wenigstens vierzehn Tage vorher bekannt gemacht werden.

§. 332. Sind zwei oder mehrere Kirchen unter Einem Pfarrer zusammengeschlagen, so muß in jeder eine Probepredigt gehalten werden.

§. 333. Ob auch in eigentlichen Filialkirchen die Haltung einer Probepredigt nöthig sei, oder ob die Mitglieder einer solchen Tochtergemeine zu deren Anhörung in der Mutterkirche sich einfinden müssen, bleibt der hergebrachten Verfassung bei einem jeden Kirchensystem überlassen.

§. 334. Die Gemeine muß, nach Verlauf von wenigstens acht Tagen, mit ihrer Erklärung über das von dem Patron ausgewählte Subject vernommen werden.

§. 335. Ist der Candidat aus einer anderen Diözes oder Consistorialdepartement, so kann die Gemeine eine längere Frist, allenfalls bis vier Wochen, zu ihrer Erklärung verlangen.

§. 336. Ist die Gemeine mit dem Patron über die Würdigkeit des von Letzterem ausgewählten Subjects uneins: so müssen die vorgesetzten geistlichen Obern, ohne prozessualische Weitläuftigkeiten, über die Erheblichkeit der Einwendungen entscheiden.

§. 337. Wer rechtlich überführt wird, daß er sich durch Bestechungen, oder andere unerlaubte Wege, in ein geistliches Amt einzuschleichen gesucht habe, wird eines solchen Amtes auf immer unfähig.

§. 338. Auf den bloßen, mit keinen erheblichen Gründen unterstützten, Widerspruch einzelner Mitglieder der Gemeine soll keine Rücksicht genommen werden.

§. 339. Wenn aber ein Subject wenigstens zwei Drittel der Stimmen sämmtlicher Gemeineglieder gegen sich hat, soll er zu der Pfarrstelle nicht anders gelassen werden, als wenn sich bei der Untersuchung findet, daß der Widerspruch durch bloße Verhetzungen und Aufwiegelungen veranlaßt worden.

§. 340. Ist der Patron dem römisch-katholischen, die Gemeine aber dem protestantischen Glaubensbekenntnisse zugethan, oder umgekehrt: so muß der Patron wenigstens drei Subjecte zur Probepredigt zulassen.

§. 341. Demjenigen unter diesen, welcher bei der Gemeine, nach der Mehrheit der Stimmen derselben, den vorzüglichsten Beifall hat, kann er die Vocation nicht versagen.

§. 342. In diesem sowohl, als in allen übrigen Fällen, wo es hergebracht ist, daß der Patron der Gemeine mehrere Subjecte zur Auswahl vorschlage, muß die Gemeine nothwendig eins derselben wählen, in so fern sie nicht allen dreien erhebliche Einwendungen nach Vorschrift §. 319. 325. 328. 337. entgegensetzen kann.

§. 343. Eben dieses findet, im umgekehrten Falle, in Ansehung des Patrons statt, wenn nach wohlhergebrachter Verfassung demselben mehrere Subjecte zur Auswahl von der Gemeine vorgeschlagen werden.

§. 344. Nehmen mehrere Patrone mit gleichem Rechte an Besetzung der Pfarren Theil, so entscheidet, wenn sie sich nicht vereinigen können, die Mehrheit der Stimmen.

§. 345. Ist keine überwiegende Mehrheit der Stimmen vorhanden, so müssen die geistlichen Obern den Patronen aufgeben, sich, binnen einer gewissen nach den Umständen zu bestimmenden Frist, über ein vorzuschlagendes Subject zu vereinigen.

§. 346. Erfolgt in der bestimmten Frist kein Einverständniß, so fällt die Besetzung der Stelle für diesmal den geistlichen Obern anheim.

§. 347. Diese müssen aber die Stelle in der Regel einem Dritten, welcher von keinem der uneinigen Patrone vorgeschlagen worden, verleihen.

§. 348. Hat eine eigentliche Tochterkirche einen besonderen Patron: so muß dieser in der Regel dem Patron in der Mutterkirche beitreten, wenn er nicht gegen das von Letzterem ausgewählte Subject erhebliche Einwendungen nach §. 319. 325. 328. 337. machen kann.

§. 349. Wenn in dem Falle des §. 340. 342. der Gemeine von den mehreren Patronen drei Subjecte vorgeschlagen werden sollen: so finden, wenn die Patrone sich über diese Auswahl nicht vereinigen können, die Vorschriften §. 344—347 Anwendung.

§. 350. Wenn also die mehreren Patrone ohne ein vorhandenes Uebergewicht von Stimmen auf mehr als drei Subjecte Rücksicht nehmen, so müssen die geistlichen Obern der Gemeine drei andere vorschlagen.

§. 351. Wenn jedoch alle, oder die meisten Patrone sich über ein oder zwei Subjecte vereinigt hatten: so müssen diese auch von den geistlichen Obern mit vorgeschlagen; und nur statt derjenigen, wegen welcher kein solches Einverständniß getroffen werden kann, andere genommen werden.

§. 352. In allen Fällen, wo es auf die Stimmenmehrheit unter den Patronen ankommt, werden die Stimmen, wenn das Patronatrecht bloß persönlich ist, nach den Personen; wenn es aber auf Gütern haftet, nach den Gütern, ohne Rücksicht auf den Werth oder die Größe derselben, gezählt; in so fern nicht, vermöge vorhandener Verträge, oder einer rechtsverjährten Gewohnheit, ungleiche Antheile für die mit dem Patronatrechte versehenen Güter bestimmt sind.

bei Kirchen, welche keinen Patron haben.

§. 353. Bei Kirchen, welche keinen eigenen Patron haben, gebührt der Regel nach die Wahl des Pfarrers der Gemeine.

§. 354. In diesem Falle müssen die Kirchenvorsteher der Gemeine drei Subjecte vorschlagen.[85])

§. 355. Bei diesem Vorschlage aber müssen sie nur auf solche Subjecte, die der Gemeine durch Probepredigten oder sonst hinlänglich bekannt sind, Rücksicht nehmen; und besonders solche, von welchen sie Ursache haben, zu glauben, daß mehrere Mitglieder der Gemeine Zuneigung und Vertrauen gegen sie hegen, nicht übergehen.

§. 356. Bei der Wahl selbst hat in der Regel jedes Mitglied der Gemeine, welches nicht einem mitwählenden Familienhaupte untergeordnet ist, ein Stimmrecht.

Anh. §. 129. Auch Wittwen und unverheiratheten Frauenzimmern ist hierbei, und unter der gedachten Ein-

[85]) Für die evangel. Landeskirche sind die §§ 354—363, 365—369, 372, 373 durch das K.Ges., betr. das Pfarrwahlrecht der Kirchengemeinden, v. 28. März 1892 (K.Ges. u. V.Bl. S. 115) ersetzt.

schränkung, die Concurrenz durch qualificirte Stellvertreter nicht zu versagen.

§. 357. Durch Streitigkeiten über die Befugnisse zum Stimmrechte soll die Wahl niemals aufgehalten werden.

§ 358. Wer entweder selbst schon in einem ähnlichen Falle ein Stimmrecht bei der Gemeine aüsgeübt hat; oder wer zu einer Classe gehört, deren Mitglieder in vorigen ähnlichen Fällen zum Stimmen zugelassen worden, dem muß auch bei der gegenwärtigen Wahl die Abgebung seiner Stimme verstattet werden.

§. 359. Ein Gleiches gilt von demjenigen, der ein Grundstück besitzt, dessen vorige Inhaber, als Glieder der Gemeine, in ähnlichen Fällen zur Wahl gelassen worden.

§. 360. Niemand aber kann ein Stimmrecht sich anmaßen, der zu einer anderen als derjenigen Religionspartei gehört, für welche der Pfarrer gewählt werden soll.

§. 361. Die Festsetzung: wie nach diesen Grundsätzen ein streitig gewordenes Stimmrecht in dem gegenwärtigen Falle ausgeübt werden soll, kommt den geistlichen Obern zu.

§. 362. Die Entscheidung über das streitige Stimmrecht selbst aber gehört vor den ordentlichen weltlichen Richter.

§. 363. Die nach der Festsetzung der geistlichen Obern vorgenommene Wahl (§. 361.) verliert für den gegenwärtigen Fall nichts von ihrer Gültigkeit, wenn auch hiernächst durch richterliches Erkenntniß Jemandem das ausgeübte Stimmrecht ab-, oder wenn dasselbe einem Ausgeschlossenen zugesprochen wird.

§. 364. Was vorstehend §. 357—363. wegen eines über das Stimmrecht gewisser Gemeineglieder entstehenden Streits verordnet ist, gilt, jedoch mit Ausschließung des §. 360., auch in Fällen, wo unter mehreren Patronen das Berufsrecht streitig wird.

§. 365. Uebrigens findet, bei der von einer Gemeine anzustellenden Pfarrwahl, dasjenige statt, was wegen Verhandlung und Entscheidung gemeinschaftlicher Angelegenheiten bei Gemeinen überhaupt verordnet ist. (Tit. 6. §. 167. 168.)[86]

§. 366. Nehmen mehrere Gemeinen an der Pfarrwahl Theil: so sind, wenn nicht ein Vertrag, oder eine seit rechtsverjährter Zeit wohlhergebrachte Gewohnheit etwas Anderes bestimmt, die

---

[86]) Vgl. Anm. 85.

Mitglieder der Filialgemeine ihre Stimmen unter der Hauptgemeine abzugeben befugt.

§. 367. Sind mehrere Pfarrgemeinen unter einem gemeinschaftlichen Pfarrer vereinigt, so hat jede solche Gemeine nach der Regel ihre eigene Stimme.

§. 368. Entsteht durch Zählung der Stimmen dieser vereinigten Kirchengemeinen keine überwiegende Mehrheit, so müssen die einzelnen Stimmen der Mitglieder, ohne Rücksicht auf die verschiedenen Gemeinen, gezählt werden.

§. 369. In allen Fällen, wo keine entscheidende Mehrheit der Stimmen zu finden ist, gebührt den geistlichen Obern die Ernennung unter den mit gleich vielen Stimmen gewählten Personen.

§. 370. Mitglieder bloß zugeschlagener Gemeinen nehmen, wenn nicht bei der Zuschlagung nach §. 297. ein Anderes festgesetzt worden, an der Pfarrwahl keinen Theil.

§. 371. Doch ist, wenn von den übrigen Gemeinen ein Pfarrer gewählt worden, zu welchem der größere Theil der Gastgemeine kein Vertrauen hat, dieses für einen erheblichen Grund, aus welchem Letztere auf die Wiederabtrennung antragen kann, zu achten.

§. 372. Uebrigens kommt es, auch bei Pfarrwahlen, der Gerichtsobrigkeit des Kirchspiels in allen Fällen zu, die Wahl zu dirigiren, und auf Ruhe und Ordnung dabei zu sehen.[87])

§. 373. Sind in dem Kirchspiel mehrere Gerichtsobrigkeiten vorhanden, so gebührt die Wahldirection der Gerichtsobrigkeit des Ortes, wo jede Stimmensammlung geschieht.

Vocation.

§. 374. Demjenigen, welcher von dem Patron, oder der Gemeine, zu der erledigten Pfarrstelle rechtmäßig gewählt worden, muß eine schriftliche Vocation zugefertigt werden.

§. 375. Wo es bisher gebräuchlich gewesen, daß die Vocation erst nach erfolgter Prüfung ertheilt worden, da muß dem Gewählten eine schriftliche Bekanntmachung, welche die Bedingungen zur künftig zu ertheilenden Vocation enthält, geschehen.

§. 376. Die Ausfertigung der Vocation gebührt dem Patron, und in dessen Ermangelung den Kirchenvorstehern.[88])

§. 377. Die Bestimmung der Zeit, binnen welcher der Be-

---

87) Vgl. Anm. 85.

88) Vgl. Anm. 109 zu § 552 d. Tit.

rufene sich über die Annahme der Vocation erklären muß, ist willkürlich; und hängt von dem Gutbefinden der Wählenden ab.

§. 378. Kommt binnen dieser Frist die Erklärung des Berufenen nicht ein, so sind der Patron, oder die Gemeine, zu einer neuen Wahl zu schreiten sofort berechtigt.

§. 379. Ist keine Zeit zur Erklärung bestimmt, so kann der Berufene die Vocation, so lange annehmen, als ihm nicht ein geschehener Widerruf derselben bekannt gemacht worden.

§. 380. Hat er sich aber binnen vierzehn Tagen, nach erhaltener Vocation, über die Annahme derselben nicht erklärt; und sind, nach Verlauf dieser Frist, der Patron und die Gemeine zu einer neuen Wahl geschritten: so hat eine später erfolgte Annahme keine rechtliche Wirkung.

§. 381. Uebrigens gelten von der Annahme der Vocationen die von der Annahme bei Verträgen überhaupt vorgeschriebenen Gesetze. (Th. 1. Tit. 5. §. 78. sqq.)[89])

§. 382. Ist die Vocation von Mehreren ausgefertigt, so ist es hinlänglich, wenn die Annahme auch nur gegen Einen derselben erklärt worden.

§. 383. Die von dem Berufenen einmal gültig angenommene Vocation kann ohne erhebliche Ursachen nicht widerrufen werden.

§. 384. Nur aus eben den Gründen, aus welchen ein schon bestellter Pfarrer seines Amtes entsetzt werden kann, ist auch der Widerruf einer zu rechter Zeit angenommenen Vocation zulässig.

§. 385. Es macht dabei keinen Unterschied: ob diese Gründe schon vor Erlassung der Vocation vorhanden und bekannt gewesen, oder ob sie erst nachher entstanden, oder zur Wissenschaft des Patrons oder der Gemeine gelangt sind.

Präsentation.

§. 386. Sobald der Berufene die Vocation angenommen hat, muß er den geistlichen Obern der Diözes, oder des Departements, zur Bestätigung präsentirt werden.

§. 387. Die Präsentation muß von dem Patron, und wo deren mehrere sind, von allen geschehen, welche zur Theilnehmung an der Wahl und Vocation berechtigt sind.

§. 388. In Ermangelung von Patronen geschieht die Präsentation durch die Vorsteher.[90])

---

[89]) Jetzt § 147 ff. B.G.B.

[90]) Vgl. Anm. 109 zu § 552 d. Tit.

§. 389. Der Präsentation muß eine Abschrift der ertheilten oder noch zu ertheilenden Vocation, ingleichen das Protocoll über die Probe- oder Gastpredigt, beigelegt werden.

§. 390. In allen Fällen, wo eine Wahl der Gemeine stattgefunden hat, ist auch die Beilegung des Wahlprotocolls erforderlich.

§. 391. Wird von den geistlichen Obern der Präsentirte untauglich, oder die Wahl unregelmäßig befunden: so muß eine neue Wahl und Präsentation erfolgen.

§. 392. Ist der Patron, welcher ein untaugliches Subject vorgeschlagen hat, selbst ein Geistlicher: so verliert er für diesen Fall sein Präsentationsrecht, und dic Besetzung der Pfarre geschieht durch die geistlichen Obern.

§. 393. Die Präsentation zu einem erledigten Pfarramte muß innerhalb sechs Monaten von Zeit der Erledigung geschehen.

§. 394. Ist der Pfarrer auswärts verstorben: so läuft die Frist von der Zeit an, wo sein Tod dem Patron oder den Kirchenvorstehern bekannt geworden.

§. 395. Während der Vacanz muß der Gottesdienst in der Pfarrkirche, auf Veranstaltung des Erzpriesters oder Kreisinspectors, durch dazu qualificirte Personen versehen werden.

§. 396. In der Regel sind bei Pfarrkirchen, wo nur ein Geistlicher angesetzt ist, die benachbarten Pfarrer derselben Inspection, nach der Anweisung des Erzpriesters oder Inspectors, gegen die hergebrachte Vergütung aus den Einkünften der erledigten Pfarre, dazu verpflichtet.

§. 397. Auch bei Kirchen, wo mehrere Geistliche sind, findet eine solche Vertretung der vacanten Stelle statt, wenn nach dem Befinden des Inspectors die übrigen Geistlichen die Arbeit allein nicht bestreiten können.

Devolutionsrecht.

§. 398. Kommt die Präsentation innerhalb sechs Monaten nicht ein; und ist auch vor Ablauf dieser Frist eine Verlängerung derselben nicht gesucht, oder nicht zugestanden worden: so fällt die Besetzung der Pfarre für diesen Fall den geistlichen Obern anheim.

§. 399. Wenn ein hiernächst bei der Prüfung untauglich befundenes Subject präsentirt worden; und darüber die gesetzmäßige Frist verlaufen ist: so kommt, außer dem Falle des §. 392., dem Präsentirenden noch eine Nachfrist von sechs Wochen zu statten.

§. 400. Muß nach §. 343. die Gemeine dem Patron Subjecte zur Auswahl vorschlagen; oder muß, nach §. 340. 342. ein solcher Vorschlag der Gemeine von dem Patron geschehen: so fällt nur das Recht desjenigen, welcher in seiner Obliegenheit säumig gewesen ist, den geistlichen Obern anheim.

§. 401. So lange die geistlichen Obern von ihren Anfallsrechten noch keinen Gebrauch gemacht haben, kann der Patron oder die Gemeine das Versäumte nachholen.

§. 402. Auch die geistlichen Obern müssen, so oft ihnen die Ernennung des Pfarrers anheimfällt, wegen Auswahl eines tauglichen Subjects, die allgemeinen gesetzlichen Vorschriften beobachten.

Ordination.

§. 403. Ist der Präsentirte bestätigt: so muß ihm die Ordination, wenn er selbige nicht wegen eines vorher bekleideten geistlichen Amtes schon erhalten hat, verliehen werden.

Einweisung.

§. 404. Der erwählte und bestätigte Pfarrer muß in sein Amt, und zu allen Verrichtungen desselben, ordentlich eingewiesen werden.

§. 405. Die Einweisung wird, der Regel nach, durch den Erzpriester oder Kreisinspector vollzogen.

§. 406. Die Kosten der Vocation, Präsentation und Einweisung, wozu auch die Reisekosten der zur Einweisung nöthigen Personen gehören, müssen, wo nicht besondere Provinzialverordnungen ein Anderes festsetzen, aus den Einkünften der Kirche, und in deren Ermangelung, von der Gemeine bestritten werden.

§. 407. Die Kosten der Prüfung und Ordination hingegen muß der neue Pfarrer tragen.

§. 408. Auch muß, der Regel nach, der neue Pfarrer sich auf seine eigenen Kosten an den Ort seiner Bestimmung hinbegeben.

§. 409. Wo es aber durch Provinzialgesetze, oder nach einem ununterbrochenen Herkommen, eingeführt ist, daß die Reisekosten aus der Kämmerei- oder Gemeinecasse gegeben, oder daß die Fuhren von den Mitgliedern der Gemeine unentgeltlich verrichtet werden, da hat es noch ferner dabei sein Bewenden.

§. 410. Doch soll in keinem Falle der Gemeine zugemuthet werden, einen Prediger, welchen sie nicht selbst gewählt hat, weiter, als in einer Entfernung von zwei Tagereisen, abzuholen.

§. 411. An Orten, wo die Gemeine den Prediger zu holen schuldig ist, muß sie auch die zu seiner Familie gehörenden Personen, und was er an Kleidung, Wäsche, Hausrath und Büchern mitbringt, herbeiführen.

Bestellung der Feld- und Garnisonprediger.

§. 412 fällt fort.[91])

Amtspflichten der Pfarrer.

§. 413. Die Pfarrer müssen sich bei ihren Kirchen beständig aufhalten, und dürfen die ihnen anvertraute Gemeine, selbst bei einer drohenden Gefahr, eigenmächtig nicht verlassen.

§. 414. Wenn sie zu verreisen genöthigt sind, so kann es nur mit Vorwissen und Erlaubniß des Inspectors oder Erzpriesters geschehen.

§. 415. Dieser muß die Genehmigung der geistlichen Obern einholen, wenn die Zeit der Abwesenheit mehr, als einen Sonntag, in sich begreift.

§. 416. In allen Fällen muß der Pfarrer, unter Direction des Erzpriesters oder Inspektors, solche Veranstaltungen treffen, daß die Gemeine bei seiner Abwesenheit nicht leide.

§. 417. Bei seiner Amtsführung muß der Pfarrer alle den Geistlichen überhaupt vorgeschriebenen Pflichten sorgfältig beobachten.

Vom Pfarrzwange.

§. 418. Dagegen hat er das Recht, von den Eingepfarrten zu fordern, daß sie sich in ihren Religionshandlungen, zu deren Vollziehung es der Mitwirkung eines Pfarrers bedarf, nur seines Amtes bedienen sollen.

§. 419. Dieser Verbindlichkeit können auch einzelne Eingepfarrte, ohne besondere Erlaubniß der geistlichen Obern, sich nicht entziehen.

§. 420. Dergleichen Erlaubniß soll nur aus erheblichen Gründen, besonders aber alsdann ertheilt werden, wenn aus den Umständen erhellet, daß die Amtshandlungen dieses Pfarrers bei den Eingepfarrten den Zweck der moralischen Besserung verfehlen dürften.

---

91) Beseitigt durch §§ 7 ff. Militär-Kirchenordnung v. 12. Februar 1832 (G.S. S. 69).

§. 421. Auch soll, wenn nicht nachgewiesen ist, daß die Schuld davon auf der Seite des Pfarrers sei, für die Entschädigung desselben gehörig gesorgt werden.

§. 422. Auch in einzelnen Fällen dürfen Eingepfarrte ihre Trauungen, Taufen und Begräbnisse durch einen anderen, als den in ihrer Parochie bestellten Pfarrer, ohne dessen Einwilligung nicht vornehmen lassen.

Stolgebühren.[92]

§. 423. Der Pfarrer hat für dergleichen Handlungen die festgesetzten Stolgebühren zu fordern, und der Richter muß ihm dazu, nöthigenfalls, auf gebührendes Anmelden verhelfen.

§. 424. Er kann aber diese Gebühren niemals voraus fordern, noch deshalb die von ihm begehrte Amtshandlung verschieben.

§. 425. Das Recht, eine Taxordnung für die Stolgebühren vorzuschreiben, selbige zu erhöhen, oder sonst zu ändern, gebührt allein dem Staat.[93]

§. 426. Kirchenbediente, welche sich mit den ihnen angewiesenen Gebühren nicht begnügen, sollen um den drei- bis zehnfachen Betrag des zu viel Geforderten fiskalisch bestraft werden.

§. 427. Kein Geistlicher darf dergleichen Handlungen, die einer anderen Parochie zukommen, ohne ausdrückliche Bewilligung des gehörigen Pfarrers vornehmen.

§. 428. Dieser aber darf, gegen Empfang der ihm zukommenden Gebühren, die Einwilligung nicht versagen.

§. 429. Diese Einwilligung muß schriftlich ertheilt, und es dürfen dafür keine besondere Gebühren gefordert werden.

§. 430. Eine dergleichen Einwilligung berechtigt jeden zu dergleichen Handlungen überhaupt befugten Geistlichen, die Handlung vorzunehmen.

---

92) Ges., betr. die Aufhebung von Stolgebühren für Taufen, Trauungen und kirchliche Aufgebote in der evangelischen Landeskirche der älteren Provinzen der Monarchie, v. 3. September 1892 (G.S. S. 267), dazu: K.Ges. v. 6 Juli 1898 (K.Ges. u. V.Bl. S. 135). — Aufhebung von Stolgebühren in Schleswig-Holstein: Ges. v. 14. August 1892 (G.S. S. 243), in Hannover: K.Ges. v. 18. Juni 1892 (G.S. S. 259) u. Ges. v. 30. März 1893 (G.S. S. 63), im Konsistorialbezirk Cassel: Ges. v. 31. März 1893 (G.S. S. 71).

93) Vgl. jetzt die in Anm. 32, 33 zu § 113 genannten Ges. v. 3. Juni 1876 Art. 24 Nr. 4; v. 20. Juni 1875 § 21 Nr. 9; v. 7. Juni 1876 § 2 Nr. 7.

§. 431. Soll aber bei einem protestantischen Eingepfarrten die Handlung von einem katholischen Geistlichen, oder umgekehrt, verrichtet werden: so ist dazu die Erlaubniß des Staats erforderlich.[94])

§. 432. Soll ein Pfarrer eine an sich ihm gebührende Handlung in dem Sprengel eines anderen Pfarrers von seiner Religionspartei vornehmen: so muß dazu die Einwilligung des diesem Sprengel vorgesetzten Pfarrers eingeholt werden.

§. 433. Dieser Letztere ist schuldig, die Einwilligung gegen Empfang der halben Gebühren zu ertheilen; dem die Handlung selbst vollziehenden Pfarrer aber darf deswegen an seinen Gebühren nichts abgezogen werden.

§. 434. Ein Pfarrer, welcher, obigen Vorschriften zuwider, eine vor einen anderen Pfarrer gehörende Handlung ohne dessen Einwilligung vornimmt, soll um den doppelten Betrag der erhaltenen Gebühren fiskalisch bestraft, der gehörige Pfarrer aber von dem Eingepfarrten entschädigt werden.

Trauungen.[95])

§§. 435—445 **Anh.** §. 130 fallen fort.[96])

Von Taufen.[95])

§. 446. Die Taufe ehelicher Kinder gebührt in der Regel dem Pfarrer des Vaters.

Anh. §. 131. Kinder christlicher Eltern sollen längstens sechs Wochen nach der Geburt getauft werden.[97])

§. 447. Sind die Eltern von verschiedener Religionspartei:

---

[94]) Die staatliche Genehmigung ist nach der Cirk.-Verf. v. 11. März 1849 (Min.Bl. f. d. i. V. S. 44) als unvereinbar mit der Verfassung nicht mehr erforderlich.

[95]) K.Ges., betr. die Verletzung kirchl. Pflichten in Bezug auf Taufe, Konfirmation und Trauung v. 30. Juli 1880 (K.Ges. u. V.Bl. S. 126). — § 1588 B.G.B. § 82 Personenstands-Ges. v. 6. Februar 1875 (R.G.Bl. S. 23).

[96]) Für das bürgerliche Eherecht beseitigt durch Ges. über die Beurkundung des Personenstandes und die Form der Eheschließung v. 9. März 1874 (G.S. S. 95); jetzt: R.Ges. über die Beurkundung des Personenstandes und die Eheschließung v. 6. Februar 1875 (R.G.Bl. S. 23) und dazu Art. 46 E.G. z. B.G.B. §§ 1316 ff. B.G.B. — Als kirchliche Vorschriften ersetzt durch das K.Ges., betr. die Trauungsordnung v. 17. Juli 1880 (K.Ges u. V.Bl. S. 109).

[97]) Als Rechtsvorschrift aufgehoben durch § 56 Ges. v. 9. März 1874 (s. Anm. 96); besteht noch als kirchliche Regel.

so gebührt die Taufe, bei Söhnen, der Regel nach dem Pfarrer des Vaters; so wie bei Töchtern dem Pfarrer der Mutter.[98])

§. 448. Die Taufe der unehelichen Kinder kommt dem Pfarrer der Mutter zu.

§. 449. Steht in beiden Fällen der Vater unter Militairgerichtsbarkeit: so muß die Taufe von dem Feld- oder Garnison-Prediger ohne Unterschied der Religionspartei des Vaters, verrichtet werden.[99])

§. 450. Ist die Niederkunft nicht an dem Orte geschehen, wo der gehörige Pfarrer sich aufhält, so kann auch der Pfarrer des Orts der Niederkunft die Taufe ohne weitere Rückfrage verrichten.

§. 451. Hat eine Nothtaufe geschehen müssen, so muß dem ordentlichen Pfarrer davon unverzüglich Anzeige gemacht werden.

§. 452. Für die Handlungen oder Gebräuche, welche hiernächst, nach Verschiedenheit der Religionsparteien, bei einem solchen am Leben bleibenden Kinde vorgenommen werden, hat der Pfarrer eben die Gebühren, wie für eine Taufe, zu fordern.

Von Begräbnissen.

§. 453. Jeder Eingepfarrte muß der Regel nach in seiner Parochie begraben werden.

§. 454. Stirbt Jemand außer seiner Parochie, jedoch an eben demselben Orte, so hat der Pfarrer seines Kirchspiels das Recht, zu fordern, daß die Beerdigung in seiner Parochie geschehe.

§. 455. Stirbt er aber an einem anderen Orte, so haben die Hinterlassenen die Wahl: ob sie ihn da, wo er gestorben ist, begraben, oder in seine ordentliche Parochie zurückbringen lassen wollen.

§. 456. Ueberhaupt kann jeder Eingepfarrte sein und der Seinigen Begräbniß auch außerhalb seiner Parochie wählen.

§. 457. Hat der Verstorbene selbst gewählt, so ist es hinreichend, wenn nur seine Willensmeinung mit genugsamer Gewißheit bekannt ist.

§. 458. Außer den Fällen der §§. 454. 455. müssen aber nicht nur dem Pfarrer und der Kirche, wo die Beerdigung geschieht,

---

[98]) So nach der (Anm. 3 zu § 76 II. 2 abgedruckten) Dekl. wegen des den Kindern aus Ehen zwischen Personen von verschiedenem Glaubensbekenntniß zu ertheilenden Religionsunterrichts v. 21. November 1803 (N.C.C. Bd. XI. S. 1931), dazu K.O. v. 17. August 1825 (G.S. S. 221).

[99]) §§ 59 ff. Militär-Kirchenordnung v. 12. Februar 1832 (G.S. S. 69).

sondern auch dem Pfarrer und der Kirche, denen sie eigentlich zukommt, die Gebühren entrichtet werden.

§. 459. Doch haben Letztere, wenn nach §. 457. der Verstorbene selbst gewählt hat, nur solche Gebühren zu fordern, die, nach der Verfassung jedes Ortes, von allen Begräbnissen derjenigen Classe, zu welcher die Leiche gehört, nothwendig zu entrichten sind.

§. 460. Soll eine Leiche, auf bloßes Verlangen der Hinterlassenen, außer der gehörigen Parochie begraben werden: so müssen Letztere dem Pfarrer und der Kirche dieser Parochie, außer den nothwendigen Gebühren, auch diejenigen Handlungen und Feierlichkeiten, welche sie bei der fremden Kirche vornehmen lassen, taxmäßig bezahlen.

§. 461. Wer ein Erb- oder Familienbegräbniß außerhalb des Kirchspiels hat, kann verlangen, daß sein und der Seinigen Leichname dahin abgeführt werden.

§. 462. Doch sind auch alsdann der Kirche und dem Pfarrer, für welche das Begräbniß eigentlich gehören würde, der Regel nach, die ihnen nach §. 459. zukommenden Gebühren ohne Abzug zu entrichten.

§. 463. In allen Fällen, wo eine Leiche durch einen anderen Gerichtsbezirk geführt werden soll, muß bei dem Obergericht der Provinz[100]) ein Leichenpaß gesucht werden.

§. 464. Kann ein solcher Paß nicht vorgezeigt werden: so hat die ordentliche Obrigkeit jedes Ortes der Durchfuhre das Recht, zu verlangen, daß der Sarg geöffnet, und ihr die Besichtigung der Leiche gestattet werde.

§. 565. Die Pfarrer, durch deren Kirchspiel die Leiche gebracht wird, können davon weder für sich, noch für die Kirche Gebühren fordern.

§. 466. Jeder Pfarrer, von welchem, bei Gelegenheit der Durchfuhre, gewisse Amtshandlungen oder andere Feierlichkeiten

---

100) Jetzt bei dem Landrath und den städtischen Polizeibehörden. K.O. v. 9. Juni 1833 (G.S. S. 73); Cirk.Verf. v. 19. Dezember 1857 (Min.Bl. f. d. i. V. S. 2) und v. 26. Juli 1886 (ebendas. S. 184). — Bekanntmachung der zuständ. Behörden im Central-Bl. f. d. D. R. 1888. S. 889, 952.

ausdrücklich verlangt werden, hat davon die Gebühren, für sich und die Kirche, nach der Taxe des Ortes zu fordern.

§. 467. Ist der Todte an einer ansteckenden Krankheit verstorben, so daß durch Wegbringung der Leiche die Ansteckung verbreitet werden könnte: so muß die Leiche schlechterdings, und ohne Unterschied der Fälle, da, wo sie ist, beerdigt werden.

§. 468. Alsdann sind aber auch die Gebühren nur dem Pfarrer und der Kirche der Parochie, wo die Beerdigung wirklich geschehen ist, zu entrichten.

§§. 469—474 fallen fort.[101])

§. 475. So lange es noch im geringsten zweifelhaft ist: ob die angebliche Leiche wirklich todt sei, muß das Zuschlagen des Sarges nicht gestattet werden.

§. 476. Die näheren Bestimmungen, wegen der zur Verhütung des Lebendigbegrabens nöthigen Vorsichten, bleiben den besonderen Polizeiverordnungen vorbehalten.

§§. 477—480 fallen fort. [101])

Kirchenbücher. [102])

§. 481. Die Pfarrer sind schuldig, richtige Kirchenbücher zu halten, und darin alle von ihnen besorgten, ingleichen alle die Eingepfarrten betreffenden und ihnen angezeigten Aufgebote, Trauungen, Geburten, Taufen und Begräbnisse deutlich und leserlich einzuschreiben.

§. 482. Die Eintragung muß sogleich nach vorgenommener Handlung oder geschehener Anzeige erfolgen, und das Datum muß mit Buchstaben ausgedrückt werden.

Was zu beobachten bei Eintragung der Trauungen;

§. 483. Bei Trauungen müssen die Vor-, Zu- und Geschlechts-Namen, ingleichen das Alter beider Verlobten; auch ob sie schon ver-

---

[101]) Die §§ 469—474, 477—480 sind in Folge der Einführung der Personenstandsregister beseitigt. Sie betrafen die Anzeige von Todesfällen an den Pfarrer und die Anzeige des Pfarrers an die Vormundschaftsbehörde. Jetzt: §§ 56 ff. Personenstands-Ges. v. 6. Februar 1875 (R.G.Bl. S. 23). — § 48 R.F.G.G. v. 17. Mai 1898 (R.G.Bl. S. 771).

[102]) Die §§ 481—505 sind als staatliche Vorschriften durch die Einführung der Personenstandsregister aufgehoben; die §§ 481—486, 492, 504, 505 kommen noch als kirchliche Vorschriften für die evangelische Landeskirche in Betracht, sind aber durch spätere Verordnungen modifizirt. Vgl. Erl. d. Ev. Oberkirchenraths v. 21. September 1874 (Aktenstücke Bd. 7 S. 31) u. v. 19. Januar 1884 (K.Ges. u. V.Bl. S. 4).

heirathet gewesen, oder nicht; ob sie noch unter Eltern und Vormündern stehen, oder nicht, verzeichnet werden.

§. 484. Stehen die Verlobten, oder einer von ihnen, noch unter Eltern oder Vormündern, so muß der Pfarrer dabei bemerken: wie ihm die Einwilligung derselben nachgewiesen worden.

der Taufen;

§. 485. Bei Geburten und Taufen muß der Pfarrer den Vor- Zu- und Geschlechts-Namen, und den Stand der Eltern, ingleichen den Namen und Stand der gegenwärtig gewesenen Taufzeugen, nebst den Namen, welche dem Kinde selbst beigelegt worden, mit eintragen.

§. 486. Auch muß er dabei die Angabe der Eltern, oder, in deren Ermangelung, der Hebamme, von dem Tage und Stunde der Geburt bemerken.

§§. 487—491 fallen fort.[103])

der Todesfälle.

§. 492. Bei Todesfällen muß der Name, der Stand und das Alter des Verstorbenen, der Tag des Todes, die Krankheit oder sonstige Todesart, nach der dem Pfarrer geschehenen Anzeige, eingeschrieben werden.

§§. 493—503 fallen fort.[103])

Kirchenzeugnisse.

§. 504. Kirchenzeugnisse müssen jedoch aus dem von dem Pfarrer geführten Original, und nur in dessen Ermangelung aus dem Dublicat ertheilt werden.

§. 505. Auch in diesen Zeugnissen soll, zur Vermeidung aller Zweifel und Verfälschungen, das Datum, worauf es ankommt, nicht bloß mit Zahlen, sondern zugleich mit Buchstaben ausgedrückt, und die Zeugnisse selbst müssen mit dem Kirchensiegel bestärkt werden.

Vertretung des Pfarrers in seinem Amte.

§. 506. Ein Pfarrer, der nur bei einer einzelnen Handlung, oder nur auf kurze Zeit, sein Amt selbst zu verrichten gehindert wird, kann sich dabei durch einen anderen Geistlichen, welcher zu solchen Handlungen an und für sich befugt ist, vertreten lassen.

§. 507. Soll die Vertretung länger als drei Tage dauern, so muß dem Erzpriester oder dem Kreisinspektor Anzeige davon geschehen.

§. 508. Ist die Vertretung auf länger als vierzehn Tage erforderlich, so muß der Erzpriester oder Inspector es an das

---

[103]) Vgl. Anm. 102.

Consistorium berichten, und die genommenen Maaßregeln zur Genehmigung anzeigen.

§. 509. Verrichtet der Stellvertreter eine Amtshandlung, die ins Kirchenbuch eingetragen werden muß: so ist er schuldig, seinen eigenen Namen, mit der Angabe seines Amtes, und der Ursache der Vertretung zu unterzeichnen.

Capelläne.

§. 510. Ein katholischer Pfarrer kann, unter Approbation seines vorgesetzten Consistorii, einen beständigen Amtsgehülfen oder Capellan annehmen.

§. 511. Er muß aber dazu ein Subject wählen, gegen dessen Person, Lehre und Wandel der Patron so wenig, als die Gemeine, etwas Erhebliches einwenden können.

§. 512. Der Pfarrer kann einem solchen Capellan, wenn derselbe die Ordination enhalten hat, alle Arten seiner Amtsgeschäfte ohne Unterschied auftragen.

§. 513. Die Vertheilung der Geschäfte selbst, die Dauer der Vertretung, und die dem Capellan dafür zukommende Belohnung, wird lediglich durch den zwischen ihnen, unter Approbation der geistlichen Obern, geschlossenen Vertrag bestimmt.

§. 514. Ein solcher Capellan kann jedoch, wenn die Pfarrstelle selbst erledigt wird, auf die Nachfolge darin keinen rechtlichen Anspruch machen.

Pfarrgehülfen.

§. 515. Ein protestantischer Pfarrer kann, mit Vorwissen des Consistorii, einen Candidaten zu seiner Vertretung, jedoch nur bei dem Unterricht der Gemeine, nicht aber bei anderen Amtshandlungen, annehmen.

§. 516. Wird er durch Krankheit, Schwachheit, oder Alter verhindert, sein Amt nach dessen ganzem Umfange selbst gehörig zu verwalten; und verlangt er daher einen beständigen Gehülfen zu allen seinen Amtsverrichtungen: so muß er dieses demjenigen welchem bei einer erfolgenden Erledigung der Pfarre das Wahlrecht zusteht, anzeigen.

§. 517. Alsdann muß, bei der Bestellung eines solchen Amtsgehülfen, alles das beobachtet werden, was bei der Wahl eines neuen Pfarrers erforderlich ist.

§. 518. Ehe jedoch zur Wahl geschritten wird, muß dem zu bestellenden Substituten sein auskömmlicher Unterhalt aus den Einkünften der Pfarre bestimmt werden.

§. 519. Dieser Aussatz darf niemals in einem Antheil der einzelnen Pfarreinkünfte (pars quota) bestehen; sondern er muß auf einen gewissen Betrag an Gelde oder Naturalien, welche der Pfarrer dem Substituten, oder dieser jenem abzugeben hat, bestimmt werden.

§. 520. Ein solcher Substitut tritt, wenn die Pfarre erledigt wird, sofort an die Stelle und in alle Rechte eines wirklichen Pfarrers.

§. 521. Dagegen hat ein nicht förmlich gewählter, sondern nur von dem Pfarrer selbst, mit Erlaubniß der geistlichen Obern, wenn auch unter Einwillung des Patrons, oder der Gemeine angenommener, Substitut kein Recht zur Nachfolge in die erledigte Pfarre.

§. 522. Auch ohne das Gesuch des Pfarrers kann demselben ein Substitut gegeben werden, wenn aus der Anzeige des Patrons, der Vorsteher, oder der Gemeine, oder auch des Kreisinspectors, bei einer deshalb von den geistlichen Obern zu veranlassenden Untersuchung sich ergiebt, daß der Pfarrer, aus einem der §. 516. angeführten Gründe, seinem Amte vollständig vorzustehen, nicht mehr vermögend sei.[104])

Niederlegung des Amtes.

§. 523. Wenn ein Pfarrer sein Amt niederlegen will: so muß er dem Patron und der Gemeine davon Anzeige machen, und die Genehmigung der geistlichen Obern nachsuchen.

§. 524. Finden diese dabei nichts zu erinnern, so gebührt weder dem Patron, noch der Gemeine, ein Recht zum Widerspruche.

§. 525. Nimmt jedoch ein Pfarrer innerhalb zehn Jahren von Zeit seiner Bestellung, einen anderweitigen Ruf an: so ist er schuldig, der Kirchencasse und der Gemeine, alle bei seiner Ansetzung und seinem Anzuge verwendeten Kosten zu erstatten.

§. 526. Auch nach erhaltener Genehmigung der geistlichen

---

104) Vgl. § 56 K.Ges., betr. die Dienstvergehen der Kirchenbeamten und die unfreiwillige Versetzung derselben in den Ruhestand, v. 26. Juli 1880 (K.Ges. u. V.Bl. S. 81).

Obern darf der Priester sein Amt nicht eher verlassen, als bis sein Nachfolger bestellt und eingewiesen worden.

§. 527. Sind erhebliche Gründe vorhanden, warum dieses nicht abgewartet werden kann: so muß der Erzpriester oder Inspector, unter besonderer Approbation des Consistorii, für die Versehung des Amtes in der Zwischenzeit sorgen.

§. 528. Einem Pfarrer, der sein untadelhaft geführtes Amt wegen Alters oder Krankheit niederlegen muß, gebührt ein lebenswieriger Gnadengehalt.[105]

§. 529. Bei ermangelnder Vereinigung über den Betrag und Fonds desselben, muß das Gehalt auf ein Drittel der sämmtlichen Pfarreinkünfte, nach einem gemäßigten Anschlage festgesetzt, und der Amtsfolger zu dessen Entrichtung auf die §. 519. bestimmte Art angewiesen werden.[106]

Vergehungen der Pfarrer.[107]

§. 530. Geringere Amtsvergehungen der Pfarrer müssen von den geistlichen Obern auf die §. 125. bestimmte Art geahndet werden.

§. 531. Hat ein Pfarrer, ohne bösen Vorsatz, durch unvorsichtiges Betragen, das Vertrauen seiner Gemeine verloren, so müssen die geistlichen Obern seine Versetzung an einen anderen Ort veranstalten.

§. 532. Hat ein Pfarrer in seinem Amte grobe Excesse begangen: so müssen die geistlichen Obern ihm die Führung seines Amtes vorläufig untersagen; wegen dessen Wahrnehmung die erforderlichen Anstalten treffen; die nähere Untersuchung verhängen; und nach dem Befunde derselben ihm die Entsetzung andeuten.

§. 533. Will sich der Pfarrer dabei nicht beruhigen, so steht ihm frei, auf förmliche gerichtliche Untersuchung und Entscheidung anzutragen.

§. 534. Er muß sich aber dazu binnen vier Wochen nach angedeuteter Entsetzung melden.

---

105) Ges., betr. das Ruhegehalt der emeritirten Geistlichen, v. 15. März 1880 (G.S. S. 216) und dazu: Ges. v. 30. März 1892 (G.S. S. 35), V. v. 30. März 1892 (G.S. S. 47 und 48) u. K.Ges. 26. Januar 1880 (G.S. S. 218) u. v. 16. März 1892 (G.S. S. 37).

106) Beseitigt durch die in Anm. 105 genannten Gesetze.

107) Jetzt: Ges. über die kirchliche Disziplinargewalt v. 12. Mai 1873 (G.S. S. 198) u. dazu Ges. v. 14. Juli 1880 (G.S. S. 285), v. 21. Mai 1886 (G.S. S. 147) u. v. 29. April 1887 (G.S. S. 127). — K.Ges., betr. die Dienstvergehen der Kirchenbeamten u. die unfreiwillige Versetzung derselben in den Ruhestand, v. 16. Juli 1886 (K.Ges. u. V.Bl. S. 81). — Durch diese Gesetze sind die §§ 530, 532—534, 535 Satz 2 d. Tit. beseitigt.

§. 535. Bei katholischen Pfarrern gebührt das Erkenntniß dem geistlichen Gericht; bei protestantischen aber dem Landes-Justizcollegio der Provinz.

§. 536. Hat ein Pfarrer sich bürgerlicher Verbrechen, die eine Criminaluntersuchung nach sich ziehen, schuldig gemacht, so müssen die geistlichen Obern ihn suspendiren, und die Sache der ordentlichen Obrigkeit zur weiteren Verfügung anzeigen.

§. 537. Es kann aber auch die bürgerliche Obrigkeit, ohne erst die Anzeige abzuwarten, sich des Verbrechers sofort bemächtigen, und ihm den Prozeß machen.

§. 538. Doch muß sie dem geistlichen Obern davon Nachricht geben, damit diese wegen der Amtsversehung das Nöthige verfügen können.

Nebengeistliche.

§. 539. Die bei größeren Parochialkirchen bestellten Nebengeistlichen machen mit dem Pfarrer ein Collegium aus, worin dem Letzteren der Vorsitz und die Direction gebührt.

§. 540. Die Vertheilung der Geschäfte und Einkünfte unter sie, so wie ihr Verhältniß gegen den Pfarrer und die Gemeine, ist nach den Verfassungen einer jeden solchen Kirche besonders bestimmt.

§. 541. Der Regel nach sind die Nebengeistlichen der Aufsicht und der Anweisung des Pfarrers in allen ihren Amtsgeschäften unterworfen.

§. 542. Weltgeistliche, die zur Abwartung des Gottesdienstes bei einer Capelle oder bei einem Altar bestellt sind, dürfen sich keine Parochialverrichtungen anmaßen.

§. 543. Auch mehrere dergleichen bei einer Kirche bestellte Capelläne machen dennoch unter sich kein Collegium aus.

§. 544. Uebrigens aber haben sie die allgemeinen Rechte und Obliegenheiten der Geistlichen.

§. 545. Weltgeistliche, die kein bestimmtes geistliches Amt bei einer Gemeine oder Kirche haben, sollen von den Bischöfen nicht ohne erhebliche Ursache bestellt, oder in ihre Diözes aufgenommen werden.

§. 546. Sie stehen in Ansehung ihrer geistlichen Functionen unter dem Bischof; und dieser muß dafür sorgen, daß sie weder Unordnung oder Aergerniß anrichten, noch sonst dem Staat zur Last fallen.

§. 547. So lange sie bei einer Gemeine oder Kirche nicht

wirklich angesetzt sind, haben sie auf die äußeren Vorrechte der Geistlichen §. 96. 97. keinen Anspruch.

Schiffs- und Gesandtschaftsprediger.

§. 548. Schiffsprediger stehen unter den geistlichen Obern der Provinz, wohin das Schiff gehört; und Gesandtschaftsprediger unter den geistlichen Obern derjenigen Provinz, deren Landes-Justizcollegio der Gesandte in seinen persönlichen Angelegenheiten unterworfen ist.

§. 549. Beide haben, in Ansehung der ihnen angewiesenen Kirchengesellschaft, die Rechte und die Glaubwürdigkeit eines wirklichen Pfarrers.

Siebenter Abschnitt.

Von weltlichen Kirchenbedienten.

§. 550. Personen, welche zwar zum Dienste der Kirche, aber nur in mechanischen Verrichtungen, oder weltlichen Angelegenheiten bestimmt sind, haben nicht die Rechte der Geistlichen.

§. 551. Insonderheit werden sie durch ihre Kirchenbedienungen von der ordentlichen Gerichtsbarkeit nicht ausgenommen.[108)]

Kirchenvorsteher.

§§. 552—555 fallen fort.[109)]

Küster.[110)]

§. 556. Küster, und andere dergleichen niedere Kirchenbediente, werden der Regel nach von dem Patron bestellt.

§. 557. Dieser muß zwar den Pfarrer mit seinem Gutachten über das zu bestellende Subject hören; er ist aber an dessen Vorschläge nicht gebunden.

§. 558. Doch darf dem Pfarrer kein Subject aufgedrängt werden, welches mit ihm in offenbarer Feindschaft lebt, oder sich gröblich wider ihn vergangen hat.

---

108) Gegenstandslos in Folge der Aufhebung des privilegirten und eximirten Gerichtsstandes.

109) Beseitigt durch die §§ 3 ff. Kirchengem.- u. Syn.O. v. 10. Sept. 1873 (G.S. S. 417), §§ 6 ff. Rhein.-westfäl. Kirchen-O. v. 5. März 1835 (v. Kamptz, Annalen Bd. 19 S. 104), §§ 5 ff. Ges. über die Vermögensverwaltung in den katholischen Kirchengemeinden v. 20. Juni 1875 (G.S. S. 241). — Anstatt der Kirchenvorsteher haben der evang Gemeindekirchenrath, das Presbyterium und der kathol. Kirchenvorstand zu handeln.

110) Ges., betr. das Ruhegehalt der Kantoren, Organisten u. Küster v. 7. Juli 1900 (G.S. S. 279) u. V. v. 20. August 1900 (G.S. S. 313).

§. 559. Ist der Küster zugleich Vorleser oder Vorsänger, so muß er eine Probe vor der versammelten Gemeine ablegen.

§. 560. Die Gemeine hat in diesem Fall ein Recht zum Widerspruche, wenn sie den geistlichen Obern erhebliche Gründe gegen die Tüchtigkeit oder Würdigkeit des vorgeschlagenen Subjects anzeigen und nachweisen kann.

§. 561. Ist der Küster zugleich Schulhalter, so finden wegen seiner Prüfung und Bestellung die Vorschriften des folgenden Titels Anwendung.

§. 562. Bei Kirchen, welche keinen eigenen Patron haben, gebührt die Bestellung der niederen Kirchenbedienten dem Pfarrer und den Kirchenvorstehern;[111]) in so fern nicht dieselbe, nach wohlhergebrachter Gewohnheit des Ortes, Letzteren allein, oder auch der ganzen Gemeine zukommt.

§. 563. In allen Fällen muß der Pfarrer die geschehene Bestellung eines solchen Kirchenbedienten dem Erzpriester oder Kreisinspector anzeigen.

§. 564. Ist von einem Küster die Rede, so muß derselbe, ehe er in das Amt wirklich eingesetzt wird, dem Erzpriester oder Inspector zur Prüfung vorgestellt werden.

§. 565. Die Pflichten und Verrichtungen der niederen Kirchenbedienten sind in den Provinzialkirchenordnungen, und durch die besonderen Verfassungen einer jeden Parochialkirche bestimmt.

§. 566. Sie stehen in ihrem Amte zunächst unter der Aufsicht und Direction des Pfarrers, und müssen den Anweisungen desselben bereitwillige Folge leisten.

§. 567. Uebrigens gilt von der Aufsicht der geistlichen Obern über sie, von ihrer Bestrafung bei vorkommenden Amtsvergehungen, ingleichen von ihrer Entsetzung Alles, was im vorigen Abschnitte in Ansehung der Pfarrer verordnet ist. (§. 530—538.)

Achter Abschnitt.

Von Kirchenpatronen.[112])

Begriff.

§. 568. Derjenige, welchem die unmittelbare Aufsicht über eine

---

111) Vgl. Anm. 109 zu § 552 d. Tit.

112) Das Patronatrecht ist im Ganzen als öffentliches Recht vom B.G.B. nicht berührt.

Kirche, nebst der Sorge für deren Erhaltung und Vertheidigung obliegt, wird der Kirchenpatron genannt.

Erwerbung des Patronatrechts.

§. 569. Wer eine Kirche bauet, oder hinlänglich dotirt, erlangt dadurch ein Recht zum Patronat.

§. 570. Eben dergleichen Recht erlangt derjenige, welcher eine verfallene oder verarmte Kirche wieder aufbaut, oder von neuem dotirt.

§. 571. Hat eine solche Kirche bereits einen Patron: so erlangt der neue Wohlthäter mit demselben gleiche Rechte; doch nur in so fern, als der bisherige Patron die Kosten des Aufbaues, und der Dotation, nicht hat übernehmen können oder wollen.

§. 572. Auch durch den Auftrag einer Kirchengesellschaft, die bisher unter keinem besonderen Patron gestanden hat, kann Jemand ein Recht zum Patronat erhalten.

§. 573. Doch wird in allen vorstehenden Fällen (§. 569. bis 572.) das Kirchenpatronat selbst erst durch die Verleihung des Staats erworben.

§. 574. Außerdem kann das Kirchenpatronat auch durch Verjährung erlangt werden.

§. 575. Soll eine dergleichen Erwerbung desselben, gegen den Staat, oder die Kirchengesellschaft nachgewiesen werden, so müssen die Erfordernisse der bei Regalien statt findenden Verjährung vorhanden sein.[113])

§. 576. Wenn aber zwei oder mehrere Privatpersonen über den Besitz des Patronatrechts mit einander streiten, so ist die gemeine Verjährung hinreichend.[114])

§. 577. Alle dergleichen über die Zuständigkeit des Patronat-

---

[113]) Vgl. §§ 35 ff. II. 14 L.R.

[114]) Die Möglichkeit des Erwerbes durch Verjährung ist als Norm des öffentlichen Patronatrechts vom B.G.B. nicht berührt. (Vgl. Anm. 31 zu § 500 I. 9.) An die Stelle der aufgehobenen Vorschriften des L.R. (§§ 500 ff., 579 ff. I 9) können nicht die Vorschriften des B.G.B. über die Ersitzung von beweglichen Sachen treten, sondern es werden die Vorschriften über die Ersitzung von Rechten (§ 900 Abs. 2; vgl. auch §§ 1029, 1090) in der Weise entsprechend anzuwenden sein, daß statt der Eintragung im Grundbuch der gute Glaube des Ersitzenden erforderlich ist.

rechts entstehenden Streitigkeiten gehören zum Erkenntnisse des ordentlichen weltlichen Richters.

§. 578. In wie fern das Patronatrecht nur der Person des Erwerbers und seinen Erben, oder einer gewissen Familie zukomme; oder mit einem Amte, oder mit dem Besitze eines Gutes verbunden sei; ist in vorkommenden Fällen nach den darüber sprechenden Erwerbungsurkunden zu bestimmen.

§. 579. Im zweifelhaften Falle wird vermuthet, daß das Kirchenpatronat auf einem Gute oder Grundstück hafte.

§. 580. Dergleichen Patronat kann von dem Gute, auf welchem es bisher gehaftet hat, ohne ausdrückliche Einwilligung der geistlichen Obern, nicht abgesondert werden.

§. 581. Mit dem Gute zugleich aber geht dasselbe auf jeden Besitzer, ohne Unterschied der Religionspartei, wozu er sich bekennt, über.

§. 582. Doch können Personen, welche zu keiner von den im Staat aufgenommenen oder geduldeten christlichen Religionsparteien gehören, das Patronatrecht über eine Kirche nicht ausüben.[115])

§. 583. Es steht ihnen zwar frei, diese Ausübung einem Anderen während ihrer Besitzzeit zu übertragen; die Beiträge und Leistungen aber, welche aus dem Patronat fließen, müssen in allen Fällen aus den Einkünften des Gutes bestritten werden.

Rechte und Pflichten des Patrons.

§. 584. Die dem Patron obliegende Sorge für die Erhaltung der Kirche begreift die Pflicht, dazu, bei Ermangelung eines hinlänglichen Kirchenvermögens, aus eigenen Mitteln beizutragen, in sich.

§. 585. Dagegen ist aber auch der Patron berechtigt, die Verwalter des Kirchenvermögens zu bestellen, und Rechnungslegung von ihnen zu fordern.[116])

---

115) V. wegen Verwaltung des Patronatrechts über christliche Kirchen auf solchen Gütern und Grundstücken, die sich im Besitzthum jüdischer Glaubensgenossen befinden v. 30. August 1816 (G.S. S. 207). — § 3 Ges. über die Verhältnisse der Juden v. 23. Juli 1847 (G.S. S. 263).

116) Das Recht der Bestellung der Verwalter ist beseitigt durch die neueren Kirchenverfassungsgesetze. Vgl. Anm. 109 zu § 552 d. T. — Wegen der Rechnungslegung vgl. § 39 Kirchengem. u. Syn.O. u. § 40 Ges. v. 20. Juni 1875.

§. 586. Dem Patron, als Wohlthäter und Erhalter der Kirche, kommen in Ansehung derselben gewisse Ehrenrechte zu.

§. 587. Er hat das Recht, bei Erledigung der Pfarrstelle den neuen Pfarrer zu präsentiren. (§. 327. sqq.)

§. 588. Er ist befugt, seinen Kirchstuhl im Chor, oder sonst an einem vorzüglichen Orte der Kirche zu haben.[117])

§. 589. Der Patrone und ihrer Familien muß im öffentlichen Kirchengebete besonders gedacht werden.

§. 590. Auch bei der Beerdigung gebührt dem Patron, seiner Ehefrau, ehelichen Abkömmlingen, und bei ihm wohnenden Seitenverwandten ein Platz in dem Begräbnißgewölbe.[117])

§. 591. Kann in diesem die Beerdigung nach den Gesetzen des Staats nicht statt finden, so kann der Patron die unentgeltliche Anweisung einer vorzüglichen Stelle auf dem der Kirchengesellschaft zustehenden Begräbnißplatze fordern. (§. 185.)

§. 592. Auch ist er berechtigt, Ehrenmäler für sich und seine Familie in der Kirche zu errichten.

§. 593. Bei seinem und seiner Ehegatten Absterben findet, durch den nach jedes Orts Gewohnheit bestimmten Zeitraum, das Trauergeläute statt.

§. 594. Wo die Kirchentrauer für den Patron und seine Familie bei deren Absterben hergebracht ist, hat es dabei auch fernerhin sein Bewenden.

§. 595. Verarmte Patrone genugsam dotirter Kirchen haben aus dem Kirchenschatze nothdürftigen Unterhalt zu fordern.

§. 596. Doch ist die Kirche zu dieser Competenz nur in so fern verpflichtet, als die Einkünfte des Vermögens, womit sie dotirt worden, nach Abzug aller zur Unterhaltung ihrer Anstalten erforderlichen Ausgaben dazu hinreichen.

§. 597. Auch tritt die Verbindlichkeit der Kirche nur alsdann ein, wenn außer ihr Niemand mehr vorhanden ist, der zur Ernährung des verarmten Patrons nach den Gesetzen verpflichtet wäre.

Wem die Ausübung eines Real-Patronatrechts zukomme.

§. 598. Die Ausübung des auf einem Gute haftenden Patronatrechts gebührt demjenigen, welchem das bürgerliche Eigenthum (dominium civile) des Gutes zukommt.

---

[117]) Art. 133 E.G. z. B.G.B.

§. 599. Wem die Gesetze die Verwaltung des Inbegriffs der Güter und Gerechtsame eines Anderen, übertragen haben, der ist auch das dazu gehörende Kirchenpatronat in dessen Namen auszuüben berechtigt.

§. 600. Ein bloßes Verwaltungs-, Nutzungs- oder Erbpacht-[118]) recht an dem mit dem Patronat versehenen Gute giebt noch keine Befugniß zur Ausübung des letzteren.

§. 601. Dagegen ist die Leibgedings-Frau zu solcher Ausübung während ihres Besitzes berechtigt.

§. 602. Wenn ein Gut Schulden halber in Beschlag genommen worden: so bleibt die Ausübung des Patronatrechts dennoch dem Eigenthümer; und nur diejenigen Befugnisse und Pflichten, welche auf das Kirchenvermögen Beziehung haben, müssen von dem gerichtlich bestellten Administrator wahrgenommen werden.

§. 603. Dagegen müssen die Lasten des Patronats, auch in diesem Falle, aus den Einkünften des Gutes getragen werden.

§. 604. Verfällt ein mit dem Patronatrechte versehenes Gut, aus anderen Ursachen als Schulden halber, auf den Antrag des Fiscus in gerichtlichen Beschlag: so kommt es, während desselben, dem Staat zu, für die Ausübung der diesfälligen Rechte und Pflichten zu sorgen.

Von mehreren Patronen.

§. 605. Wenn das Patronatrecht über eben dieselbe Kirche auf mehreren Gütern mit gleichem Rechte haftet: so sind die Besitzer dieser Güter, in Ansehung der damit verbundenen Befugnisse und Pflichten, als Inhaber eines gemeinsamen Rechts oder einer gemeinsamen Verbindlichkeit, zu betrachten.

§. 606. Doch kann jeder von ihnen die §. 586. bis 594. beschriebenen Ehrenrechte für seine Person fordern und ausüben.

§. 607. Hat eine Kirche mehrere Patrone: so kann derjenige, in dessen Gute die Kirche liegt, in gemeinschaftlichen Geschäften das Directorium, und den dahin gehörenden Vorzug in der Unterschrift verlangen.

§. 608. Sind mehrere Kirchen unter gemeinschaftlichen Geistlichen und Patronen vereinigt, so kommt das Directorium in gemeinschaftlichen Angelegenheiten dem Patron des Ortes zu, wo der Pfarrer wohnt.

---

118) §§ 2, 91 Ablösungsges. v. 2. März 1850 (G.S. S. 77).

§. 609. In Angelegenheiten aber, welche nur eine einzelne Kirche betreffen, findet die Vorschrift §. 607. ebenfalls Anwendung.

Wie das Patronatrecht aufhöre.

§. 610. Niemand kann, ohne ausdrückliche Einwilligung der Gemeine, und ohne Genehmigung der geistlichen Obern, des Patronatrechts und der damit verbundenen Obliegenheiten sich begeben.

§. 611. Dagegen verliert aber auch der Patron seine Rechte keineswegs durch den bloßen Nichtgebrauch.

§. 612. Hat er aber geschehen lassen, daß einzelne unter dem Patronatrechte begriffenen Befugnisse von der Gemeine, oder deren Vorstehern, oder auch von einem Dritten, durch eine zur gewöhnlichen Verjährung hinreichende Frist, als ein ihnen zukommendes Recht ausgeübt worden: so hat er diese Befugnisse verloren.

§. 613. Wer um Bestechung oder anderer unerlaubter Privatvortheile willen Jemanden zu einer Pfarrstelle präsentirt, verliert für seine Person das Wahl- und Präsentationsrecht bei dieser und allen folgenden Vacanzen.

§. 614. In diesem und allen übrigen Fällen, wo der Patron das Wahl- und Präsentationsrecht für seine Person verliert, kommt die Besetzung der vacanten Pfarrstelle den geistlichen Obern zu. (§. 398. sqq.)

§. 615. Auch einem Collegio, Corporation, oder Commune kann das Kirchenpatronat zukommen.

§. 616. Ein solches Collegium u. s. f. kann zwar die Ausübung desselben Jemandem aus seinem Mittel übertragen, oder selbige mit einem gewissen Amte verknüpfen.

§. 617. Es kann sich aber dadurch der zum Patronat gehörigen Pflichten, zum Nachtheil der Kirche, nicht entledigen.

Neunter Abschnitt.

Von der Verwaltung der Güter und des Vermögens der Pfarrkirchen.[119])

Allgemeiner Grundsatz.

§. 618. Von den Gütern und dem Vermögen der Parochial-

119) Ueber Organe der Kirchenverwaltung, die Mitwirkung und die Aufsichtsrechte des Staates und des Patrons vgl. die in Anm. 32, 33 zu § 113 d. Tit. genannten Gesetze. Ferner: Ges., betr. die kirchliche Auf-

kirchen gilt alles, was vom Vermögen der Kirchen überhaupt im vierten Abschnitte verordnet ist.

Art der Verwaltung.

§§. 619—622 fallen fort.[120])

Rechte und Pflichten der Kirchenverwalter.

§. 623. Sie müssen bei ihrer Verwaltung eben die Aufmerksamkeit anwenden, und eben den Grad der Schuld vertreten, wozu Vormünder nach den Gesetzen verpflichtet sind.[121])

§. 624 fällt fort.[120])

§. 625. Sie müssen die der Kirche zustehenden Gelder, Schuldinstrumente, und andere Urkunden dergestallt unter gemeinschaftlichem Beschlusse halten, daß keiner von ihnen einseitig, und ohne die übrigen, darüber verfügen könne.

§. 626. Wo der Kasten, in welchem die Kirchengelder und Urkunden unter solchem gemeinsamen Beschlusse aufzubewahren sind, am sichersten untergebracht werden könne, müssen die Vorsteher[122]) mit dem Patron und Pfarrer in Ueberlegung nehmen; allenfalls aber muß dieses von dem Inspector oder Erzpriester nach den Umständen bestimmt werden.

§. 627. Wo es, besonders auf dem Lande, an tauglichen und im Rechnungswesen hinlänglich geübten Subjecten zu Kirchenvorstehern[122]) ermangelt, da kann der Pfarrer sich nicht entbrechen, dieses Geschäft mit zu übernehmen, und die Schreibereien, nebst dem Rechnungswesen, zu besorgen.

§. 628. Was also hier von Kirchenvorstehern[122]) überhaupt ver-

---

sicht über die Vermögensverwaltung der Kirchengemeinden innerhalb der evangelischen Landeskirche der älteren Provinzen der Monarchie, v. 8. März 1893 (G.S. S. 21), K.Ges. v. 18. Juli 1892 (G.S. 1893 S. 25) und V. v. 8. März 1893 (K.Ges. u. V.Bl. S. 12). — Verwaltungsordnung für das kirchliche Vermögen in den östlichen Provinzen der Preußischen Landeskirche v. $\frac{\text{15 Dezember 1886}}{\text{17 Juni 1893}}$ (K.Ges. u. V.Bl. 1893 S. 23). — Die Vorschriften der A.L.R. bestehen noch, soweit sie gesetzliche Verwaltungsnormen enthalten.

120) §§ 619—622, 624 betrafen die Organe der Kirchenverwaltung und sind beseitigt. Vgl. Anm. 119 zu § 618 und Anm. 109 zu § 552 d. Tit.

121) Für den kathol. Kirchenvorstand § 9 Ges. v. 20. Juni 1875 (G.S. S. 241).

122) Vgl. jetzt Anm. 109 zu § 552 d. Tit.

ordnet wird, gilt in diesem Falle auch von dem Pfarrer, und den ihm an die Seite gesetzten Nebenvorstehern.

Von Kirchencapitalien.

§. 629. Ausstehende Kirchencapitalien können die Vorsteher,[123]) ohne Vorwissen und Genehmigung des Patrons[124]) oder Kirchencollegii,[125]) wo dergleichen vorhanden ist, nicht aufkündigen.

§. 630. Geschieht die Aufkündigung von dem Schuldner, so müssen sie dem Patron oder Kirchencollegio[125]) davon sofort Anzeige machen.

§. 631. Wo weder ein Patron, noch ein Kirchencollegium vorhanden ist, da müssen Aufkündigungen nicht anders, als mit Zuziehung des Inspectors oder Erzpriesters, gethan oder angenommen werden.[126])

§. 632. Der Patron, das Kirchencollegium, oder der Inspector, müssen den Zahler anweisen, ob die Zahlung an die Vorsteher allein geleistet, oder wer noch außer ihnen dabei zugezogen werden solle.

§. 633. Nach dieser Anweisung muß sich der Zahler richten; und nur eine derselben gemäß ausgestellte Quittung kann gegen die Kirche die Zahlung beweisen.

§. 634. Sobald aus den Einkünften der Kirche ein Bestand von funfzig Thalern oder mehr erübrigt werden kann, müssen die Vorsteher[123]) für dessen sichere und zinsbare Unterbringung zum Besten der Kirche sorgen.

§. 635. So lange sich zu einer solchen Unterbringung gegen höhere Zinsen, unter gesetzmäßiger Sicherheit, keine Gelegenheit findet, müssen dergleichen aufgesammelte Capitalien bei der Königlichen Bank belegt werden.

§. 636. Kirchencapitalien sollen in der Regel nicht anders, als gegen gerichtliche Sicherheit und Eintragung auf unbewegliche Güter, ausgeliehen werden.

§. 637. Die Ausleihung muß mit Vorwissen und Genehmigung

---

[123]) Jetzt Gemeindekirchenrath, Presbytorium, Kirchenvorstand. Anm. 109 zu § 552 d. Tit.

[124]) Dem Patron steht dies Recht nur noch da zu, wo er Patronatslasten für die kirchlichen Bedürfnisse trägt. § 23 Kirchengem.- u. Syn.O.; § 4 Ges. über d. Vermögensverw. in kathol. Kirchengem. v. 20. Juni 1875 (G.S. S. 241).

[125]) Besondere, wie sie der aufgehobene § 622 d. T. vorsah, Kirchencollegien giebt es nicht mehr. Vgl. auch Anm. 42 zu § 156 d. Tit.

[126]) §§ 631—633 sind nicht mehr in Kraft. Vgl. Anm. 119.

des Patrons[127]) oder Kirchencollegii,[128]) in deren Ermangelung aber mit Zuziehung des Pfarrers geschehen.

§. 638. In allen Fällen muß die beabsichtigte Ausleihung und die dagegen der Kirche zu verschaffende Sicherheit dem Erzpriester oder Inspector angezeigt werden.

§. 639. Beträgt das auszuleihende Capital mehr als funfzig Thaler, so muß er bei den vorgesetzten geistlichen Obern darüber anfragen.

§. 640. Ein Gleiches muß geschehen, wenn der Inspector, auch bei einer mindern Summe, die Sicherheit bedenklich findet.

§. 641. Dem Patron selbst dürfen das Kirchencollegium,[128]) der Pfarrer und die Vorsteher,[129]) bei eigener Vertretung, ohne besondere Genehmigung der geistlichen Obern, keine Kirchengelder zum Darlehn geben, oder sonst überlassen.

§. 642. Ein Gleiches gilt von Darlehnen, die einem Vorsteher,[129]) oder einem Mitgliede des Kirchencollegii,[128]) oder auch dem Pfarrer gemacht werden sollen.

§. 643. Die geistlichen Obern machen sich der Kirche verantwortlich, wenn sie ohne eine solche Sicherheit, als die Gesetze bei Verleihung der Mündelgelder aus dem gerichtlichen Deposito erfordern, in dergleichen Darlehne (§. 641. 642.) willigen.

§. 644. An Personen, welche zu den geistlichen Obern gehören, dürfen weder die Vorsteher,[129]) noch der Patron oder die Kirchencollegia,[128]) bei eigener Vertretung, Darlehne aus dem Kirchenvermögen machen.

Von Schulden der Kirche.

§. 645. Sollen Capitalien für die Kirche aufgenommen werden: so ist dazu der Beitritt des Patrons[127]) oder Kirchencollegii, oder in beider Ermangelung, der Gemeine oder deren Repräsentanten, nebst der Genehmigung der geistlichen Obern erforderlich.[130])

---

127) Wenn er die kirchlichen Lasten trägt. Anm. 124.

128) Vgl. Anm. 125.

129) Vgl. Anm. 123.

130) Jetzt bedarf es nur noch bei Anleihen, soweit sie nicht blos zur vorübergehenden Aushülfe dienen und aus den laufenden Einnahmen derselben Voranschlagsperiode zurückerstattet werden können, der Zustimmung der Gemeindevertretung und der Genehmigung der staatlichen und in der evang. Landeskirche auch der kirchlichen Aufsichtsbehörde. § 31 Nr. 3 K.Gem.- u. Syn.O; Art. 24 Nr. 3, Kirchenverfassungs-Ges. v. 3. Juni

§. 646. Wer ohne diese Erfordernisse in ein solches Darlehnsgeschäft sich einläßt, der erlangt daraus ein Recht an die Kirche und deren Vermögen nur soweit, als er die geschehene Verwendung in ihren Nutzen nachweisen kann.[131]

Grundstücke.

§. 647. **In die Veräußerung eines Kirchenguts muß, außer dem Patron,[132] wo dergleichen vorhanden ist, auch die Gemeine durch ihre zu bestellenden Repräsentanten einwilligen.[133]**

§. 648. **Keine Veräußerung aber kann ohne vorhergegangene Untersuchung und Approbation der geistlichen Obern, und ohne Erlaubniß des geistlichen Departements im Staatsministerio, gültig geschehen.[134]**

§. 649 fällt fort.[135]

Prozesse.

§. 650. **Wenn die Kirche wegen ihrer Güter und Vermögens in Prozesse verwickelt wird, so liegt der Betrieb derselben** den Vorstehern ob.[136]

§. 651. **Der Patron muß die Vorsteher in Ausführung und Vertheidigung der Kirchengerechtsame unterstützen.**

§. 652. Soll die Kirche Klägers Stelle vertreten, so müssen der Patron und die Vorsteher noch vor dem Anfange des Prozesses, die Approbation der geistlichen Obern darüber einholen.[137]

1876; §§ 21 Nr. 4, 50 Nr. 3 Ges. v. 20. Juni 1875; § 1 Nr. 3 K.Ges. v. 18. Juli 1892 (G.S. 1893 S. 25).

[131]) Als privatrechtlich durch Art. 55 E.G. z. B.G.B. aufgehoben. Jetzt: §§ 812 ff. B.G.B.

[132]) Wenn er die kirchlichen Lasten trägt. Anm. 124.

[133]) Mitwirkung der Gemeindevertretung: § 31 Nr. 1 K.Gem.= u. Syn.O.; § 21 Nr 1 Ges. v. 20. Juni 1875.

[134]) Wegen der Genehmigung des Staats vgl. Anm. 52 zu § 194 d. Tit., der evang. kirchl. Aufsichtsbehörde § 1 Nr. 1 K.Ges. v. 18. Juli 1892 (G.S. 1893 S. 25).

[135]) Betraf Erbverpachtungen u. Austhuung gegen Erbzins. Beseitigt durch §§ 2, 91 Ablösungsges. v. 2. März 1850 (G.S. S. 77).

[136]) Jetzt evang. Gemeindekirchenrath (§ 22 K.Gem.= u. Syn.O.), Presbyterium (§ 5 Rhein.=westfäl. Kirchen=O.) und kathol. Kirchenvorstand (§ 8 Ges. v. 20. Juni 1875).

[137]) §§ 652, 653, 655—657 sind beseitigt, da die Genehmigung der kirchl. Aufsichtsbehörde nicht mehr erforderlich ist. § 1 K.Ges. v. 18. Juli 1892; § 51 Ges. v. 20. Juni 1875. — Wegen der Mitwirkung der Gemeindevertretung: § 31 Nr. 4 K.Gem.= u. Syn.O. § 21 Nr. 5 Ges. v. 20. Juni 1875.

§. 653. Unterlassen sie dieses, so wird der Prozeß auf ihre Gefahr und Kosten geführt, und der Kirche kann daraus kein Nachtheil erwachsen.

§. 654. Auch wenn die Kirche von Anderen rechtlich belangt wird, müssen der Patron und die Vorsteher den geistlichen Obern davon sofort Anzeige machen.

§. 655. Das Approbationsdecret der geistlichen Obern ist zwar zur Einlassung auf die Klage nicht nothwendig;[138])

§. 656. Wenn aber die Vorsteher dergleichen Decret nicht nachbringen, so geht der Prozeß auf ihre Gefahr und Kosten.

§. 657. Die Kosten können jedoch sowohl in diesem, als in dem Falle des §. 653. aus dem Kirchenvermögen zurückgefordert werden, wenn durch einen günstigen Ausgang des Prozesses ein die Kosten übersteigender Nutzen für die Kirche verschafft worden.

§. 658. Die Vollmacht zum Betriebe eines Prozesses muß, außer den Vorstehern, von dem Patron, oder dem Kirchencollegio, oder in deren Ermangelung, von dem Pfarrer mit unterschrieben werden.[139])

§. 659. In Fällen, wo die Vorsteher, der Patron, oder die Kirchencollegia,[140]) wirkliche Rechte der Kirche in Gerichten auszuführen oder zu vertheidigen beharrlich verweigern, müssen die geistlichen Obern der Kirche einen Bevollmächtigten dazu von Amtswegen bestellen.[141])

§. 660. Die durch die ungegründete Weigerung entstandenen mehreren Kosten muß der Weigernde aus eigenen Mitteln ersetzen.

§. 661. Auch wenn gegen den Patron oder das Kirchencollegium[140]) selbst ein gerichtliches Verfahren erforderlich ist, muß der Kirche von den geistlichen Obern ein Bevollmächter dazu von Amtswegen bestellt werden.

Vergleiche.

§. 662. Ohne Genehmigung der geistlichen Obern kann über Kirchengüter und Rechte kein Vergleich geschlossen werden.[142])

---

[138]) Vgl. Anm. 137.

[139]) Jetzt Unterschrift des Vorsitzenden und zweier Mitglieder der in Anm. 136 genannten Behörden, sowie Beidrückung des Kirchensiegels § 22 K.Gem.- u. Syn.O.; § 19 Ges. v. 20. Juni 1875; Westfalen u. Rheinprov.: § 1 K.Ges. v. 8. Juni 1891 (G.S. S. 333).

[140]) Vgl. Anm. 125 zu § 629 d. Tit.

[141]) § 53 Ges. v. 20. Juni 1875.

[142]) Bestimmt sich jetzt nach dem Gegenstande des Vergleichs. § 1 K.Ges. v. 18. Juli 1892. — § 50 Ges. v. 20. Juni 1875. — Mitwirkung der Gemeindevertretung: § 31 Nr. 4 K.Gem.- u. Syn.O.; § 21 Nr. 5 Ges. v. 20. Juni 1875.

§. 663. Enthält der Vergleich eine Art von Veräußerung solcher Güter und Rechte, so müssen noch außerdem die §. 648. vorgeschriebenen Erfordernisse einer gültigen Veräußerung von Kirchengütern überhaupt hinzukommen.

Einkünfte.

§. 664. Die Kirchenvorsteher[143]) müssen insonderheit die ordentliche und prompte Einziehung der Kircheneinkünfte besorgen.

§. 665. Der Ertrag des Klingebeutels, oder ausgestellten Beckens, gehört der Regel nach zu den Kircheneinkünften, und muß, nach vollendeter Einsammlung, von den Vorstehern, mit Zuziehung des Pfarrers[143]) übernommen werden.

§. 666. Ein Gleiches gilt von den persönlichen Abgaben, welche von Eingepfarrten oder Anderen, die sich dieser Anstalt bedienen wollen, für gewisse kirchliche Handlungen, nach einer vom Staat genehmigten Taxe an die Kirche selbst zu entrichten sind.

§. 667. Desgleichen von den Stellgeldern, die nach Gewohnheiten des Ortes, für die Begräbnißplätze auf den Kirchhöfen entrichtet werden müssen.

Vermiethen und Verpachten der Grundstücke.

§. 668. Grundstücke der Kirchen können die Vorsteher[143]) unter Genehmigung des Patrons[144]) oder Kirchencollegii,[145]) vermiethen oder verpachten, und die Miethen oder Pachtgelder davon einziehen.

§. 669. Die Ausbietung eines solchen Grundstückes zur Miethe oder Pacht muß allemal öffentlich geschehen.

§. 670. Hat die bisherige Miethe oder Pacht, oder der bisherige Ertrag, funfzig Thaler nicht überstiegen, und soll die Austhuung nicht auf längere Zeit als sechs Jahre geschehen: so ist es hinreichend, wenn die Bekanntmachung, und die Aufforderung der Mieth- oder Pachtlustigen, sich an einem bestimmten Tage in der Wohnung des Patrons, oder der Kirchenvorsteher[143]) zu melden, drei Sonntage hintereinander von der Kanzel geschieht.

---

[143]) Jetzt ev. Gemeindekirchenrath, Presbyterium, kathol. Kirchenvorstand. Vgl. Anm. 109 zu § 552 d. Tit.

[144]) Nur wenn er kirchliche Lasten trägt. Vgl. Anm. 124 zu § 629 d. Tit.

[145]) Vgl. Anm. 125 zu §. 629 d. Tit. — Wegen der Mitwirkung der Gemeindevertretung vgl. § 31 Nr. 1 K.Gem.- u. Syn.O., § 21 Nr. 1 Ges. v. 20. Juni 1875.

§. 671. Alsdann kann der Contract mit dem Meistbietenden, unter Genehmigung des Patrons oder Kirchencollegii, von den Vorstehern, **ohne Dazwischenkunft der Gerichte, oder der geistlichen Obern, gültig abgeschlossen werden.**[146])

§. 672. Soll das Grundstück auf länger als sechs Jahre ausgethan werden, oder übersteigt der Ertrag desselben funfzig Thaler: so muß, außer der Bekanntmachung von den Kanzeln, eine öffentliche gerichtliche Aufforderung der Mieth- oder Pachtlustigen vorhergehen.[147])

§. 673. Dabei müssen die gesetzlichen Vorschriften von freiwilligen Subhastationen beobachtet, und es muß vor dem Zuschlage die Genehmigung der geistlichen Obern eingeholt werden.[148]) [149])

§. 674. Sollen Grundstücke dem Kirchenpatron selbst vermiethet oder verpachtet werden, so ist allemal die Genehmigung der geistlichen Obern dazu nothwendig.[149])

§. 675. Kann ein Kirchengut zum Besten der Kirche nicht verpachtet werden: so sind die eingepfarrten Gemeinen, wo nicht ein Anderes hergebracht ist, nur schuldig, die innerhalb der Kirchspielsgrenzen gelegenen Grundstücke, gegen Vergütung der in der Gegend üblichen Bestellungs- und Erntekosten, zu bearbeiten, und die Früchte davon einzusammeln.

Vermiethung der Kirchstellen.

§. 676. Wo die Vermiethung der Kirchstellen hergebracht ist, da gebührt selbige den Vorstehern.[150])

§. 677. Sie können die Stelle an Eingepfarrte und an Fremde zum Gebrauch überlassen; doch haben die Ersteren den Vorzug.

§. 678. Die Vorsteher können die hergebrachten Kirchenstellengelder ohne Bewilligung der Eingepfarrten nicht erhöhen.[151])

---

[146]) Vgl. Anm. 143—145.

[147]) Beseitigt durch die in Anm. 145 genannten Bestimmungen.

[148]) Beseitigt durch Anh. § 126 zu § 222 d. Tit.

[149]) Wegen der Genehmigung der kirchl. Aufsichtsbehörde vgl. § 1 Nr. 9 K.Ges. v. 18. Juli 1892 (G.S. 1893 S. 25).

[150]) Jetzt evang. Gemeindekirchenrath, Presbyterium, kathol. Kirchenvorstand. Vgl. Anm. 109 zu § 552 d. Tit.

[151]) Jetzt Mitwirkung der Gemeindevertretung bei Einführung und Veränderung von Gebührentaxen. § 31 Nr. 7 K.Gem.- u. Syn.O.; § 21 Nr. 9 Ges. v. 20. Juni 1875.

§. 679. Das Vermiethen der Kirchstellen soll niemals nach Art einer öffentlichen Versteigerung geschehen.

§. 680. Bei neu errichteten Kirchen muß die Vertheilung der Stellen von den Vorstehern,[152] unter Beistimmung des Patrons[153] oder Kirchencollegii und Genehmigung der geistlichen Obern,[154] nach Classen, oder durch das Loos besorgt werden.

§. 681. Wo nach besonderen Verfassungen Kirchstellen gewissen Personen oder Familien erblich verliehen sind, da können die Eigenthümer dieselben an Andere vermiethen, und zum Gebrauche einräumen; auch sie auf ihre Nachkommen vererben.[155]

§. 682. Dagegen können sie das Eigenthum weder unter Lebendigen, noch von Todeswegen, an Andere übertragen.

§. 683. Wenn der Eigenthümer einer solchen Stelle ohne Nachkommen stirbt, oder die Parochie verläßt: so fällt die Stelle an die Kirche zurück.

§. 684. Kirchstühle, die Jemandem in Rücksicht seiner Würde oder seines Amtes angewiesen sind, können von ihm an Andere auf keine Weise überlassen werden.

§. 685. Kirchstühle, die einem Hause oder Gute für beständig zugeschlagen sind, gehen mit diesem Grundstücke zugleich auf jeden Besitzer desselben, auch wenn er einer anderen Religionspartei zugethan ist, über.

Ausgaben aus dem Kirchenvermögen.

§. 686. Die bei der Kirche vorkommenden ordentlichen und bestimmten Ausgaben sind die Vorsteher,[152] ohne weitere Rückfrage, aus den Kirchenmitteln zu entrichten befugt.

§. 687. In Ansehung der außerordentlichen Ausgaben hingegen sollen bei jeder Kirche gewisse Summen nach Bewandtniß der Umstände, von den geistlichen Obern bestimmt werden, welche die Vorsteher nicht ohne Genehmigung des Patrons[153] oder Kirchen-

---

152) Vgl. Anm. 150.

153) Nur wenn er kirchliche Lasten trägt. Anm. 124 zu § 629 d. Tit.

154) Mitwirkung der Gemeindevertretung oder Genehmigung der kirchl. Aufsichtsbehörde ist nicht erforderlich. § 31 K.Gem.- u. Syn.O.; §§ 1, 2 K.Ges. v. 18. Juli 1892 (G.S. 1893 S. 25); § 21 Ges. v. 20. Juni 1875.

155) §§ 681 ff. sind durch Art. 133 E.G. z. B.G.B. auch, soweit sie privatrechtlich sind, erhalten.

collegii, und diese nicht ohne Approbation der geistlichen Obern überschreiten dürfen.[156])

Rechnungslegung.[157])

§. 688. Bei jeder Parochialkirche sind gewisse Termine zu bestimmen, in welchen die Vorsteher von ihrer Administration Rechnung legen müssen.

§. 689. Bei Patronatkirchen gebührt die Abnahme der Rechnung dem Patron; und muß auf dessen Verlangen in seiner Behausung geschehen.

§. 690. Ist der Patron nicht selbst am Orte wohnhaft, so hängt die Bestimmung, wo die Rechnung am Orte abgenommen werden solle, von ihm ab.

§. 691. Die Kirchengemeine ist der Rechnungsabnahme durch ihre Repräsentanten und Bevollmächtigte beizuwohnen berechtigt.

§. 692. Hat die Kirche keinen Patron: so müssen die Vorsteher dem Kirchencollegio die Rechnung ablegen, und findet auch dabei die Vorschrift §. 691. Anwendung.

§. 693. Ist auch kein Kirchencollegium vorhanden, so muß die Rechnung den von der Kirchengemeine dazu ernannten Deputirten abgelegt werden.

§. 694. In allen Fällen ist der Pfarrer, auch wenn er nicht Vorsteher wäre, bei der Rechnungsabnahme zuzuziehen.

§. 695. Die geistlichen Obern müssen von Amtswegen darauf halten, daß die Rechnungslegung zur bestimmten Zeit gehörig erfolge.

§. 696. Bei Gelegenheit einer jeden Kirchenvisitation muß der Erzpriester oder Inspector die, seit der letztvorhergehenden, gelegten Rechnungen nachsehen, und einen Extract, in Ansehung der verschiedenen Rubriken von Einnahme und Ausgabe, den geistlichen Obern einsenden.

§. 697. Findet er bei den abgelegten Rechnungen noch Zweifel oder Bedenken: so muß er die Vorsteher darüber vernehmen, und die Sache den geistlichen Obern zur weiteren Beurtheilung und Verfügung anzeigen.

§. 698. Die Rechnungen von Königlichen Patronatkirchen; ingleichen von denjenigen, worüber Magisträten und Communen in den Städten

---

156) § 1 Nr. 12 K.Ges. v. 18. Juli 1892 (G.S. 1893 S. 25).

157) Die §§ 688—698 sind durch die Bestimmungen der neueren Kirchenverfassungsgesetze (Anm. 32, 33 zu § 113 d. Tit.) ersetzt. — Vgl. §§ 23, 24 Abs. 5, 31 Nr. 9, 53 Nr. 6 K.Gem.- u. Syn.O.; §§ 78 ff. Verwaltungs.O. für das kirchl. Vermögen v. 17. Juni 1893 (K.Ges. u. V.Bl. S. 23); Art. 2 Nr. 2 u. Art. 27 evang. Kirchenverfassungs-Ges. v. 3. Juni 1876 (G.S. S. 125); — §§ 10, 11, 21 Nr. 13, 40, 54 Ges. v. 20. Juni 1875.

das Patronatrecht zusteht, müssen an das Consistorium zur Revision; und wenn die jährliche Einnahme über fünfhundert Thaler beträgt, von dem Consistorio an die Oberrechenkammer eingesendet werden.

Bau und Besserung der Kirchengebäude.

§. 699. **Für die Unterhaltung der Kirchengebäude und Geräthe müssen** die Kirchenvorsteher,[158]) **nebst dem Pfarrer, vorzüglich Sorge tragen.**

§. 700. **Bei vorfallenden Bauen und Reparaturen muß dem Patron** oder Kirchencollegio[159]) **jedesmal Anzeige gemacht werden.**

§. 701. Wo kein Patron oder Kirchencollegium vorhanden ist, mögen die Vorsteher kleine Reparaturen, welche zehn Thaler nicht übersteigen, bloß mit Zuziehung des Pfarrers, ohne weitere Rückfrage, veranstalten.[160])

§. 702. Ist eine höhere Summe erforderlich, so muß dem Inspector oder Erzpriester davon Anzeige gemacht werden.

§. 703. Dieser kann, wenn die Kosten unter funfzig Thalern betragen, und er bei angestellter Prüfung kein Bedenken findet, den Bau oder die Reparatur ohne Rückfrage genehmigen.

§. 704. Sollen aber zu einem Baue, oder zu einer Reparatur, mehr als funfzig Thaler aus dem Kirchenvermögen verwendet werden: so wird allemal, auch wenn ein Patron oder Kirchencollegium vorhanden sind, die Genehmigung der geistlichen Obern erfordert.

§ 705. Diesen muß der Erzpriester oder Inspector, nach angestellter Untersuchung, darüber berichten, und einen von Sachverständigen aufgenommenen Kostenanschlag beilegen.

§. 706. Ist von einem neuen Anbaue, oder von einer Erweiterung der Kirchengebäude die Rede: so muß, ohne Unterschied der Fälle, die Approbation der geistlichen Obern eingeholt werden.

Untersuchung der Nothwendigkeit und Erforderniß des Baues.

§. 707. Die geistlichen Obern müssen die Nothwendigkeit des Baues prüfen, und die Art desselben bestimmen.

§. 708. **In allen Fällen, wo über die Nothwendigkeit oder**

---

158) Jetzt evang. Gemeindekirchenrath, Presbyterium, kath. Kirchenvorstand. Vgl. Anm. 109 zu § 552 d. Tit.

159) Jetzt der Gemeindevertretung in den Fällen des § 31 Nr. 5 K.Gem.- u. Syn.O. u. § 21 Nr. 6 Ges. v. 20. Juni 1875.

160) Die §§ 701—707 sind durch die in Anm. 159 genannten Vorschriften und § 1 Nr. 8 K.Ges. v. 18. Juli 1892 (G.S. 1893 S. 25), § 50 Nr. 4 Ges. v. 20. Juni 1875 beseitigt. Wegen der staatlichen Genehmigung vgl. Anm. 47 zu § 176 d. Tit.

Art des Baues; oder der Reparatur, oder wegen des dazu zu leistenden Beitrages, unter den Interessenten Streit entsteht, müssen die geistlichen Obern, die Sache gütlich zu reguliren, sich angelegen sein lassen.

§. 709. Findet die Güte nicht statt: so müssen sie die rechtliche Entscheidnng des Streits an die weltliche Obrigkeit verweisen; zugleich aber festsetzen: wie es inzwischen mit dem Baue oder der Reparatur gehalten werden solle.

Woher die Kosten zu nehmen.[161])

§. 710. Wo in Ansehung der Kosten zum Baue, und zur Unterhaltung der Kirchengebäude, durch Verträge, rechtskräftige Erkenntnisse, ununterbrochene Gewohnheiten, oder besondere Provinzialgesetze,[162]) gewisse Regeln bestimmt sind, da hat es auch ferner dabei sein Bewenden.

§. 711. In so weit aber, als es an dergleichen besonderen Bestimmungen ermangelt, finden nachstehende allgemeine Vorschriften Anwendung.

§. 712. Die Kosten zum Baue und zur Unterhaltung der Kirchengebäude müssen hauptsächlich aus dem Kirchenvermögen genommen werden.

§. 713. Es darf aber davon nicht mehr verwendet werden, als ohne Nachtheil der aus der Kirchencasse zu bestreitenden jährlichen Ausgaben geschehen kann.

§. 714. Auch müssen, bei Landkirchen, die Eingepfarrten in jedem Falle, ohne Unterschied, die nöthigen Hand- und Spanndienste unentgeltlich leisten.

§. 715. Die Vertheilung der Hand- und Spanndienste unter die Eingepfarrten muß nach eben dem Verhältnisse geschehen, wie bei Gemeinediensten.[163]) (Tit. 7. §. 37. sqq.)[164])

---

[161]) Die Vorschriften über die Kirchenbaulast sind, auch soweit sie privatrechtlich sind, vom B.G.B. nicht berührt. Art. 132 E.G. z. B.G.B.

[162]) Zusammenstellung der Provinzialgesetze bei Koch, Allgemeines Landrecht Anm. 98 zu § 710 II. 11.

[163]) Für die evangel. Landeskirche der östl. Prov. sind §§ 715, 717 aufgehoben durch § 31 Nr. 6 K.Gem.- u. Syn.O.; Art. 3, 9 Ges., betr. die K.Gem.- u. Syn.O., v. 25. Mai 1874 (G.S. S. 147).

[164]) Jetzt § 68 Kommunalabgaben-Ges. v. 14. Juli 1893 (G.S. S. 152).

§. 716. Eingepfarrte, welche nicht zu der Gemeine des Dorfes, wo die Kirche liegt, gehören, oder aus irgend einem Grunde von den Gemeinediensten frei sind, müssen dennoch zu den Hand- und Spanndiensten bei Kirchenbauen und Reparaturen beitragen.

§. 717. Ihr Verhältniß dabei wird, in Ansehung der Handdienste, nach der Zahl der Familien, so wie in Ansehung der Spanndienste, nach dem auf ihren Stellen angeschlagenen oder gewöhnlich gehaltenen Gespanne bestimmt.[163])

§. 718. Zu unentgeltlicher Leistung von Arbeiten, welche kunst- oder handwerksmäßige Kenntniß erfordern, ist auch bei Kirchenbauen und Reparaturen kein Eingepfarrter verpflichtet.

§. 719. Bei Stadtkirchen werden die erforderlichen Hand- und Spanndienste zu den übrigen Kosten geschlagen.

§. 720. Ist das Kirchenvermögen zur Bestreitung der Kosten ganz oder zum Theil nicht hinreichend, so muß der Ausfall von dem Patron und den Eingepfarrten gemeinschaftlich getragen werden.

§. 721. Kein Eingepfarrter kann sich dieser Verbindlichkeit entziehen, und wer eine doppelte Parochie hat, ist in beiden dazu verpflichtet.

§. 722. Auch diejenigen, welche nur vermöge eines besonderen Privilegii vom Pfarrzwange der Parochialkirche ihrer Religionspartei befreit sind, müssen dennoch von ihren im Kirchspiel eigentlich innehabenden Grundstücken zum Baue und Unterhaltung der Pfarrkirche beitragen.

§. 723. Auch Gastgemeinen, welche zu einer benachbarten Kirche gewiesen worden (§. 294. sqq.), müssen dazu Beitrag leisten.

§. 724. Ist die nothwendige Reparatur während der Zeit ihrer Verbindung entstanden, so können sie sich dieser Pflicht durch Wiederabtrennung von der Kirche, auch bei sonst vorwaltenden erheblichen Gründen, einer solchen Trennung nicht entziehen.

§. 725. Sind mehrere Kirchen nur unter Einem gemeinschaftlichen Pfarrer vereinigt, so dürfen der Patron und die Eingepfarrten einer jeden solchen Kirche nur zur Unterhaltung ihrer eignen Gebäude beitragen.

§. 726. Sind aber mehrere Haupt- oder Filialgemeinen zu

Einer gemeinschaftlichen Kirche geschlagen, so sind sämmtliche Patrone und Eingepfarrte zu deren Unterhaltung verpflichtet.

§. 727. Hat der Patron einer zugeschlagenen Mutter- oder Filialgemeine, bei der Zuschlagung, mit Einwilligung des Hauptpatrons, sich seines Patronatrechts zu Gunsten dieses Letzteren gänzlich begeben: so kann er auch bei vorfallenden Bauen und Reparaturen, als Patron, zum Beitrage nicht gezogen werden.

§. 728. Ist einem Theil der Gemeine die Errichtung einer besonderen Capelle, oder eines Bethauses, in einer entlegeneren Gegend des Kirchspiels verstattet worden: so muß dennoch dergleichen Capelle, sowie die Hauptkirche, von denjenigen, die zu letzterer verpflichtet sind, unterhalten werden.

§. 729. Baumaterialien, welche der Patron oder die Kirchengemeine selbst hat, müssen von ihnen zum Baue geliefert werden.

§. 730. Doch wird jedem Theil der anschlagsmäßige Preis derselben auf seinen Geldbeitrag zu gute gerechnet.

§. 731. Der Geldbeitrag wird, bei Landkirchen, zwischen dem Patron und der Kirchengemeine dergestalt vertheilt, daß der Patron zwei Drittel, die Eingepfarrten aber ein Drittel entrichten.

§. 732. Besitzt der Patron Rusticalhufen im Kirchspiel, so trägt er davon noch besonders, wie ein anderer Eingepfarrter, mit bei.[165])

§. 733. Wenn mehrere Patrone zum Beitrage verpflichtet sind, so tragen die Patrone die ihnen obliegenden zwei Drittel unter sich, nach Verhältniß ihres Antheils am Patronatrechte.

§. 734. Der nach §. 731. bestimmte Beitrag der Eingepfarrten wird unter sie nach dem Contributionsfuß vertheilt.

§. 735. Kirchen-, Pfarr-, Schul- und Hospital-Aecker werden zu keinem Beitrage gezogen.

§. 736. Eingepfarrte, deren Grundstücke der Contribution nicht unterworfen sind, müssen ihren Beitrag dennoch nach Verhältniß des Maaßes und Ertrages dieser Grundstücke entrichten.[166])

---

[165]) Dekl. wegen Nichtverpflichtung der Gutsherrn, von den bäuerlichen Entschädigungsländereien zu den Bau- und Unterhaltungskosten der kirchlichen und Schulgebäude beizutragen, v. 14. Juli 1836 (G.S. S. 208).

[166]) Für §§ 736—738, 741, gilt dasselbe wie für § 715. Vgl. Anm. 163.

§. 737. Zu dem Ende werden diese Grundstücke, nach den im Steuercataster für die contribuablen Aecker der Feldmarck angenommenen Classen und Sätzen, durch Sachverständige gewürdigt, und solchergestalt das Verhältniß des zu leistenden Beitrages gegen die steuerbaren Grundstücke bestimmt.

§. 738. Eingepfarrte Gemeineglieder, die keine Grundstücke besitzen, sondern nur von ihren Nahrungen und Gewerben beitragen sollen, werden dazu nach eben dem Verhältnisse angeschlagen, nach welchem sie zu anderen Gemeinelasten mit den angesessenen Mitgliedern Beitrag leisten müssen.

§. 739. Wer in zwei Kirchspielen eingepfarrt ist, trägt in jedem nur nach Verhältniß der in demselben besitzenden Grundstücke, oder des in demselben treibenden Gewerbes bei.

§. 740. Bei Stadtkirchen geschieht die Vertheilung zwischen dem Patron und den Eingepfarrten dergestalt, daß Ersterer ein Drittel, Letztere aber zwei Drittel beitragen.

§. 741. Die Vertheilung unter den Eingepfarrten geschieht auf eben die Art, wie andere gemeine persönliche Lasten und Abgaben nach eines jeden Orts Verfassung aufgebracht werden.[166])

§. 742. Sind Filial- oder auch Mutterkirchen eingegangen, und die dazu eingepfarrt gewesenen Gemeinen zu einer anderen benachbarten Kirche geschlagen worden: so werden in der Regel die Mitglieder derselben nach einerlei Grundsätzen, wie die Mitglieder der Hauptgemeine zum Beitrage gezogen.

§. 743. Die einzelnen Mitglieder bloßer Gastgemeinen entrichten jeder den vierten Theil dessen, was ein Contribuent von eben der Classe aus der eigentlichen Pfarrgemeine zu leisten hat.

§. 744. Ist ihnen aber bei der Zuschlagung die Theilnehmung an dem Wahlrechte zur Besetzung der Pfarrstelle zugestanden worden, so müssen sie auch zu den Bau- und Reparaturkosten der Kirche, gleich den Mitgliedern der eigentlichen Pfarrgemeinen beitragen.

§. 745. Einwohner des Kirchspiels, die zu einer anderen Religionspartei gehören, müssen dennoch nach eben diesen Grundsätzen beitragen, sobald sie sich der Kirche zu ihren Gottesdienste mit bedienen.

§. 746. Außer diesem Falle sind sie zwar zu Beiträgen in der Regel nicht verpflichtet;

§. 747. Es dürfen aber auch, wegen ihres Ausfalles, die Beiträge der übrigen, wider deren Willen, nicht erhöhet werden; sondern die geistlichen Obern müssen für die Uebertragung eines solchen Ausfalles auf andere Art sorgen.[167])

§. 748. Gleiche Grundsätze gelten auch bei der Vertheilung der Hand- und Spanndienste.

§. 749. Auf die Ausfälle, welche durch den zurückbleibenden Beitrag solcher nicht eingepfarrten Gemeineglieder entstehen, muß vornehmlich der von der Kirche, nach Maaßgabe ihres Vermögens, zu entrichtende Zuschuß gerechnet werden.

§. 750. Kann der Ausfall dadurch nicht gedeckt werden, so können die geistlichen Obern die Bewilligung einer Collecte bei dem Staat nachsuchen.

§. 751. Sind gar keine andere Mittel den Ausfall zu decken, vorhanden, so muß derselbe von den Eingepfarrten, so weit es ohne ihre erhebliche Bedrückung geschehen kann, übertragen werden.

§. 752. Hat aber die Zahl der Eingepfarrten dergestalt abgenommen, daß die noch übrigen den ihnen obliegenden Beitrag, ohne ihren zu besorgenden Ruin, nicht mehr aufbringen können: so müssen die geistlichen Obern, unter Genehmigung des Staats, eine solche Parochie zu einer anderen benachbarten schlagen.

§. 753. Dergleichen zusammengeschlagene Parochien stehen in dem Verhältnisse gegen einander als Mutterkirchen.

§. 754. Wie weit der Patron und die Eingepfarrten der zugeschlagenen Parochie, auch in Ansehung der Bestellung des Pfarrers und der Unterhaltung der Kirche, so wie in Ansehung der übrigen Rechte und Pflichten, zur Theilnehmung mit dem Patron und den Eingepfarrten der Kirche, bei welcher sie vereinigt sind, gelangen sollen, muß in dem Einigungsvertrage, unter Vermittelung der geistlichen Obern deutlich bestimmt werden.

§. 755. So weit dergleichen Bestimmung nicht erfolgt, treten die Regeln des Gesetzes über die Verhältnisse vereinigter Mutterkirchen, ihrer Patrone und Eingepfarrten ein.

§. 756. Das Vermögen jeder Parochie wird in der Regel

167) Für §§ 747—751 gilt dasselbe wie für § 715. Vgl. Anm. 163.

nach wie vor besonders verwaltet; doch muß jedes derselben zur Unterhaltung der gemeinschaftlichen Kirche, so lange die Vereinigung dauert, in gleichem Verhältnisse beitragen.

Aufsicht über den Bau.

§. 757. Die Aufsicht über den Bau, und die Einsammlung der Beiträge dazu, liegt den Kirchenvorstehern ob.[168])

§. 758. Der weltliche Richter kann denselben, zur Beitreibung der letzteren, die richterliche Hülfe auf gebührendes Anmelden nicht versagen.

§. 759. Auch während eines über die Verbindlichkeit, oder das Quantum des Beitrages entstandenen Prozesses muß letzterer nach der Festsetzung der geistlichen Obern entrichtet werden.

§. 760. Wenn aber der klagende Interessent durch Urtel und Recht von diesem Beitrage ganz oder zum Theil freigesprochen wird: so muß demselben das Gezahlte, nebst Zinsen, von den übrigen Contribuenten zurückgegeben werden.

Bau und Besserung der Kirchhöfe.

§. 761. Die Unterhaltung der Begräbnißplätze ist gemeine Last, und liegt Allen ob, die an dem Kirchhofe Theil zu nehmen berechtigt sind. (§. 183. sqq.)

§. 762. Erhält jedoch die Kirche Bezahlung für die Grabstellen, so muß der Kirchhof aus der Kirchencasse auf eben die Art, wie die Kirche selbst, unterhalten werden.

§. 763. Der Patron ist der Regel nach zur Unterhaltung des Kirchhofes beizutragen in keinem Falle verpflichtet.

§. 764. Die Anlegung neuer Begräbnißplätze soll nur aus erheblichen Ursachen, und nur unter Einwilligung der geistlichen Obern, [169]) so wie der Polizeivorgesetzten des Ortes, statt finden.

§. 765. Durch dergleichen neue Anlagen soll dem Pfarrer und den Kirchenbedienten an ihren bisherigen Gebühren nichts entzogen werden.

---

168) Jetzt evang. Gemeindekirchenrath, Presbyterium, kathol. Kirchenvorstand. Vgl. Anm. 109 zu § 552 d. Tit.

169) Einwilligung der kirchl. Aufsichtsbehörde ist für die evang. Landeskirche nicht mehr erforderlich §§ 1, 2 K.Ges. v. 18. Juli 1892 (G.S. 1893 S. 25). — Wegen staatl. Genehmigung vgl. Art. 24 Nr. 6 Ges., betr. die evang. Kirchenverfassung v. 3. Juni 1876 (G.S. S. 125) u. Art. I V. v. 30. Januar 1893 (G.S. S. 10); § 50 Nr. 5 Ges. über die Vermögensverwaltung in kath. Kirchengemeinden v. 20. Juni 1875 (G.S. S. 241) u. Art. I V. v. 30. Januar 1893 (G.S. S. 13).

Unterhaltung des Geläutes:

§. 766. In wie fern eine Kirchengesellschaft, welche sich des Geläutes einer anderen Kirche bedient, zur Unterhaltung desselben, ingleichen des Glockenstuhls und Thurms, beitragen müsse, hängt hauptsächlich von Verträgen, und der bisherigen ununterbrochenen Gewohnheit eines jeden Ortes ab.

§. 767. Fehlen dergleichen Bestimmungen, so kommt es darauf an: ob die fremde Kirchengesellschaft derjenigen, welcher die Glocken gehören, für den Mitgebrauch derselben etwas entrichte, oder ob sie sich dieses Mitgebrauchs unentgeltlich zu erfreuen habe.

§. 768. Entrichtet die fremde Kirchengesellschaft etwas für den Mitgebrauch, so kann diejenige, welcher das Geläute gehört, zur Unterhaltung desselben keinen Beitrag fordern.

§. 769. Eben das findet statt, wenn auch nur die Mitglieder der fremden Kirchengesellschaft für den Gebrauch der Glocken, in einzelnen Fällen mehr, als die Mitglieder derjenigen, welcher das Geläute gehört, zur Kirchencasse entrichten müssen.

§. 770. Ist der Mitgebrauch ganz unentgeltlich, oder zahlen die Mitglieder der fremden Gesellschaft dafür in einzelnen Fällen nur eben so viel, als die eigentlichen Eingepfarrten; so müssen Erstere zur Unterhaltung des Geläutes nach eben dem Verhältnisse, wie Letztere beitragen.

§. 771. Werden in diesem Falle die Kosten aus der Kirchencasse genommen; also, daß die eigentlichen Eingepfarrten nichts beitragen dürfen: so muß dennoch die fremde Kirchengesellschaft einen von den geistlichen Obern billig zu bestimmenden Beitrag leisten.

Zehnter Abschnitt.

Von Pfarrgütern und Einkünften.[170])

Was zum Pfarrvermögen gehöre.

§. 772. Von dem Kirchenvermögen müssen die unmittelbar zur Unterhaltung des Pfarrers und der übrigen Kirchenbedienten bestimmten Güter und Einkünfte unterschieden werden.

---

170) Ges., betr. das Diensteinkommen der evangelischen Pfarrer, v. 2. Juli 1898 (G.S. S. 155) und K.Ges. v. 2. Juli 1898 (G.S. S. 159). — Ges., betr. das Diensteinkommen der katholischen Pfarrer, v. 2. Juli 1898 (G.S. S. 260). — Wegen des Ruhegehalts vgl. Anm. 105 zu § 528 d. Tit.

§. 773. Zu letzteren gehören auch die von den Parochialverrichtungen zu erlegenden Stolgebühren.

Rechte desselben überhaupt.

§. 774. Pfarrgüter haben eben die äußeren Rechte, als Kirchengüter.

§. 775. Sie sind der Regel nach von allen Prästationen und Abgaben an die Gutsherrschaft oder Stadtkämmerei, so wie von den gemeinen Lasten frei.[171]

§. 776. Zu solchen Ausgaben der Gemeine, wovon der Pfarrer und die Gemeine unmittelbaren Vortheil ziehen, müssen sie mit beitragen.

§. 777 fällt fort[172]

Nießbrauch des Pfarrers.[173]

§. 778. Die Verwaltung und der Nießbrauch der Pfarrgüter gebührt dem Pfarrer.

§. 779. Der Patron und die Kirchenvorsteher[174] sind schuldig und befugt, darauf zu sehen, daß der Pfarrer die Wiedmuthsstücke ordentlich verwalte, und wirthschaftlich nutze.

§. 780. Besonders müssen sie dafür sorgen, daß ein richtiges und vollständiges Wohnungs-, Wirthschafts-, Garten- und Feld-Inventarium gehalten werde.

§. 781. Wenn Streit entsteht, was an Grundstücken, Gebäuden, Inventarien, Capitalien, oder jährlichen Hebungen, zur Kirche oder Pfarre gehöre: so muß bei dessen Entscheidung auf die vorhandenen Kirchenmatrikeln vorzüglich Rücksicht genommen werden.

---

171) § 24 k. Kommunalabgabenges. vom 14. Juli 1893 (G.S. S. 152).

172) Betraf den eximirten Gerichtsstand der Pfarr- u. Küstergüter. — § 9 V. über die Aufhebung der Privatgerichtsbarkeit v. 2. Januar 1849 (G.S. S. 1).

173) Für die evangelische Landeskirche der älteren Provinzen haben die nachfolgenden Bestimmungen durch §§ 12, 13 des K.Ges., betr. das Diensteinkommen der Geistlichen, v. 2. Juli 1898 (G.S. S. 159) zum Theil ihre Bedeutung verloren.

Durch das B.G.B. sind sie nicht berührt, auch soweit sie privatrechtlichen Charakter haben. Art. 80 Abs. 2 E.G. z. B.G.B.

174) Jetzt evang. Gemeindekirchenrath, Presbyterium, kathol. Kirchenvorstand. Vgl. Anm. 109 zu § 552 d. Tit.

§. 782. Der Pfarrer kann seine Wohngebäude nur mit Einwilligung des Patrons und der Kirchenvorsteher[175]) vermiethen; diese aber dürfen ihm die Einwilligung ohne erhebliche Gründe nicht versagen.

§. 783. Bei Aufnehmung der Fremden ist der Pfarrer den Polizeigesetzen, gleich jedem anderen Einwohner, unterworfen.

Unterhaltung der Gebäude.

§. 784. Die Unterhaltung der Zäune und Gehege, so wie kleine Reparaturen an den Gebäuden, müssen die Pfarrer und Kirchenbedienten aus eigenen Mitteln besorgen.

§. 785. Für kleine Reparaturen sind diejenigen zu achten, die entweder gar keine baare Auslagen erfordern, oder wo die Kosten, von jeder einzeln genommen, für den Pfarrer nicht über drei, und für den Kirchenbedienten nicht über einen Thaler betragen.

§. 786. Thüren, Fenster, Oefen, Schlösser, und andere dergleichen innere Pertinenzstücke der Gebäude, müssen von dem Nießbraucher, mit eigenen Kosten, ohne Rücksicht auf den Betrag derselben, unterhalten werden.

§. 787. Auch zu größern Reparaturen der Pfarrgebäude, so wie zu neuen Bauen muß der Pfarrer die Materialien, so weit als dieselben bei der Pfarre über die Wirthschaftsnothdurft befindlich sind, unentgeltlich hergeben.

§. 788. Woher die übrigen Kosten, in Ermangelung eines eigenen dazu bestimmten Fonds, zu nehmen sind, ist nach den vorhandenen verschiedenen Provinzialgesetzen zu bestimmen.

§. 789. Wo darüber keine besondere gesetzliche Bestimmung vorhanden ist, da müssen diese Kosten, gleich den Bau- und Reparaturkosten der Kirche selbst, aus dem Kirchenvermögen genommen; bei dessen Unzulänglichkeit aber, von dem Patron und den Eingepfarrten getragen werden.

§. 790. Wegen Aufbringung und Vertheilung der Beiträge finden eben die Grundsätze wie bei Kirchengebäuden statt.

§. 791. Doch sind Filial- und zugeschlagene Gemeinen von allen Beiträgen zu Pfarr- und Küster-Gebäuden bei der gemeinschaftlichen Kirche frei, wenn sie eigene dergleichen Gebäude zu unterhalten haben.

§. 792. Dagegen ist eine solche Filial- und zugeschlagene

[175]) Vgl. Anm. 174.

Gemeine von dem Beitrage zur Unterhaltung des Küstergebäudes bei der gemeinschaftlichen Kirche nicht frei, wenn sie gleich einen eigenen Schulmeister hat; sobald dieser das Küsteramt bei dem Gottesdienste nicht zugleich mit versieht.

§. 793. Predigerwittwenhäuser ist in der Regel weder die Kirchencasse, noch der Patron, oder die Gemeine, zu unterhalten verbunden.

§. 794. Vielmehr müssen die Kosten aus dem von dem Erbauer dazu ausgesetzten Fonds genommen, und bei dessen Ermangelung oder Unzulänglichkeit, von der Wittwe, gegen den ihr zu gute kommenden Genuß der freien Wohnung, getragen werden.

§. 795. Ist aber das Haus von dem Patron und der Gemeine selbst errichtet; oder sonst mit ihrer ausdrücklichen Einwilligung zur Pfarre geschlagen worden, so gilt von desselben Unterhaltung Alles, was von Unterhaltung der Pfarrgebäude verordnet ist.

§. 796. Den Kirchenvorstehern[176]) liegt vorzüglich ob, darauf zu sehen, daß der Pfarrer, und die übrigen zu kleinen Reparaturen verpflichteten Personen, den Schaden nicht größer werden lassen.

§. 797. Die geistlichen Obern müssen, bei Gelegenheit der Visitationen, die Pfarrer und Kirchenbedienten zu ihrer Schuldigkeit, auch in diesem Stücke, ernstlich anhalten.

§. 798. Hat ein Pfarrer oder Kirchenbedienter durch Vernachlässigung der kleinen Reparaturen, oder durch schuldbar unterlassene Anzeige eines vorhandenen beträchtlichen Schadens, zur Vergrößerung desselben Anlaß gegeben: so muß die Wiederherstellung auf desselben eigene Kosten geschehen.

Unterhaltung des Inventarii.

§. 799. Für die Unterhaltung des Garten-, Feld- und Wirthschafts-Inventarii muß der Pfarrer als Nießbraucher sorgen.

§. 800. Pfarräcker kann der Pfarrer ohne weitere Rückfrage verpachten; sein Amtsfolger ist aber an den von ihm geschlossenen Vertrag nicht gebunden.

§. 801. Doch muß der Amtsfolger, wenn die Aecker in gewisse Felder getheilt sind, den Pächter so lange dulden, bis derselbe mit

176) Wie Anm. 174.

der Nutzung wenigstens Einmal, von Anfang der Pacht an, durch alle Felder herumgekommen ist.

§. 802. Trifft die Anstellung des Nachfolgers in eine Zeit, da der Pächter die Benutzung der Felder nach der Reihe bereits von neuem wieder angefangen hat: so muß der Nachfolger sich die Fortsetzung der Pacht so lange, bis die Reihe wieder herum ist, gefallen lassen.

§. 803. Ist der Pachtcontract mit Zuziehung des Patrons und der Vorsteher[177]) und unter ausdrücklicher Bestätigung der geistlichen Obern geschlossen worden, so ist auch der Amtsfolger daran gebunden.

Benutzung des Pfarrwaldes.

§. 804. Gehört ein Wald zur Pfarre, so kann der jedesmalige Pfarrer denselben nach den Regeln der Forstordnung nutzen.

§. 805. Er ist aber Bauholz daraus zu verkaufen nicht berechtigt.

§. 806. Dergleichen Bauholz muß, so weit es ohne Abbruch des benöthigten Brennholzes für den Pfarrer geschehen kann, geschont, und zu vorkommenden Bauen und Reparaturen an den Pfarr- und Küstergebäuden aufbewahrt werden.

§. 807. Ist überflüssiges Bauholz vorhanden: so können die Vorsteher[177]) unter Genehmigung des Patrons[178]) oder Kirchencollegii, oder in deren Ermangelung, der Gemeine, oder ihrer Repräsentanten,[179]) dasselbe verkaufen, und das gelösete Geld zinsbar belegen.

§. 808. Dergleichen Capital gehört zum Pfarrvermögen, und muß vorzüglich zu vorkommenden Bau- und Reparaturkosten an den Pfarr- und Küstergebäuden verwendet werden.

§. 809. So lange es aber zu diesem Behufe noch nicht gebraucht wird, kommen die Zinsen davon dem jedesmaligen Pfarrer zu gute.

§. 810. Auch Brennholz ist der Pfarrer nur soweit zu verkaufen berechtigt, als entweder der Pfarrwald in gewisse Schläge eingetheilt, und ihm solchergestalt zum Nießbrauche eingeräumt,

---

177) Wie Anm. 174.

178) Wenn er kirchliche Lasten trägt. Anm. 124 zu § 629 d. Tit.

179) Eine Mitwirkung der Gemeindevertretung findet nicht mehr statt. § 31 K.Gem.- u. Syn.O., § 21 Ges. über die Vermögensverwaltung in kathol. Kirchengemeinden v. 20. Juni 1875 (G.S. S. 241).

oder ihm ein gewisses Deputat daraus angewiesen ist, und er von diesem etwas erübrigen kann.

§. 811. Außer diesem Falle findet bei Brennholz, wenn etwas davon ohne Abbruch der Nothdurft des Pfarrers verkauft werden kann, eben das statt, was §. 807—809. wegen des Bauholzes verordnet ist.

§. 812. Ist auf dem eigentlichen Hufenschlage der Pfarre Holz gewachsen: so kann ein nachfolgender Pfarrer zwar verlangen, daß dasselbe entweder auf Kosten desjenigen, der eine solche Veränderung in der ursprünglichen Bestimmung des Grundes eigenmächtig vorgenommen hat, oder auf Kosten der Pfarr- oder Kirchencasse, weggeschafft und geradet werde.

§. 813. Er kann aber weder an das geschlagene Holz, noch an das dafür gelösete Geld Anspruch machen; sondern dieses verbleibt demjenigen, welcher die Kosten der Radung getragen hat.

§. 814. Die Früchte und wirthschaftlichen Nutzungen von einzelnen auf dem Felde stehenden Obst- und anderen Bäumen gehören dem Pfarrer; an die Substanz der Bäume hingegen hat er keinen Anspruch.

Von Pfarrbauern.

§. 815. Wo gewisse Dienst- oder Frohnleute zur Pfarre geschlagen sind, hat der Pfarrer in Ansehung ihrer Dienste eben die Rechte, wie ein Gutsherr gegen seine Unterthanen.

§. 816. Gerichtsbarkeit[180]) und andere gutsherrliche Rechte stehen dem Pfarrer über sie nur alsdann zu, wenn er dergleichen Gerechtsame durch Beleihung vom Staat, oder durch Verjährung, besonders erworben hat.

§. 817. Sind dergleichen Rechte in der Matrikel mit aufgeführt, so streitet die Vermuthung für den Pfarrer, daß dieselben auf eine rechtsgültige Weise zur Pfarre erworben worden.

Nutzung des Kirchhofes.

§. 818. Die Nutzung des Kirchhofes gehört der Regel nach nicht dem Pfarrer, sondern zu den Kircheneinkünften.

§. 819. Wenn jedoch ein Pfarrer den Kirchhof mit Maulbeerbäumen bepflanzt, und für deren Abwartung und Cultur gehörig

---

[180]) Beseitigt mit Aufhebung der Privatgerichtsbarkeit. § 9 V. v. 2. Januar 1849 (G.S. S. 1).

sorgt: so gebührt demselben die ganze Nutzung des Kirchhofes, sowohl an Gras, als Früchten.

§. 820. Will der Pfarrer sich mit der Anpflanzung und Cultur der Maulbeerbäume solchergestalt nicht befassen, so steht dieses dem Küster frei, welcher dagegen eben dieselben Vortheile von dem Kirchhofe zu genießen hat.

§. 821. Ob und in wie fern den Pfarrern, und anderen Kirchenbedienten, die Accise- oder Abschoßfreiheit, das Recht zum Haustrunke, und andere dergleichen besondere persönliche Vorrechte zukommen, wird in den Provinzialgesetzen näher bestimmt.

Auseinandersetzung zwischen dem an- und abziehenden Pfarrer.

§. 822. Bei der Einweisung eines neuen Pfarrers muß demselben Wohnung und Wirthschaft von den Vorstehern,[181] unter Aufsicht und Direction des Patrons,[182] oder des Erzpriesters, oder Kreisinspektors, nach dem Inventario übergeben werden.

§. 823. Die Auseinandersetzung zwischen dem abgehenden Pfarrer oder dessen Erben, und der Kirche, in Ansehung der Substanz; so wie mit dem neuen Pfarrer, in Ansehung der Nutzungen, geschieht nach den in der Lehre vom Nießbrauche vorgeschriebenen Gesetzen. (Th. 1. Tit. 21. §. 111. sqq.)[183]

§. 824. Wo daselbst zu Verbesserungen, die dem Nießbraucher vergütet werden müssen, die Einwilligung des Eigenthümers erfordert wird, da ist bei einem Pfarrer die Einwilligung des Patrons[182] oder Kirchencollegii, und die Genehmigung der geistlichen Obern[184] erforderlich.

§. 825. So weit dergleichen Verbesserungen dem abgehenden Pfarrer oder dessen Erben, vergütet worden, werden dieselben der Pfarre einverleibt; und es gilt davon, in Ansehung der folgenden Fälle, alles das, was von Pfarrgütern überhaupt verordnet ist.

§. 826. Hat der neue Pfarrer die Vergütung solcher Verbesserungen aus eigenen Mitteln geleistet, so können er, oder seine

[181]) Vgl. Anm. 174.

[182]) Wenn er kirchliche Lasten trägt. Anm. 124 zu § 629 d. Tit.

[183]) Jetzt §§ 1049 f. 1055 B.G.B.

[184]) Eine Mitwirkung der Gemeindevertretung oder der kirchl. Aufsichtsbehörde findet nicht mehr statt. § 31 K.Gem.- u. Syn.O., §§ 1, 2 K.Ges. v. 28. Juli 1892 (G.S. 1893 S. 25); § 21 Ges. v. 20. Juni 1875.

Erben, bei seinem erfolgenden Abgange, die Vergütung des dafür Gezahlten von dem Nachfolger fordern.

§. 827. Dergleichen einem Vorgänger von seinem Nachfolger zu leistende Vergütung dauert, auch bei nachherigen Amtsveränderungen, so lange fort, als nicht etwa auch dieser Werth der Verbesserung, so wie die Verbesserung selbst, der Pfarre einverleibt worden.

§. 828. Hat aber der neue Pfarrer dem abgehenden, oder dessen Erben, Verbesserungen, für welche dieselben keine Vergütung fordern, sondern sie nur zurücknehmen konnten, bezahlt: so werden dieselben dadurch der Pfarre nicht einverleibt; der Pfarrer kann aber auch dafür bei seinem demnächst erfolgenden Abgange, keinen Ersatz fordern.

§. 829. Vielmehr tritt er, in Ansehung der Befugniß zur Zurücknahme, nur in die Rechte des ursprünglichen Verbesserers.

§. 830. Soll gegen diese Regeln etwas durch Vertrag, zwischen der Kirche und Pfarre an einer, und dem abgehenden Pfarrer oder dessen Erben, ingleichen dem neuen Pfarrer, an der anderen Seite, festgesetzt werden, so ist dazu die Genehmigung der geistlichen Obern nothwendig.[185]

§. 831. Auch wegen der Auseinandersetzung über die Nutzungen gelten, so weit ausdrückliche Provinzialgesetze nicht ein Anderes bestimmen, die bei dem Nießbrauche vorgeschriebenen Regeln. (Th. 1. Tit. 21. §. 143. sqq.)[186]

§. 832. Doch kommen die Stolgebühren nur demjenigen zu, welcher die Handlung verrichtet hat.

Sterbequartal.[187]

§§. 833—837 fallen fort.[188]

---

185) §§ 1, 2 K.Ges. v. 18. Juli 1892 (G.S. 1893 S. 25).

186) Jetzt §§ 1055, 101 B.G.B.

187) Ges., betr. die Sterbe- und Gnadenzeit bei Pfarrstellen, v. 8. März 1893 (G.S. S. 21) u. K.Ges. v. 18. Juli 1892 (G.S. 1893 S. 22). — Ges., betr. die Fürsorge für die Wittwen und Waisen der Geistlichen der evangelischen Landeskirche in den neun älteren Provinzen der Monarchie v. 15. Juli 1889 (G.S. S. 139) u. K.Ges. v. 15. Juli 1889 (G.S. S. 141). Dazu: Ges. v. 30. März 1892 (G.S. S. 35) u. v. 31. März 1895 (G.S. S. 144); V. v. 30. März 1892 (G.S. S. 47 u. 49); K.Ges. v. 30. März 1892 (G.S. S 40) u. v. 31. März 1895 (G.S. S. 145). — Ges., betr. die Verwaltung des Pfarr-Wittwen- und Waisenfonds, v. 31. März 1895 (G.S. S. 95) u. K.Ges. v. 31. März 1895 (G.S. S. 100). — Art. 80 E.G. z. B.G.B.

188) Aufgehoben durch Art. 1, Ges. v. 8. März 1893 (Vgl. Anm. 187).

Gnadenjahr.[189]

§§. 838—851 fallen fort.[190]

§. 852. Was von den Einkünften der Pfarre während der Vacanz, nach Abzug der Vertretungskosten, übrig bleibt, wächst, wo kein Gnadenjahr statt findet, dem Pfarrvermögen zu.

§. 853. Die Stolgebühren gehören der Regel nach weder zum Gnadenjahre, noch zum Pfarrvermögen; sondern sie kommen demjenigen zu, der die Handlung, wofür sie erlegt werden müssen, verrichtet hat.

§§. 854—856 fallen fort.[190]

Elfter Abschnitt.

Von Zehnten und anderen Pfarrabgaben.[191] [192]

Grundsätze.

§. 857. Der eigentliche Zehnte ist eine Abgabe von Früchten, die auf der zur Parochie gehörenden Feldmark erzeugt werden.

§. 858. Ursprünglich ist der Zehnte zur Unterhaltung des Pfarrers bestimmt; er kann aber auch von der Kirche, so wie von jedem Anderen erworben und besessen werden.

§. 859. Bei Zehnten, die sich in den Händen eines weltlichen Besitzers befinden, hat, wenn sie auch ursprünglich Pfarrzehnten sind, die Verschiedenheit des Glaubensbekenntnisses auf das Recht, sie zu fordern, keinen Einfluß.

§. 860. Daraus, daß eine Kirche die Eigenschaft einer Parochialkirche hat, folgt noch nicht, daß die Eingepfarrten zur Entrichtung eines Zehnten verbunden sind.

Erwerbung des Zehntrechts.

§. 861. Der Pfarrer und die Kirche können das Zehntrecht

---

189) Vgl. Anm. 187.

190) Wie Anm. 188.

191) Die Vorschriften sind als Bestimmungen über öffentliche Lasten (vgl. Art. 1, 2 des A.G. z. Z.V.G. v. 23. September 1899, G.S. S. 291) durch das B.G.B. nicht berührt. — Vgl. auch Art. 115 E.G. z. B.G.B.

192) Ges., betr. die Ablösung der Reallasten, v. 2. März 1850 (G.S. S. 77). Ges., betr. die Ablösung der den geistlichen und Schulinstituten, sowie den frommen und milden Stiftungen zustehenden Realberechtigungen v. 27. April 1872 (G.S. S. 417) und dazu: Ges. v. 15. März 1879 (G.S. S. 123); v. 17. Januar 1881 (G.S. S. 5) § 6; v. 7. Juli 1891 (G.S. S. 279) § 14. — Art. 113, 115 E.G. z. B.G.B.

auf eben die Art, wie jedes andere Recht, auch durch die ordentliche Verjährung[193]) **erwerben.**

§. 862. Wenn ein Laie den durch Verjährung geschehenen Erwerb eines ursprünglichen Pfarr- oder Kirchenzehnten gegen den Pfarrer oder die Kirche behaupten will, so müssen alle Erfordernisse der Kirchenverjährung vorhanden sein.[194])

§. 863. Zwischen Laien, die über den Besitz eines ursprünglichen Kirchen- oder Pfarrzehnten unter einander streiten, ist die gewöhnliche Verjährung zur Entscheidung hinreichend.

§. 864. Alle, auch über Pfarr- und Kirchenzehnten entstehenden Streitigkeiten gehören zur Entscheidung des weltlichen Richters.

Umfang desselben.

§. 865. Sobald ausgemittelt ist, daß dem Zehntberechtigten, der einen ursprünglichen Pfarr- oder Kirchenzehnten besitzt, das Zehntrecht über eine gewisse Feldmark zustehe, gilt die Vermuthung, daß alle in dieser Feldmark gelegenen Grundstücke demselben unterworfen sind.

§. 866. Zehntsteine beweisen kein allgemeines Zehntrecht; sondern nur, daß derjenige, dessen Zeichen darauf befindlich ist, ein Zehntrecht in dem innerhalb der Steine gelegenen Bezirk auszuüben befugt sei.

§. 867. Wer zehntfreie Aecker neben zehntpflichtigen erwirbt, oder zehntfreie Wiesen, Weiden, und Holzungen in Saatland verwandeln und mit zehntpflichtigen Ländereien vereinigen will, muß dem Zehntherrn davon Anzeige machen, und in Gegenwart desselben, oder dessen Bevollmächtigten, das zehntfreie Land von dem zehntpflichtigen durch Grenzmale absondern.

§. 868. Hat er dies nicht beobachtet: so ist die Vermuthung wider ihn, und er muß, bei entstehendem Streite, die Grenzen des zehntfreien Landes vollständig nachweisen.

Erlöschung des Zehntrechts.

§. 869. Die sonstigen Eigenschaften und Vorrechte eines innerhalb des Zehntbezirks gelegenen Grundstücks begründen noch nicht die Befreiung vom Zehnten.

---

193) §§ 6, 35, 91 Ablösungsges. v. 2. März 1850 (G.S. S. 77).

194) In der Hand eines Laien verliert das Zehntrecht die Natur als öffentlich-rechtliche Last.. §§ 862, 863 sind daher durch Art. 55 E.G. z. B.G.B. aufgehoben; Art. 115 das. deckt sie nicht.

§. 870. Wenn jedoch der Inhaber sich seit zehn Jahren im ruhigen Besitze der Zehntfreiheit befindet, so wird dadurch die aus der Lage des Grundstücks entstandene rechtliche Vermuthung gehoben.

§. 871. Kann aber die zehntpflichtige Eigenschaft des Grundstücks auf andere Art nachgewiesen werden: so geht die Befugniß, den Zehnten zu fordern, für die Kirche oder den Pfarrer nur durch einen vier und vierzigjährigen Nichtgebrauch unter den im Titel von der Verjährung enthaltenen Bestimmungen verloren. (Th. 1. Tit. 9. §. 509. 510. 511.)[195]

§. 872. Wenn der Besitzer eines an sich zehntbaren Grundstücks, für seine Person, wegen Verschiedenheit seines Religionsbekenntnisses, von Entrichtung des Zehnten frei ist: so ruht inzwischen das Zehntrecht; und es kann, während dieses Besitzes, keine Verjährung wider die Kirche oder den Pfarrer anfangen.

§. 873. Auch werden die Jahre eines solchen Besitzes von dem Zeitraum, in welchem die Verjährung gegen die Kirche oder den Pfarrer gehörig angefangen und fortgesetzt worden, abgerechnet.

§. 874. Der Zehnte besteht, der Regel nach, in dem zehnten Theil der auf dem zehntpflichtigen Lande gewachsenen, und dem Zehntrechte unterworfenen Früchte.

Von Großzehnten.

§. 875. Wo der Zehnte überhaupt und ohne weitere Bestimmung hergebracht ist, wird darunter nur der sogenannte Großzehnte verstanden.

§. 876. Dieser muß von allen Erzeugnissen der zehntpflichtigen Aecker und Wiesen, welche der Halm trägt, entrichtet werden.

§. 877. Der Zehntberechtigte kann dem Zehntpflichtigen nicht vorschreiben: wie derselbe das Grundstück bestellen und nutzen solle.

§. 878. Baut aber der Zehntpflichtige eine andere Art von Erzeugnissen, als wozu das Grundstück bisher gewöhnlich genutzt worden, so muß er auch davon den Zehnten entrichten.

---

195) §§ 509—511 I. 9 sind durch diese Verweisung nicht Bestandtheil des erhaltenen Zehntrechts geworden, da nur auf das allgemeine Recht hingewiesen wird; sie sind aufgehoben.

§. 879. Kann diese Art der Berichtigung, nach der Natur und Beschaffenheit des anderweitig gebauten Erzeugnisses, oder aus anderen Ursachen nicht statt finden: so muß der Zehntpflichtige eben so viel, als der Zehnte von einem Acker gleicher Größe in demselben Felde beträgt, in dem Erzeugnisse der gewöhnlichen Art entrichten.

§. 880. Früchte, die im Brachfelde gebaut werden, sind der Regel nach zehntfrei.

§. 881. Hat aber der Zehntpflichtige das Brachfeld so genutzt, daß dadurch der Ertrag der künftigen Ernte offenbar geschmälert wird, so muß er den Zehntberechtigten deshalb entschädigen.

§. 882. Sowohl, ob eine solche dem Zehntberechtigten schädliche Brachnutzung vorhanden sei, als wie viel der demselben daraus entstandene Ausfall betrage? muß, wenn kein gütliches Abkommen statt findet, nach dem Gutachten vereideter Sachverständigen bestimmt werden.

§. 883. Diese müssen dabei auf das Verhältniß des Ertrages benachbarter Aecker von eben derselben Beschaffenheit, bei welchen die Brache landüblich genutzt worden, Rücksicht nehmen.

§. 884. Läßt der Zehntpflichtige die zum Winter- oder Sommerfelde gehörigen Ländereien, aus Nachlässigkeit oder unordentlicher Wirthschaft, ganz oder zum Theil unbebaut liegen: so ist der Zehntberechtigte befugt, dieselben in Cultur zu nehmen; und der Eigenthümer hat auf die davon gewonnenen Früchte gar keinen Anspruch.

§. 885. Nimmt der Zehntpflichtige eine Art von Cultur vor, wodurch die Gestalt und Bestimmung des Grundstücks gänzlich verändert wird, so muß er den Zehntberechtigten, wegen des dadurch entstehenden Verlustes, auf andere Art schadlos halten.

§. 886. Zum Maaßstabe dieser Entschädigung muß der Durchschnitt des Zehntertrages von den letzten sechs Jahren vor der Veränderung angenommen werden.

§. 887. Können die Parteien sich über diese Art der Entschädigung nicht vereinigen, so muß dieselbe, für jedes Jahr, nach der Vorschrift des §. 879. bestimmt werden.

§. 888. Eine bloße Veränderung in der Eintheilung der Felder, oder in der Art der Bedüngung, oder die Verminderung der Aussaat durch Anlegung künstlicher Wiesen, geben dem Zehntberechtigten keinen Anspruch auf Schadloshaltung.

§. 889. Auch von solchen Aeckern, welche nicht gewöhnlich, sondern nur zuweilen gebaut werden, ist der Zehnte, so oft sie wirklich bestellt sind, zu entrichten.

Vom Neulande.

§§. 890—892 fallen fort.[196])

§. 893. Für Neuland ist es nicht zu achten, wenn der Zehntpflichtige Hecken, Bäume, Gesträuche oder Gräben, welche an sich auf dem zehntbaren Lande befindlich sind, auf eine oder die andere Art zu Acker einrichtet, und bestellt.

Art der Entrichtung des Großzehnten.

§. 894. Der Zehnte muß von den Früchten, ohne Abzug der Bestellungskosten und Abgaben, entrichtet werden.

§. 895. Der Empfänger muß denselben auf dem Felde, aus den aufgesetzten Garben oder Haufen, wie sie folgen, annehmen; doch kann er mit dem Abzählen da, wo er selbst will, den Anfang machen.

§. 896. Auch kann er von einem Acker, auf einen anderen des nämlichen Besitzers, die Garben oder Haufen fortzählen.

§. 897. Bei diesem Fortzählen steht es ihm frei: ob er an dem oberen oder unteren Ende des folgenden Ackers den Anfang machen will.

§. 898. Bleiben zuletzt noch Früchte übrig, die keine Zehntgarbe ausmachen, so werden dieselben, zur Mitzählung auf das folgende Jahr, dem Berechtigten vorbehalten.

§. 899. Wo die Feldfrüchte in Mandeln oder Hocken aufgesetzt werden, da kann der Zehntberechtigte verlangen, daß die bei der Abzählung übrig gebliebenen einzelnen Mandeln oder Hocken auseinander genommen, und ihm von den darin enthaltenen Garben der Zehnte verabfolgt werde.

§. 900. Der Zehntberechtigte muß, wenn er zur Zeit der Ernte nicht selbst gegenwärtig sein kann oder will, einen Abzehntner in der Nähe bestellen, und denselben dem Zehnpflichtigen zeitig bekannt machen.

§. 901. Sobald dem Zehntberechtigten, oder dessen Abzehntner gemeldet worden, daß die Früchte zum Abzählen in Bereitschaft stehen, müssen sich dieselben dazu unverzüglich einfinden.

---

[196]) Beseitigt durch §§ 35, 91 Ablösungs-Ges. vom 2. März 1850 (G.S. S. 77); sie handelten von der Zehntpflicht von Neuland.

§. 902. Der Zehntpflichtige ist nicht schuldig, länger als zwölf Stunden nach der Anzeige auf das Abzählen zu warten.

§. 903. Vielmehr kann er alsdann, in Gegenwart oder mit Zuziehung der Dorfgerichte, oder zweier an sich glaubwürdiger Zeugen, auf Kosten des Berechtigten den Zehnten selbst ausstoßen, und auf dem Felde liegen lassen.

§. 904. Nöthigt die Witterung den Zehntpflichtigen, mit der Einführung der Früchte zu eilen, so ist es genug, wenn die Anzeige dem Zehntherrn, oder dessen Abzehntner, nur sechs Stunden vor dem Einfahren geschieht.

§. 905. Dagegen ist aber auch der Zehntpflichtige schuldig wenn der Zehntsammler auf der Flur mit der Abzählung schon wirklich beschäftigt ist, so lange zu warten, bis derselbe auf seinen Acker kommen kann.

§. 906. Säumt der Zehntsammler geflissentlich, so haftet er dem Zehntpflichtigen für allen dadurch erweislich entstandenen Schaden.

§. 907. Sind aber, mit Vernachlässigung obiger Vorschriften die Früchte vor Ausstoßung des Zehnten eingeführt worden, so muß derselbe dem Berechtigten noch aus der Scheune verabfolgt werden.

§. 908. Ist die zu frühe Einführung von dem Verpflichteten vorsätzlich, oder durch eigenes grobes Verschulden geschehen, so muß er, wenn besondere Provinzialgesetze nicht ein Anderes bestimmen, dem Berechtigten auf zehn Garben Eine; bei einem obwaltenden nur mäßigen Versehen aber, auf zwanzig Garben Eine Garbe mehr abliefern.

§. 909. Die Einfuhre des auf dem Felde abgezählten Zehnten muß der Empfänger, der Regel nach, und wo nicht ein Anderes durch ununterbrochene Gewohnheit hergebracht ist, selbst besorgen.

Von Kleinzehnten.

§. 910. Wo der Kleinzehnte ausdrücklich eingeführt ist, muß derselbe in der Regel von allen Garten- und Baumfrüchten, ohne Unterschied, ob sie im Garten oder auf dem Felde gebaut worden, entrichtet werden.

§. 911. Weder am Groß-, noch Kleinzehnten kann der Zehntpflichtige, wegen erlittener Unglücksfälle, Erlaß fordern.

§. 912. Weder bei dem Verkaufe der Zehntfrüchte, noch bei Verpachtungen des Zehntrechts gebührt dem Zehntpflichtigen ein Vorkaufs- oder Näherrecht.

§. 913. Eben das gilt, wenn das Zehntrecht mit dem Gute oder Grundstücke, worauf dasselbe haftet, verkauft wird.

§. 914 fällt fort.[197])

Von Blutzehnten.

§. 915. Die Befugniß, Fleisch- oder Blutzehnten zu nehmen, erstreckt sich auf alle Arten von Vieh, welches zur Haus- oder Feldwirthschaft gehört.

§. 916. Der Regel nach muß das zehntbare Vieh von einem Jahre ins andere aufgezählt, und darnach das zehnte Stück geliefert werden.

§. 917. Die vor der wirklichen Aufzählung gestorbenen Stücke werden bei Berechnung des Zehnten nicht mitgezählt.

§. 918. Die Zeit der Abzählung ist nach jedes Orts Herkommen bestimmt.

§. 919. Kälber, Lämmer und Schweine ist der Zehntberechtigte nicht eher, als bis sie zum Verkaufe tauglich; Fohlen nicht eher, als bis sie abgesogen sind; und Federvieh erst, wenn es befiedert ist, anzunehmen verbunden.

§. 920. Von allen Sorten dürfen nur Stücke mittlerer Güte zum Zehnten gegeben und angenommen werden.

Abschaffung des Personalzehnten.

§. 921. Ein Personalzehnt von dem, was durch bloßen menschlichen Fleiß erworben worden, soll nirgend weder gefordert, noch gegeben werden.

Vom Sackzehnten.

§. 922. Wenn der Zehnte auf gewisse Quantitäten oder Maaße von gedroschenem Getreide oder gewonnenen Früchten bestimmt ist, so heißt derselbe ein Sackzehnte.

§. 923. Wenn erhellet, daß der Berechtigte einen Naturalzehnten zu fordern habe: so hat derselbe sein Recht, diesen Zehnten in Natur zu ziehen, nicht verloren, wenn er gleich seit länger als

---

[197]) Beseitigt durch § 2 Nr. 6, § 4 Ablösungsges. v. 2. März 1850. — Betraf ein Vorkaufs- und Näherrecht.

rechtsverjährter Zeit selbigen in gedroschenen Körnern angenommen hätte.

§. 924. Hat aber der Berechtigte sein Recht zum Zugzehnten ausüben wollen; der Verpflichtete demselben widersprochen; und Ersterer seit diesem Widerspruche, durch rechtsverjährte Zeit, den Zehnten in gedroschenem Getreide angenommen: so ist eine Verwandlung des Zug- in einen Sackzehnten durch Verjährung erfolgt.

§. 925. Der Sackzehnte muß gleich durch, wie der Zehntpflichtige die Früchte gewonnen hat, entrichtet und angenommen werden.

§. 926. Doch ist der Zehntpflichtige in jedem Falle marktgängiges Getreide abzuliefern verbunden.

§. 927. Die Ablieferung muß in der Regel nach gestrichenem Maaße geschehen.

§. 928. Die Abfuhre in die Wohnung, oder auf den Boden des Empfängers, muß der Zehntpflichtige besorgen.

§. 929. Ist der Zehntpflichtige in der Ablieferung säumig gewesen, so finden die Vorschriften des siebenten Titels §. 479. 480. Anwendung.

§. 930. Hat der Zehntpflichtige totalen Mißwachs erlitten: so kann der Empfänger den Sackzehnten nur in so fern fordern, als die gewonnenen Früchte, nach Abzug der Wirthschaftsnothdurften, an Saamen, Brot, Speisung des Gesindes, und Futterung dazu noch hinreichen.

§. 931. Hat sich der Mißwachs nur in einer oder der anderen Getreidesorte, z. B. nur in den Winter- oder nur in den Sommerfrüchten, ereignet, so muß der Zehntpflichtige den in der mißrathenen Sorte zu entrichtenden Sackzehnten, entweder nach den in der Provinz oder Gegend üblichen Anschlagspreisen bezahlen, oder denselben in einer anderen Getreidesorte, nach Verhältniß eben dieser Preise, abliefern.

§. 932. Der Zehntpflichtige, welcher von einem dieser Befugnisse Gebrauch machen will, muß wegen der dem Berechtigten von dem vorhandenen Mißwachse in Zeiten zu machenden Anzeige die einem Pächter ertheilten Vorschriften beobachten. (Tit. 1. Th. 21. §. 480—483.).[198])

---

[198]) §§ 480—483 I. 21 sind für das Privatrecht aufgehoben; sie

§. 933. Auch findet keine von diesen Befugnissen statt, wenn der Zehntpflichtige allen Remissionen ausdrücklich entsagt hat.

§. 934. Was hier von dem Erlasse bei geistlichen Sackzehnten verordnet ist, findet auf andere Naturalabgaben, welche nicht als Pfarr- oder Kirchenzehnten entrichtet werden, keine Anwendung.

Von Geldzehnten.

§. 935. Wenn der Zehntberechtigte, statt des Naturalzehnten eine beständig gleichförmige Abgabe in Gelde durch rechtsverjährte Zeit angenommen hat, so finden die Vorschriften §. 923. und 924. Anwendung.

§. 936. Ein solcher Zehntpflichtiger kann, wegen erlittener Unglücksfälle, nur in so weit Nachsicht oder Erlaß fordern, als dergleichen einem Erbzinsmanne wegen des schuldigen Canons zu statten kommt. (Th. 1. Tit. 18. §. 758. sqq.)[199]

---

sind aber durch die Verweisung Bestandtheil des Zehntrechts geworden und daher in soweit erhalten. Art. 89 A.G. u. Art. 115 E.G. z. B.G.B. Sie lauten:

§. 480. Der Pächter, welcher auf den Grund eines erlittenen Unglücksfalles Remission fordern will, muß denselben sofort, nachdem er sich ereignet hat, und ohne Zeitverlust, dem Verpächter anzeigen.

§. 481. Dem Verpächter steht frei, sich von der Wirklichkeit und Erheblichkeit des angegebenen Unglücksfalles durch eigene Besichtigung zu überzeugen, oder auf vorläufige gerichtliche Untersuchung darüber, nach Vorschrift der Prozeßordnung, anzutragen.

§. 482. Befindet sich der Verpächter außerhalb der Provinz; und hat er auch den Pächter an einen Bevollmächtigten in Pachtangelegenheiten nicht verwiesen; so muß der Pächter, indem er die §. 480. vorgeschriebene Anzeige macht, zugleich auf die gerichtliche Untersuchung, nach §. 481., selbst antragen.

§. 483. Hat der Pächter die vorgeschriebene Anzeige in Zeiten zu thun unterlassen; so kann er in der Folge, unter dem Schutze eines solchen vorgeblichen Unglücksfalles, keinen Nachlaß weiter verlangen.

[199]) §§ 758 ff. I. 18 sind für das Privatrecht aufgehoben; sie sind aber durch die Verweisung Bestandtheil des Zehntrechts geworden und daher in soweit erhalten. Art. 89 A.G. u. Art. 115 E.G. z. B.G.B. Sie lauten:

Remission am Erbzinse.

§. 758. Dagegen ist aber auch der Erbzinsmann, wegen erlittener Unglücksfälle und Verlustes an den Nutzungen, Erlaß am Zinse zu fordern, nicht berechtigt.

§. 759. Hat das Gut, ohne Verschulden des Besitzers, in einem und dem anderen Jahre weniger eingebracht, als der Zins beträgt; so kann der Erbzinsmann bloß Nachsicht fordern.

Von anderen Pfarrabgaben.

§. 937. **Offertoria, Pröven, Ostereier, Wettergarben, und andere dergleichen Pfarr- und Küsterabgaben, müssen lediglich nach jedes Ortes Gewohnheit bestimmt werden.**

§. 938. **Für dergleichen Prästationen kann niemals Erlaß gefordert werden.**

Zwölfter Abschnitt.

Von geistlichen Gesellschaften überhaupt.[200])

Begriff und Grundsätze.

§. 939. **Unter geistlichen Gesellschaften, deren Mitglieder sich mit andern Religionsübungen, als der Seelsorge, hauptsächlich be-**

---

§. 760. Ein Gleiches findet statt, wenn der Erbzinsmann der schon wirklich eingesammelten Früchte des Gutes durch Zufall oder höhere Gewalt gänzlich beraubt worden.

§ 761. Ist auch für solche ungewöhnliche Unglücksfälle aller Nachsicht im Vertrage ausdrücklich entsagt worden; so hat es dabei sein Bewenden.

§ 762. Haben aber unverschuldeter Zufall oder höhere Gewalt den Erbzinsmann ein oder mehrere Jahre hindurch völlig außer Stand gesetzt, sein nutzbares Eigenthum überhaupt auszuüben; so kann ihm für diese Zeit kein Zins abgefordert werden.

§ 763. Durch den unverschuldeten gänzlichen Verlust oder Untergang des verliehenen Grundstücks wird der Erbzinsmann seiner Verbindlichkeit zur Entrichtung der Abgabe, so weit dieselbe zur Zeit des entstandenen Unfalls noch nicht versessen oder fällig war, entledigt.

§ 770. Ist der Zins nicht von einem ganzen Grundstücke in Pausch und Bogen zu entrichten; sondern von einzelnen darunter begriffenen Theilen oder Stücken ein besonderer Zins vorbedungen worden: so zieht der Verlust oder Untergang eines solchen Theils oder Stücks die Befreiung von dem dafür zu erlegenden Zinse nach sich.

200) Art. 13 Pr. Verf. — Art. 84 E.G. z. B.G.B. — Ed. über die Einziehung sämmtlicher geistlicher Güter in der Monarchie v. 30. Oktober 1810 (G.S. 1811 S. 32). — Ges. über die Aufsichtsrechte des Staats bei der Vermögensverwaltung in den katholischen Diözesen v. 7. Juni 1876 (G.S. S. 149) und dazu V. v. 30. Januar 1893 (G.S. S. 11). — R.Ges., betr. den Orden der Gesellschaft Jesu, v. 4. Juli 1872 (R.G.Bl. S. 253) und dazu Bekanntmachungen des Reichskanzlers v. 5. Juli 1872 (R.G.Bl. S. 254), v. 20. Mai 1873 (R.G.Bl. S. 109) u. v. 18. Juli 1894 (R.G.Bl. S. 503). — Ges., betr. die geistlichen Orden und ordensähnlichen Kongregationen der katholischen Kirche, v. 31. Mai 1875 (G.S. S. 217) und dazu die Gesetze, betr. Abänderungen der kirchenpolitischen Gesetze, v. 14. Juli 1880 (G.S. S. 285) Art. 6; v. 21. Mai 1886 (G.S. S. 147) Art. 13; v. 29. April 1887 (G.S. S. 127) Art. 5.

schäftigen, werden die vom Staat aufgenommenen Stifter, Klöster, und Orden verstanden.

§. 940. Diese haben, unter dem Namen der Capitel und Convente, mit anderen Corporationen im Staat gleiche Rechte. (Tit. 6.)

§. 941. Sie stehen unter der Direction ihrer besonderen Vorgesetzten, welche, nach Verschiedenheit der Verfassung, entweder von den Mitgliedern gewählt, oder von einem Dritten bestellt werden.

Geistliche Verrichtungen.

§. 942. Sie sind in ihren geistlichen Beschäftigungen der Regel nach, der Aufsicht des Bischofs der Diözes unterworfen; und müssen, wenn sie davon befreit zu sein behaupten, eine besondere vom Staat genehmigte Exemtion nachweisen.

§. 943. Sie dürfen den Pfarrern in ihren Amtsverrichtungen keine Eingriffe thun, und sich auch einzelne zur Seelsorge gehörige Handlungen, ohne besondere Erlaubniß des Bischofs nicht anmaßen.

§. 944. Doch sind sie selbst vom Pfarrzwange ausgenommen, und können für sich einen eigenen Gottesdienst unterhalten.

§. 945. Wo einer geistlichen Gesellschaft Parochialrechte über einen gewissen District verliehen sind, da muß dieselbe die Verwaltung des Pfarramts einem dazu gehörig qualifizirten Subject aus ihrem Mittel übertragen.

§. 946. Geistliche Gesellschaften sind berechtigt, ihre Mitglieder durch geistliche Bußübungen zur Erfüllung der Pflichten ihrer Verbindung, und zur Vermeidung alles Aergernisses anzuhalten.[201])

§. 947. Körperliche oder Geld=Strafen gegen ihre Mitglieder zu verhängen, sind sie nur so weit berechtigt, als ihnen die Befugniß dazu durch besondere Gesetze, oder in ihren vom Staat bestätigten Statuten, ausdrücklich eingeräumt worden.

---

[201]) Vgl. jetzt Ges. über die kirchliche Disziplinargewalt v. 12. Mai 1873 (G.S. S. 198) u. dazu Ges. v. 14. Juli 1880 (G.S. S. 285), v. 21. Mai 1886 (G.S. S. 147) u. v. 29. April 1887 (G.S. S. 127). — Ges. über die Grenzen des Rechts zum Gebrauch kirchlicher Straf- und Zuchtmittel v. 13. Mai 1873 (G.S. S. 205) u. dazu Art. 4 Ges. v. 29. April 1887 (G.S. S. 127).

Aeußere Rechte in Beziehung auf den Staat,

§. 948. Die Rechte des Staats über solche geistliche Gesellschaften und deren Vermögen sind hauptsächlich nach den von ihm bestätigten Grundverfassungen, nach den vorhandenen Recessen und Verträgen, und nach den die Angelegenheiten derselben betreffenden Friedensschlüssen und anderen Tractaten zu beurtheilen.[202])

§. 949. In der Regel kommen dem Staat eben die Rechte über sie zu, wie über die Kirchengesellschaften.

§. 950. Sie genießen, gleich diesen, in ihren Rechtsangelegenheiten einen privilegirten Gerichtsstand.[203])

in Ansehung ihres Vermögens.

§. 951. Das ihnen vom Staat zugewendete oder überlassene Vermögen muß zur Aufrechthaltung ihrer geistlichen Anstalten, nach der vom Staat gebilligten Verfassung, und zum Unterhalte der Mitglieder verwendet werden.

§. 952. Sie sind dabei eben den Einschränkungen unterworfen und genießen eben die Vorrechte, wie Kirchengesellschaften.

§. 953. Doch haben sie, in Ansehung ihrer beständig fortlaufenden jährlichen Hebungen, auf das den Kirchengesellschaften §. 229. verliehene besondere Privilegium keinen Anspruch.[204])

§. 954. Die Verwaltung des gemeinschaftlichen Vermögens kommt dem Capitel zu, welches, zur Besorgung der dabei vorfallenden Einnahmen und Ausgaben, Unterbediente zu bestellen berechtigt ist.

Innere Verfassung.

§. 955. Die gemeinschaftlichen Angelegenheiten der geistlichen Corporationen werden in ihren Zusammenkünften oder Capiteltagen verhandelt.

§. 956. Dem Vorsteher gebührt der Vorsitz und die Direction in dem Capitel; er muß aber, bei Abfassung der Schlüsse, sich nach der Mehrheit der Stimmen richten.

Versammlungen.

§. 957. Die Schlüsse selbst müssen nothwendig im versammelten Capitel abgefaßt werden.

---

[202]) Vgl. auch die in Anm. 200 genannten Gesetze.

[203]) Aufgehoben durch § 9 V. über die Aufhebung der Privatgerichtsbarkeit v. 2. Januar 1849 (G.S. S. 1).

[204]) Gegenstandslos durch den Fortfall des § 229 II. 11.

§. 958. Die ordinären Zusammenkünfte der Capiteltage sind nach der besonderen Einrichtung einer jeden Corporation festgesetzt, und zur Verhandlung desjenigen bestimmt, was zur Verwaltung und Conservation der Rechte und inneren Verfassung der Corporation gehört.

§. 959. So oft in der Grundverfassung des Stifts etwas geändert werden soll, wird eine außerordentliche Zusammenberufung des Capitels, die Einwilligung des Bischofs der Diözes, und die Genehmigung des Staats erfordert.

§. 960. Eben dies findet statt, wenn unbewegliche Güter, Kostbarkeiten, oder Rechte der Stiftung vertauscht, verpfändet oder veräußert werden sollen.

§. 961. Geistliche Gesellschaften dürfen, ohne ausdrückliche Erlaubniß des Staats, weder Capitalien außerhalb Landes verleihen, noch weniger auswärtigen geistlichen Obern oder Stiftungen, etwas von ihrem Vermögen, bei einer gleich hohen Geldstrafe, zuwenden.[205])

§. 962. Die Verwendung der aus dem Stiftsvermögen den einzelnen Mitgliedern bestimmten Hebungen zu anderen Zwecken, kann nur in außerordentlichen Zusammenkünften, mit einmüthiger Bewilligung sämmtlicher Mitglieder, beschlossen werden.

§. 963 Auch die Wahl eines neuen Vorgesetzten, Beamten, oder Mitgliedes der Corporation, kann nur in solchen außerordentlichen Zusammenkünften geschehen.

§. 964. Abwesende Mitglieder des Capitels oder Convents müssen zu dergleichen außerordentlichen Versammlungen besonders eingeladen werden.

§. 965. Ist dieses unterlassen worden: so können sie dieser Uebergehung wegen (ob contemtum) auf Vernichtung des von den übrigen Mitgliedern gefaßten Schlusses antragen.

§. 966. Es ist aber genug, wenn die Einladung nur in die gewöhnliche Wohnung oder Curie solcher abwesenden Mitglieder insinuirt wird.

§. 967. Ein Mitglied des Capitels, welches persönlich zu erscheinen verhindert ist, kann seine Stimme nur einem anderen Mitgliede auftragen.

§. 968. Wer auf gehörige Einladung weder selbst erscheint,

---

205) Art. 6 A.G. z. B.G.B.

noch einen qualificirten Bevollmächtigten bestellt, muß sich dasjenige gefallen lassen, was von den übrigen Mitgliedern beschlossen worden.

§. 969. In gewöhnlichen Angelegenheiten und Zusammenkünften entscheidet die Mehrheit der Stimmen der gegenwärtigen Mitglieder.

§. 970. In wie fern, und bei welchen Geschäften, die Mehrheit der Stimmen sämmtlicher Mitglieder, oder eine gewisse überwiegende Mehrheit erfordert werde, ist nach der besonderen Verfassung einer jeden Corporation bestimmt, und wird unten vorkommen.

Rechte des Vorstehers.

§. 971. Eben so bestimmt die Verfassung einer jeden geistlichen Corporation, was der Vorsteher ohne Rückfrage an das Capitel zu beschließen und vorzunehmen berechtigt sei.

§. 972. Uebernimmt er außerdem eine Verbindlichkeit ohne Zuziehung des Capitels: so haftet dieses nur so weit dafür, als etwas aus einem solchen Geschäfte in den Nutzen der Gesellschaft wirklich verwendet worden.[206])

§. 973. Welchen Personen die Verwaltung der Rechte und Obliegenheiten eines abwesenden, oder sonst verhinderten, ingleichen eines gänzlich abgegangenen Vorstehers, vermöge ihres Amtes zukomme, muß nach den besonderen Stiftsverfassungen beurtheilt werden.

Rechte des Capitels bei vacantem Vorsteheramte.

§. 974. Der Regel nach fallen die Rechte des mit Tode abgegangenen Vorstehers an das Capitel zurück.

§. 975. Das Capitel kann dieselben entweder selbst ausüben, oder deren Verwaltung inzwischen Anderen übertragen.

§. 976. Doch ist das Capitel die an die Person des Vorstehers besonders gebundenen Rechte, ohne dringende Nothwendigkeit auszuüben oder an Andere zu übertragen, nicht berechtigt.

§. 977. Während der Vacanz darf keine Neuerung in den Angelegenheiten des Stifts vorgenommen werden.

§. 978. Die besonderen Einkünfte des Vorstehers müssen während der Vacanz aufbewahrt, und seinem Nachfolger übergeben werden.

Wahl und Postulation.

§. 979. Wo die Wahl des Vorgesetzten dem Capitel oder

---

[206]) Aufgehoben durch Art. 55 E.G. z. B.G.B. — §§. 812 ff. B.G.B.

Convent zusteht, muß dieselbe innerhalb dreier Monate nach dem Abgange des vorigen, bei Verlust des Wahlrechts, erfolgen.

§. 980. Der zu wählende Candidat muß alle zu solchem Amte, nach dem canonischen Rechte und den Statuten des Stifts, erforderlichen Eigenschaften besitzen.

§. 981. Wem eine oder die andere derselben mangelt, der kann nur nach vorhergegangener Postulation, und erfolgter Dispensation des geistlichen Obern, zu der vacanten Würde gelangen.

§. 982. Das Wahlgeschäft ist der Landesherr durch dazu bestellte Commissarien zu dirigiren berechtigt.

§. 983. Wo nicht besondere Statuten entgegenstehen, werden die Stimmen von diesen Commissarien als Scrutatoren, eingesammelt.

§. 984. Die Stimmen werden mittelst verschlossener Zettel abgegeben.

§. 985. Finden sich nach geendigter Stimmensammlung mehr oder weniger Wahlzettel, als wählende Personen sind: so müssen die sämmtlichen Zettel uneröffnet verbrannt, und die Stimmen aufs neue gesammelt werden.

§. 986. Nach richtig befundenen Wahlzetteln werden dieselben eröffnet, und die Stimmen, so wie sie sich hinter einander finden, in das Wahlprotocoll eingetragen.

§. 987. Nur der ist für regelmäßig gewählt zu achten, welcher wenigstens Eine Stimme über die Hälfte der Stimmen sämmtlicher Mitglieder des Capitels oder Convents für sich hat.

§. 988. Wenn ein Candidat, welcher nur postulirt werden kann, mit einem völlig Wahlfähigen zusammen kommt, so kann die Postulation des ersten nur alsdann erfolgen, wenn er mehr als zwei Drittel sämmtlicher Wahlstimmen für sich hat.

§. 989. In dessen Entstehung wird der Wahlfähige vorgezogen, wenn auch nur ein Drittel sämmtlicher Stimmen sich für ihn erklärt hätte.

§. 990. Wenn aber sämmtliche Candidaten nur postulirt werden können: so muß die Postulation für denjenigen erfolgen, der mehr als die Hälfte der sämmtlichen Wahlstimmen für sich hat.

§. 991. Hat keiner der Candidaten so viel Stimmen, als nach obigen Vorschriften zu einer gültigen Wahl oder Postulation erfordert werden, so ist der ganze Wahlactus ohne Wirkung.

§. 992. Die Wahl kann auch durch Compromiß auf ein oder mehrere Mitglieder des Capitels geschehen.

§. 993. Auch die Errichtung eines solchen Compromisses muß unter Direction der landesherrlichen Commissarien erfolgen.

§. 994. Zu dergleichen Compromiß ist die Einwilligung sämmtlicher Mitglieder erforderlich.

§. 995. Nur durch gleichmäßige allgemeine Einwilligung kann das Compromiß, wenn es einmal zu Stande gekommen ist, wieder aufgehoben werden.

§. 996. Diejenigen, auf welche compromittirt worden, müssen sich nach dem Inhalte des ihnen von dem Capitel geschehenen Auftrages genau achten.

§. 997. Ist in diesem Auftrage nicht ein Anderes bestimmt, so ist derjenige für gewählt oder postulirt zu achten, welcher die Mehrheit der Stimmen der Compromissarien für sich hat.

§. 998. Haben die Compromissarien einen ganz Unwürdigen gewählt, so fällt das Wahlrecht an das Capitel oder den Convent zurück.

Capitulation.

§. 999. Das Capitel oder der Convent kann mit dem gewählten oder postulirten Vorsteher eine Capitulation errichten.

§. 1000. Dadurch können aber klare und entschiedene Rechte des Vorgesetzten nicht geschmälert, noch die Grundverfassungen des Stifts geändert werden.

§. 1001. Auch die Capitulation, wenn dergleichen errichtet wird, muß dem Landesherrn zur Genehmigung vorgelegt werden.

Confirmation.

§. 1002. Der Gewählte oder Postulirte muß, bei Verlust seines Rechts, innerhalb Monatsfrist über die Annahme der ihm zugedachten Würde sich erklären, und hiernächst innerhalb dreier Monate die Confirmation oder Zulassung desjenigen geistlichen Obern, dem das Stift unmittelbar untergeordnet ist, nachsuchen.

§. 1003. Die einmal geschehene Wahl kann von dem Capitel niemals, die Postulation aber nur so lange, als sie dem geistlichen Obern noch nicht angezeigt ist, zurückgenommen werden.

§. 1004. Einem regelmäßig Gewählten, welchem die nach §. 980. erforderlichen Eigenschaften nicht ermangeln, darf der geistliche Obere die Confirmation nicht versagen.

§. 1005. Auch die Postulation muß er zulassen, wenn der Mangel des Erfordernisses denselben des zugedachten Amtes nicht unwürdig, oder zur Ausübung der damit verbundenen Pflichten ganz unfähig macht.

§. 1006. Die Zulassung einer Postulation hat mit der Bestätigung einer Wahl gleiche Wirkung.

§. 1007. Wird die Wahl unregelmäßig, oder die Postulation unzulässig befunden: so verliert das Capitel für diesen Fall sein Wahlrecht.

Consecration.

§. 1008. Der Bestätigte oder Zugelassene gelangt durch die Einweihung zum Besitze seines geistlichen Amtes.

Landesherrliche Approbation.

§. 1009. Es darf aber kein Gewählter oder Postulirter die Bestätigung oder Zulassung der geistlichen Obern eher nachsuchen, als bis er dazu die Genehmigung des Landesherrn hat.

§. 1010. Vor dem Erfolge dieser Genehmigung soll die Einweihung nicht statt finden; noch der Gewählte oder Postulirte zur Ausübung der Functionen seines Vorsteheramtes, oder zum Besitze und Genusse der damit verbundenen weltlichen Rechte und Einkünfte gelassen werden.

§. 1011. Wenn der Landesherr, aus Gründen des gemeinen Wohls, oder der Erhaltung der äußeren und inneren Ruhe des Staats, das präsentirte Subject verwirft: so muß eine neue Wahl veranlaßt werden.

§. 1012. In Fällen, wo das Capitel oder der Convent wegen seiner schuldbaren Saumseligkeit, oder wegen der bei der Wahl oder Postulation vorgefallenen Unregelmäßigkeiten, seines Wahlrechts verlustig wird, fällt die Besetzung der Stelle für diesesmal, nach Verschiedenheit der Verfassungen in den Provinzen, entweder dem Landesherrn, oder den geistlichen Obern anheim.

§. 1013. Aber auch Letztere müssen, bei ihrer Ernennung, die gesetzlichen Vorschriften wegen der Tüchtigkeit des zu bestellenden Subjects beobachten, und dasselbe dem Landesherrn zur Genehmigung vorschlagen.

§. 1014. Wo es hergebracht ist, daß dem Landesherrn mehrere Subjecte zur Ernennung vorgeschlagen werden müssen, da ist das

Capitel oder der Convent, bei der Auswahl dieser Subjecte, die §. 979. sqq. enthaltenen Vorschriften ebenfalls zu beobachten schuldig.

Von Coadjutoren.

§. 1015. Einem Stiftsvorgesetzten, der durch Alter, Krankheit oder andere Ursachen an gehöriger Verwaltung seines Amtes verhindert ist, kann ein Coadjutor bestellt werden.

§. 1016. Die Wahl eines solchen Coadjutors kommt dem Capitel oder Convent in so fern zu, als ihm die Wahl des Vorgesetzten selbst gebührt.

§. 1017. Die Gründe zur Bestellung eines Coadjutors müssen von den unmittelbaren geistlichen Obern des Stifts, und von dem Landesherrn geprüft und genehmigt werden.

§. 1018. Es hängt von dem Vorgesetzten ab, in wie fern er sich seines Coadjutors bedienen will; und dieser darf sich wider seinen Willen keine Amtsverrichtungen anmaßen.

§. 1019. Dagegen darf aber auch der Vorgesetzte diejenigen Amtsgeschäfte, die er selbst nicht verrichten kann oder will, einem Anderen, als seinem Coadjutor, nicht auftragen.

§. 1020. Soll der Coadjutor Verrichtungen vornehmen, die bei bloßer Abwesenheit oder temporeller Verhinderung des Vorgesetzten, gewissen Mitgliedern des Capitels vermöge ihres Amtes zukommen, so wird zu deren Uebertragung der Consens des Capitels erfordert.

§. 1021. Bei gänzlichem Abgange des Vorgesetzten tritt der ihm zugeordnete Coadjutor sofort an dessen Stelle.

Dreizehnter Abschnitt.

Von katholischen Domstiften und Capiteln.[207]

Bestimmung der Domcapitel.

§. 1022. Domcapitel sind geistliche Corporationen, deren Mitglieder zur Abwartung des feierlichen Gottesdienstes in der Hauptkirche der Diözes bestimmt, und dem Bischof, in wichtigen

[207]) Päpstliche Bulle De salute animarum v. 16. Juli 1821 u. K.O., betr. die Königl. Sanktion dieser Bulle v. 23. August 1821 (G.S. S. 113). — Ges., betr. die Einstellung der Leistungen aus Staatsmitteln für die römisch-katholischen Bisthümer und Geistlichen, v. 22. April 1875 (G.S. S. 194) und dazu Ges. v. 14. Juli 1880 (G.S. S. 285) u. v. 24. Juni 1891 (G.S. S. 227).

Angelegenheiten des Bisthums und der Diözes, zur Seite gesetzt sind.

Rechte derselben, als für sich bestehender Corporationen.

§. 1023. Nur diejenigen sind als Mitglieder dieses Collegii zu betrachten, welche bei dem Stifte eine Pfründe oder ein Canonicat besitzen.

§. 1024. Der Bischof hat also darin weder Sitz noch Stimme, als in so fern er zugleich mit einem Canonicat bei dem Stifte versehen ist.

§. 1025. Alle gemeinschaftlichen Rechte des Stifts werden also, mit Ausschluß des Bischofs, durch das Capitel allein ausgeübt.

§. 1026. Insonderheit gebührt dem Capitel die alleinige Verwaltung des Stiftsvermögens.[208]

§. 1027. Das Capitel steht in diesen gemeinschaftlichen Angelegenheiten unter der Direction des Dechanten.

§. 1028. Die übrigen Würden und Aemter im Capitel sind, nebst ihren Rechten und Obliegenheiten, nach den besonderen Verfassungen eines jeden Stifts bestimmt.[209]

§. 1029. Das Capitel ist zur Vertheidigung seiner Rechte einen Syndicum und andere Unterbediente zur Besorgung seiner Vermögensangelegenheiten, ohne Zuziehung des Bischofs zu bestellen berechtigt.

Verhältniß gegen den Bischof.

§. 1030. Das Capitel ist dem Bischof subordinirt, welcher berechtigt ist, Visitationen bei dem Capitel vorzunehmen, und die dabei vorgefundenen Mißbräuche abzustellen.

§. 1031. Der Bischof soll in allen wichtigen Angelegenheiten des Bisthums und der Diözes das Domcapitel mit seinem Rathe und Gutachten vernehmen.

§. 1032. Die Einwilligung des Domcapitels ist nothwendig, wenn unbewegliche Güter oder Gerechtigkeiten des Bisthums oder einer Kirche in der Diözes verpfändet oder veräußert; Pfarren und

---

208) Ges., betr. die Aufsichtsrechte des Staats bei der Vermögensverwaltung in den katholischen Diözesen, v. 7. Juni 1876 (G.S. S. 149) u. V. v. 30. Januar 1893 (G.S. S. 11).

209) K.O., betr. das künftige Rang- und bedingte Ascensionsverhältniß der wirklichen Domkapitularen, v. 28. Mai 1836 (G.S. S. 201).

Pfründen, die zur gemeinschaftlichen Collatur des Bischofs und Capitels stehen, vergeben; und Kirchen oder Pfründen zusammengeschlagen und aufgehoben werden sollen.

§. 1033. In welchen Fällen es außerdem, zur Gültigkeit einer von dem Bischof vorgenommenen Handlung, der Einwilligung des Domcapitels bedürfe, ist nach der besonderen Verfassung einer jeden Diözes bestimmt.

§. 1034. Zur anderweitigen Verleihung von Lehn- und Erbzinsgütern, die sich an das Bisthum eröffnen, ist die Einwilligung des Capitels in der Regel nicht erforderlich.[210]

§. 1035. In gemeinschaftlichen Angelegenheiten des Bischofs und Capitels geschieht die Zusammenberufung von Seiten des Ersteren; und ihm gebührt alsdann die Direction der Berathschlagung.

§. 1036. Der Regel nach wird die Versammlung in der Capitelsstube gehalten.

§. 1037. In allen Fällen, wo zu einem Geschäfte die Einwilligung des Capitels nothwendig ist, hat der Bischof für sich Eine, und das Capitel zusammen genommen die zweite Stimme.

§. 1038. Es kann also nichts beschlossen werden, als worin der Bischof von einer, und die Mehrheit der Stimmen des Domcapitels von der anderen Seite willigen.

§. 1039. In so fern der Bischof zugleich Canonicus ist, muß seine Stimme auch unter den Stimmen der Mitglieder des Capitels mitgezählt werden.

§. 1040. Das Capitel kann in Angelegenheiten des Bisthums und der Diözes, ohne den Bischof oder gegen desselben Gutbefinden, auch durch einhelligen Beschluß, nichts entscheiden.

Rechte des Capitels während der Vacanz des Bisthums.[211]

§. 1041. Wenn der bischöfliche Stuhl entweder gänzlich oder auf eine Zeitlang erledigt, oder dessen Wiederbesetzung ohne die

---

[210]) Gegenstandslos, da sich an das Bisthum Lehn- und Erbzinsgüter nicht mehr eröffnen können. § 2 Nr. 2, Ablösungsges. v. 2. März 1850 (G.S. S. 77).

[211]) Ges. über die Verwaltung erledigter katholischer Bisthümer v. 20. Mai 1874 (G.S. S. 135), dessen §§ 4—19 durch Art. 6 Ges. v. 29. April 1887 (G.S. S. 127) aufgehoben sind.

Schuld des Capitels verzögert wird: so kommt die Verwaltung der bischöflichen Rechte dem Domcapitel zu.

§. 1042. Dieses muß dabei Alles beobachten, was §. 974. sqq. bei der Vacanz eines geistlichen Vorstehers überhaupt vorgeschrieben ist.

§. 1043. Die Verwaltung der geistlichen Angelegenheiten des Bisthums kann das Capitel einem Vicarius auftragen; wenn aber dergleichen Vicarius von dem abgegangenen Bischof schon bestellt worden: so muß das Capitel denselben bestätigen.

§. 1044. Functionen, die mit der Person und Würde des Bischofs untrennbar verknüpft sind, kann weder das Capitel, noch der von ihm gesetzte Vicarius ausüben.

§. 1045. Zur Verwaltung der weltlichen Gerichtsbarkeit, in so fern dergleichen mit dem Bisthum verbunden ist, muß ein Offizial bestellt, oder der von dem Bischof geordnete bestätigt werden.[212]

§. 1046. Rechte, welche nach den Gesetzen und Verfassungen für den Bischof und das Capitel gemeinschaftlich gehören, können, während der Vacanz, von dem Capitel allein nur in dringenden Nothfällen ausgeübt werden.

§. 1047. Eigene Angelegenheiten des Capitels, zu deren Rechtsbeständigkeit die Einwilligung des Bischofs nothwendig ist, müssen der Regel nach während der Vacanz ausgesetzt bleiben.

§. 1048. Pfründen, welche zur alleinigen Verleihung des Bischofs stehen, können von dem Capitel, während einer gänzlichen Vacanz, nicht vergeben werden, sondern es muß deren Besetzung dem neuen Bischof aufbewahrt werden.

§. 1049. Wird aber die Wiederbesetzung des bischöflichen Stuhls ohne Schuld des Domcapitels verhindert, so kann letzteres über dergleichen Pfründen in so fern verfügen, als das Wohl der Kirche deren baldige Verleihung erfordert.

§. 1050. Zum Besten des Bisthums kann das Domcapitel, während einer Vacanz, Verträge schließen, welche zur Conservation der Gerechtsame desselben nothwendig sind.

Wahl des Bischofs.

§. 1051. Wo die Ernennung des Bischofs dem Landesherrn

[212]) Beseitigt durch § 1 V. über Aufhebung der Privatgerichtsbarkeit v. 2. Januar 1849 (G.S. S. 1). — § 15 G.V.G.

nicht vorbehalten ist, da kommt die Wahl desselben dem Domcapitel zu.[213])

§. 1052. Dieses muß dabei Alles beobachten, was im vorigen Abschnitte von der Wahl eines Stiftsobern verordnet ist.[214])

§. 1053. Ein Gleiches findet statt, wenn dem Bischof ein Coadjutor bestellt werden soll.

Vierzehnter Abschnitt.

Von Collegiatsstiften.[215])

§. 1054. Geistliche Corporationen, die bei einer anderen, als der Hauptkirche der Diözes, zur feierlichen Begehung des Gottesdienstes verordnet sind, werden Collegiatstifte genannt.

§. 1055. Sie unterscheiden sich von den Domstiften nur darin, daß ihre Mitglieder an den Angelegenheiten des Bisthums und der Diözes keinen Theil nehmen.

§. 1056. Die dem weiblichen Geschlecht gewidmeten weltgeistlichen Stifte haben mit den Collegiatstiften gleiche Rechte.

Funfzehnter Abschnitt.

Von Klostergesellschaften.[216])

Begriff.

§. 1057. Klostergesellschaften sind geistliche Corporationen, deren Mitglieder zu gemeinschaftlichem Leben und gemeinschaftlicher Religionsübung, nach gewissen von der Kirche bestätigten Regeln, durch feierliche Gelübde sich verpflichtet haben.

Geistliche Obern.

§. 1058. Den einzelnen Klostergesellschaften sind eigene Obern unter den Namen der Aebte, Prioren, Pröbste, Guardiane oder Rectoren vorgesetzt.

§. 1059. Alle Klostergesellschaften einer Provinz, welche zu einerlei Ordensregel sich bekennen, stehen unter dem Provinzial; und sämmtlichen Provinzen ist der General des Ordens vorgesetzt.

---

[213]) Abschn. 22, 23 der Bulle De salute animarum v. 16. Juli 1821 (G.S. S. 113). — V., betr. die Vereidigung der katholischen Bischöfe, v. 13. Februar 1887 (G.S. S. 11).

[214]) Jetzt ist die Bulle De sal. anim. (vgl. vorige Anm.) maßgebend.

[215]) Abschn. 40 der Bulle De sal. anim. (Kollegiatstift zu Aachen).

[216]) Vgl. Anm. 200 zu § 939 d. Tit.

§. 1060. **Diese Ordens-Obern dürfen den Bischöfen der Diözes in ihre Gerechtsame nicht eingreifen.**

§. 1061. Wenn sie außerhalb Landes wohnen, so gilt von ihnen alles das, was von auswärtigen Obern der Kirchengesellschaften verordnet ist. (§. 135. sqq.)[217])

§. 1062. Auch da, wo die Besetzung der vacanten Stelle eines Kloster-Obern von einem höheren Ordens-Obern abhängt, muß über das von diesem ausgewählte Subject, vor dessen Einsetzung und Annahme, die Approbation des Staats eingeholt werden.

§. 1063. Visitationen bei einländischen Klöstern dürfen auswärtige Ordens-Obern ohne ausdrückliche Erlaubniß des Staats nicht vornehmen.

Capitel und Convente.

§. 1064. **Ob und in welchen Angelegenheiten dem Kloster-Obern ein Capitel oder Convent an die Seite gesetzt sei, ist durch die Regeln eines jeden Ordens bestimmt.**

§. 1065. **Nur wirkliche Klostergeistliche, nicht aber bloße Laienbrüder, haben in dem Capitel oder Convent Sitz und Stimme.**

Klosterzucht.

§. 1066. Die Kloster-Obern müssen die ihnen zukommende Klosterzucht nach den §. 946. 947. vorgeschriebenen Gesetzen ausüben, und machen sich durch deren Uebertretung dem Staat verantwortlich.[218])

§. 1067. Kloster-Obern, welche diesen Vorschriften zuwiderhandeln, haben vom Staat eben die Strafen zu erwarten, welche gegen eigenmächtige Privatgewalt im Criminalrechte verordnet sind.

Aufnahme und Versetzung der Mitglieder.

§. 1068. Ohne Vorwissen und Genehmigung des Staats dürfen sie keine Mitglieder außerhalb Landes verschicken, oder in auswärtige Klöster versetzen, oder auswärtige Mitglieder in einländische Klöster aufnehmen.[219])

§. 1069. Kloster-Obern, welche diesem zuwiderhandeln, sollen in ihrem Amte nicht ferner geduldet, und noch außerdem verhältnißmäßig bestraft; auch zur Zurückschaffung des aus dem Lande gebrachten Mitgliedes durch rechtliche Zwangsmittel angehalten werden.

---

217) §§ 1061—1063 sind beseitigt durch § 5 Ges., betr. die geistl. Orden der kathol. Kirche, v. 31. Mai 1875 (G.S. S. 217).

218) §§ 1066, 1067 sind beseitigt durch die in Anm. 201 zu § 946 d. Tit. genannten Gesetze.

219) §§ 1068, 1069 sind beseitigt durch § 5 Ges., betr. die geistlichen Orden der kathol. Kirche v. 31. Mai 1875 (G.S. S. 217).

Sechszehnter Abschnitt.

Von geistlichen Ritterorden.

§§. 1070—1072 fallen fort.[220])

Siebzehnter Abschnitt.

Von weltgeistlichen Canonicis.[221])

Was Canonici sind.

§. 1073. Die Mitglieder der Dom- und Collegiatstifte führen beide den Namen Canonici.

Classen derselben.

§. 1074. Nur diejenigen Canonici, welche innerhalb der bei jedem Stifte nach der Fundation bestimmten Anzahl aufgenommen sind, haben Sitz und Stimme im Capitel, und werden bei Cathedralstiften Domcapitularen genannt.

§. 1075. Diejenigen, welche nach der Observanz eines Stifts über die ursprüngliche Zahl angesetzt worden, heißen mindere Canonici, oder bei Domstiften, Domicellaren.

§. 1076. Sogenannte regulirte Canonici sind nach den Vorschriften des folgenden Abschnitts zu beurtheilen.

Erfordernisse eines Canonici.

§. 1077. Wer bei einem Stift Canonicus werden will, muß derjenigen Religionspartei, zu welcher das Stift selbst gehört, zugethan sein.

§. 1078. Bei vermischten Stiften muß, in den zum deutschen Reiche gehörenden Provinzen, der Besitzstand des Ersten Januars des Jahres 1624 beobachtet werden.

§. 1079. Das Alter, welches erforderlich ist, wenn Jemand befugt sein soll, um ein Canonicat sich zu bewerben, Sitz und Stimme im Capitel zu verlangen, und auf die höheren Würden im Stift Anspruch zu machen, muß hauptsächlich nach den Statuten und wohlhergebrachten Gewohnheiten eines jeden Stifts beurtheilt werden.

---

220) In Folge der Aufhebung der geistlichen Ritterorden durch Ed. über die Einziehung sämmtlicher geistlicher Güter in der Monarchie v. 30. Oktober 1810 (G.S. 1811 S. 32).

221) Die klein gedruckten §§ des 17. Abschnitts sind durch die Vorschriften der Bulle De salute animarum v. 16. Juli 1821 ersetzt. K.O., betr. die Sanktion dieser Bulle, v. 23. August 1821 (G.S. S. 113). — Siehe aber Anm. 222, 223 zu §§ 1124, 1141.

§. 1080. Der Regel nach kann nur derjenige, welcher das vierzehnte Jahr zurückgelegt hat, um ein Canonicat sich bewerben.

§. 1081. Ebenso kann in der Regel Niemand, welcher das zwei und zwanzigste Jahr noch nicht zurückgelegt hat, Sitz und Stimme im Capitel haben.

§. 1082. Zur Bekleidung höherer Würden im Stift wird ein Alter von fünf und zwanzig, und zum Bisthum von dreißig Jahren erfordert.

§. 1083. Wer Canonicus werden will, muß wenigstens die erste Tonsur erhalten haben.

§. 1084. Sitz und Stimme im Capitel kann nur der erlangen, welcher zum Subdiaconat eingeweiht ist, und drei Jahre hindurch den Studien auf hohen Schulen obgelegen hat.

§. 1085. Zu höheren Würden im Capitel ist derjenige Ordensgrad erforderlich, den die damit verbundenen geistlichen Verrichtungen voraussetzen.

§. 1086. Wo nach den Statuten des Stifts adliche Herkunft zur Aufnahme erfordert wird, muß dieselbe gehörig nachgewiesen (Tit. 9. §. 17—20.), und ein darüber entstandener Streit vor dem weltlichen Richter entschieden werden.

Verleihung der Canonicate.

§. 1087. Wem die Verleihung der Canonicate gebühre, bestimmen die Statuten und Gewohnheiten eines jeden Stifts.

§. 1088. **Wo die Verleihung zwischen dem Capitel und dem Landesherrn, oder dem geistlichen Obern, nach Monaten abwechselt, wird der Ablauf des Monats auf die Mitternachtsstunde des letzten Tages festgesetzt.**

§. 1089. **Die Wahl des Capitels geschieht durch die Mehrheit der Stimmen sämmtlicher Capitularen, mit Ausschluß des Bischofs.**

§. 1090. Wo es hergebracht ist, daß gewisse Präbenden, nach einer festgesetzten Ordnung oder Reihe, von einzelnen Canonicis vergeben werden, da übt derjenige, an welchem die Reihe steht, nur ein Recht des Capitels aus.

§. 1091. In der Regel kann also derjenige, welcher zur Zeit der Erledigung noch nicht Sitz und Stimme im Capitel hatte, auf dieses Recht keinen Anspruch machen.

§. 1092. Wo die Reihe mit jedem Monat abwechselt, geht das Verleihungsrecht mit Ablauf jedes Monats sofort an den Folgenden über.

Devolutionsrecht.

§. 1093. Wenn aber das Capitel, oder die einzelnen Canonici, welche an die Reihe kommen, mit Verleihung der Präbende über sechs Monate zögern, so fällt das Recht dazu dem Bischof anheim.

Recht der ersten Bitte.

§. 1094. Bei Stiften, wo das Recht der ersten Bitte hergebracht ist, wird selbiges von demjenigen, welchem es zukommt, auf die erste zur Verleihung des Capitels stehende Vacanz ausgeübt.

§. 1095. Dem Precisten bleibt sein dadurch erlangter Anspruch, wenn auch derjenige, von welchem er vorgeschlagen worden, vor wirklich entstehender Vacanz verstirbt.

§. 1096. Durch die Ausübung des Rechts der ersten Bitte wird übrigens die abwechselnde Ordnung der Collation an sich nicht geändert.

§. 1097. Der Precist ist, bei Verlust seines Rechts, schuldig, sich spätestens innerhalb vier Wochen, nach entstandener Vacanz, bei dem, welchem das Verleihungsrecht zukommt, zu melden.

§. 1098. Sein durch den Vorschlag erlangtes Recht kann er nur unter ausdrücklicher Bewilligung desjenigen, welcher ihm dasselbe verliehen hat, einem Anderen abtreten.

Resignation.

§. 1099. Durch Resignation kann Jemandem eine Präbende übertragen werden.

§. 1100. Doch muß der, zu dessen Gunsten die Resignation geschieht, alle zu einem Canonico erforderlichen Eigenschaften besitzen.

§. 1101. Außerdem findet bei der Resignation Alles statt, was die Gesetze von Abtretung der Rechte überhaupt verordnen.

§. 1102. Der Resignant kann sich eine Pension auf die Revenüen der Präbende zu seiner Nothdurft vorbehalten.

§. 1103. Die Resignation muß in die Hände desjenigen geschehen, der dem Resignanten die Präbende verliehen hat.

§. 1104. Erst durch die Genehmigung des vormaligen Collators erhält die Resignation ihre Gültigkeit, und kann also noch bis dahin zurückgenommen werden.

§. 1105. Eben so findet die Zurücknahme statt, wenn der Resignatarius die Präbende nicht annehmen kann oder will; oder wenn der Collator nicht alle Bedingungen der Resignation genehmigt.

§. 1106. Wo es hergebracht ist, daß die Resignation auch der von einem einzelnen Canonico erhaltenen Präbende in die Hände des Capitels geschehen muß, hat es noch ferner dabei sein Bewenden.

§. 1107. Stirbt der Resignirende binnen ein und zwanzig Tagen, von dem Tage an gerechnet, da die Resignation dem Collator angezeigt worden, so ist dieselbe für nicht geschehen zu achten.

§. 1108. Jeder neu bestellte Canonicus wird der letzte im Capitel, und tritt also, auch bei Resignationen, nicht in die Stelle und den Rang seines Vorfahren.

§. 1109. Nur bei Prälaturen erhält der neue Prälat denjenigen Rang, welchen die Würde mit sich bringt.

Von mehreren Ordnungen der Canonicorum.

§. 1110. Bei Stiften, wo mehrere Ordnungen von Canonicis sind, wird der neue Canonicus der letzte in derjenigen Ordnung, zu welcher sein Vorfahr gehört hat.

§. 1111. Wo aber das Einrücken aus einer niederen in eine höhere Ordnung hergebracht ist, da muß die Art und Weise dieses Einrückens lediglich nach den Statuten und Gewohnheiten des Stifts beurtheilt werden.

§. 1112. Der Regel nach können mindere Canonici in eine höhere Ordnung nur in so fern einrücken, als die in dieser Ordnung vacante Stelle zur Collatur desjenigen steht, von welchem ihnen das mindere Canonicat verlieheu worden.

Von Canonicaten, die an Unfähige verliehen werden.

§. 1113. Wenn der Landesherr ein Canonicat an ein Subject verleiht, dem es an den persönlichen Eigenschaften mangelt, so erhält derselbe dadurch nur das Recht, diese Stelle an ein anderes fähiges Subject abzutreten.

§. 1114. Letzterer aber erlangt dadurch die Präbende mit vollem Rechte, und eben der Qualität, wie sich dieselbe an den Landesherrn erledigt hatte.

In wie fern Eine Person mehrere Canonicate besitzen könne.

§. 1115. Niemand soll zwei oder mehrere geistliche Pfründen bei einem und eben demselben Stift besitzen.

§. 1116. Wohl aber kann ein Canonicus zugleich eine geistliche Würde bei eben demselben Stifte bekleiden.

§. 1117. Auch bei verschiedenen Stiften kann Eine Person mehrere Pfründen zugleich alsdann nicht besitzen, wenn diese Pfründen die Verbindlichkeit zur Residenz bei sich führen.

§. 1118. Wenn also die verschiedenen Stifte an Einem Orte, oder zwar an verschiedenen Orten, jedoch so gelegen, oder beschaffen sind, daß die Residenzzeit in jedem derselben gehörig abgewartet werden kann; so ist der Besitz solcher mehreren Pfründen in Einer Person erlaubt.

§. 1119. Wer von der Residenz bei dem Stifte, wo er dieselbe nicht abwarten kann, befreit ist (§. 1131.), auf den findet in so weit die Vorschrift des §. 1117. nicht Anwendung.

§. 1120. Ein Gleiches gilt, wenn bei einem Stift die Residenz nicht nothwendig, sondern nur eine statutenmäßige Geldstrafe, oder die Einbuße gewisser Arten von Einkünften, mit deren Unterlassung verbunden ist.

Vorbereitung zum Canonicat.

§. 1121. Jeder neue Canonicus muß sich vor seiner Aufnahme der nach den Statuten des Stifts bestimmten Prüfung, an dem Orte, wo das Stift seinen Sitz hat, unterwerfen.

§. 1122. Doch genießt er, auch während der Probezeit, der Regel nach alle zu seiner Stelle gehörigen Hebungen.

Aufnahme.

§. 1123. Erst nach geendigter Probezeit erfolgt die feierliche Aufnahme, bei welcher der neue Canonicus auf die vom Staat genehmigten Statuten verpflichtet wird.

§. 1124. Vor der Aufnahme muß jeder neue Canonicus, wenn er nicht vom Landesherrn selbst bestellt worden, demselben zur Genehmigung und Bestätigung präsentirt werden.[222])

Pflichten.

§. 1125. Die allgemeinen Pflichten der Geistlichen, so weit dieselben nicht auf das Lehramt Beziehung haben, liegen auch den Canonicis ob. (§. 67. sqq.)

§. 1126. Ihre Amtsverrichtungen sind durch die Statuten des Stifts, und durch die Vorschriften des canonischen Rechts bestimmt.

§. 1127. Insonderheit sind sie schuldig, den Gottesdienst im Chor durch die geordneten Stunden regelmäßig abzuwarten.

Residenz.

§. 1128. Sie sind verpflichtet, an dem Sitze des Stifts ordentlich Residenz zu halten.

§. 1129. Eine beharrliche Unterlassung dieser Pflicht wird mit dem Verluste der Stelle; eine Vernachlässigung aber, mit einer verhältnißmäßigen Geldbuße; und zwar, wenn die Statuten nichts Näheres festsetzen, mit dem Verluste des vierten Theils, oder der Hälfte der Einkünfte geahndet.

§. 1130. Die Art und die Dauer der Residenz ist nach den Statuten eines jeden Stifts zu beurtheilen.

§. 1131. Wer durch öffentliche Bedienungen, durch Reisen in Angelegenheiten des Staats, oder der Kirche, Studirens halber, durch Alter, Krankheit, oder ungefähren Zufall, an der wirklichen

---

222) Beseitigt durch Art. 18 Pr. Verf.

Residenz verhindert ist, nimmt dennoch auch an solchen Hebungen Theil, die nur für die Residirenden bestimmt sind.

§. 1132. Dagegen kann er auf die sogenannten Präsentiengelder keinen Anspruch machen.

§. 1133. Wer aus bloßer Gnade von der Residenz dispensirt ist, muß sich mit den Nutzungen einer Pfründe begnügen.

Vicarien.

§. 1134. Die Canonici können sich in ihren geistlichen Verrichtungen, an deren eigener Abwartung sie verhindert sind, durch Vicarien vertreten lassen.

§. 1135. Solche Vicarien müssen diejenigen Eigenschaften besitzen, welche zu den Functionen, die sie übernehmen sollen, nach dem canonischen Recht erforderlich sind.

§. 1136. Der Regel nach kommt die Bestellung eines solchen Vicarii demjenigen Canonico zu, dessen Stelle derselbe vertreten soll.

§. 1137. Dieser muß sich mit seinem Vicario wegen einer billigen Abgabe für die Vertretung einigen; er kann aber auch seinen Auftrag, wenn nicht ein Anderes ausdrücklich verabredet worden, nach eigenem Gutbefinden zurücknehmen.

§. 1138 Bei Stiften, wo beständige Vicarien bestellt sind, bekleiden dieselben ein eigenes geistliches Amt, und können nur aus eben den Gründen, wie andere Geistliche, wieder entsetzt werden.

Aeußere Rechte und Pflichten der Canonicorum;

§. 1139. Canonici genießen, in Ansehung ihrer Person und eigenen Vermögens, alle äußeren Vorrechte der Geistlichen überhaupt; sind aber auch dabei eben denselben Einschränkungen unterworfen. (§. 93. sqq.)

§. 1140. Sie behalten, des Eintritts in den geistlichen Stand ungeachtet, alle Familienrechte, und sind der Succession in Lehne und Fideicommisse fähig.

§. 1141. Katholische Canonici nehmen und hinterlassen kein Heergeräthe; wo aber Niftelgrade hergebracht ist, da sind dergleichen von ihren weiblichen Verwandten in aufsteigender Linie zu erben fähig.[223])

besonders in Ansehung ihrer Präbenden.[224])

§. 1142. Auf ihre Präbenden haben die Canonici alle mit dem Nießbrauche verbundenen Rechte und Pflichten.

§. 1143. Insonderheit müssen sie die dazu gehörigen Ge-

---

223) Beseitigt, da das B.G.B. diese Unterscheidungen nicht kennt.

224) Die §§ 1142—1158 sind, soweit sie privatrechtlich sind, durch Art. 80 Abs. 2 E.G. z. B.G.B. aufrecht erhalten.

bäude aus den Einkünften der Präbende in baulichem Wesen unterhalten.

§. 1144. Bei vorfallenden Hauptreparaturen kann, mit Einwilligung des Capitels, ein Capital aufgenommen werden, welches aus den Einkünften verzinset, und in gewissen bestimmten Terminen zurückgezahlt werden muß.

§. 1145. Dergleichen Zinsen und Terminszahlungen muß auch der Nachfolger in der Präbende, für die Zeit, wo er die Nutzungen hat, übernehmen.

§. 1146. Die Gläubiger eines Canonici sind berechtigt, aus den Einkünften der Präbende Befriedigung zu suchen.

§. 1147. Doch muß daraus dem Präbendaten, in Ermangelung eigenen Vermögens, eine Competenz, nach näherer Vorschrift der Prozeßordnung, gelassen werden.[225]

§. 1148. Auch über das aus der Präbende erworbene Vermögen können Canonici letztwillig verfügen, ohne daß es eines päbstlichen oder bischöflichen Indults dazu bedarf.

§. 1149. Keinem auswärtigen geistlichen Obern soll erlaubt sein, sich ein Spolienrecht auf inländische Präbenden anzumaßen.

§. 1150. Den Erben eines Canonici gebühren auch die Nutzungen des Sterbejahres (annus deservitus), die der Erblasser noch nicht erhoben hat.

§. 1151. Der Anfang und die Dauer dieses letzten Jahres richten sich nach dem Capiteljahre, so wie dieses an jedem Orte hergebracht ist.

§. 1152. Welche Nutzungen zum Sterbejahre gehören, ist ebenfalls nach den Statuten und Verfassungen der einzelnen Stifte bestimmt.

§. 1153. Hebungen, die nicht zu einer besonderen Präbende gehören, kommen den Erben nur alsdann zu, wenn der Erblasser die Mitternachtsstunde vor dem Tage, wo sie fällig sind, überlebt hat.

§. 1154. Gehört ein Landgut oder anderes Grundstück zur Präbende: so erfolgt die Auseinandersetzung, wegen der Nutzungen, Verbesserungen, Verschlimmerungen u. s. w., nach den im Titel vom Nießbrauche ertheilten Vorschriften. (Th. 1. Tit. 21. §. 111. sqq.)[226]

---

225) § 850 Nr. 3. C.P.O.

226) Jetzt §§ 1049 f., 1055 B.G.B.

§. 1155. Die Verwaltung aber, während des Ueberrestes des letzten Wirthschaftsjahres, gebührt der Regel nach dem neuen Präbendaten.

§. 1156. Die Nutzungen des letzten Jahres behält auch der, welcher eine Präbende resignirt; es wäre denn die Resignation darauf ausdrücklich mit gerichtet worden.

§. 1157. Gnaden- oder Nachjahre finden bei Canonicaten der Regel nach keine Statt.

§. 1158. Bei Stiften, wo sie eingeführt sind, muß Alles nach den Statuten, und in deren Ermangelung, nach der hergebrachten Observanz bestimmt werden.

Von weltgeistlichen Frauenstiften.

§. 1159. Von den Mitgliedern weltgeistlicher Frauenstifte gilt der Regel nach alles das, was von weltgeistlichen Canonicis männlichen Geschlechts verordnet ist; außer wo Abweichungen davon durch den Unterschied des Geschlechts begründet werden.

Achtzehnter Abschnitt.

Von Mönchen und Ordensleuten.

Erfordernisse zum Mönchs- und Nonnenstande.

§. 1160. Niemand darf ohne Vorwissen und Genehmigung derjenigen, deren Einwilligung zur Wahl einer Lebensart nach den Gesetzen erforderlich ist, zum Klosterleben sich bestimmen.

§. 1161. Kein Königlicher Unterthan, männlichen oder weiblichen Geschlechts, soll ohne Vorwissen und Erlaubniß des Staats in ein Kloster aufgenommen werden.[227])

§. 1162. Vor zurückgelegtem fünf und zwanzigsten Jahre darf keine Mannsperson, und vor zurückgelegtem ein und zwanzigsten Jahre keine Person weiblichen Geschlechts, zur Ablegung des Klostergelübdes zugelassen werden.

§. 1163. Ein obigen Vorschriften (§. 1160. 1161. 1162.) zuwider abgelegtes Gelübde ist von Anfang an nichtig.

§. 1164. Ein Stift oder Kloster, welches diesen Vorschriften entgegenhandelt, soll mit fiskalischer Geldstrafe, allenfalls bis zu Hundert Dukaten, belegt; und bei beharrlicher Wiederholung

---

[227]) § 2 Ges., betr. die geistlichen Orden der kathol. Kirche, v. 31. Mai 1875 (G.S. S. 217), u. dazu Art. 5 Ges. v. 29. April 1887 (G.S. S. 127).

solcher Uebertretungen, bewandten Umständen nach, ganz aufgehoben werden.

§. 1165. Aeltern oder Vormünder, welche ihre Kinder oder Pflegebefohlenen, gegen die Vorschriften §. 1161. 1162. das Klostergelübde ablegen lassen, haben fiskalische Geldstrafe, ebenfalls bis zu Hundert Dukaten: oder verhältnißmäßige Gefängnißstrafe verwirkt.

§. 1166. Verehelichte Personen dürfen gar nicht, und Verlobte nur mit ertheilter, oder von dem Richter ergänzter Einwilligung des anderen Theils, in ein Kloster aufgenommen werden.

§. 1167. Verschuldete können durch Ergreifung des Klosterstandes die Rechte ihrer Gläubiger auf ihre Person oder ihr Vermögen nicht vereiteln.[228])

§. 1168. Personen, welche fremde Güter verwaltet, und die Rechnung darüber noch nicht abgelegt haben, können durch den Eintritt in das Kloster weder dieser ihrer Verbindlichkeit, noch dem Erkenntnisse des gehörigen weltlichen Richters sich entziehen.

§. 1169. Die innere Tüchtigkeit eines Candidaten zu solchem Stande ist nach den Regeln des Ordens zu beurtheilen.

Probejahr.

§. 1170. Der wirklichen Aufnahme in das Kloster muß das Probejahr vorangehen, welches unter keinerlei Vorwande abgekürzt werden kann.

Gelübde.

§. 1171. Nach geendigtem Probejahre geschieht die Aufnahme durch die feierliche Ablegung des Klostergelübdes.

§. 1172. Alles, was die Rechtsgültigkeit einer Willenserklärung vereitelt, benimmt auch dem Klostergelübde seine Kraft.

§. 1173. Auch die geistlichen Obern sind nicht berechtigt, irgend Jemanden, auch nicht einen Weltgeistlichen, unter dem Vorwande einer geistlichen Züchtigung zum Klosterleben zu nöthigen.

§. 1174. In allen Fällen, wo, nach vorstehenden Grundsätzen, die Ablegung des Klostergelübdes nichtig und ungültig ist, kann dessen förmliche Aufhebung bei dem Bischof der Diözes zu allen Zeiten nachgesucht werden.

---

228) §§ 1167—68, 1175—78 sind beseitigt, da nach jetzigem Recht der Eintritt in das Kloster keine Veränderung der privat- und öffentlich rechtlichen Verhältnisse nach sich zieht.

§. 1175. Wird von diesem das Gehör versagt, so hat der Staat das Recht, die Sache zu untersuchen, und befundenen Umständen nach, die Nichtigkeitserklärung in Ansehung der äußeren Folgen des Gelübdes zu erkennen.[229])

§. 1176. Der gewesene Klostergeistliche tritt alsdann in alle Rechte und Verhältnisse eines anderen Staatsbürgers zurück.

§. 1177. Wird das Gelübde von Anfang an für nichtig erklärt, so erstreckt sich die Wirkung dieser Erklärung bis auf den Zeitpunkt des nichtig abgelegten Gelübdes zurück.

§. 1178. Wird aber Jemand nur aus anderen Ursachen von seinem Gelübde durch die geistlichen Obern entbunden, so nehmen die bürgerlichen Wirkungen dieser Dispensation nur von dem Tage, an welchem sie erfolgt ist, ihren Anfang.

§. 1179. **Die geistlichen Obern sind nicht berechtigt, unter dem Vorwande des abgelegten Gelübdes, irgend Jemandem einen Gewissenszwang anzulegen; ihm die freie Wahl der Religionspartei, zu welcher er sich halten will, zu verschränken; oder ihn wider seinen Willen im Kloster zurückzuhalten.**

Geistliche Obliegenheiten.

§. 1180. **Die geistlichen Obliegenheiten und Verrichtungen der Mönche und Nonnen sind durch die Ordensregeln bestimmt.**

§. 1181. Diese Regeln können ohne Vorwissen und Genehmigung des Staats nicht geändert werden.[230])

Rechte in Ansehung des Vermögens während des Probejahres.

§. 1182. Personen, die sich dem Mönchs- oder Nonnenstande widmen wollen, können, so lange sie im Probejahre stehen, über ihr Vermögen, gleich anderen Bürgern des Staats, frei verfügen.[231])

§. 1183. **Sie können dem Kloster, in welches sie treten wollen, nach Verhältniß der Nothdurft ihres Unterhaltes, einen Theil ihrer Einkünfte, jedoch nicht über vier Procent von dem Betrage ihrer gesammten Vermögenssubstanz, auf ihre Lebenszeit verschreiben.**[232])

§. 1184. Wenn sie aber ihren Vorsatz, wegen Ablegung des Klostergelübdes, ändern: so sind sie berechtigt, alle während des Probejahrs über ihr Vermögen getroffenen Verfügungen, welche mit dem

---

[229]) Vgl. Anm. 209.

[230]) § 5 Ges., betr. die geistl. Orden, v. 31. Mai 1875.

[231]) Gegenstandslos durch die Aufhebung der §§ 1199 ff. über die Rechtsunfähigkeit der Mönche und Nonnen.

[232]) Art. 6 A.G. z. B.G.B.

intendirten Klosterleben Verbindung oder Beziehung darauf haben, zu widerrufen.[233])

Von geistlichen Brautschätzen.

§. 1185. Wo bei dem Eintritte in ein Kloster die Bestellung eines geistlichen Brautschatzes gewöhnlich ist, mag es dabei auch ferner sein Bewenden haben.

§. 1186. Es muß aber diese Gewohnheit weder auf genugsam dotirte, noch auf Klöster der Bettelmönche ausgedehnt werden.

§. 1187. Auch soll dergleichen Brautschatz die Summe von fünfhundert Thalern nicht übersteigen.[234])

§. 1188. Höhere Summen können nur unter ausdrücklicher Genehmigung des Staats, auf vorhergegangene Untersuchung der Umstände, nach der besonderen Nothdurft des Klosters, und der zur Unterhaltung der Conventualen erforderlichen mehreren Kosten ausgesetzt werden.[234])

§. 1189. Den zur Wartung der Kranken bestimmten geistlichen Orden können höhere Brautschätze, ingleichen Vermächtnisse und Schenkungen, ohne Einschränkung auf eine gewisse Summe, zugewendet werden.[235])

§. 1190. Aber auch bei diesen ist, wenn die Summe mehr als fünfhundert Thaler beträgt, die ausdrückliche Genehmigung des Staats nothwendig.[234])

§. 1191. Unter dem geistlichen Brautschatze sind die Kosten der sogenannten geistlichen Hochzeit und Ausstattung nicht mit begriffen.

§. 1192. Doch dürfen auch diese die Summe von fünfhundert Thalern niemals übersteigen.

§. 1193. Der Werth der Sachen und Effecten, welche der in das Kloster tretenden Person zu ihrem eigenen Gebrauche mitgegeben werden, sind unter keiner der obigen Summen begriffen.

§. 1194. Doch fallen die darunter befindlichen Juwelen und Kostbarkeiten, nach dem Abgange der Klosterperson, nicht dem Kloster, sondern deren alsdann vorhandenen nächsten Erben zu.

§. 1195. Hat ein Kloster höhere Einkünfte, als nach §. 1183.

---

[233]) Als privatrechtlich durch Art 55 E.G. z. B.G.B. aufgehoben.

[234]) Nach Art. 86 E.G. z. B.G.B. ist die staatliche Genehmigung nur bei Gegenständen im Werthe von mehr als 5000 M. erforderlich. — Art. 6 A.G. z. B.G.B.

[235]) Art. 6 A.G. z. B.G.B.

zulässig sind, oder einen höheren Brautschatz, oder ein Mehreres zur Ausstattung und Hochzeit, als fünfhundert Thaler, ohne Vorwissen und Genehmigung des Staats angenommen: so verfällt der ganze Betrag dem Fiskus; und das Kloster muß noch außerdem den doppelten Betrag des zu viel genommenen als Strafe entrichten.[236])

§. 1196. Haben weltliche Verwalter der Klostergüter dergleichen übermäßigen Brautschatz, oder Ausstattung und Hochzeitskosten angenommen: so trifft sie die Strafe,[237]) und das Kloster verliert nur das Empfangene.

§. 1197. Haben dergleichen Verwalter den Betrag solcher Zuwendungen in den Rechnungen verschwiegen, oder verheimlicht, so müssen sie die dreifache Summe zur Strafe entrichten.[237])

§. 1198. Kann die verwirkte Summe und Strafe[237]) von dem Kloster oder dessen Verwaltern nicht beigetrieben werden, so haften dafür diejenigen, von welchen die gesetzwidrige Zahlung geleistet worden.

§§. 1199—1209 fallen fort.[238])

Neunzehnter Abschnitt.

Von den Mitgliedern der geistlichen Ritterorden.

§§. 1210—1217 fallen fort.[239])

Zwanzigster Abschnitt.

Von protestantischen Stiften, Klöstern, Ritterorden, und deren Mitgliedern.[240])

Rechte als geistliche Gesellschaften;

§. 1218. Die protestantischen Stifte und Klöster haben, ver-

---

236) Jetzt § 3 Art. 6 A.G. z. B.G.B.

237) Beseitigt durch § 3 Art. 6 A.G. z. B.G.B.

238) Aufgehoben durch Art. 89 A.G. z. B.G.B.

239) In Folge der Aufhebung der geistlichen Ritterorden, durch Ed. über die Einziehung sämmtlicher geistlicher Güter in der Monarchie, v. 30. Oktober 1810 (G.S. 1811 S. 32).

240) Nach Aufhebung der protestantischen Stifte ꝛc. durch das Edikt über die Einziehung sämmtlicher geistlicher Güter in der Monarchie v. 30. Oktober 1810 (G.S. 1811 S. 32) für den damaligen Umfang der Monarchie bestehen noch das Domcapitel zu Brandenburg (wiederhergestellt durch die nicht publizirte K.O. v. 25. Oktober 1820) und die Stifte in den ehem. sächsischen Landestheilen (Naumburg, Merseburg, Zeitz).

möge ihres Ursprungs und ihrer Fundation, die Rechte der geistlichen Gesellschaften.

als Corporationen.

§. 1219. Als Corporationen werden sie hauptsächlich nach ihren Statuten und hergebrachten Observanzen; demnächst aber nach eben den Gesetzen, wie katholische Stifte gleicher Art, beurtheilt.

Rechte des Landesherrn.

§. 1220. Der Landesherr hat, in Beziehung auf dieselben, alle Rechte, welche den Bischöfen, oder anderen geistlichen Obern auf katholische Stiftungen gleicher Art eingeräumt worden.

§. 1221. Dagegen können protestantische Stifte, wenn sie auch an sich die Würde der Cathedralstifte haben, dennoch einige Theilnehmung an den Angelegenheiten der Kirche oder der Diözes sich nicht anmaßen.

Rechte der einzelnen Mitglieder.

§. 1222. Bei den einzelnen Mitgliedern der protestantischen Stifte, Klöster, und Ritterorden, werden die äußeren persönlichen Rechte und Pflichten derselben, sowohl in Beziehung auf den Staat, als auf die übrigen Einwohner, durch die Aufnahme in eine solche Gesellschaft nicht verändert.

§. 1223. Auch sind dieselben weder an Gelübde, noch an andere auf den Gottesdienst sich beziehende Regeln und Vorschriften ähnlicher katholischer Stiftungen gebunden.

§. 1224. Was sie aber in dieser Rücksicht bei einem oder dem anderen Stift besonders zu beobachten haben, ist lediglich nach den Statuten und Gewohnheiten desselben zu bestimmen.

§. 1225. Wegen der Art, zu einer Präbende oder Stelle zu gelangen, und der in Ansehung derselben dem Präbendaten zukommenden Rechte und Pflichten, finden, der Regel nach, die bei katholischen Stiften von gleicher Art ertheilten Vorschriften Anwendung.

§. 1226. Bei den Erfordernissen zur Aufnahme; wegen der Probezeit; Verbindlichkeit zur Residenz; und Vereinigung mehrerer Pfründen in Einer Person kommt dem Landesherrn das Dispensationsrecht in allen Fällen zu, wo nicht besondere Gesetze oder Verträge entgegenstehen.

Von Anwartschaften.

§. 1227. Sowohl der Landesherr, als das Capitel können auf Präbenden und Stellen, die künftig zu ihrer Verleihung erledigt werden, Anwartschaften ertheilen.

§. 1228. Unter mehreren Anwartern gebührt, der Regel nach, die erste zur Verleihung des Collators derselben vacante Stelle demjenigen, welcher die älteste Anwartschaft hat.

§. 1229. Ist in den Statuten eine Zeit bestimmt, binnen welcher, nach Entstehung der Vacanz, der Anwarter sich melden muß, so geht durch deren Verabsäumung sein Recht für diesen Fall verloren.

§. 1230. So lange der Anwarter noch nicht immatriculirt worden, kann die Anwartschaft zurückgenommen werden.

§. 1231. Uebrigens gilt von dem Falle, wenn mehrere Anwarter auf eine zur Verleihung desselben Collators erledigte Präbende Anspruch machen, eben das, was in einem gleichen Falle bei Lehnsanwartschaften verordnet ist. (Th. 1. Tit. 18. §. 458. sqq.)

§. 1232. Die Immatriculation vertritt dabei die Stelle der Eventualbelehnung.

Zwölfter Titel.

Von niederen und höheren Schulen.[1])

Begriff.

§. 1. Schulen und Universitäten sind Veranstaltungen des Staats, welche den Unterricht der Jugend in nützlichen Kenntnissen und Wissenschaften zur Absicht haben.

§. 2. Dergleichen Anstalten sollen nur mit Vorwissen und Genehmigung des Staats errichtet werden.

Von Privaterziehungsanstalten.[2])

§. 3. Wer eine Privaterziehungs- oder sogenannte Pensions-

---

1) Art. 20—26, 112 Pr. Verf

2) K.O., betr. die Aufsicht des Staats über Privatanstalten und Privatpersonen die sich mit dem Unterricht und der Erziehung der Jugend beschäftigen, v. 10. Juni 1834 (G.S. S. 135) u. Ausführungs-Instruktion v. 31. Dezember 1839 (Min Bl. f. d. i. V. 1840 S. 94). — §§ 6, 35 R.Gew.O.

Anstalt errichten will, muß bei derjenigen Behörde, welcher die Aufsicht über das Schul- und Erziehungswesen des Ortes aufgetragen ist, seine Tüchtigkeit zu diesem Geschäfte nachweisen, und seinen Plan, sowohl in Ansehung der Erziehung, als des Unterrichts, zur Genehmigung vorlegen.

§. 4. Auch solche Privat-, Schul- und Erziehungsanstalten sind der Aufsicht dieser Behörde unterworfen, welche von der Art, wie die Kinder gehalten und verpflegt, wie die physische und moralische Erziehung derselben besorgt, und wie ihnen der erforderliche Unterricht gegeben werde, Kenntniß einzuziehen befugt und verpflichtet ist.

§. 5. Schädliche Unordnungen und Mißbräuche, welche sie dabei bemerkt, muß sie der dem Schul- und Erziehungswesen in der Provinz vorgesetzten Behörde zur näheren Prüfung und Abstellung anzeigen.

§. 6. Auf dem Lande und in kleineren Städten, wo öffentliche Schulanstalten sind, sollen keine Neben- oder sogenannte Winkelschulen, ohne besondere Erlaubniß, geduldet werden.[3])

Von der häuslichen Erziehung.

§. 7. Aeltern steht zwar frei, nach den im zweiten Titel enthaltenen Bestimmungen, den Unterricht und die Erziehung ihrer Kinder auch in ihren Häusern zu besorgen.

§. 8. Diejenigen aber, welche ein Gewerbe daraus machen, daß sie Lehrstunden in den Häusern geben, müssen sich, wegen ihrer Tüchtigkeit dazu, bei der §. 3. bezeichneten Behörde ausweisen, und sich von derselben mit einem Zeugnisse darüber versehen lassen.

Von öffentlichen Schulen.

§. 9. Alle öffentlichen Schul- und Erziehungsanstalten stehen unter der Aufsicht des Staats, und müssen sich den Prüfungen und Visitationen desselben zu allen Zeiten unterwerfen.[4])

§. 10. Niemandem soll, wegen Verschiedenheit des Glaubensbekenntnisses, der Zutritt in öffentliche Schulen versagt werden.

---

[3]) Durch Art. 22 Pr. Verf. gemäß Art. 112 ebenda noch nicht beseitigt.

[4]) Ges., betr. die Beaufsichtigung des Unterrichts und Erziehungswesens, v. 11. März 1872 (G.S. S. 183).

§. 11. Kinder, die in einer anderen Religion, als welche in der öffentlichen Schule gelehrt wird, nach den Gesetzen des Staats erzogen werden sollen, können dem Religionsunterricht in derselben beizuwohnen nicht angehalten werden.

I. Von gemeinen Schulen. Aufsicht und Direction derselben.[5][6])

§. 12. Gemeine Schulen, die dem ersten Unterricht der Jugend gewidmet sind, stehen unter der Direction der Gerichtsobrigkeit[7]) eines jeden Ortes, welche dabei die Geistlichkeit der Gemeine, zu welcher die Schule gehört, zuziehen muß.

§. 13. Die Kirchenvorsteher einer jeden Gemeine, auf dem Lande und in kleinen Städten, so wie in Ermangelung derselben, Schulzen und Gerichte, ingleichen die Polizeimagisträte, sind schuldig, unter Direction der Obrigkeit und der Geistlichen, die Aufsicht über die äußere Verfassung der Schulanstalt, und über die Aufrechthaltung der dabei eingeführten Ordnung zu übernehmen.[8])

§. 14. Alle dabei bemerkten Mängel, Versäumnisse und Unordnungen müssen sie der Obrigkeit und dem Geistlichen, zur näheren Untersuchung und Abstellung, anzeigen.

§. 15. Die Obrigkeit und der Geistliche müssen sich nach den

---

[5]) §§ 12—53 sind in Ost- und Westpreußen durch Art. 72 der Schulordnung für die Elementarschulen der Provinz Preußen v. 11. Dezember 1845 (G.S. 1846 S. 1) aufgehoben; vgl. aber Anm. 25 zu § 48 d. Tit.

[6]) Zu §§ 12 ff. kommen außer der in Anm. 5 genannten Schulordnung in Betracht: General-Landschulreglement für die katholischen Schulen in Schlesien v. 3. November 1765 (Korn'sche Edikten-Samml. Bd. VIII S. 780). Schulreglement für die niederen katholischen Schulen in den Städten und auf dem platten Lande, von Schlesien und der Grafschaft Glatz v. 18. Mai 1801 (Neue Korn'sche Edikten-Samml. Bd. VII S. 266). — Ges., betr. die Bestrafung der Schulversäumnisse im Gebiete der Schulordnung v. 11. Dez. 1845 und des Schulreglements v. 18. Mai 1801, v. 6. Mai 1886 (G.S. S. 144).

[7]) Dies Recht der Ortsobrigkeit (Magistrat, Gutsherrschaft) ist durch die Aufhebung der Privatgerichtsbarkeit und der gutsherrlichen Polizeigewalt, sowie durch das Ges. v. 11. März 1872 (Anm. 4) nicht beseitigt.

[8]) Den Geistlichen und den kirchlichen Behörden steht als solchen die Aufsicht über die Schule nicht mehr zu. § 1 Ges., betr. die Beaufsichtigung des Unterrichts- und Erziehungswesens, v. 11. März 1872 (G.S. S. 183). — Die Theilnahme der Gemeinde an der Schulaufsicht ist geblieben. § 3 ebendas. Vgl. hierzu die Instruktion für die städtischen Schuldeputationen v. 26. Juni 1811 (v. Kamptz, Annalen Bd. 17, S. 659). Instruktion für Schulvorstände auf dem Lande v. 28. Oktober 1812.

vom Staat ertheilten oder genehmigten Schulordnungen achten; und nichts, was denselben zuwider ist, eigenmächtig vornehmen und einführen.

§. 16. Finden sie bei der Anwendung der ergangenen allgemeinen Vorschriften auf die ihrer Aufsicht anvertraute Schule Zweifel oder Bedenklichkeiten, so muß der geistliche Vorsteher der dem Schulwesen in der Provinz vorgesetzten Behörde davon Anzeige machen.

§. 17. Eben dieser Behörde gebührt die Entscheidung, wenn die Obrigkeit sich mit dem geistlichen Schulvorsteher über eine oder die andere bei der Schule zu treffende Anstalt oder Einrichtung nicht vereinigen kann.

Aeußere Rechte der Schulanstalten.

§. 18. Schulgebäude genießen eben die Vorrechte, wie die Kirchengebäude. (Tit. 11. §. 170. sqq.)[9])

§. 19. Auch von den Grundstücken und dem übrigen Vermögen der Schulen gilt in der Regel alles das, was vom Kirchenvermögen verordnet ist. (Ebend. §. 193. sqq. Abschn. 9.)

§. 20. Doch sind Vermögen und Grundstücke, die zu einer gemeinen Schule gehören, von der ordentlichen Gerichtsbarkeit nicht ausgenommen.[10])

§. 21. Auch sind inländische Schulen, bei Schenkungen und Vermächtnissen, den Einschränkungen der Kirchen und geistlichen Gesellschaften nicht unterworfen (Th. 1. Tit. 11. §. 1075.)[11])

Bestellung der Schullehrer.

§. 22. Die Bestellung der Schullehrer kommt in der Regel der Gerichtsobrigkeit zu.[12])

§. 23. Durch wen diese Befugniß, in Ansehung der auf Domainen- oder anderen Königlichen Gütern zu bestellenden Schul-

---

[9]) § 24 f, i, k Kommunalabgaben-Ges. v. 14. Juli 1893 (G.S. S. 152).

[10]) Gegenstandslos. § 1 V. über die Aufhebung der Privatgerichtsbarkeit v. 2. Januar 1849 (G.S. S. 1).

[11]) Jetzt Art. 6 A.G. z. B.G.B.

[12]) Dies Recht der Ortsobrigkeit (Magistrat, Gutsherrschaft) ist nicht ganz beseitigt (Vgl. Anm. 7 zu § 12 d. Tit.). — In der Regel bestellt jetzt die Regierung, § 18a. Instruktion zur Geschäftsführung der Regierungen v. 23. Oktober 1817 (G.S. S. 248). — Ges., betr. die Anstellung und das Dienstverhältniß der Lehrer und Lehrerinnen an den öffentlichen Volksschulen im Gebiete der Provinzen Posen und Westpreußen, v. 15. Juli 1886 (G.S. S. 185).

meister, ausgeübt werde, ist nach den Verfassungen einer jeden Provinz bestimmt.

§. 24. Ueberall aber soll kein Schulmeister bestellt und angenommen werden, der nicht zuvor, nach angestellter Prüfung, ein Zeugniß der Tüchtigkeit zu einem solchen Amte erhalten hat.

§. 25. Es muß aber jeder neu anzunehmende Schullehrer dem Kreisinspector oder Erzpriester[13]) angezeigt, und wenn er noch mit keinem Zeugnisse seiner Tüchtigkeit versehen ist, demselben zur Prüfung vorgestellt werden.

Rechte und Pflichten derselben.

§. 26. Gemeine Schullehrer haben keinen privilegirten Gerichtsstand, sondern sind der ordentlichen Gerichtsobrigkeit des Ortes unterworfen.[14])

§. 27. Dieser gebührt, mit Zuziehung des geistlichen Schulvorstehers, auch die Aufsicht über ihre Amtsführung; und sie hat, wegen Ahndung der solchen gemeinen Schullehrern in ihrem Amte zur Last fallenden Vergehungen, eben die Rechte, welche in Ansehung der Kirchenbedienten den geistlichen Obern beigelegt sind.[15])

§. 28. Dagegen finden auch in Ansehung der Schullehrer, wenn dieselben ihres Amtes entsetzt werden sollen, die Vorschriften des vorhergehenden Titels Anwendung.

Unterhalt.

§. 29. Wo keine Stiftungen für die gemeinen Schulen vorhanden sind, liegt die Unterhaltung der Lehrer den sämmtlichen Hausvätern jedes Ortes, ohne Unterschied, ob sie Kinder haben oder nicht, und ohne Unterschied des Glaubensbekenntnisses ob.[16]) [17])

---

[13]) Jetzt dem staatl. Schulinspektor. Vgl. Anm. 8.

[14]) Gegenstandslos. § 1 V. über die Aufhebung der Privatgerichtsbarkeit v. 2. Januar 1849 (G.S. S. 1).

[15]) §§ 27, 28 sind beseitigt durch Ges., betr. Dienstvergehen der nichtrichterlichen Beamten, v. 21. Juli 1852 (G.S. S. 465). Vgl. auch Art. II Ges. v. 15 Juli 1886 (Anm. 12).

[16]) Wegen des Einkommens der Lehrer kommen in Betracht: Ges., betr. das Diensteinkommen der Lehrer und Lehrerinnen an öffentlichen Volksschulen, v. 3. März 1897 (G.S. S. 25) und dazu V. v. 12. Mai 1897 (G.S. S. 129) u. v. 8. August 1898 (G.S. S. 298). — Ges., betr. die Pensionirung der Lehrer und Lehrerinnen an den öffentlichen Volksschulen, v. 6. Juli 1885 (G.S. S. 298) u. dazu Ges. v. 26. April 1890 (G.S. S. 89) u. Ges., betr. Ruhegehaltskassen für die Lehrer und Lehrerinnen an den öffentlichen Volksschulen, v. 23. Juli 1893 (G.S. S. 194). — Ges, betr. die Fürsorge für die Wittwen und Waisen der Lehrer an öffentlichen Volksschulen, v. 4. Dezember 1899 (G.S. S. 587). Durch dessen § 18 sind die Elementarlehrer-Wittwen- und Waisen-Kassen — Ges.

§. 30. Sind jedoch für die Einwohner verschiedenen Glaubensbekenntnisses an einem Orte mehrere gemeine Schulen errichtet, so ist jeder Einwohner nur zur Unterhaltung des Schullehrers von seiner Religionspartei beizutragen verbunden.

§. 31. Die Beiträge, sie bestehen nun in Gelde oder Naturalien, müssen unter die Hausväter nach Verhältniß ihrer Besitzungen und Nahrungen billig vertheilt, und von der Gerichtsobrigkeit ausgeschrieben werden.[18])

§. 32. Gegen Erlegung dieser Beiträge sind alsdann die Kinder der Contribuenten von Entrichtung eines Schulgeldes für immer frei.

§. 33. Gutsherrschaften auf dem Lande sind verpflichtet, ihre Unterthanen, welche zur Aufbringung ihres schuldigen Beitrages ganz oder zum Theil auf eine Zeitlang unvermögend sind, dabei nach Nothdurft zu unterstützen.[19])

Schulgebäude.

§. 34. Auch die Unterhaltung der Schulgebäude und Schulmeister-Wohnungen muß, als gemeine Last, von allen zu einer solchen Schule gewiesenen Einwohnern ohne Unterschied getragen werden.[20])

---

v. 22. Dezember 1869 (G.S. 1870 S. 1), v. 24. Februar 1881 (G.S. S. 41), v. 19. Juni 1889 (G.S. S. 131) — für jeden neuen Beitritt geschlossen. Dazu V. v. 1. April 1900 (G.S. S. 108) betr. Einführung in die Stolberg'schen Grafschaften.

[17]) Ges., betr. die Feststellung von Anforderungen für Volksschulen, v. 26. Mai 1887 (G.S. S. 175). — Ges., betr. die Erleichterung der Volksschullasten, v. 14. Juni 1888 (G.S. S. 240) u. dazu Ges. v. 31. März 1889 (G.S. S. 64), die durch § 28 des Diensteinkommen-Ges. v. 3. März 1897 (Anm. 16) z. Th. außer Kraft gesetzt sind; V. v. 8. August 1898 (G.S. S. 298). — §§ 45—49, 160 Zuständigkeits-Ges. v. 1. August 1883 (G.S. S. 237).

[18]) K. O., betr. die Einziehung der Kirchen-, Pfarr- und Schulabgaben, v. 19. Juni 1836 (G.S. S. 198). V., betr. das Verwaltungszwangsverfahren, v. 15. November 1899 (G.S. S. 545).

[19]) V., betr. die Beitragspflicht der Rittergutsbesitzer u. anderer Grundbesitzer in den vormals Königl. Sächsischen Landestheilen zur Unterhaltung von Kirchen, Pfarren u. Schulen, v. 11. November 1844 (G.S. S. 698).

[20]) Vgl. Anm. 17 zu § 29 d. Tit. — Die Vorschriften über die Schulbaulast sind durch das B.G.B. nicht berührt. Art. 132 E.G. z. B.G.B.

§. 35. Doch trägt das Mitglied einer fremden zugeschlagenen Gemeine zur Unterhaltung der Gebäude nur halb so viel bei, als ein Einwohner von gleicher Classe an dem Orte, wo die Schule befindlich ist.

§. 36. Bei Bauen und Reparaturen der Schulgebäude müssen die Magisträte in den Städten, und die Gutsherrschaften auf dem Lande, die auf dem Gute oder Kämmerei-Eigenthum, wo die Schule sich befindet, gewachsenen oder gewonnenen Materialien, so weit selbige hinreichend vorhanden, und zum Baue nothwendig und, unentgeltlich verabfolgen.

§. 37. Wo das Schulhaus zugleich die Küsterwohnung ist, muß in der Regel die Unterhaltung desselben auf eben diese Art, wie bei Pfarrbauten vorgeschrieben ist, besorgt werden.[21])

§. 38. Doch kann kein Mitglied der Gemeine, wegen Verschiedenheit des Religionsbekenntnisses, dem Beitrage zur Unterhaltung solcher Gebäude sich entziehen.

Pflicht der Schulgemeine zur Herbeiholung neuer Schulmeister.[22])

§. 39. Die Gemeinen sind in der Regel verbunden, einen neuen Schulmeister herbeizuholen.

§. 40. Diese Verbindlichkeit erstreckt sich auch auf die zur Familie des Schulmeisters gehörenden Personen, und was derselbe an Kleidung, Wäsche, Hausrath und Büchern mitbringt.

§. 41. Doch findet dabei, in Ansehung der Entfernung, eben die Einschränkung auf zwei Tagereisen, wie bei Abholung der Pfarrer durch die Kirchengemeine, statt.

§. 42. Auch findet die Vorschrift des eilften Titels §. 525. auf Schulmeister ebenfalls Anwendung.

Pflicht der Aeltern, ihre Kinder zur Schule zu halten.[23])

§. 43. Jeder Einwohner, welcher den nöthigen Unterricht für seine Kinder in seinem Hause nicht besorgen kann oder will, ist

---

21) Ges., betr. den Bau und die Unterhaltung der Schul- und Küsterhäuser, v. 21. Juli 1846 (G.S. S. 392).

22) §§ 39—42 sind für Posen und Westpreußen beseitigt durch Art. III., Ges., betr. Anstellung und Dienstverhältniß der Lehrer und Lehrerinnen an den öffentlichen Volksschulen im Gebiete der Provinzen Posen und Westpreußen v. 15. Juli 1886 (G.S. S. 185).

23) K.O., betr. die Schulzucht in den Provinzen, wo das A.L.R. noch nicht eingeführt ist, v. 14. Mai 1825 (G.S. S. 149).

schuldig, dieselben nach zurückgelegtem fünften Jahre zur Schule zu schicken.

§. 44. Nur unter Genehmigung der Obrigkeit und des geistlichen Schulvorstehers kann ein Kind länger von der Schule zurückgehalten, oder der Schulunterricht desselben, wegen vorkommender Hindernisse für einige Zeit ausgesetzt werden.

§. 45. Zum Besten derjenigen Kinder, welche wegen häuslicher Geschäfte die ordinairen Schulstunden, zu gewissen nothwendiger Arbeit gewidmeten Jahreszeiten, nicht mehr ununterbrochen besuchen können, soll am Sonntage, in den Feierstunden zwischen der Arbeit, und zu anderen schicklichen Zeiten, besonderer Unterricht gegeben werden.

§. 46. Der Schulunterricht muß so lange fortgesetzt werden, bis ein Kind nach dem Befunde seines Seelsorgers, die einem jeden vernünftigen Menschen seines Standes nothwendigen Kenntnisse gefaßt hat.

Pflichten der Schulaufseher.

§. 47. Die Schulaufseher müssen darauf Acht haben, daß der Schulmeister sein Amt mit Treue und Fleiß abwarte.

§. 48. Ihnen liegt es ob, unter Beistand der Obrigkeit, darauf zu sehen, daß alle schulfähigen Kinder, nach obigen Bestimmungen (§. 43. sqq.), erforderlichen Falls durch Zwangsmittel, und Bestrafung der nachlässigen Aeltern, zur Besuchung der Lehrstunden angehalten werden.[24])

Pflichten des Predigers.

§. 49. Der Prediger des Ortes ist schuldig, nicht nur durch Aufsicht, sondern auch durch eigenen Unterricht des Schulmeisters sowohl als der Kinder zur Erreichung des Zweckes der Schulanstalten thätig mitzuwirken.[25])

Schulzucht.[26])

§. 50. Die Schulzucht darf niemals bis zu Mißhandlungen,

---

[24]) § 48 gilt auch an Stelle des § 4 der Schulordnung für Preußen v. 11. Dezember 1845 (vgl. Anm. 5) und des § 39a Schulreglements für Schlesien v. 18. Mai 1801 (vgl. Anm. 6) gemäß § 1 Ges. v. 6. Mai 1886 (G.S. S. 144).

[25]) Ges., betr. die Beaufsichtigung des Unterrichtswesens, v. 11. März 1872 (G.S. S. 183).

[26]) Vgl. Anm. 23.

welche der Gesundheit der Kinder auch nur auf entfernte Art schädlich werden könnten, ausgedehnt werden.

§. 51. Glaubt der Schullehrer, daß durch geringere Züchtigungen der eingewurzelten Unart eines Kindes, oder dem überwiegenden Hange desselben zu Lastern und Ausschweifungen nicht hinlänglich gesteuert werden könne: so muß er der Obrigkeit und dem geistlichen Schulvorsteher davon Anzeige machen.

§. 52. Diese müssen alsdann, mit Zuziehung der Aeltern oder Vormünder, die Sache näher prüfen, und zweckmäßige Besserungsmittel verfügen.[27])

§. 53. Aber auch dabei dürfen die der älterlichen Zucht vorgeschriebenen Grenzen nicht überschritten werden.

II. Von gelehrten Schulen und Gymnasien.

§. 54. Schulen und Gymnasia, in welchen die Jugend zu höheren Wissenschaften, oder auch zu Künsten und bürgerlichen Gewerben, durch Beibringung der dabei nöthigen oder nützlichen wissenschaftlichen Kenntnisse vorbereitet werden soll, haben die äußeren Rechte der Corporationen.

§. 55. Diese Rechte werden durch die Schulcollegia, nach der eingeführten Schulordnung jedes Ortes, ausgeübt.

§. 56. Dergleichen Schulen stehen unter der näheren Direction der dem Schul- und Erziehungswesen vom Staat vorgesetzten Behörde, welche besonders darauf sehen muß, daß der Unterricht zweckmäßig eingerichtet, und die Schule unter beständiger Aufsicht gehalten werde.

§. 57. Von den Gebäuden, Grundstücken und Vermögen solcher Anstalten gilt Alles, was in Ansehung der Kirchen und deren Vermögen im vorigen Titel verordnet ist.[28])

§. 58. Doch sind Gymnasia und Realschulen, in Ansehung der Schenkungen und Vermächtnisse, den Einschränkungen der Kirchengesellschaften eben so wenig, wie die gemeinen Schulen unterworfen.[29])

§. 59. Wo die Bestellung der Lehrer und Schulaufseher nicht etwa gewissen Personen oder Corporationen, vermöge der Stiftung,

---

27) Ges. über die Fürsorgeerziehung Minderjähriger v. 2. Juli 1900 (G.S. S. 264).

28) § 24f. Kommunalabgaben-Ges. v. 14. Juli 1893 (G.S. S. 152).

29) Jetzt ist maßgebend Art. 6. A.G. z. B.G.B.

oder eines besonderen Privilegii, zukommt, da gebührt dieselbe dem Staat.[30])

§. 60. Auch da, wo die unmittelbare Aufsicht über dergleichen Schulen, oder die Bestellung der Lehrer, gewissen Privatpersonen oder Corporationen überlassen ist, können dennoch, ohne Vorwissen und Genehmigung der dem Schulwesen in der Provinz vorgesetzten Behörde, weder neue Lehrer bestellt, noch wesentliche Veränderungen in der Einrichtung des Schulwesens und der Art des Unterrichts vorgenommen werden.

§. 61. Zu Aufsehern müssen Leute von hinlänglichen Kenntnissen, guten Sitten, und richtiger Beurtheilungskraft gewählt werden.

§. 62. Diese müssen junge Leute, welche sich einer Lebensart, die gelehrte Kenntnisse erfordert, widmen, und zu dem Ende die Universität beziehen wollen, gleichwohl aber sich durch Geistesfähigkeiten und Anlagen zu einer gründlichen Gelehrsamkeit nicht auszeichnen, vom Studiren ernstlich abmahnen, und deren Aeltern oder Vormünder dahin zu vermögen suchen, daß sie dergleichen mittelmäßige Subjecte zu anderen nützlichen Gewerben in Zeiten anhalten.

§. 63. Dagegen sollen junge Leute, welche vorzügliche Fähigkeiten und Anlagen zeigen, zur Fortsetzung ihrer Studien aufgemuntert und unterstützt werden.

§. 64. Kein Landeseingeborener, welcher eine öffentliche Schule besucht hat, soll ohne ein von den Lehrern und Schulaufsehern unterschriebenes Zeugniß über die Beschaffenheit der erworbenen Kenntnisse und seines sittlichen Verhaltens, von der Schule entlassen werden.

§. 65. Die Lehrer bei den Gymnasiis und anderen höheren Schulen werden als Beamte des Staats angesehen,[31]) und genießen der Regel nach einen privilegirten Gerichtsstand.[32])

---

30) V., betr. die Anstellung der Direktoren und Lehrer der Gymnasien u. s. w., v. 9. Dezember 1842 (G.S. 1843 S. 1).

31) Wegen der Lehrer an nicht staatlichen Schulen vgl. Ges., betr. das Diensteinkommen der Lehrer an den nicht staatlichen öffentlichen höheren Schulen, v. 25. Juli 1892 (G.S. S. 219) — Ges., betr. das Ruhegehalt der Lehrer und Lehrerinnen an den öffentlichen nicht staatlichen mittleren Schulen und die Fürsorge für ihre Hinterbliebenen, v. 11. Juni 1894 (G.S. S. 109).

32) Beseitigt durch § 9 V. über die Aufhebung der Privatgerichts-

§. 66 fällt fort.[33])

III. Von Universitäten.

§. 67. Universitäten haben alle Rechte privilegirter Corporationen.

Innere Verfassung.

§. 68. Die innere Verfassung derselben, die Rechte des academischen Senats, und seines jedesmaligen Vorstehers, in Besorgung und Verwaltung der gemeinschaftlichen Angelegenheiten, sind durch Privilegien, und die vom Staat genehmigten Statuten einer jeden Universität bestimmt.

Gerichtsbarkeit.

§§. 69—72 fallen fort.[34])

Rechte der Lehrer.

§. 73. Alle, sowohl ordentliche, als außerordentliche Professoren, Lehrer und Officianten auf Universitäten genießen, außer was den Gerichtsstand betrifft,[35]) die Rechte der Königlichen Beamten. (Tit. 10. §. 104. sqq.)[36])

Aufnahme der Studirenden.

§. 74. Die Aufnahme der Studirenden unter die Mitglieder der Universität geschieht durch das Einschreiben in die Matrikel.

§. 75. Wer einmal eingeschrieben worden, bleibt ein Mitglied der Universität, so lange er sich am Sitze derselben aufhält, und daselbst keinen besonderen Stand oder Lebensart, die ihn einer anderen Gerichtsbarkeit unterwerfen, ergriffen hat.

§. 76. Wer sich Studirenshalber auf eine Universität begiebt, ist schuldig, bei dem Vorsteher des academischen Senats sich zur Einschreibung zu melden.

---

barkeit v. 2. Januar 1849 (G.S. S. 1). Nach § 15 das. ist die Vorschrift noch von Bedeutung, soweit Provinzial- und statutarische Rechte besondere Bestimmungen für Examierte haben.

33) Betraf ein Konkursvorrecht. Jetzt entscheidet § 61 Nr. 3 K.K.O.

34) Beseitigt durch das Reglement wegen Einrichtung der akademischen Gerichtsbarkeit v. 28. Dezember 1810 (G.S. S. 142).

35) Aufgehoben durch § 2 des Reglem. v. 28. Dezember 1810 (s. Anm. 34).

36) Vgl. auch Ges., betr. die Disziplinarverhältnisse der Privatdozenten, v. 17. Juni 1898 (G.S. S. 125).

Anh. §. 132. Sobald Jemand an dem Orte, wo die Universität ihren Sitz hat, Studirenswegen eintrifft, ist er verpflichtet, sich immatriculiren zu lassen. Wer dies über acht Tage verschiebt, muß die Gebühren doppelt entrichten.

Auch sollen die Vergehungen derer, welche noch nicht eingeschrieben sind, eben so, wie die der anderen Studirenden, von den academischen Gerichten geahndet werden.[37]

Auch die Führer und Begleiter der Studirenden, wie auch ihre Bedienten, müssen als Personen, welche unter academischem Gerichtszwange stehen, immatriculirt werden.[38]

Wer von derselben oder von einer anderen Universität relegirt worden, kann ohne vorgängige Genehmigung der den Universitäten vorgesetzten Behörden nicht unter die Studirenden aufgenommen werden.[39]

§. 77. Der Einzuschreibende muß sein mitgebrachtes Schulzeugniß (§. 64.) vorlegen.

§. 78. Wenn er dergleichen, weil er Privatunterricht genossen, nicht mitgebracht hat: so ist der Rector denselben, an die zur Prüfung solcher neuen Ankömmlinge verordnete Commission zu weisen schuldig.

Anh. §. 133. Inländer müssen entweder ein auf ein vorgängiges Examen sich gründendes Zeugniß, in Rücksicht auf ihre Reife zu den academischen Studien, von der von ihnen besuchten öffentlichen Schule mitbringen, oder falls sie durch Privatunterricht zur Universität vorbereitet worden, oder auch auf der von ihnen bisher besuchteu Schule wegen besonderer Umstände nicht geprüft worden (worüber alsdann eine Bescheinigung beizubringen ist, ohne welche sie die Matrikel nicht erhalten können), auf der Universität selbst von der dazu verordneten Commission binnen der ersten Woche nach ihrer Ankunft noch vor der Immatriculation geprüft werden.

Wer mit dem Zeugnisse der Unreife die Universität bezieht, kann auf keine Beneficien Ansprüche machen. Ausländer sind von dieser Prüfung ausgenommen.

§. 79. Wer bei dieser Prüfung noch nicht reif genug, in An=

---

[37]) Gilt nur noch für das Disziplinarverfahren.

[38]) Fällt fort mit der Aufhebung der akademischen Gerichtsbarkeit.

[39]) Die Wirkung der Relegirung ist in § 7 Ges. über die Rechtsverhältnisse der Studirenden v. 29. Mai 1879 (G.S. S. 389) geregelt.

sehung seiner Vorkenntnisse, befunden wird, muß entweder zurückgewiesen, oder mit der nöthigen Anleitung zur Ergänzung des ihm noch Fehlenden versehen werden.

Anh. §. 134. Ob der Student bei der vorgeschriebenen Prüfung reif oder unreif zu den academischen Studien befunden worden, muß in dem bei dem Abgange von der Universität einzuholenden Facultätszeugnisse bemerkt werden. Doch steht es dem Abgehenden, der ehedem für unreif erklärt worden, frei, auf eine Prüfung der Facultät, zu welcher er gehört, anzutragen, als in welchem Falle nur allein der Ausfall dieser letzten Prüfung in dem Facultätszeugnisse bemerkt wird.

§. 80. Der Rector muß einem jeden ankommenden Studenten die academischen und Polizei-Gesetze des Ortes bekannt machen, und ihn zu deren gehöriger Beobachtung anweisen.

Aufsicht über ihre Studien und Lebensart.

§. 81. Nach geschehener Immatriculation muß der Student seine Matrikel dem Decanus der Facultät vorlegen.

§. 82. Bemerkt der Decanus an einem zu seiner Facultät gehörenden Studenten Unfleiß oder unordentliche Lebensart, so muß er davon dem academischen Senat Anzeige machen.

§. 83. Dieser muß den Studirenden durch nachdrückliche Ermahnungen zu bessern suchen, und wenn dieselben fruchtlos sind, seinen Aeltern oder Vormündern, so wie denjenigen, von welchen sie Stipendia genießen, davon Nachricht geben.

Anh. §. 135. Wer unter dem Namen eines Studenten allein seinen Vergnügungen nachgeht, und weder die Collegia besucht, noch sonst gelehrte oder doch dem Zwecke der Universität angemessene Geschäfte treibt, soll auf der Universität nicht gelitten werden.

Von der academischen Disciplin.[40])

§. 84. Alle Studirenden müssen den allgemeinen Polizei-

[40]) Reglement für die künftige Verwaltung der akademischen Disziplin und Polizeigewalt bei den Universitäten v. 18. November 1819 (G.S. S. 238). — Ges., betr. die Rechtsverhältnisse der Studirenden und die Disziplin auf den Landesuniversitäten, der Akademie zu Münster und den Lyceum Hosianum in Braunsberg, v. 29. Mai 1879 (G.S. S. 389).

gesetzen des Landes und Ortes sowohl, als den besonderen die academische Zucht betreffenden Vorschriften und Anordnungen die genaueste Folge leisten.

Anh. §. 136. So weit die academischen Vorrechte und Gesetze keine Ausnahme machen, sind die Studenten auf den Königlichen Universitäten, gleich anderen Unterthanen, alle Gesetze des Staats zu beobachten schuldig; doch werden sie in Absicht auf die aus allgemeinen gesellschaftlichen, oder aus Familien-Verhältnissen entspringenden persönlichen Rechte besonders in Ansehung der Großjährigkeit und wegen des Erbrechts auf ihren Nachlaß, nach den Gesetzen ihrer Heimath beurtheilt, wofern sie nicht den Vorsatz, auf der Academie ihren beständigen Wohnsitz zu nehmen, ausdrücklich oder stillschweigend erklärt haben.[41])

Auch bei Criminalfällen, besonders in Ansehung der Duelle, sind die Studenten den allgemeinen Landesgesetzen unterworfen, und es wird deshalb ausdrücklich auf das allgemeine Landrecht verwiesen; doch soll kein Arzt oder Wundarzt verpflichtet sein, der Obrigkeit von einem vorgefallenen, zum Behuf der Cur, zu seiner Kenntniß gekommenen Duell, Kenntniß zu geben, vielmehr in solchem Falle ein gewissenhaftes Stillschweigen beobachten, bis daß die Obrigkeit, wenn sie durch andere Mittel die That entdeckt, deren Vernehmung darüber veranlaßt.

§. 85. Besonders müssen Schlägereien, Schwelgereien und andere zum öffentlichen Aergernisse, oder zur Störung der gemeinen Ruhe und Sicherheit gereichende Excesse der Studenten nachdrücklich geahndet werden.

Anh. §. 137. 1. Studirende müssen sich in jeder Hinsicht anständiger Sitten befleißigen. Sittenlosigkeit und Unanständigkeiten, besonders auch in Ansehung der Kleidung, werden das erstemal mit ernstlichem Verweise, im Wiederholungsfalle mit Karzer und Verlust der bisher genossenen Wohlthaten, und wenn auch dadurch die Besserung nicht bewirkt wird, mit Entfernung von der Universität bestraft.

---

[41]) Beseitigt durch Art. 7 ff. E.G. z. B.G.B.

2. Das Baden und Schwimmen darf bei Vermeidung einer achttägigen Karzerstrafe nicht anders als an den dazu von der Polizei sicher befundenen Orten geschehen.
3. Wer das Hausrecht verletzt, oder sich in Oerter und Versammlungen, welche nur für gewisse Personen bestimmt sind, namentlich bei Hochzeiten eindrängt, hat dreitägige Karzerstrafe, und, im Fall dabei begangener Ausschweifungen, noch härtere Ahndung zu erwarten. Gleiche Strafe trifft diejenigen, welche bei Schulprüfungen des Ortes Lärm erregen, und sie durch Unfug stören.
4. Wer auf öffentlichen Plätzen und Straßen in Maske oder sonst verkleidet erscheint, hat eine dreitägige Karzerstrafe verwirkt, und werden hiermit alle Schlittenfahrten in Maske bei gleicher Strafe ernstlich verboten.
5. Noch härtere Strafe trifft den, welcher liederliche Häuser besucht, oder sich eines verdächtigen Umganges mit liederlichen Weibsbildern schuldig macht.
6. Außer dem Falle einer Reise, wohin bloße Spazierfahrten und Spazierritte nicht zu rechnen sind, sollen Studenten keine Waffen oder andere gefährliche Werkzeuge bei sich tragen.
7. Gefährliche Rappiere, besonders die nicht mit Leder überzogenen Haurappiere, sollen nicht gelitten, sondern, da, wo sie sich befinden, weggenommen, und diejenigen, welche sie bei sich haben, und sonst davon Gebrauch machen, mit achttägiger Karzerstrafe belegt werden.
8. Die Studirenden müssen die Accise- und Zoll-, wie auch die Polizeigesetze des Ortes, bei Vermeidung der darin bestimmten Strafe, genau beobachten; besonders müssen sie sich des schnellen Fahrens und Reitens in den Städten, auf den Brücken, oder wo sonst ein Schade zu besorgen ist, enthalten.

Auch müssen sie zur Verhütung des Feuerschadens die vorgeschriebene Vorsicht gebrauchen; besonders durch Vermeidung des Schießens, der Feuerwerke, und des Tabakrauchens an Orten, wo leicht Schaden zu besorgen ist, z. B. in der Nähe von Gebäuden und anderen leicht entzündbaren Gegenständen, vornehmlich auf den Straßen, es sei in Städten oder Dörfern und Wäldern, wie auch innerhalb der Gebäude in der Nähe der Betten, auf Böden oder in Ställen.

9. Studenten, welche sich zur Zeit eines Tumults, oder in größerer Zahl nach Mitternacht auf der Straße finden lassen, haben die Vermuthung böser Absicht, oder eines liederlichen Lebenswandels wider sich; auch muß Niemand nach zehn Uhr Abends sich in einem Wirthshause antreffen lassen.

10. Wer Andere zum Tumultuiren oder zu anderem Unfug auffordert, oder anreizt, oder sich bei einem Tumult als Anführer brauchen läßt, wird, wofern nicht durch den Tumult eine noch härtere Strafe verwirkt worden, wenigstens mit der Relegation bestraft. Alle Theilnehmer an einem Tumult haben nach dem Verhältnisse, wie sie dabei mitgewirkt, entweder Relegation, oder das Consilium abeundi, oder angemessene Karzerstrafe zu erwarten.

11. Oeffentliche Aufzüge, mit oder ohne Musik zu Wagen, zu Pferde oder zu Fuß, dürfen von Studenten, ohne besondere Erlaubniß der academischen Obrigkeit, bei Vermeidung dreitägiger Karzerstrafe, nicht unternommen werden. Gleiche Bewandtniß hat es mit den Versammlungen auf öffentlichen Plätzen und Straßen, wenn sie nicht nach vorgängiger Warnung der academischen Obrigkeit und ihrer Diener, oder der Wache, wieder auseinandergehen. Auch das Einholen neuer Ankömmlinge, und die Abnöthigung eines Schmauses, und anderer unnöthiger Ausgaben, wird aufs ernstlichste verboten, und jede Beschimpfung und Kränkung derselben verschuldet nachdrückliche Bestrafung.

12. Dauernde Gesellschaften und Verbindungen zu einem bestimmten Zwecke können nicht ohne Vorwissen der academischen Obrigkeit errichtet werden, und haben, ohne deren Erlaubniß, die Vermuthung einer gesetzwidrigen Absicht wider sich. Sobald aber eine mit Vorwissen der Obrigkeit bestehende Gesellschaft auf irgend eine Art Andere zum Eintritte, oder zum Beharren in ihr nöthigen wollte, soll die Gesellschaft nicht länger geduldet werden. Auch sind alle diejenigen strafbar, welche Andere zu

Collecten nöthigen; besonders werden alle Orden und Landsmannschaften bei Strafe einer immerwährenden Relegation von allen Universitäten in den Königlichen Landen hiermit ernstlich untersagt; wie denn auch durch neuerliche Reichstagsbeschlüsse die Veranstaltung getroffen worden, daß diejenigen, welche deswegen relegirt werden, auf keiner Universität in Deutschland wieder aufgenommen werden.[42])

13. Hohe und alle Hazard-Spiele sind unerlaubt. Welches Spiel für hoch zu achten, bleibt der Beurtheilung der academischen Gerichte vorbehalten. Wer das erstemal eines zu hohen Spiels schuldig befunden wird, muß ernstlich gewarnt; im Wiederholungsfalle aber mit dreitägiger Karzerstrafe belegt werden. Gleiche Strafe hat der zu erwarten, welcher, obschon das erstemal, sich auf Hazardspiele einläßt. Wer Bank macht, hat vierzehntägige Karzerstrafe verwirkt. Verdoppelung der Strafe tritt im Wiederholungsfalle ein. Wer aus dem Spiel ein Gewerbe macht, erhält das Consilium abeundi, und hat, wenn er des Betruges überführt wird, schimpfliche Relegation zu erwarten.

Aller Gewinn aus unerlaubtem Spiel fällt der Armenkasse zu. Auch aus erlaubtem Spiel, und wegen dessen, was dazu geliehen worden, findet keine Klage statt.[43])

Hat ein Student dem anderen zu Hazardspielen Geld geliehen, so wird er wie ein Spieler bestraft.

14. Des lauten Gesanges, des Knallens mit Peitschen, und des die Ruhe und Ordnung störenden Getöses, müssen sich die Studenten zu jeder Zeit, besonders in der Nacht, und zur Zeit des Gottesdienstes enthalten, oder vier und zwanzigstündige bis dreitägige Karzerstrafe gewärtigen. Wer den öffentlichen Gottesdienst auf irgend eine Art stört, wird nach den Landesgesetzen bestraft.

15. Beleidigungen der zur Erhaltung der öffentlichen Ruhe und Ordnung bestimmten Personen, besonders der Pedelle, wie auch der militairischen, Bürger- und Schaarwache und der Nachtwächter, ziehen langwierige Karzer-

---

[42]) Aufgehoben durch Ges. über die Bestrafung der Studentenverbindungen v. 7. Januar 1838 (G.S. S. 13), das durch § 4 V. über einige Grundlagen der Verfassung v. 6. April 1848 (G.S. S. 87) betheiligt ist.

[43]) § 762 B.G.B.

und nach Bewandtniß der Umstände, selbst Festungsstrafe[44]) nach sich.

16. Wer die academische Obrigkeit selbst, oder einzelne öffentliche Lehrer gröblich beleidigt, wird nach ausgestandener Gefängnißstrafe relegirt, oder hat nach Beschaffenheit der Umstände noch härtere Strafe, dem peinlichen Rechte gemäß, zu erwarten. Wer in einem Collegio oder bei einer öffentlichen Rede, Disputation, oder Promotion durch unanständiges Pochen, Scharren, Lachen, oder auf andere Weise absichtlich Unruhe erregt, soll, nach Beschaffenheit der Umstände, mit Karzer, oder wohl gar mit Relegation bestraft werden.

17. Wenn Studirende etwas bei der academischen Obrigkeit nachsuchen, so muß dies mit Bescheidenheit und nicht Haufenweise geschehen. Verletzung dieses Gesetzes zieht verhältnißmäßige Karzerstrafe, und im Falle eines dabei gebrauchten Ungestüms, Relegation nach sich.

18. Wer den ihm auferlegten weiteren Arrest bricht, wird sofort ins Gefängniß gebracht; und wer dies ohne Erlaubniß der academischen Obrigkeit verläßt, hat eine vierzehntägige Karzerstrafe verwirkt.

§. 86. Der Rector oder Prorector ist vorzüglich, und nach ihm der academische Senat, für alle entstandenen Unordnungen, welche durch genauere Aufmerksamkeit und Sorgfalt hätten vermieden werden können, dem Staat verantwortlich.

§. 87. Gefängnißstrafe muß an Studirenden nur zu solchen Zeiten und Stunden, wo sie dadurch an Besuchung der Collegien nicht verhindert sind, vollzogen werden.[45])

Anh. §. 138. Hierin findet eine Ausnahme dann statt:

1. wenn die Karzerstrafe bekanntlich unfleißige Studenten trifft;
2. wenn der Student ohnedies schon während der Untersuchung im Gefängnisse gesessen, oder aus Furcht vor der Verhaftnehmung sich während der Zeit, da die Vorlesungen

---

[44]) Beseitigt durch § 6 Ges. über die Rechtsverhältnisse der Stuttrenden v. 29. Mai 1879 (G.S. S. 389).

[45]) Bezieht sich nur noch auf Karzerstrafen. § 1 Abs. 1 Ges. v. 19. Mai 1879 (siehe Anm. 44).

gehalten werden, in oder außer dem Bezirk der Universität verborgen gehalten hat;

3. wenn auf eine längere als vierwöchentliche Karzerstrafe erkannt worden.

§. 88. Sie muß mit gänzlicher Entfernung aller Gesellschaft, und Entziehung der gewöhnlichen Bequemlichkeiten des Lebens verbunden sein.

§. 89. Wiederholte grobe Excesse, Widersetzlichkeit gegen den academischen Senat und dessen zur Ausübung der academischen Zucht verordnete Bediente; Aufwiegeleien, Rottenstiftungen, und Verführung Anderer müssen mit Relegation bestraft werden.

§. 90. Von der erkannten Relegation muß den Aeltern oder Vormündern des Straffälligen sofort Nachricht gegeben; er selbst aber so lange in gefänglicher Haft behalten werden, bis dieselben seinetwegen weitere Verfügungen treffen.[46])

Anh. §. 139. Bei jedem Consilio abeundi muß ein Gleiches geschehen; auch muß von jeder Relegation jeder anderen Königlichen Preußischen Universität Nachricht gegeben werden.

§. 91. Von jeder erkannten Relegation muß dem der Universität vorgesetzten Departement, mit Beilegung des Erkenntnisses, Anzeige geschehen, damit dieses, nach Beschaffenheit der Umstände, die übrigen Universitäten gegen die Aufnahme eines solchen Subjects, vor hinlänglich nachgewiesener Besserung, warnen; auch dem Departement, von welchem der Relegirte, nach der Facultät, zu welcher er gehört, eine künftige Beförderung, zu erwarten hat, davon Nachricht geben könne.

§. 92. Ein Relegirter soll weder am Orte, noch in der Nachbarschaft, unter irgend einem Vorwande geduldet werden.[47])

§. 93. Jede angrenzende Gerichtsobrigkeit ist schuldig, ihn auf Requisition des academischen Senats aus ihrer Botmäßigkeit fortzuschaffen.

§. 94. Grobe Excesse, wenn sie sich auch noch nicht zur Relegation qualifiziren, sollen dennoch mit Gefängniß-, niemals aber mit bloßer Geldstrafe geahndet werden.[48])

---

[46]) Beseitigt durch §§ 6, 7 Ges. v. 29. Mai 1879.

[47]) §§ 92, 93 sind beseitigt durch das Freizügigkeits-Ges. v. 1. November 1867 (B.G.Bl. S. 55), dessen § 3 auf Relegirte nicht anwendbar ist.

[48]) Beseitigt durch § 6 Ges. v. 29. Mai 1879.

Anh. §. 140. Grobe und wiederholte Ausschweifungen oder anhaltender Unfleiß eines Beneficiaten sollen den Collatoren zur Entziehung der genossenen Vortheile angezeigt werden.

§. 95. So wenig die Relegation, als eine nach den Gesetzen verwirkte Gefängnißstrafe kann mit Gelde abgekauft werden.

§. 96. In Ansehung wirklicher Verbrechen der Studirenden hat es bei den Vorschriften der Criminalgesetze sein Bewenden.

Rechte der Studirenden in ihren Privatangelegenheiten;

§. 97. In ihren Privatangelegenheiten bleiben Studirende der Regel nach den Gesetzen ihres Geburtsortes, oder ihrer Heimath unterworfen.[49])

§. 98. So lange Studirende noch unter Aeltern oder Vormündern stehen, bleibt es, wegen ihrer Unfähigkeit, für sich allein verbindliche Verträge zu schließen, bei den allgemeinen gesetzlichen Vorschriften.

besonders in Ansehung des Schuldenmachens.

§§. 99—103 fallen fort.[50])

Anh. §. 141. 1) Die Honoraria für die Collegia müssen zur Hälfte von den Studirenden vorausbezahlt, die andere Hälfte aber in der Mitte des halben Jahres zu Johannis oder Neujahr entrichtet werden. In Fällen, wo Lehrer bei dem, durch ein gerichtliches Attest von der Obrigkeit des Geburtsortes bescheinigten, Unvermögen eines Studirenden genöthigt sind, ihm die Honoraria für die Collegia so lange zu stunden, bis er durch Beförderung zu einem öffentlichen Amte, oder durch sonstige Verbesserung seiner Vermögensumstände in den Stand gekommen, dieselben zu bezahlen, verbleibt ihnen bis dahin ihr Anspruch an solchen ungekränkt. Sie müssen aber dafür besorgt sein, daß beim Abgange des Studirenden der Betrag der Schuld, gleich anderen, von dem academischen Gericht registrirt, und zugleich in dem academischen Zeugnisse notirt wird.[51])

---

[49]) Aufgehoben durch Art. 7 ff. E.G. z. B.G.B.

[50]) Die besonderen Bestimmungen der §§ 99—126, Anh. §§ 141 bis 145 über die Schulden der Studirenden sind durch § 1 Ges. v. 29. Mai 1879 beseitigt.

[51]) K.O., betr. die ausschließliche Legitimation der Quästuren der

Nr. 2—9 fallen fort[50])

§§. 104—126. Anh. §§. 142—145 fallen fort.[50])

Von academischen Zeugnissen.

§. 127. Jeder Studirende muß, wenn er die Universität verlassen will, bei seinen Lehrern Zeugnisse seines Fleißes und seiner Ordnung in Abwartung der Lehrstunden nachsuchen, und selbige dem Vorsteher des academischen Senats zustellen.

§. 128. Dieser muß die Richtigkeit derselben unter dem Siegel der Universität bekräftigen, und zugleich bemerken: ob gegen das sittliche Betragen des Abgehenden, während seines Aufenthalts auf der Academie, etwas Nachtheiliges bekannt geworden sei.

§. 129. Jeder Landeseingeborene, welcher sich zur Uebernehmung eines Amtes, oder sonst zur Ausübung seiner Wissenschaften qualifiziren will, muß dergleichen Zeugniß von einer inländischen Academie vorlegen.

Dreizehnter Titel.

Von den Rechten und Pflichten des Staats überhaupt.[1])

Allgemeine Grundsätze.

§. 1. Alle Rechte und Pflichten des Staats gegen seine

Universitäten zur Einziehung der gestundeten Honorare v. 5. Februar 1844 (G.S. S. 69) u. v. 26. September 1845 (G.S. S. 681).

[1]) Hier kommen hauptsächlich in Betracht: Verfassungs-Urkunde für den Preußischen Staat v. 31. Januar 1850 (G.S. S. 17). Verfassungs-Urkunde für das Deutsche Reich v. 16. April 1871 (G.S. S. 63). — Ges. über die allgemeine Landesverwaltung v. 30. Juli 1883 (G.S. S. 195). Ges. über die Zuständigkeit der Verwaltungs- und Verwaltungsgerichtsbehörden v. 1. August 1883 (G.S. S. 237). Für die Provinz Posen: Ges. v. 19. Mai 1889 (G.S. S. 108). — V. wegen verbesserter Einrichtung der Provinzialbehörden v. 30. April 1815 (G.S. S. 85); Instruktion für die Oberpräsidenten v. 31. Dezember 1825 (G.S. 1826 S. 1); Instruktion zur Geschäftsführung der Regierungen v. 23. Oktober 1817 (G.S. S. 248). — Die Provinzialordnungen: für die Provinzen Ost- und Westpreußen, Brandenburg, Pommern, Schlesien und Sachsen v. 29. Juni 1875 i. d. Fassung v. 22 März 1881 (G.S. S. 234); für Hannover v. 7. Mai 1884 (G.S. S. 243); für Hessen-Nassau v. 8. Juni 1885 (G.S. S. 247); für Westfalen v. 1. August 1886 (G.S. S. 256); für die Rheinprovinz v. 1. Juni 1887 (G.S. S. 252): für Schleswig-Holstein v. 27. Mai 1888 (G.S. S. 194); für Posen; Ges. wegen Anordnung der Provinzialstände v. 27. März 1824 (G.S.

Bürger und Schutzverwandten vereinigen sich in dem Oberhaupte desselben.

§. 2. Die vorzüglichste Pflicht des Oberhauptes im Staat ist, sowohl die äußere als innere Ruhe und Sicherheit zu erhalten, und einen Jeden bei dem Seinigen gegen Gewalt und Störungen zu schützen.

§. 3. Ihm kommt es zu, für Anstalten zu sorgen, wodurch den Einwohnern Mittel und Gelegenheit verschafft werden, ihre Fähigkeiten und Kräfte auszubilden, und dieselben zur Beförderung ihres Wohlstandes anzuwenden.

§. 4. Dem Oberhaupte im Staat gebühren daher alle Vorzüge und Rechte, welche zur Erreichung dieser Endzwecke erforderlich sind.

Majestätsrechte.

§. 5. Die Vertheidigung des Staats gegen auswärtige Feinde anzuordnen; Kriege zu führen; Frieden zu schließen; Bündnisse und Verträge mit fremden Staaten zu errichten, kommt allein dem Oberhaupte des Staats zu.[2])

§. 6. Das Recht, Gesetze und allgemeine Polizeiverordnungen zu geben, dieselben wieder aufzuheben, und Erklärungen darüber mit gesetzlicher Kraft zu ertheilen, ist ein Majestätsrecht.[3])

§. 7. Privilegia als Ausnahmen von dergleichen Gesetzen zu bewilligen, Standeserhöhungen, Staatsämter und Würden zu verleihen, gebührt nur dem Oberhaupte des Staats.[4])

§. 8. Todesurtel, ingleichen solche, die eine zehnjährige Gefängniß-

---

S. 141), Art. V Ges. v. 19. Mai 1889 u. V. v. 5. Nov. 1889 (G.S. S. 108, 177). Die Kreisordnungen: für die Provinzen Ost- und Westpreußen, Brandenburg, Pommern, Schlesien und Sachsen v. 13. Dez. 1872 in der Fassung vom 19. März 1881 (G.S. S. 180); für Hannover 6. Mai 1884 (G.S. S. 181); für Hessen-Nassau v. 7. Juni 1885 (G.S. S. 193); für Westfalen v. 31. Juli 1886 (G.S. S. 217); für die Rheinprovinz v. 30. Mai 1887 (G.S. S. 209); für Schleswig-Holstein v. 26. Mai 1888 (G.S. S. 139); für Posen v. 20. Dez. 1828 (G.S. 1829 S. 3), u. dazu Art. IV, V Ges. v. 19. Mai 1889 (G.S. S. 108).

2) Art. 11 R.Verf. — Art. 48 Pr.Verf.

3) Art. 2, 4, 5, 7, 17, 35 R.Verf. — Art. 45, 62--64 Pr.Verf. — §§ 5 ff. Ges. über die Polizeiverwaltung v. 11. März 1850 (G.S. S. 265); §§ 136—145 Landesverwaltungs-Ges. v. 30. Juli 1883 (G.S. S. 195).

4) Art. 45, 47, 50, 87 Pr.Verf.

oder noch längere oder härtere Strafe festsetzen, können ohne ausdrückliche Bestätigung des Oberhauptes im Staat nicht vollzogen werden.[5])

§. 9. **Das Recht, aus erheblichen Gründen Verbrechen zu verzeihen; Untersuchungen niederzuschlagen; Verbrecher ganz oder zum Theil zu begnadigen; Zuchthaus-, Festungs- oder andere härtere Leibesstrafen in gelindere zu verwandeln, kann nur von dem Oberhaupte des Staats unmittelbar ausgeübt werden, so weit er nicht dasselbe, für gewisse Arten von Verbrechen oder Strafen, einer ihm untergeordneten Behörde ausdrücklich übertragen hat.**[6])

§. 10. Durch dergleichen Aufhebung eines Verbrechens, oder durch die erfolgende Begnadigung des Verbrechers, sollen aber die aus der That selbst wohlerworbenen Privatrechte eines Dritten niemals gekränkt werden.[7])

§. 11. Vielmehr bleibt diesem, wenn auch die peinliche Untersuchung gegen den Angeschuldigten niedergeschlagen worden, dennoch frei, die Richtigkeit der Thatsache, so weit es zur Begründung seines Rechts erforderlich ist, im Wege des Civilprozesses nachzuweisen.

§. 12. Das Recht, Münzen, Maaß und Gewicht zu bestimmen, gehört zu den Majestätsrechten.[8])

§. 13. **Alle im Staate vorhandenen und entstehenden Gesellschaften und öffentlichen Anstalten sind der Aufsicht des Landesherrn, nach dem Zwecke der allgemeinen Ruhe, Sicherheit und Ordnung unterworfen.**

§. 14. **Damit das Oberhaupt des Staats die ihm obliegenden Pflichten erfüllen, und die dazu erforderlichen Kosten bestreiten könne, sind ihm gewisse Einkünfte und nutzbare Rechte beigelegt.**[9])

§. 15. **Das Recht, zur Bestreitung der Staatsbedürfnisse das Privatvermögen, die Personen, ihre Gewerbe, Producte oder Consumtion mit Abgaben zu belegen, ist ein Majestätsrecht.**[10])

§. 16. **So weit die Besorgung gewisser zu den Rechten und Pflichten des Staats gehörender Angelegenheiten und Geschäfte den Beamten des Staats vermöge ihres Amtes obliegt (§. 7.), muß**

---

5) Beseitigt durch §§ 481 ff. 485 Str.P.O.

6) § 444 Str.P.O. Art. 49 Pr. Verf.

7) §§ 10, 11 sind als privatrechtlich durch Art. 55 E.G. z. B.G.B. aufgehoben.

8) Art. 4 Ziff. 3 R.Verf.

9) Kronfideikommißfonds: Ges. v. 17. Januar 1820 (G.S. S. 9), Art. 59 Pr.Verf.; Ges. v. 30. April 1859 (G.S. S. 204), v. 27. Januar 1868 (G.S. S. 61), v. 21. Februar 1889 (G.S. S. 27).

10) Art. 100 Pr.Verf.

diesen, innerhalb der Grenzen ihres Auftrages, eben so, wie dem Landesherrn selbst, Folge geleistet werden.

Privatrechte des Landesherrn und seiner Familie.[11])

§. 17. Rechtsangelegenheiten, welche die Personen- und Familienrechte des Landesherrn und seines Hauses betreffen, werden nach den Hausverfassungen und Verträgen bestimmt.

§. 18. Andere Privathandlungen und Geschäfte derselben sind nach den Gesetzen des Landes zu beurtheilen.

Vierzehnter Titel.

Von den Staatseinkünften und fiskalischen Rechten.

Begriff des Fiskus.

§. 1. Alle Arten der Staatseinkünfte, welche aus dem Besteuerungsrechte, aus dem besonderen Staatseigenthum, den nutzbaren Regalien, und anderen Staatsabgaben fließen, werden unter der Benennung des Fiskus begriffen, und haben besondere Vorzugsrechte.

Besteuerungsrecht.

§. 2. Dem Besteuerungsrechte, als einem Hoheitsrechte des Staats (Tit. 13. §. 15.), sind alle diejenigen unterworfen, die für ihre Personen, Vermögen, oder Gewerbe den Schutz des Staats genießen.

§. 3. Welchen Classen von Landeseinwohnern oder Besitzungen die Befreiung von einer oder der anderen Art der Staatsabgaben zukomme, ist, nach Verschiedenheit der Provinzen, in den besonderen Gesetzen derselben bestimmt.

§. 4. Einzelne Landeseinwohner, Corporationen oder Gemeinen können die Befreiung von den Abgaben derjenigen Classe, zu welcher sie gehören, in der Regel nur durch Verträge oder ausdrückliche Privilegia erlangen.

§. 5. In wie fern dergleichen Befreiung durch Verjährung erworben werden könne, ist gehörigen Orts bestimmt. (Th. 1. Tit. 9. §. 656—659.)[1])

§. 6. Alle solche ausdrücklich oder stillschweigend erlangte Be-

---

[11]) Vom B.G.B. nicht berührt. Art. 57 E.G. z. B.G.B.

[1]) Wegen der Verjährung der einzelnen Abgaben: Ges. über die Verjährungsfristen bei öffentlichen Abgaben v. 18. Juni 1840 (G.S. S. 140) Art. 9 A.G. z. B.G.B.

freiungen sind nach den Vorschriften der Einleitung §. 54—58. und 62—72. zu beurtheilen.

§. 7. Durch dergleichen Ausnahmen sollen die übrigen Mitglieder derselben Classe mit höheren Lasten nicht beschwert werden.

§. 8. Wer ein solches zur Belastung der übrigen Mitglieder gereichendes Privilegium für sich anführt, gegen den gilt die Vermuthung, daß er selbiges erschlichen habe.

§. 9. Streitigkeiten, welche über die Vertheilung der aus dem Besteuerungsrechte fließenden Abgaben unter den Contribuenten entstehen, werden, in Ermangelung hinlänglicher durch Verträge, wohlhergebrachte Gewohnheiten, oder besondere Gesetze begründeter Bestimmungen, nach den Regeln einer ohne ausdrücklichen Vertrag entstandenen Gemeinschaft (Th. 1. Tit. 17. Abschn. 1.)[2]) beurtheilt.

§. 10. Streitigkeiten über Befreiungen sollen nach obigen Gesetzen (§. 2—8.), übrigens aber nach denjenigen, welche über den angeführten Grund der Exemtion ergangen sind, entschieden werden.

Domainen.[3])

§. 11. Einzelne Grundstücke, Gefälle, und Rechte, deren besonderes Eigenthum dem Staat, und die ausschließende Benutzung dem Oberhaupte desselben zukommt, werden Domainen- oder Kammergüter genannt.

§. 12. Auch diejenigen Güter, deren Einkünfte zum Unterhalte der Familie des Landesherrn gewidmet worden, sind als Domainengüter anzusehen.

§. 13. Was Personen aus der Familie des Landesherrn durch eigene Ersparniß, oder auf andere Art, gültig erworben haben, wird, so lange von dem Erwerber oder seinen Erben keine ausdrückliche Einverleibung erfolgt, und so weit darüber durch Familienverträge und Hausverfassungen nicht ein Anderes bestimmt ist, als Privateigenthum betrachtet.

[2]) An Stelle von Abschn. 1 I, 17 gelten §§ 741—758 B.G.B. Vergl. § 748 das.

[3]) Das Recht der Domänen ist als öffentliches Recht im Allgemeinen vom B.G.B. nicht berührt. — V. über die rechtliche Natur der Domänen in den neuen u. wieder erworbenen Provinzen v. 9. März 1819 (G.S. S. 73) und für die 1866 neu erworbenen Gebietstheile V. v. 5. Juli 1867 (G.S. S. 1182).

§. 14. Eben das gilt von Gütern und Sachen, welche der Landesherr selbst aus eigenen Ersparnissen, oder durch irgend eine andere auch bei Privatpersonen statt findende Erwerbungsart, an sich gebracht hat.

§. 15. Hat jedoch derjenige Landesherr, welcher ein solcher erster Erwerber war, über unbewegliche von ihm auf dergleichen Art erworbene Sachen, weder unter Lebendigen, noch von Todeswegen, verfügt: so sind dieselben für einverleibt in die Domainen des Staats anzusehen.

§. 16. Domainengüter können nur in so weit an einen Privatbesitzer gültig gelangen, als der Staat dagegen auf andere Art schadlos gehalten worden.[4] [5]

§. 17. Insonderheit können sie gegen andere Güter vertauscht, in Erbpacht ausgethan, oder gegen fortwährende Zinsen den Unterthanen zum erblichen Besitze vertheilt[6] werden.

§. 18. Uebrigens gilt, wenn ein Domainengut einer Privatperson gegen Entschädigung überlassen worden, die Vermuthung, daß die Schadloshaltung verhältnißmäßig gewesen sei.

§. 19. Wer aber wissentlich den Besitz eines Domainengutes ohne dergleichen Schadloshaltung an sich gebracht hat, der ist als ein unredlicher Besitzer anzusehen. (Th. 1. Tit. 7. §. 10. sqq. §. 40. 41. 42.)[7]

§. 20. Lehne, welche dem Oberhaupte des Staats von seinen Vasallen heimfallen, ingleichen Erbzinsgüter kann derselbe zu allen Zeiten wieder verleihen.[8]

§. 21. Die Land- und Heerstraßen, die von Natur schiffbaren Ströme, das Ufer des Meeres und die Häfen sind ein gemeines Eigenthum des Staats. (Tit. 15. Abschn. 1. 2.)

---

[4] §§ 16—20 sind in die neu erworbenen Gebietstheile durch § 1 V. v. 5. Juli 1867 (G.S. S. 1182), eingeführt.

[5] Ed. über die Veräußerlichkeit der Königl. Domänen v. 6. November 1809 (G.S. 1806—1810 S. 604) mit Hausges. v. 17. Dezember 1808; für die später erworbenen Domänen V. v. 6. Juni 1812 (G.S. S. 108), v. 9. März 1819 (G.S. S. 73), v. 5. Juli 1867 (G.S. S. 1182).

[6] Fällt fort mit der Aufhebung der Erbpacht und des Erbzinsrechtes durch § 2 Ablösungs-Ges. v. 2. März 1850 (G.S. S. 77).

[7] Die Folgen der Unredlichkeit des Besitzes bestimmen sich nach dem B.G.B. (s. § 990).

[8] Bezieht sich nur noch auf Thronlehne und außerpreußische Lehne. § 2 Nr. 1 Ablösungs-Ges. v. 2. März 1850 (G.S. S. 77).

§. 22. Eben dahin wird auch das ausschließende Recht, gewisse Arten der herrenlosen Sachen in Besitz zu nehmen, gerechnet. (Tit. 16.)

§. 23. Ein Gleiches gilt, nach gemeinen Rechten, von der Befugniß, verwirkte Güter einzuziehen, große Geldstrafen aufzulegen, und Abzugsgelder zu fordern. (Tit. 17.)[9])

Niedere Regalien.[10])

§. 24. Die Nutzungsrechte vorstehender Arten des Staatseigenthums (§. 21. 22. 23.) werden niedere Regalien genannt.

§. 25. Dies gemeine Staatseigenthum selbst ist den Domainen völlig gleich zu achten.

§. 26. Die einzelnen Nutzungsrechte oder niederen Regalien aber können von Privatpersonen und Communen erworben und besessen werden.

§. 27. Ist ein dergleichen niederes Regal, zur Zeit der Verleihung, von dem Staat schon wirklich benutzt worden; so finden dabei die Vorschriften §. 16—19., wie bei Domainen Anwendung.

§. 28. Wem das Oberhaupt des Staats dergleichen Nutzungsrecht verliehen hat, der kann, zur Vertheidigung desselben, auf den Beistand des fiskalischen Amtes gegründeten Anspruch machen.

§. 29. Es darf aber der Privatbesitzer die Benutzung der vom Staat ihm übertragenen Rechte nicht weiter ausdehnen, als der Staat selbst dergleichen Regalien zur Zeit der Uebertragung genutzt hat.

§. 30. Sind Art und Schranken der Benutzung bei der Verleihung selbst ausdrücklich bestimmt worden: so kann der Privatbesitzer sein Recht, unter keinerlei Vorwande, auf andere Art, oder in einem weiteren Umfange ausüben.

§. 31. Ueberhaupt versteht sich dergleichen Verleihung allemal unter der Einschränkung auf den bestimmten Ort, oder auf die vorausgesetzten Fälle oder Begebenheiten.

§. 32. Innerhalb dieser bestimmten Grenzen aber gilt die Vermuthung, daß das Regal dem Privatbesitzer ausschließend zukomme, und der Staat sich der Mitausübung begeben habe.

---

9) Art. 8, 10, 11 Pr. Verf.

10) Das Recht der Regalien ist, auch soweit es privatrechtlich ist, vom B.G.B. nicht berührt. Art. 73 E.G. z. B.G.B.

§. 33. Sind die Grenzen des Rechts in der Verleihungsurkunde nicht deutlich bestimmt, so findet wegen deren Auslegung alles statt, was von Auslegung der Privilegien verordnet ist. (Einleitung §. 54—58.)

§. 34. Wenn der Staat einem Privatbesitzer ein Gut mit allen Regalien, oder mit Regalien überhaupt, ohne weitere Bestimmung verliehen hat: so werden darunter nur diejenigen niederen Regalien verstanden, welche anderen Gütern derselben Art, in derselben Provinz, oder in eben dem Districte, gewöhnlich beigelegt sind.

Von der Verjährung bei Regalien und Domainen.[11])

§. 35. Von der Verjährung der Regalien gilt Alles, was von der Verjährung gegen den Fiskus überhaupt verordnet ist. (Th. 1. Tit. 9. §. 629. sqq.)[12])

§. 36. Das Eigenthum der Domainen hingegen kann dem Staat auch durch eine solche Verjährung nicht entzogen werden.[13])

§. 37. Vielmehr muß derjenige, der ein solches Eigenthum sich anmaßt, des für ihn streitenden Besitzes ungeachtet, den Titel oder Rechtsgrund, auf welchem sein Besitz beruhet, gegen den Fiskus angeben und nachweisen.

§. 38. Doch soll die Verjährung durch den Besitz vom Jahre 1740 auch bei Domainengütern statt finden. (Th. 1. Tit. 9. §. 641. sqq.)

---

[11]) Die §§ 35 ff. sind im Allgemeinen als öffentliches Recht und gemäß Art. 73 E.G. z. B.G.B. (s. Anm. 2 u. 10) vom B.G.B. nicht berührt.

[12]) Die §§ 629 ff. I. 9 sind durch die Verweisung Bestandtheil des Rechts der Regalien geworden und insoweit aufrecht erhalten. Neben diesen kommen aber nicht die allgemeinen Vorschriften der §§ 500 ff., 579 ff. I. 9 über die erwerbende Verjährung zur Anwendung, da sie nicht Bestandtheil des Regalienrechts geworden sind (s Anm. 31 zu § 500 I. 9). Die vierundvierzigjährige Frist (§ 629 I. 9) ist vielmehr, unter entsprechender Anwendung der Vorschriften des B.G.B. über den Erwerb von Rechten in Folge Zeitablaufs (§ 900 Abs. 2, Abs. 1 Satz 2), nach den §§ 938—944 B.G.B. zu berechnen.

[13]) §§ 36 ff. beziehen sich nicht mehr auf Grundstücke, da bei ihnen eine erwerbende Verjährung nach dem B.G.B. nicht mehr möglich ist; der Eigenthumserwerb gemäß §§ 900, 927 Abs. 2 B.G.B. ist durch § 36 nicht ausgeschlossen. — §§ 36 ff. gelten noch für Gefälle und Rechte (§ 11 d. Tit.), soweit bei diesen eine erwerbende Verjährung nach dem für sie maßgebenden Rechte sonst zulässig wäre.

§. 39. Auch hat derjenige, welcher sich in einem vier und vierzigjährigen ruhigen Besitze eines Domainengutes befindet, die Vermuthung für sich, daß er es aus einem rechtsgültigen Titel besitze.

§. 40. Er muß also bei diesem Besitze so lange geschützt werden, als nicht ausgemittelt worden, daß bei der ersten Veräußerung entweder gar kein rechtsgültiger Titel zum Grunde gelegen habe, oder daß dabei die Vorschrift des §. 16. nicht beobachtet worden sei.

§. 41. Wer nach Verlauf von zwanzig Jahren, vom Tage der erfolgten Abtrennung von den Domainen an gerechnet, ein solches Gut redlicher Weise an sich gebracht hat, dem kommen, wenn auch Fiskus zur Rückforderung an sich berechtigt ist, die Vorschriften des funfzehnten Titels im ersten Theil §. 24. sqq. zu statten.[14])

§. 42. Wird nicht über das Eigenthum eines Domainengutes, sondern nur über einzelne Pertinenzstücke desselben, oder über Dienstbarkeits- und andere Rechte, welche das Domainenamt gegen einen Dritten, oder dieser gegen das Amt, sich anmaßt, gestritten; so finden auch bei Domainen die allgemeinen Grundsätze von der Verjährung gegen den Fiskus Anwendung. (Th. 1. Tit. 9. §. 629. sqq.)[15])

§. 43. Eben das gilt bei den zwischen einem Domainen- und einem anderen Privatgute entstehenden Grenzstreitigkeiten.

---

[14]) Wenn § 41 die Anwendung der §§ 24 ff. I. 15 vorschreibt, so verweist er gegenüber der besonderen Vorschrift der §§ 16, 39 d. Tit. nur auf das gemeine Recht. Mit der Aufhebung der §§ 24 ff. I. 15 ist § 41 gegenstandslos geworden, da das B.G.B. einen dem § 26 I. 15 entsprechenden Rechtssatz nicht kennt. — §§ 24 ff. I. 15 lauteten:

§ 24. Wer die entfremdete Sache zwar redlicher Weise, aber unentgeltlich an sich gebracht hat, muß sie gleichergestalt unentgeltlich dem rechtmäßigen Eigenthümer oder Besitzer verabfolgen.

§ 25. Wer die dem rechtmäßigen Eigenthümer oder Besitzer abhanden gekommene Sache von einer unverdächtigen Person, durch einen lästigen Vertrag an sich gebracht hat, muß dieselben zwar ebenfalls zurückgeben;

§ 26. Er kann jedoch dagegen die Erstattung alles dessen, was er dafür gegeben oder geleistet hat, fordern.

[15]) Die §§ 629 ff. I. 9 kommen hier nicht zur Anwendung, da sie als *allgemeine* Grundsätze von der Verjährung gegen den Fiskus aufgehoben sind (vgl. Anm. 32 zu § 629 I. 9); in dem Falle des § 42 gilt das allgemeine bürgerliche Recht.

Fiskalische Rechte.

§. 44. **Die Art der Erhebung und Verwaltung der verschiedenen Staatseinkünfte hängt von dem Oberhaupte des Staats ab.**

1) Vorrechte der Staatscassen in dem Vermögen der Cassenbedienten, Domainenbeamten und Pächter;

§§. 45—64 fallen fort.[16]

2) in dem Vermögen anderer Cassenschuldner;

§§. 65—68 fallen fort.[17]

§. 69. **Confiscirte Sachen nimmt der Staat als sein Eigenthum an sich.**[18]

§. 70. **Doch geht auch eine solche Sache mit den zur Zeit der Confiscation darauf haftenden Lasten an den Fiskus über.**

§. 71. Wo nach besonderen Gesetzen der Werth an die Stelle der sonst zu confiscirenden Sache tritt, hat der Fiskus diesen Werth in der vierten Classe zu fordern.[19]

§. 72. **Die Bank, und andere dem Staat gehörende Handlungsanstalten, genießen die fiskalischen Rechte nur so weit, als ihnen dieselben durch ein besonderes Privilegium ausdrücklich beigelegt worden.**

§. 73. **Eine minder privilegirte Casse erhält dadurch, daß ihre Einkünfte zu einer mehr privilegirten bestimmt und angewiesen worden, kein größeres Recht.**

§. 74. Wie weit eine Privatperson, der eine fiskalische Forderung cedirt worden, in die Rechte des Fiskus trete, und wie weit der Fiskus, der eine Privatforderung übernimmt, dabei von seinen Vorrechten Gebrauch machen könne, ist nach den allgemeinen Vorschriften von Cessionen zu beurtheilen. (Th. 1. Tit. 11. §. 402—406.)[20]

§. 75. In wie fern besonders die fiskalischen Vorrechte bei der Verjährung, in Ansehung der Sachen und Rechte, welche der Fiskus einer Privatperson überlassen, oder von derselben überkommen hat, statt finden, ist am gehörigen Orte bestimmt. (Th. 1. Tit. 9. §. 635—640.)[21]

---

16) Sie enthielten Bestimmungen über ein Vorzugsrecht im Konkurse, das die R.K.O. nicht kennt, und sind daher beseitigt.

17) Sie betrafen ein Vorzugsrecht im Konkurs. Jetzt §§ 61 Nr. 2, 63 Nr. 3, 226 Abs. 2 Nr. 2 R.K.O.

18) § 40 R.Str.G.B.

19) Beseitigt durch die R.K.O.

20) Beseitigt durch die Aufhebung der §§ 402—406 I. 11.

21) Beseitigt durch die Aufhebung der §§ 635—640 I. 9.

3) bei der Administration der Domainen und Regalien;

§. 76. Bei dem Gebrauche, der Benutzung und Verwaltung der Domainen und Regalien kommen dem Staat, der Regel nach, nur eben die Rechte zu, wie einem jeden Privateigenthümer.

4) in besonderen Angelegenheiten;

§. 77. Besondere Vorrechte des Staats bei gewissen Angelegenheiten und Geschäften müssen durch ausdrückliche Gesetze bestimmt sein.

5) bei Prozessen.

§. 78. Ueber die Verbindlichkeit zur Entrichtung allgemeiner Anlagen, denen sämmtliche Einwohner des Staats, oder alle Mitglieder einer gewissen Classe derselben, nach der bestehenden Landesverfassung unterworfen sind (§. 2. 3.), findet kein Prozeß statt.[22]

§. 79. Behauptet aber Jemand aus besonderen Gründen die Befreiung von einer solchen Abgabe (§. 4—8.), oder behauptet er, in der Bestimmung seines Antheils über die Gebühr belastet zu sein (§. 9.): so soll er darüber rechtlich gehört werden.

§. 80. Doch muß der, welcher sich über Prägravation beschwert, in allen Fällen; so wie der, welcher eine Exemtion behauptet, wenn er nicht wenigstens seit zwei Jahren im Besitze der Freiheit sich befindet, die von ihm geforderten Abgaben, während des Prozesses, mit Vorbehalt seines Rechts, entrichten.

§. 81. Alle Streitigkeiten zwischen dem Fiskus und Privatpersonen, über Befugnisse und Obliegenheiten, welche nicht auf solchen allgemeinen Anlagen beruhen, sollen im ordentlichen Wege Rechtens, nach den Gesetzen des Staats, erörtert und entschieden werden.

§. 82. Insonderheit ist Jeder, mit welchem der Fiskus in Verträge oder andere einzelne Geschäfte sich eingelassen hat, bei entstehendem Streit rechtliches Gehör und Erkenntniß darüber zu verlangen befugt.[23]

---

[22] §§ 9 ff. Ges., betr. die Erweiterung des Rechtsweges, v. 24. Mai 1861 (G.S. S. 241). § 160 Zuständigkeits-Ges. v. 1. August 1883 (G.S. S. 237). — § 42 des Erbschaftssteuer-Ges. v. 30. Mai 1873 in der Fassung v. 19. Mai 1891 (G.S. S. 78). — § 26 Stempelsteuer-Ges. v. 31. Juli 1895 (G.S. S. 413). — § 33 Reichsstempel-Ges. v. 27. April 1894 (R.G.Bl. S. 381).

[23] Ausnahmen für Pächter fiskalischer Grundstücke in § 42 Nr. 4,

§. 83. Auch die vermöge allgemeiner Anlagen zu fordernden Rückstände muß der Fiskus, durch seine Beamten, im Wege Rechtens einfordern, sobald es dabei auf ein Vorzugsrecht gegen einen Dritten ankommt.

§. 84. Doch genießt der Fiskus in allen seinen Prozessen einen privilegirten Gerichtsstand,[24]) und die Befreiung von den sonst gewöhnlichen Gerichtsgebühren.[25])

§. 85. Wenn Diener des Staats, oder fiskalische Beamte, andere Privatpersonen mit ungegründeten fiskalischen Prozessen vorsätzlich beunruhigen: so müssen sie denselben die dadurch verursachten Kosten aus eigenen Mitteln ersetzen.[26])

Fünfzehnter Titel.

Von den Rechten und Regalien des Staats in Ansehung der Landstraßen, Ströme, Häfen und Meeresufer.

Erster Abschnitt.

Von Land- und Heerstraßen.

Begriff.

§. 1. Wege, die von einer Grenze des Landes zu einer anderen, oder von einer Stadt, von einem Post- oder Zollamte, entweder zu einem anderen, oder zu Meeren und Hauptströmen führen, werden Land- oder Heerstraßen genannt.

Rechte des Staats.

§. 2. Ohne besondere Erlaubniß des Staats darf sich Niemand eine Verfügung über solche Straßen anmaßen.

§. 3. Auch alsdann nicht, wenn die Verfügung an sich dem Gebrauche der Straße für die Reisenden unschädlich wäre.

§. 4. Der Staat hingegen ist berechtigt, die Land- und Heerstraßen, so wie er es zum gemeinen Besten dienlich findet, zu verändern und zu verlegen.

---

5 V. wegen verbesserter Einrichtung der Provinzialbehörden v. 26. Dez. 1808 (G.S. 1806—1810 S. 679).

[24]) Beseitigt durch § 9 V. über die Aufhebung der Privatgerichtsbarkeit v. 2. Januar 1849 (G.S. S. 1).

[25]) § 98 R.G.K.G. — § 8, Nr. 1. Pr. G.K.G.

[26]) Aufgehoben durch Art. 55 E.G. z. B.G.B. — Maßgebend sind §§ 839, 823 ff. B.G.B.

§. 5. Doch muß er alsdann die Eigenthümer der Grundstücke, über welche die verlegte Straße geht, entschädigen.[1])

§. 6. Wird durch Verlegung einer Straße, die nicht aus unvermeidlicher Nothwendigkeit vorgenommen worden, einem Privatbesitzer ein nutzbares Recht, welches ihm ausdrücklich in Beziehung auf diese Straße vom Staat verliehen war, ganz entzogen, oder beträchtlich geschmälert: so findet wegen seiner Entschädigung eben das statt, was wegen Aufhebung der Privilegien verordnet ist. (Einleitung §. 70. 71.)[1])

§. 7. Der freie Gebrauch der Land- und Heerstraßen ist einem Jeden zum Reisen und Fortbringen seiner Sachen gestattet.

§. 8. Alle anderen Nutzungen aber, welche von solchen Straßen gezogen werden können, gehören nach gemeinen Rechten zu den niederen Regalien.

§. 9. Die Nutzungen der an den Landstraßen gepflanzten Bäume kommen in der Regel demjenigen zu gute, welcher die Bäume gepflanzt hat.

§. 10. Muß ein Anderer, als der, welcher die Pflanzung zuerst angelegt hat, dieselbe unterhalten, so kommt diesem die Nutzung der Bäume zu.

Pflicht des Staats.

§. 11. Gegen den Genuß der dem Staat von den Landstraßen zukommenden Nutzungen ist er verpflichtet, für die Unterhaltung der Sicherheit und Bequemlichkeit derselben zu sorgen.

§. 12. Für den aus Unterlassung dieser Pflicht entstandenen Schaden sind diejenigen, welche bei der vom Staat ihnen aufgetragenen Sorge dafür sich eines groben oder mäßigen Versehens schuldig gemacht haben, verantwortlich.[2])

Unterhaltung der Wege.[3])

§. 13. Die Einwohner der an der Straße liegenden Gegend sind, nach gemeinen Rechten, zur Arbeit mit Hand- und Spann-

[1]) Art. 109 E.G. z. B.G.B.

[2]) Für die Haftung der Beamten Dritten gegenüber ist § 839 B.G.B. maßgebend. Für die Haftung dem Staat gegenüber ist § 12 durch Art. 80 E.G. z. B.G.B. erhalten.

[3]) Ueber die Verpflichtung gewerblicher Betriebe zu Vorausleistungen für den Wegebau sind ergangen für Sachsen Ges. v. 28. Mai 1887 (G.S. S. 277); für Westfalen Ges. v. 14. Mai 1888 (G.S. S. 116);

diensten bei Unterhaltung und Besserung der Wege, nach der Anordnung des Staats verbunden.[4])

§. 14. Diese Verbindlichkeit erstreckt sich auf alle Einwohner, durch deren District, Kreis, oder Kirchspiel dergleichen Landstraße geht, und die nach den Gesetzen oder Landesverfassungen zur Gemeinarbeit verpflichtet sind.

§. 15. Wo durch Provinzialgesetze, oder besondere Wege-Ordnungen, die Verbindlichkeit zu Unterhaltung der Landstraßen näher oder anders bestimmt ist, hat es dabei, auch in Zukunft, lediglich sein Bewenden.[5])

Anlegung neuer Wege.

§. 16. Auch bei Anlegung neuer Wege kann der Staat von den nach der Landesverfassung zur Wegearbeit überhaupt verpflichteten Einwohnern, welche von dem neuen Wege Vortheil haben, Hand- und Spanndienste fordern.

besonders der Dammstraßen.[6])

§. 17. Bei der Anlegung von Chausseen oder Dammstraßen, statt ordinairer Landstraßen, sind die zur Wegearbeit verpflichteten Einwohner nur nach dem Maaße zu helfen schuldig, nach welchem

---

für Schlesien Ges. v. 16. April 1889 (G.S. S. 100); für die Rheinprovinz Ges. v. 4. August 1891 (G.S. S. 334); für Brandenburg Ges. v. 7. Juli 1891 (G.S. S. 315); für Pommern Ges. v. 8. März 1897 (G.S. S. 95); für Hannover Ges. v. 26. Februar 1877 (G.S. S. 18); für den Regierungsbezirk Kassel § 7 Ges. v. 16. März 1879 (G.S. S. 225); für den Regierungsbezirk Wiesbaden Ges. v. 27. Juni 1890 (G.S. S. 225); für Schleswig-Holstein Ges. v. 2. Juli 1891 (G.S. S. 299); für den Kreis Herzogthum Lauenburg § 24 Wegeordnung v. 7. Februar 1876 (Lauenb. offiz. Wochenbl. S. 27; Ergänzungsges., betr. die Vorausleistungen zu Wegebauten v. 11. Juli 1891 (G.S. S. 339).

[4]) In der Provinz Posen gilt statt der §§ 13, 14 das Ges., betr. die anderweite Regelung der Verpflichtung zur Leistung von Hand- und Spanndiensten zur Unterhaltung der Land- und Heerstraßen, v. 21. Juni 1875 (G.S. S. 324).

[5]) Provinzialgesetze, welche einen anderen Unterhaltungspflichtigen als den Fiskus bestimmen, bestehen im ganzen Geltungsbereich des Landrechts außer in Ostpreußen (vgl. Zus. 226 des Ostpreuß. Prov.R.), Posen (vgl. Anm. 4) und einzelnen Theilen von Westfalen. — Ueber das Provinzialrecht vgl. Germershausen, Wegerecht 2. Aufl. §§ 13—21.

[6]) § 12 Ges., betr. die Abänderung der Verordnung v. 17. März 1839 betr. den Verkehr auf Kunststraßen, v. 20. Juni 1887 (G.S. S. 301).

sie bei Anlegung einer gewöhnlichen Landstraße Dienste thun müßten.

§. 18. Den zur Anlegung, Verbreitung oder geraden Führung einer solchen Dammstraße erforderlichen Boden, ingleichen die dazu nöthigen, auf der benachbarten Feldflur befindlichen Materialien, ist ein Jeder dem Staat zu überlassen verbunden.[7])

§. 19. Er muß aber dafür von dem Staat entschädigt werden.

§. 20. Zu dieser Entschädigung ist der Staat denjenigen Boden, oder dessen Werth, vorzüglich anzuwenden berechtigt, welcher dadurch gewonnen wird, daß die neue Dammstraße nicht die ganze Breite des bisher gewöhnlichen Weges erfordert, oder daß durch die geradere Führung der Dammstraße ein Theil des bisherigen Wegen liegen bleibt.[8])

§. 21. Doch kann über solche Ersparnisse des Bodens, die auf einer Feldmark sich befinden, nur zu Entschädigungen für Grundbesitzer in eben der Feldmark verfügt werden.

§. 22. Auch bleiben demjenigen, welcher nachweisen kann, daß der ersparte Boden zu seinem Eigenthum gehöre, und bloß mißbrauchsweise zu dem ehemaligen Wege gezogen worden sei, seine Rechte darauf vorbehalten.

§. 23. Von der gewöhnlichen Unterhaltung solcher Dammstraßen gilt Alles, was von der Unterhaltung der Wege verordnet ist. (§. 13. 14. 15.)[9])[10])

§. 24. Zu Hauptreparaturen hingegen, die ohne Verschulden der zur Wegearbeit verpflichteten Einwohner entstanden sind, sind dieselben nur in eben dem Maaße, wie bei der Anlegung, zu helfen verbunden. (§. 17.)

Vorschriften wegen des Ausweichens auf den Straßen.

§. 25. Den nach §. 7. einem Jeden freistehenden Gebrauch der Landstraßen muß ein Jeder so ausüben, daß der Andere an dem

---

7) Maßgebend sind jetzt §§ 1 ff., 50 ff. Ges., betr. die Enteignung von Grundeigenthum, v. 11. Juni 1874 (G.S. S. 221). — Art. 109 E.G. z. B.G.B.

8) Erhalten durch § 7 des Enteignungsges. v. 11. Juni 1874.

9) § 18 Ges., betr. die Ausführung der §§ 5 und 6 des Ges. v. 30. April 1873 wegen Dotation der Provinzial- und Kreisverbände, v. 8. Juli 1875 (G.S. S. 497.) — § 138 d. Tit.

10) V., betr. die Verpflichtung zur Wegräumung des Schnees von den Kunststraßen, v. 8. März 1832 (G.S. S. 119) u. dazu V. v. 6. Januar und 4. Oktober 1849 (G.S. S. 80, 378).

gleichmäßigen Gebrauche des Weges nicht gehindert, noch zu Zänkereien oder gar Thätlichkeiten über das Ausweichen Anlaß gegeben werde.[11])

§. 26. Alle Fuhr- und Landleute, auch andere Reisende ohne Unterschied des Standes, müssen den ordinairen und Extra-Posten, wenn diese hinter ihnen kommen, oder ihnen begegnen, aus dem Wege fahren, und sie ohne Schwierigkeit vorbeilassen, sobald der Postillon ins Horn stößt.[12])

§. 27. Außer diesen Fällen müssen ledige, oder bloß mit Personen besetzte Wagen und Kutschen allen mit Sachen und Effekten beladenen Wagen, wohin auch Kutschen, die Koffer oder sonstige Bagage führen, zu rechnen sind, ausweichen.

§. 28. Begegnen sich zwei beladene oder zwei ledige Wagen, so müssen beide auf der rechten Seite zur Hälfte ausweichen.

§. 29. Kann einer rechter Hand nicht ausweichen, so muß dieses von dem anderen ganz geschehen.

§. 30. Fehlt es auch dazu am Raume: so muß in dem Falle des §. 27. derjenige, welcher zum Ausweichen verbunden ist, so wie in dem Falle des §. 28. der, welcher den Anderen zuerst gewahr wird, an einem schicklichen Orte, so lange still halten, bis der andere Wagen vorüber ist.

§. 31. Kommt ein Wagen von einem Berge oder von einer steilen Anhöhe herunter, und ein anderer Wagen fährt hinauf: so ist der letztere jederzeit zum Ausweichen verbunden, er mag schwerer beladen sein, oder nicht.

§. 32. Bei hohlen Wegen oder anderen engen Päſſen, muß Jeder zuvor stille halten, und nach gegebenem deutlichen Zeichen mit dem Horn, mit der Peitsche, oder auf andere Art, so lange warten, bis er versichert ist, daß kein anderer Wagen sich schon darin befindet.

§. 33. Ist der hohle Weg oder enge Paß von solcher Länge, daß die gegebenen Zeichen von einem Ende bis zum anderen nicht deutlich gehört oder wahrgenommen werden können; so muß an

---

11) V., betr. den Verkehr auf Kunststraßen, v. 17. März 1839 (G.S. S. 80) u. dazu Ges. v. 20. Juni 1887 (G.S. S. 301). — K.O., betr. den Tarif zur Chausseegeld-Erhebung, v. 29. Februar 1840 (G.S. S. 94). Zusätzl. Vorschriften 7 ff.

12) Jetzt § 19 R.Ges. über das Postwesen v. 28. Oktober 1871 (R.G.Bl. S. 347).

solchen Plätzen, wo Raum zum Ausweichen ist, aufs neue gewartet, und das Zeichen wiederholt werden.

§. 34. Außer den Posten muß jeder vorfahrende Wagen dem hinten folgenden und schneller fahrenden, wenn dieser nicht anders vorkommen kann, und der Raum es erlaubt, auf ein gegebenes Zeichen so weit ausweichen, als es nöthig ist, damit letzterer seinen Weg fortsetzen könne.

§§. 35—37 fallen fort.[13])

Zweiter Abschnitt.

Von Strömen, Häfen und Meeresufern.[14])

Begriff.

§. 38. Die Nutzungen solcher Ströme, die von Natur schiffbar sind, gehören zu den Regalien des Staats.[15])

§. 39. Privatflüsse können, zum Nachtheil der bisherigen Eigenthümer, in schiffbare Ströme nicht verwandelt werden.[15])

§. 40. Findet der Staat die Schiffbarmachung eines Privatflusses dem gemeinen Besten zuträglich: so muß er den bisherigen Eigenthümern, für die dadurch verlorenen Nutzungen und vermehrten Lasten, vollständige Schadloshaltung anweisen.[17])

§. 41. Uebrigens gehen durch die Schiffbarmachung eines Privatflusses die Eigenthumsrechte, so weit dieselben mit der nunmehrigen Bestimmung des Flusses bestehen können, noch nicht verloren.

§. 42. Der Staat kann zwar den Eigenthümer eines auch nicht schiffbaren Privatflusses nöthigen, den Gebrauch desselben zum Holzflößen zu gestatten.

---

[13]) Sie betrafen die Verpflichtung zum Schadensersatz bei Verabsäumung der Vorschriften der §§ 25 ff. d. T. und sind als privatrechtlich durch Art. 55 E.G. z. B.G.B. aufgehoben. — Jetzt: §§ 823 ff. B.G.B.

[14]) Art. 65 (Wasserrecht), 66 (Deich- und Sielrecht), 73 (Regalien E.G. z. B.G.B.

[15]) §§ 21, 24 II. 14; § 79 II. 15; Zuständ. Ges. v. 1. August 1883 (G.S. S. 237) § 95 Ziff. 1; Landesverw.Ges. v. 30. Juli 1883 (G.S. S. 195) §§ 136 Abs. 2 Nr. 2, 138.

[16]) § 99 I. 8; Ges. über die Benutzung der Privatflüsse v. 28. Februar 1843 (G.S. S. 41); Zuständ. Ges. XII. Titel, §§ 65 ff.

[17]) Art. 109 E.G. z. B.G.B.; Enteignungsges. v. 11. Juni 1874 (G.S. S. 221).

§. 43. Er muß aber auch für die vollständige Entschädigung eines solchen Eigenthümers sorgen.[18])

Flußwasser.

§. 44. Der Gebrauch des Flußwassers aus öffentlichen Strömen durch Schöpfen, Baden und Tränken ist einem Jeden unverwehrt.

§. 45. Doch muß Jeder, welcher Vieh aus einem Flusse tränken will, der dazu bereits vorhandenen Tränk- und Schwemmstätte sich bedienen.[19])

Wasserleitungen.

§. 46. Wasserleitungen dürfen aus öffentlichen Strömen, ohne besondere Erlaubniß des Staats, nicht geführt, noch Wasch- oder Badehäuser daran, ohne dergleichen Erlaubniß, angelegt werden.

Schifffahrt.

§. 47. Die Schifffahrt auf solchen Flüssen ist, unter den vom Staat festgesetzten Bedingungen, einem Jeden erlaubt.

§. 48 fällt fort.[20])

Flößungsrecht.

§. 49. Unverbundenes Holz auf schiffbaren Strömen zu flößen, ist nach gemeinen Rechten ein Vorbehalt des Staats, und darf, ohne Vorwissen desselben, von Privatpersonen nicht unternommen werden.[21])

Fähren und Prahmen.

§. 50. Fähren und Prahmen zum eigenen Gebrauche kann jeder Anwohner eines solchen Flusses halten.[22])

---

18) S. Anm. 17; Ges. über die Benutzung der Privatflüsse v. 28. Februar 1843 (G.S. S. 41) §§ 8 ff.

19) K.O. v. 24. Februar 1816, die Verhütung der Verunreinigung der schiff- u. floßbaren Flüsse u. Canäle betr. (G.S. S. 108).

20) § 48 ist weggefallen mit Aufhebung des Zunftzwanges: Edikt über die Einführung einer allgemeinen Gewerbesteuer v. 2. November 1810 (G.S. S. 79) § 16; Ges. über die polizeilichen Verhältnisse der Gewerbe u. s. w., v. 7. September 1811 (G.S. S. 263) Ziffer 6 ff.

21) Westpreuß. Provinzialrecht § 69; Art. 54 Abs. 4 R.Verf.; R.Ges. v. 1. Juni 1870 über die Abgaben von der Flößerei (B.G.Bl. S. 312), R.Ges., betr. die privatrechtlichen Verhältnisse der Flößerei, v. 15. Juni 1895 (R.G.Bl. S. 341).

22) Gew.O. § 6; Preuß. Gew.O. v. 16. Januar 1845 (G.S. S. 41) § 7; Art. 40 A.G. z. B.G.B. — Westpreuß. Provinzialrecht § 70.

§. 51. Das Recht aber, Fähren und Prahmen zur Uebersetzung für Geld zu halten, gehört zu den Regalien des Staats.

Brücken.

§. 52. Neue Brücken über öffentliche Ströme darf Niemand, auch auf eigenem Grund und Boden, ohne besondere Erlaubniß des Staats anlegen.

§. 53. Die Unterhaltung der Brücken über öffentliche Ströme liegt in der Regel demjenigen ob, welcher daselbst die Nutzung des Stromes hat.[23])

§. 54. Brücken über Privatflüsse, welche bloß, oder doch hauptsächlich, zum Uebergange der Reisenden bestimmt sind, müssen von denjenigen, welchen die Besserung des Weges obliegt, unterhalten werden.

Ufer.

§. 55. Die Ufer der öffentlichen Flüsse gehören der Regel nach den Eigenthümern der unmittelbar daran stoßenden Grundstücke.[24])

§. 56. Auch die Vergrößerung des Ufers durch angesetztes Land wächst den Eigenthümern des Ufers zu. (Th. 1. Tit. 9. §. 225—241.)[25])

§. 57. Die Eigenthümer der Ufer öffentlicher Flüsse können dem Schifffahrenden nicht wehren, sich des Leinpfades an selbigen zu bedienen, daran zu landen, die Schiffe zu befestigen, und die Ladung, im Nothfalle, eine Zeitlang an das Ufer auszusetzen.[26])

§. 58. Wird aber dadurch das Ufer selbst, oder dessen Befestigung beschädigt; oder wird dem Eigenthümer die Nutzung des Ufers entzogen oder geschmälert: so kann er von den Urhebern des Schadens Ersatz fordern.

§. 59. In wie fern er, zur Deckung dieses Schadens, gegen fremde oder unbekannte Schifffahrer zur Pfändung schreiten könne,

---

[23]) Wegeordnung f. d. Provinz Sachsen v. 11. Juli 1891 (G.S. S. 316) § 7.

[24]) Siehe § 21 II. 14.

[25]) Siehe Anm. 26 zu § 223 I. 9; Ges. über die Befugnisse der Strombauverwaltung u. s. w., v. 20. August 1883 (G.S. S. 333) mit Ges. v. 31. Mai 1884 (G.S. S. 303).

[26]) Siehe Anm. 2 zu § 2 I. 22.

ist nach den allgemeinen Grundsätzen von Pfändungen zu beurtheilen. (Th. 1. Tit. 14. Abschn. 4.)[27])

§. 60. Was vorstehend von dem den Schifffahrenden zu gestattenden Gebrauche des Ufers, und der dem Eigenthümer dafür zukommenden Schadloshaltung verordnet ist, findet auf Holzflöße ebenfalls Anwendung.

§. 61. Niemand darf an seinem Ufer etwas anlegen, wodurch der Lauf des Flusses zum Nachtheil der Schifffahrt gehemmt, eingeschränkt oder sonst verändert wird.

§. 62. Es soll daher auch Niemand an, oder in öffentlichen Flüssen Wasserbaue führen, ohne sich vorher bei dem Staat gemeldet, und die Genehmigung desselben erhalten zu haben.

Dämme.

§. 63. Ordinaire Befestigungen der Ufer, ingleichen Dämme, wodurch nur die zunächst daranstoßenden Felder gegen Ueberschwemmungen gedeckt werden sollen, müssen der Regel nach von den Eigenthümern der Ufer unterhalten werden.[28])

§§. 64, 65 fallen fort.[29])

§. 66. Entsteht die Nothwendigkeit, einen neuen Damm zu führen, aus einer von dem Staat zu seinem besonderen Vortheil in oder an dem Flusse gemachten Veranstaltung: so muß der Staat für die Kosten der Anlage und Unterhaltung des Dammes, ohne neue Belastung der Anwohner, sorgen.

Inseln.

§. 67. In welchen öffentlichen Flüssen die entstehenden Inseln dem Staat gehören, oder von den Eigenthümern der Ufer in Besitz

---

27) Art. 89 E.G. z. B.G.B.; Art. 89 A.G. z. B.G.B.; siehe Anm. 3 zu I. 14.

28) Siehe § 28 d. Ges. über das Deichwesen v. 28. Januar 1848 (G.S. S. 54) § 63 II. 15 ist erhalten, in so weit er nicht von Dämmen handelt.

29) Aufgehoben durch § 28 des Deichgesetzes. — Ueber Deichwesen verordnen: Das in Anm. 28 genannte Gesetz, eingeführt in Schleswig-Holstein und Hannover durch Ges. v. 11. April 1872 (G.S.S. 377); Zuständ.-Ges. v. 1. August 1883 (G.S.S. 237) §§ 96, 97; A. E. v. 14. November 1853, betr. die allgemeinen Bestimmungen für künftig zu erlassende Deichstatute (G.S. S. 935); Enteignungsges. v. 11. Juni 1874 (G.S. S. 221) § 54. Reichsrayonges. v. 21. Dezember 1871 (R.G.Bl. S. 459) § 13; A.G. z. Zw.V.G. Art. 1; A.G. z. G.B.O. Art. 11.

genommen werden können, wird, nach Verschiedenheit der bisherigen Observanz, in den Provinzial-Gesetzbüchern bestimmt. (Th. 1. Tit. 9. §. 244. sqq.)[30])

Flußbette.

§. 68. Je nachdem die Inseln in einem Flusse dem Staat oder den Uferbesitzern gehören, fällt auch das vom Flusse verlassene Bette jenem oder diesen anheim. (Ebend. §. 270.)

§. 69. Auch der Staat ist, so wie ein jeder Privatbesitzer, schuldig, das ihm zugefallene Flußbette oder dessen Werth, zur Entschädigung derjenigen Unterthanen, welche durch den neuen Canal des Flusses an ihrem Eigenthum gelitten haben, anzuwenden. (Ebend. §. 271.)

§. 70. Hat der Staat durch veranlaßte Durchstiche dem Strome einen anderen Lauf angewiesen, so ist er in allen Fällen berechtigt, über das verlassene Bette Verfügungen zu treffen.

§. 71. Er muß aber auch in diesen Fällen sowohl die Anwohner des verlassenen Canals, als diejenigen, über deren Grundstücke der neue Canal geführt ist, so wie bei Landstraßen, vollständig entschädigen.

§. 72. Eine gleiche Entschädigung haben auch die Fischereiberechtigten zu fordern, wenn der verlassene Canal von ihnen nicht mehr befischt werden kann, und der neue Canal ihnen nicht eine Fischerei von gleicher Art gewährt.

Fischerei.

§. 73. Der Fischfang in öffentlichen Strömen gehört zu den Regalien.[31])

§. 74. Wem die Fischereigerechtigkeit, ohne Bestimmung gewisser Grenzen, vom Staat verliehen worden, der kann dieselbe nur so weit ausüben, als sein Besitz am Ufer sich erstreckt.[32])

---

[30]) §. 21 II. 14; siehe Anm. 27 zu § 244 I. 9.

[31]) §§ 170—192 I. 9, s. Anm. 15—19 das. — §§ 21, 24 II. 14; Art. 73 E.G. z. B.G.B. Westpreuß.Prov.Recht § 72; Ges. wegen Aufhebung des Preußischen Landrechts vom Jahre 1721 in den ehem. Westpreußischen Theilen der Provinz Pommern, v. 4. August 1865 (G.S. S. 873) Art. III, 1 Nr. 4.

[32]) Art. 40 A.G. z. B.G.B. Fischereiges. v. 30. Mai 1874 (G.S. S. 197) §§ 15 ff. Ges. zur Ergänzung der Gem.Th.O., v. 2. März 1850 (G.S. S. 139), Art. 1, 12.

§. 75. Wem die Fischerei bloß zum häuslichen Gebrauche verliehen ist, der kann sie weder verpachten, noch mit den gefangenen Fischen Handel treiben.

§. 76. Ist jedoch der Fischfang zum Hausgebrauche nicht gewissen bestimmten Personen, sondern einem Grundstücke und dessen Besitzern beigelegt: so kann er dem Pächter des Grundstücks, mit diesem zugleich, zu solchem Gebrauche überlassen werden.

§. 77. Uebrigens finden die allgemeinen Bestimmungen wegen der einer Person oder Familie beigelegten, oder mit einem Amte verbundenen Nutzungsrechte, auch auf die solchergestalt verliehene Fischereigerechtigkeit Anwendung. (Th. 1. Tit. 19. §. 22—28.)[33]

§. 78. Auch sind der Umfang, die Grenzen, und Einschränkungen einer jeden Fischereigerechtigkeit gehörigen Orts festgesetzt. (Th. 1. Tit. 9. §. 170—192.)

Pflicht des Staats.

§. 79. Gegen die dem Staat zukommende Nutzung der schiffbaren Ströme ist derselbe verpflichtet, für die zur Sicherheit und Bequemlichkeit der Schifffahrt nöthigen Anstalten zu sorgen. (§. 11. 12.)

Häfen und Meeresufer.

§. 80. Die Häfen und Meeresufer, und was auf diese von der See angespült oder ausgeworfen wird, sind nach gemeinen Rechten ein Eigenthum des Staats.[34]

---

[33]) §§ 22—28 I. 19 handeln von den zur Nothdurft einer bestimmten Person oder Sache eingeräumten Rechten, und sind durch Art. 89 A.G. z. B.G.B. ausdrücklich aufgehoben. Gemäß Art. 87 das. treten die entsprechenden Bestimmungen über beschränkte persönliche Dienstbarkeiten (B.G.B. §§ 1090 ff.) und über Grunddienstbarkeiten (§§ 1018 ff.) in sinngemäßer Anwendung ein. Zu beachten §§ 21, 24 II. 14, §§ 629 ff. I. 9. Vgl. d. Fischereiordnungen v. 7. März 1845: für die Binnengewässer der Provinz Preußen (G.S. S. 114) § 17; u. für das frische Haff (G.S. S. 121).

[34]) Ueber Bernstein verordnen: Westpreuß. Prov.R. § 73; Ges. wegen Aufhebung des Preuß. Landrechts vom Jahre 1721 in den ehem. Westpreuß. Theilen d. Prov. Pommern v. 4. August 1865 (G.S. S. 873) Art. III, 1 Nr. 5—7. Ges., betr. die Einführung des Westpreußischen Provinzialrechts in die Stadt Danzig u. deren Gebiet, v. 16. Februar 1857 (G.S. S. 87) Art. 10 § 1. Ges., betr. die Bestrafung der unbefugten Aneignung von Bernstein, und die Abänderung

§§. 81—87 fallen fort.[35])

Dritter Abschnitt.

Von der Zollgerechtigkeit.[36])

Begriff.

§. 88. Das Recht, von denjenigen, welche sich der Häfen, Ströme, Wege, Brücken und Fähren bedienen, eine gewisse bestimmte Abgabe zu fordern, wird die Zollgerechtigkeit genannt.

§. 89. Der eigentliche Zoll wird von Sachen und Waaren; Brücken-, Fähr- und Wegegeld aber nur von den Personen, dem Viehe, und den Fuhrwerken, welche die Brücke, die Fähre, oder den Weg passiren, entrichtet.

Grundsätze von Verleihung und Erwerbung der Zollgerechtigkeit.

§. 90. Zoll, Brücken- und Wegegeld darf Niemand erheben, als dem das Recht dazu vom Staat verliehen oder aufgetragen worden.[37])

§. 91. Nur allein der Staat kann die Zollabgaben, das Hafen-, Wege- und Brückengeld bestimmen, und den Tarif darüber vorschreiben.[38])

---

der Bestimmungen im Zusatz 228 des Ostpreußischen Provinzialrechts, v. 22. Februar 1867 (G.S. S. 272).

[35]) Jetzt: Strandungsordnung v. 17. Mai 1874 (R.G.Bl. S. 73) durch die §§ 81—87 aufgehoben sind.

[36]) Der dritte Abschnitt bezieht sich nur noch auf Verkehrsabgaben. Binnen- und Privatzölle sind beseitigt: V. wegen Aufhebung der Wasser-, Binnen- und Provinzialzölle, zunächst in den alten Provinzen der Monarchie v. 11. Juni 1816 (G.S. S. 193); Ges. über den Zoll und die Verbrauchssteuer u. über den Verkehr zwischen den Provinzen des Staates, v. 26. Mai 1818 (G.S. S. 65) §§ 17 ff; Zollgesetz, eingeführt durch die V. v. 23. Januar 1838 (G.S. S. 33) §§ 19—21; Vereinszollges. v. 1. Juli 1869 (B.G.Bl. S. 317) § 8. — V. v. 16. Juni 1838, die Kommunikationsabgaben betr. (G.S. S. 353); Ges., betr. die Einstellung der Erhebung des Chausseegeldes auf den Staatsstraßen, v. 27. Mai 1874 (G.S. S. 184); Kommunalabgabenges. v. 14. Juli 1893 (G.S. S. 152) § 5; Ges., betr. die Hinterziehung und Ueberhebung von Verkehrsabgaben, v. 2. Mai 1900 (G.S. S. 123).

[37]) Instruktion wegen Ausführung des Edikts v. 21. Juni 1813, die Verhältnisse der vormals unmittelbaren deutschen Reichsstände betr., v. 30. Mai 1820 (G.S. S. 81) § 31.

[38]) K.O. 29. Februar 1840, den Tarif zur Erhebung des Chausseegeldes auf den Staatschausseen betr. (G.S. S. 94). A.E. v. 4. Sept.

§. 92. Es macht in der Art des Rechts keinen Unterschied: ob die Abgabe im Tarif nach Geld, oder auf einen gewissen Theil der zollbaren Waaren bestimmt ist.

§. 93. Ohne einen vom Staat vorgeschriebenen Tarif kann weder Zoll, noch Wege- oder Brückengeld gefordert werden.[39])

§. 94. Wer nach §. 51. eine Prahmgerechtigkeit hat, muß die Bestimmung der für das Uebersetzen zu nehmenden Abgabe vom Staat erwarten.[40])

§. 95. So lange der Staat noch keine Abgabe festgesetzt hat, hängt die Bestimmung derselben in jedem einzelnen Falle von dem Abkommen zwischen dem Berechtigten und denen, welche sich des Prahms bedienen wollen, ab.

§. 96. So lange ein Prahmberechtigter noch mit keinem Tarif vom Staate versehen ist, kann er den Reisenden, auch in derselben Gegend, nicht wehren, sich anderer Mittel zum Uebersetzen zu bedienen.

§. 97. Ueber Privatbrücken und Wege darf Niemandem ein Uebergang, zum Nachtheil der Zolleinkünfte des Staats, oder derer, welche von diesem berechtigt sind, gestattet werden.

Veränderungen in den Abgaben.

§. 98. Die vom Staat einmal bestimmten Zollabgaben, Wege-, Prahm- und Brückengelder, dürfen von Privatberechtigten eigenmächtig nicht erhöht werden.[41])

§. 99. Auch eine vom Staat vorgenommene Erhöhung solcher Abgaben ertheilt den Privatbesitzern noch kein Recht zu einer gleichen Steigerung des ihnen verliehenen Privatzolles oder Brückengeldes.

§. 100. So weit jedoch dergleichen Erhöhung sich bloß auf

1882, betr. die anderweite Regelung der Verleihung des Rechts auf Erhebung von Verkehrsabgaben und der Feststellung der Tarife über solche (G.S S. 360).

[39]) Verjährung der Kommunikationsabgaben: Ges. über die Verjährungsfristen bei öffentlichen Abgaben v. 18. Juni 1840 (G.S. S. 140), A.G. z. B.G.B. Art. 8 § 1 Nr. 5, Art. 9; vgl. Art. 73 E.G. z. B.G.B (Regalien). Dazu §§ 87, 88 Kommunalabgabenges. v. 14. Juli 1893 (G.S. S. 152).

[40]) § 35 II. 14, § 629 I. 9.

[41]) Ges., betr. die Hinterziehung und Ueberhebung von Verkehrsabgaben, v. 2. Mai 1900 (G.S. S. 123) § 3.

eine Veränderung des Münzfußes gründet, hat der Privatbesitzer auf die Zugestehung gleichmäßiger Sätze rechtlichen Anspruch.

Zollbefreiungen.[42])

§. 101. Zollbefreiungen können nur durch ausdrückliche Provinzialgesetze, oder durch besondere Privilegia oder Verträge, begründet werden.

§. 102. Allgemeine Zollbefreiungen, welche der Staat der Handlung zum Besten festsetzt, ist derselbe auch auf die Befreiung von Privatzöllen auszudehnen wohlbefugt.[43])

§. 103. Doch gilt, wegen der dem Privatberechtigten alsdann zukommenden Entschädigung, alles das, was wegen Aufhebung und Einschränkung der Privilegien überhaupt verordnet ist. (Einleitung §. 70. 71.)

§. 104. Alles, was zum eigenen Gebrauche des Staats oder des Landesherrn und seiner Hofhaltung transportirt wird, genießt in der Regel, wo nicht Provinzialgesetze und besondere Verfassungen ein Anderes mit sich bringen, die Befreiung auch von den Privatzöllen.

§. 105. Diese landesherrliche Zollfreiheit aber kann an Privatpersonen, bloß zu deren Begünstigung, mit dem Nachtheil anderer Privatzollberechtigten, nicht abgetreten werden.

§. 106. Eben so gelten einzelne Zollbefreiungen, oder sogenannte Freipässe nur in den Zollstätten des Staats; nicht aber zum Nachtheil der Privatzollberechtigten.

§§. 107—109 (weggefallen).

Pflichten der Reisenden, den Zoll nicht zu verfahren.

§. 110. Niemand darf, zum Nachtheil des Zolles, die Reisenden von der Zollstraße ableiten, oder ihnen, bei Bereisung derselben, Hindernisse in den Weg legen.

§. 111. Niemand, der zollbare Waaren führt, darf, innerhalb des Zolldistricts, von der ordinairen Zollstraße abweichen, und Nebenwege zur Vermeidung des Zolles aufsuchen.[44])

---

[42]) S. Ges. über das Postwesen d. Deutschen Reichs v. 28. Oktob. 1871 (R.G.Bl. 347) §§ 16 ff.

[43]) Ob §§ 102—106 auf Verkehrsabgaben anwendbar sind, ist zweifelhaft. §§ 107—109 bezogen sich nur auf eigentliche Zölle.

[44]) Ges. v. 2. Mai 1900 (s. Anm. 41) § 1 beseitigt die §§ 111, 113, 115, 120, 121, 123.

§. 112. Wer jedoch auf dem gewöhnlichen, zu seiner Wohnung führenden Wege zwar einen Theil der Zollstraße, nicht aber die Zollstätte selbst passirt, ist die Zollabgaben zu entrichten nicht schuldig.

§. 113. Auch da, wo zur Unterhaltung der Landstraßen oder Brücken nur ein Wege- oder Brückengeld festgesetzt ist, darf, dem Staat oder dessen Beliehenen zum Nachtheil, kein Nebenweg gesucht werden.[44])

§. 114. Wem also die Anlegung neuer Wege oder Brücken zu seiner Bequemlichkeit gestattet worden, der darf nicht zulassen, daß dieselben zum Nachtheil des Staats oder eines Privatberechtigten gemißbraucht werden.

§. 115. Jeder Reisende ist schuldig, sich an der Zollstätte, zur Entrichtung des Zolles, auch unerfordert zu melden, und die bei ihm befindlichen Waaren getreulich anzuzeigen.[44])

§. 116. Auch derjenige, dem eine Befreiung zu statten kommt, ist von der Meldung im Zollamte nicht ausgenommen, und muß auf Erfordern sein Angeben bescheinigen.

Pflichten der Zollberechtigten.

§. 117. Jeder Zollberechtigte muß solche Anstalten treffen, wodurch die Zollstätte Jedermann kenntlich gemacht werde, und die von den Reisenden nicht leicht übersehen werden können.

§. 118. Eben so muß der Zollberechtigte dafür sorgen, daß diejenigen, welche sich zur Entrichtung des Zolles, Wege-, Fähr- oder Brückengeldes melden, nicht ungebührlich aufgehalten, sondern prompt abgefertigt werden.

§. 119. Die Zollbedienten, welche ihre Pflicht darunter nicht beobachten, sollen nicht nur nach Inhalt der Zollgesetze bestraft, sondern auch zum Ersatze alles aus der Versäumniß durch ihre Schuld entstandenen Schadens angehalten werden.[45])

Zolldefraudationen.

§. 120. Niemand soll, zum Nachtheil des Zollberechtigten, den Zoll verfahren, oder zollbare Waaren verschweigen.

§. 121. Wer innerhalb des Zolldistricts auf Nebenwegen den Zollstätten vorbeigegangen ist, wird als ein Zolldefraudant angesehen.[44])

§. 122. Damit sich Niemand mit der Unwissenheit entschuldigen könne, so sollen auf den Straßen, welche zu einer Zollstätte führen,

---

[45]) Art. 77 E.G. z. B.G.B.

die gewöhnlichen Zollstangen errichtet und beständig unterhalten werden.

§. 123. Was von Verfahrung des Zolles verordnet ist, gilt auch in Ansehung des vom Staat festgesetzten Wege-, Fähr- und Brückengeldes.[44])

§. 124. Wie die zum Nachtheil des Staats vorsätzlich begangenen Zolldefraudationen durch Confiscation und sonst zu bestrafen, ist in den Criminalgesetzen verordnet.[46])

§§. 125—128 fallen fort.[47])

§. 129 fällt fort.[48])

Wem das Erkenntniß über Zolldefraudationen, ingleichen

§§. 130—135 fallen fort.[49])

über streitige Zollrechte gebühre.

§§. 136, 137 fallen fort.[50])

Obliegenheiten der Zollberechtigten.

§. 138. Jeder Privatinhaber einer Zoll-, Brücken-, Fähr- oder Wegegelds-Gerechtigkeit ist schuldig, die Straßen, Wege,

---

[46]) Verfahren in Zollstrafsachen: § 165 d. Vereinszollgesetzes v. 1. Juli 1869 (B.G.Bl. S. 317); Strafprozeßordnung §§ 495 ff., E.G. z. Str.Pr.O. §§ 5 Abs. 1, 6 Ziff. 3; Ges., betr. das Verwaltungsstrafverfahren bei Zuwiderhandlungen gegen die Zollgesetze u. s. w., v. 26. Juli 1897 (G.S. S. 237).

Strafen: Vereinszollgesetz §§ 134—163; E.G. z. R.Str.G.B. § 2; Ges., betr. die Sicherung der Zollvereinsgrenze in den vom Zollgebiete ausgeschlossenen Hamburgischen (Bremischen) Gebietstheilen, v. 1. Juli 1869 (B.G.Bl. S. 370), (v. 28. Juli 1879, R.G.Bl. S. 159).

[47]) §§ 125—128 betrafen Defraudationen in Bezug auf Privatzölle und sind mit deren Beseitigung weggefallen. Vgl. Anm. 36.

[48]) § 129 ist aufgehoben durch §§ 1 ff. d. Ges. v. 2. Mai 1900 (siehe Anm. 41), falls er bis dahin noch galt.

[49]) Vgl. E.G. z. Str.Pr.O. § 6 Ziff. 3; Str.Pr.O. §§ 453 ff.

Das Verfahren bei Zuwiderhandlungen gegen Vorschriften über Erhebung von Verkehrsabgaben ist in §§ 8 ff. d. Ges. v. 2. Mai 1900 (G.S. S. 123) — siehe Anm. 41 —, geordnet, ältere Vorschriften sind durch § 16 Abs. 1 das. aufgehoben.

[50]) Beseitigt als Vorschriften über den Gerichtsstand in Streitigkeiten über das Recht auf Abgaben. Vgl. G.V.G. § 70, aber A.G. z. G.V.G. § 39.

Fähren und Brücken, innerhalb des ihm angewiesenen Districts, auf eigene Kosten in sicherem und tauglichem Stande zu erhalten.

§. 139. Für allen Schaden, der den Reisenden aus der Unterlassung dieser Pflicht entsteht, muß der Zoll- oder Brückengelds-Berechtigte haften.[51])

§. 140. Doch kann ihm ein Schade, welcher durch bloßen Zufall, oder durch eigene Schuld und Unvorsichtigkeit der Reisenden entstanden ist, nicht zugerechnet werden.

Vierter Abschnitt.

Vom Postregal.

§§. 141—228 fallen fort.[52])

---

[51]) Aus §§ 139, 140 erhellt, daß § 138 ein den Schutz eines Anderen bezweckendes Ges., i. S. d. § 823 Abs. 2 B.G.B. ist. Die §§ sind f. d. praktische Anwendung durch Art. 55 E.G. z. B.G.B. aufgehoben.

[52]) Der vierte Abschnitt ist aufgehoben durch d. Ges. über das Postwesen v. 5. Juni 1852 (G.S. S. 345) vgl. § 51. Jetzt sind für Post und Telegraphie maßgebend: R.Verf. Art. 48—50, 52.

Ges. über das Postwesen des deutschen Reichs, v. 28. Oktober 1871 (R.G.Bl. S. 347) mit Art. 2—5 d. Ges., betr. einige Aenderungen von Bestimmungen über das Postwesen, v. 20. Dezember 1899 (R.G.Bl. S. 715); H.G.B. v. 10. Mai 1897 § 452.

Eisenbahn-Postgesetz v. 20. Dezember 1875 (R.G.Bl. S. 318), Ges. über das Posttaxwesen im Gebiete des Deutschen Reichs, v. 28. Oktober 1871 (R.G.Bl. S. 358) mit den Abänderungsges. v. 17. Mai 1873 (R.G.Bl. S. 107), 3. November 1874 (R.G.Bl. S. 127) und Art. 1 des Ges. v. 20. Dezember 1899 (R.G.Bl. S. 715).

Ges., betr. die Portofreiheiten im Gebiete des Norddeutschen Bundes, v. 5. Juni 1869 (B.G.Bl. S. 141) dazu Einf.Ges. zur R.Verf. v. 16. April 1871 § 2 (B.G.Bl. S. 63), Ges. v. 1. März 1872 (Ges.Bl. für Elsaß-Lothr. S. 150), Ges. v. 29. Mai 1872 (R.G.Bl. S. 167).

Postordnung v. 11. Juni 1892 (Centr.Bl. S. 428).

Weltpostvertrag v. 15. Juni 1897 (R.G.Bl. S. 1079). Uebereinkommen, betr. den Dienst der Briefe u. Kästchen mit Werthangabe, der Postanweisungen, der Postpackete, der Postaufträge, des Postbezugs von Zeitungen und Zeitschriften, v. 15. Juni 1897 (R.G.Bl. S. 1115, 1133, 1145, 1166, 1176).

Ges. über das Telegraphenwesen des deutschen Reichs, v. 6. April 1892 (R.G.Bl. S. 467); Telegraghenwege-Gesetz v. 18. Dezember 1899 (R.G.Bl. S. 705); Fernsprechgebührenordnung v. 20. Dezember 1899 (R.G.Bl. S. 711).

Telegraphen-Ordnung v. 15. Juni 1891 (Centr.Bl. S. 162).

Fünfter Abschnitt.

Von der Mühlengerechtigkeit.[53])

Mühlen an öffentlichen Flüssen.

§. 229. Das Recht, Wasser- und Schiffsmühlen an und in öffentlichen Flüssen anzulegen, ist ein Vorbehalt des Staats.[54])

§. 230. Wem der Staat die Mühlengerechtigkeit auf einem schiffbaren Strome verliehen hat, der muß bei Ausübung seines Rechts, nach dem Inhalte seines Privilegii, und der vom Staat ertheilten allgemeinen oder Provinzial-Mühlenordnungen auf das genaueste sich achten.[55])

§. 231. Will er von seinem Rechte durch Anlegung einer neuen, bisher noch nicht vorhanden gewesenen Mühle Gebrauch machen: so muß er sich bei der Landespolizei-Instanz melden, und den Anweisungen derselben Folge leisten.[56])

§. 232. Ein Gleiches findet statt, wenn eine alte eingegangene Mühle dieser Art wieder aufgebaut, oder in der gegenwärtigen Anlage einer wirklich vorhandenen etwas verändert werden soll.

Mühlen an Privatflüssen, und Windmühlen.

§. 233. Mühlen an Privatflüssen, ingleichen Windmühlen, mag zwar in Provinzen, wo nicht das Gegentheil durch besondere Gesetze oder Verfassungen bestimmt ist, jeder Eigenthümer auf seinem Grunde und Boden anlegen.[57])

§. 234. Er ist aber dazu nur in so fern berechtigt, als es ohne Schmälerung der Befugnisse eines Dritten geschehen kann.

Was Rechtens sei, bei Anlegung neuer oder Veränderung alter Mühlen.

§. 235. Es muß daher jeder Mühlenberechtigte ohne Unterschied, welcher eine neue Mühle bauen; oder eine eingegangene wieder herstellen; oder sie an einen anderen Ort verlegen; oder in

---

[53]) Art. 65 E.G. z. B.G.B; Art. 40 A.G. z. B.G.B; Art. 21 A.G. z. G.B.O.; Art. 22 A.G. z. Zw.B.G.

[54]) § 21 II. 14, Art. 73 E.G. z. B.G.B.

[55]) Mühlenordnung v. 28. Oktober 1810 (G.S. S. 98).

[56]) §§ 16ff., 23 Abs. 2 R.Gew.O., Zust.Ges. v. 1. August 1883 (G.S. S. 237), § 109.

[57]) R.Gew.O. §§ 1, 23 Abs. 2, 28. Edikt wegen der Mühlengerechtigkeit und Aufhebung des Mühlenzwanges v. 28. Oktober 1810 (G.S. S. 95) §§ 6ff., vgl. Pr. Gew.O. v. 17. Januar 1845 (G.S. S. 41) §§ 2, 38. Vgl. unten Anm. 62 zu § 242.

eine andere andere Gattung verwandeln; oder mit mehreren Gängen versehen will, sich bei der Landespolizei-Instanz melden, derselben den Plan der beabsichtigten Einrichtung anzeigen, und die weitere Anweisung derselben erwarten.[58])

§. 236. Die Landespolizei-Instanz muß, ehe sie die Approbation ertheilt, die benachbarten Mühlenberechtigten und Andere, welchen durch den neuen Bau, oder durch die Abänderung Schaden erwachsen könnte, darüber vernehmen.

Wer zum Widerspruche dagegen berechtigt sei, oder nicht.

§. 237 fällt fort.[59])

§. 238. Auch ist ein neuer Mühlenbau in so fern unzulässig, als dadurch den schon vorhandenen Mühlen das zu ihrem Betriebe erforderliche Wasser entzogen, oder selbiges zu ihrem Nachtheil zurückgestaut wird.[60])

§. 239. Wer aus einem dieser gesetzmäßigen Gründe einem neuen Mühlenbaue widerspricht, dem soll Gehör darüber, im ordentlichen Wege Rechtens, verstattet werden.[61])

§. 240 fällt fort.[59])

§. 241. Der vermeintliche Abgang freiwilliger Mahlgäste ist kein hinlänglicher Grund zum Widerspruche gegen die Anlegung neuer Mühlen.

§. 242 fällt fort.[62])

Polizeigesetze in Mühlensachen.

§. 243. Erhöhungen des Fachbaumes, und Veränderungen des Sicherpfahls können nicht anders, als unter Aufsicht der Landes-

---

[58]) S. vorige Anm. Reichsrayonges. v. 21. Dezember 1871 (R.G.Bl. S. 459) §§ 13, 17 B Nr. 3.

[59]) §§ 237, 240 handelten von Mahlzwangsgerechtigkeiten und sind mit diesen beseitigt. Edikt wegen der Mühlengerechtigkeit und Aufhebung des Mühlenzwanges v. 28. Oktober 1810 (G.S. S. 95). — Dazu K.O. v. 23. März 1836 (G.S. S. 168) —; (für Ostpreußen und Kreis Marienwerder: Edikt v. 29. März 1808 §§ 7 ff. (G.S. S. 219), Edikt v. 7. September 1811 (G.S. S. 225) § 3 Nr. 5, K.O. v. 22. September 1826 [G.S. S. 85]). Pr. Gew.O. v. 17. Januar 1845 (G.S. S. 41) § 4; R.Gew.O. § 7.

[60]) Ges. über die Benutzung der Privatflüsse v. 28. Februar 1843 (G.S. S. 41) §§ 13 ff.

[61]) Ges. v. 28. Februar 1843 (G.S. S. 41) § 23, § 75 des Zuständ.-Ges. v. 1. August 1883 (G.S. S. 237).

[62]) Aufgehoben durch § 38 Pr. Gew.O. v. 17. Januar 1845 (G.S. S. 41).

polizei, mit Zuziehung der benachbarten Interessenten, und nur so weit es diesen unschädlich ist, vorgenommen werden.[63])

§. 244. Dagegen sind bewegliche Aufsätze auf dem Fachbaum bei kleinem Wasser so lange erlaubt, als den ober- oder unterhalb liegenden Nachbarn, sowohl Müllern als Grundbesitzern, daraus kein Nachtheil entsteht.

§. 245 fällt fort.[64])

§. 246. Einer schon vorhandenen Mühle darf ein Nachbar, durch dessen Grundstücke das zu ihrem Betriebe nöthige Wasser fließt, dasselbe nicht entziehen. (Th. 1. Tit. 22. §. 3.)

§. 247. Auch ist Niemand berechtigt, einer Windmühle durch Anpflanzung hoher Bäume da, wo dergleichen vorher nicht gewesen sind, den nöthigen Wind zu benehmen.[65])

Sechszehnter Titel.

Von den Rechten des Staats auf herrenlose Güter und Sachen.

Allgemeine Grundsätze.

§§. 1—7 fallen fort.[1])

Erster Abschnitt.

Von den Rechten des Staats auf herrenlose Grundstücke.

§§. 8—15 fallen fort.[2])

Zweiter Abschnitt.

Von den Rechten des Staats auf erblose Verlassenschaften.

§§. 16—19 fallen fort.[3])

---

[63]) Ges. wegen des Wasserstaues bei Mühlen u. Verschaffung der Vorfluth v. 15. November 1811 (G.S. S. 352) §§ 1—9; Zuständ. Ges. v. 1. August 1883 (G.S. S. 237) § 67.

[64]) Beseitigt infolge von § 7 Nr. 5 R.Gew.O.

[65]) V. wegen Aufhebung des § 247 II. 15 A.L.R., in Rücksicht neuer Windmühlen-Anlagen, v. 18. November 1819 (G.S. S. 250).

[1]) §§ 1—4, 7 sind aufgehoben durch Art. 89 A.G. z. B.G.B. (vgl. §§ 958, 928, 1936 B.G.B.); § 5 ist beseitigt infolge des Ges., betr. die Aufhebung des Jagdrechts auf fremdem Grund und Boden, v. 31. Oktober 1848 (G.S. S. 343); § 6 ist aufgehoben durch § 244 des Allgemeinen Berggesetzes v. 24. Juni 1865 (G.S. S. 705).

[2]) Aufgehoben durch Art. 89 A.G. z. B.G.B. (vgl. § 928 B.G.B.). — Art. 92, 190 S. 2 E.G. z. B.G.B. (Weichbild- und Auenrecht.) Westpreuß. Provinzialrecht § 77.

[3]) §§ 16—18 sind aufgehoben durch Art. 89 A.G. z. B.G.B. (vgl. § 1936 B.G.B.); § 19 ist beseitigt durch Art. 10 der Pr.Verf.

In wie fern das Recht, erblose Verlassenschaften im Besitz zu nehmen, von Privatpersonen;

§. 20. Das Erbrecht des Staats auf erledigte Verlassenschaften kommt moralischen oder anderen Privatpersonen nur in so fern zu, als sie nachweisen können, dasselbe vom Staat auf eine rechtsgültige Weise erworben zu haben.[4])

§. 21 fällt fort.[5])

von milden Stiftungen ausgeübt werden könne.

§. 22. Milden Stiftungen bleibt ihr Successionsrecht auf den erblosen Nachlaß der darin erzogenen, oder bis an ihren Tod verpflegten Personen, gegen den Fiscus auch alsdann, wenn dem Verstorbenen die vorgeschriebene Bedeutung nicht geschehen ist. (Tit. 19).[6])

§§. 23—29, Anhang §. 146 fallen fort.[5])

Dritter Abschnitt.

Vom Jagdregal.[7])

Begriff.

§. 30. Das Recht, jagdbare wilde Thiere aufzusuchen und sich zuzueignen, wird die Jagdgerechtigkeit genannt. (Th. 1. Tit. 9. §. 107—175.[8])

Was jagdbare Thiere sind.

§. 31. Was zu den jagdbaren Thieren gehöre, oder ein Gegenstand des freien Thierfanges sei, wird in den Gesetzen einer jeden Provinz bestimmt.[9])

§. 32. Im Mangel anderer Bestimmungen gehören vierfüßige wilde Thiere und wildes Geflügel, in so fern beide zur Speise gebraucht zu werden pflegen, zur ausschließenden Jagdgerechtigkeit.

§. 33. Andere wilde Thiere sind in der Regel ein Gegenstand des freien Thierfanges.[10])

---

[4]) Art. 138 E.G. z. B.G.B.

[5]) Aufgehoben durch Art. 89 A.G. z. B.G.B.

[6]) Art. 138, 139 E.G. z. B.G.B., vgl. § 65 II. 19. — Zu Art. 138 das. vgl. den Rezeß Joachims I. v. 27. Dezember 1508 zu Gunsten von Berlin.

[7]) Art. 69 E.G. z. B.G.B.; vgl. Anm. 10 vor §§ 128 ff. I. 9.

[8]) Ges., betr. die Aufhebung der Jagd auf fremdem Grund u. Boden und die Ausübung der Jagd, v. 31. Oktober 1848 (G.S. S. 342).

[9]) § 45 d. Fischereigesetzes v. 30. Mai 1874 (G.S. S. 197) i. d. Fassung d. Art. 4 d. Ges. v. 30. März 1880 (G.S. S. 228).

[10]) Vgl. §§ 960 ff. B.G.B., §§ 111 ff. I. 9.

§. 34. Dahin gehören auch Wölfe, Bären, und andere dergleichen schädliche Raubthiere.

§. 35. Doch dürfen dergleichen Thiere (§. 33. 34.) in Wäldern und Jagdrevieren von denjenigen, denen daselbst keine Jagdgerechtigkeit zukommt, nicht aufgesucht, noch weniger Jagden darauf angestellt werden.

§. 36. Was für Arten der wilden Thiere weder gejagt, noch sonst eingefangen werden können, muß durch besondere Gesetze und Verordnungen ausdrücklich bestimmt sein.

Hohe, mittlere und niedere Jagd.

§. 37. Zur hohen Jagd werden gewöhnlich nur Hirsche, wilde Schweine, Auerochsen, Elenthiere, Fasanen, Auerhähne und Hennen gerechnet.

§. 38. Wo die Provinzialgesetze keine mittlere Jagd bestimmen, gehört alles übrige Wild zur niederen Jagd.

§§. 39—43 fallen fort.[11])

Einschränkungen der Jagdgerechtigkeit:

§. 44. Soweit als Jemand zur Jagd berechtigt ist, kann er seine Befugniß, auf alle an sich erlaubten Arten das Wild zu jagen oder zu fangen, ausüben.

1) in Ansehung der Zeit der Ausübung;

§. 45. Die Setz-, Schon- und Hegezeit aber muß von jedem Jagdberechtigten genau beobachtet werden.

§§. 46—57 fallen fort.[12])

2) in Ansehung der Art der Ausübung.

§. 58. Auch ein Jagdberechtigter darf kein Selbstgeschoß legen.

§. 59. Fuchseisen oder Schlingen dürfen nur an abgelegenen Oertern, und mit solcher Vorsicht, daß dadurch weder Menschen noch Vieh, ohne eigenes grobes Versehen der Ersteren, zu Schaden kommen können, gelegt werden. (Theil 1. Titel 9. §. 152. 153.)

---

[11]) Infolge des in Anm. 8 genannten Gesetzes.

[12]) Ges. über die Schonzeiten des Wildes v. 26. Februar 1870 (G.S. S. 120) mit Ges. v. 13. August 1897 (G.S. S. 391). Siehe § 368 Ziff. 11 R.Str.G.B. — Vgl. Ges. v. 2. Mai 1853 über die in den Hohenzollernschen Landen für die Jagd gewisser Wildgattungen inne zu haltenden Hege- u. Schonzeiten (G.S. S. 178).

§§. 60—63 fallen fort.[13])

Von Hunden auf fremdem Jagdrevier.

§. 64. Niemand darf auf fremden Jagerevieren Hunde laufen lassen, die nicht mit einem Knüppel, welcher sie an der Aufsuchung und Verfolgung des Wildes hindere, versehen sind.[14])

§. 65. Ungeknüppelte gemeine Hunde, ingleichen Katzen, die auf Jagdrevieren herumlaufen, kann jeder Jagdberechtigte tödten, und der Eigenthümer muß das Schußgeld bezahlen.

§. 66. Wenn Jagd= oder Windhunde, während der von einem Jagdberechtigten auf seinem Revier angefangenen Jagd, bloß überlaufen: so können sie nicht getödtet; sie müssen aber sofort zurückgerufen werden.

§. 67. Wenn Jagdhunde nicht mit Vorsatz an der Grenze gelöset worden, sondern nur von ungefähr über die Grenze gelaufen sind: können sie aufgefangen, und müssen dem Eigenthümer, gegen Entrichtung eines Pfandgeldes von acht Groschen für das Stück, zurückgegeben werden.

§. 68. Wie die Jagdcontraventionen zu bestrafen, ist im Criminalrechte vorgeschrieben, und wird in den Provinzial=Jagdordnungen näher bestimmt.[15])

Vierter Abschnitt.

Vom Bergwerksregal.

§§. 69—480 fallen fort.[16])

---

[13]) § 60 in Folge § 4 Abs. 1 d. Ges. v. 31. Oktober 1848 (G.S. S. 343), §§ 61—63 als jagdpolizeiliche Vorschriften durch § 30 d. Jagdpolizeiges. v. 7. März 1850 (G.S. S. 165).

[14]) §§ 64—67 sind als polizeiliche oder jagdrechtliche Vorschriften unberührt, zu § 67 siehe auch Art. 89 E.G. z. B.G.B.

[15]) R.Str.G.B. §§ 292—295, 368 Nr. 11; §§ 5—7 d. Ges. über die Schonzeiten des Wildes v. 26. Februar 1870 (G.S. S. 120), Jagdpolizeigesetz v. 7. März 1850 (G.S. S. 165) §§ 17, 18, 20, 29; Jagdscheingesetz v. 31. Juli 1895 (G.S. S. 304) §§ 11—13. — Vgl. Schongesetz f. Hohenzollern (Anm. 12) v. 2. Mai 1853 (G.S. S. 178) § 2; Ges., betr. die Aufhebung einiger in den Bezirken der Oberlandesgerichte zu Cöln, Hamm und Frankfurt a. M. bestehenden jagdpolizeilichen Strafbestimmungen, v. 24. Mai 1899 (G.S. S. 106).

[16]) Art. 67 E.G. z. B.G.B. Allgemeines Berggesetz für die Preußischen Staaten, v. 24. Juni 1865 (G.S. S. 705) mit den Gesetzen: betr. die Rechtsverhältnisse des Stein= u. Braunkohlenbergbaues

Siebzehnter Titel.

Von den Rechten und Pflichten des Staats zum besonderen Schutze seiner Unterthanen.

Allgemeine Grundsätze.

§. 1. Der Staat ist für die Sicherheit seiner Unterthanen, in Ansehung ihrer Personen, ihrer Ehre, ihrer Rechte und ihres Vermögens, zu sorgen verpflichtet.

§. 2. Dem Staat kommt es also zu, zur Handhabung der Gerechtigkeit, zur Vorsorge für diejenigen, welche sich selbst nicht

---

in den Landestheilen, in welchen das Kurfürstlich Sächsische Mandat vom 19. August 1743 Gesetzeskraft hat, v. 22. Februar 1869 (G.S. S. 401) — zu §§ 212, 213 A.B.G. —; Ges., betr. Abänderung des § 235 A.B.G., v. 9. April 1873 (G.S. S. 181); Ges. v. 24. Juni 1892 (G.S. S. 131); Ges., betr. Abänderung des § 211 A.B.G., v. 8. April 1894 (G.S. S. 41); A.G. z. B.G.B. Art. 87 ff., 22, 89 Ziff. 28. — A.G. z. G.B.O. Art. 22—28; A.G. z. Zw.B.G. Art. 22—27. — Ges., betr. Abänderung der Ansiedelungsgesetze v. 25. August 1876 u. s. w., v. 16. September 1899 (G.S. S. 497). — Ablösungsges. v. 2. März 1850 (G.S. S. 77) § 88. — Enteignungsges. v. 11. Juni 1874 (G.S. S. 221) § 54 Nr. 2.

Zu § 210 A.B.G.: Westpreußisches Provinzalrecht § 82.

Zu § 150 A.B.G.: Vgl. V., betr. die Verhältnisse der vormals unmittelbaren deutschen Reichsstände in den Preußischen Staaten, v. 21. Juni 1815 (G.S. S. 105) § 5; Instruktion dazu v. 30. Mai 1820 (G.S. S. 81) § 23; Ges., betr. den standesherrlichen Rechtszustand des Herzogs von Arenberg, wegen des Herzogthums Arenberg-Meppen, v. 27. Juni 1875 (G.S. S. 327) § 7 Nr. 9 Abs. 2; Ges., betr. die Regulirung des standesherrlichen Rechtszustandes des Fürstlichen Hauses zu Sayn-Wittgenstein-Berleburg bez. der Grafschaft Wittgenstein-Berleburg und der Herrschaft Homburg a. d. Mark, v. 25. Oktober 1878 (G.S. S. 305) § 11 Nr. 1; Ges., betr. die Regulirung des standesherrlichen Rechtszustandes des Fürstlichen Hauses zu Bentheim-Tecklenburg bez. d. Herrschaft Rheda und der Grafschaft Hohen-Limburg, v. 25. Oktober 1878 (G.S. S. 311) § 13.

Das A.B.G. ist eingeführt: in Nassau: V. v. 22. Februar 1867 (G.S. S. 237), in Oberhessen u. Hessen-Homburg: V. v. 22. Februar u. 6. März 1867 (G.S. S. 242, 351); in Hannover: V. v. 8. u. 25. Mai 1867 (G.S. S. 601, 735); in Kurhessen, Frankfurt a. M. u. d. ehem. Bayerischen Landestheilen: V. v. 1. u. 24. Juni 1867 (G.S. S. 770, 884); in Schleswig-Holstein: Ges. v. 12. März 1869 (G.S. S. 453).

Ges., betr. Ausdehnung verschiedener Bestimmungen des A.B.G. auf den Stein- u. Kalisalzbergbau der Prov. Hannover, v. 14. Juli 1895 (G.S. S. 295).

vorstehen können, und zur Verhütung sowohl als Bestrafung der Verbrechen, die nöthigen Anstalten zu treffen.

Erster Abschnitt.

Von der Gerichtsbarkeit.

Gerichtsbarkeit überhaupt.

§. 3. Die Pflicht des Staats, für die Sicherheit seiner Einwohner, ihrer Personen und ihres Vermögens zu sorgen, ist der Grund der demselben zukommenden allgemeinen und obersten Gerichtsbarkeit.

Bürgerliche,

§. 4. Die bürgerliche Gerichtsbarkeit hat die Untersuchung und Entscheidung der Streitigkeiten, welche über Rechte und Eigenthum entstehen, zum Gegenstande.[1])

§. 5. Doch gehört zur Civilgerichtsbarkeit auch das Recht, Handlungen, die nicht streitig sind, gerichtlich zu vollziehen, zu bestätigen, und zu beglaubigen.[2])

---

[1]) § 1 Einl. z. A.G.O.; E.G. z. G.V.G. §§ 2 ff.

[2]) Die freiwillige Gerichtsbarkeit wird von den Gerichten ausgeübt a. kraft Reichsrechtes: in den Fällen des R.F.G.G.: §§ 35, 65, 69, 72, 100, 125, 159, 161, 163, 167 ff.; B.G.B. §§ 29, 48, 132, 176, 1171, 1192, 1200; G.B.O. §§ 1, 72, 79; Ges. über die privatrechtlichen Verhältnisse der Binnenschiffahrt, i. d. Fassung der Bekanntm. v. 20. Mai 1898 (R.G.Bl. S. 868) § 120; Ges., betr. das Flaggenrecht der Kauffahrteischiffe, v. 22. Juni 1899 (R.G.Bl. S. 319) § 4 Abs. 2, § 27; Ges., betr. das Urheberrecht an Mustern und Modellen, v. 11. Januar 1876 (R.G.Bl. S. 11) § 9; Börsengesetz v. 22. Juni 1896 (R.G.Bl. S. 157) § 54. b. nach Landesrecht: A.G.O. II. 6; Pr.F.G.G.; A.G. z. B.G.B. Art. 13, 46 ff., 64 ff., 68, 81; A.G. z. G.B.O. Art. 1; A.G. z. H.G.B. Art. 2; Ges. über die Fürsorgeerziehung Minderjähriger, v. 2. Juli 1900 (G.S. S. 264) §§ 4, 7; Hinterlegungsordnung v. 14. März. 1879 (G.S. S. 249); A.G. z. B.G.B Art. 84; A.G. z. G.B.G. §§ 29, 41, 49, vgl. Anm. 13 zu § 166 I. 18, Anm. 23 zu § 62 II. 4. (Art. 59 E.G. z. B.G.B.); Ges., betr. das Höferecht i. d. Provinz Hannover, v. 2. Juni 1874 (G.S. S. 186); im Kreise Herzogth. Lauenburg, v. 21. Februar 1881 (G.S. S. 19); Landgüterordnungen für d. Provinzen Brandenburg, v. 10. Juli 1883 (G.S. S. 111); Schlesien, v. 24. April 1884 (G.S. S. 121); Schleswig-Holstein, v. 2. April 1886 (G.S. S. 117); für den Reg.-Bez. Kassel, v. 1. Juli 1887 (G.S. S. 315); Ges., betr. das Anerbenrecht bei Renten- und Ansiedelungsgütern, v. 8. Juni 1896 (G.S. S. 124); Anerbengesetz für Westfalen, v. 2. Juli 1898 (G.S. S. 139); Ges., betr. das Pfandrecht an Privateisenbahnen und Kleinbahnen u. s. w., v. 19. August 1895

Criminal=,

§. 6. Zur Criminalgerichtsbarkeit gehört die Untersuchung und Bestrafung der Verbrechen.[3])

§§. 7, 8 fallen fort.[4])

§. 9. Strafbare Beeinträchtigungen nutzbarer Rechte des Staats bleiben den darüber besonders bestellten Gerichten vorbehalten.[5])

Polizeigerichtsbarkeit.

§. 10. Die nöthigen Anstalten zur Erhaltung der öffentlichen Ruhe, Sicherheit und Ordnung, und zur Abwendung der dem Publico, oder einzelnen Mitgliedern desselben bevorstehenden Gefahr zu treffen, ist das Amt der Polizei.[6])

§. 11. Die Untersuchung und Bestrafung der gegen solche Polizeigesetze begangenen Uebertretungen kommt, sobald damit kein vorsätzliches oder schuldbares Verbrechen verbunden ist, der Polizeigerichtsbarkeit zu.[6])

(G.S. S. 499) §§ 127 ff. Ges., betr. die Bildung von Wassergenossenschaften, v. 1. April 1879 (G.S. S. 297) §§ 13 ff., 43; Ges., betr. das Staatsschuldbuch v. 20. Juli 1883 (G.S. S. 120), § 12 A.G. z. B.G.B. Art. 16. A.L.R. II. 11, §§ 501 ff.; V. betr. die Geburten, Heirathen und Sterbefälle, deren bürgerl. Beglaubigung durch die Amtsgerichte erfolgen muß, v. 30. März 1847 (G.S. S. 125). R.Ges. über die Verhältnisse der Juden, v. 25. Juli 1847 (G.S. S. 263) §§ 8 ff. Ges., betr. die Beurkundung des Personenstandes und die Form der Eheschließung, v. 9. März 1874 (G.S. S. 95) § 53; R.Ges. über die Beurkundung des Personenstandes und die Eheschließung, v. 6. Februar 1875 (R.G.Bl. S. 23) § 73.

[3]) E.G. z. Str.Pr.O. § 3.

[4]) Ueber die Grenzen der bürgerlichen und Strafgerichtsbarkeit entscheidet jetzt d. G.V.G.

[5]) E.G. zur Str.Pr.O. § 6 Ziff. 3; Ges., betr. das Verwaltungsstrafverfahren bei Zuwiderhandlungen gegen die Zollgesetze u. s. w., v. 20. Juli 1897 (G.S. S. 237); Ges., betr. die Hinterziehung und Ueberhebung von Verkehrsabgaben, v. 2. Mai 1900 (G.S. S. 123); s. S. 515 Anm. 46 ff.

[6]) Ges. über die Polizei=Verwaltung, v. 11. März 1850 (G.S. S. 262). Ortspolizeibehörden: dies Ges. §§ 1, 2. Städteordnungen: für die östlichen Provinzen v. 30. Mai 1853 (G.S. S. 261) § 62, für Westfalen v. 19. März 1856 (G.S. S. 237) § 62, f. d. Rheinprovinz v. 15. Mai 1856 (G.S. S. 406 § 57, i. d. Prov. Schleswig=Holstein v. 14. April 1869 (G.S. S. 589) § 89; für Hessen=Nassau v. 4. August 1897 (G.S. S. 254) § 67, Frankfurt a/M.: V. v. 29. Juni 1867 (G.S. S. 917). — Landgemeinden: Kreisordnung für d. sechs

§. 12. Bei einem jeden Vorfalle, wodurch die unter der besonderen Obsorge der Polizei stehende öffentliche Ruhe und Sicherheit gestört worden, hat die Polizeigerichtsbarkeit das Recht des ersten Angriffes, und der vorläufigen Untersuchung.[7])

§. 13. Findet sich aber bei dieser Untersuchung, daß außer der Uebertretung des Polizeigesetzes zugleich ein vorsätzliches oder schuldbares Verbrechen begangen worden: so muß die Polizei die fernere Verfügung der ordentlichen Gerichtsbarkeit überlassen.[8])

§. 14. Auch müssen in allen Fällen, da ein Mensch gewaltsamer Weise ums Leben gekommen ist, und überhaupt, sobald zur Begründung einer künftigen Criminaluntersuchung, das Dasein und die Beschaffenheit einer gewaltthätigen Handlung durch Einnehmung des Augenscheins, oder Besichtigung der Sachverständigen, rechtlich festzusetzen sind, die ordentlichen Gerichte von der Polizei zugezogen werden.

§. 15 fällt fort.[9])

§. 16. Nähere Bestimmungen der Grenze zwischen der Polizei- und der peinlichen oder bürgerlichen Gerichtsbarkeit bleiben den Provinzialgesetzen und besonderen Polizeiordnungen vorbehalten.

§. 17. Die Vollstreckung eines rechtskräftigen Urtels gehört der Regel nach derjenigen Gerichtsbarkeit, welcher die Untersuchung und das Erkenntniß in der Sache gebührt.[10])

östlichen Provinzen i. d. Fass. d. Bekanntm. v. 19. März 1881 (G.S. S. 180) § 47; Posen: Ges. 11. März 1850 (G.S. S. 265) § 4; Landgemeindeordnung für Westfalen v. 19. März 1856 (G.S. S. 265) § 74; Kreisordnung f. d. Rheinprovinz v. 30. Mai 1887 (G.S. S. 209) § 28; für Schleswig-Holstein v. 26. Mai 1888 (G.S. S. 139) § 51; für d. Prov. Hannover v. 6. Mai 1884 (G.S. S. 181) §§ 24, 29, 35; Landgemeindeordnung f. d. Prov. Hessen-Nassau, 4. August 1897 (G.S. S. 301) §§ 63, 64. — Vgl. Seemannsordnung v. 27. Dezember 1872 (R.G.Bl. S. 409) § 101; E.G. z. Str.Pr.O. § 5 Abs. 2. — Str.Pr.O. §§ 453 ff.; Ges., betr. den Erlaß polizeilicher Strafverfügungen bei Uebertretungen, v. 23. April 1883 (G.S. S. 65).

[7]) Vgl. Str.Pr.O. § 161 Abs. 1; §§ 1, 22 des Ges., betr. d. Verwaltungsstrafverf. u. s. w., v. 20. Juli 1897 (G.S. S. 237); §§ 8, 9 des Verkehrsabgabenges. v. 2. Mai 1900 (G.S. S. 123) — s. Anm. 5.

[8]) Vgl. Str.Pr.O. § 161 Abs. 2; § 3 E.G. z. Str.Pr.O.

[9]) Mit Wegfall des fiskalischen Untersuchungsprozesses, V. über die Einführung des mündlichen und öffentlichen Verfahrens mit Geschworenen in Untersuchungssachen v 3. Januar 1849 (G.S. S. 14) § 182.

[10]) 8. Buch d. C.P.O.; Str.Pr.O. §§ 481 ff. Pr. F.G.G. Art. 15 ff.; V., betr. das Verwaltungszwangsverfahren wegen Beitreibung von Geld-

Höchste Gerichtsbarkeit des Staats.

§. 18. **Die allgemeine und höchste Gerichtsbarkeit im Staat gebührt dem Oberhaupte desselben und ist, als ein Hoheitsrecht, unveräußerlich.**[11])

Verleihung der Gerichtsbarkeit an Privatpersonen.

§. 19. **Die Ausübung der Gerichtsbarkeit über bestimmte Districte, Sachen, Personen, oder Handlungen, kann auch Anderen übertragen werden.**[12])

§§. 20—47 fallen fort.[12])

Von der Gerichtsbarkeit in nicht streitigen Sachen.[13])

§. 48. Handlungen und Rechtsangelegenheiten, bei welchen es auf eine bloße Beglaubigung ankommt, können, nach Gutbefinden der Parteien, bei einem jeden Gerichte vollzogen werden.[14])

§. 49. Doch sind Gerichte, welche nur für gewisse Arten der Geschäfte bestellt worden (Fora specialia causae), von der Vollziehung solcher Handlungen in so weit ausgeschlossen, als die Handlung nicht ein Geschäft derselben Art unmittelbar zum Gegenstande hat.[15])

§. 50. Wer die Befugniß hat, solche nicht streitige Handlungen zu vollziehen und zu beglaubigen, der hat deswegen noch keine Gerichtsbarkeit. (Tit. 7. §. 82. 83. 84.)[16])

---

beträgen, v. 15. November 1899 (G.S. S. 545); Ges., betr. das Verwaltungsstrafverfahren u. s. w., v. 20. Juli 1897 (G.S. S. 237) §§ 52—57; Forstdiebstahlsges. v. 15. April 1878 (G.S. S. 222) § 33.

11) V. über die Aufhebung der Privatgerichtsbarkeit u. s. w. v. 1. Januar 1849 (G.S. S. 1); G.V.G. § 15.

12) § 19 enthält den Grundsatz der Uebertragbarkeit der Polizeigewalt und ist soweit erhalten. Im Uebrigen ist er, und §§ 20—47 mit Aufhebung der Patrimonialgerichtsbarkeit weggefallen.

13) §§ 48—52, 54, 56—60 sind durch Art. 89 A.G. z. B.G.B. aufgehoben so weit sie sich nicht auf öffentliches Recht beziehen. Damit sind §§ 52, 59, die Vorschriften über die Form von Rechtsgeschäften enthielten, beseitigt. Bei den übrigen Bestimmungen ist, da Zuständigkeitsnormen sich auf öffentliches Recht beziehen, die Nichtgeltung besonders zu prüfen.

14) §§ 48, 51 Anh. § 147 sind durch §§ 126, 129, 518 B.G.B., §§ 167ff., 191 R.F.G.G., Art. 31ff. Pr.F.G.G. ersetzt.

15) § 49 ist als Zuständigkeitsnorm mangels entgegenstehender Vorschriften erhalten. In Betracht können z. B. die Oberlandesgerichte als Lehnsgerichte kommen.

16) § 50 ist beseitigt durch Art. 119 Pr.F.G.G.

§. 51. Wie weit Justizcommissarii Handlungen, die eine öffentliche Beglaubigung erfordern, vornehmen können, ist in der Prozeßordnung bestimmt.[14])

§. 52 fällt fort.[13])

§. 53 fällt fort.[17])

§. 54. In wie fern Handlungen, welche Schiffe und Schiffsgefäße betreffen, vor den besonderen See- und Schifffahrtsgerichten vollzogen werden müssen, ist gehörigen Orts bestimmt. (Th. 1. Tit. 20. §. 300. sqq.; Th. 2. Tit. 8. Abschn. 11.)[18])

§. 55. Handlungen, die zwar an sich keinen Rechtsstreit betreffen, dennoch aber vor ihrer Vollziehung eine richterliche Untersuchung erfordern, können nur von dem ordentlichen Richter vollzogen werden.[19])

§. 56. Besonders gehören Bevormundungen, Erbsonderungen und Errichtungen von Einkindschaften, ingleichen Aussetzungen von Altentheilen, nur vor den ordentlichen Richter der Person, freiwillige Subhastationen und Adjudicationen unbeweglicher Güter aber vor den Richter der Sache.[20])

§. 57. Verträge, wodurch eine Gemeinschaft der Güter unter Eheleuten eingeführt, oder an Orten, wo sie nach Provinzialgesetzen und Statuten stattfindet, ausgeschlossen werden soll, gehören vor den ordentlichen persönlichen Richter. (Th. 2. Tit. 1. Abschn. 6.)[21])

§. 58 fällt fort.[22])

---

17) § 53 ist aufgehoben durch das Ges. wegen Aufhebung der Verlautbarung, v. 23. April 1821 (G.S. S. 43).

18) An Stelle von § 54 sind getreten: R.F.G.G. §§ 100—124; Pr. F.G.G. Art. 29 f.; Ges., betr. die privatrechtlichen Verhältnisse der Binnenschifffahrt i. d. Fass. d. Bekanntm. v. 20. Mai 1898 (R.G.Bl. S. 868) §§ 119—133; Ges., betr. das Flaggenrecht der Kauffahrteischiffe, v. 22. Juni 1899 (R.G.Bl. 319) § 4.

19) § 55 ist vom A.G. z. B.G.B. unberührt geblieben, und kommt als Zuständigkeitsvorschrift z. B. für Aufnahme von Taxen, A.G.O. II. 6, in Betracht.

20) § 56 ist als Zuständigkeitsnorm für das Verfahren der Lehns- und Fideicommiß-Sonderung (A.G.O. I. 46) erhalten; vgl. Art. 59 E.G. z. B.G.B.; §§ 185, 189 R.F.G.G.; Art. 144 Pr. F.G.G.; A.L.R. I. 18 §§ 506 ff., II. 4 §§ 206 ff. Sonst ist § 56 ersetzt durch R.F.G.G. §§ 35 ff. (Vormundschaften), § 72 (Nachlaßsachen); und Pr.F.G.G. Art. 33, 66 ff. (freiwillige Versteigerungen). Das Institut der Einkindschaft ist dem B.G.B. unbekannt.

21) § 57 ist ersetzt durch §§ 1432, 1558 ff. B.G.B.; §§ 161 f. R. F.G.G.; Art. 29 Pr. F.G.G.

22) § 58 war durch Anh. § 147 ersetzt.

Anh. §. 147. Bei Schenkungen, wenn sie die Kraft und Wirksamkeit der gerichtlichen haben sollen, ingleichen bei Errichtung von Einkindschaften ist den Parteien die Wahl zu lassen, an welches gehörig besetzte Gericht sie sich deshalb wenden wollen.[14])

§. 59 fällt fort.[13])

§. 60 fällt fort.[23])

Nähere Bestimmungen wegen der bürgerlichen und peinlichen Gerichtsbarkeit.

§§. 61—63 fallen fort.[24])

§. 64. **In wie fern geringere Vergehungen des freien** oder unterthänigen **Gesindes**, oder der Dienstleute, **von jedem Hausvater** oder Gutsherrn **geahndet werden können, ist gehörigen Orts bestimmt.** (Th. 2. Tit. 5. §. 77. 80. 81., Tit. 7. §. 227. sqq.)[25])

§. 65. **Anh.** §. 148, §. 66.[26])

§§. 67—97 fallen fort.[27])

Verhältniß der Unterrichter gegen den Staat.

§. 98. **Uebrigens steht jeder Unterrichter in Ansehung seiner Amtsgeschäfte unter der Direction des Staats, und des von selbigem ihm vorgesetzten Obergerichts.**[28])

---

[23]) § 60 ist ersetzt durch Art. 39 Pr.F.G.G.

[24]) G.V.G. § 27; E.G. z. Str.Pr.O. § 3 Abs. 3; Str.Pr.O. §§ 211, 447, 453, 459 ff. Ges., betr. den Forstdiebstahl v. 15. April 1878 (G.S. S. 222) §§ 19 ff.

[25]) § 64 ist für die Frage des Weiterbestehens von § 77 Ges.O. nicht ausschlaggebend. — S. Anm. 21 zu § 77 Ges.O. u. Anm. 20 zu § 147 II. 7.

[26]) Str.Pr.O. §§ 163, 165; vgl. G.V.G. § 185.

[27]) Siehe Anm. 12 zu § 19 d. T.

[28]) Aufsicht a) über die ordentlichen Gerichte: A.G. z. G.V.G. §§ 78 ff.; Ges., betr. Abänderung von Bestimmungen der Disciplinargesetze, v. 9. April 1879 (G.S. S. 345) § 23; Ges., betr. die Führung der Aufsicht b. d. Amtsgericht I u. d. Landgericht I in Berlin u. s. w. v. 10. April 1892 (G.S. S. 77); b) ü. d. anderen Ger.: Verwaltungsgerichte: Land.Verw.Ges. v. 30. Juli 1883 (G.S. S. 195) § 48; Auseinandersetzungsbehörden: V. wegen Organisation der Generalkommissionen u. s. w., v. 20. Juni 1817 (G.S. S. 161) §§ 38, 39; V., betr. die Geschäftsführung u. d. Instanzenzug v. 22. November 1844 (G.S. 1845 S. 21) § 14; A. E. v. 17. April u. 25. Juni 1848 (G.S. S. 109 u. 159) Uebergang der landwirthschaftlichen Angelegenheiten vom Minist. d. Innern auf das für Landwirthschaft; Ges., betr. d. Verfahren, v. 18. Februar 1880 (Bek. v. 10. Oktober 1899, G.S. S. 404) § 2.

§. 99. Wer ein richterliches Amt bekleidet, kann nur bei den vorgesetzten Gerichten oder Landescollegiis wegen seiner Amtsführung belaugt, in Untersuchung genommen, bestraft, oder seines Amtes entsetzt werden.[29])

Obergerichte.

§. 100. fällt fort.[30])

§. 101. Der Umfang der ordentlichen Gerichtsbarkeit, und die Fälle, wo Ausnahmen von derselben statt finden, sind in der Prozeßordnung vorgeschrieben.[31])

Lasten der Gerichtsbarkeit.

§. 102. Wer das Recht zur Gerichtsbarkeit ausübt, muß auch die zur Unterhaltung wohl bestellter Gerichte erforderlichen Kosten tragen.[32])

§. 103. Ein jeder Justizbedienter soll, nach Verhältniß seiner Geschäfte, mit einer bestimmten Besoldung versehen; niemals aber auf die Gerichtsgebühren angewiesen werden.[33])

§§. 104—108 fallen fort.[34])

§. 109. Zur Bewachung der Gefangenen, wo dieselbe nöthig ist, sind die Gerichtseingesessenen verpflichtet.

---

[29]) Pr. Verf. Art. 87. Ges., betr. die Dienstvergehen der Richter u. s. w., v. 7. Mai 1851 (G.S. S. 218) mit Abänderungsges. v. 26. März 1856 (G.S. S. 201) und d. Ges., betr. Abänderungen v. 9. April 1879 (G.S. S. 345). V. über Ausdehnung der Preuß. Disziplinarges. v. 23. September 1867 (G.S. S. 1613) (auf die neuen Provinzen); § 27 d. Ges. v. 9. April 1879 (Einführung in Lauenburg); V. v. 22. März 1891 (G.S. S. 39) § 1 (Einführung in Helgoland). — Verwaltungsgerichtsges. v. 3. Juli 1875 (G.S. 1880 S. 315) §§ 20 ff. Land.Verw.Ges. v. 30. Juli 1883 (G.S. S. 195) §§ 32, 39; Ges., betr. das Disziplinarverfahren vor dem O.V.G., v. 8. Mai 1889 (G.S. S. 107).

[30]) Gerichtsorganisation: s. G.V.G., A.G. z. G.V.G., Ges., betr. die Errichtung der Oberlandesgerichte u. der Landgerichte, v. 4. März 1878 (G.S. S. 109).

[31]) G.V.G. §§ 13, 17; E.G. z. G.V.G. § 17; § 1. Einl. z. A.G.O. s. Droop, Der Rechtsweg in Preußen, Berlin 1899.

[32]) Ges. über die Polizeiverwaltung, v. 7. März 1850 (G.S. S. 265) §§ 2, 3; Ges. über die Nutzungen und Lasten aus der vorläuf. Straffestsetzung wegen Uebertretungen, v. 26. März 1856 (G.S. S. 225); Ges., betr. den Erlaß polizeiliche Strafverf. bei Uebertret., v. 23. April 1883 (G.S. S. 65) § 7 Abs. 3, Ges., betr. die Kosten Kgl. Polizeiverwaltungen in Stadtgemeinden, v. 20. April 1892 (G.S. S. 87).

[33]) Siehe G.V.G. § 7.

[34]) Mit Aufhebung der Privatgerichtsbarkeit. S. Anm. 12 zu § 19 d. T.

§. 110—114 fallen fort.[34])

§. 115. Wo keine besondere Polizeigerichte verordnet sind, da fallen die durch bloße Polizeigesetze bestimmten Geldstrafen, ohne Unterschied der Summe, den Civilgerichten anheim.[32])

§§. 116, 117 fallen fort.[35])

§. 118. Zu den Einkünften der Criminalgerichtsbarkeit gehört, außer den gewöhnlichen Gerichtsgebühren, auch der Zehnt- oder sogenannte Gerichtshafer, und der Anfall des gestohlenen Gutes, in so fern dessen Eigenthümer nicht ausfindig gemacht werden kann.[36])

§§. 119—121 fallen fort.[34])

§. 122. Geschieht hingegen die Verwandlung der im Gesetze vorgeschriebenen Leibes- in eine Geldstrafe, aus dem Grunde, weil der Uebertreter, nach seiner besonderen körperlichen Beschaffenheit, mit der Leibesstrafe nicht belegt werden kann: so soll die Geldstrafe der Armen-Casse seines Wohnortes zu gute kommen.[37])

§. 123. In wie fern die Pächte von den Scharfrichtern und Abdeckern zur Criminal- oder zur landesherrlichen Ober-Gerichtsbarkeit zu rechnen sind, beruht auf den besonderen Verfassungen einer jeden Provinz.

§. 124. Ueberhaupt ist kein Gericht befugt, andere oder mehrere Gebühren zu fordern, als der Staat ausdrücklich gebilligt und festgesetzt hat.[38])

§. 125. Alle Gerichtsgebühren und dahin gehörende Einnahmen der Landes-Justizcollegien sollen dem Staat berechnet, und besonders zu den bestimmten Besoldungen, auch anderen Nothdurften der Rechtspflege, angewandt werden.

§. 126. Zu den dem Staat vorbehaltenen nutzbaren Rechten der obersten Gerichtsbarkeit gehören besonders die eines Verbrechens wegen eingezogenen Güter; die fiskalischen Strafen und die Abfahrtsgelder von außer Landes gehenden Vermögen und Erbschaften.[39])

---

[35]) Beseitigt infolge des Ablösungs-Ges. v. 2. März 1850 (G.S. S. 77) § 3.

[36]) Siehe B.G.B § 983.

[37]) Wegen § 487 Str.Pr.O. außer Wirkung.

[38]) R.G.K.G. § 1; Pr.G.K.G. (G.S. 1899, S. 326)§§ 137 ff.; Land.-Verw.Ges. v. 30. Juli 1883 (G.S. S. 195) §§ 102 ff.; Kosten in Auseinandersetzungsangelegenheiten: Ges. v. 18. Februar 1880 i. d. Fassung der Bekanntm. v. 10. Oktober 1899 (G.S. S. 405) §§ 8—11, 44, 96—100.

[39]) Pr.Verf. Art. 10: Strafe der Vermögenseinziehung findet nicht

Zweiter Abschnitt.

Von Auswanderungen, Abfahrts- und Abschoßgeldern.[40])

Allgemeine Grundsätze wegen des Auswanderns.

§. 127. Kein Unterthan des Staats darf sich, ohne Vorwissen desselben, seiner obersten Gerichtsbarkeit durch Auswanderung aus dem Lande entziehen.

§§. 128—130 fallen fort.[41])

§. 131. Fremde, die in hiesigen Landen sich zwar aufgehalten, aber darin weder ein Amt übernommen, noch Grundstücke angekauft, noch bürgerliche Gewerbe getrieben haben, können das Land zu allen Zeiten nach eigener Willkür wieder verlassen.

§§. 132—135 fallen fort.[40])

§. 136. In allen Fällen, wo dem Haupte der Familie das Auswandern frei steht, oder erlaubt wird, kann er seine Frau, die noch unter seiner Gewalt befindlichen Kinder, und das von ihm mit ins Land gebrachte, noch wirklich in seinen Diensten stehende Gesinde mitnehmen.

§. 137. Einheimisches Gesinde nimmt an der dem Hausvater zustehenden Freiheit, oder gegebenen Erlaubniß zum Auswandern, keinen Theil, sondern wird nach seiner eigenen persönlichen Qualität beurtheilt.

§§. 138, 139, Anhang §. 150 fallen fort.[40])

I. Vom Abfahrtsgelde.

§§ 141—160 fallen fort.[42])

---

statt. Fortfall der Abfahrtsgelder: das. Art. 11 und Anm. 42 zu § 141 d. T.

[40]) Pr.Verf. Art. 11. R.Verf. Art. 4. Die Bestimmungen des zweiten Abschnitts sind durch die neuere Gesetzgebung über Freiheit der Auswanderung und Freizügigkeit fast durchweg außer Kraft gesetzt; R.Ges. über den Erwerb und Verlust der Bundes- und Staatsangehörigkeit, v. 1. Juni 1870 (B.G.Bl. S. 355); R.Ges. über die Freizügigkeit v. 1. November 1867 (B.G.Bl. S. 55). Vgl. R.Str.G.B. §§ 140, 360 Ziff. 3; Str.Pr.O. §§ 470 ff.

[41]) Zu § 128 vgl. Anm. 15 zu § 43 II. 10; zu § 129: Art 41 E.G. z. B.G.B. zum Ges. vom 1. Juni 1870 (B.G.Bl. S. 355).

[42]) Aufgehoben durch Pr. Verf. Art. 11 Abs. 2: Abzugsgelder dürfen nicht erhoben werden.

II. Vom Abschosse.

§§. 161—173 fallen fort.[43])

III. Verleihung des Abfahrts- und Abschoßrechts an Privatpersonen.

§§. 174—183 fallen fort.[42])[43])

Achtzehnter Titel.

Von Vormundschaften und Curatelen.[1])

Sechster Abschnitt.

Von der Sorge für den Unterhalt, und die Erziehung der Pflegebefohlenen.

Sorge für die Wahn- und Blödsinnigen;

§. 344. Finden der Vormund oder die Verwandten keine andere Gelegenheit, dergleichen Personen unterzubringen, so liegt dem Staat ob, dieselben in eine öffentliche Anstalt zur Verwahrung aufzunehmen.[2])

Achter Abschnitt.

Von Aufhebung der Vormundschaften.

Ende der Vormundschaft:

I. Von Seiten der Pflegebefohlenen:

5) Anstellung bürgerlicher Gewerbe.

§. 810. Wird Jemandem vor erlangter Volljährigkeit ein Amt übertragen, so hat der Mangel des Alters auf die Verbindlichkeit und Rechtskraft seiner Amtshandlungen keinen Einfluß.[2])

---

[43]) K.O. v. 11. April 1822 wegen zu beobachtender Reziprozität in der Abschoß-Freiheit gegen die nordamerikanischen Freistaaten wie gegen jede andere Staaten (G.S. S. 181). — Bundesakte von 1815 Art. 18, Bundesbeschluß v. 23. Juni 1817, vgl. V., betr. die Aufhebung des inländischen Abschosses, v. 21. Juni 1816 (G.S. S. 199); u. V., betr. die Aufhebung des Abschosses und Abzugsgeldes in den deutschen Bundesstaaten, v. 11. Mai 1819 (G.S. S. 134). Ges., betr. die Erbschaftssteuer, i. d. Fass. d. Bekanntm. v. 24. Mai 1891 (G.S. S. 78) §§ 1, 10 f.

[1]) Durch Art. 89 A.G. z. B.G.B. mit Ausnahme der abgedruckten Bestimmungen ausdrücklich aufgehoben.

[2]) Als Bestimmung des öffentlichen Rechts unberührt.

Neunter Abschnitt.

Von den Rechten und Pflichten der Curatoren.

IV. Von Lehnscuratoren.[3])

§. 996. Wenn zu dem Vermögen des Pflegebefohlenen ein Lehn gehört, so muß demselben ein Lehnscurator bestellt werden.

§. 997. Von dieser Curatel ist der nächste Agnat, oder Mitbelehnte, wenn er selbige übernehmen will, und dazu fähig ist, niemals auszuschließen.

§. 998. Dieser Curator hat jedoch nur dasjenige zu besorgen, was zur Ausübung der Lehnsrechte und Lehnspflichten des Pflegebefohlenen bei dem Lehnshofe und zur Erhaltung der Substanz des Lehns gehört.

§. 999. Auch die Ausübung des Patronats, und anderer mit dem Lehn verbundener Ehrenrechte, gehört zu dem Amte des Lehnscurators.

§. 1000. Die gewöhnliche Verwaltung des Lehns und der davon fallenden Einkünfte gebührt dem ordentlichen Vormunde.

§. 1001. Angelegenheiten, welche weder die Administration allein, noch die Substanz allein betreffen, sondern auf beides zugleich Einfluß haben, müssen von dem Vormunde und dem Lehnscurator gemeinschaftlich besorgt und betrieben werden.

§. 1002. Wenn also das Lehn verpfändet; wenn Holzungen in Aecker, Teiche in Wiesen, oder umgekehrt, verwandelt; oder sonst die Gestalt oder Hauptbestimmung einzelner Stücke oder Zubehörungen des Lehns verändert; oder Verbesserungen in der Substanz, unter dem Vorbehalt eines künftigen Ersatzes der Kosten, vorgenommen werden sollen: so ist die Mitwirkung des Vormundes und des Lehnscurators erforderlich.

Neunzehnter Titel.

Von Armenanstalten und anderen milden Stiftungen.

(Grundsätze.[1])

§. 1. Dem Staat kommt es zu, für die Ernährung und Verpflegung derjenigen Bürger zu sorgen, die sich ihren Unterhalt nicht

---

[3]) Durch Art. 59 E.G. z. B.G.B. aufrechterhalten. Vgl. §§ 112 u. 168 I. 18.

[1]) Das öffentliche Armenwesen beruht jetzt auf dem Reichsges. über

selbst verschaffen, und denselben auch von anderen Privatpersonen, welche nach besonderen Gesetzen dazu verpflichtet sind, nicht erhalten können.[2])

§. 2. Denjenigen, welchen es nur an Mitteln und Gelegenheit, ihren und der Ihrigen Unterhalt selbst zu verdienen, ermangelt, sollen Arbeiten, die ihren Kräften und Fähigkeiten gemäß sind, angewiesen werden.

§. 3. Diejenigen, die nur aus Trägheit, Liebe zum Müßiggange, oder anderen unordentlichen Neigungen die Mittel, sich ihren Unterhalt selbst zu verdienen, nicht anwenden wollen, sollen durch Zwang und Strafen zu nützlichen Arbeiten unter gehöriger Aufsicht angehalten werden.[3])

§. 4. Fremde Bettler sollen in das Land nicht gelassen, oder darin geduldet, und wenn sie sich gleichwohl einschleichen, sofort über die Grenze zurückgeschafft werden.

§. 5. Auch einheimischen Armen soll das Betteln nicht gestattet, sondern dieselben an den Ort, wohin sie gehören, und wo für sie nach den Vorschriften des gegenwärtigen Titels gesorgt werden muß, zurückgeschafft werden.[4])

§. 6. Der Staat ist berechtigt und verpflichtet, Anstalten zu treffen, wodurch der Nahrlosigkeit seiner Bürger vorgebeugt, und der übertriebenen Verschwendung gesteuert werde.

§. 7. Veranlassungen, wodurch ein schädlicher Müßiggang, besonders unter den niederen Volksklassen, genährt, und der Trieb zur Arbeitsamkeit geschwächt wird, sollen im Staate nicht geduldet werden.

§. 8. Stiftungen, welche auf die Beförderung und Begünstigung solcher schädlichen Neigungen abzielen, ist der Staat aufzuheben,

---

den Unterstützungswohnsitz (U.W.G.) vom 6. Juni 1870, in der Fassung der Novelle vom 12. März 1894 (R.G.Bl. S. 259) und dem Reichsgesetz über die Freizügigkeit (Frz.G.) vom 1. November 1867 (B.G.Bl. S. 55) — in § 2 abgeändert durch Art. 37 E.G. z. B.G.B., sowie auf dem Preußischen Ausführungsgesetz v. 8. März 1871 (G.S. S. 130) mit der Novelle v. 11. Juli 1891 (G.S. S. 300). Dieser Gesetzgebung gegenüber haben die §§ 1—31 geringe Bedeutung; allgemein aufgehoben sind sie indeß nicht.

[2]) § 2 U.W.G.

[3]) Vgl. § 361 Nr. 5 u. 7 R.Str.G.B., § 3 Frz.G.

[4]) § 2 Ges. über die Aufnahme neu anziehender Personen v. 31. Dezember 1842 (G.S. 1843 S. 5).

und die Einkünfte derselben zum Besten der Armen zu verwenden berechtigt.[5])

Wem die Versorgung der Armen obliege.

§. 9. **Privilegirte Corporationen, welche einen besonderen Armenfonds haben, oder dergleichen, ihrer Verfassung gemäß, durch Beiträge unter sich aufbringen, sind ihre unvermögenden Mitglieder zu ernähren vorzüglich verbunden.[6])**

§. 10. Auch Stadt= und Dorfgemeinen müssen für die Ernährung ihrer verarmten Mitglieder und Einwohner sorgen.[7])

§. 11. In Ansehung der ausdrücklich aufgenommenen Mitglieder entsteht die Verbindlichkeit, sobald die Aufnahme wirklich geschehen ist.[7])

§. 12. In Ansehung anderer Einwohner hingegen ist nur diejenige Stadt= oder Dorfgemeine zur Ernährung eines Verarmten verpflichtet, bei welcher derselbe zu den gemeinen Lasten zuletzt beigetragen hat.[8])

§. 13. **Nach eben den Grundsätzen (§. 9—12.) müssen auch die Ehefrauen, Wittwen, und unversorgten Kinder des Verarmten von den Corporationen und Gemeinen ernährt werden.[9])**

§. 14. Die Vorsteher der Corporationen und Gemeinen sind schuldig, sich nach den Ursachen des Verfalles ihrer Mitglieder zu erkundigen, und dieselben der Obrigkeit, zur Abhelfung, in Zeiten anzuzeigen.[10])

§. 15. **Aller Armen und Unvermögenden, denen ihr Unterhalt auf andere Art nicht verschafft werden kann, muß die Polizeiobrigkeit eines jeden Ortes, ohne Unterschied des Ranges und sonstigen Gerichtsstandes derselben, sich annehmen.[11])**

Mittel dazu.

§. 16. Arme, deren Versorgung, nach obigen Grundsätzen, einzelnen Privatpersonen, Corporationen oder Communen nicht obliegt, oder von

---

5) Vgl. § 87 B.G.B.; Art. 5 Abs. 2 B. z. Ausf. d. B.G.B. v. 16. Nov. 1899 (G.S. S. 562), soweit es sich um privatrechtliche Stiftungen handelt.

6) Vgl. § 61 U.W.G., § 24 Ges. 8. März 1871.

7) Maßgebend sind § 3 U.W.G., §§ 2—25 Ges. 8. März 1871.

8) U.W.G. §§ 9ff. Frz.G. § 4. Für die öffentliche Armenpflege ist lediglich der Unterstützungswohnsitz maßgebend. „Aufnahme" als Einwohner giebt es nicht mehr, die Verleihung des „Bürgerrechts" hat eine andere Bedeutung. §§ 3—6 der Städteordnungen v. 30. Mai 1853 (G.S. S. 261) und v. 19. März 1856 (G.S. S. 237). Vgl. Landgemeindeordnung v. 3. Juli 1891 (G.S. S. 233) §§ 7, 39ff.

9) § 13 gilt noch, insoweit er sich auf § 9 bezieht; sonst vgl. § 15ff. U.W.G.

10) § 3 Ges. v. 8. März 1871.

11) § 15 ist, neben § 10 II. 17, die spezielle gesetzliche Grundlage der Armenpolizei.

denselben nicht bestritten werden kann, sollen durch Vermittelung des Staats in öffentlichen Landarmenhäusern untergebracht werden.[12])

§. 17. Dies gilt besonders von fremden Bettlern, wenn deren Zurückschaffung über die Grenze (§. 4) nicht rathsam gefunden wird, oder der Zweck, das Land von ihnen zu befreien, dadurch nicht erreicht werden kann.[13])

§. 18. Die Bettler in solchen Landarmenhäusern sollen zu nützlichen Arbeiten, so weit es ihre Gesundheit und Kräfte gestatten, angehalten werden [14])

§. 19. Sie bleiben in der Anstalt so lange, bis man versichert sein kann, daß sie sowohl den Willen, als die Gelegenheit haben, ihren Unterhalt auf eine andere erlaubte Weise, ohne fernere Belästigung des Publicums, sich zu verschaffen.

§. 20. Die Straßenbettelei soll nicht geduldet werden.[15])

§. 21. Vielmehr liegt es den Polizeibehörden jedes Ortes ob, diesem Uebel mit Nachdruck zu steuern.

§. 22. Sobald die §. 16 gedachten Anstalten getroffen sind, darf Niemand mehr einem Straßenbettler Almosen geben.

§. 23. Vielmehr müssen die Straßenbettler aufgegriffen, und an diejenigen, denen nach den Grundsätzen §. 9—16. deren Versorgung obliegt, abgeliefert werden.

§. 24. Die Ablieferung geschieht auf Kosten desjenigen, welcher für den Bettler sorgen muß.

§. 25. Die Mittel zur Unterhaltung der Armen sollen, so viel als möglich, aus den Zinsen der dazu bereits vorhandenen Capitalien und Stiftungen genommen werden.

§. 26. Auch hat es bei den zu solchem Ende theils schon angeordneten, theils nach Bewandtniß der Umstände, unter Erlaub=

---

[12]) § 5 U.W.G., §§ 26—40 Ges. 8. März 1871. Subsidiäre Hülfe des Landarmenverbandes: § 59 U.W.G. §§ 36, 59 Ges. 8. März 1871. Zuständigk.Ges. § 42.

[13]) Frz.G. §§ 3 ff. Für Reichsausländer: § 60 U.W.G., § 64 Ges. 8. März 1871. Ausweisung nach Verurtheilung: R.Str.G.B. § 39 Abs. 2, § 361 Ziff. 3—8, § 362 Abs. 4 (R.Ges. v. 25. Juni 1900, R.G.Bl. S. 301). Landesverw.Ges. § 130 Abs. 3. Ausweisung außerpreußischer Reichsangehöriger: §§ 3, 5, 6, 12 Frz.G. in Verb. mit §§ 28, 31, 55 ff. U.W.G.; (für Bayern und Elsaß=Lothringen in Verb. mit dem Gothaer Vertrag v. 15. Juli 1851 (G.S. S. 711).

[14]) § 362 Abs. 3 R.Str.G.B. (i. d. Fassung d. R.Ges. v. 25. Juni 1900, R.G.Bl. S. 301); § 38 Ges. 8. März 1871.

[15]) § 361 Ziff. 4 R.Str.G.B.

niß des Staats, besonders zu veranstaltenden Kirchen- und Haus-Collecten sein Bewenden.[16])

§. 27. Bei der Unzulänglichkeit dieser Beiträge sind die Communen, unter Genehmigung des Staats, den Luxus, die Ostentation, und die öffentlichen Belustigungen ihrer wohlhabenden Einwohner mit gemäßigten Taxen zu belegen berechtigt.[17])

§. 28. Alle Strafgelder, welche nicht in den ergangenen Strafgesetzen selbst besondere Bestimmungen angewiesen sind, sollen zur Verpflegung der Armen angewendet werden.[18])

---

[16]) a. Andere als Kirchenkollekten: Instruktion für d. Oberpräsidenten, v. 31. Dezember 1825 (G.S. 1826 S. 1) § 11 e.

b. Kirchenkollekten.

1. Evangelische Kirchen: Ges., betr. die evangel. Kirchenverfassung i. d. acht ältern Prov. v. 3. Juli 1876 (G.S. S. 125) Art. 10 Ziff. 4, 24 Ziff. 7, 28. Kirchengem.- u. Synodalordn. v. 10. September 1873 (G.S. S. 418) § 65, Ziff. 4, 8. Generalsynodalordn. v. 20. Januar 1876 (G.S. S. 8) § 13. Ges., betr. die evangel. Kirchenverfassung i. d. Prov. Schleswig-Holstein u. in den Amtsbez. d. Konsistoriums zu Wiesbaden, v. 6. April 1878 (G.S. S. 145) Art. 22 Ziff. 4; 32 Ziff. 7. Ges., betr. die Kirchenverfassung der evangel. Kirche im Konsistorialbezirke Frankfurt a. M., v. 28. September 1899 (G.S. S. 457) Art. 28 Ziff. 7. Ges., betr. die Kirchenverf. d. evang. Kirche i. Bez. des Konsistoriums zu Cassel, v. 19. März 1886 (G.S. S. 79) Art 18 Ziff. 7; Ges., betr. die Kirchenverf. d. evang.-reform. Kirche der Prov. Hannover, v. 6. August 1893 (G.S. S. 295) Art. 21 Ziff. 7. — Vgl. Anm. 29 S. 364 ff.

2. Katholische Kirche: Ges. über d. Vermögensverwaltung i. d. kath. Kirchengemeinden v. 20. Juni 1875 (G.S. S. 241) § 50 Ziff. 7; Ges. über die Aufsichtsrechte des Staates b. d. Verm.-Verwaltung v. 7. Juni 1876 (G.S. S. 149) § 2 Ziff. 8, § 10.

[17]) Aufbringung der Mittel der Ortsarmenpflege: Ges. v. 8. März 1871 §§ 2, 8, 9 ff. Zuständigk.Ges. § 44 Ziff. 1.

§ 27 ist aufgehoben durch d. Kommunalabgabengesetz v. 14. Juli 1893 (G.S. S. 152) §§ 13 ff. insbes. § 17; u. § 96 Abs. 5.

[18]) Oeffentliche Strafen fließen grundsätzlich zur Staatskasse: Kriminal-Ordnung v. 11. Dezember 1805 § 756, Ges. v. 1. August 1855 (G.S. S. 579) § 7. Abweichungen z. B. in § 7 d. Ges., betr. den Erlaß polizeilicher Strafverfügungen wegen Uebertretungen (v. 23. April 1883, G.S. S. 65); Gewerbeordnung § 146; Ges. über das Postwesen d. Deutschen Reichs v. 28. Oktober 1871 § 33 (R.G.Bl. S. 347); Personenstandsgesetz v. 6. Februar 1875 (R.G.Bl. S. 23) § 70; Rechtsanwaltsordnung v. 1. Juli 1878 (R.G.Bl. S. 177) § 97; Gesinde-Ordnung v. 8. November 1810 (G.S. S. 101) § 12; Ges., betr. die Verletzungen der Dienstpflichten des Gesindes u. s. w. v. 24. April 1854 (G.S. S. 214) § 5; Ges. f. d. Prov. Hessen-Nassau, betr. d. Verletzung der Dienstpflichten d. Gesindes v. 27. Juni 1886 (G.S. S. 173) § 2; Ges. über die Schonzeiten des Wildes v. 26. Februar 1870 (G.S. S. 120) § 7 u. a. m.

§. 29. Zur Unterhaltung der öffentlichen Landarmenhäuser ist vorzüglich der Ertrag der Arbeiten der darin aufgenommenen Personen bestimmt.[19])

§. 30. Bei dessen Unzulänglichkeit kann der Staat von allen denjenigen, welche von der Abstellung der Straßenbettelei Vortheil ziehen, verhältnißmäßige Beiträge fordern.

§. 31. Die näheren Bestimmungen, sowohl hierüber, als wegen der Einrichtung solcher Landarmenhäuser überhaupt, bleiben den besonderen, für jede Provinz abzufassenden Reglements vorbehalten.[20])

Von öffentlichen Armenanstalten; Verhältniß des Staats gegen dieselben.

§. 32. Armenhäuser, Hospitäler, Waisen- und Findel-, Werk- und Arbeitshäuser stehen unter dem besonderen Schutze des Staats.[21])

§. 33. Werden dergleichen Anstalten von neuem errichtet, so muß das Vorhaben dem Staate zur Prüfung der Grundsätze ihrer Verfassung angezeigt werden.

§. 34. Doch sollen diejenigen Behörden, denen diese Prüfung nach den verschiedenen Verfassungen in den Provinzen obliegt, nur in Fällen, wo die Ausführung der Verordnungen des Stifters unmöglich oder gar schädlich sein würde, dieselben zu verwerfen berechtigt sein.

§. 35. Außerdem kann jeder Stifter die innere Einrichtung solcher Anstalten, die Aufsicht über dieselben, die Bestellung der Verwalter, die Revision und Abnahme der Rechnungen, nach Gutbefinden anordnen.

§. 36. So weit der Stifter nichts verordnet hat, gebühren alle diese Befugnisse dem Staat.

---

[19]) Kosten der Landarmenpflege: §§ 29 Ges. v. 8. März 1871.

[20]) Organisation der Landarmenverbände: Ges. v. 8. März 1871 §§ 26—39; U.W.G. § 8, Zuständigk.Ges. § 44 Ziff 2.

[21]) Die Rechtsverhältnisse von Körperschaften, Stiftungen und Anstalten des öffentlichen Rechtes werden durch das B.G.B. nicht berührt; nur finden § 31 u. 41 Abs. 2 Anwendung (§ 89 das.). Privatrechtliche Stiftungen sind nach §§ 80—88 B.G.B. zu beurtheilen; ihre Verfassung kann aber durch Landesgesetz bestimmt werden (§ 85 das.), unberührt bleibt auch hier das Aufsichtsrecht. Die piae causae des §. 32 d. T. fallen unter § 89 B.G.B.

§. 37. Auch solche Anstalten, denen in der Stiftungsurkunde oder sonst, eigene Aufseher vorgesetzt sind, bleiben dennoch der Oberaufsicht des Staats unterworfen.

§. 38. Diese Oberaufsicht schränkt sich aber nur darauf ein, daß nach den vom Staat ausdrücklich oder stillschweigend genehmigten Verordnungen des Stifters verfahren werde, und nichts einschleiche, was dem allgemeinen Endzwecke solcher Stiftungen zuwider sei.

§. 39. Der Staat ist also berechtigt, Visitationen bei dergleichen Anstalten zu veranlassen, und die vorgefundenen Mißbräuche und Mängel, obigen Grundsätzen (§. 38.) gemäß, zu verbessern.

§. 40. Ueberhaupt muß der Staat darauf sehen, daß die Einkünfte der Armen- und anderer Versorgungsanstalten zweck- und vorschriftsmäßig verwendet werden.

§. 41. Wird wegen veränderter Umstände die in der Stiftungsurkunde vorgeschriebene Verwendungsart unmöglich, oder gar schädlich: so muß der Staat die Güter und Einkünfte einer solchen Anstalt zu einem anderen, der wahrscheinlichen Absicht des Stifters so viel als möglich gemäßen, Gebrauche widmen.

Aeußere Rechte solcher Anstalten.

§. 42. Die vom Staat ausdrücklich oder stillschweigend[22]) genehmigten Armen- und andere Versorgungsanstalten haben die Rechte moralischer Personen.

§. 43. Ihr Vermögen hat die Rechte der Kirchengüter. (Tit 11. Abschn. 4.)[23])

§§ 44—48 fallen fort.[24])

---

[22]) Die Hingabe eines 5000 M. übersteigenden Stiftungsvermögens bedarf Kgl. Genehmigung. Art. 6 A.G. z. B.G.B.

[23]) Vgl. § 194 u. § 219 f. II. 11 A.L.R., dazu Allg. Verf. v. 13. Mai u. 2. Juni 1875 (J.M.Bl. S. 131). Befreiungen von Steuern und Gebühren: Kommunalabgabenges. v. 14. Juli 1893 (G.S. S. 152) § 24 Abs. 1 h, § 34; Stempelsteuerges. v. 31. Juli 1895 (G.S. S. 413) § 5 d; Erbschaftssteuerges. i. d. Fass. d. Bek. v. 24. Mai 1891, (G.S. S. 93) Tarif, Befreiungen 2 f u. g; R.G.K.G. v. 18. Juni 1878 (R.G.Bl. S. 141) § 98 Abs. 2; Pr.G.K.G. i. d. Fass. d. Bek. v. 6. Oktober 1899 (G.S. S. 326) § 8 Ziffer 2, § 119, 120; V., betr. die Gebührenfreiheit i. d. Verf. v. d. Reichsgericht, v. 24. Dezember 1883 (R.G.Bl. 1883 S. 1) § 1 Nr. 1.

[24]) § 44 ist beseitigt. Vgl. Art. 6, 7 A.G. z. B.G.B. §§ 45—48 fallen gleichfalls fort. Art. 89 A.G. z. B.G.B.

§. 49. **Unvermögenden Verwandten derjenigen, welche milde Stiftungen errichtet haben, kommt auf den Genuß derselben ein vorzügliches Recht zu.**

Successionsrecht in den Nachlaß der von ihnen verpflegten Personen.[25]

§. 50. Auf den eigenthümlichen freien Nachlaß solcher Personen, die in eine öffentliche Anstalt zur unentgeltlichen Verpflegung aufgenommen worden, und in dieser Verpflegung gestorben sind, hat die Anstalt ein gesetzliches Erbrecht.

§. 51. Dies Erbrecht erstreckt sich auf den ganzen Nachlaß, wenn die aufgenommene Person nur Verwandten in aufsteigender, oder in der Seitenlinie oder einen Ehemann verläßt.

§. 52. Hat sie aber eheliche Nachkommen oder eine Ehefrau, so verbleibt denselben ihr Pflichttheil.

§. 53. Auch geht die Ehefrau, in Ansehung desjenigen, was sie nach ihren Ehepacten zu fordern hat, der Armenanstalt vor.

§. 54. Auch die §. 52. benannten Personen verlieren den pflicht- oder vertragsmäßigen Erbtheil zum Besten der Anstalt, wenn sie, bei hinlänglichem Vermögen, ihren hülflosen Aeltern, oder dem Ehemanne, die gesuchte Unterstützung versagt haben.

§. 55. Hat die aufgenommene Person die Anstalt vor ihrem Tode freiwillig wieder verlassen, so kann diese die auf sie verwendeten Kosten, aus ihrem Vermögen oder Nachlasse, als eine Schuld zurückfordern.

§. 56. Wenn aber Kinder, die in einem Waisenhause erzogen worden, nachdem sie aus demselben herausgekommen sind, und entweder auf ein Handwerk gethan, oder ihnen andere Gelegenheit zu ihrem weiteren Fortkommen angewiesen worden, vor zurückgelegtem (vier) e i n und zwanzigsten Jahre verstorben sind: so verbleibt dem Waisenhause, des erfolgten Austritts ungeachtet, sein Erbrecht.[26]

§. 57. Doch erstreckt sich in diesem Falle sein Erbrecht nur auf dasjenige Vermögen, welches ein solches Kind mit in das Waisenhaus gebracht hat, oder welches ihm, während seiner Verpflegung durch dasselbe, noch vor seinem Austritte zugefallen ist.

§. 58. Hat eine im Waisenhause erzogene Frauensperson sich verheirathet: so fällt, wenn auch dieselbe vor erlangter Volljährigkeit verstorben wäre, das Erbrecht des Waisenhauses ganz hinweg.

---

25) §§ 50 ff. sind durch Art. 139 E.G. z. B.G.B. aufrechterhalten.

26) Maßgebend ist das Alter der Volljährigkeit, § 2 B.G.B., vgl. § 58 d. T.

§. 59. In keinem Falle darf die Armencasse, wenn ihr auch nach obigen Vorschriften (§. 50. sqq.) ein wirkliches Erbrecht zukommt, sich den Nachlaß eigenmächtig anmaaßen: sondern sie muß vielmehr, bei eintretendem Falle, dies ihr Erbrecht dem Richter gehörig anzeigen, und von diesem den Zuschlag der Verlassenschaft erwarten.[27])

§. 60. Das einer Anstalt nach diesen Vorschriften zustehende Erbrecht muß Jedem, welcher darin aufgenommen werden soll, bekannt gemacht; und daß dieses geschehen, in einem von ihm mit zu unterzeichnenden Protokoll bemerkt werden.

§. 61. Ist der Aufzunehmende seines Verstandes nicht mächtig; oder in der Befugniß über sein Vermögen zu verfügen eingeschränkt: so muß die Bekanntmachung den Aeltern, oder wenn er keine Aeltern mehr hat, den nächsten Verwandten, und den Vormündern geschehen; auch im letzten Falle die obervormundschaftliche Genehmigung beigebracht werden.[28])

§. 62. Erklärt auf diese Bekanntmachung Jemand unter den Verwandten, daß er für die Verpflegung des Aufzunehmenden selbst sorgen wolle: so muß ihm dieses gestattet werden; und er erhält sich dadurch das ihm zukommende gesetzliche Erbrecht.

§. 63. Doch muß er alsdann dem Hülfsbedürftigen wenigstens ine gleich gute Verpflegung, als derselbe in der öffentlichen Anstalt gefunden hätte, gewähren.

§. 64. Ist der Aufzunehmende seinen Willen zu erklären fähig; und er zieht die Versorgung in der Anstalt derjenigen, welche ihm von seinen Verwandten angeboten wird, vor: so hat es dabei lediglich sein Bewenden.

§. 65. Ist die Bekanntmachung nicht gehörig erfolgt, so kann die Anstalt bloß die Vergütung der für den Aufgenommenen verwendeten Kosten, als eine Schuld, aus dessen Nachlasse fordern.[29])[30])

---

[27]) Vgl. dazu Rescr. v. 2. Juli 1801 für die Stadt Berlin (N.C.C Bd. XI, S. 307; Rabe, Bd. 6, S. 542).

[28]) Der Schlußsatz ist bereits durch § 102 d. Vormundschaftsordnung. v. 5. Juli 1875 beseitigt.

[29]) § 22 II. 16.

[30]) Nach der Rechtsprechung des Obertribunals enthalten die §§ 65—67 Modifikationen des in §§ 50 ff. statuirten Erbrechts und geben kein eigentliches Forderungsrecht. (Entsch. d. O.Tr. Bd. 45, S. 413, Striethorst Arch. Bd. 64 S. 97.) Eventuell kommt Art. 103 E.G. z. B.G.B. in Betracht.

§. 66. Die Anstalt kann jedoch nur die für den Aufgenommenen zu Kleidung, Medicin, und sonst gemachten baaren Auslagen, und für den genossenen Unterhalt ein Kostgeld, welches allenfalls nach pflichtmäßigem Ermessen der Sachverständigen richterlich zu bestimmen ist, fordern.

§. 67. Wenn Jemand nicht in die Anstalt selbst zur Verpflegung aufgenommen, sondern ihm nur Beiträge daraus zu seinem Unterhalte bis zu seinem Ableben gereicht worden: so kann nur der Ersatz dieser Beiträge aus seinem Nachlasse, soweit derselbe dazu hinreicht, gefordert werden.[31])

§. 68. Hat Jemand aus mehreren Anstalten nach §. 67. Unterstützung genossen; und ist sein Nachlaß zu ihrer aller Befriedigung nicht hinreichend: so theilen sich die mehreren Anstalten in das Vorhandene, nach Verhältniß ihrer Forderungen.

§. 69. Hat sich Jemand in die Anstalt eingekauft, so gebührt dieser auf seinen Nachlaß kein weiterer Anspruch.

§. 70. Die bloße Erlegung eines Eintrittsgeldes, welches mit der zu verwendenden Verpflegung in keinem Verhältniß steht, schließt das Erbrecht der Anstalt nicht aus.

§. 71. Hat der Aufgenommene sich mit der Anstalt, wegen des derselben auf seinen Nachlaß zukommenden Erbrechts, auf eine gewisse Summe verglichen: so hat es dabei lediglich sein Bewenden; selbst in dem Falle, wenn das Vermögen des Aufgenommenen erst in der Folge einen Zuwachs erhält.

§. 72. Werk- und Arbeitshäuser, in welchen die Aufgenommenen nur in so fern Unterhalt genießen, als sie sich denselben durch ihre Arbeit verdienen, haben auf den Nachlaß derselben kein Erbrecht.

§. 73. Hingegen wird durch Arbeiten, wozu ein Aufgenommener überhaupt in jeder Armenanstalt nach §. 87. 88. schuldig ist, oder wofür er besondere Vergütung erhalten hat, das Erbrecht der Anstalt nicht ausgeschlossen.

§. 74. Anstalten, die bloß zur Heilung der Kranken bestimmt sind, haben, wenngleich der Aufgenommene daselbst verstorben ist,

[31]) Die Armendirektion der Stadt Berlin hat auch im Falle des § 67 II. 19 ein Erbrecht gemäß §§ 50 ff. d. T. Rescr. v. 2. Juli 1801 (N.C.C. Bd. XI S. 307; Rabe Bd. 6 S. 542). Vgl. Art. 139 E.G. z. B.G.B.

dennoch auf seinen Nachlaß kein Erbrecht; sondern können bloß den Ersatz der auf ihn verwendeten Kosten nach §. 66. fordern.[32])

§. 75. In Fällen, wo den Armen- oder anderen Versorgungsanstalten auf einen Nachlaß ein gesetzliches Erbrecht beigelegt ist, kann ihnen dasselbe, durch Verfügung auf den Todesfall, weder entzogen noch geschmälert werden.

Innere Verfassung solcher Anstalten.

§. 76. Die innere Einrichtung und Verfassung einer jeden öffentlichen Armen- oder anderen Versorgungsanstalt ist, durch die für selbige von dem Staate vorgeschriebene oder genehmigte Ordnung und Instruction, bestimmt.

§. 77. Kirchen und Capellen, welche für dergleichen Anstalten besonders errichtet sind, stehen gleich anderen, unter der Aufsicht der geistlichen Obern der Diözes oder des Districts.

§. 78. Auf die in der Anstalt lebenden Personen und Officianten gebühren dergleichen Kirchen und Capellen wirkliche Parochialrechte.

§. 79. Auf diejenigen aber, welche außerhalb der Anstalt leben, können sie sich solche Rechte nicht anmaßen.

Vorsteher und Verwalter.

§. 80. Die Vorsteher oder Verwalter solcher Anstalten sind als Diener des Staates anzusehen.

§. 81. Bei Verwaltung der der Anstalt zugehörenden Gelder und Gefälle finden eben die Vorschriften, und gleiche Vertretung, wie bei Königlichen Cassen, statt.

§. 82 fällt fort.[33])

§. 83. Uebrigens müssen dergleichen Vorsteher und Administratoren, bei Führung ihres Amtes, hauptsächlich nach der Stiftungsurkunde, und ihren besonderen Instructionen, demnächst aber nach den, den Vormündern ertheilten gesetzlichen Vorschriften sich achten.

---

[32]) Vgl. Anm. 30 zu § 65 d. T.

[33]) § 82, der ein Vorrecht der Anstalt im Konkurse der Verwalter festsetzte, ist beseitigt; vgl. § 61 K.O. Wegen eines gesetzlichen Titels zum Pfandrecht ist zu beachten Art. 91 E.G. z. B.G.B., Art. XI Nr. 2 E.G. z. Preuß. K.O. v. 8. Mai 1855.

Aufgenommene Personen.

§. 84. Personen, welche in Armen- und andere öffentliche Verpflegungsanstalten aufgenommen worden, können sich der darin eingeführten Zucht und Ordnung unter keinerlei Vorwande entziehen.

§. 85. Unruhige und Widerspenstige müssen von den Aufsehern, nöthigen Falls durch dienliche Zwangsmittel, in Ordnung gehalten, oder bewandten Umständen nach aus der Anstalt fortgeschafft werden.

§. 86. Die Strafen müssen aber die Grenzen einer bloßen Züchtigung nicht überschreiten; und die Fortschaffung darf niemals ohne Vorwissen und Genehmigung der Obrigkeit geschehen.

§. 87. Unentgeltlich Aufgenommene sind der Anstalt zu häuslichen Diensten, so weit es ihre Kräfte und Gesundheitsumstände zulassen, verpflichtet.

§. 88. In gleichem Maaße können auch andere Arbeiten, die bloß zum Verbrauche in der Anstalt bestimmt sind, so weit sie Fähigkeiten und Kräfte dazu besitzen, von ihnen gefordert werden.

§. 89. Uebrigens werden die den Aufgenommenen, vermöge ihres Standes oder sonstigen Verhältnisses, zukommenden Rechte und Pflichten durch die Aufnahme in dergleichen Anstalt nicht verändert.

Zwanzigster Titel.

Von Verbrechen und Strafen.[1])

1) Aufgehoben durch E.G. z. Pr. Str.G.B. v. 14. April 1851, Art. II; die nach Art. XI das. in Kraft gebliebenen privatrechtlichen Bestimmungen der §§ 1271, 1272 sind durch Art. 89 A.G. z. B.G.B. aufgehoben.

Sachregister.

Citirmethode: 6 I 1 = §. 6 Th. I Tit. 1; S. 181[2] = Seite 181 Anm. 2.

A.

B.

F.

H.

M.

R.

S.

T.

U.

V.

W.

Z.

Druck von A. W. Hayn's Erben, Berlin und Potsdam.

Guttentag'sche Sammlung
von
Lehrbüchern des Deutschen Reichsrechtes.

Der Reichs-Civilprozeß nach der Civilprozeßordnung vom 20. Mai 1898 und den Nebengesetzen. Von Dr. **Hermann Fitting,** Geh. Justizrath und ord. Professor der Rechte zu Halle. **Zehnte umgearbeitete Auflage.** 8⁰. 7 Mk., geb. 8 Mk.

Der Reichs-Strafprozeß. Auf der Grundlage des gleichnamigen Werkes von weil. Professor **Dochow** neu bearbeitet von **A. Hellweg. Vierte Auflage.** 8⁰. geb. 5 Mk.

Das Reichs-Concursrecht und Concursverfahren nach der Concursordnung von **1898.** Von Dr. **Hermann Fitting. Dritte völlig neu bearbeitete Auflage.** In Vorbereitung.

Das Deutsche Handelsrecht. Ein kurzgefaßtes Lehrbuch des im Deutschen Reiche geltenden Handels-, Wechsel- und Seerechts. Systematisch dargestellt auf Grund der Deutschen Reichsgesetze, insbesondere des Handelsgesetzbuchs vom 10. Mai 1897, unter Berücksichtigung der einschlägigen Literatur und der Rechtsprechung von Dr. **Karl Gareis,** Geh. Justizrath und ord. Professor der Rechte in **Königsberg** in Pr. **Sechste, vollständig umgearbeitete Auflage.** 8⁰. Preis 9 Mk., geb. 10 Mk.

Das Staatsrecht des Deutschen Reiches. Von Dr. **Philipp Zorn,** Geh. Justizrath, ord. Professor der Rechte zu Königsberg in Pr.
— I. Band: Verfassungsrecht. **Zweite völlig umgearbeitete Auflage.** 8⁰. 8 Mk., geb. 9 Mk.
— II. Band: Verwaltungsrecht einschließlich des äußeren Staats-, Militär- und Seerechts. **Zweite völlig umgearbeitete Auflage.** 8⁰. 10 Mk., geb. 11 Mk.

Das Deutsche Reichs-Preßrecht unter Berücksichtigung der Literatur und der Rechtsprechung systematisch dargestellt von Prof. Dr. **Franz von Liszt.** 8⁰. Geb. 4 Mk.

Lehrbuch des Deutschen Civilprozeßrechts von **Friedrich Bunsen,** Oberamtsrichter in Rostock. gr. 8⁰. Preis 12 Mk., geb. in Halbfranz 14 Mk.

Die freiwillige Gerichtsbarkeit im Reiche und in Preußen. Von Dr. **A. Nussbaum.** Ein Leitfaden. 8⁰. Preis 3 Mk. 50 Pf., geb. in ganz Leinen 4 Mk.

Bei Fragen zur Produktsicherheit wenden Sie sich bitte an:
If you have any questions regarding product safety,
please contact:

Walter de Gruyter GmbH
Genthiner Straße 13
10785 Berlin
productsafety@degruyterbrill.com